SANTA BIBLIA

NUEVO TESTAMENTO

time to
revive

- Para recursos adicionales -
www.timetorevive.com
1-877-265-1605

Santa Biblia
Nuevo Testamento

Publicó Para

Life Bible Study, LLC es un editor Cristiano sirve las iglesias y las
comunidades Cristiano para avanzar el evangelio de Cristo Jesús, hagan
discípulos como nosotros vamos.

Life Bible Study, LLC
5184 Caldwell Mill Road Suite 204-221
Hoover, AL 35244

Para copias adicionales o órdenes de la cantidad por favor llame al número:
1-877-265-1605 o pedir a www.lifebiblestudy.org/timetorevive

1 2 3 4 5 / 21 20 19 18 17
Impreso en China

CONTENTS

EL SANTO EVANGELIO SEGÚN
SAN MATEO

Genealogía de Jesucristo
(Lc. 3.23-38)

1 Libro de la genealogía de Jesucristo, hijo de David, hijo de Abraham.

2 Abraham engendró a Isaac, Isaac a Jacob, y Jacob a Judá y a sus hermanos. 3 Judá engendró de Tamar a Fares y a Zara, Fares a Esrom, y Esrom a Aram. 4 Aram engendró a Aminadab, Aminadab a Naasón, y Naasón a Salmón. 5 Salmón engendró de Rahab a Booz, Booz engendró de Rut a Obed, y Obed a Isaí. 6 Isaí engendró al rey David, y el rey David engendró a Salomón de la que fue mujer de Urías. 7 Salomón engendró a Roboam, Roboam a Abías, y Abías a Asa. 8 Asa engendró a Josafat, Josafat a Joram, y Joram a Uzías. 9 Uzías engendró a Jotam, Jotam a Acaz, y Acaz a Ezequías. 10 Ezequías engendró a Manasés, Manasés a Amón, y Amón a Josías. 11 Josías engendró a Jeconías y a sus hermanos, en el tiempo de la deportación a Babilonia.

12 Después de la deportación a Babilonia, Jeconías engendró a Salatiel, y Salatiel a Zorobabel.

13 Zorobabel engendró a Abiud, Abiud a Eliaquim, y Eliaquim a Azor. 14 Azor engendró a Sadoc, Sadoc a Aquim, y Aquim a Eliud. 15 Eliud engendró a Eleazar, Eleazar a Matán, Matán a Jacob; 16 y Jacob engendró a José, marido de María, de la cual nació Jesús, llamado el Cristo.

17 De manera que todas las generaciones desde Abraham hasta David son catorce; desde David hasta la deportación a Babilonia, catorce; y desde la deportación a Babilonia hasta Cristo, catorce.

Nacimiento de Jesucristo
(Lc. 2.1-7)

18 El nacimiento de Jesucristo fue así: Estando desposada María su madre con José, antes que se juntasen, se halló que había concebido del Espíritu Santo. 19 José su marido, como era justo, y no quería infamarla, quiso dejarla secretamente. 20 Y pensando él en esto, he aquí un ángel del Señor le apareció en sueños y le dijo: José, hijo de David, no temas recibir a María tu mujer, porque lo que en ella es engendrado, del Espíritu Santo es. 21 Y dará a luz un hijo, y llamarás su nombre JESÚS,

porque él salvará a su pueblo de sus pecados. ²² Todo esto aconteció para que se cumpliese lo dicho por el Señor por medio del profeta, cuando dijo:

²³ He aquí, una virgen concebirá y dará a luz un hijo, Y llamarás su nombre Emanuel, que traducido es: Dios con nosotros.

²⁴ Y despertando José del sueño, hizo como el ángel del Señor le había mandado, y recibió a su mujer. ²⁵ Pero no la conoció hasta que dio a luz a su hijo primogénito; y le puso por nombre JESÚS.

La visita de los magos

2 Cuando Jesús nació en Belén de Judea en días del rey Herodes, vinieron del oriente a Jerusalén unos magos, ² diciendo: ¿Dónde está el rey de los judíos, que ha nacido? Porque su estrella hemos visto en el oriente, y venimos a adorarle. ³ Oyendo esto, el rey Herodes se turbó, y toda Jerusalén con él. ⁴ Y convocados todos los principales sacerdotes, y los escribas del pueblo, les preguntó dónde había de nacer el Cristo. ⁵ Ellos le dijeron: En Belén de Judea; porque así está escrito por el profeta:

⁶ Y tú, Belén, de la tierra de Judá, No eres la más pequeña entre los príncipes de Judá;

Porque de ti saldrá un guiador, Que apacentará a mi pueblo Israel.

⁷ Entonces Herodes, llamando en secreto a los magos, indagó de ellos diligentemente el tiempo de la aparición de la estrella; ⁸ y enviándolos a Belén, dijo: Id allá y averiguad con diligencia acerca del niño; y cuando le halléis, hacédmelo saber, para que yo también vaya y le adore. ⁹ Ellos, habiendo oído al rey, se fueron; y he aquí la estrella que habían visto en el oriente iba delante de ellos, hasta que llegando, se detuvo sobre donde estaba el niño. ¹⁰ Y al ver la estrella, se regocijaron con muy grande gozo. ¹¹ Y al entrar en la casa, vieron al niño con su madre María, y postrándose, lo adoraron; y abriendo sus tesoros, le ofrecieron presentes: oro, incienso y mirra. ¹² Pero siendo avisados por revelación en sueños que no volviesen a Herodes, regresaron a su tierra por otro camino.

Matanza de los niños

¹³ Después que partieron ellos, he aquí un ángel del Señor aparece en sueños a José y dijo: Levántate y toma al niño y a su madre, y huye a Egipto, y permanece allá hasta que yo te diga; porque acontecerá que Herodes buscará al niño para matarlo. ¹⁴ Y él, despertando, tomó de noche al niño

y a su madre, y se fue a Egipto, [15] y estuvo allá hasta la muerte de Herodes; para que se cumpliese lo que dijo el Señor por medio del profeta, cuando dijo: De Egipto llamé a mi Hijo.

[16] Herodes entonces, cuando se vio burlado por los magos, se enojó mucho, y mandó matar a todos los niños menores de dos años que había en Belén y en todos sus alrededores, conforme al tiempo que había inquirido de los magos. [17] Entonces se cumplió lo que fue dicho por el profeta Jeremías, cuando dijo:
[18] Voz fue oída en Ramá,
Grande lamentación, lloro y gemido;
Raquel que llora a sus hijos,
Y no quiso ser consolada, porque perecieron.
[19] Pero después de muerto Herodes, he aquí un ángel del Señor apareció en sueños a José en Egipto, [20] diciendo: Levántate, toma al niño y a su madre, y vete a tierra de Israel, porque han muerto los que procuraban la muerte del niño. [21] Entonces él se levantó, y tomó al niño y a su madre, y vino a tierra de Israel. [22] Pero oyendo que Arquelao reinaba en Judea en lugar de Herodes su padre, tuvo temor de ir allá; pero avisado por revelación en sueños, se fue a la región de Galilea, [23] y vino y habitó en la ciudad que se llama Nazaret, para que se cumpliese lo que fue dicho por los profetas, que habría de ser llamado nazareno.

Predicación de Juan el Bautista
(Mr. 1.1-8; Lc. 3.1-9,15-17; Jn. 1.19-28)

3 En aquellos días vino Juan el Bautista predicando en el desierto de Judea, [2] y diciendo: Arrepentíos, porque el reino de los cielos se ha acercado. [3] Pues éste es aquel de quien habló el profeta Isaías, cuando dijo:
Voz del que clama en el desierto:
Preparad el camino del Señor,
Enderezad sus sendas.

[4] Y Juan estaba vestido de pelo de camello, y tenía un cinto de cuero alrededor de sus lomos; y su comida era langostas y miel silvestre. [5] Y salía a él Jerusalén, y toda Judea, y toda la provincia de alrededor del Jordán, [6] y eran bautizados por él en el Jordán, confesando sus pecados.

[7] Al ver él que muchos de los fariseos y de los saduceos venían a su bautismo, les decía: ¡Generación de víboras! ¿Quién os enseñó a huir de la ira venidera? [8] Haced, pues, frutos dignos de arrepentimiento, [9] y no penséis decir dentro de vosotros mismos: A Abraham tenemos por pa-

dre; porque yo os digo que Dios puede levantar hijos a Abraham aun de estas piedras. ¹⁰ Y ya también el hacha está puesta a la raíz de los árboles; por tanto, todo árbol que no da buen fruto es cortado y echado en el fuego.

¹¹ Yo a la verdad os bautizo en agua para arrepentimiento; pero el que viene tras mí, cuyo calzado yo no soy digno de llevar, es más poderoso que yo; él os bautizará en Espíritu Santo y fuego. ¹² Su aventador está en su mano, y limpiará su era; y recogerá su trigo en el granero, y quemará la paja en fuego que nunca se apagará.

El bautismo de Jesús
(Mr. 1.9-11; Lc. 3.21-22)

¹³ Entonces Jesús vino de Galilea a Juan al Jordán, para ser bautizado por él. ¹⁴ Mas Juan se le oponía, diciendo: Yo necesito ser bautizado por ti, ¿y tú vienes a mí? ¹⁵ Pero Jesús le respondió: Deja ahora, porque así conviene que cumplamos toda justicia. Entonces le dejó. ¹⁶ Y Jesús, después que fue bautizado, subió luego del agua; y he aquí los cielos le fueron abiertos, y vio al Espíritu de Dios que descendía como paloma, y venía sobre él. ¹⁷ Y hubo una voz de los cielos, que decía: Éste es mi Hijo amado, en quien tengo complacencia.

Tentación de Jesús
(Mr. 1.12-13; Lc. 4.1-13)

4 Entonces Jesús fue llevado por el Espíritu al desierto, para ser tentado por el diablo. ² Y después de haber ayunado cuarenta días y cuarenta noches, tuvo hambre. ³ Y vino a él el tentador, y le dijo: Si eres Hijo de Dios, di que estas piedras se conviertan en pan. ⁴ Él respondió y dijo: Escrito está: No sólo de pan vivirá el hombre, sino de toda palabra que sale de la boca de Dios. ⁵ Entonces el diablo le llevó a la santa ciudad, y le puso sobre el pináculo del templo, ⁶ y le dijo: Si eres Hijo de Dios, échate abajo; porque escrito está:
A sus ángeles mandará acerca de ti,
y,
En sus manos te sostendrán,
Para que no tropieces con tu pie en piedra.
⁷ Jesús le dijo: Escrito está también: No tentarás al Señor tu Dios. ⁸ Otra vez le llevó el diablo a un monte muy alto, y le mostró todos los reinos del mundo y la gloria de ellos, ⁹ y le dijo: Todo esto te daré, si postrado me adorares. ¹⁰ Entonces Jesús le dijo: Vete, Satanás, porque escrito está: Al Señor tu Dios adorarás, y a él sólo servirás. ¹¹ El diablo entonces le dejó; y he aquí vinieron ángeles y le servían.

Jesús principia su ministerio
*(Mr. 1.14-20; Lc. 4.14-15; 5.1-11;
6.17-19)*

¹² Cuando Jesús oyó que Juan estaba preso, volvió a Galilea; ¹³ y dejando a Nazaret, vino y habitó en Capernaum, ciudad marítima, en la región de Zabulón y de Neftalí, ¹⁴ para que se cumpliese lo dicho por el profeta Isaías, cuando dijo: ¹⁵ Tierra de Zabulón y tierra de Neftalí, Camino del mar, al otro lado del Jordán, Galilea de los gentiles;
¹⁶ El pueblo asentado en tinieblas vio gran luz;
Y a los asentados en región de sombra de muerte, Luz les resplandeció.

¹⁷ Desde entonces comenzó Jesús a predicar, y a decir: Arrepentíos, porque el reino de los cielos se ha acercado. ¹⁸ Andando Jesús junto al mar de Galilea, vio a dos hermanos, Simón, llamado Pedro, y Andrés su hermano, que echaban la red en el mar; porque eran pescadores. ¹⁹ Y les dijo: Venid en pos de mí, y os haré pescadores de hombres. ²⁰ Ellos entonces, dejando al instante las redes, le siguieron. ²¹ Pasando de allí, vio a otros dos hermanos, Jacobo hijo de Zebedeo, y Juan su hermano, en la barca con Zebedeo su padre, que remendaban sus redes; y los llamó. ²² Y ellos, dejando al instante la barca y a su padre, le siguieron.

²³ Y recorrió Jesús toda Galilea, enseñando en las sinagogas de ellos, y predicando el evangelio del reino, y sanando toda enfermedad y toda dolencia en el pueblo. ²⁴ Y se difundió su fama por toda Siria; y le trajeron todos los que tenían dolencias, los afligidos por diversas enfermedades y tormentos, los endemoniados, lunáticos y paralíticos; y los sanó. ²⁵ Y le siguió mucha gente de Galilea, de Decápolis, de Jerusalén, de Judea y del otro lado del Jordán.

El Sermón del monte:
Las bienaventuranzas
(Lc. 6.20-23)

5 Viendo la multitud, subió al monte; y sentándose, vinieron a él sus discípulos. ² Y abriendo su boca les enseñaba, diciendo:

³ Bienaventurados los pobres en espíritu, porque de ellos es el reino de los cielos.

⁴ Bienaventurados los que lloran, porque ellos recibirán consolación.

⁵ Bienaventurados los mansos, porque ellos recibirán la tierra por heredad.

⁶ Bienaventurados los que tienen hambre y sed de justicia, porque ellos serán saciados.

⁷ Bienaventurados los misericordiosos, porque ellos alcanzarán misericordia.

⁸ Bienaventurados los de limpio corazón, porque ellos verán a Dios.

⁹ Bienaventurados los pacificadores, porque ellos serán llamados hijos de Dios.

¹⁰ Bienaventurados los que padecen persecución por causa de la justicia, porque de ellos es el reino de los cielos.

¹¹ Bienaventurados sois cuando por mi causa os vituperen y os persigan, y digan toda clase de mal contra vosotros, mintiendo. ¹² Gozaos y alegraos, porque vuestro galardón es grande en los cielos; porque así persiguieron a los profetas que fueron antes de vosotros.

La sal de la tierra

¹³ Vosotros sois la sal de la tierra; pero si la sal se desvaneciere, ¿con qué será salada? No sirve más para nada, sino para ser echada fuera y hollada por los hombres.

La luz del mundo

¹⁴ Vosotros sois la luz del mundo; una ciudad asentada sobre un monte no se puede esconder. ¹⁵ Ni se enciende una luz y se pone debajo de un almud, sino sobre el candelero, y alumbra a todos los que están en casa. ¹⁶ Así alumbre vuestra luz delante de los hombres, para que vean vuestras buenas obras, y glorifiquen a vuestro Padre que está en los cielos.

Jesús y la ley

¹⁷ No penséis que he venido para abrogar la ley o los profetas; no he venido para abrogar, sino para cumplir. ¹⁸ Porque de cierto os digo que hasta que pasen el cielo y la tierra, ni una jota ni una tilde pasará de la ley, hasta que todo se haya cumplido. ¹⁹ De manera que cualquiera que quebrante uno de estos mandamientos muy pequeños, y así enseñe a los hombres, muy pequeño será llamado en el reino de los cielos; mas cualquiera que los haga y los enseñe, éste será llamado grande en el reino de los cielos. ²⁰ Porque os digo que si vuestra justicia no fuere mayor que la de los escribas y fariseos, no entraréis en el reino de los cielos.

Jesús y la ira
(Lc. 12.57-59)

²¹ Oísteis que fue dicho a los antiguos: No matarás; y cualquiera que matare será culpable de juicio. ²² Pero yo os digo que cualquiera que se enoje contra su hermano, será culpable de juicio; y cualquiera que diga: Necio, a su

hermano, será culpable ante el concilio; y cualquiera que le diga: Fatuo, quedará expuesto al infierno de fuego. ²³ Por tanto, si traes tu ofrenda al altar, y allí te acuerdas de que tu hermano tiene algo contra ti, ²⁴ deja allí tu ofrenda delante del altar, y anda, reconcíliate primero con tu hermano, y entonces ven y presenta tu ofrenda. ²⁵ Ponte de acuerdo con tu adversario pronto, entre tanto que estás con él en el camino, no sea que el adversario te entregue al juez, y el juez al alguacil, y seas echado en la cárcel. ²⁶ De cierto te digo que no saldrás de allí, hasta que pagues el último cuadrante.

Jesús y el adulterio

²⁷ Oísteis que fue dicho: No cometerás adulterio. ²⁸ Pero yo os digo que cualquiera que mira a una mujer para codiciarla, ya adulteró con ella en su corazón. ²⁹ Por tanto, si tu ojo derecho te es ocasión de caer, sácalo, y échalo de ti; pues mejor te es que se pierda uno de tus miembros, y no que todo tu cuerpo sea echado al infierno. ³⁰ Y si tu mano derecha te es ocasión de caer, córtala, y échala de ti; pues mejor te es que se pierda uno de tus miembros, y no que todo tu cuerpo sea echado al infierno.

Jesús y el divorcio

³¹ También fue dicho: Cualquiera que repudie a su mujer, dele carta de divorcio. ³² Pero yo os digo que el que repudia a su mujer, a no ser por causa de fornicación, hace que ella adultere; y el que se casa con la repudiada, comete adulterio.

Jesús y los juramentos

³³ Además habéis oído que fue dicho a los antiguos: No perjurarás, sino cumplirás al Señor tus juramentos. ³⁴ Pero yo os digo: No juréis en ninguna manera; ni por el cielo, porque es el trono de Dios; ³⁵ ni por la tierra, porque es el estrado de sus pies; ni por Jerusalén, porque es la ciudad del gran Rey. ³⁶ Ni por tu cabeza jurarás, porque no puedes hacer blanco o negro un solo cabello. ³⁷ Pero sea vuestro hablar: Sí, sí; no, no; porque lo que es más de esto, de mal procede.

El amor hacia los enemigos
(Lc. 6.27-36)

³⁸ Oísteis que fue dicho: Ojo por ojo, y diente por diente. ³⁹ Pero yo os digo: No resistáis al que es malo; antes, a cualquiera que te hiera en la mejilla derecha, vuélvele también la otra; ⁴⁰ y al que quiera ponerte a pleito y quitarte la túnica, déjale también la capa; ⁴¹ y a cualquiera que te obligue a llevar carga por una milla, ve con él dos. ⁴² Al que te pida, dale; y al que quiera tomar de ti prestado, no se lo rehúses.

⁴³ Oísteis que fue dicho: Amarás a tu prójimo, y aborrecerás a tu enemigo. ⁴⁴ Pero yo os digo: Amad a vuestros enemigos, bendecid a los que os maldicen, haced bien a los que os aborrecen, y orad por los que os ultrajan y os persiguen; ⁴⁵ para que seáis hijos de vuestro Padre que está en los cielos, que hace salir su sol sobre malos y buenos, y que hace llover sobre justos e injustos. ⁴⁶ Porque si amáis a los que os aman, ¿qué recompensa tendréis? ¿No hacen también lo mismo los publicanos? ⁴⁷ Y si saludáis a vuestros hermanos solamente, ¿qué hacéis de más? ¿No hacen también así los gentiles? ⁴⁸ Sed, pues, vosotros perfectos, como vuestro Padre que está en los cielos es perfecto.

Jesús y la limosna

6 Guardaos de hacer vuestra justicia delante de los hombres, para ser vistos de ellos; de otra manera no tendréis recompensa de vuestro Padre que está en los cielos.

² Cuando, pues, des limosna, no hagas tocar trompeta delante de ti, como hacen los hipócritas en las sinagogas y en las calles, para ser alabados por los hombres; de cierto os digo que ya tienen su recompensa. ³ Mas cuando tú des limosna, no sepa tu izquierda lo que hace tu derecha, ⁴ para que sea tu limosna en secreto; y tu Padre que ve en lo secreto te recompensará en público.

Jesús y la oración
(Lc. 11.2-4)

⁵ Y cuando ores, no seas como los hipócritas; porque ellos aman el orar en pie en las sinagogas y en las esquinas de las calles, para ser vistos de los hombres; de cierto os digo que ya tienen su recompensa. ⁶ Mas tú, cuando ores, entra en tu aposento, y cerrada la puerta, ora a tu Padre que está en secreto; y tu Padre que ve en lo secreto te recompensará en público.

⁷ Y orando, no uséis vanas repeticiones, como los gentiles, que piensan que por su palabrería serán oídos. ⁸ No os hagáis, pues, semejantes a ellos; porque vuestro Padre sabe de qué cosas tenéis necesidad, antes que vosotros le pidáis. ⁹ Vosotros, pues, oraréis así: Padre nuestro que estás en los cielos, santificado sea tu nombre. ¹⁰ Venga tu reino. Hágase tu voluntad, como en el cielo, así también en la tierra. ¹¹ El pan nuestro de cada día, dánoslo hoy. ¹² Y perdónanos nuestras deudas, como también nosotros perdonamos a nuestros deudores. ¹³ Y no nos metas en tentación, mas líbranos del mal; porque tuyo es el reino, y el poder, y la gloria, por todos los siglos. Amén. ¹⁴ Porque si

perdonáis a los hombres sus ofensas, os perdonará también a vosotros vuestro Padre celestial; [15] mas si no perdonáis a los hombres sus ofensas, tampoco vuestro Padre os perdonará vuestras ofensas.

Jesús y el ayuno

[16] Cuando ayunéis, no seáis austeros, como los hipócritas; porque ellos demudan sus rostros para mostrar a los hombres que ayunan; de cierto os digo que ya tienen su recompensa. [17] Pero tú, cuando ayunes, unge tu cabeza y lava tu rostro, [18] para no mostrar a los hombres que ayunas, sino a tu Padre que está en secreto; y tu Padre que ve en lo secreto te recompensará en público.

Tesoros en el cielo
(Lc. 12.32-34)

[19] No os hagáis tesoros en la tierra, donde la polilla y el orín corrompen, y donde ladrones minan y hurtan; [20] sino haceos tesoros en el cielo, donde ni la polilla ni el orín corrompen, y donde ladrones no minan ni hurtan. [21] Porque donde esté vuestro tesoro, allí estará también vuestro corazón.

La lámpara del cuerpo
(Lc. 11.33-36)

[22] La lámpara del cuerpo es el ojo; así que, si tu ojo es bueno, todo tu cuerpo estará lleno de luz; [23] pero si tu ojo es maligno, todo tu cuerpo estará en tinieblas. Así que, si la luz que en ti hay es tinieblas, ¿cuántas no serán las mismas tinieblas?

Dios y las riquezas
(Lc. 16.13)

[24] Ninguno puede servir a dos señores; porque o aborrecerá al uno y amará al otro, o estimará al uno y menospreciará al otro. No podéis servir a Dios y a las riquezas.

El afán y la ansiedad
(Lc. 12.22-31)

[25] Por tanto os digo: No os afanéis por vuestra vida, qué habéis de comer o qué habéis de beber; ni por vuestro cuerpo, qué habéis de vestir. ¿No es la vida más que el alimento, y el cuerpo más que el vestido? [26] Mirad las aves del cielo, que no siembran, ni siegan, ni recogen en graneros; y vuestro Padre celestial las alimenta. ¿No valéis vosotros mucho más que ellas? [27] ¿Y quién de vosotros podrá, por mucho que se afane, añadir a su estatura un codo? [28] Y por el vestido, ¿por qué os afanáis? Considerad los lirios del campo, cómo crecen: no trabajan ni hilan; [29] pero os digo, que ni aun Salomón con toda su gloria se vistió así como uno de ellos. [30] Y si la hierba del campo que hoy es, y maña-

na se echa en el horno, Dios la viste así, ¿no hará mucho más a vosotros, hombres de poca fe? ³¹ No os afanéis, pues, diciendo: ¿Qué comeremos, o qué beberemos, o qué vestiremos? ³² Porque los gentiles buscan todas estas cosas; pero vuestro Padre celestial sabe que tenéis necesidad de todas estas cosas. ³³ Mas buscad primeramente el reino de Dios y su justicia, y todas estas cosas os serán añadidas.

³⁴ Así que, no os afanéis por el día de mañana, porque el día de mañana traerá su afán. Basta a cada día su propio mal.

El juzgar a los demás
(Lc. 6.37-38,41-42)

7 No juzguéis, para que no seáis juzgados. ² Porque con el juicio con que juzguéis, seréis juzgados, y con la medida con que medís, os será medido. ³ ¿Y por qué miras la paja que está en el ojo de tu hermano, y no echas de ver la viga que está en tu propio ojo? ⁴ ¿O cómo dirás a tu hermano: Déjame sacar la paja de tu ojo, y he aquí la viga en el ojo tuyo? ⁵ ¡Hipócrita! saca primero la viga de tu propio ojo, y entonces verás bien para sacar la paja del ojo de tu hermano.

⁶ No deis lo santo a los perros, ni echéis vuestras perlas delante de los cerdos, no sea que las pisoteen, y se vuelvan y os despedacen.

La oración, y la regla de oro
(Lc. 11.9-13; 6.31)

⁷ Pedid, y se os dará; buscad, y hallaréis; llamad, y se os abrirá. ⁸ Porque todo aquel que pide, recibe; y el que busca, halla; y al que llama, se le abrirá. ⁹ ¿Qué hombre hay de vosotros, que si su hijo le pide pan, le dará una piedra? ¹⁰ ¿O si le pide un pescado, le dará una serpiente? ¹¹ Pues si vosotros, siendo malos, sabéis dar buenas dádivas a vuestros hijos, ¿cuánto más vuestro Padre que está en los cielos dará buenas cosas a los que le pidan? ¹² Así que, todas las cosas que queráis que los hombres hagan con vosotros, así también haced vosotros con ellos; porque esto es la ley y los profetas.

La puerta estrecha
(Lc. 13.24)

¹³ Entrad por la puerta estrecha; porque ancha es la puerta, y espacioso el camino que lleva a la perdición, y muchos son los que entran por ella; ¹⁴ porque estrecha es la puerta, y angosto el camino que lleva a la vida, y pocos son los que la hallan.

Por sus frutos los conoceréis
(Lc. 6.43-44)

¹⁵ Guardaos de los falsos profetas, que vienen a vosotros con vestidos

de ovejas, pero por dentro son lobos rapaces. [16] Por sus frutos los conoceréis. ¿Acaso se recogen uvas de los espinos, o higos de los abrojos? [17] Así, todo buen árbol da buenos frutos, pero el árbol malo da frutos malos. [18] No puede el buen árbol dar malos frutos, ni el árbol malo dar frutos buenos. [19] Todo árbol que no da buen fruto, es cortado y echado en el fuego. [20] Así que, por sus frutos los conoceréis.

Nunca os conocí
(Lc. 13.25-27)

[21] No todo el que me dice: Señor, Señor, entrará en el reino de los cielos, sino el que hace la voluntad de mi Padre que está en los cielos. [22] Muchos me dirán en aquel día: Señor, Señor, ¿no profetizamos en tu nombre, y en tu nombre echamos fuera demonios, y en tu nombre hicimos muchos milagros? [23] Y entonces les declararé: Nunca os conocí; apartaos de mí, hacedores de maldad.

Los dos cimientos
(Lc. 6.46-49)

[24] Cualquiera, pues, que me oye estas palabras, y las hace, le compararé a un hombre prudente, que edificó su casa sobre la roca. [25] Descendió lluvia, y vinieron ríos, y soplaron vientos, y golpearon contra aquella casa; y no cayó, porque estaba fundada sobre la roca. [26] Pero cualquiera que me oye estas palabras y no las hace, le compararé a un hombre insensato, que edificó su casa sobre la arena; [27] y descendió lluvia, y vinieron ríos, y soplaron vientos, y dieron con ímpetu contra aquella casa; y cayó, y fue grande su ruina.

[28] Y cuando terminó Jesús estas palabras, la gente se admiraba de su doctrina; [29] porque los enseñaba como quien tiene autoridad, y no como los escribas.

Jesús sana a un leproso
(Mr. 1.40-45; Lc. 5.12-16)

8 Cuando descendió Jesús del monte, le seguía mucha gente. [2] Y he aquí vino un leproso y se postró ante él, diciendo: Señor, si quieres, puedes limpiarme. [3] Jesús extendió la mano y le tocó, diciendo: Quiero; sé limpio. Y al instante su lepra desapareció. [4] Entonces Jesús le dijo: Mira, no lo digas a nadie; sino ve, muéstrate al sacerdote, y presenta la ofrenda que ordenó Moisés, para testimonio a ellos.

Jesús sana al siervo de un centurión
(Lc. 7.1-10)

[5] Entrando Jesús en Capernaum, vino a él un centurión, rogándole, [6] y diciendo: Señor, mi criado está postrado en casa, paralíti-

co, gravemente atormentado. ⁷ Y Jesús le dijo: Yo iré y le sanaré. ⁸ Respondió el centurión y dijo: Señor, no soy digno de que entres bajo mi techo; solamente di la palabra, y mi criado sanará. ⁹ Porque también yo soy hombre bajo autoridad, y tengo bajo mis órdenes soldados; y digo a éste: Ve, y va; y al otro: Ven, y viene; y a mi siervo: Haz esto, y lo hace. ¹⁰ Al oírlo Jesús, se maravilló, y dijo a los que le seguían: De cierto os digo, que ni aun en Israel he hallado tanta fe. ¹¹ Y os digo que vendrán muchos del oriente y del occidente, y se sentarán con Abraham e Isaac y Jacob en el reino de los cielos; ¹² mas los hijos del reino serán echados a las tinieblas de afuera; allí será el lloro y el crujir de dientes. ¹³ Entonces Jesús dijo al centurión: Ve, y como creíste, te sea hecho. Y su criado fue sanado en aquella misma hora.

Jesús sana a la suegra de Pedro
(Mr. 1.29-34; Lc. 4.38-41)
¹⁴ Vino Jesús a casa de Pedro, y vio a la suegra de éste postrada en cama, con fiebre. ¹⁵ Y tocó su mano, y la fiebre la dejó; y ella se levantó, y les servía. ¹⁶ Y cuando llegó la noche, trajeron a él muchos endemoniados; y con la palabra echó fuera a los demonios, y sanó a todos los enfermos; ¹⁷ para que se cumpliese lo dicho por el profeta Isaías, cuando dijo:

Él mismo tomó nuestras enfermedades, y llevó nuestras dolencias.

Los que querían seguir a Jesús
(Lc. 9.57-62)
¹⁸ Viéndose Jesús rodeado de mucha gente, mandó pasar al otro lado. ¹⁹ Y vino un escriba y le dijo: Maestro, te seguiré adondequiera que vayas. ²⁰ Jesús le dijo: Las zorras tienen guaridas, y las aves del cielo nidos; mas el Hijo del Hombre no tiene dónde recostar su cabeza. ²¹ Otro de sus discípulos le dijo: Señor, permíteme que vaya primero y entierre a mi padre. ²² Jesús le dijo: Sígueme; deja que los muertos entierren a sus muertos.

Jesús calma la tempestad
(Mr. 4.35-41; Lc. 8.22-25)
²³ Y entrando él en la barca, sus discípulos le siguieron. ²⁴ Y he aquí que se levantó en el mar una tempestad tan grande que las olas cubrían la barca; pero él dormía. ²⁵ Y vinieron sus discípulos y le despertaron, diciendo: ¡Señor, sálvanos, que perecemos! ²⁶ Él les dijo: ¿Por qué teméis, hombres de poca fe? Entonces, levantándose, reprendió a los vientos y al mar; y se hizo grande bonanza. ²⁷ Y los hombres se maravillaron, diciendo: ¿Qué hombre es éste, que aun los vientos y el mar le obedecen?

Los endemoniados gadarenos
(Mr. 5.1-20; Lc. 8.26-39)

²⁸ Cuando llegó a la otra orilla, a la tierra de los gadarenos, vinieron a su encuentro dos endemoniados que salían de los sepulcros, feroces en gran manera, tanto que nadie podía pasar por aquel camino. ²⁹ Y clamaron diciendo: ¿Qué tienes con nosotros, Jesús, Hijo de Dios? ¿Has venido acá para atormentarnos antes de tiempo? ³⁰ Estaba paciendo lejos de ellos un hato de muchos cerdos. ³¹ Y los demonios le rogaron diciendo: Si nos echas fuera, permítenos ir a aquel hato de cerdos. ³² Él les dijo: Id. Y ellos salieron, y se fueron a aquel hato de cerdos; y he aquí, todo el hato de cerdos se precipitó en el mar por un despeñadero, y perecieron en las aguas. ³³ Y los que los apacentaban huyeron, y viniendo a la ciudad, contaron todas las cosas, y lo que había pasado con los endemoniados. ³⁴ Y toda la ciudad salió al encuentro de Jesús; y cuando le vieron, le rogaron que se fuera de sus contornos.

Jesús sana a un paralítico
(Mr. 2.1-12; Lc. 5.17-26)

9 Entonces, entrando Jesús en la barca, pasó al otro lado y vino a su ciudad. ² Y sucedió que le trajeron un paralítico, tendido sobre una cama; y al ver Jesús la fe de ellos, dijo al paralítico: Ten ánimo, hijo; tus pecados te son perdonados. ³ Entonces algunos de los escribas decían dentro de sí: Éste blasfema. ⁴ Y conociendo Jesús los pensamientos de ellos, dijo: ¿Por qué pensáis mal en vuestros corazones? ⁵ Porque, ¿qué es más fácil, decir: Los pecados te son perdonados, o decir: Levántate y anda? ⁶ Pues para que sepáis que el Hijo del Hombre tiene potestad en la tierra de perdonar pecados (dice entonces al paralítico): Levántate, toma tu cama, y vete a tu casa. ⁷ Entonces él se levantó y se fue a su casa. ⁸ Y la gente, al verlo, se maravilló y glorificó a Dios, que había dado tal potestad a los hombres.

Llamamiento de Mateo
(Mr. 2.13-17; Lc. 5.27-32)

⁹ Pasando Jesús de allí, vio a un hombre llamado Mateo, que estaba sentado al banco de los tributos públicos, y le dijo: Sígueme. Y se levantó y le siguió. ¹⁰ Y aconteció que estando él sentado a la mesa en la casa, he aquí que muchos publicanos y pecadores, que habían venido, se sentaron juntamente a la mesa con Jesús y sus discípulos. ¹¹ Cuando vieron esto los fariseos, dijeron a los discípulos: ¿Por qué come vuestro Maestro con los publicanos y pecadores? ¹² Al oír esto Jesús, les dijo: Los sanos no tienen necesidad de médico, sino los

enfermos. ¹³ Id, pues, y aprended lo que significa: Misericordia quiero, y no sacrificio. Porque no he venido a llamar a justos, sino a pecadores, al arrepentimiento.

La pregunta sobre el ayuno
(Mr. 2.18-22; Lc. 5.33-39)

¹⁴ Entonces vinieron a él los discípulos de Juan, diciendo: ¿Por qué nosotros y los fariseos ayunamos muchas veces, y tus discípulos no ayunan? ¹⁵ Jesús les dijo: ¿Acaso pueden los que están de bodas tener luto entre tanto que el esposo está con ellos? Pero vendrán días cuando el esposo les será quitado, y entonces ayunarán. ¹⁶ Nadie pone remiendo de paño nuevo en vestido viejo; porque tal remiendo tira del vestido, y se hace peor la rotura. ¹⁷ Ni echan vino nuevo en odres viejos; de otra manera los odres se rompen, y el vino se derrama, y los odres se pierden; pero echan el vino nuevo en odres nuevos, y lo uno y lo otro se conservan juntamente.

La hija de Jairo, y la mujer que tocó el manto de Jesús
(Mr. 5.21-43; Lc. 8.40-56)

¹⁸ Mientras él les decía estas cosas, vino un hombre principal y se postró ante él, diciendo: Mi hija acaba de morir; mas ven y pon tu mano sobre ella, y vivirá. ¹⁹ Y se levantó Jesús, y le siguió con sus discípulos. ²⁰ Y he aquí una mujer enferma de flujo de sangre desde hacía doce años, se le acercó por detrás y tocó el borde de su manto; ²¹ porque decía dentro de sí: Si tocare solamente su manto, seré salva. ²² Pero Jesús, volviéndose y mirándola, dijo: Ten ánimo, hija; tu fe te ha salvado. Y la mujer fue salva desde aquella hora. ²³ Al entrar Jesús en la casa del principal, viendo a los que tocaban flautas, y la gente que hacía alboroto, ²⁴ les dijo: Apartaos, porque la niña no está muerta, sino duerme. Y se burlaban de él. ²⁵ Pero cuando la gente había sido echada fuera, entró, y tomó de la mano a la niña, y ella se levantó. ²⁶ Y se difundió la fama de esto por toda aquella tierra.

Dos ciegos reciben la vista

²⁷ Pasando Jesús de allí, le siguieron dos ciegos, dando voces y diciendo: ¡Ten misericordia de nosotros, Hijo de David! ²⁸ Y llegado a la casa, vinieron a él los ciegos; y Jesús les dijo: ¿Creéis que puedo hacer esto? Ellos dijeron: Sí, Señor. ²⁹ Entonces les tocó los ojos, diciendo: Conforme a vuestra fe os sea hecho. ³⁰ Y los ojos de ellos fueron abiertos. Y Jesús les encargó rigurosamente, diciendo: Mirad que nadie lo sepa. ³¹ Pero salidos ellos, divulgaron la fama de él por toda aquella tierra.

Un mudo habla

³² Mientras salían ellos, he aquí, le trajeron un mudo, endemoniado. ³³ Y echado fuera el demonio, el mudo habló; y la gente se maravillaba, y decía: Nunca se ha visto cosa semejante en Israel. ³⁴ Pero los fariseos decían: Por el príncipe de los demonios echa fuera los demonios.

La mies es mucha

³⁵ Recorría Jesús todas las ciudades y aldeas, enseñando en las sinagogas de ellos, y predicando el evangelio del reino, y sanando toda enfermedad y toda dolencia en el pueblo. ³⁶ Y al ver las multitudes, tuvo compasión de ellas; porque estaban desamparadas y dispersas como ovejas que no tienen pastor. ³⁷ Entonces dijo a sus discípulos: A la verdad la mies es mucha, mas los obreros pocos. ³⁸ Rogad, pues, al Señor de la mies, que envíe obreros a su mies.

Elección de los doce apóstoles
(Mr. 3.13-19; Lc. 6.12-16)

10 Entonces llamando a sus doce discípulos, les dio autoridad sobre los espíritus inmundos, para que los echasen fuera, y para sanar toda enfermedad y toda dolencia. ² Los nombres de los doce apóstoles son éstos: primero Simón, llamado Pedro, y Andrés su hermano; Jacobo hijo de Zebedeo, y Juan su hermano; ³ Felipe, Bartolomé, Tomás, Mateo el publicano, Jacobo hijo de Alfeo, Lebeo, por sobrenombre Tadeo, ⁴ Simón el cananista, y Judas Iscariote, el que también le entregó.

Misión de los doce
(Mr. 6.7-13; Lc. 9.1-6)

⁵ A estos doce envió Jesús, y les dio instrucciones, diciendo: Por camino de gentiles no vayáis, y en ciudad de samaritanos no entréis, ⁶ sino id antes a las ovejas perdidas de la casa de Israel. ⁷ Y yendo, predicad, diciendo: El reino de los cielos se ha acercado. ⁸ Sanad enfermos, limpiad leprosos, resucitad muertos, echad fuera demonios; de gracia recibisteis, dad de gracia. ⁹ No os proveáis de oro, ni plata, ni cobre en vuestros cintos; ¹⁰ ni de alforja para el camino, ni de dos túnicas, ni de calzado, ni de bordón; porque el obrero es digno de su alimento. ¹¹ Mas en cualquier ciudad o aldea donde entréis, informaos quién en ella sea digno, y posad allí hasta que salgáis. ¹² Y al entrar en la casa, saludadla. ¹³ Y si la casa fuere digna, vuestra paz vendrá sobre ella; mas si no fuere digna, vuestra paz se volverá a vosotros. ¹⁴ Y si alguno no os recibiere, ni oyere vuestras palabras, salid de aquella casa o ciudad, y sacudid el polvo de

vuestros pies. ¹⁵ De cierto os digo que en el día del juicio, será más tolerable el castigo para la tierra de Sodoma y de Gomorra, que para aquella ciudad.

Persecuciones venideras

¹⁶ He aquí, yo os envío como a ovejas en medio de lobos; sed, pues, prudentes como serpientes, y sencillos como palomas. ¹⁷ Y guardaos de los hombres, porque os entregarán a los concilios, y en sus sinagogas os azotarán; ¹⁸ y aun ante gobernadores y reyes seréis llevados por causa de mí, para testimonio a ellos y a los gentiles. ¹⁹ Mas cuando os entreguen, no os preocupéis por cómo o qué hablaréis; porque en aquella hora os será dado lo que habéis de hablar. ²⁰ Porque no sois vosotros los que habláis, sino el Espíritu de vuestro Padre que habla en vosotros. ²¹ El hermano entregará a la muerte al hermano, y el padre al hijo; y los hijos se levantarán contra los padres, y los harán morir. ²² Y seréis aborrecidos de todos por causa de mi nombre; mas el que persevere hasta el fin, éste será salvo. ²³ Cuando os persigan en esta ciudad, huid a la otra; porque de cierto os digo, que no acabaréis de recorrer todas las ciudades de Israel, antes que venga el Hijo del Hombre.

²⁴ El discípulo no es más que su maestro, ni el siervo más que su señor. ²⁵ Bástale al discípulo ser como su maestro, y al siervo como su señor. Si al padre de familia llamaron Beelzebú, ¿cuánto más a los de su casa?

A quién se debe temer
(Lc. 12.2-9)

²⁶ Así que, no los temáis; porque nada hay encubierto, que no haya de ser manifestado; ni oculto, que no haya de saberse. ²⁷ Lo que os digo en tinieblas, decidlo en la luz; y lo que oís al oído, proclamadlo desde las azoteas. ²⁸ Y no temáis a los que matan el cuerpo, mas el alma no pueden matar; temed más bien a aquel que puede destruir el alma y el cuerpo en el infierno. ²⁹ ¿No se venden dos pajarillos por un cuarto? Con todo, ni uno de ellos cae a tierra sin vuestro Padre. ³⁰ Pues aun vuestros cabellos están todos contados. ³¹ Así que, no temáis; más valéis vosotros que muchos pajarillos. ³² A cualquiera, pues, que me confiese delante de los hombres, yo también le confesaré delante de mi Padre que está en los cielos. ³³ Y a cualquiera que me niegue delante de los hombres, yo también le negaré delante de mi Padre que está en los cielos.

Jesús, causa de división
(Lc. 12.49-53; 14.26-27)

³⁴ No penséis que he venido para

traer paz a la tierra; no he venido para traer paz, sino espada. ³⁵ Porque he venido para poner en disensión al hombre contra su padre, a la hija contra su madre, y a la nuera contra su suegra; ³⁶ y los enemigos del hombre serán los de su casa. ³⁷ El que ama a padre o madre más que a mí, no es digno de mí; el que ama a hijo o hija más que a mí, no es digno de mí; ³⁸ y el que no toma su cruz y sigue en pos de mí, no es digno de mí. ³⁹ El que halla su vida, la perderá; y el que pierde su vida por causa de mí, la hallará.

Recompensas
(Mr. 9.41)

⁴⁰ El que a vosotros recibe, a mí me recibe; y el que me recibe a mí, recibe al que me envió. ⁴¹ El que recibe a un profeta por cuanto es profeta, recompensa de profeta recibirá; y el que recibe a un justo por cuanto es justo, recompensa de justo recibirá. ⁴² Y cualquiera que dé a uno de estos pequeñitos un vaso de agua fría solamente, por cuanto es discípulo, de cierto os digo que no perderá su recompensa.

Los mensajeros de Juan el Bautista
(Lc. 7.18-35)

11 Cuando Jesús terminó de dar instrucciones a sus doce discípulos, se fue de allí a enseñar y a predicar en las ciudades de ellos.

² Y al oír Juan, en la cárcel, los hechos de Cristo, le envió dos de sus discípulos, ³ para preguntarle: ¿Eres tú aquel que había de venir, o esperaremos a otro? ⁴ Respondiendo Jesús, les dijo: Id, y haced saber a Juan las cosas que oís y veis. ⁵ Los ciegos ven, los cojos andan, los leprosos son limpiados, los sordos oyen, los muertos son resucitados, y a los pobres es anunciado el evangelio; ⁶ y bienaventurado es el que no halle tropiezo en mí.

⁷ Mientras ellos se iban, comenzó Jesús a decir de Juan a la gente: ¿Qué salisteis a ver al desierto? ¿Una caña sacudida por el viento? ⁸ ¿O qué salisteis a ver? ¿A un hombre cubierto de vestiduras delicadas? He aquí, los que llevan vestiduras delicadas, en las casas de los reyes están. ⁹ Pero ¿qué salisteis a ver? ¿A un profeta? Sí, os digo, y más que profeta. ¹⁰ Porque éste es de quien está escrito:
He aquí, yo envío mi mensajero delante de tu faz,
El cual preparará tu camino delante de ti.

¹¹ De cierto os digo: Entre los que nacen de mujer no se ha levantado otro mayor que Juan el Bautista; pero el más pequeño

en el reino de los cielos, mayor es que él. ¹² Desde los días de Juan el Bautista hasta ahora, el reino de los cielos sufre violencia, y los violentos lo arrebatan. ¹³ Porque todos los profetas y la ley profetizaron hasta Juan. ¹⁴ Y si queréis recibirlo, él es aquel Elías que había de venir. ¹⁵ El que tiene oídos para oír, oiga. ¹⁶ Mas ¿a qué compararé esta generación? Es semejante a los muchachos que se sientan en las plazas, y dan voces a sus compañeros, ¹⁷ diciendo: Os tocamos flauta, y no bailasteis; os endechamos, y no lamentasteis. ¹⁸ Porque vino Juan, que ni comía ni bebía, y dicen: Demonio tiene. ¹⁹ Vino el Hijo del Hombre, que come y bebe, y dicen: He aquí un hombre comilón, y bebedor de vino, amigo de publicanos y de pecadores. Pero la sabiduría es justificada por sus hijos.

Ayes sobre las ciudades impenitentes
(Lc. 10.13-16)

²⁰ Entonces comenzó a reconvenir a las ciudades en las cuales había hecho muchos de sus milagros, porque no se habían arrepentido, diciendo: ²¹ ¡Ay de ti, Corazín! ¡Ay de ti, Betsaida! Porque si en Tiro y en Sidón se hubieran hecho los milagros que han sido hechos en vosotras, tiempo ha que se hubieran arrepentido en cilicio y en ceniza. ²² Por tanto os digo que en el día del juicio, será más tolerable el castigo para Tiro y para Sidón, que para vosotras. ²³ Y tú, Capernaum, que eres levantada hasta el cielo, hasta el Hades serás abatida; porque si en Sodoma se hubieran hecho los milagros que han sido hechos en ti, habría permanecido hasta el día de hoy. ²⁴ Por tanto os digo que en el día del juicio, será más tolerable el castigo para la tierra de Sodoma, que para ti.

Venid a mí y descansad
(Lc. 10.21-22)

²⁵ En aquel tiempo, respondiendo Jesús, dijo: Te alabo, Padre, Señor del cielo y de la tierra, porque escondiste estas cosas de los sabios y de los entendidos, y las revelaste a los niños. ²⁶ Sí, Padre, porque así te agradó. ²⁷ Todas las cosas me fueron entregadas por mi Padre; y nadie conoce al Hijo, sino el Padre, ni al Padre conoce alguno, sino el Hijo, y aquel a quien el Hijo lo quiera revelar. ²⁸ Venid a mí todos los que estáis trabajados y cargados, y yo os haré descansar. ²⁹ Llevad mi yugo sobre vosotros, y aprended de mí, que soy manso y humilde de corazón; y hallaréis descanso para vuestras almas; ³⁰ porque mi yugo es fácil, y ligera mi carga.

Los discípulos recogen espigas en el día de reposo
(Mr. 2.23-28; Lc. 6.1-5)

12 En aquel tiempo iba Jesús por los sembrados en un día de reposo; y sus discípulos tuvieron hambre, y comenzaron a arrancar espigas y a comer. ² Viéndolo los fariseos, le dijeron: He aquí tus discípulos hacen lo que no es lícito hacer en el día de reposo. ³ Pero él les dijo: ¿No habéis leído lo que hizo David, cuando él y los que con él estaban tuvieron hambre; ⁴ cómo entró en la casa de Dios, y comió los panes de la proposición, que no les era lícito comer ni a él ni a los que con él estaban, sino solamente a los sacerdotes? ⁵ ¿O no habéis leído en la ley, cómo en el día de reposo los sacerdotes en el templo profanan el día de reposo, y son sin culpa? ⁶ Pues os digo que uno mayor que el templo está aquí. ⁷ Y si supieseis qué significa: Misericordia quiero, y no sacrificio, no condenaríais a los inocentes; ⁸ porque el Hijo del Hombre es Señor del día de reposo.

El hombre de la mano seca
(Mr. 3.1-6; Lc. 6.6-11)

⁹ Pasando de allí, vino a la sinagoga de ellos. ¹⁰ Y he aquí había allí uno que tenía seca una mano; y preguntaron a Jesús, para poder acusarle: ¿Es lícito sanar en el día de reposo? ¹¹ Él les dijo: ¿Qué hombre habrá de vosotros, que tenga una oveja, y si ésta cayere en un hoyo en día de reposo, no le eche mano, y la levante? ¹² Pues ¿cuánto más vale un hombre que una oveja? Por consiguiente, es lícito hacer el bien en los días de reposo. ¹³ Entonces dijo a aquel hombre: Extiende tu mano. Y él la extendió, y le fue restaurada sana como la otra. ¹⁴ Y salidos los fariseos, tuvieron consejo contra Jesús para destruirle.

El siervo escogido

¹⁵ Sabiendo esto Jesús, se apartó de allí; y le siguió mucha gente, y sanaba a todos, ¹⁶ y les encargaba rigurosamente que no le descubriesen; ¹⁷ para que se cumpliese lo dicho por el profeta Isaías, cuando dijo:

¹⁸ He aquí mi siervo, a quien he escogido;
Mi Amado, en quien se agrada mi alma;
Pondré mi Espíritu sobre él,
Y a los gentiles anunciará juicio.
¹⁹ No contenderá, ni voceará,
Ni nadie oirá en las calles su voz.
²⁰ La caña cascada no quebrará,
Y el pábilo que humea no apagará,
Hasta que saque a victoria el juicio.
²¹ Y en su nombre esperarán los gentiles.

La blasfemia contra el Espíritu Santo
(Mr. 3.20-30; Lc. 11.14-23)

22 Entonces fue traído a él un endemoniado, ciego y mudo; y le sanó, de tal manera que el ciego y mudo veía y hablaba. 23 Y toda la gente estaba atónita, y decía: ¿Será éste aquel Hijo de David? 24 Mas los fariseos, al oírlo, decían: Éste no echa fuera los demonios sino por Beelzebú, príncipe de los demonios. 25 Sabiendo Jesús los pensamientos de ellos, les dijo: Todo reino dividido contra sí mismo, es asolado, y toda ciudad o casa dividida contra sí misma, no permanecerá. 26 Y si Satanás echa fuera a Satanás, contra sí mismo está dividido; ¿cómo, pues, permanecerá su reino? 27 Y si yo echo fuera los demonios por Beelzebú, ¿por quién los echan vuestros hijos? Por tanto, ellos serán vuestros jueces. 28 Pero si yo por el Espíritu de Dios echo fuera los demonios, ciertamente ha llegado a vosotros el reino de Dios. 29 Porque ¿cómo puede alguno entrar en la casa del hombre fuerte, y saquear sus bienes, si primero no le ata? Y entonces podrá saquear su casa. 30 El que no es conmigo, contra mí es; y el que conmigo no recoge, desparrama. 31 Por tanto os digo: Todo pecado y blasfemia será perdonado a los hombres; mas la blasfemia contra el Espíritu no les será perdonada.

32 A cualquiera que dijere alguna palabra contra el Hijo del Hombre, le será perdonado; pero al que hable contra el Espíritu Santo, no le será perdonado, ni en este siglo ni en el venidero. 33 O haced el árbol bueno, y su fruto bueno, o haced el árbol malo, y su fruto malo; porque por el fruto se conoce el árbol. 34 ¡Generación de víboras! ¿Cómo podéis hablar lo bueno, siendo malos? Porque de la abundancia del corazón habla la boca. 35 El hombre bueno, del buen tesoro del corazón saca buenas cosas; y el hombre malo, del mal tesoro saca malas cosas. 36 Mas yo os digo que de toda palabra ociosa que hablen los hombres, de ella darán cuenta en el día del juicio. 37 Porque por tus palabras serás justificado, y por tus palabras serás condenado.

La generación perversa demanda señal
(Lc. 11.29-32)

38 Entonces respondieron algunos de los escribas y de los fariseos, diciendo: Maestro, deseamos ver de ti señal. 39 Él respondió y les dijo: La generación mala y adúltera demanda señal; pero señal no le será dada, sino la señal del profeta Jonás. 40 Porque como estuvo Jonás en el vientre del gran pez tres días y tres noches, así estará el Hijo del Hombre en el corazón de la tierra tres días

y tres noches. ⁴¹ Los hombres de Nínive se levantarán en el juicio con esta generación, y la condenarán; porque ellos se arrepintieron a la predicación de Jonás, y he aquí más que Jonás en este lugar. ⁴² La reina del Sur se levantará en el juicio con esta generación, y la condenará; porque ella vino de los fines de la tierra para oír la sabiduría de Salomón, y he aquí más que Salomón en este lugar.

El espíritu inmundo que vuelve
(Lc. 11.24-26)

⁴³ Cuando el espíritu inmundo sale del hombre, anda por lugares secos, buscando reposo, y no lo halla. ⁴⁴ Entonces dice: Volveré a mi casa de donde salí; y cuando llega, la halla desocupada, barrida y adornada. ⁴⁵ Entonces va, y toma consigo otros siete espíritus peores que él, y entrados, moran allí; y el postrer estado de aquel hombre viene a ser peor que el primero. Así también acontecerá a esta mala generación.

La madre y los hermanos de Jesús
(Mr. 3.31-35; Lc. 8.19-21)

⁴⁶ Mientras él aún hablaba a la gente, he aquí su madre y sus hermanos estaban afuera, y le querían hablar. ⁴⁷ Y le dijo uno: He aquí tu madre y tus hermanos están afuera, y te quieren hablar. ⁴⁸ Respondiendo él al que le decía esto, dijo: ¿Quién es mi madre, y quiénes son mis hermanos? ⁴⁹ Y extendiendo su mano hacia sus discípulos, dijo: He aquí mi madre y mis hermanos. ⁵⁰ Porque todo aquel que hace la voluntad de mi Padre que está en los cielos, ése es mi hermano, y hermana, y madre.

Parábola del sembrador
(Mr. 4.1-9; Lc. 8.4-8)

13 Aquel día salió Jesús de la casa y se sentó junto al mar. ² Y se le juntó mucha gente; y entrando él en la barca, se sentó, y toda la gente estaba en la playa. ³ Y les habló muchas cosas por parábolas, diciendo: He aquí, el sembrador salió a sembrar. ⁴ Y mientras sembraba, parte de la semilla cayó junto al camino; y vinieron las aves y la comieron. ⁵ Parte cayó en pedregales, donde no había mucha tierra; y brotó pronto, porque no tenía profundidad de tierra; ⁶ pero salido el sol, se quemó; y porque no tenía raíz, se secó. ⁷ Y parte cayó entre espinos; y los espinos crecieron, y la ahogaron. ⁸ Pero parte cayó en buena tierra, y dio fruto, cuál a ciento, cuál a sesenta, y cuál a treinta por uno. ⁹ El que tiene oídos para oír, oiga.

Propósito de las parábolas
(Mr. 4.10-12; Lc. 8.9-10)

¹⁰ Entonces, acercándose los dis-

cípulos, le dijeron: ¿Por qué les hablas por parábolas? [11] Él respondiendo, les dijo: Porque a vosotros os es dado saber los misterios del reino de los cielos; mas a ellos no les es dado. [12] Porque a cualquiera que tiene, se le dará, y tendrá más; pero al que no tiene, aun lo que tiene le será quitado. [13] Por eso les hablo por parábolas: porque viendo no ven, y oyendo no oyen, ni entienden. [14] De manera que se cumple en ellos la profecía de Isaías, que dijo:
De oído oiréis, y no entenderéis;
Y viendo veréis, y no percibiréis.
[15] Porque el corazón de este pueblo se ha engrosado,
Y con los oídos oyen pesadamente,
Y han cerrado sus ojos;
Para que no vean con los ojos,
Y oigan con los oídos,
Y con el corazón entiendan,
Y se conviertan,
Y yo los sane.
[16] Pero bienaventurados vuestros ojos, porque ven; y vuestros oídos, porque oyen. [17] Porque de cierto os digo, que muchos profetas y justos desearon ver lo que veis, y no lo vieron; y oír lo que oís, y no lo oyeron.

Jesús explica la parábola del sembrador
(Mr. 4.13-20; Lc. 8.11-15)

[18] Oíd, pues, vosotros la parábola del sembrador: [19] Cuando alguno oye la palabra del reino y no la entiende, viene el malo, y arrebata lo que fue sembrado en su corazón. Éste es el que fue sembrado junto al camino. [20] Y el que fue sembrado en pedregales, éste es el que oye la palabra, y al momento la recibe con gozo; [21] pero no tiene raíz en sí, sino que es de corta duración, pues al venir la aflicción o la persecución por causa de la palabra, luego tropieza. [22] El que fue sembrado entre espinos, éste es el que oye la palabra, pero el afán de este siglo y el engaño de las riquezas ahogan la palabra, y se hace infructuosa. [23] Mas el que fue sembrado en buena tierra, éste es el que oye y entiende la palabra, y da fruto; y produce a ciento, a sesenta, y a treinta por uno.

Parábola del trigo y la cizaña

[24] Les refirió otra parábola, diciendo: El reino de los cielos es semejante a un hombre que sembró buena semilla en su campo; [25] pero mientras dormían los hombres, vino su enemigo y sembró cizaña entre el trigo, y se fue. [26] Y cuando salió la hierba y dio fruto, entonces apareció también la cizaña. [27] Vinieron entonces los siervos del padre de familia y le dijeron: Señor, ¿no sembraste buena semilla en tu campo? ¿De dónde, pues, tiene cizaña? [28] Él les dijo: Un enemigo ha hecho esto.

Y los siervos le dijeron: ¿Quieres, pues, que vayamos y la arranquemos? ²⁹ Él les dijo: No, no sea que al arrancar la cizaña, arranquéis también con ella el trigo. ³⁰ Dejad crecer juntamente lo uno y lo otro hasta la siega; y al tiempo de la siega yo diré a los segadores: Recoged primero la cizaña, y atadla en manojos para quemarla; pero recoged el trigo en mi granero.

Parábola de la semilla de mostaza
(Mr. 4.30-32; Lc. 13.18-19)

³¹ Otra parábola les refirió, diciendo: El reino de los cielos es semejante al grano de mostaza, que un hombre tomó y sembró en su campo; ³² el cual a la verdad es la más pequeña de todas las semillas; pero cuando ha crecido, es la mayor de las hortalizas, y se hace árbol, de tal manera que vienen las aves del cielo y hacen nidos en sus ramas.

Parábola de la levadura
(Lc. 13.20-21)

³³ Otra parábola les dijo: El reino de los cielos es semejante a la levadura que tomó una mujer, y escondió en tres medidas de harina, hasta que todo fue leudado.

El uso que Jesús hace de las parábolas
(Mr. 4.33-34)

³⁴ Todo esto habló Jesús por parábolas a la gente, y sin parábolas no les hablaba; ³⁵ para que se cumpliese lo dicho por el profeta, cuando dijo:
Abriré en parábolas mi boca;
Declararé cosas escondidas desde la fundación del mundo.

Jesús explica la parábola de la cizaña

³⁶ Entonces, despedida la gente, entró Jesús en la casa; y acercándose a él sus discípulos, le dijeron: Explícanos la parábola de la cizaña del campo. ³⁷ Respondiendo él, les dijo: El que siembra la buena semilla es el Hijo del Hombre. ³⁸ El campo es el mundo; la buena semilla son los hijos del reino, y la cizaña son los hijos del malo. ³⁹ El enemigo que la sembró es el diablo; la siega es el fin del siglo; y los segadores son los ángeles. ⁴⁰ De manera que como se arranca la cizaña, y se quema en el fuego, así será en el fin de este siglo. ⁴¹ Enviará el Hijo del Hombre a sus ángeles, y recogerán de su reino a todos los que sirven de tropiezo, y a los que hacen iniquidad, ⁴² y los echarán en el horno de fuego; allí será el lloro y el crujir de dientes. ⁴³ Entonces los justos resplandecerán como el sol en el reino de su Padre. El que tiene oídos para oír, oiga.

El tesoro escondido

⁴⁴ Además, el reino de los cielos es semejante a un tesoro escondido en un campo, el cual un hombre halla, y lo esconde de nuevo; y gozoso por ello va y vende todo lo que tiene, y compra aquel campo.

La perla de gran precio

⁴⁵ También el reino de los cielos es semejante a un mercader que busca buenas perlas, ⁴⁶ que habiendo hallado una perla preciosa, fue y vendió todo lo que tenía, y la compró.

La red

⁴⁷ Asimismo el reino de los cielos es semejante a una red, que echada en el mar, recoge de toda clase de peces; ⁴⁸ y una vez llena, la sacan a la orilla; y sentados, recogen lo bueno en cestas, y lo malo echan fuera. ⁴⁹ Así será al fin del siglo: saldrán los ángeles, y apartarán a los malos de entre los justos, ⁵⁰ y los echarán en el horno de fuego; allí será el lloro y el crujir de dientes.

Tesoros nuevos y viejos

⁵¹ Jesús les dijo: ¿Habéis entendido todas estas cosas? Ellos respondieron: Sí, Señor. ⁵² Él les dijo: Por eso todo escriba docto en el reino de los cielos es semejante a un padre de familia, que saca de su tesoro cosas nuevas y cosas viejas.

Jesús en Nazaret
(Mr. 6.1-6; Lc. 4.16-30)

⁵³ Aconteció que cuando terminó Jesús estas parábolas, se fue de allí. ⁵⁴ Y venido a su tierra, les enseñaba en la sinagoga de ellos, de tal manera que se maravillaban, y decían: ¿De dónde tiene éste esta sabiduría y estos milagros? ⁵⁵ ¿No es éste el hijo del carpintero? ¿No se llama su madre María, y sus hermanos, Jacobo, José, Simón y Judas? ⁵⁶ ¿No están todas sus hermanas con nosotros? ¿De dónde, pues, tiene éste todas estas cosas? ⁵⁷ Y se escandalizaban de él. Pero Jesús les dijo: No hay profeta sin honra, sino en su propia tierra y en su casa. ⁵⁸ Y no hizo allí muchos milagros, a causa de la incredulidad de ellos.

Muerte de Juan el Bautista
(Mr. 6.14-29; Lc. 9.7-9)

14 En aquel tiempo Herodes el tetrarca oyó la fama de Jesús, ² y dijo a sus criados: Éste es Juan el Bautista; ha resucitado de los muertos, y por eso actúan en él estos poderes. ³ Porque Herodes había prendido a Juan, y le había encadenado y metido en la cárcel, por causa de Herodías, mujer de Felipe su hermano; ⁴ porque Juan le decía: No te es lícito tenerla., ⁵ Y Herodes quería matarle, pero temía al pueblo; porque tenían a Juan por profeta. ⁶ Pero cuando se celebraba el cumpleaños de Herodes, la hija de Herodías danzó en medio, y agradó a Herodes, ⁷ por lo cual éste le prometió con juramento darle todo lo que pidiese. ⁸ Ella, instruida primero por su madre, dijo: Dame aquí en un plato la cabeza de Juan el Bautista. ⁹ Entonces el rey se entristeció; pero a causa del juramento, y de los que estaban con él a la mesa, mandó que se la diesen, ¹⁰ y ordenó decapitar a Juan en la cárcel. ¹¹ Y fue traída su cabeza en un plato, y dada a la muchacha; y ella la presentó a su madre. ¹² Entonces llegaron sus discípulos, y tomaron el cuerpo y lo enterraron; y fueron y dieron las nuevas a Jesús.

Alimentación de los cinco mil
(Mr. 6.30-44; Lc. 9.10-17; Jn. 6.1-14)

¹³ Oyéndolo Jesús, se apartó de allí en una barca a un lugar desierto y apartado; y cuando la gente lo oyó, le siguió a pie desde las ciudades. ¹⁴ Y saliendo Jesús, vio una gran multitud, y tuvo compasión de ellos, y sanó a los que de ellos estaban enfermos. ¹⁵ Cuando anochecía, se acercaron a él sus discípulos, diciendo: El lugar es desierto, y la hora ya pasada; despide a la multitud, para que vayan por las aldeas y compren de comer. ¹⁶ Jesús les dijo: No tienen necesidad de irse;

dadles vosotros de comer. ¹⁷ Y ellos dijeron: No tenemos aquí sino cinco panes y dos peces. ¹⁸ Él les dijo: Traédmelos acá. ¹⁹ Entonces mandó a la gente recostarse sobre la hierba; y tomando los cinco panes y los dos peces, y levantando los ojos al cielo, bendijo, y partió y dio los panes a los discípulos, y los discípulos a la multitud. ²⁰ Y comieron todos, y se saciaron; y recogieron lo que sobró de los pedazos, doce cestas llenas. ²¹ Y los que comieron fueron como cinco mil hombres, sin contar las mujeres y los niños.

Jesús anda sobre el mar
(Mr. 6.45-52; Jn. 6.15-21)

²² En seguida Jesús hizo a sus discípulos entrar en la barca e ir delante de él a la otra ribera, entre tanto que él despedía a la multitud. ²³ Despedida la multitud, subió al monte a orar aparte; y cuando llegó la noche, estaba allí solo. ²⁴ Y ya la barca estaba en medio del mar, azotada por las olas; porque el viento era contrario. ²⁵ Mas a la cuarta vigilia de la noche, Jesús vino a ellos andando sobre el mar. ²⁶ Y los discípulos, viéndole andar sobre el mar, se turbaron, diciendo: ¡Un fantasma! Y dieron voces de miedo. ²⁷ Pero en seguida Jesús les habló, diciendo: ¡Tened ánimo; yo soy, no temáis!

²⁸ Entonces le respondió Pedro, y dijo: Señor, si eres tú, manda que yo vaya a ti sobre las aguas. ²⁹ Y él dijo: Ven. Y descendiendo Pedro de la barca, andaba sobre las aguas para ir a Jesús. ³⁰ Pero al ver el fuerte viento, tuvo miedo; y comenzando a hundirse, dio voces, diciendo: ¡Señor, sálvame! ³¹ Al momento Jesús, extendiendo la mano, asió de él, y le dijo: ¡Hombre de poca fe! ¿Por qué dudaste? ³² Y cuando ellos subieron en la barca, se calmó el viento. ³³ Entonces los que estaban en la barca vinieron y le adoraron, diciendo: Verdaderamente eres Hijo de Dios.

Jesús sana a los enfermos en Genesaret
(Mr. 6.53-56)

³⁴ Y terminada la travesía, vinieron a tierra de Genesaret. ³⁵ Cuando le conocieron los hombres de aquel lugar, enviaron noticia por toda aquella tierra alrededor, y trajeron a él todos los enfermos; ³⁶ y le rogaban que les dejase tocar solamente el borde de su manto; y todos los que lo tocaron, quedaron sanos.

Lo que contamina al hombre
(Mr. 7.1-23)

15 Entonces se acercaron a Jesús ciertos escribas y fariseos de Jerusalén, diciendo: ² ¿Por qué tus discípulos quebrantan la tradición de los ancianos? Porque no se lavan las manos cuando comen pan. ³ Respondiendo él, les dijo: ¿Por qué también vosotros quebrantáis el mandamiento de Dios por vuestra tradición? ⁴ Porque Dios mandó diciendo: Honra a tu padre y a tu madre; y: El que maldiga al padre o a la madre, muera irremisiblemente. ⁵ Pero vosotros decís: Cualquiera que diga a su padre o a su madre: Es mi ofrenda a Dios todo aquello con que pudiera ayudarte, ⁶ ya no ha de honrar a su padre o a su madre. Así habéis invalidado el mandamiento de Dios por vuestra tradición. ⁷ Hipócritas, bien profetizó de vosotros Isaías, cuando dijo:

⁸ Este pueblo de labios me honra;
Mas su corazón está lejos de mí.
⁹ Pues en vano me honran,
Enseñando como doctrinas,
mandamientos de hombres.

¹⁰ Y llamando a sí a la multitud, les dijo: Oíd, y entended: ¹¹ No lo que entra en la boca contamina al hombre; mas lo que sale de la boca, esto contamina al hombre. ¹² Entonces acercándose sus discípulos, le dijeron: ¿Sabes que los fariseos se ofendieron cuando oyeron esta palabra? ¹³ Pero respondiendo él, dijo: Toda planta que no plantó mi Padre celestial, será desarraigada. ¹⁴ Dejadlos; son ciegos guías

de ciegos; y si el ciego guiare al ciego, ambos caerán en el hoyo. [15] Respondiendo Pedro, le dijo: Explícanos esta parábola. [16] Jesús dijo: ¿También vosotros sois aún sin entendimiento? [17] ¿No entendéis que todo lo que entra en la boca va al vientre, y es echado en la letrina? [18] Pero lo que sale de la boca, del corazón sale; y esto contamina al hombre. [19] Porque del corazón salen los malos pensamientos, los homicidios, los adulterios, las fornicaciones, los hurtos, los falsos testimonios, las blasfemias. [20] Estas cosas son las que contaminan al hombre; pero el comer con las manos sin lavar no contamina al hombre.

La fe de la mujer cananea
(Mr. 7.24-30)

[21] Saliendo Jesús de allí, se fue a la región de Tiro y de Sidón. [22] Y he aquí una mujer cananea que había salido de aquella región clamaba, diciéndole: ¡Señor, Hijo de David, ten misericordia de mí! Mi hija es gravemente atormentada por un demonio. [23] Pero Jesús no le respondió palabra. Entonces acercándose sus discípulos, le rogaron, diciendo: Despídela, pues da voces tras nosotros. [24] Él respondiendo, dijo: No soy enviado sino a las ovejas perdidas de la casa de Israel. [25] Entonces ella vino y se postró ante él, diciendo: ¡Señor, socórreme! [26] Respondiendo él, dijo: No está bien tomar el pan de los hijos, y echarlo a los perrillos. [27] Y ella dijo: Sí, Señor; pero aun los perrillos comen de las migajas que caen de la mesa de sus amos. [28] Entonces respondiendo Jesús, dijo: Oh mujer, grande es tu fe; hágase contigo como quieres. Y su hija fue sanada desde aquella hora.

Jesús sana a muchos

[29] Pasó Jesús de allí y vino junto al mar de Galilea; y subiendo al monte, se sentó allí. [30] Y se le acercó mucha gente que traía consigo a cojos, ciegos, mudos, mancos, y otros muchos enfermos; y los pusieron a los pies de Jesús, y los sanó; [31] de manera que la multitud se maravillaba, viendo a los mudos hablar, a los mancos sanados, a los cojos andar, y a los ciegos ver; y glorificaban al Dios de Israel.

Alimentación de los cuatro mil
(Mr. 8.1-10)

[32] Y Jesús, llamando a sus discípulos, dijo: Tengo compasión de la gente, porque ya hace tres días que están conmigo, y no tienen qué comer; y enviarlos en ayunas no quiero, no sea que desmayen en el camino. [33] Entonces sus discípulos le dijeron: ¿De dónde

tenemos nosotros tantos panes en el desierto, para saciar a una multitud tan grande? ³⁴ Jesús les dijo: ¿Cuántos panes tenéis? Y ellos dijeron: Siete, y unos pocos pececillos. ³⁵ Y mandó a la multitud que se recostase en tierra. ³⁶ Y tomando los siete panes y los peces, dio gracias, los partió y dio a sus discípulos, y los discípulos a la multitud. ³⁷ Y comieron todos, y se saciaron; y recogieron lo que sobró de los pedazos, siete canastas llenas. ³⁸ Y eran los que habían comido, cuatro mil hombres, sin contar las mujeres y los niños. ³⁹ Entonces, despedida la gente, entró en la barca, y vino a la región de Magdala.

La demanda de una señal
(Mr. 8.11-13; Lc. 12.54-56)

16 Vinieron los fariseos y los saduceos para tentarle, y le pidieron que les mostrase señal del cielo. ² Mas él respondiendo, les dijo: Cuando anochece, decís: Buen tiempo; porque el cielo tiene arreboles. ³ Y por la mañana: Hoy habrá tempestad; porque tiene arreboles el cielo nublado. ¡Hipócritas! que sabéis distinguir el aspecto del cielo, ¡mas las señales de los tiempos no podéis! ⁴ La generación mala y adúltera demanda señal; pero señal no le será dada, sino la señal del profeta Jonás. Y dejándolos, se fue.

La levadura de los fariseos
(Mr. 8.14-21)

⁵ Llegando sus discípulos al otro lado, se habían olvidado de traer pan. ⁶ Y Jesús les dijo: Mirad, guardaos de la levadura de los fariseos y de los saduceos. ⁷ Ellos pensaban dentro de sí, diciendo: Esto dice porque no trajimos pan. ⁸ Y entendiéndolo Jesús, les dijo: ¿Por qué pensáis dentro de vosotros, hombres de poca fe, que no tenéis pan? ⁹ ¿No entendéis aún, ni os acordáis de los cinco panes entre cinco mil hombres, y cuántas cestas recogisteis? ¹⁰ ¿Ni de los siete panes entre cuatro mil, y cuántas canastas recogisteis? ¹¹ ¿Cómo es que no entendéis que no fue por el pan que os dije que os guardaseis de la levadura de los fariseos y de los saduceos? ¹² Entonces entendieron que no les había dicho que se guardasen de la levadura del pan, sino de la doctrina de los fariseos y de los saduceos.

La confesión de Pedro
(Mr. 8.27-30; Lc. 9.18-21)

¹³ Viniendo Jesús a la región de Cesarea de Filipo, preguntó a sus discípulos, diciendo: ¿Quién dicen los hombres que es el Hijo del Hombre? ¹⁴ Ellos dijeron: Unos, Juan el Bautista; otros, Elías; y otros, Jeremías, o alguno de los profetas. ¹⁵ Él les dijo: Y vosotros, ¿quién decís que soy yo?

16 Respondiendo Simón Pedro, dijo: Tú eres el Cristo, el Hijo del Dios viviente. 17 Entonces le respondió Jesús: Bienaventurado eres, Simón, hijo de Jonás, porque no te lo reveló carne ni sangre, sino mi Padre que está en los cielos. 18 Y yo también te digo, que tú eres Pedro, y sobre esta roca edificaré mi iglesia; y las puertas del Hades no prevalecerán contra ella. 19 Y a ti te daré las llaves del reino de los cielos; y todo lo que atares en la tierra será atado en los cielos; y todo lo que desatares en la tierra será desatado en los cielos. 20 Entonces mandó a sus discípulos que a nadie dijesen que él era Jesús el Cristo.

Jesús anuncia su muerte
(Mr. 8.31—9.1; Lc. 9.22-27)

21 Desde entonces comenzó Jesús a declarar a sus discípulos que le era necesario ir a Jerusalén y padecer mucho de los ancianos, de los principales sacerdotes y de los escribas; y ser muerto, y resucitar al tercer día. 22 Entonces Pedro, tomándolo aparte, comenzó a reconvenirle, diciendo: Señor, ten compasión de ti; en ninguna manera esto te acontezca. 23 Pero él, volviéndose, dijo a Pedro: ¡Quítate de delante de mí, Satanás!; me eres tropiezo, porque no pones la mira en las cosas de Dios, sino en las de los hombres.

24 Entonces Jesús dijo a sus discípulos: Si alguno quiere venir en pos de mí, niéguese a sí mismo, y tome su cruz, y sígame. 25 Porque todo el que quiera salvar su vida, la perderá; y todo el que pierda su vida por causa de mí, la hallará. 26 Porque ¿qué aprovechará al hombre, si ganare todo el mundo, y perdiere su alma? ¿O qué recompensa dará el hombre por su alma? 27 Porque el Hijo del Hombre vendrá en la gloria de su Padre con sus ángeles, y entonces pagará a cada uno conforme a sus obras. 28 De cierto os digo que hay algunos de los que están aquí, que no gustarán la muerte, hasta que hayan visto al Hijo del Hombre viniendo en su reino.

La transfiguración
(Mr. 9.2-13; Lc. 9.28-36)

17 Seis días después, Jesús tomó a Pedro, a Jacobo y a Juan su hermano, y los llevó aparte a un monte alto; 2 y se transfiguró delante de ellos, y resplandeció su rostro como el sol, y sus vestidos se hicieron blancos como la luz. 3 Y he aquí les aparecieron Moisés y Elías, hablando con él. 4 Entonces Pedro dijo a Jesús: Señor, bueno es para nosotros que estemos aquí; si quieres, hagamos aquí tres enramadas: una para ti, otra para Moisés, y otra para Elías. 5 Mientras él aún hablaba, una nube de luz los cubrió; y he aquí una voz desde la nube, que decía: Éste es mi Hijo amado, en quien tengo complacencia; a él oíd. 6 Al oír esto los discípulos, se postraron sobre sus rostros, y tuvieron gran temor. 7 Entonces Jesús se acercó y los tocó, y dijo: Levantaos, y no temáis. 8 Y alzando ellos los ojos, a nadie vieron sino a Jesús solo.

9 Cuando descendieron del monte, Jesús les mandó, diciendo: No digáis a nadie la visión, hasta que el Hijo del Hombre resucite de los muertos. 10 Entonces sus discípulos le preguntaron, diciendo: ¿Por qué, pues, dicen los escribas que es necesario que Elías venga primero? 11 Respondiendo Jesús, les dijo: A la verdad, Elías viene primero, y restaurará todas las cosas. 12 Mas os digo que Elías ya vino, y no le conocieron, sino que hicieron con él todo lo que quisieron; así también el Hijo del Hombre padecerá de ellos. 13 Entonces los discípulos comprendieron que les había hablado de Juan el Bautista.

Jesús sana a un muchacho lunático
(Mr. 9.14-29; Lc. 9.37-43)

14 Cuando llegaron al gentío, vino a él un hombre que se arrodilló delante de él, diciendo: 15 Señor, ten misericordia de mi hijo, que es lunático, y padece muchísi-mo; porque muchas veces cae en el fuego, y muchas en el agua. 16 Y lo he traído a tus discípulos, pero no le han podido sanar. 17 Respondiendo Jesús, dijo: ¡Oh generación incrédula y perversa! ¿Hasta cuándo he de estar con vosotros? ¿Hasta cuándo os he de soportar? Traédmelo acá. 18 Y reprendió Jesús al demonio, el cual salió del muchacho, y éste quedó sano desde aquella hora. 19 Viniendo entonces los discípulos a Jesús, aparte, dijeron: ¿Por qué nosotros no pudimos echarlo fuera? 20 Jesús les dijo: Por vuestra poca fe; porque de cierto os digo, que si tuviereis fe como un grano de mostaza, diréis a este monte: Pásate de aquí allá, y se pasará; y nada os será imposible. 21 Pero este género no sale sino con oración y ayuno.

Jesús anuncia otra vez su muerte
(Mr. 9.30-32; Lc. 9.43-45)

22 Estando ellos en Galilea, Jesús les dijo: El Hijo del Hombre será entregado en manos de hombres, 23 y le matarán; mas al tercer día resucitará. Y ellos se entristecieron en gran manera.

Pago del impuesto del templo

24 Cuando llegaron a Capernaum, vinieron a Pedro los que cobraban las dos dracmas, y le dijeron: ¿Vuestro Maestro no paga las dos

dracmas? ²⁵ Él dijo: Sí. Y al entrar él en casa, Jesús le habló primero, diciendo: ¿Qué te parece, Simón? Los reyes de la tierra, ¿de quiénes cobran los tributos o los impuestos? ¿De sus hijos, o de los extraños? ²⁶ Pedro le respondió: De los extraños. Jesús le dijo: Luego los hijos están exentos. ²⁷ Sin embargo, para no ofenderles, ve al mar, y echa el anzuelo, y el primer pez que saques, tómalo, y al abrirle la boca, hallarás un estatero; tómalo, y dáselo por mí y por ti.

¿Quién es el mayor?
(Mr. 9.33-37; Lc. 9.46-48)

18 En aquel tiempo los discípulos vinieron a Jesús, diciendo: ¿Quién es el mayor en el reino de los cielos? ² Y llamando Jesús a un niño, lo puso en medio de ellos, ³ y dijo: De cierto os digo, que si no os volvéis y os hacéis como niños, no entraréis en el reino de los cielos. ⁴ Así que, cualquiera que se humille como este niño, ése es el mayor en el reino de los cielos. ⁵ Y cualquiera que reciba en mi nombre a un niño como éste, a mí me recibe.

Ocasiones de caer
(Mr. 9.42-48; Lc. 17.1-2)

⁶ Y cualquiera que haga tropezar a alguno de estos pequeños que creen en mí, mejor le fuera que se le colgase al cuello una piedra de molino de asno, y que se le hundiese en lo profundo del mar.

⁷ ¡Ay del mundo por los tropiezos! porque es necesario que vengan tropiezos, pero ¡ay de aquel hombre por quien viene el tropiezo! ⁸ Por tanto, si tu mano o tu pie te es ocasión de caer, córtalo y échalo de ti; mejor te es entrar en la vida cojo o manco, que teniendo dos manos o dos pies ser echado en el fuego eterno. ⁹ Y si tu ojo te es ocasión de caer, sácalo y échalo de ti; mejor te es entrar con un solo ojo en la vida, que teniendo dos ojos ser echado en el infierno de fuego.

Parábola de la oveja perdida
(Lc. 15.3-7)

¹⁰ Mirad que no menospreciéis a uno de estos pequeños; porque os digo que sus ángeles en los cielos ven siempre el rostro de mi Padre que está en los cielos. ¹¹ Porque el Hijo del Hombre ha venido para salvar lo que se había perdido. ¹² ¿Qué os parece? Si un hombre tiene cien ovejas, y se descarría una de ellas, ¿no deja las noventa y nueve y va por los montes a buscar la que se había descarriado? ¹³ Y si acontece que la encuentra, de cierto os digo que se regocija más por aquélla, que por las noventa y nueve que no se descarriaron. ¹⁴ Así, no es la voluntad de vuestro Padre que

está en los cielos, que se pierda uno de estos pequeños.

Cómo se debe perdonar al hermano

¹⁵ Por tanto, si tu hermano peca contra ti, ve y repréndele estando tú y él solos; si te oyere, has ganado a tu hermano. ¹⁶ Mas si no te oyere, toma aún contigo a uno o dos, para que en boca de dos o tres testigos conste toda palabra. ¹⁷ Si no los oyere a ellos, dilo a la iglesia; y si no oyere a la iglesia, tenle por gentil y publicano. ¹⁸ De cierto os digo que todo lo que atéis en la tierra, será atado en el cielo; y todo lo que desatéis en la tierra, será desatado en el cielo. ¹⁹ Otra vez os digo, que si dos de vosotros se pusieren de acuerdo en la tierra acerca de cualquiera cosa que pidieren, les será hecho por mi Padre que está en los cielos. ²⁰ Porque donde están dos o tres congregados en mi nombre, allí estoy yo en medio de ellos.

²¹ Entonces se le acercó Pedro y le dijo: Señor, ¿cuántas veces perdonaré a mi hermano que peque contra mí? ¿Hasta siete? ²² Jesús le dijo: No te digo hasta siete, sino aun hasta setenta veces siete.

Los dos deudores

²³ Por lo cual el reino de los cielos es semejante a un rey que quiso hacer cuentas con sus siervos. ²⁴ Y comenzando a hacer cuentas, le fue presentado uno que le debía diez mil talentos. ²⁵ A éste, como no pudo pagar, ordenó su señor venderle, y a su mujer e hijos, y todo lo que tenía, para que se le pagase la deuda. ²⁶ Entonces aquel siervo, postrado, le suplicaba, diciendo: Señor, ten paciencia conmigo, y yo te lo pagaré todo. ²⁷ El señor de aquel siervo, movido a misericordia, le soltó y le perdonó la deuda. ²⁸ Pero saliendo aquel siervo, halló a uno de sus consiervos, que le debía cien denarios; y asiendo de él, le ahogaba, diciendo: Págame lo que me debes. ²⁹ Entonces su consiervo, postrándose a sus pies, le rogaba diciendo: Ten paciencia conmigo, y yo te lo pagaré todo. ³⁰ Mas él no quiso, sino fue y le echó en la cárcel, hasta que pagase la deuda. ³¹ Viendo sus consiervos lo que pasaba, se entristecieron mucho, y fueron y refirieron a su señor todo lo que había pasado. ³² Entonces, llamándole su señor, le dijo: Siervo malvado, toda aquella deuda te perdoné, porque me rogaste. ³³ ¿No debías tú también tener misericordia de tu consiervo, como yo tuve misericordia de ti? ³⁴ Entonces su señor, enojado, le entregó a los verdugos, hasta que pagase todo lo que le debía. ³⁵ Así también mi Padre celestial hará con vosotros si no perdonáis de

todo corazón cada uno a su hermano sus ofensas.

Jesús enseña sobre el divorcio
(Mr. 10.1-12; Lc. 16.18)

19 Aconteció que cuando Jesús terminó estas palabras, se alejó de Galilea, y fue a las regiones de Judea al otro lado del Jordán. ² Y le siguieron grandes multitudes, y los sanó allí.

³ Entonces vinieron a él los fariseos, tentándole y diciéndole: ¿Es lícito al hombre repudiar a su mujer por cualquier causa? ⁴ Él, respondiendo, les dijo: ¿No habéis leído que el que los hizo al principio, varón y hembra los hizo, ⁵ y dijo: Por esto el hombre dejará padre y madre, y se unirá a su mujer, y los dos serán una sola carne? ⁶ Así que no son ya más dos, sino una sola carne; por tanto, lo que Dios juntó, no lo separe el hombre. ⁷ Le dijeron: ¿Por qué, pues, mandó Moisés dar carta de divorcio, y repudiarla? ⁸ Él les dijo: Por la dureza de vuestro corazón Moisés os permitió repudiar a vuestras mujeres; mas al principio no fue así. ⁹ Y yo os digo que cualquiera que repudia a su mujer, salvo por causa de fornicación, y se casa con otra, adultera; y el que se casa con la repudiada, adultera.

¹⁰ Le dijeron sus discípulos: Si así es la condición del hombre con su mujer, no conviene casarse. ¹¹ Entonces él les dijo: No todos son capaces de recibir esto, sino aquellos a quienes es dado. ¹² Pues hay eunucos que nacieron así del vientre de su madre, y hay eunucos que son hechos eunucos por los hombres, y hay eunucos que a sí mismos se hicieron eunucos por causa del reino de los cielos. El que sea capaz de recibir esto, que lo reciba.

Jesús bendice a los niños
(Mr. 10.13-16; Lc. 18.15-17)

¹³ Entonces le fueron presentados unos niños, para que pusiese las manos sobre ellos, y orase; y los discípulos les reprendieron. ¹⁴ Pero Jesús dijo: Dejad a los niños venir a mí, y no se lo impidáis; porque de los tales es el reino de los cielos. ¹⁵ Y habiendo puesto sobre ellos las manos, se fue de allí.

El joven rico
(Mr. 10.17-31; Lc. 18.18-30)

¹⁶ Entonces vino uno y le dijo: Maestro bueno, ¿qué bien haré para tener la vida eterna? ¹⁷ Él le dijo: ¿Por qué me llamas bueno? Ninguno hay bueno sino uno: Dios. Mas si quieres entrar en la vida, guarda los mandamientos. ¹⁸ Le dijo: ¿Cuáles? Y Jesús dijo: No matarás. No adulterarás. No hurtarás. No dirás falso testimonio.

¹⁹ Honra a tu padre y a tu madre; y, Amarás a tu prójimo como a ti mismo. ²⁰ El joven le dijo: Todo esto lo he guardado desde mi juventud. ¿Qué más me falta? ²¹ Jesús le dijo: Si quieres ser perfecto, anda, vende lo que tienes, y dalo a los pobres, y tendrás tesoro en el cielo; y ven y sígueme. ²² Oyendo el joven esta palabra, se fue triste, porque tenía muchas posesiones.

²³ Entonces Jesús dijo a sus discípulos: De cierto os digo, que difícilmente entrará un rico en el reino de los cielos. ²⁴ Otra vez os digo, que es más fácil pasar un camello por el ojo de una aguja, que entrar un rico en el reino de Dios. ²⁵ Sus discípulos, oyendo esto, se asombraron en gran manera, diciendo: ¿Quién, pues, podrá ser salvo? ²⁶ Y mirándolos Jesús, les dijo: Para los hombres esto es imposible; mas para Dios todo es posible. ²⁷ Entonces respondiendo Pedro, le dijo: He aquí, nosotros lo hemos dejado todo, y te hemos seguido; ¿qué, pues, tendremos? ²⁸ Y Jesús les dijo: De cierto os digo que en la regeneración, cuando el Hijo del Hombre se siente en el trono de su gloria, vosotros que me habéis seguido también os sentaréis sobre doce tronos, para juzgar a las doce tribus de Israel. ²⁹ Y cualquiera que haya dejado casas, o hermanos, o hermanas, o padre, o madre, o mujer, o hijos, o tierras, por mi nombre, recibirá cien veces más, y heredará la vida eterna. ³⁰ Pero muchos primeros serán postreros, y postreros, primeros.

Los obreros de la viña

20 Porque el reino de los cielos es semejante a un hombre, padre de familia, que salió por la mañana a contratar obreros para su viña. ² Y habiendo convenido con los obreros en un denario al día, los envió a su viña. ³ Saliendo cerca de la hora tercera del día, vio a otros que estaban en la plaza desocupados; ⁴ y les dijo: Id también vosotros a mi viña, y os daré lo que sea justo. Y ellos fueron. ⁵ Salió otra vez cerca de las horas sexta y novena, e hizo lo mismo. ⁶ Y saliendo cerca de la hora undécima, halló a otros que estaban desocupados; y les dijo: ¿Por qué estáis aquí todo el día desocupados? ⁷ Le dijeron: Porque nadie nos ha contratado. Él les dijo: Id también vosotros a la viña, y recibiréis lo que sea justo. ⁸ Cuando llegó la noche, el señor de la viña dijo a su mayordomo: Llama a los obreros y págales el jornal, comenzando desde los postreros hasta los primeros. ⁹ Y al venir los que habían ido cerca de la hora undécima, recibieron cada uno un denario. ¹⁰ Al venir también los primeros, pensaron que habían de recibir más; pero también ellos recibieron cada uno un denario. ¹¹ Y al recibirlo, murmuraban contra el padre de familia, ¹² diciendo: Estos postreros han trabajado una sola hora, y los has hecho iguales a nosotros, que hemos soportado la carga y el calor del día. ¹³ Él, respondiendo, dijo a uno de ellos: Amigo, no te hago agravio; ¿no conviniste conmigo en un denario? ¹⁴ Toma lo que es tuyo, y vete; pero quiero dar a este postrero, como a ti. ¹⁵ ¿No me es lícito hacer lo que quiero con lo mío? ¿O tienes tú envidia, porque yo soy bueno? ¹⁶ Así, los primeros serán postreros, y los postreros, primeros; porque muchos son llamados, mas pocos escogidos.

Nuevamente Jesús anuncia su muerte
(Mr. 10.32-34; Lc. 18.31-34)
¹⁷ Subiendo Jesús a Jerusalén, tomó a sus doce discípulos aparte en el camino, y les dijo: ¹⁸ He aquí subimos a Jerusalén, y el Hijo del Hombre será entregado a los principales sacerdotes y a los escribas, y le condenarán a muerte; ¹⁹ y le entregarán a los gentiles para que le escarnezcan, le azoten, y le crucifiquen; mas al tercer día resucitará.

Petición de Santiago y de Juan
(Mr. 10.35-45)
²⁰ Entonces se le acercó la madre de los hijos de Zebedeo con sus hijos, postrándose ante él y pidiéndole algo. ²¹ Él le dijo: ¿Qué quieres? Ella le dijo: Ordena que en tu reino se sienten estos dos hijos míos, el uno a tu derecha, y el otro a tu izquierda. ²² Entonces Jesús respondiendo, dijo: No sabéis lo que pedís. ¿Podéis beber del vaso que yo he de beber, y ser bautizados con el bautismo con que yo soy bautizado? Y ellos le dijeron: Podemos. ²³ Él les dijo: A la verdad, de mi vaso beberéis, y con el bautismo con que yo soy bautizado, seréis bautizados; pero el sentaros a mi derecha y a mi izquierda, no es mío darlo, sino a aquellos para quienes está preparado por mi Padre. ²⁴ Cuando los diez oyeron esto, se enojaron contra los dos hermanos. ²⁵ Entonces Jesús, llamándolos, dijo: Sabéis que los gobernantes de las naciones se enseñorean de ellas, y los que son grandes ejercen sobre ellas potestad. ²⁶ Mas entre vosotros no será así, sino que el que quiera hacerse grande entre vosotros será vuestro servidor, ²⁷ y el que quiera ser el primero entre vosotros será vuestro siervo; ²⁸ como el Hijo del Hombre no vino para ser servido, sino para servir, y para dar su vida en rescate por muchos.

Dos ciegos reciben la vista
(Mr. 10.46-52; Lc. 18.35-43)

²⁹ Al salir ellos de Jericó, le seguía una gran multitud. ³⁰ Y dos ciegos que estaban sentados junto al camino, cuando oyeron que Jesús pasaba, clamaron, diciendo: ¡Señor, Hijo de David, ten misericordia de nosotros! ³¹ Y la gente les reprendió para que callasen; pero ellos clamaban más, diciendo: ¡Señor, Hijo de David, ten misericordia de nosotros! ³² Y deteniéndose Jesús, los llamó, y les dijo: ¿Qué queréis que os haga? ³³ Ellos le dijeron: Señor, que sean abiertos nuestros ojos. ³⁴ Entonces Jesús, compadecido, les tocó los ojos, y en seguida recibieron la vista; y le siguieron.

La entrada triunfal en Jerusalén
(Mr. 11.1-11; Lc. 19.28-40; Jn. 12.12-19)

21 Cuando se acercaron a Jerusalén, y vinieron a Betfagé, al monte de los Olivos, Jesús envió dos discípulos, ² diciéndoles: Id a la aldea que está enfrente de vosotros, y luego hallaréis una asna atada, y un pollino con ella; desatadla, y traédmelos. ³ Y si alguien os dijere algo, decid: El Señor los necesita; y luego los enviará. ⁴ Todo esto aconteció para que se cumpliese lo dicho por el profeta, cuando dijo:

⁵ Decid a la hija de Sion:
He aquí, tu Rey viene a ti,
Manso, y sentado sobre una asna,
Sobre un pollino, hijo de animal de carga.

⁶ Y los discípulos fueron, e hicieron como Jesús les mandó; ⁷ y trajeron el asna y el pollino, y pusieron sobre ellos sus mantos; y él se sentó encima. ⁸ Y la multitud, que era muy numerosa, tendía sus mantos en el camino; y otros cortaban ramas de los árboles, y las tendían en el camino. ⁹ Y la gente que iba delante y la que iba detrás aclamaba, diciendo: ¡Hosanna al Hijo de David! ¡Bendito el que viene en el nombre del Señor! ¡Hosanna en las alturas! ¹⁰ Cuando entró él en Jerusalén, toda la ciudad se conmovió, diciendo: ¿Quién es éste? ¹¹ Y la gente decía: Éste es Jesús el profeta, de Nazaret de Galilea.

Purificación del templo
(Mr. 11.15-19; Lc. 19.45-48; Jn. 2.13-22)

¹² Y entró Jesús en el templo de Dios, y echó fuera a todos los que vendían y compraban en el templo, y volcó las mesas de los cambistas, y las sillas de los que vendían palomas; ¹³ y les dijo: Escrito está: Mi casa, casa de oración será llamada; mas vosotros la habéis hecho cueva de ladrones.

¹⁴ Y vinieron a él en el templo ciegos y cojos, y los sanó. ¹⁵ Pero los principales sacerdotes y los escribas, viendo las maravillas que hacía, y a los muchachos aclamando en el templo y diciendo: ¡Hosanna al Hijo de David! se indignaron, ¹⁶ y le dijeron: ¿Oyes lo que éstos dicen? Y Jesús les dijo: Sí; ¿nunca leísteis:
De la boca de los niños y de los que maman
Perfeccionaste la alabanza?

¹⁷ Y dejándolos, salió fuera de la ciudad, a Betania, y posó allí.

Maldición de la higuera estéril
(Mr. 11.12-14,20-26)

¹⁸ Por la mañana, volviendo a la ciudad, tuvo hambre. ¹⁹ Y viendo una higuera cerca del camino, vino a ella, y no halló nada en ella, sino hojas solamente; y le dijo: Nunca jamás nazca de ti fruto. Y luego se secó la higuera. ²⁰ Viendo esto los discípulos, decían maravillados: ¿Cómo es que se secó en seguida la higuera? ²¹ Respondiendo Jesús, les dijo: De cierto os digo, que si tuviereis fe, y no dudareis, no sólo haréis esto de la higuera, sino que si a este monte dijereis: Quítate y échate en el mar, será hecho. ²² Y todo lo que pidiereis en oración, creyendo, lo recibiréis.

La autoridad de Jesús
(Mr. 11.27-33; Lc. 20.1-8)

²³ Cuando vino al templo, los principales sacerdotes y los ancianos del pueblo se acercaron a él mientras enseñaba, y le dijeron: ¿Con qué autoridad haces estas cosas? ¿y quién te dio esta autoridad? ²⁴ Respondiendo Jesús, les dijo: Yo también os haré una pregunta, y si me la contestáis, también yo os diré con qué autoridad hago estas cosas. ²⁵ El bautismo de Juan, ¿de dónde era? ¿Del cielo, o de los hombres? Ellos entonces discutían entre sí, diciendo: Si decimos, del cielo, nos dirá: ¿Por qué, pues, no le creísteis? ²⁶ Y si decimos, de los hombres, tememos al pueblo; porque todos tienen a Juan por profeta. ²⁷ Y respondiendo a Jesús, dijeron: No sabemos. Y él también les dijo: Tampoco yo os digo con qué autoridad hago estas cosas.

Parábola de los dos hijos

²⁸ Pero ¿qué os parece? Un hombre tenía dos hijos, y acercándose al primero, le dijo: Hijo, ve hoy a trabajar en mi viña. ²⁹ Respondiendo él, dijo: No quiero; pero después, arrepentido, fue. ³⁰ Y acercándose al otro, le dijo de la misma manera; y respondiendo él, dijo: Sí, señor, voy. Y no fue. ³¹ ¿Cuál de los dos hizo la voluntad de su padre? Dijeron ellos: El

primero. Jesús les dijo: De cierto os digo, que los publicanos y las rameras van delante de vosotros al reino de Dios. ³² Porque vino a vosotros Juan en camino de justicia, y no le creísteis; pero los publicanos y las rameras le creyeron; y vosotros, viendo esto, no os arrepentisteis después para creerle.

Los labradores malvados
(Mr. 12.1-12; Lc. 20.9-19)

³³ Oíd otra parábola: Hubo un hombre, padre de familia, el cual plantó una viña, la cercó de vallado, cavó en ella un lagar, edificó una torre, y la arrendó a unos labradores, y se fue lejos. ³⁴ Y cuando se acercó el tiempo de los frutos, envió sus siervos a los labradores, para que recibiesen sus frutos. ³⁵ Mas los labradores, tomando a los siervos, a uno golpearon, a otro mataron, y a otro apedrearon. ³⁶ Envió de nuevo otros siervos, más que los primeros; e hicieron con ellos de la misma manera. ³⁷ Finalmente les envió su hijo, diciendo: Tendrán respeto a mi hijo. ³⁸ Mas los labradores, cuando vieron al hijo, dijeron entre sí: Éste es el heredero; venid, matémosle, y apoderémonos de su heredad. ³⁹ Y tomándole, le echaron fuera de la viña, y le mataron. ⁴⁰ Cuando venga, pues, el señor de la viña, ¿qué hará a aquellos labradores? ⁴¹ Le dijeron: A los malos destruirá sin misericordia, y arrendará su viña a otros labradores, que le paguen el fruto a su tiempo.

⁴² Jesús les dijo: ¿Nunca leísteis en las Escrituras:
La piedra que desecharon los edificadores,
Ha venido a ser cabeza del ángulo.
El Señor ha hecho esto,
Y es cosa maravillosa a nuestros ojos?
⁴³ Por tanto os digo, que el reino de Dios será quitado de vosotros, y será dado a gente que produzca los frutos de él. ⁴⁴ Y el que cayere sobre esta piedra será quebrantado; y sobre quien ella cayere, le desmenuzará.

⁴⁵ Y oyendo sus parábolas los principales sacerdotes y los fariseos, entendieron que hablaba de ellos. ⁴⁶ Pero al buscar cómo echarle mano, temían al pueblo, porque éste le tenía por profeta.

Parábola de la fiesta de bodas

22 Respondiendo Jesús, les volvió a hablar en parábolas, diciendo: ² El reino de los cielos es semejante a un rey que hizo fiesta de bodas a su hijo; ³ y envió a sus siervos a llamar a los convidados a las bodas; mas éstos no quisieron venir. ⁴ Volvió a enviar otros siervos, diciendo: Decid a los convidados: He aquí, he preparado mi comida; mis toros y animales engordados han sido muertos, y todo está dispuesto; venid a las bodas. [5] Mas ellos, sin hacer caso, se fueron, uno a su labranza, y otro a sus negocios; [6] y otros, tomando a los siervos, los afrentaron y los mataron. [7] Al oírlo el rey, se enojó; y enviando sus ejércitos, destruyó a aquellos homicidas, y quemó su ciudad. [8] Entonces dijo a sus siervos: Las bodas a la verdad están preparadas; mas los que fueron convidados no eran dignos. [9] Id, pues, a las salidas de los caminos, y llamad a las bodas a cuantos halléis. [10] Y saliendo los siervos por los caminos, juntaron a todos los que hallaron, juntamente malos y buenos; y las bodas fueron llenas de convidados.

[11] Y entró el rey para ver a los convidados, y vio allí a un hombre que no estaba vestido de boda. [12] Y le dijo: Amigo, ¿cómo entraste aquí, sin estar vestido de boda? Mas él enmudeció. [13] Entonces el rey dijo a los que servían: Atadle de pies y manos, y echadle en las tinieblas de afuera; allí será el lloro y el crujir de dientes. [14] Porque muchos son llamados, y pocos escogidos.

La cuestión del tributo
(Mr. 12.13-17; Lc. 20.20-26)
[15] Entonces se fueron los fariseos y consultaron cómo sorprenderle en alguna palabra. [16] Y le enviaron los discípulos de ellos con los herodianos, diciendo: Maestro, sabemos que eres amante de la verdad, y que enseñas con verdad el camino de Dios, y que no te cuidas de nadie, porque no miras la apariencia de los hombres. [17] Dinos, pues, qué te parece: ¿Es lícito dar tributo a César, o no? [18] Pero Jesús, conociendo la malicia de ellos, les dijo: ¿Por qué me tentáis, hipócritas? [19] Mostradme la moneda del tributo. Y ellos le presentaron un denario. [20] Entonces les dijo: ¿De quién es esta imagen, y la inscripción? [21] Le dijeron: De César. Y les dijo: Dad, pues, a César lo que es de César, y a Dios lo que es de Dios. [22] Oyendo esto, se maravillaron, y dejándole, se fueron.

La pregunta sobre la resurrección
(Mr. 12.18-27; Lc. 20.27-40)
[23] Aquel día vinieron a él los saduceos, que dicen que no hay resurrección, y le preguntaron, [24] diciendo: Maestro, Moisés dijo: Si alguno muriere sin hijos, su hermano se casará con su mujer, y levantará descendencia a su hermano. [25] Hubo, pues, entre nosotros siete hermanos; el primero se casó, y murió; y no teniendo descendencia, dejó su mujer a su hermano. [26] De la misma manera

también el segundo, y el tercero, hasta el séptimo. ²⁷ Y después de todos murió también la mujer. ²⁸ En la resurrección, pues, ¿de cuál de los siete será ella mujer, ya que todos la tuvieron?

²⁹ Entonces respondiendo Jesús, les dijo: Erráis, ignorando las Escrituras y el poder de Dios. ³⁰ Porque en la resurrección ni se casarán ni se darán en casamiento, sino serán como los ángeles de Dios en el cielo. ³¹ Pero respecto a la resurrección de los muertos, ¿no habéis leído lo que os fue dicho por Dios, cuando dijo: ³² Yo soy el Dios de Abraham, el Dios de Isaac y el Dios de Jacob? Dios no es Dios de muertos, sino de vivos. ³³ Oyendo esto la gente, se admiraba de su doctrina.

El gran mandamiento
(Mr. 12.28-34)

³⁴ Entonces los fariseos, oyendo que había hecho callar a los saduceos, se juntaron a una. ³⁵ Y uno de ellos, intérprete de la ley, preguntó por tentarle, diciendo: ³⁶ Maestro, ¿cuál es el gran mandamiento en la ley? ³⁷ Jesús le dijo: Amarás al Señor tu Dios con todo tu corazón, y con toda tu alma, y con toda tu mente. ³⁸ Éste es el primero y grande mandamiento. ³⁹ Y el segundo es semejante: Amarás a tu prójimo como a ti mismo. ⁴⁰ De estos dos

mandamientos depende toda la ley y los profetas.

¿De quién es hijo el Cristo?
(Mr. 12.35-37; Lc. 20.41-44)

⁴¹ Y estando juntos los fariseos, Jesús les preguntó, ⁴² diciendo: ¿Qué pensáis del Cristo? ¿De quién es hijo? Le dijeron: De David. ⁴³ Él les dijo: ¿Pues cómo David en el Espíritu le llama Señor, diciendo:
⁴⁴ Dijo el Señor a mi Señor:
Siéntate a mi derecha,
Hasta que ponga a tus enemigos por estrado de tus pies?
⁴⁵ Pues si David le llama Señor, ¿cómo es su hijo? ⁴⁶ Y nadie le podía responder palabra; ni osó alguno desde aquel día preguntarle más.

Jesús acusa a escribas y fariseos
(Mr. 12.38-40; Lc. 11.37-54; 20.45-47)

23 Entonces habló Jesús a la gente y a sus discípulos, diciendo: ² En la cátedra de Moisés se sientan los escribas y los fariseos. ³ Así que, todo lo que os digan que guardéis, guardadlo y hacedlo; mas no hagáis conforme a sus obras, porque dicen, y no hacen. ⁴ Porque atan cargas pesadas y difíciles de llevar, y las ponen sobre los hombros de los hombres; pero ellos ni con un dedo quieren moverlas. ⁵ Antes, hacen todas sus obras para ser vistos por los hombres. Pues ensanchan sus filacterias, y extienden los flecos de sus mantos; 6 y aman los primeros asientos en las cenas, y las primeras sillas en las sinagogas, 7 y las salutaciones en las plazas, y que los hombres los llamen: Rabí, Rabí. 8 Pero vosotros no queráis que os llamen Rabí; porque uno es vuestro Maestro, el Cristo, y todos vosotros sois hermanos. 9 Y no llaméis padre vuestro a nadie en la tierra; porque uno es vuestro Padre, el que está en los cielos. 10 Ni seáis llamados maestros; porque uno es vuestro Maestro, el Cristo. 11 El que es el mayor de vosotros, sea vuestro siervo. 12 Porque el que se enaltece será humillado, y el que se humilla será enaltecido.

13 Mas ¡ay de vosotros, escribas y fariseos, hipócritas! porque cerráis el reino de los cielos delante de los hombres; pues ni entráis vosotros, ni dejáis entrar a los que están entrando. 14 ¡Ay de vosotros, escribas y fariseos, hipócritas! porque devoráis las casas de las viudas, y como pretexto hacéis largas oraciones; por esto recibiréis mayor condenación. 15 ¡Ay de vosotros, escribas y fariseos, hipócritas! porque recorréis mar y tierra para hacer un prosélito, y una vez hecho, le hacéis dos veces más hijo del infierno que vosotros.

16 ¡Ay de vosotros, guías ciegos! que decís: Si alguno jura por el templo, no es nada; pero si alguno jura por el oro del templo, es deudor. 17 ¡Insensatos y ciegos! porque ¿cuál es mayor, el oro, o el templo que santifica al oro? 18 También decís: Si alguno jura por el altar, no es nada; pero si alguno jura por la ofrenda que está sobre él, es deudor. 19 ¡Necios y ciegos! porque ¿cuál es mayor, la ofrenda, o el altar que santifica la ofrenda? 20 Pues el que jura por el altar, jura por él, y por todo lo que está sobre él; 21 y el que jura por el templo, jura por él, y por el que lo habita; 22 y el que jura por el cielo, jura por el trono de Dios, y por aquel que está sentado en él.

23 ¡Ay de vosotros, escribas y fariseos, hipócritas! porque diezmáis la menta y el eneldo y el comino, y dejáis lo más importante de la ley: la justicia, la misericordia y la fe. Esto era necesario hacer, sin dejar de hacer aquello. 24 ¡Guías ciegos, que coláis el mosquito, y tragáis el camello!

25 ¡Ay de vosotros, escribas y fariseos, hipócritas! porque limpiáis lo de fuera del vaso y del plato, pero por dentro estáis llenos de robo y de injusticia. 26 ¡Fariseo ciego! Limpia primero lo de den-

tro del vaso y del plato, para que también lo de fuera sea limpio.

²⁷ ¡Ay de vosotros, escribas y fariseos, hipócritas! porque sois semejantes a sepulcros blanqueados, que por fuera, a la verdad, se muestran hermosos, mas por dentro están llenos de huesos de muertos y de toda inmundicia. ²⁸ Así también vosotros por fuera, a la verdad, os mostráis justos a los hombres, pero por dentro estáis llenos de hipocresía e iniquidad.

²⁹ ¡Ay de vosotros, escribas y fariseos, hipócritas! porque edificáis los sepulcros de los profetas, y adornáis los monumentos de los justos, ³⁰ y decís: Si hubiésemos vivido en los días de nuestros padres, no hubiéramos sido sus cómplices en la sangre de los profetas. ³¹ Así que dais testimonio contra vosotros mismos, de que sois hijos de aquellos que mataron a los profetas. ³² ¡Vosotros también llenad la medida de vuestros padres! ³³ ¡Serpientes, generación de víboras! ¿Cómo escaparéis de la condenación del infierno? ³⁴ Por tanto, he aquí yo os envío profetas y sabios y escribas; y de ellos, a unos mataréis y crucificaréis, y a otros azotaréis en vuestras sinagogas, y perseguiréis de ciudad en ciudad; ³⁵ para que venga sobre vosotros toda la sangre justa que se ha derramado sobre la tierra, desde la sangre de Abel el justo hasta la sangre de Zacarías hijo de Berequías, a quien matasteis entre el templo y el altar. ³⁶ De cierto os digo que todo esto vendrá sobre esta generación.

Lamento de Jesús sobre Jerusalén
(Lc. 13.34-35)

³⁷ ¡Jerusalén, Jerusalén, que matas a los profetas, y apedreas a los que te son enviados! ¡Cuántas veces quise juntar a tus hijos, como la gallina junta sus polluelos debajo de las alas, y no quisiste! ³⁸ He aquí vuestra casa os es dejada desierta. ³⁹ Porque os digo que desde ahora no me veréis, hasta que digáis: Bendito el que viene en el nombre del Señor.

Jesús predice la destrucción del templo
(Mr. 13.1-2; Lc. 21.5-6)

24 Cuando Jesús salió del templo y se iba, se acercaron sus discípulos para mostrarle los edificios del templo. ² Respondiendo él, les dijo: ¿Veis todo esto? De cierto os digo, que no quedará aquí piedra sobre piedra, que no sea derribada.

Señales antes del fin
(Mr. 13.3-23; Lc. 21.7-24)

³ Y estando él sentado en el monte

de los Olivos, los discípulos se le acercaron aparte, diciendo: Dinos, ¿cuándo serán estas cosas, y qué señal habrá de tu venida, y del fin del siglo? [4] Respondiendo Jesús, les dijo: Mirad que nadie os engañe. [5] Porque vendrán muchos en mi nombre, diciendo: Yo soy el Cristo; y a muchos engañarán. [6] Y oiréis de guerras y rumores de guerras; mirad que no os turbéis, porque es necesario que todo esto acontezca; pero aún no es el fin. [7] Porque se levantará nación contra nación, y reino contra reino; y habrá pestes, y hambres, y terremotos en diferentes lugares. [8] Y todo esto será principio de dolores.

[9] Entonces os entregarán a tribulación, y os matarán, y seréis aborrecidos de todas las gentes por causa de mi nombre. [10] Muchos tropezarán entonces, y se entregarán unos a otros, y unos a otros se aborrecerán. [11] Y muchos falsos profetas se levantarán, y engañarán a muchos; [12] y por haberse multiplicado la maldad, el amor de muchos se enfriará. [13] Mas el que persevere hasta el fin, éste será salvo. [14] Y será predicado este evangelio del reino en todo el mundo, para testimonio a todas las naciones; y entonces vendrá el fin.

[15] Por tanto, cuando veáis en el lugar santo la abominación desoladora de que habló el profeta Daniel (el que lee, entienda), [16] entonces los que estén en Judea, huyan a los montes. [17] El que esté en la azotea, no descienda para tomar algo de su casa; [18] y el que esté en el campo, no vuelva atrás para tomar su capa. [19] Mas ¡ay de las que estén encintas, y de las que críen en aquellos días! [20] Orad, pues, que vuestra huida no sea en invierno ni en día de reposo; [21] porque habrá entonces gran tribulación, cual no la ha habido desde el principio del mundo hasta ahora, ni la habrá. [22] Y si aquellos días no fuesen acortados, nadie sería salvo; mas por causa de los escogidos, aquellos días serán acortados. [23] Entonces, si alguno os dijere: Mirad, aquí está el Cristo, o mirad, allí está, no lo creáis. [24] Porque se levantarán falsos Cristos, y falsos profetas, y harán grandes señales y prodigios, de tal manera que engañarán, si fuere posible, aun a los escogidos. [25] Ya os lo he dicho antes. [26] Así que, si os dijeren: Mirad, está en el desierto, no salgáis; o mirad, está en los aposentos, no lo creáis. [27] Porque como el relámpago que sale del oriente y se muestra hasta el occidente, así será también la venida del Hijo del Hombre. [28] Porque dondequiera

que estuviere el cuerpo muerto, allí se juntarán las águilas.

La venida del Hijo del Hombre
(Mr. 13.24-37; Lc. 21.25-36; 17.25-36; 12.41-48)

29 E inmediatamente después de la tribulación de aquellos días, el sol se oscurecerá, y la luna no dará su resplandor, y las estrellas caerán del cielo, y las potencias de los cielos serán conmovidas. 30 Entonces aparecerá la señal del Hijo del Hombre en el cielo; y entonces lamentarán todas las tribus de la tierra, y verán al Hijo del Hombre viniendo sobre las nubes del cielo, con poder y gran gloria. 31 Y enviará sus ángeles con gran voz de trompeta, y juntarán a sus escogidos, de los cuatro vientos, desde un extremo del cielo hasta el otro.

32 De la higuera aprended la parábola: Cuando ya su rama está tierna, y brotan las hojas, sabéis que el verano está cerca. 33 Así también vosotros, cuando veáis todas estas cosas, conoced que está cerca, a las puertas. 34 De cierto os digo, que no pasará esta generación hasta que todo esto acontezca. 35 El cielo y la tierra pasarán, pero mis palabras no pasarán.

36 Pero del día y la hora nadie sabe, ni aun los ángeles de los cielos, sino sólo mi Padre. 37 Mas como en los días de Noé, así será la venida del Hijo del Hombre. 38 Porque como en los días antes del diluvio estaban comiendo y bebiendo, casándose y dando en casamiento, hasta el día en que Noé entró en el arca, 39 y no entendieron hasta que vino el diluvio y se los llevó a todos, así será también la venida del Hijo del Hombre. 40 Entonces estarán dos en el campo; el uno será tomado, y el otro será dejado. 41 Dos mujeres estarán moliendo en un molino; la una será tomada, y la otra será dejada. 42 Velad, pues, porque no sabéis a qué hora ha de venir vuestro Señor. 43 Pero sabed esto, que si el padre de familia supiese a qué hora el ladrón habría de venir, velaría, y no dejaría minar su casa. 44 Por tanto, también vosotros estad preparados; porque el Hijo del Hombre vendrá a la hora que no pensáis.

45 ¿Quién es, pues, el siervo fiel y prudente, al cual puso su señor sobre su casa para que les dé el alimento a tiempo? 46 Bienaventurado aquel siervo al cual, cuando su señor venga, le halle haciendo así. 47 De cierto os digo que sobre todos sus bienes le pondrá. 48 Pero si aquel siervo malo dijere en su corazón: Mi señor tarda en venir; 49 y comenzare a golpear a sus consiervos, y aun a comer y

a beber con los borrachos, ⁵⁰ vendrá el señor de aquel siervo en día que éste no espera, y a la hora que no sabe, ⁵¹ y lo castigará duramente, y pondrá su parte con los hipócritas; allí será el lloro y el crujir de dientes.

Parábola de las diez vírgenes

25 Entonces el reino de los cielos será semejante a diez vírgenes que tomando sus lámparas, salieron a recibir al esposo. ² Cinco de ellas eran prudentes y cinco insensatas. ³ Las insensatas, tomando sus lámparas, no tomaron consigo aceite; ⁴ mas las prudentes tomaron aceite en sus vasijas, juntamente con sus lámparas. ⁵ Y tardándose el esposo, cabecearon todas y se durmieron. ⁶ Y a la medianoche se oyó un clamor: ¡Aquí viene el esposo; salid a recibirle! ⁷ Entonces todas aquellas vírgenes se levantaron, y arreglaron sus lámparas. ⁸ Y las insensatas dijeron a las prudentes: Dadnos de vuestro aceite; porque nuestras lámparas se apagan. ⁹ Mas las prudentes respondieron diciendo: Para que no nos falte a nosotras y a vosotras, id más bien a los que venden, y comprad para vosotras mismas. ¹⁰ Pero mientras ellas iban a comprar, vino el esposo; y las que estaban preparadas entraron con él a las bodas; y se cerró la puerta. ¹¹ Después vinieron también las otras vírgenes, diciendo: ¡Señor, señor, ábrenos! ¹² Mas él, respondiendo, dijo: De cierto os digo, que no os conozco. ¹³ Velad, pues, porque no sabéis el día ni la hora en que el Hijo del Hombre ha de venir.

Parábola de los talentos

¹⁴ Porque el reino de los cielos es como un hombre que yéndose lejos, llamó a sus siervos y les entregó sus bienes. ¹⁵ A uno dio cinco talentos, y a otro dos, y a otro uno, a cada uno conforme a su capacidad; y luego se fue lejos. ¹⁶ Y el que había recibido cinco talentos fue y negoció con ellos, y ganó otros cinco talentos. ¹⁷ Asimismo el que había recibido dos, ganó también otros dos. ¹⁸ Pero el que había recibido uno fue y cavó en la tierra, y escondió el dinero de su señor. ¹⁹ Después de mucho tiempo vino el señor de aquellos siervos, y arregló cuentas con ellos. ²⁰ Y llegando el que había recibido cinco talentos, trajo otros cinco talentos, diciendo: Señor, cinco talentos me entregaste; aquí tienes, he ganado otros cinco talentos sobre ellos. ²¹ Y su señor le dijo: Bien, buen siervo y fiel; sobre poco has sido fiel, sobre mucho te pondré; entra en el gozo de tu señor. ²² Llegando también el que había recibido dos talentos, dijo: Señor, dos talentos me entregaste; aquí

tienes, he ganado otros dos talentos sobre ellos. ²³ Su señor le dijo: Bien, buen siervo y fiel; sobre poco has sido fiel, sobre mucho te pondré; entra en el gozo de tu señor. ²⁴ Pero llegando también el que había recibido un talento, dijo: Señor, te conocía que eres hombre duro, que siegas donde no sembraste y recoges donde no esparciste; ²⁵ por lo cual tuve miedo, y fui a escondí tu talento en la tierra; aquí tienes lo que es tuyo. ²⁶ Respondiendo su señor, le dijo: Siervo malo y negligente, sabías que siego donde no sembré, y que recojo donde no esparcí. ²⁷ Por tanto, debías haber dado mi dinero a los banqueros, y al venir yo, hubiera recibido lo que es mío con los intereses. ²⁸ Quitadle, pues, el talento, y dadlo al que tiene diez talentos. ²⁹ Porque al que tiene, le será dado, y tendrá más; y al que no tiene, aun lo que tiene le será quitado. ³⁰ Y al siervo inútil echadle en las tinieblas de afuera; allí será el lloro y el crujir de dientes.,

El juicio de las naciones

³¹ Cuando el Hijo del Hombre venga en su gloria, y todos los santos ángeles con él, entonces se sentará en su trono de gloria, ³² y serán reunidas delante de él todas las naciones; y apartará los unos de los otros, como aparta el pastor las ovejas de los cabritos. ³³ Y pondrá las ovejas a su derecha, y los cabritos a su izquierda. ³⁴ Entonces el Rey dirá a los de su derecha: Venid, benditos de mi Padre, heredad el reino preparado para vosotros desde la fundación del mundo. ³⁵ Porque tuve hambre, y me disteis de comer; tuve sed, y me disteis de beber; fui forastero, y me recogisteis; ³⁶ estuve desnudo, y me cubristeis; enfermo, y me visitasteis; en la cárcel, y vinisteis a mí. ³⁷ Entonces los justos le responderán diciendo: Señor, ¿cuándo te vimos hambriento, y te sustentamos, o sediento, y te dimos de beber? ³⁸ ¿Y cuándo te vimos forastero, y te recogimos, o desnudo, y te cubrimos? ³⁹ ¿O cuándo te vimos enfermo, o en la cárcel, y vinimos a ti? ⁴⁰ Y respondiendo el Rey, les dirá: De cierto os digo que en cuanto lo hicisteis a uno de estos mis hermanos más pequeños, a mí lo hicisteis. ⁴¹ Entonces dirá también a los de la izquierda: Apartaos de mí, malditos, al fuego eterno preparado para el diablo y sus ángeles. ⁴² Porque tuve hambre, y no me disteis de comer; tuve sed, y no me disteis de beber; ⁴³ fui forastero, y no me recogisteis; estuve desnudo, y no me cubristeis; enfermo, y en la cárcel, y no me visitasteis. ⁴⁴ Entonces también ellos le responderán diciendo: Señor, ¿cuándo te vimos hambriento, sediento, forastero, desnudo,

enfermo, o en la cárcel, y no te servimos? ⁴⁵ Entonces les responderá diciendo: De cierto os digo que en cuanto no lo hicisteis a uno de estos más pequeños, tampoco a mí lo hicisteis. ⁴⁶ E irán éstos al castigo eterno, y los justos a la vida eterna.

El complot para prender a Jesús
(Mr. 14.1-2; Lc. 22.1-2; Jn. 11.45-53)

26 Cuando hubo acabado Jesús todas estas palabras, dijo a sus discípulos: ² Sabéis que dentro de dos días se celebra la pascua, y el Hijo del Hombre será entregado para ser crucificado.

³ Entonces los principales sacerdotes, los escribas, y los ancianos del pueblo se reunieron en el patio del sumo sacerdote llamado Caifás, ⁴ y tuvieron consejo para prender con engaño a Jesús, y matarle. ⁵ Pero decían: No durante la fiesta, para que no se haga alboroto en el pueblo.

Jesús es ungido en Betania
(Mr. 14.3-9; Jn. 12.1-8)

⁶ Y estando Jesús en Betania, en casa de Simón el leproso, ⁷ vino a él una mujer, con un vaso de alabastro de perfume de gran precio, y lo derramó sobre la cabeza de él, estando sentado a la mesa. ⁸ Al ver esto, los discípulos se enojaron, diciendo: ¿Para qué este desperdicio? ⁹ Porque esto podía haberse vendido a gran precio, y haberse dado a los pobres. ¹⁰ Y entendiéndolo Jesús, les dijo: ¿Por qué molestáis a esta mujer? pues ha hecho conmigo una buena obra. ¹¹ Porque siempre tendréis pobres con vosotros, pero a mí no siempre me tendréis. ¹² Porque al derramar este perfume sobre mi cuerpo, lo ha hecho a fin de prepararme para la sepultura. ¹³ De cierto os digo que dondequiera que se predique este evangelio, en todo el mundo, también se contará lo que ésta ha hecho, para memoria de ella.

Judas ofrece entregar a Jesús
(Mr. 14.10-11; Lc. 22.3-6)

¹⁴ Entonces uno de los doce, que se llamaba Judas Iscariote, fue a los principales sacerdotes, ¹⁵ y les dijo: ¿Qué me queréis dar, y yo os lo entregaré? Y ellos le asignaron treinta piezas de plata. ¹⁶ Y desde entonces buscaba oportunidad para entregarle.

Institución de la Cena del Señor
(Mr. 14.12-25; Lc. 22.7-23; Jn. 13.21-30; 1 Co. 11.23-26)

¹⁷ El primer día de la fiesta de los panes sin levadura, vinieron los discípulos a Jesús, diciéndole: ¿Dónde quieres que preparemos para que comas la pascua? ¹⁸ Y él dijo: Id a la ciudad a cierto

hombre, y decidle: El Maestro dice: Mi tiempo está cerca; en tu casa celebraré la pascua con mis discípulos. ¹⁹ Y los discípulos hicieron como Jesús les mandó, y prepararon la pascua.

²⁰ Cuando llegó la noche, se sentó a la mesa con los doce. ²¹ Y mientras comían, dijo: De cierto os digo, que uno de vosotros me va a entregar. ²² Y entristecidos en gran manera, comenzó cada uno de ellos a decirle: ¿Soy yo, Señor? ²³ Entonces él respondiendo, dijo: El que mete la mano conmigo en el plato, ése me va a entregar. ²⁴ A la verdad el Hijo del Hombre va, según está escrito de él, mas ¡ay de aquel hombre por quien el Hijo del Hombre es entregado! Bueno le fuera a ese hombre no haber nacido. ²⁵ Entonces respondiendo Judas, el que le entregaba, dijo: ¿Soy yo, Maestro? Le dijo: Tú lo has dicho.

²⁶ Y mientras comían, tomó Jesús el pan, y bendijo, y lo partió, y dio a sus discípulos, y dijo: Tomad, comed; esto es mi cuerpo. ²⁷ Y tomando la copa, y habiendo dado gracias, les dio, diciendo: Bebed de ella todos; ²⁸ porque esto es mi sangre del nuevo pacto, que por muchos es derramada para remisión de los pecados. ²⁹ Y os digo que desde ahora no beberé más de este fruto de la vid, hasta aquel día en que lo beba nuevo con vosotros en el reino de mi Padre.

Jesús anuncia la negación de Pedro
(Mr. 14.26-31; Lc. 22.31-34; Jn. 13.36-38)

³⁰ Y cuando hubieron cantado el himno, salieron al monte de los Olivos. ³¹ Entonces Jesús les dijo: Todos vosotros os escandalizaréis de mí esta noche; porque escrito está: Heriré al pastor, y las ovejas del rebaño serán dispersadas. ³² Pero después que haya resucitado, iré delante de vosotros a Galilea. ³³ Respondiendo Pedro, le dijo: Aunque todos se escandalicen de ti, yo nunca me escandalizaré. ³⁴ Jesús le dijo: De cierto te digo que esta noche, antes que el gallo cante, me negarás tres veces. ³⁵ Pedro le dijo: Aunque me sea necesario morir contigo, no te negaré. Y todos los discípulos dijeron lo mismo.

Jesús ora en Getsemaní
(Mr. 14.32-42; Lc. 22.39-46)

³⁶ Entonces llegó Jesús con ellos a un lugar que se llama Getsemaní, y dijo a sus discípulos: Sentaos aquí, entre tanto que voy allí y oro. ³⁷ Y tomando a Pedro, y a los dos hijos de Zebedeo, comenzó a entristecerse y a angustiarse en gran manera. ³⁸ Entonces Jesús les dijo: Mi alma está muy triste,

hasta la muerte; quedaos aquí, y velad conmigo. ³⁹ Yendo un poco adelante, se postró sobre su rostro, orando y diciendo: Padre mío, si es posible, pase de mí esta copa; pero no sea como yo quiero, sino como tú. ⁴⁰ Vino luego a sus discípulos, y los halló durmiendo, y dijo a Pedro: ¿Así que no habéis podido velar conmigo una hora? ⁴¹ Velad y orad, para que no entréis en tentación; el espíritu a la verdad está dispuesto, pero la carne es débil. ⁴² Otra vez fue, y oró por segunda vez, diciendo: Padre mío, si no puede pasar de mí esta copa sin que yo la beba, hágase tu voluntad. ⁴³ Vino otra vez y los halló durmiendo, porque los ojos de ellos estaban cargados de sueño. ⁴⁴ Y dejándolos, se fue de nuevo, y oró por tercera vez, diciendo las mismas palabras. ⁴⁵ Entonces vino a sus discípulos y les dijo: Dormid ya, y descansad. He aquí ha llegado la hora, y el Hijo del Hombre es entregado en manos de pecadores. ⁴⁶ Levantaos, vamos; ved, se acerca el que me entrega.

Arresto de Jesús
(Mr. 14.43-50; Lc. 22.47-53;
Jn. 18.2-11)

⁴⁷ Mientras todavía hablaba, vino Judas, uno de los doce, y con él mucha gente con espadas y palos, de parte de los principales sacerdotes y de los ancianos del pueblo. ⁴⁸ Y el que le entregaba les había dado señal, diciendo: Al que yo besare, ése es; prendedle. ⁴⁹ Y en seguida se acercó a Jesús y dijo: ¡Salve, Maestro! Y le besó. ⁵⁰ Y Jesús le dijo: Amigo, ¿a qué vienes? Entonces se acercaron y echaron mano a Jesús, y le prendieron. ⁵¹ Pero uno de los que estaban con Jesús, extendiendo la mano, sacó su espada, e hiriendo a un siervo del sumo sacerdote, le quitó la oreja. ⁵² Entonces Jesús le dijo: Vuelve tu espada a su lugar; porque todos los que tomen espada, a espada perecerán. ⁵³ ¿Acaso piensas que no puedo ahora orar a mi Padre, y que él no me daría más de doce legiones de ángeles? ⁵⁴ ¿Pero cómo entonces se cumplirían las Escrituras, de que es necesario que así se haga? ⁵⁵ En aquella hora dijo Jesús a la gente: ¿Como contra un ladrón habéis salido con espadas y con palos para prenderme? Cada día me sentaba con vosotros enseñando en el templo, y no me prendisteis. ⁵⁶ Mas todo esto sucede, para que se cumplan las Escrituras de los profetas. Entonces todos los discípulos, dejándole, huyeron.

Jesús ante el concilio
(Mr. 14.53-65; Lc. 22.54,63-71;
Jn. 18.12-14,19-24)

⁵⁷ Los que prendieron a Jesús le llevaron al sumo sacerdote

Caifás, adonde estaban reunidos los escribas y los ancianos. 58 Mas Pedro le seguía de lejos hasta el patio del sumo sacerdote; y entrando, se sentó con los alguaciles, para ver el fin. 59 Y los principales sacerdotes y los ancianos y todo el concilio, buscaban falso testimonio contra Jesús, para entregarle a la muerte, 60 y no lo hallaron, aunque muchos testigos falsos se presentaban. Pero al fin vinieron dos testigos falsos, 61 que dijeron: Éste dijo: Puedo derribar el templo de Dios, y en tres días reedificarlo. 62 Y levantándose el sumo sacerdote, le dijo: ¿No respondes nada? ¿Qué testifican éstos contra ti? 63 Mas Jesús callaba. Entonces el sumo sacerdote le dijo: Te conjuro por el Dios viviente, que nos digas si eres tú el Cristo, el Hijo de Dios. 64 Jesús le dijo: Tú lo has dicho; y además os digo, que desde ahora veréis al Hijo del Hombre sentado a la diestra del poder de Dios, y viniendo en las nubes del cielo. 65 Entonces el sumo sacerdote rasgó sus vestiduras, diciendo: ¡Ha blasfemado! ¿Qué más necesidad tenemos de testigos? He aquí, ahora mismo habéis oído su blasfemia. 66 ¿Qué os parece? Y respondiendo ellos, dijeron: ¡Es reo de muerte! 67 Entonces le escupieron en el rostro, y le dieron de puñetazos, y otros le abofeteaban, 68 diciendo:

Profetízanos, Cristo, quién es el que te golpeó.

Pedro niega a Jesús
(Mr. 14.66-72; Lc. 22.55-62; Jn. 18.15-18,25-27)

69 Pedro estaba sentado fuera en el patio; y se le acercó una criada, diciendo: Tú también estabas con Jesús el galileo. 70 Mas él negó delante de todos, diciendo: No sé lo que dices. 71 Saliendo él a la puerta, le vio otra, y dijo a los que estaban allí: También éste estaba con Jesús el nazareno. 72 Pero él negó otra vez con juramento: No conozco al hombre. 73 Un poco después, acercándose los que por allí estaban, dijeron a Pedro: Verdaderamente también tú eres de ellos, porque aun tu manera de hablar te descubre. 74 Entonces él comenzó a maldecir, y a jurar: No conozco al hombre. Y en seguida cantó el gallo. 75 Entonces Pedro se acordó de las palabras de Jesús, que le había dicho: Antes que cante el gallo, me negarás tres veces. Y saliendo fuera, lloró amargamente.

Jesús ante Pilato
(Mr. 15.1; Lc. 23.1-2; Jn. 18.28-32)

27 Venida la mañana, todos los principales sacerdotes y los ancianos del pueblo entraron en consejo contra Jesús, para entregarle a muerte. 2 Y le llevaron atado, y le entregaron a Poncio Pilato, el gobernador.

Muerte de Judas

3 Entonces Judas, el que le había entregado, viendo que era condenado, devolvió arrepentido las treinta piezas de plata a los principales sacerdotes y a los ancianos, 4 diciendo: Yo he pecado entregando sangre inocente. Mas ellos dijeron: ¿Qué nos importa a nosotros? ¡Allá tú! 5 Y arrojando las piezas de plata en el templo, salió, y fue y se ahorcó. 6 Los principales sacerdotes, tomando las piezas de plata, dijeron: No es lícito echarlas en el tesoro de las ofrendas, porque es precio de sangre. 7 Y después de consultar, compraron con ellas el campo del alfarero, para sepultura de los extranjeros. 8 Por lo cual aquel campo se llama hasta el día de hoy: Campo de sangre. 9 Así se cumplió lo dicho por el profeta Jeremías, cuando dijo: Y tomaron las treinta piezas de plata, precio del apreciado, según precio puesto por los hijos de Israel; 10 y las dieron para el campo del alfarero, como me ordenó el Señor.

Pilato interroga a Jesús
(Mr. 15.2-5; Lc. 23.3-5;
Jn. 18.33-38)

11 Jesús, pues, estaba en pie delante del gobernador; y éste le preguntó, diciendo: ¿Eres tú el Rey de los judíos? Y Jesús le dijo: Tú lo dices. 12 Y siendo acusado por los principales sacerdotes y por los ancianos, nada respondió. 13 Pilato entonces le dijo: ¿No oyes cuántas cosas testifican contra ti? 14 Pero Jesús no le respondió ni una palabra; de tal manera que el gobernador se maravillaba mucho.

Jesús sentenciado a muerte
(Mr. 15.6-20; Lc. 23.13-25;
Jn. 18.38—19.16)

15 Ahora bien, en el día de la fiesta acostumbraba el gobernador soltar al pueblo un preso, el que quisiesen. 16 Y tenían entonces un preso famoso llamado Barrabás. 17 Reunidos, pues, ellos, les dijo Pilato: ¿A quién queréis que os suelte: a Barrabás, o a Jesús, llamado el Cristo? 18 Porque sabía que por envidia le habían entregado. 19 Y estando él sentado en el tribunal, su mujer le mandó decir: No tengas nada que ver con ese justo; porque hoy he padecido mucho en sueños por causa de él. 20 Pero los principales sacerdotes y los ancianos persuadieron a la multitud que pidiese a Barrabás, y que Jesús fuese muerto. 21 Y respondiendo el gobernador, les dijo: ¿A cuál de los dos queréis que os suelte? Y ellos dijeron: A Barrabás. 22 Pilato les dijo: ¿Qué,

pues, haré de Jesús, llamado el Cristo? Todos le dijeron: ¡Sea crucificado! ²³ Y el gobernador les dijo: Pues ¿qué mal ha hecho? Pero ellos gritaban aún más, diciendo: ¡Sea crucificado!

²⁴ Viendo Pilato que nada adelantaba, sino que se hacía más alboroto, tomó agua y se lavó las manos delante del pueblo, diciendo: Inocente soy yo de la sangre de este justo; allá vosotros. ²⁵ Y respondiendo todo el pueblo, dijo: Su sangre sea sobre nosotros, y sobre nuestros hijos. ²⁶ Entonces les soltó a Barrabás; y habiendo azotado a Jesús, le entregó para ser crucificado.

²⁷ Entonces los soldados del gobernador llevaron a Jesús al pretorio, y reunieron alrededor de él a toda la compañía; ²⁸ y desnudándole, le echaron encima un manto de escarlata, ²⁹ y pusieron sobre su cabeza una corona tejida de espinas, y una caña en su mano derecha; e hincando la rodilla delante de él, le escarnecían, diciendo: ¡Salve, Rey de los judíos! ³⁰ Y escupiéndole, tomaban la caña y le golpeaban en la cabeza. ³¹ Después de haberle escarnecido, le quitaron el manto, le pusieron sus vestidos, y le llevaron para crucificarle.

Crucifixión y muerte de Jesús
(Mr. 15.21-41; Lc. 23.26-49; Jn. 19.17-30)

³² Cuando salían, hallaron a un hombre de Cirene que se llamaba Simón; a éste obligaron a que llevase la cruz. ³³ Y cuando llegaron a un lugar llamado Gólgota, que significa: Lugar de la Calavera, ³⁴ le dieron a beber vinagre mezclado con hiel; pero después de haberlo probado, no quiso beberlo. ³⁵ Cuando le hubieron crucificado, repartieron entre sí sus vestidos, echando suertes, para que se cumpliese lo dicho por el profeta: Partieron entre sí mis vestidos, y sobre mi ropa echaron suertes. ³⁶ Y sentados le guardaban allí. ³⁷ Y pusieron sobre su cabeza su causa escrita: ÉSTE ES JESÚS, EL REY DE LOS JUDÍOS. ³⁸ Entonces crucificaron con él a dos ladrones, uno a la derecha, y otro a la izquierda. ³⁹ Y los que pasaban le injuriaban, meneando la cabeza, ⁴⁰ y diciendo: Tú que derribas el templo, y en tres días lo reedificas, sálvate a ti mismo; si eres Hijo de Dios, desciende de la cruz. ⁴¹ De esta manera también los principales sacerdotes, escarneciéndole con los escribas y los fariseos y los ancianos, decían: ⁴² A otros salvó, a sí mismo no se puede salvar; si es el Rey de Israel, descienda ahora de la cruz, y creeremos en él. ⁴³ Confió en

Dios; líbrele ahora si le quiere; porque ha dicho: Soy Hijo de Dios. **44** Lo mismo le injuriaban también los ladrones que estaban crucificados con él.

45 Y desde la hora sexta hubo tinieblas sobre toda la tierra hasta la hora novena. **46** Cerca de la hora novena, Jesús clamó a gran voz, diciendo: Elí, Elí, ¿lama sabactani? Esto es: Dios mío, Dios mío, ¿por qué me has desamparado? **47** Algunos de los que estaban allí decían, al oírlo: A Elías llama éste. **48** Y al instante, corriendo uno de ellos, tomó una esponja, y la empapó de vinagre, y poniéndola en una caña, le dio a beber. **49** Pero los otros decían: Deja, veamos si viene Elías a librarle. **50** Mas Jesús, habiendo otra vez clamado a gran voz, entregó el espíritu.

51 Y he aquí, el velo del templo se rasgó en dos, de arriba abajo; y la tierra tembló, y las rocas se partieron; **52** y se abrieron los sepulcros, y muchos cuerpos de santos que habían dormido, se levantaron; **53** y saliendo de los sepulcros, después de la resurrección de él, vinieron a la santa ciudad, y aparecieron a muchos. **54** El centurión, y los que estaban con él guardando a Jesús, visto el terremoto, y las cosas que habían sido hechas, temieron en gran manera, y dijeron: Verdaderamente éste era Hijo de Dios.

55 Estaban allí muchas mujeres mirando de lejos, las cuales habían seguido a Jesús desde Galilea, sirviéndole, **56** entre las cuales estaban María Magdalena, María la madre de Jacobo y de José, y la madre de los hijos de Zebedeo.

Jesús es sepultado
(Mr. 15.42-47; Lc. 23.50-56; Jn. 19.38-42)

57 Cuando llegó la noche, vino un hombre rico de Arimatea, llamado José, que también había sido discípulo de Jesús. **58** Éste fue a Pilato y pidió el cuerpo de Jesús. Entonces Pilato mandó que se le diese el cuerpo. **59** Y tomando José el cuerpo, lo envolvió en una sábana limpia, **60** y lo puso en su sepulcro nuevo, que había labrado en la peña; y después de hacer rodar una gran piedra a la entrada del sepulcro, se fue. **61** Y estaban allí María Magdalena, y la otra María, sentadas delante del sepulcro.

La guardia ante la tumba

62 Al día siguiente, que es después de la preparación, se reunieron los principales sacerdotes y los fariseos ante Pilato, **63** diciendo: Señor, nos acordamos que aquel engañador dijo, viviendo aún: Después de tres días resucitaré.

[64] Manda, pues, que se asegure el sepulcro hasta el tercer día, no sea que vengan sus discípulos de noche, y lo hurten, y digan al pueblo: Resucitó de entre los muertos. Y será el postrer error peor que el primero. [65] Y Pilato les dijo: Ahí tenéis una guardia; id, aseguradlo como sabéis. [66] Entonces ellos fueron y aseguraron el sepulcro, sellando la piedra y poniendo la guardia.

La resurrección
(Mr. 16.1-8; Lc. 24.1-12;
Jn. 20.1-10)

28 Pasado el día de reposo, al amanecer del primer día de la semana, vinieron María Magdalena y la otra María, a ver el sepulcro. [2] Y hubo un gran terremoto; porque un ángel del Señor, descendiendo del cielo y llegando, removió la piedra, y se sentó sobre ella. [3] Su aspecto era como un relámpago, y su vestido blanco como la nieve. [4] Y de miedo de él los guardas temblaron y se quedaron como muertos. [5] Mas el ángel, respondiendo, dijo a las mujeres: No temáis vosotras; porque yo sé que buscáis a Jesús, el que fue crucificado. [6] No está aquí, pues ha resucitado, como dijo. Venid, ved el lugar donde fue puesto el Señor. [7] E id pronto y decid a sus discípulos que ha resucitado de los muertos, y he aquí va delante de vosotros a Galilea; allí le veréis. He aquí, os lo he dicho. [8] Entonces ellas, saliendo del sepulcro con temor y gran gozo, fueron corriendo a dar las nuevas a sus discípulos. Y mientras iban a dar las nuevas a los discípulos, [9] he aquí, Jesús les salió al encuentro, diciendo: ¡Salve! Y ellas, acercándose, abrazaron sus pies, y le adoraron. [10] Entonces Jesús les dijo: No temáis; id, dad las nuevas a mis hermanos, para que vayan a Galilea, y allí me verán.

El informe de la guardia
[11] Mientras ellas iban, he aquí unos de la guardia fueron a la ciudad, y dieron aviso a los principales sacerdotes de todas las cosas que habían acontecido. [12] Y reunidos con los ancianos, y habido consejo, dieron mucho dinero a los soldados, [13] diciendo: Decid vosotros: Sus discípulos vinieron de noche, y lo hurtaron, estando nosotros dormidos. [14] Y si esto lo oyere el gobernador, nosotros le persuadiremos, y os pondremos a salvo. [15] Y ellos, tomando el dinero, hicieron como se les había instruido. Este dicho se ha divulgado entre los judíos hasta el día de hoy.

La gran comisión
(Mr. 16.14-18; Lc. 24.36-49;
Jn. 20.19-23)

[16] Pero los once discípulos se fueron a Galilea, al monte donde

Jesús les había ordenado. [17] Y cuando le vieron, le adoraron; pero algunos dudaban. [18] Y Jesús se acercó y les habló diciendo: Toda potestad me es dada en el cielo y en la tierra. [19] Por tanto, id, y haced discípulos a todas las naciones, bautizándolos en el nombre del Padre, y del Hijo, y del Espíritu Santo; [20] enseñándoles que guarden todas las cosas que os he mandado; y he aquí yo estoy con vosotros todos los días, hasta el fin del mundo. Amén.

EL SANTO EVANGELIO SEGÚN
SAN MARCOS

Predicación de Juan el Bautista
(Mt. 3.1-12; Lc. 3.1-9,15-17; Jn. 1.19-28)

1 Principio del evangelio de Jesucristo, Hijo de Dios. [2] Como está escrito en Isaías el profeta:
He aquí yo envío mi mensajero delante de tu faz,
El cual preparará tu camino delante de ti.
[3] Voz del que clama en el desierto:
Preparad el camino del Señor;
Enderezad sus sendas.
[4] Bautizaba Juan en el desierto, y predicaba el bautismo de arrepentimiento para perdón de pecados. [5] Y salían a él toda la provincia de Judea, y todos los de Jerusalén; y eran bautizados por él en el río Jordán, confesando sus pecados. [6] Y Juan estaba vestido de pelo de camello, y tenía un cinto de cuero alrededor de sus lomos; y comía langostas y miel silvestre. [7] Y predicaba, diciendo: Viene tras mí el que es más poderoso que yo, a quien no soy digno de desatar encorvado la correa de su calzado. [8] Yo a la verdad os he bautizado con agua; pero él os bautizará con Espíritu Santo.

El bautismo de Jesús
(Mt. 3.13-17; Lc. 3.21-22)

[9] Aconteció en aquellos días, que Jesús vino de Nazaret de Galilea, y fue bautizado por Juan en el Jordán. [10] Y luego, cuando subía del agua, vio abrirse los cielos,

y al Espíritu como paloma que descendía sobre él. ¹¹ Y vino una voz de los cielos que decía: Tú eres mi Hijo amado; en ti tengo complacencia.

Tentación de Jesús
(Mt. 4.1-11; Lc. 4.1-13)

¹² Y luego el Espíritu le impulsó al desierto. ¹³ Y estuvo allí en el desierto cuarenta días, y era tentado por Satanás, y estaba con las fieras; y los ángeles le servían.

Jesús principia su ministerio
(Mt. 4.12-17; Lc. 4.14-15)

¹⁴ Después que Juan fue encarcelado, Jesús vino a Galilea predicando el evangelio del reino de Dios, ¹⁵ diciendo: El tiempo se ha cumplido, y el reino de Dios se ha acercado; arrepentíos, y creed en el evangelio.

Jesús llama a cuatro pescadores
(Mt. 4.18-22; Lc. 5.1-11)

¹⁶ Andando junto al mar de Galilea, vio a Simón y a Andrés su hermano, que echaban la red en el mar; porque eran pescadores. ¹⁷ Y les dijo Jesús: Venid en pos de mí, y haré que seáis pescadores de hombres. ¹⁸ Y dejando luego sus redes, le siguieron. ¹⁹ Pasando de allí un poco más adelante, vio a Jacobo hijo de Zebedeo, y a Juan su hermano, también ellos en la barca, que remendaban las redes. ²⁰ Y luego los llamó; y dejando a su padre Zebedeo en la barca con los jornaleros, le siguieron.

Un hombre que tenía un espíritu inmundo
(Lc. 4.31-37)

²¹ Y entraron en Capernaum; y los días de reposo, entrando en la sinagoga, enseñaba. ²² Y se admiraban de su doctrina; porque les enseñaba como quien tiene autoridad, y no como los escribas. ²³ Pero había en la sinagoga de ellos un hombre con espíritu inmundo, que dio voces, ²⁴ diciendo: ¡Ah! ¿qué tienes con nosotros, Jesús nazareno? ¿Has venido para destruirnos? Sé quién eres, el Santo de Dios. ²⁵ Pero Jesús le reprendió, diciendo: ¡Cállate, y sal de él! ²⁶ Y el espíritu inmundo, sacudiéndole con violencia, y clamando a gran voz, salió de él. ²⁷ Y todos se asombraron, de tal manera que discutían entre sí, diciendo: ¿Qué es esto? ¿Qué nueva doctrina es ésta, que con autoridad manda aun a los espíritus inmundos, y le obedecen? ²⁸ Y muy pronto se difundió su fama por toda la provincia alrededor de Galilea.

Jesús sana a la suegra de Pedro
(Mt. 8.14-15; Lc. 4.38-39)

²⁹ Al salir de la sinagoga, vinieron a casa de Simón y Andrés, con Jacobo y Juan. ³⁰ Y la suegra de Simón estaba acostada con fiebre;

y en seguida le hablaron de ella. [31] Entonces él se acercó, y la tomó de la mano y la levantó; e inmediatamente le dejó la fiebre, y ella les servía.

Muchos sanados al ponerse el sol
(Mt. 8.16-17; Lc. 4.40-41)

[32] Cuando llegó la noche, luego que el sol se puso, le trajeron todos los que tenían enfermedades, y a los endemoniados; [33] y toda la ciudad se agolpó a la puerta. [34] Y sanó a muchos que estaban enfermos de diversas enfermedades, y echó fuera muchos demonios; y no dejaba hablar a los demonios, porque le conocían.

Jesús recorre Galilea predicando
(Lc. 4.42-44)

[35] Levantándose muy de mañana, siendo aún muy oscuro, salió y se fue a un lugar desierto, y allí oraba. [36] Y le buscó Simón, y los que con él estaban; [37] y hallándole, le dijeron: Todos te buscan. [38] Él les dijo: Vamos a los lugares vecinos, para que predique también allí; porque para esto he venido. [39] Y predicaba en las sinagogas de ellos en toda Galilea, y echaba fuera los demonios.

Jesús sana a un leproso
(Mt. 8.1-4; Lc. 5.12-16)

[40] Vino a él un leproso, rogándole; e hincada la rodilla, le dijo: Si quieres, puedes limpiarme. [41] Y Jesús, teniendo misericordia de él, extendió la mano y le tocó, y le dijo: Quiero, sé limpio. [42] Y así que él hubo hablado, al instante la lepra se fue de aquél, y quedó limpio. [43] Entonces le encargó rigurosamente, y le despidió luego, [44] y le dijo: Mira, no digas a nadie nada, sino ve, muéstrate al sacerdote, y ofrece por tu purificación lo que Moisés mandó, para testimonio a ellos. [45] Pero ido él, comenzó a publicarlo mucho y a divulgar el hecho, de manera que ya Jesús no podía entrar abiertamente en la ciudad, sino que se quedaba fuera en los lugares desiertos; y venían a él de todas partes.

Jesús sana a un paralítico
(Mt. 9.1-8; Lc. 5.17-26)

2 Entró Jesús otra vez en Capernaum después de algunos días; y se oyó que estaba en casa. [2] E inmediatamente se juntaron muchos, de manera que ya no cabían ni aun a la puerta; y les predicaba la palabra. [3] Entonces vinieron a él unos trayendo un paralítico, que era cargado por cuatro. [4] Y como no podían acercarse a él a causa de la multitud, descubrieron el techo de donde estaba, y haciendo una abertura, bajaron el lecho en que yacía el paralítico. [5] Al ver Jesús la fe de ellos, dijo al paralítico: Hijo, tus pecados te son perdonados. ⁶ Estaban allí sentados algunos de los escribas, los cuales cavilaban en sus corazones: ⁷ ¿Por qué habla éste así? Blasfemias dice. ¿Quién puede perdonar pecados, sino sólo Dios? ⁸ Y conociendo luego Jesús en su espíritu que cavilaban de esta manera dentro de sí mismos, les dijo: ¿Por qué caviláis así en vuestros corazones? ⁹ ¿Qué es más fácil, decir al paralítico: Tus pecados te son perdonados, o decirle: Levántate, toma tu lecho y anda? ¹⁰ Pues para que sepáis que el Hijo del Hombre tiene potestad en la tierra para perdonar pecados (dijo al paralítico): ¹¹ A ti te digo: Levántate, toma tu lecho, y vete a tu casa. ¹² Entonces él se levantó en seguida, y tomando su lecho, salió delante de todos, de manera que todos se asombraron, y glorificaron a Dios, diciendo: Nunca hemos visto tal cosa.

Llamamiento de Leví
(Mt. 9.9-13; Lc. 5.27-32)

¹³ Después volvió a salir al mar; y toda la gente venía a él, y les enseñaba. ¹⁴ Y al pasar, vio a Leví hijo de Alfeo, sentado al banco de los tributos públicos, y le dijo: Sígueme. Y levantándose, le siguió. ¹⁵ Aconteció que estando Jesús a la mesa en casa de él, muchos publicanos y pecadores estaban también a la mesa juntamente con Jesús y sus discípulos; porque había muchos que le habían seguido. ¹⁶ Y los escribas y los fariseos, viéndole comer con los publicanos y con los pecadores, dijeron a los discípulos: ¿Qué es esto, que él come y bebe con los publicanos y pecadores? ¹⁷ Al oír esto Jesús, les dijo: Los sanos no tienen necesidad de médico, sino los enfermos. No he venido a llamar a justos, sino a pecadores.

La pregunta sobre el ayuno
(Mt. 9.14-17; Lc. 5.33-39)

¹⁸ Y los discípulos de Juan y los de los fariseos ayunaban; y vinieron, y le dijeron: ¿Por qué los discípulos de Juan y los de los fariseos ayunan, y tus discípulos no ayunan? ¹⁹ Jesús les dijo: ¿Acaso pueden los que están de bodas ayunar mientras está con ellos el esposo? Entre tanto que tienen consigo al esposo, no pueden ayunar. ²⁰ Pero vendrán días cuando el esposo les será quitado, y entonces en aquellos días ayunarán. ²¹ Nadie pone remiendo de paño nuevo en vestido viejo; de otra manera, el mismo remiendo nuevo tira de lo viejo, y se hace peor la rotura. ²² Y nadie echa vino nuevo en odres viejos; de otra manera, el vino nuevo rompe los odres, y el vino se derrama, y los odres se pierden; pero el vino nuevo en odres nuevos se ha de echar.

Los discípulos recogen espigas en el día de reposo
(Mt. 12.1-8; Lc. 6.1-5)

²³ Aconteció que al pasar él por los sembrados un día de reposo, sus discípulos, andando, comenzaron a arrancar espigas. ²⁴ Entonces los fariseos le dijeron: Mira, ¿por qué hacen en el día de reposo lo que no es lícito? ²⁵ Pero él les dijo: ¿Nunca leísteis lo que hizo David cuando tuvo necesidad, y sintió hambre, él y los que con él estaban; ²⁶ cómo entró en la casa de Dios, siendo Abiatar sumo sacerdote, y comió los panes de la proposición, de los cuales no es lícito comer sino a los sacerdotes, y aun dio a los que con él estaban? ²⁷ También les dijo: El día de reposo fue hecho por causa del hombre, y no el hombre por causa del día de reposo. ²⁸ Por tanto, el Hijo del Hombre es Señor aun del día de reposo.

El hombre de la mano seca
(Mt. 12.9-14; Lc. 6.6-11)

3 Otra vez entró Jesús en la sinagoga; y había allí un hombre que tenía seca una mano. ² Y le acechaban para ver si en el día de reposo le sanaría, a fin de poder acusarle. ³ Entonces dijo al hombre que tenía la mano seca: Levántate y ponte en medio. ⁴ Y les dijo: ¿Es lícito en los días de reposo hacer bien, o hacer mal; salvar la vida, o quitarla? Pero ellos callaban. ⁵ Entonces, mirándolos alrededor con enojo, entristecido por la dureza de sus corazones, dijo al hombre: Extiende tu mano. Y él la extendió, y la mano le fue restaurada sana. ⁶ Y salidos los fariseos, tomaron consejo con los herodianos contra él para destruirle.

La multitud a la orilla del mar

⁷ Mas Jesús se retiró al mar con sus discípulos, y le siguió gran multitud de Galilea. Y de Judea, ⁸ de Jerusalén, de Idumea, del otro lado del Jordán, y de los alrededores de Tiro y de Sidón, oyendo cuán grandes cosas hacía, grandes multitudes vinieron a él. ⁹ Y dijo a sus discípulos que le tuviesen siempre lista la barca, a causa del gentío, para que no le oprimiesen. ¹⁰ Porque había sanado a muchos; de manera que por tocarle, cuantos tenían plagas caían sobre él. ¹¹ Y los espíritus inmundos, al verle, se postraban delante de él, y daban voces, diciendo: Tú eres el Hijo de Dios. ¹² Mas él les reprendía mucho para que no le descubriesen.

Elección de los doce apóstoles
(Mt. 10.1-4; Lc. 6.12-16)

¹³ Después subió al monte, y llamó a sí a los que él quiso; y vinieron a él. ¹⁴ Y estableció a doce, para que estuviesen con él, y para enviarlos a predicar, ¹⁵ y que tuviesen auto-

²:5 Lit *child*

ridad para sanar enfermedades y para echar fuera demonios: [16] a Simón, a quien puso por sobrenombre Pedro; [17] a Jacobo hijo de Zebedeo, y a Juan hermano de Jacobo, a quienes apellidó Boanerges, esto es, Hijos del trueno; [18] a Andrés, Felipe, Bartolomé, Mateo, Tomás, Jacobo hijo de Alfeo, Tadeo, Simón el cananista, [19] y Judas Iscariote, el que le entregó. Y vinieron a casa.

La blasfemia contra el Espíritu Santo
(Mt. 12.22-32; Lc. 11.14-23)

[20] Y se agolpó de nuevo la gente, de modo que ellos ni aun podían comer pan. [21] Cuando lo oyeron los suyos, vinieron para prenderle; porque decían: Está fuera de sí. [22] Pero los escribas que habían venido de Jerusalén decían que tenía a Beelzebú, y que por el príncipe de los demonios echaba fuera los demonios. [23] Y habiéndolos llamado, les decía en parábolas: ¿Cómo puede Satanás echar fuera a Satanás? [24] Si un reino está dividido contra sí mismo, tal reino no puede permanecer. [25] Y si una casa está dividida contra sí misma, tal casa no puede permanecer. [26] Y si Satanás se levanta contra sí mismo, y se divide, no puede permanecer, sino que ha llegado su fin. [27] Ninguno puede entrar en la casa de un hombre fuerte y saquear sus bienes, si antes no le ata, y entonces podrá saquear su casa.

[28] De cierto os digo que todos los pecados serán perdonados a los hijos de los hombres, y las blasfemias cualesquiera que sean; [29] pero cualquiera que blasfeme contra el Espíritu Santo, no tiene jamás perdón, sino que es reo de juicio eterno. [30] Porque ellos habían dicho: Tiene espíritu inmundo.

La madre y los hermanos de Jesús
(Mt. 12.46-50; Lc. 8.19-21)

[31] Vienen después sus hermanos y su madre, y quedándose afuera, enviaron a llamarle. [32] Y la gente que estaba sentada alrededor de él le dijo: Tu madre y tus hermanos están afuera, y te buscan. [33] Él les respondió diciendo: ¿Quién es mi madre y mis hermanos? [34] Y mirando a los que estaban sentados alrededor de él, dijo: He aquí mi madre y mis hermanos. [35] Porque todo aquel que hace la voluntad de Dios, ése es mi hermano, y mi hermana, y mi madre.

Parábola del sembrador
(Mt. 13.1-23; Lc. 8.4-15)

4 Otra vez comenzó Jesús a enseñar junto al mar, y se reunió alrededor de él mucha gente, tanto que entrando en una barca, se sentó en ella en el mar; y toda la gente estaba en tierra junto al mar. ² Y les enseñaba por parábolas muchas cosas, y les decía en su doctrina: ³ Oíd: He aquí, el sembrador salió a sembrar; ⁴ y al sembrar, aconteció que una parte cayó junto al camino, y vinieron las aves del cielo y la comieron. ⁵ Otra parte cayó en pedregales, donde no tenía mucha tierra; y brotó pronto, porque no tenía profundidad de tierra. ⁶ Pero salido el sol, se quemó; y porque no tenía raíz, se secó. ⁷ Otra parte cayó entre espinos; y los espinos crecieron y la ahogaron, y no dio fruto. ⁸ Pero otra parte cayó en buena tierra, y dio fruto, pues brotó y creció, y produjo a treinta, a sesenta, y a ciento por uno. ⁹ Entonces les dijo: El que tiene oídos para oír, oiga.

¹⁰ Cuando estuvo solo, los que estaban cerca de él con los doce le preguntaron sobre la parábola. ¹¹ Y les dijo: A vosotros os es dado saber el misterio del reino de Dios; mas a los que están fuera, por parábolas todas las cosas; ¹² para que viendo, vean y no perciban; y oyendo, oigan y no entiendan; para que no se conviertan, y les sean perdonados los pecados. ¹³ Y les dijo: ¿No sabéis esta parábola? ¿Cómo, pues, entenderéis todas las parábolas? ¹⁴ El sembrador

es el que siembra la palabra. ¹⁵ Y éstos son los de junto al camino: en quienes se siembra la palabra, pero después que la oyen, en seguida viene Satanás, y quita la palabra que se sembró en sus corazones. ¹⁶ Éstos son asimismo los que fueron sembrados en pedregales: los que cuando han oído la palabra, al momento la reciben con gozo; ¹⁷ pero no tienen raíz en sí, sino que son de corta duración, porque cuando viene la tribulación o la persecución por causa de la palabra, luego tropiezan. ¹⁸ Éstos son los que fueron sembrados entre espinos: los que oyen la palabra, ¹⁹ pero los afanes de este siglo, y el engaño de las riquezas, y las codicias de otras cosas, entran y ahogan la palabra, y se hace infructuosa. ²⁰ Y éstos son los que fueron sembrados en buena tierra: los que oyen la palabra y la reciben, y dan fruto a treinta, a sesenta, y a ciento por uno.

Nada oculto que no haya de ser manifestado
(Lc. 8.16-18)

²¹ También les dijo: ¿Acaso se trae la luz para ponerla debajo del almud, o debajo de la cama? ¿No es para ponerla en el candelero? ²² Porque no hay nada oculto que no haya de ser manifestado; ni escondido, que no haya de salir a luz. ²³ Si alguno tiene oídos

para oír, oiga. [24] Les dijo también: Mirad lo que oís; porque con la medida con que medís, os será medido, y aun se os añadirá a vosotros los que oís. [25] Porque al que tiene, se le dará; y al que no tiene, aun lo que tiene se le quitará.

Parábola del crecimiento de la semilla

[26] Decía además: Así es el reino de Dios, como cuando un hombre echa semilla en la tierra; [27] y duerme y se levanta, de noche y de día, y la semilla brota y crece sin que él sepa cómo. [28] Porque de suyo lleva fruto la tierra, primero hierba, luego espiga, después grano lleno en la espiga; [29] y cuando el fruto está maduro, en seguida se mete la hoz, porque la siega ha llegado.

Parábola de la semilla de mostaza
(Mt. 13.31-32; Lc. 13.18-19)

[30] Decía también: ¿A qué haremos semejante el reino de Dios, o con qué parábola lo compararemos? [31] Es como el grano de mostaza, que cuando se siembra en tierra, es la más pequeña de todas las semillas que hay en la tierra; [32] pero después de sembrado, crece, y se hace la mayor de todas las hortalizas, y echa grandes ramas, de tal manera que las aves del cielo pueden morar bajo su sombra.

El uso que Jesús hace de las parábolas
(Mt. 13.34-35)

[33] Con muchas parábolas como éstas les hablaba la palabra, conforme a lo que podían oír. [34] Y sin parábolas no les hablaba; aunque a sus discípulos en particular les declaraba todo.

Jesús calma la tempestad
(Mt. 8.23-27; Lc. 8.22-25)

[35] Aquel día, cuando llegó la noche, les dijo: Pasemos al otro lado. [36] Y despidiendo a la multitud, le tomaron como estaba, en la barca; y había también con él otras barcas. [37] Pero se levantó una gran tempestad de viento, y echaba las olas en la barca, de tal manera que ya se anegaba. [38] Y él estaba en la popa, durmiendo sobre un cabezal; y le despertaron, y le dijeron: Maestro, ¿no tienes cuidado que perecemos? [39] Y levantándose, reprendió al viento, y dijo al mar: Calla, enmudece. Y cesó el viento, y se hizo grande bonanza. [40] Y les dijo: ¿Por qué estáis así amedrentados? ¿Cómo no tenéis fe? [41] Entonces temieron con gran temor, y se decían el uno al otro: ¿Quién es éste, que aun el viento y el mar le obedecen?

El endemoniado gadareno
(Mt. 8.28-34; Lc. 8.26-39)

5 Vinieron al otro lado del mar, a la región de los gadarenos.

² Y cuando salió él de la barca, en seguida vino a su encuentro, de los sepulcros, un hombre con un espíritu inmundo, ³ que tenía su morada en los sepulcros, y nadie podía atarle, ni aun con cadenas. ⁴ Porque muchas veces había sido atado con grillos y cadenas, mas las cadenas habían sido hechas pedazos por él, y desmenuzados los grillos; y nadie le podía dominar. ⁵ Y siempre, de día y de noche, andaba dando voces en los montes y en los sepulcros, y hiriéndose con piedras. ⁶ Cuando vio, pues, a Jesús de lejos, corrió, y se arrodilló ante él. ⁷ Y clamando a gran voz, dijo: ¿Qué tienes conmigo, Jesús, Hijo del Dios Altísimo? Te conjuro por Dios que no me atormentes. ⁸ Porque le decía: Sal de este hombre, espíritu inmundo. ⁹ Y le preguntó: ¿Cómo te llamas? Y respondió diciendo: Legión me llamo; porque somos muchos. ¹⁰ Y le rogaba mucho que no los enviase fuera de aquella región. ¹¹ Estaba allí cerca del monte un gran hato de cerdos paciendo. ¹² Y le rogaron todos los demonios, diciendo: Envíanos a los cerdos para que entremos en ellos. ¹³ Y luego Jesús les dio permiso. Y saliendo aquellos espíritus inmundos, entraron en los cerdos, los cuales eran como dos mil; y el hato se precipitó en el mar por un despeñadero, y en el mar se ahogaron.

¹⁴ Y los que apacentaban los cerdos huyeron, y dieron aviso en la ciudad y en los campos. Y salieron a ver qué era aquello que había sucedido. ¹⁵ Vienen a Jesús, y ven al que había sido atormentado del demonio, y que había tenido la legión, sentado, vestido y en su juicio cabal; y tuvieron miedo. ¹⁶ Y les contaron los que lo habían visto, cómo le había acontecido al que había tenido el demonio, y lo de los cerdos. ¹⁷ Y comenzaron a rogarle que se fuera de sus contornos. ¹⁸ Al entrar él en la barca, el que había estado endemoniado le rogaba que le dejase estar con él. ¹⁹ Mas Jesús no se lo permitió, sino que le dijo: Vete a tu casa, a los tuyos, y cuéntales cuán grandes cosas el Señor ha hecho contigo, y cómo ha tenido misericordia de ti. ²⁰ Y se fue, y comenzó a publicar en Decápolis cuán grandes cosas había hecho Jesús con él; y todos se maravillaban.

La hija de Jairo, y la mujer que tocó el manto de Jesús
(Mt. 9.18-26; Lc. 8.40-56)

²¹ Pasando otra vez Jesús en una barca a la otra orilla, se reunió alrededor de él una gran multitud; y él estaba junto al mar. ²² Y vino uno de los principales de la sinagoga, llamado Jairo; y luego que le vio, se postró a sus pies, ²³ y le rogaba mucho, diciendo: Mi

hija está agonizando; ven y pon las manos sobre ella para que sea salva, y vivirá.

²⁴ Fue, pues, con él; y le seguía una gran multitud, y le apretaban. ²⁵ Pero una mujer que desde hacía doce años padecía de flujo de sangre, ²⁶ y había sufrido mucho de muchos médicos, y gastado todo lo que tenía, y nada había aprovechado, antes le iba peor, ²⁷ cuando oyó hablar de Jesús, vino por detrás entre la multitud, y tocó su manto. ²⁸ Porque decía: Si tocare tan solamente su manto, seré salva. ²⁹ Y en seguida la fuente de su sangre se secó; y sintió en el cuerpo que estaba sana de aquel azote. ³⁰ Luego Jesús, conociendo en sí mismo el poder que había salido de él, volviéndose a la multitud, dijo: ¿Quién ha tocado mis vestidos? ³¹ Sus discípulos le dijeron: Ves que la multitud te aprieta, y dices: ¿Quién me ha tocado? ³² Pero él miraba alrededor para ver quién había hecho esto. ³³ Entonces la mujer, temiendo y temblando, sabiendo lo que en ella había sido hecho, vino y se postró delante de él, y le dijo toda la verdad. ³⁴ Y él le dijo: Hija, tu fe te ha hecho salva; ve en paz, y queda sana de tu azote.

³⁵ Mientras él aún hablaba, vinieron de casa del principal de la sinagoga, diciendo: Tu hija ha muerto; ¿para qué molestas más al Maestro? ³⁶ Pero Jesús, luego que oyó lo que se decía, dijo al principal de la sinagoga: No temas, cree solamente. ³⁷ Y no permitió que le siguiese nadie sino Pedro, Jacobo, y Juan hermano de Jacobo. ³⁸ Y vino a casa del principal de la sinagoga, y vio el alboroto y a los que lloraban y lamentaban mucho. ³⁹ Y entrando, les dijo: ¿Por qué alborotáis y lloráis? La niña no está muerta, sino duerme. ⁴⁰ Y se burlaban de él. Mas él, echando fuera a todos, tomó al padre y a la madre de la niña, y a los que estaban con él, y entró donde estaba la niña. ⁴¹ Y tomando la mano de la niña, le dijo: Talita cumi; que traducido es: Niña, a ti te digo, levántate. ⁴² Y luego la niña se levantó y andaba, pues tenía doce años. Y se espantaron grandemente. ⁴³ Pero él les mandó mucho que nadie lo supiese, y dijo que se le diese de comer.

Jesús en Nazaret
(Mt. 13.53-58; Lc. 4.16-30)

6 Salió Jesús de allí y vino a su tierra, y le seguían sus discípulos. ² Y llegado el día de reposo, comenzó a enseñar en la sinagoga; y muchos, oyéndole, se admiraban, y decían: ¿De dónde tiene éste estas cosas? ¿Y qué sabiduría es esta que le es dada, y estos milagros que por sus manos son hechos? [3] ¿No es éste el carpintero, hijo de María, hermano de Jacobo, de José, de Judas y de Simón? ¿No están también aquí con nosotros sus hermanas? Y se escandalizaban de él. [4] Mas Jesús les decía: No hay profeta sin honra sino en su propia tierra, y entre sus parientes, y en su casa. [5] Y no pudo hacer allí ningún milagro, salvo que sanó a unos pocos enfermos, poniendo sobre ellos las manos. [6] Y estaba asombrado de la incredulidad de ellos. Y recorría las aldeas de alrededor, enseñando.

Misión de los doce discípulos
(Mt. 10.5-15; Lc. 9.1-6)

[7] Después llamó a los doce, y comenzó a enviarlos de dos en dos; y les dio autoridad sobre los espíritus inmundos. [8] Y les mandó que no llevasen nada para el camino, sino solamente bordón; ni alforja, ni pan, ni dinero en el cinto, [9] sino que calzasen sandalias, y no vistiesen dos túnicas. [10] Y les dijo: Dondequiera que entréis en una casa, posad en ella hasta que salgáis de aquel lugar. [11] Y si en algún lugar no os recibieren ni os oyeren, salid de allí, y sacudid el polvo que está debajo de vuestros pies, para testimonio a ellos. De cierto os digo que en el día del juicio, será más tolerable el castigo para los de Sodoma y Gomorra, que para aquella ciudad. [12] Y saliendo, predicaban que los hombres se arrepintiesen. [13] Y echaban fuera muchos demonios, y ungían con aceite a muchos enfermos, y los sanaban.

Muerte de Juan el Bautista
(Mt. 14.1-12; Lc. 9.7-9)

[14] Oyó el rey Herodes la fama de Jesús, porque su nombre se había hecho notorio; y dijo: Juan el Bautista ha resucitado de los muertos, y por eso actúan en él estos poderes. [15] Otros decían: Es Elías. Y otros decían: Es un profeta, o alguno de los profetas. [16] Al oír esto Herodes, dijo: Éste es Juan, el que yo decapité, que ha resucitado de los muertos. [17] Porque el mismo Herodes había enviado y prendido a Juan, y le había encadenado en la cárcel por causa de Herodías, mujer de Felipe su hermano; pues la había tomado por mujer. [18] Porque Juan decía a Herodes: No te es lícito tener la mujer de tu hermano. [19] Pero Herodías le acechaba, y deseaba matarle, y no podía; [20] porque Herodes temía a Juan, sabiendo que era varón justo y santo, y le guardaba a salvo; y oyéndole, se quedaba muy perplejo, pero le escuchaba de buena gana. [21] Pero venido un día oportuno, que Herodes, en la fiesta de su cumpleaños, daba una cena a sus príncipes y tribunos y a los principales de Galilea, [22] entrando

la hija de Herodías, danzó, y agradó a Herodes y a los que estaban con él a la mesa; y el rey dijo a la muchacha: Pídeme lo que quieras, y yo te lo daré. ²³ Y le juró: Todo lo que me pidas te daré, hasta la mitad de mi reino. ²⁴ Saliendo ella, dijo a su madre: ¿Qué pediré? Y ella le dijo: La cabeza de Juan el Bautista. ²⁵ Entonces ella entró prontamente al rey, y pidió diciendo: Quiero que ahora mismo me des en un plato la cabeza de Juan el Bautista. ²⁶ Y el rey se entristeció mucho; pero a causa del juramento, y de los que estaban con él a la mesa, no quiso desecharla. ²⁷ Y en seguida el rey, enviando a uno de la guardia, mandó que fuese traída la cabeza de Juan. ²⁸ El guarda fue, le decapitó en la cárcel, y trajo su cabeza en un plato y la dio a la muchacha, y la muchacha la dio a su madre. ²⁹ Cuando oyeron esto sus discípulos, vinieron y tomaron su cuerpo, y lo pusieron en un sepulcro.

Alimentación de los cinco mil
(Mt. 14.13-21; Lc. 9.10-17; Jn. 6.1-14)

³⁰ Entonces los apóstoles se juntaron con Jesús, y le contaron todo lo que habían hecho, y lo que habían enseñado. ³¹ Él les dijo: Venid vosotros aparte a un lugar desierto, y descansad un poco. Porque eran muchos los que iban y venían, de manera que ni aun tenían tiempo para comer. ³² Y se fueron solos en una barca a un lugar desierto. ³³ Pero muchos los vieron ir, y le reconocieron; y muchos fueron allá a pie desde las ciudades, y llegaron antes que ellos, y se juntaron a él. ³⁴ Y salió Jesús y vio una gran multitud, y tuvo compasión de ellos, porque eran como ovejas que no tenían pastor; y comenzó a enseñarles muchas cosas. ³⁵ Cuando ya era muy avanzada la hora, sus discípulos se acercaron a él, diciendo: El lugar es desierto, y la hora ya muy avanzada. ³⁶ Despídelos para que vayan a los campos y aldeas de alrededor, y compren pan, pues no tienen qué comer. ³⁷ Respondiendo él, les dijo: Dadles vosotros de comer. Ellos le dijeron: ¿Que vayamos y compremos pan por doscientos denarios, y les demos de comer? ³⁸ Él les dijo: ¿Cuántos panes tenéis? Id y vedlo. Y al saberlo, dijeron: Cinco, y dos peces. ³⁹ Y les mandó que hiciesen recostar a todos por grupos sobre la hierba verde. ⁴⁰ Y se recostaron por grupos, de ciento en ciento, y de cincuenta en cincuenta. ⁴¹ Entonces tomó los cinco panes y los dos peces, y levantando los ojos al cielo, bendijo, y partió los panes, y dio a sus discípulos para que los pusiesen delante; y repartió los dos peces entre todos. ⁴² Y comieron

todos, y se saciaron. ⁴³ Y recogieron de los pedazos doce cestas llenas, y de lo que sobró de los peces. ⁴⁴ Y los que comieron eran cinco mil hombres.

Jesús anda sobre el mar
(Mt. 14.22-27; Jn. 6.15-21)

⁴⁵ En seguida hizo a sus discípulos entrar en la barca e ir delante de él a Betsaida, en la otra ribera, entre tanto que él despedía a la multitud. ⁴⁶ Y después que los hubo despedido, se fue al monte a orar; ⁴⁷ y al venir la noche, la barca estaba en medio del mar, y él solo en tierra. ⁴⁸ Y viéndoles remar con gran fatiga, porque el viento les era contrario, cerca de la cuarta vigilia de la noche vino a ellos andando sobre el mar, y quería adelantárseles. ⁴⁹ Viéndole ellos andar sobre el mar, pensaron que era un fantasma, y gritaron; ⁵⁰ porque todos le veían, y se turbaron. Pero en seguida habló con ellos, y les dijo: ¡Tened ánimo; yo soy, no temáis! ⁵¹ Y subió a ellos en la barca, y se calmó el viento; y ellos se asombraron en gran manera, y se maravillaban. ⁵² Porque aún no habían entendido lo de los panes, por cuanto estaban endurecidos sus corazones.

Jesús sana a los enfermos en Genesaret
(Mt. 14.34-36)

⁵³ Terminada la travesía, vinieron a tierra de Genesaret, y arribaron a la orilla. ⁵⁴ Y saliendo ellos de la barca, en seguida la gente le conoció. ⁵⁵ Y recorriendo toda la tierra de alrededor, comenzaron a traer de todas partes enfermos en lechos, a donde oían que estaba. ⁵⁶ Y dondequiera que entraba, en aldeas, ciudades o campos, ponían en las calles a los que estaban enfermos, y le rogaban que les dejase tocar siquiera el borde de su manto; y todos los que le tocaban quedaban sanos.

Lo que contamina al hombre
(Mt. 15.1-20)

7 Se juntaron a Jesús los fariseos, y algunos de los escribas, que habían venido de Jerusalén; ² los cuales, viendo a algunos de los discípulos de Jesús comer pan con manos inmundas, esto es, no lavadas, los condenaban. ³ Porque los fariseos y todos los judíos, aferrándose a la tradición de los ancianos, si muchas veces no se lavan las manos, no comen. ⁴ Y volviendo de la plaza, si no se lavan, no comen. Y otras muchas cosas hay que tomaron para guardar, como los lavamientos de los vasos de beber, y de los jarros, y de los utensilios de metal, y de los lechos. ⁵ Le preguntaron, pues, los fariseos y los escribas: ¿Por qué tus discípulos no andan conforme a la tradición de los ancianos, sino que comen pan

con manos inmundas? 6 Respondiendo él, les dijo: Hipócritas, bien profetizó de vosotros Isaías, como está escrito:
Este pueblo de labios me honra,
Mas su corazón está lejos de mí.
7 Pues en vano me honran,
Enseñando como doctrinas mandamientos de hombres.
8 Porque dejando el mandamiento de Dios, os aferráis a la tradición de los hombres: los lavamientos de los jarros y de los vasos de beber; y hacéis otras muchas cosas semejantes.

9 Les decía también: Bien invalidáis el mandamiento de Dios para guardar vuestra tradición. 10 Porque Moisés dijo: Honra a tu padre y a tu madre; y: El que maldiga al padre o a la madre, muera irremisiblemente. 11 Pero vosotros decís: Basta que diga un hombre al padre o a la madre: Es Corbán (que quiere decir, mi ofrenda a Dios) todo aquello con que pudiera ayudarte, 12 y no le dejáis hacer más por su padre o por su madre, 13 invalidando la palabra de Dios con vuestra tradición que habéis transmitido. Y muchas cosas hacéis semejantes a éstas.

14 Y llamando a sí a toda la multitud, les dijo: Oídme todos, y entended: 15 Nada hay fuera del hombre que entre en él, que le pueda contaminar; pero lo que sale de él, eso es lo que contamina al hombre. 16 Si alguno tiene oídos para oír, oiga. 17 Cuando se alejó de la multitud y entró en casa, le preguntaron sus discípulos sobre la parábola. 18 Él les dijo: ¿También vosotros estáis así sin entendimiento? ¿No entendéis que todo lo de fuera que entra en el hombre, no le puede contaminar, 19 porque no entra en su corazón, sino en el vientre, y sale a la letrina? Esto decía, haciendo limpios todos los alimentos. 20 Pero decía, que lo que del hombre sale, eso contamina al hombre. 21 Porque de dentro, del corazón de los hombres, salen los malos pensamientos, los adulterios, las fornicaciones, los homicidios, 22 los hurtos, las avaricias, las maldades, el engaño, la lascivia, la envidia, la maledicencia, la soberbia, la insensatez. 23 Todas estas maldades de dentro salen, y contaminan al hombre.

La fe de la mujer sirofenicia
(Mt. 15.21-28)

24 Levantándose de allí, se fue a la región de Tiro y de Sidón; y entrando en una casa, no quiso que nadie lo supiese; pero no pudo esconderse. 25 Porque una mujer, cuya hija tenía un espíritu inmundo, luego que oyó de él, vino y se postró a sus pies. 26 La mujer era griega, y sirofenicia de

nación; y le rogaba que echase fuera de su hija al demonio. [27] Pero Jesús le dijo: Deja primero que se sacien los hijos, porque no está bien tomar el pan de los hijos y echarlo a los perrillos. [28] Respondió ella y le dijo: Sí, Señor; pero aun los perrillos, debajo de la mesa, comen de las migajas de los hijos. [29] Entonces le dijo: Por esta palabra, ve; el demonio ha salido de tu hija. [30] Y cuando llegó ella a su casa, halló que el demonio había salido, y a la hija acostada en la cama.

Jesús sana a un sordomudo

[31] Volviendo a salir de la región de Tiro, vino por Sidón al mar de Galilea, pasando por la región de Decápolis. [32] Y le trajeron un sordo y tartamudo, y le rogaron que le pusiera la mano encima. [33] Y tomándole aparte de la gente, metió los dedos en las orejas de él, y escupiendo, tocó su lengua; [34] y levantando los ojos al cielo, gimió, y le dijo: Efata, es decir: Sé abierto. [35] Al momento fueron abiertos sus oídos, y se desató la ligadura de su lengua, y hablaba bien. [36] Y les mandó que no lo dijesen a nadie; pero cuanto más les mandaba, tanto más y más lo divulgaban. [37] Y en gran manera se maravillaban, diciendo: bien lo ha hecho todo; hace a los sordos oír, y a los mudos hablar.

Alimentación de los cuatro mil
(Mt. 15.32-39)

8 En aquellos días, como había una gran multitud, y no tenían qué comer, Jesús llamó a sus discípulos, y les dijo: [2] Tengo compasión de la gente, porque ya hace tres días que están conmigo, y no tienen qué comer; [3] y si los enviare en ayunas a sus casas, se desmayarán en el camino, pues algunos de ellos han venido de lejos. [4] Sus discípulos le respondieron: ¿De dónde podrá alguien saciar de pan a éstos aquí en el desierto? [5] Él les preguntó: ¿Cuántos panes tenéis? Ellos dijeron: Siete. [6] Entonces mandó a la multitud que se recostase en tierra; y tomando los siete panes, habiendo dado gracias, los partió, y dio a sus discípulos para que los pusiesen delante; y los pusieron delante de la multitud. [7] Tenían también unos pocos pececillos; y los bendijo, y mandó que también los pusiesen delante. [8] Y comieron, y se saciaron; y recogieron de los pedazos que habían sobrado, siete canastas. [9] Eran los que comieron, como cuatro mil; y los despidió. [10] Y luego entrando en la barca con sus discípulos, vino a la región de Dalmanuta.

La demanda de una señal
(Mt. 16.1-4; Lc. 12.54-56)

[11] Vinieron entonces los fariseos y comenzaron a discutir con

él, pidiéndole señal del cielo, para tentarle. [12] Y gimiendo en su espíritu, dijo: ¿Por qué pide señal esta generación? De cierto os digo que no se dará señal a esta generación. [13] Y dejándolos, volvió a entrar en la barca, y se fue a la otra ribera.

La levadura de los fariseos
(Mt. 16.5-12)

[14] Habían olvidado de traer pan, y no tenían sino un pan consigo en la barca. [15] Y él les mandó, diciendo: Mirad, guardaos de la levadura de los fariseos, y de la levadura de Herodes. [16] Y discutían entre sí, diciendo: Es porque no trajimos pan. [17] Y entendiéndolo Jesús, les dijo: ¿Qué discutís, porque no tenéis pan? ¿No entendéis ni comprendéis? ¿Aún tenéis endurecido vuestro corazón? [18] ¿Teniendo ojos no veis, y teniendo oídos no oís? ¿Y no recordáis? [19] Cuando partí los cinco panes entre cinco mil, ¿cuántas cestas llenas de los pedazos recogisteis? Y ellos dijeron: Doce. [20] Y cuando los siete panes entre cuatro mil, ¿cuántas canastas llenas de los pedazos recogisteis? Y ellos dijeron: Siete. [21] Y les dijo: ¿Cómo aún no entendéis?

Un ciego sanado en Betsaida

[22] Vino luego a Betsaida; y le trajeron un ciego, y le rogaron que le tocase. [23] Entonces, tomando la mano del ciego, le sacó fuera de la aldea; y escupiendo en sus ojos, le puso las manos encima, y le preguntó si veía algo. [24] Él, mirando, dijo: Veo los hombres como árboles, pero los veo que andan. [25] Luego le puso otra vez las manos sobre los ojos, y le hizo que mirase; y fue restablecido, y vio de lejos y claramente a todos. [26] Y lo envió a su casa, diciendo: No entres en la aldea, ni lo digas a nadie en la aldea.

La confesión de Pedro
(Mt. 16.13-20; Lc. 9.18-21)

[27] Salieron Jesús y sus discípulos por las aldeas de Cesarea de Filipo. Y en el camino preguntó a sus discípulos, diciéndoles: ¿Quién dicen los hombres que soy yo? [28] Ellos respondieron: Unos, Juan el Bautista; otros, Elías; y otros, alguno de los profetas. [29] Entonces él les dijo: Y vosotros, ¿quién decís que soy? Respondiendo Pedro, le dijo: Tú eres el Cristo. [30] Pero él les mandó que no dijesen esto de él a ninguno.

Jesús anuncia su muerte
(Mt. 16.21-28; Lc. 9.22-27)

[31] Y comenzó a enseñarles que le era necesario al Hijo del Hombre padecer mucho, y ser desechado por los ancianos, por los principales sacerdotes y por los escribas, y ser muerto, y resucitar después de tres días. [32] Esto les

decía claramente. Entonces Pedro le tomó aparte y comenzó a reconvenirle. ³³ Pero él, volviéndose y mirando a los discípulos, reprendió a Pedro, diciendo: ¡Quítate de delante de mí, Satanás! porque no pones la mira en las cosas de Dios, sino en las de los hombres.

³⁴ Y llamando a la gente y a sus discípulos, les dijo: Si alguno quiere venir en pos de mí, niéguese a sí mismo, y tome su cruz, y sígame. ³⁵ Porque todo el que quiera salvar su vida, la perderá; y todo el que pierda su vida por causa de mí y del evangelio, la salvará. ³⁶ Porque ¿qué aprovechará al hombre si ganare todo el mundo, y perdiere su alma? ³⁷ ¿O qué recompensa dará el hombre por su alma?

³⁸ Porque el que se avergonzare de mí y de mis palabras en esta generación adúltera y pecadora, el Hijo del Hombre se avergonzará también de él, cuando venga en la gloria de su Padre con los santos ángeles.

9 También les dijo: De cierto os digo que hay algunos de los que están aquí, que no gustarán la muerte hasta que hayan visto el reino de Dios venido con poder.

La transfiguración
(Mt. 17.1-13; Lc. 9.28-36)

² Seis días después, Jesús tomó a Pedro, a Jacobo y a Juan, y los llevó aparte solos a un monte alto; y se transfiguró delante de ellos. ³ Y sus vestidos se volvieron resplandecientes, muy blancos, como la nieve, tanto que ningún lavador en la tierra los puede hacer tan blancos. ⁴ Y les apareció Elías con Moisés, que hablaban con Jesús. ⁵ Entonces Pedro dijo a Jesús: Maestro, bueno es para nosotros que estemos aquí; y hagamos tres enramadas, una para ti, otra para Moisés, y otra para Elías. ⁶ Porque no sabía lo que hablaba, pues estaban espantados. ⁷ Entonces vino una nube que les hizo sombra, y desde la nube una voz que decía: Éste es mi Hijo amado; a él oíd. ⁸ Y luego, cuando miraron, no vieron más a nadie consigo, sino a Jesús solo.

⁹ Y descendiendo ellos del monte, les mandó que a nadie dijesen lo que habían visto, sino cuando el Hijo del Hombre hubiese resucitado de los muertos. ¹⁰ Y guardaron la palabra entre sí, discutiendo qué sería aquello de resucitar de los muertos. ¹¹ Y le preguntaron, diciendo: ¿Por qué dicen los escribas que es necesario que Elías venga primero? ¹² Respondiendo él, les dijo: Elías a la verdad vendrá primero, y restaurará todas

las cosas; ¿y cómo está escrito del Hijo del Hombre, que padezca mucho y sea tenido en nada? [13] Pero os digo que Elías ya vino, y le hicieron todo lo que quisieron, como está escrito de él.

Jesús sana a un muchacho endemoniado
(Mt. 17.14-21; Lc. 9.37-43)

[14] Cuando llegó a donde estaban los discípulos, vio una gran multitud alrededor de ellos, y escribas que disputaban con ellos. [15] Y en seguida toda la gente, viéndole, se asombró, y corriendo a él, le saludaron. [16] Él les preguntó: ¿Qué disputáis con ellos? [17] Y respondiendo uno de la multitud, dijo: Maestro, traje a ti mi hijo, que tiene un espíritu mudo, [18] el cual, dondequiera que le toma, le sacude; y echa espumarajos, y cruje los dientes, y se va secando; y dije a tus discípulos que le echasen fuera, y no pudieron. [19] Y respondiendo él, les dijo: ¡Oh generación incrédula! ¿Hasta cuándo he de estar con vosotros? ¿Hasta cuándo os he de soportar? Traédmelo. [20] Y se lo trajeron; y cuando el espíritu vio a Jesús, sacudió con violencia al muchacho, quien cayendo en tierra se revolcaba, echando espumarajos. [21] Jesús preguntó al padre: ¿Cuánto tiempo hace que le sucede esto? Y él dijo: Desde niño. [22] Y muchas veces le echa en el fuego y en el agua, para matarle; pero si puedes hacer algo, ten misericordia de nosotros, y ayúdanos. [23] Jesús le dijo: Si puedes creer, al que cree todo le es posible. [24] E inmediatamente el padre del muchacho clamó y dijo: Creo; ayuda mi incredulidad. [25] Y cuando Jesús vio que la multitud se agolpaba, reprendió al espíritu inmundo, diciéndole: Espíritu mudo y sordo, yo te mando, sal de él, y no entres más en él. [26] Entonces el espíritu, clamando y sacudiéndole con violencia, salió; y él quedó como muerto, de modo que muchos decían: Está muerto. [27] Pero Jesús, tomándole de la mano, le enderezó; y se levantó. [28] Cuando él entró en casa, sus discípulos le preguntaron aparte: ¿Por qué nosotros no pudimos echarle fuera? [29] Y les dijo: Este género con nada puede salir, sino con oración y ayuno.

Jesús anuncia otra vez su muerte
(Mt. 17.22-23; Lc. 9.43-45)

[30] Habiendo salido de allí, caminaron por Galilea; y no quería que nadie lo supiese. [31] Porque enseñaba a sus discípulos, y les decía: El Hijo del Hombre será entregado en manos de hombres, y le matarán; pero después de muerto, resucitará al tercer día. [32] Pero ellos no entendían esta palabra, y tenían miedo de preguntarle.

¿Quién es el mayor?
(Mt. 18.1-5; Lc. 9.46-48)

³³ Y llegó a Capernaum; y cuando estuvo en casa, les preguntó: ¿Qué disputabais entre vosotros en el camino? ³⁴ Mas ellos callaron; porque en el camino habían disputado entre sí, quién había de ser el mayor. ³⁵ Entonces él se sentó y llamó a los doce, y les dijo: Si alguno quiere ser el primero, será el postrero de todos, y el servidor de todos. ³⁶ Y tomó a un niño, y lo puso en medio de ellos; y tomándole en sus brazos, les dijo: ³⁷ El que reciba en mi nombre a un niño como éste, me recibe a mí; y el que a mí me recibe, no me recibe a mí sino al que me envió.

El que no es contra nosotros, por nosotros es
(Lc. 9.49-50)

³⁸ Juan le respondió diciendo: Maestro, hemos visto a uno que en tu nombre echaba fuera demonios, pero él no nos sigue; y se lo prohibimos, porque no nos seguía. ³⁹ Pero Jesús dijo: No se lo prohibáis; porque ninguno hay que haga milagro en mi nombre, que luego pueda decir mal de mí. ⁴⁰ Porque el que no es contra nosotros, por nosotros es. ⁴¹ Y cualquiera que os diere un vaso de agua en mi nombre, porque sois de Cristo, de cierto os digo que no perderá su recompensa.

Ocasiones de caer
(Mt. 18.6-9; Lc. 17.1-2)

⁴² Cualquiera que haga tropezar a uno de estos pequeñitos que creen en mí, mejor le fuera si se le atase una piedra de molino al cuello, y se le arrojase en el mar. ⁴³ Si tu mano te fuere ocasión de caer, córtala; mejor te es entrar en la vida manco, que teniendo dos manos ir al infierno, al fuego que no puede ser apagado, ⁴⁴ donde el gusano de ellos no muere, y el fuego nunca se apaga. ⁴⁵ Y si tu pie te fuere ocasión de caer, córtalo; mejor te es entrar a la vida cojo, que teniendo dos pies ser echado en el infierno, al fuego que no puede ser apagado, ⁴⁶ donde el gusano de ellos no muere, y el fuego nunca se apaga. ⁴⁷ Y si tu ojo te fuere ocasión de caer, sácalo; mejor te es entrar en el reino de Dios con un ojo, que teniendo dos ojos ser echado al infierno, ⁴⁸ donde el gusano de ellos no muere, y el fuego nunca se apaga. ⁴⁹ Porque todos serán salados con fuego, y todo sacrificio será salado con sal. ⁵⁰ Buena es la sal; mas si la sal se hace insípida, ¿con qué la sazonaréis? Tened sal en vosotros mismos; y tened paz los unos con los otros.

Jesús enseña sobre el divorcio
(Mt. 19.1-12; Lc. 16.18)

10 Levantándose de allí, vino a la región de Judea y al otro lado del Jordán; y volvió el pueblo a juntarse a él, y de nuevo les enseñaba como solía.

² Y se acercaron los fariseos y le preguntaron, para tentarle, si era lícito al marido repudiar a su mujer. ³ Él, respondiendo, les dijo: ¿Qué os mandó Moisés? ⁴ Ellos dijeron: Moisés permitió dar carta de divorcio, y repudiarla. ⁵ Y respondiendo Jesús, les dijo: Por la dureza de vuestro corazón os escribió este mandamiento; ⁶ pero al principio de la creación, varón y hembra los hizo Dios. ⁷ Por esto dejará el hombre a su padre y a su madre, y se unirá a su mujer, ⁸ y los dos serán una sola carne; así que no son ya más dos, sino uno. ⁹ Por tanto, lo que Dios juntó, no lo separe el hombre.

¹⁰ En casa volvieron los discípulos a preguntarle de lo mismo, ¹¹ y les dijo: Cualquiera que repudia a su mujer y se casa con otra, comete adulterio contra ella; ¹² y si la mujer repudia a su marido y se casa con otro, comete adulterio.

Jesús bendice a los niños
(Mt. 19.13-15; Lc. 18.15-17)

¹³ Y le presentaban niños para que los tocase; y los discípulos reprendían a los que los presentaban. ¹⁴ Viéndolo Jesús, se indignó, y les dijo: Dejad a los niños venir a mí, y no se lo impidáis; porque de los tales es el reino de Dios. ¹⁵ De cierto os digo, que el que no reciba el reino de Dios como un niño, no entrará en él. ¹⁶ Y tomándolos en los brazos, poniendo las manos sobre ellos, los bendecía.

El joven rico
(Mt. 19.16-30; Lc. 18.18-30)

¹⁷ Al salir él para seguir su camino, vino uno corriendo, e hincando la rodilla delante de él, le preguntó: Maestro bueno, ¿qué haré para heredar la vida eterna? ¹⁸ Jesús le dijo: ¿Por qué me llamas bueno? Ninguno hay bueno, sino sólo uno, Dios. ¹⁹ Los mandamientos sabes: No adulteres. No mates. No hurtes. No digas falso testimonio. No defraudes. Honra a tu padre y a tu madre. ²⁰ Él entonces, respondiendo, le dijo: Maestro, todo esto lo he guardado desde mi juventud. ²¹ Entonces Jesús, mirándole, le amó, y le dijo: Una cosa te falta: anda, vende todo lo que tienes, y dalo a los pobres, y tendrás tesoro en el cielo; y ven, sígueme, tomando tu cruz. ²² Pero él, afligido por esta palabra, se fue triste, porque tenía muchas posesiones. ²³ Entonces Jesús, mirando alrededor, dijo a sus discípulos: ¡Cuán difícilmente entrarán en el reino de Dios los que tienen riquezas! ²⁴ Los discípulos se asombraron de sus palabras; pero Jesús, respondiendo, volvió a decirles:

Hijos, ¡cuán difícil les es entrar en el reino de Dios, a los que confían en las riquezas! ²⁵ Más fácil es pasar un camello por el ojo de una aguja, que entrar un rico en el reino de Dios. ²⁶ Ellos se asombraban aún más, diciendo entre sí: ¿Quién, pues, podrá ser salvo? ²⁷ Entonces Jesús, mirándolos, dijo: Para los hombres es imposible, mas para Dios, no; porque todas las cosas son posibles para Dios. ²⁸ Entonces Pedro comenzó a decirle: He aquí, nosotros lo hemos dejado todo, y te hemos seguido. ²⁹ Respondió Jesús y dijo: De cierto os digo que no hay ninguno que haya dejado casa, o hermanos, o hermanas, o padre, o madre, o mujer, o hijos, o tierras, por causa de mí y del evangelio, ³⁰ que no reciba cien veces más ahora en este tiempo; casas, hermanos, hermanas, madres, hijos, y tierras, con persecuciones; y en el siglo venidero la vida eterna. ³¹ Pero muchos primeros serán postreros, y los postreros, primeros.

Nuevamente Jesús anuncia su muerte
(Mt. 20.17-19; Lc. 18.31-34)

³² Iban por el camino subiendo a Jerusalén; y Jesús iba delante, y ellos se asombraron, y le seguían con miedo. Entonces volviendo a tomar a los doce aparte, les comenzó a decir las cosas que le habían de acontecer: ³³ He aquí subimos a Jerusalén, y el Hijo del Hombre será entregado a los principales sacerdotes y a los escribas, y le condenarán a muerte, y le entregarán a los gentiles; ³⁴ y le escarnecerán, le azotarán, y escupirán en él, y le matarán; mas al tercer día resucitará.

Petición de Santiago y de Juan
(Mt. 20.20-28)

³⁵ Entonces Jacobo y Juan, hijos de Zebedeo, se le acercaron, diciendo: Maestro, querríamos que nos hagas lo que pidiéremos. ³⁶ Él les dijo: ¿Qué queréis que os haga? ³⁷ Ellos le dijeron: Concédenos que en tu gloria nos sentemos el uno a tu derecha, y el otro a tu izquierda. ³⁸ Entonces Jesús les dijo: No sabéis lo que pedís. ¿Podéis beber del vaso que yo bebo, o ser bautizados con el bautismo con que yo soy bautizado? ³⁹ Ellos dijeron: Podemos. Jesús les dijo: A la verdad, del vaso que yo bebo, beberéis, y con el bautismo con que yo soy bautizado, seréis bautizados; ⁴⁰ pero el sentaros a mi derecha y a mi izquierda, no es mío darlo, sino a aquellos para quienes está preparado. ⁴¹ Cuando lo oyeron los diez, comenzaron a enojarse contra Jacobo y contra Juan. ⁴² Mas Jesús, llamándolos, les dijo: Sabéis que los que son tenidos por gobernantes de las naciones se enseñorean de

ellas, y sus grandes ejercen sobre ellas potestad. ⁴³ Pero no será así entre vosotros, sino que el que quiera hacerse grande entre vosotros será vuestro servidor, ⁴⁴ y el que de vosotros quiera ser el primero, será siervo de todos. ⁴⁵ Porque el Hijo del Hombre no vino para ser servido, sino para servir, y para dar su vida en rescate por muchos.

El ciego Bartimeo recibe la vista
(Mt. 20.29-34; Lc. 18.35-43)

⁴⁶ Entonces vinieron a Jericó; y al salir de Jericó él y sus discípulos y una gran multitud, Bartimeo el ciego, hijo de Timeo, estaba sentado junto al camino mendigando. ⁴⁷ Y oyendo que era Jesús nazareno, comenzó a dar voces y a decir: ¡Jesús, Hijo de David, ten misericordia de mí! ⁴⁸ Y muchos le reprendían para que callase, pero él clamaba mucho más: ¡Hijo de David, ten misericordia de mí! ⁴⁹ Entonces Jesús, deteniéndose, mandó llamarle; y llamaron al ciego, diciéndole: Ten confianza; levántate, te llama. ⁵⁰ Él entonces, arrojando su capa, se levantó y vino a Jesús. ⁵¹ Respondiendo Jesús, le dijo: ¿Qué quieres que te haga? Y el ciego le dijo: Maestro, que recobre la vista. ⁵² Y Jesús le dijo: Vete, tu fe te ha salvado. Y en seguida recobró la vista, y seguía a Jesús en el camino.

La entrada triunfal en Jerusalén
(Mt. 21.1-11; Lc. 19.28-40; Jn. 12.12-19)

11 Cuando se acercaban a Jerusalén, junto a Betfagé y a Betania, frente al monte de los Olivos, Jesús envió dos de sus discípulos, ² y les dijo: Id a la aldea que está enfrente de vosotros, y luego que entréis en ella, hallaréis un pollino atado, en el cual ningún hombre ha montado; desatadlo y traedlo. ³ Y si alguien os dijere: ¿Por qué hacéis eso? decid que el Señor lo necesita, y que luego lo devolverá. ⁴ Fueron, y hallaron el pollino atado afuera a la puerta, en el recodo del camino, y lo desataron. ⁵ Y unos de los que estaban allí les dijeron: ¿Qué hacéis desatando el pollino? ⁶ Ellos entonces les dijeron como Jesús había mandado; y los dejaron. ⁷ Y trajeron el pollino a Jesús, y echaron sobre él sus mantos, y se sentó sobre él. ⁸ También muchos tendían sus mantos por el camino, y otros cortaban ramas de los árboles, y las tendían por el camino. ⁹ Y los que iban delante y los que venían detrás daban voces, diciendo: ¡Hosanna! ¡Bendito el que viene en el nombre del Señor! ¹⁰ ¡Bendito el reino de nuestro padre David que viene! ¡Hosanna en las alturas!

¹¹ Y entró Jesús en Jerusalén, y en el templo; y habiendo mirado

alrededor todas las cosas, como ya anochecía, se fue a Betania con los doce.

Maldición de la higuera estéril
(Mt. 21.18-19)

[12] Al día siguiente, cuando salieron de Betania, tuvo hambre. [13] Y viendo de lejos una higuera que tenía hojas, fue a ver si tal vez hallaba en ella algo; pero cuando llegó a ella, nada halló sino hojas, pues no era tiempo de higos. [14] Entonces Jesús dijo a la higuera: Nunca jamás coma nadie fruto de ti. Y lo oyeron sus discípulos.

Purificación del templo
(Mt. 21.12-17; Lc. 19.45-48; Jn. 2.13-22)

[15] Vinieron, pues, a Jerusalén; y entrando Jesús en el templo, comenzó a echar fuera a los que vendían y compraban en el templo; y volcó las mesas de los cambistas, y las sillas de los que vendían palomas; [16] y no consentía que nadie atravesase el templo llevando utensilio alguno. [17] Y les enseñaba, diciendo: ¿No está escrito: Mi casa será llamada casa de oración para todas las naciones? Mas vosotros la habéis hecho cueva de ladrones. [18] Y lo oyeron los escribas y los principales sacerdotes, y buscaban cómo matarle; porque le tenían miedo, por cuanto todo el pueblo estaba admirado de su doctrina.

[19] Pero al llegar la noche, Jesús salió de la ciudad.

La higuera maldecida se seca
(Mt. 21.19-22)

[20] Y pasando por la mañana, vieron que la higuera se había secado desde las raíces. [21] Entonces Pedro, acordándose, le dijo: Maestro, mira, la higuera que maldijiste se ha secado. [22] Respondiendo Jesús, les dijo: Tened fe en Dios. [23] Porque de cierto os digo que cualquiera que dijere a este monte: Quítate y échate en el mar, y no dudare en su corazón, sino creyere que será hecho lo que dice, lo que diga le será hecho. [24] Por tanto, os digo que todo lo que pidiereis orando, creed que lo recibiréis, y os vendrá. [25] Y cuando estéis orando, perdonad, si tenéis algo contra alguno, para que también vuestro Padre que está en los cielos os perdone a vosotros vuestras ofensas. [26] Porque si vosotros no perdonáis, tampoco vuestro Padre que está en los cielos os perdonará vuestras ofensas.

La autoridad de Jesús
(Mt. 21.23-27; Lc. 20.1-8)

[27] Volvieron entonces a Jerusalén; y andando él por el templo, vinieron a él los principales sacerdotes, los escribas y los ancianos, [28] y le dijeron: ¿Con qué autoridad haces estas cosas, y quién

te dio autoridad para hacer estas cosas? ²⁹ Jesús, respondiendo, les dijo: Os haré yo también una pregunta; respondedme, y os diré con qué autoridad hago estas cosas. ³⁰ El bautismo de Juan, ¿era del cielo, o de los hombres? Respondedme. ³¹ Entonces ellos discutían entre sí, diciendo: Si decimos, del cielo, dirá: ¿Por qué, pues, no le creísteis? ³² ¿Y si decimos, de los hombres...? Pero temían al pueblo, pues todos tenían a Juan como un verdadero profeta. ³³ Así que, respondiendo, dijeron a Jesús: No sabemos. Entonces respondiendo Jesús, les dijo: Tampoco yo os digo con qué autoridad hago estas cosas.

Los labradores malvados
(Mt. 21.33-46; Lc. 20.9-19)

12 Entonces comenzó Jesús a decirles por parábolas: Un hombre plantó una viña, la cercó de vallado, cavó un lagar, edificó una torre, y la arrendó a unos labradores, y se fue lejos. ² Y a su tiempo envió un siervo a los labradores, para que recibiese de éstos del fruto de la viña. ³ Mas ellos, tomándole, le golpearon, y le enviaron con las manos vacías. ⁴ Volvió a enviarles otro siervo; pero apedreándole, le hirieron en la cabeza, y también le enviaron afrentado. ⁵ Volvió a enviar otro, y a éste mataron; y a otros muchos, golpeando a unos y matando a otros. ⁶ Por último, teniendo aún un hijo suyo, amado, lo envió también a ellos, diciendo: Tendrán respeto a mi hijo. ⁷ Mas aquellos labradores dijeron entre sí: Éste es el heredero; venid, matémosle, y la heredad será nuestra. ⁸ Y tomándole, le mataron, y le echaron fuera de la viña. ⁹ ¿Qué, pues, hará el señor de la viña? Vendrá, y destruirá a los labradores, y dará su viña a otros. ¹⁰ ¿Ni aun esta escritura habéis leído:
La piedra que desecharon los edificadores
Ha venido a ser cabeza del ángulo;
¹¹ El Señor ha hecho esto,
Y es cosa maravillosa a nuestros ojos?
¹² Y procuraban prenderle, porque entendían que decía contra ellos aquella parábola; pero temían a la multitud, y dejándole, se fueron.

La cuestión del tributo
(Mt. 22.15-22; Lc. 20.20-26)

¹³ Y le enviaron algunos de los fariseos y de los herodianos, para que le sorprendiesen en alguna palabra. ¹⁴ Viniendo ellos, le dijeron: Maestro, sabemos que eres hombre veraz, y que no te cuidas de nadie; porque no miras la apariencia de los hombres, sino que con verdad enseñas el camino de Dios. ¿Es lícito dar tributo

a César, o no? ¿Daremos, o no daremos? [15] Mas él, percibiendo la hipocresía de ellos, les dijo: ¿Por qué me tentáis? Traedme la moneda para que la vea. [16] Ellos se la trajeron; y les dijo: ¿De quién es esta imagen y la inscripción? Ellos le dijeron: De César. [17] Respondiendo Jesús, les dijo: Dad a César lo que es de César, y a Dios lo que es de Dios. Y se maravillaron de él.

La pregunta sobre la resurrección
(Mt. 22.23-33; Lc. 20.27-40)

[18] Entonces vinieron a él los saduceos, que dicen que no hay resurrección, y le preguntaron, diciendo: [19] Maestro, Moisés nos escribió que si el hermano de alguno muriere y dejare esposa, pero no dejare hijos, que su hermano se case con ella, y levante descendencia a su hermano. [20] Hubo siete hermanos; el primero tomó esposa, y murió sin dejar descendencia. [21] Y el segundo se casó con ella, y murió, y tampoco dejó descendencia; y el tercero, de la misma manera. [22] Y así los siete, y no dejaron descendencia; y después de todos murió también la mujer. [23] En la resurrección, pues, cuando resuciten, ¿de cuál de ellos será ella mujer, ya que los siete la tuvieron por mujer?

[24] Entonces respondiendo Jesús, les dijo: ¿No erráis por esto, porque ignoráis las Escrituras, y el poder de Dios? [25] Porque cuando resuciten de los muertos, ni se casarán ni se darán en casamiento, sino serán como los ángeles que están en los cielos. [26] Pero respecto a que los muertos resucitan, ¿no habéis leído en el libro de Moisés cómo le habló Dios en la zarza, diciendo: Yo soy el Dios de Abraham, el Dios de Isaac y el Dios de Jacob? [27] Dios no es Dios de muertos, sino Dios de vivos; así que vosotros mucho erráis.

El gran mandamiento
(Mt. 22.34-40)

[28] Acercándose uno de los escribas, que los había oído disputar, y sabía que les había respondido bien, le preguntó: ¿Cuál es el primer mandamiento de todos? [29] Jesús le respondió: El primer mandamiento de todos es: Oye, Israel; el Señor nuestro Dios, el Señor uno es. [30] Y amarás al Señor tu Dios con todo tu corazón, y con toda tu alma, y con toda tu mente y con todas tus fuerzas. Éste es el principal mandamiento. [31] Y el segundo es semejante: Amarás a tu prójimo como a ti mismo. No hay otro mandamiento mayor que éstos. [32] Entonces el escriba le dijo: Bien, Maestro, verdad has dicho, que uno es Dios, y no hay otro fuera de él;

³³ y el amarle con todo el corazón, con todo el entendimiento, con toda el alma, y con todas las fuerzas, y amar al prójimo como a uno mismo, es más que todos los holocaustos y sacrificios. ³⁴ Jesús entonces, viendo que había respondido sabiamente, le dijo: No estás lejos del reino de Dios. Y ya ninguno osaba preguntarle.

¿De quién es hijo el Cristo?
(Mt. 22.41-46; Lc. 20.41-44)

³⁵ Enseñando Jesús en el templo, decía: ¿Cómo dicen los escribas que el Cristo es hijo de David? ³⁶ Porque el mismo David dijo por el Espíritu Santo:
Dijo el Señor a mi Señor:
Siéntate a mi diestra,
Hasta que ponga tus enemigos por estrado de tus pies.
³⁷ David mismo le llama Señor; ¿cómo, pues, es su hijo? Y gran multitud del pueblo le oía de buena gana.

Jesús acusa a los escribas
*(Mt. 23.1-36; Lc. 11.37-54;
20.45-47)*

³⁸ Y les decía en su doctrina: Guardaos de los escribas, que gustan de andar con largas ropas, y aman las salutaciones en las plazas, ³⁹ y las primeras sillas en las sinagogas, y los primeros asientos en las cenas; ⁴⁰ que devoran las casas de las viudas, y por pretexto hacen largas oraciones. Éstos recibirán mayor condenación.

La ofrenda de la viuda
(Lc. 21.1-4)

⁴¹ Estando Jesús sentado delante del arca de la ofrenda, miraba cómo el pueblo echaba dinero en el arca; y muchos ricos echaban mucho. ⁴² Y vino una viuda pobre, y echó dos blancas, o sea un cuadrante. ⁴³ Entonces llamando a sus discípulos, les dijo: De cierto os digo que esta viuda pobre echó más que todos los que han echado en el arca; ⁴⁴ porque todos han echado de lo que les sobra; pero ésta, de su pobreza echó todo lo que tenía, todo su sustento.

Jesús predice la destrucción del templo
(Mt. 24.1-2; Lc. 21.5-6)

13 Saliendo Jesús del templo, le dijo uno de sus discípulos: Maestro, mira qué piedras, y qué edificios. ² Jesús, respondiendo, le dijo: ¿Ves estos grandes edificios? No quedará piedra sobre piedra, que no sea derribada.

Señales antes del fin
*(Mt. 24.3-28; Lc. 21.7-24;
17.22-24)*

³ Y se sentó en el monte de los Olivos, frente al templo. Y Pedro, Jacobo, Juan y Andrés le preguntaron aparte: ⁴ Dinos, ¿cuándo

serán estas cosas? ¿Y qué señal habrá cuando todas estas cosas hayan de cumplirse? [5] Jesús, respondiéndoles, comenzó a decir: Mirad que nadie os engañe; [6] porque vendrán muchos en mi nombre, diciendo: Yo soy el Cristo; y engañarán a muchos. [7] Mas cuando oigáis de guerras y de rumores de guerras, no os turbéis, porque es necesario que suceda así; pero aún no es el fin. [8] Porque se levantará nación contra nación, y reino contra reino; y habrá terremotos en muchos lugares, y habrá hambres y alborotos; principios de dolores son éstos.

[9] Pero mirad por vosotros mismos; porque os entregarán a los concilios, y en las sinagogas os azotarán; y delante de gobernadores y de reyes os llevarán por causa de mí, para testimonio a ellos. [10] Y es necesario que el evangelio sea predicado antes a todas las naciones. [11] Pero cuando os trajeren para entregaros, no os preocupéis por lo que habéis de decir, ni lo penséis, sino lo que os fuere dado en aquella hora, eso hablad; porque no sois vosotros los que habláis, sino el Espíritu Santo. [12] Y el hermano entregará a la muerte al hermano, y el padre al hijo; y se levantarán los hijos contra los padres, y los matarán. [13] Y seréis aborrecidos de todos por causa de mi nombre; mas el que persevere hasta el fin, éste será salvo.

[14] Pero cuando veáis la abominación desoladora de que habló el profeta Daniel, puesta donde no debe estar (el que lee, entienda), entonces los que estén en Judea huyan a los montes. [15] El que esté en la azotea, no descienda a la casa, ni entre para tomar algo de su casa; [16] y el que esté en el campo, no vuelva atrás a tomar su capa. [17] Mas ¡ay de las que estén encintas, y de las que críen en aquellos días! [18] Orad, pues, que vuestra huida no sea en invierno; [19] porque aquellos días serán de tribulación cual nunca ha habido desde el principio de la creación que Dios creó, hasta este tiempo, ni la habrá. [20] Y si el Señor no hubiese acortado aquellos días, nadie sería salvo; mas por causa de los escogidos que él escogió, acortó aquellos días. [21] Entonces si alguno os dijere: Mirad, aquí está el Cristo; o, mirad, allí está, no le creáis. [22] Porque se levantarán falsos Cristos y falsos profetas, y harán señales y prodigios, para engañar, si fuese posible, aun a los escogidos. [23] Mas vosotros mirad; os lo he dicho todo antes.

La venida del Hijo del Hombre
(Mt. 24.29-35,42-44;
Lc. 21.25-36)

²⁴ Pero en aquellos días, después de aquella tribulación, el sol se oscurecerá, y la luna no dará su resplandor, ²⁵ y las estrellas caerán del cielo, y las potencias que están en los cielos serán conmovidas. ²⁶ Entonces verán al Hijo del Hombre, que vendrá en las nubes con gran poder y gloria. ²⁷ Y entonces enviará sus ángeles, y juntará a sus escogidos de los cuatro vientos, desde el extremo de la tierra hasta el extremo del cielo.

²⁸ De la higuera aprended la parábola: Cuando ya su rama está tierna, y brotan las hojas, sabéis que el verano está cerca. ²⁹ Así también vosotros, cuando veáis que suceden estas cosas, conoced que está cerca, a las puertas. ³⁰ De cierto os digo, que no pasará esta generación hasta que todo esto acontezca. ³¹ El cielo y la tierra pasarán, pero mis palabras no pasarán.

³² Pero de aquel día y de la hora nadie sabe, ni aun los ángeles que están en el cielo, ni el Hijo, sino el Padre. ³³ Mirad, velad y orad; porque no sabéis cuándo será el tiempo. ³⁴ Es como el hombre que yéndose lejos, dejó su casa, y dio autoridad a sus siervos, y a cada uno su obra, y al portero mandó que velase. ³⁵ Velad, pues, porque no sabéis cuándo vendrá el señor de la casa; si al anochecer, o a la medianoche, o al canto del gallo, o a la mañana; ³⁶ para que cuando venga de repente, no os halle durmiendo. ³⁷ Y lo que a vosotros digo, a todos lo digo: Velad.

El complot para prender a Jesús
(Mt. 26.1-5; Lc. 22.1-2;
Jn. 11.45-53)

14 Dos días después era la pascua, y la fiesta de los panes sin levadura; y buscaban los principales sacerdotes y los escribas cómo prenderle por engaño y matarle. ² Y decían: No durante la fiesta para que no se haga alboroto del pueblo.

Jesús es ungido en Betania
(Mt. 26.6-13; Jn. 12.1-8)

³ Pero estando él en Betania, en casa de Simón el leproso, y sentado a la mesa, vino una mujer con un vaso de alabastro de perfume de nardo puro de mucho preci⸗ y quebrando el vaso de alabast⸗ se lo derramó sobre su cabeza. ⁴ Y hubo algunos que se enojaron dentro de sí, y dijeron: ¿Para qué se ha hecho este desperdicio de perfume? ⁵ Porque podía haberse vendido por más de trescientos denarios, y haberse dado a los pobres. Y murmuraban contra ella. ⁶ Pero Jesús dijo: Dejadla, ¿por qué la molestáis? Buena obra me ha hecho. ⁷ Siempre

tendréis a los pobres con vosotros, y cuando queráis les podréis hacer bien; pero a mí no siempre me tendréis. [8] Ésta ha hecho lo que podía; porque se ha anticipado a ungir mi cuerpo para la sepultura. [9] De cierto os digo que dondequiera que se predique este evangelio, en todo el mundo, también se contará lo que ésta ha hecho, para memoria de ella.

Judas ofrece entregar a Jesús
(Mt. 26.14-16; Lc. 22.3-6)

[10] Entonces Judas Iscariote, uno de los doce, fue a los principales sacerdotes para entregárselo. [11] Ellos, al oírlo, se alegraron, y prometieron darle dinero. Y Judas buscaba oportunidad para entregarle.

Institución de la Cena del Señor
(Mt. 26.17-29; Lc. 22.7-23; Jn. 13.21-30; 1 Co. 11.23-26)

[12] El primer día de la fiesta de los panes sin levadura, cuando sacrificaban el cordero de la pascua, sus discípulos le dijeron: ¿Dónde quieres que vayamos a preparar para que comas la pascua? [13] Y envió dos de sus discípulos, y les dijo: Id a la ciudad, y os saldrá al encuentro un hombre que lleva un cántaro de agua; seguidle, [14] y donde entrare, decid al señor de la casa: El Maestro dice: ¿Dónde está el aposento donde he de comer la pascua con mis discípulos? [15] Y él os mostrará un gran aposento alto ya dispuesto; preparad para nosotros allí. [16] Fueron sus discípulos y entraron en la ciudad, y hallaron como les había dicho; y prepararon la pascua.

[17] Y cuando llegó la noche, vino él con los doce. [18] Y cuando se sentaron a la mesa, mientras comían, dijo Jesús: De cierto os digo que uno de vosotros, que come conmigo, me va a entregar. [19] Entonces ellos comenzaron a entristecerse, y a decirle uno por uno: ¿Seré yo? Y el otro: ¿Seré yo? [20] Él, respondiendo, les dijo: Es uno de los doce, el que moja conmigo en el plato. [21] A la verdad el Hijo del Hombre va, según está escrito de él, mas ¡ay de aquel hombre por quien el Hijo del Hombre es entregado! Bueno le fuera a ese hombre no haber nacido.

[22] Y mientras comían, Jesús tomó pan y bendijo, y lo partió y les dio, diciendo: Tomad, esto es mi cuerpo. [23] Y tomando la copa, y habiendo dado gracias, les dio; y bebieron de ella todos. [24] Y les dijo: Esto es mi sangre del nuevo pacto, que por muchos es derramada. [25] De cierto os digo que no beberé más del fruto de la vid, hasta aquel día en que lo beba nuevo en el reino de Dios.

Jesús anuncia la negación de Pedro
(Mt. 26.30-35; Lc. 22.31-34; Jn. 13.36-38)

²⁶ Cuando hubieron cantado el himno, salieron al monte de los Olivos. ²⁷ Entonces Jesús les dijo: Todos os escandalizaréis de mí esta noche; porque escrito está: Heriré al pastor, y las ovejas serán dispersadas. ²⁸ Pero después que haya resucitado, iré delante de vosotros a Galilea. ²⁹ Entonces Pedro le dijo: Aunque todos se escandalicen, yo no. ³⁰ Y le dijo Jesús: De cierto te digo que tú, hoy, en esta noche, antes que el gallo haya cantado dos veces, me negarás tres veces. ³¹ Mas él con mayor insistencia decía: Si me fuere necesario morir contigo, no te negaré. También todos decían lo mismo.

Jesús ora en Getsemaní
(Mt. 26.36-46; Lc. 22.39-46)

³² Vinieron, pues, a un lugar que se llama Getsemaní, y dijo a sus discípulos: Sentaos aquí, entre tanto que yo oro. ³³ Y tomó consigo a Pedro, a Jacobo y a Juan, y comenzó a entristecerse y a angustiarse. ³⁴ Y les dijo: Mi alma está muy triste, hasta la muerte; quedaos aquí y velad. ³⁵ Yéndose un poco adelante, se postró en tierra, y oró que si fuese posible, pasase de él aquella hora. ³⁶ Y decía: Abba, Padre, todas las cosas son posibles para ti; aparta de mí esta copa; mas no lo que yo quiero, sino lo que tú. ³⁷ Vino luego y los halló durmiendo; y dijo a Pedro: Simón, ¿duermes? ¿No has podido velar una hora? ³⁸ Velad y orad, para que no entréis en tentación; el espíritu a la verdad está dispuesto, pero la carne es débil. ³⁹ Otra vez fue y oró, diciendo las mismas palabras. ⁴⁰ Al volver, otra vez los halló durmiendo, porque los ojos de ellos estaban cargados de sueño; y no sabían qué responderle. ⁴¹ Vino la tercera vez, y les dijo: Dormid ya, y descansad. Basta, la hora ha venido; he aquí, el Hijo del Hombre es entregado en manos de los pecadores. ⁴² Levantaos, vamos; he aquí, se acerca el que me entrega.

Arresto de Jesús
(Mt. 26.47-56; Lc. 22.47-53; Jn. 18.2-11)

⁴³ Luego, hablando él aún, vino Judas, que era uno de los doce, y con él mucha gente con espadas y palos, de parte de los principales sacerdotes y de los escribas y de los ancianos. ⁴⁴ Y el que le entregaba les había dado señal, diciendo: Al que yo besare, ése es; prendedle, y llevadle con seguridad. ⁴⁵ Y cuando vino, se acercó luego a él, y le dijo: Maestro, Maestro. Y le besó. ⁴⁶ Entonces ellos le echaron mano, y le prendieron. ⁴⁷ Pero uno

de los que estaban allí, sacando la espada, hirió al siervo del sumo sacerdote, cortándole la oreja. ⁴⁸ Y respondiendo Jesús, les dijo: ¿Como contra un ladrón habéis salido con espadas y con palos para prenderme? ⁴⁹ Cada día estaba con vosotros enseñando en el templo, y no me prendisteis; pero es así, para que se cumplan las Escrituras. ⁵⁰ Entonces todos los discípulos, dejándole, huyeron.

El joven que huyó

⁵¹ Pero cierto joven le seguía, cubierto el cuerpo con una sábana; y le prendieron; ⁵² mas él, dejando la sábana, huyó desnudo.

Jesús ante el concilio

(Mt. 26.57-68; Lc. 22.54-55, 63-71; Jn. 18.12-14,19-24)

⁵³ Trajeron, pues, a Jesús al sumo sacerdote; y se reunieron todos los principales sacerdotes y los ancianos y los escribas. ⁵⁴ Y Pedro le siguió de lejos hasta dentro del patio del sumo sacerdote; y estaba sentado con los alguaciles, calentándose al fuego. ⁵⁵ Y los principales sacerdotes y todo el concilio buscaban testimonio contra Jesús, para entregarle a la muerte; pero no lo hallaban. ⁵⁶ Porque muchos decían falso testimonio contra él, mas sus testimonios no concordaban. ⁵⁷ Entonces levantándose unos, dieron falso testimonio contra él, diciendo: ⁵⁸ Nosotros le hemos oído decir: Yo derribaré este templo hecho a mano, y en tres días edificaré otro hecho sin mano. ⁵⁹ Pero ni aun así concordaban en el testimonio. ⁶⁰ Entonces el sumo sacerdote, levantándose en medio, preguntó a Jesús, diciendo: ¿No respondes nada? ¿Qué testifican éstos contra ti? ⁶¹ Mas él callaba, y nada respondía. El sumo sacerdote le volvió a preguntar, y le dijo: ¿Eres tú el Cristo, el Hijo del Bendito? ⁶² Y Jesús le dijo: Yo soy; y veréis al Hijo del Hombre sentado a la diestra del poder de Dios, y viniendo en las nubes del cielo. ⁶³ Entonces el sumo sacerdote, rasgando su vestidura, dijo: ¿Qué más necesidad tenemos de testigos? ⁶⁴ Habéis oído la blasfemia; ¿qué os parece? Y todos ellos le condenaron, declarándole ser digno de muerte. ⁶⁵ Y algunos comenzaron a escupirle, y a cubrirle el rostro y a darle de puñetazos, y a decirle: Profetiza. Y los alguaciles le daban de bofetadas.

Pedro niega a Jesús

(Mt. 26.69-75; Lc. 22.55-62; Jn. 18.15-18,25-27)

⁶⁶ Estando Pedro abajo, en el patio, vino una de las criadas del sumo sacerdote; ⁶⁷ y cuando vio a Pedro que se calentaba, mirándole, dijo: Tú también estabas con Jesús el nazareno. ⁶⁸ Mas él

negó, diciendo: No le conozco, ni sé lo que dices. Y salió a la entrada; y cantó el gallo. ⁶⁹ Y la criada, viéndole otra vez, comenzó a decir a los que estaban allí: Éste es de ellos. ⁷⁰ Pero él negó otra vez. Y poco después, los que estaban allí dijeron otra vez a Pedro: Verdaderamente tú eres de ellos; porque eres galileo, y tu manera de hablar es semejante a la de ellos. ⁷¹ Entonces él comenzó a maldecir, y a jurar: No conozco a este hombre de quien habláis. ⁷² Y el gallo cantó la segunda vez. Entonces Pedro se acordó de las palabras que Jesús le había dicho: Antes que el gallo cante dos veces, me negarás tres veces. Y pensando en esto, lloraba.

Jesús ante Pilato
(Mt. 27.1-2,11-14; Lc. 23.1-5; Jn. 18.28-38)

15 Muy de mañana, habiendo tenido consejo los principales sacerdotes con los ancianos, con los escribas y con todo el concilio, llevaron a Jesús atado, y le entregaron a Pilato. ² Pilato le preguntó: ¿Eres tú el Rey de los judíos? Respondiendo él, le dijo: Tú lo dices. ³ Y los principales sacerdotes le acusaban mucho. ⁴ Otra vez le preguntó Pilato, diciendo: ¿Nada respondes? Mira de cuántas cosas te acusan. ⁵ Mas Jesús ni aun con eso respondió; de modo que Pilato se maravillaba.

Jesús sentenciado a muerte
(Mt. 27.15-31; Lc. 23.13-25; Jn. 18.38—19.16)

⁶ Ahora bien, en el día de la fiesta les soltaba un preso, cualquiera que pidiesen. ⁷ Y había uno que se llamaba Barrabás, preso con sus compañeros de motín que habían cometido homicidio en una revuelta. ⁸ Y viniendo la multitud, comenzó a pedir que hiciese como siempre les había hecho. ⁹ Y Pilato les respondió diciendo: ¿Queréis que os suelte al Rey de los judíos? ¹⁰ Porque conocía que por envidia le habían entregado los principales sacerdotes. ¹¹ Mas los principales sacerdotes incitaron a la multitud para que les soltase más bien a Barrabás. ¹² Respondiendo Pilato, les dijo otra vez: ¿Qué, pues, queréis que haga del que llamáis Rey de los judíos? ¹³ Y ellos volvieron a dar voces: ¡Crucifícale! ¹⁴ Pilato les decía: ¿Pues qué mal ha hecho? Pero ellos gritaban aún más: ¡Crucifícale! ¹⁵ Y Pilato, queriendo satisfacer al pueblo, les soltó a Barrabás, y entregó a Jesús, después de azotarle, para que fuese crucificado.

¹⁶ Entonces los soldados le llevaron dentro del atrio, esto es, al pretorio, y convocaron a toda la compañía. ¹⁷ Y le vistieron de púrpura, y poniéndole una corona tejida de espinas, ¹⁸ comenzaron

luego a saludarle: ¡Salve, Rey de los judíos! [19] Y le golpeaban en la cabeza con una caña, y le escupían, y puestos de rodillas le hacían reverencias. [20] Después de haberle escarnecido, le desnudaron la púrpura, y le pusieron sus propios vestidos, y le sacaron para crucificarle.

Crucifixión y muerte de Jesús
(Mt. 27.32-56; Lc. 23.26-49; Jn. 19.17-30)

[21] Y obligaron a uno que pasaba, Simón de Cirene, padre de Alejandro y de Rufo, que venía del campo, a que le llevase la cruz. [22] Y le llevaron a un lugar llamado Gólgota, que traducido es: Lugar de la Calavera. [23] Y le dieron a beber vino mezclado con mirra; mas él no lo tomó. [24] Cuando le hubieron crucificado, repartieron entre sí sus vestidos, echando suertes sobre ellos para ver qué se llevaría cada uno. [25] Era la hora tercera cuando le crucificaron. [26] Y el título escrito de su causa era: EL REY DE LOS JUDÍOS. [27] Crucificaron también con él a dos ladrones, uno a su derecha, y el otro a su izquierda. [28] Y se cumplió la Escritura que dice: Y fue contado con los inicuos. [29] Y los que pasaban le injuriaban, meneando la cabeza y diciendo: ¡Bah! tú que derribas el templo de Dios, y en tres días lo reedificas, [30] sálvate a ti mismo, y desciende de la cruz. [31] De esta manera también los principales sacerdotes, escarneciendo, se decían unos a otros, con los escribas: A otros salvó, a sí mismo no se puede salvar. [32] El Cristo, Rey de Israel, descienda ahora de la cruz, para que veamos y creamos. También los que estaban crucificados con él le injuriaban.

[33] Cuando vino la hora sexta, hubo tinieblas sobre toda la tierra hasta la hora novena. [34] Y a la hora novena Jesús clamó a gran voz, diciendo: Eloi, Eloi, ¿lama sabactani? que traducido es: Dios mío, Dios mío, ¿por qué me has desamparado? [35] Y algunos de los que estaban allí decían, al oírlo: Mirad, llama a Elías. [36] Y corrió uno, y empapando una esponja en vinagre, y poniéndola en una caña, le dio a beber, diciendo: Dejad, veamos si viene Elías a bajarle. [37] Mas Jesús, dando una gran voz, expiró. [38] Entonces el velo del templo se rasgó en dos, de arriba abajo. [39] Y el centurión que estaba frente a él, viendo que después de clamar había expirado así, dijo: Verdaderamente este hombre era Hijo de Dios.

[40] También había algunas mujeres mirando de lejos, entre las cuales estaban María Magdalena, María la madre de Jacobo el menor y de José, y Salomé, [41] quienes, cuando

él estaba en Galilea, le seguían y le servían; y otras muchas que habían subido con él a Jerusalén.

Jesús es sepultado
(Mt. 27.57-61; Lc. 23.50-56;
Jn. 19.38-42)

⁴² Cuando llegó la noche, porque era la preparación, es decir, la víspera del día de reposo, ⁴³ José de Arimatea, miembro noble del concilio, que también esperaba el reino de Dios, vino y entró osadamente a Pilato, y pidió el cuerpo de Jesús. ⁴⁴ Pilato se sorprendió de que ya hubiese muerto; y haciendo venir al centurión, le preguntó si ya estaba muerto. ⁴⁵ E informado por el centurión, dio el cuerpo a José, ⁴⁶ el cual compró una sábana, y quitándolo, lo envolvió en la sábana, y lo puso en un sepulcro que estaba cavado en una peña, e hizo rodar una piedra a la entrada del sepulcro. ⁴⁷ Y María Magdalena y María madre de José miraban dónde lo ponían.

La resurrección
(Mt. 28.1-10; Lc. 24.1-12;
Jn. 20.1-10)

16 Cuando pasó el día de reposo, María Magdalena, María la madre de Jacobo, y Salomé, compraron especias aromáticas para ir a ungirle. ² Y muy de mañana, el primer día de la semana, vinieron al sepulcro, ya salido el sol. ³ Pero decían entre sí: ¿Quién nos removerá la piedra de la entrada del sepulcro? ⁴ Pero cuando miraron, vieron removida la piedra, que era muy grande. ⁵ Y cuando entraron en el sepulcro, vieron a un joven sentado al lado derecho, cubierto de una larga ropa blanca; y se espantaron. ⁶ Mas él les dijo: No os asustéis; buscáis a Jesús nazareno, el que fue crucificado; ha resucitado, no está aquí; mirad el lugar en donde le pusieron. ⁷ Pero id, decid a sus discípulos, y a Pedro, que él va delante de vosotros a Galilea; allí le veréis, como os dijo. ⁸ Y ellas se fueron huyendo del sepulcro, porque les había tomado temblor y espanto; ni decían nada a nadie, porque tenían miedo.

Jesús se aparece a María Magdalena
(Jn. 20.11-18)

⁹ Habiendo, pues, resucitado Jesús por la mañana, el primer día de la semana, apareció primeramente a María Magdalena, de quien había echado siete demonios. ¹⁰ Yendo ella, lo hizo saber a los que habían estado con él, que estaban tristes y llorando. ¹¹ Ellos, cuando oyeron que vivía, y que había sido visto por ella, no lo creyeron.

Jesús se aparece a dos de sus discípulos
(Lc. 24.13-35)

¹² Pero después apareció en otra forma a dos de ellos que iban de camino, yendo al campo. ¹³ Ellos fueron y lo hicieron saber a los otros; y ni aun a ellos creyeron.

Jesús comisiona a los apóstoles
(Mt. 28.16-20; Lc. 24.36-49; Jn. 20.19-23)

¹⁴ Finalmente se apareció a los once mismos, estando ellos sentados a la mesa, y les reprochó su incredulidad y dureza de corazón, porque no habían creído a los que le habían visto resucitado. ¹⁵ Y les dijo: Id por todo el mundo y predicad el evangelio a toda criatura. ¹⁶ El que creyere y fuere bautizado, será salvo; mas el que no creyere, será condenado. ¹⁷ Y estas señales seguirán a los que creen: En mi nombre echarán fuera demonios; hablarán nuevas lenguas; ¹⁸ tomarán en las manos serpientes, y si bebieren cosa mortífera, no les hará daño; sobre los enfermos pondrán sus manos, y sanarán.

La ascensión
(Lc. 24.50-53)

¹⁹ Y el Señor, después que les habló, fue recibido arriba en el cielo, y se sentó a la diestra de Dios. ²⁰ Y ellos, saliendo, predicaron en todas partes, ayudándoles el Señor y confirmando la palabra con las señales que la seguían. Amén.

EL SANTO EVANGELIO SEGÚN
SAN LUCAS

Dedicatoria a Teófilo

1 Puesto que ya muchos han tratado de poner en orden la historia de las cosas que entre nosotros han sido ciertísimas, ² tal como nos lo enseñaron los que desde el principio lo vieron con sus ojos, y fueron ministros de la palabra, ³ me ha parecido también a mí, después de haber investigado con diligencia todas las cosas desde su origen, escribírtelas por orden, oh excelentísimo Teófilo, ⁴ para que conozcas bien la verdad de las cosas en las cuales has sido instruido.

Anuncio del nacimiento de Juan

[5] Hubo en los días de Herodes, rey de Judea, un sacerdote llamado Zacarías, de la clase de Abías; su mujer era de las hijas de Aarón, y se llamaba Elisabet. [6] Ambos eran justos delante de Dios, y andaban irreprensibles en todos los mandamientos y ordenanzas del Señor. [7] Pero no tenían hijo, porque Elisabet era estéril, y ambos eran ya de edad avanzada. [8] Aconteció que ejerciendo Zacarías el sacerdocio delante de Dios según el orden de su clase, [9] conforme a la costumbre del sacerdocio, le tocó en suerte ofrecer el incienso, entrando en el santuario del Señor. [10] Y toda la multitud del pueblo estaba fuera orando a la hora del incienso. [11] Y se le apareció un ángel del Señor puesto en pie a la derecha del altar del incienso. [12] Y se turbó Zacarías al verle, y le sobrecogió temor. [13] Pero el ángel le dijo: Zacarías, no temas; porque tu oración ha sido oída, y tu mujer Elisabet te dará a luz un hijo, y llamarás su nombre Juan. [14] Y tendrás gozo y alegría, y muchos se regocijarán de su nacimiento; [15] porque será grande delante de Dios. No beberá vino ni sidra, y será lleno del Espíritu Santo, aun desde el vientre de su madre. [16] Y hará que muchos de los hijos de Israel se conviertan al Señor Dios de ellos. [17] E irá delante de él con el espíritu y el poder de Elías, para hacer volver los corazones de los padres a los hijos, y de los rebeldes a la prudencia de los justos, para preparar al Señor un pueblo bien dispuesto. [18] Dijo Zacarías al ángel: ¿En qué conoceré esto? Porque yo soy viejo, y mi mujer es de edad avanzada. [19] Respondiendo el ángel, le dijo: Yo soy Gabriel, que estoy delante de Dios; y he sido enviado a hablarte, y darte estas buenas nuevas. [20] Y ahora quedarás mudo y no podrás hablar, hasta el día en que esto se haga, por cuanto no creíste mis palabras, las cuales se cumplirán a su tiempo. [21] Y el pueblo estaba esperando a Zacarías, y se extrañaba de que él se demorase en el santuario. [22] Pero cuando salió, no les podía hablar; y comprendieron que había visto visión en el santuario. Él les hablaba por señas, y permaneció mudo. [23] Y cumplidos los días de su ministerio, se fue a su casa.

[24] Después de aquellos días concibió su mujer Elisabet, y se recluyó en casa por cinco meses, diciendo: [25] Así ha hecho conmigo el Señor en los días en que se dignó quitar mi afrenta entre los hombres.

Anuncio del nacimiento de Jesús

²⁶ Al sexto mes el ángel Gabriel fue enviado por Dios a una ciudad de Galilea, llamada Nazaret, ²⁷ a una virgen desposada con un varón que se llamaba José, de la casa de David; y el nombre de la virgen era María. ²⁸ Y entrando el ángel en donde ella estaba, dijo: ¡Salve, muy favorecida! El Señor es contigo; bendita tú entre las mujeres. ²⁹ Mas ella, cuando le vio, se turbó por sus palabras, y pensaba qué salutación sería ésta. ³⁰ Entonces el ángel le dijo: María, no temas, porque has hallado gracia delante de Dios. ³¹ Y ahora, concebirás en tu vientre, y darás a luz un hijo, y llamarás su nombre JESÚS. ³² Éste será grande, y será llamado Hijo del Altísimo; y el Señor Dios le dará el trono de David su padre; ³³ y reinará sobre la casa de Jacob para siempre, y su reino no tendrá fin. ³⁴ Entonces María dijo al ángel: ¿Cómo será esto? pues no conozco varón. ³⁵ Respondiendo el ángel, le dijo: El Espíritu Santo vendrá sobre ti, y el poder del Altísimo te cubrirá con su sombra; por lo cual también el Santo Ser que nacerá, será llamado Hijo de Dios. ³⁶ Y he aquí tu parienta Elisabet, ella también ha concebido hijo en su vejez; y éste es el sexto mes para ella, la que llamaban estéril; ³⁷ porque nada hay imposible para Dios.

³⁸ Entonces María dijo: He aquí la sierva del Señor; hágase conmigo conforme a tu palabra. Y el ángel se fue de su presencia.

María visita a Elisabet

³⁹ En aquellos días, levantándose María, fue de prisa a la montaña, a una ciudad de Judá; ⁴⁰ y entró en casa de Zacarías, y saludó a Elisabet. ⁴¹ Y aconteció que cuando oyó Elisabet la salutación de María, la criatura saltó en su vientre; y Elisabet fue llena del Espíritu Santo, ⁴² y exclamó a gran voz, y dijo: Bendita tú entre las mujeres, y bendito el fruto de tu vientre. ⁴³ ¿Por qué se me concede esto a mí, que la madre de mi Señor venga a mí? ⁴⁴ Porque tan pronto como llegó la voz de tu salutación a mis oídos, la criatura saltó de alegría en mi vientre. ⁴⁵ Y bienaventurada la que creyó, porque se cumplirá lo que le fue dicho de parte del Señor.

⁴⁶ Entonces María dijo:
Engrandece mi alma al Señor;
⁴⁷ Y mi espíritu se regocija en Dios mi Salvador.
⁴⁸ Porque ha mirado la bajeza de su sierva;
Pues he aquí, desde ahora me dirán bienaventurada todas las generaciones.
⁴⁹ Porque me ha hecho grandes cosas el Poderoso;
Santo es su nombre,
⁵⁰ Y su misericordia es de gener-

ación en generación
A los que le temen.

⁵¹ Hizo proezas con su brazo;
Esparció a los soberbios en el pensamiento de sus corazones.

⁵² Quitó de los tronos a los poderosos,
Y exaltó a los humildes.

⁵³ A los hambrientos colmó de bienes,
Y a los ricos envió vacíos.

⁵⁴ Socorrió a Israel su siervo,
Acordándose de la misericordia

⁵⁵ De la cual habló a nuestros padres,
Para con Abraham y su descendencia para siempre.

⁵⁶ Y se quedó María con ella como tres meses; después se volvió a su casa.

Nacimiento de Juan el Bautista

⁵⁷ Cuando a Elisabet se le cumplió el tiempo de su alumbramiento, dio a luz un hijo. ⁵⁸ Y cuando oyeron los vecinos y los parientes que Dios había engrandecido para con ella su misericordia, se regocijaron con ella. ⁵⁹ Aconteció que al octavo día vinieron para circuncidar al niño; y le llamaban con el nombre de su padre, Zacarías; ⁶⁰ pero respondiendo su madre, dijo: No; se llamará Juan. ⁶¹ Le dijeron: ¿Por qué? No hay nadie en tu parentela que se llame con ese nombre. ⁶² Entonces preguntaron por señas a su padre, cómo le quería llamar. ⁶³ Y

pidiendo una tablilla, escribió, diciendo: Juan es su nombre. Y todos se maravillaron. ⁶⁴ Al momento fue abierta su boca y suelta su lengua, y habló bendiciendo a Dios. ⁶⁵ Y se llenaron de temor todos sus vecinos; y en todas las montañas de Judea se divulgaron todas estas cosas. ⁶⁶ Y todos los que las oían las guardaban en su corazón, diciendo: ¿Quién, pues, será este niño? Y la mano del Señor estaba con él.

Profecía de Zacarías

⁶⁷ Y Zacarías su padre fue lleno del Espíritu Santo, y profetizó, diciendo:

⁶⁸ Bendito el Señor Dios de Israel,
Que ha visitado y redimido a su pueblo,

⁶⁹ Y nos levantó un poderoso Salvador
En la casa de David su siervo,

⁷⁰ Como habló por boca de sus santos profetas que fueron desde el principio;

⁷¹ Salvación de nuestros enemigos, y de la mano de todos los que nos aborrecieron;

⁷² Para hacer misericordia con nuestros padres,
Y acordarse de su santo pacto;

⁷³ Del juramento que hizo a Abraham nuestro padre,
Que nos había de conceder

⁷⁴ Que, librados de nuestros enemigos,
Sin temor le serviríamos

75 En santidad y en justicia delante de él, todos nuestros días.

76 Y tú, niño, profeta del Altísimo serás llamado;
Porque irás delante de la presencia del Señor, para preparar sus caminos;

77 Para dar conocimiento de salvación a su pueblo,
Para perdón de sus pecados,

78 Por la entrañable misericordia de nuestro Dios,
Con que nos visitó desde lo alto la aurora,

79 Para dar luz a los que habitan en tinieblas y en sombra de muerte;
Para encaminar nuestros pies por camino de paz.

80 Y el niño crecía, y se fortalecía en espíritu; y estuvo en lugares desiertos hasta el día de su manifestación a Israel.

Nacimiento de Jesús
(Mt. 1.18-25)

2 Aconteció en aquellos días, que se promulgó un edicto de parte de Augusto César, que todo el mundo fuese empadronado. 2 Este primer censo se hizo siendo Cirenio gobernador de Siria. 3 E iban todos para ser empadronados, cada uno a su ciudad. 4 Y José subió de Galilea, de la ciudad de Nazaret, a Judea, a la ciudad de David, que se llama Belén, por cuanto era de la casa y familia de David; 5 para ser empadronado con María su mujer, desposada con él, la cual estaba encinta. 6 Y aconteció que estando ellos allí, se cumplieron los días de su alumbramiento. 7 Y dio a luz a su hijo primogénito, y lo envolvió en pañales, y lo acostó en un pesebre, porque no había lugar para ellos en el mesón.

Los ángeles y los pastores

8 Había pastores en la misma región, que velaban y guardaban las vigilias de la noche sobre su rebaño. 9 Y he aquí, se les presentó un ángel del Señor, y la gloria del Señor los rodeó de resplandor; y tuvieron gran temor. 10 Pero el ángel les dijo: No temáis; porque he aquí os doy nuevas de gran gozo, que será para todo el pueblo: 11 que os ha nacido hoy, en la ciudad de David, un Salvador, que es CRISTO el Señor. 12 Esto os servirá de señal: Hallaréis al niño envuelto en pañales, acostado en un pesebre. 13 Y repentinamente apareció con el ángel una multitud de las huestes celestiales, que alababan a Dios, y decían:

14 ¡Gloria a Dios en las alturas,
Y en la tierra paz, buena voluntad para con los hombres!

15 Sucedió que cuando los ángeles se fueron de ellos al cielo, los pastores se dijeron unos a otros: Pasemos, pues, hasta Belén, y veamos esto que ha sucedido, y que el Señor nos ha manifestado. 16 Vinieron, pues, apresura-

damente, y hallaron a María y a José, y al niño acostado en el pesebre. [17] Y al verlo, dieron a conocer lo que se les había dicho acerca del niño. [18] Y todos los que oyeron, se maravillaron de lo que los pastores les decían. [19] Pero María guardaba todas estas cosas, meditándolas en su corazón. [20] Y volvieron los pastores glorificando y alabando a Dios por todas las cosas que habían oído y visto, como se les había dicho.

Presentación de Jesús en el templo

[21] Cumplidos los ocho días para circuncidar al niño, le pusieron por nombre JESÚS, el cual le había sido puesto por el ángel antes que fuese concebido.

[22] Y cuando se cumplieron los días de la purificación de ellos, conforme a la ley de Moisés, le trajeron a Jerusalén para presentarle al Señor [23] (como está escrito en la ley del Señor: Todo varón que abriere la matriz será llamado santo al Señor), [24] y para ofrecer conforme a lo que se dice en la ley del Señor: Un par de tórtolas, o dos palominos. [25] Y he aquí había en Jerusalén un hombre llamado Simeón, y este hombre, justo y piadoso, esperaba la consolación de Israel; y el Espíritu Santo estaba sobre él. [26] Y le había sido revelado por el Espíritu Santo, que no vería la muerte antes que viese al Ungido del Señor. [27] Y movido por el Espíritu, vino al templo. Y cuando los padres del niño Jesús lo trajeron al templo, para hacer por él conforme al rito de la ley, [28] él le tomó en sus brazos, y bendijo a Dios, diciendo:

[29] Ahora, Señor, despides a tu siervo en paz,
Conforme a tu palabra;
[30] Porque han visto mis ojos tu salvación,
[31] La cual has preparado en presencia de todos los pueblos;
[32] Luz para revelación a los gentiles,
Y gloria de tu pueblo Israel.

[33] Y José y su madre estaban maravillados de todo lo que se decía de él. [34] Y los bendijo Simeón, y dijo a su madre María: He aquí, éste está puesto para caída y para levantamiento de muchos en Israel, y para señal que será contradicha [35] (y una espada traspasará tu misma alma), para que sean revelados los pensamientos de muchos corazones.

[36] Estaba también allí Ana, profetisa, hija de Fanuel, de la tribu de Aser, de edad muy avanzada, pues había vivido con su marido siete años desde su virginidad, [37] y era viuda hacía ochenta y cuatro años; y no se apartaba del templo, sirviendo de noche y de día con ayunos y oraciones. [38] Ésta, presentándose en la misma hora,

daba gracias a Dios, y hablaba del niño a todos los que esperaban la redención en Jerusalén.

El regreso a Nazaret

³⁹ Después de haber cumplido con todo lo prescrito en la ley del Señor, volvieron a Galilea, a su ciudad de Nazaret. ⁴⁰ Y el niño crecía y se fortalecía, y se llenaba de sabiduría; y la gracia de Dios era sobre él.

El niño Jesús en el templo

⁴¹ Iban sus padres todos los años a Jerusalén en la fiesta de la pascua; ⁴² y cuando tuvo doce años, subieron a Jerusalén conforme a la costumbre de la fiesta. ⁴³ Al regresar ellos, acabada la fiesta, se quedó el niño Jesús en Jerusalén, sin que lo supiesen José y su madre. ⁴⁴ Y pensando que estaba entre la compañía, anduvieron camino de un día; y le buscaban entre los parientes y los conocidos; ⁴⁵ pero como no le hallaron, volvieron a Jerusalén buscándole. ⁴⁶ Y aconteció que tres días después le hallaron en el templo, sentado en medio de los doctores de la ley, oyéndoles y preguntándoles. ⁴⁷ Y todos los que le oían, se maravillaban de su inteligencia y de sus respuestas. ⁴⁸ Cuando le vieron, se sorprendieron; y le dijo su madre: Hijo, ¿por qué nos has hecho así? He aquí, tu padre y yo te hemos buscado con angustia.

⁴⁹ Entonces él les dijo: ¿Por qué me buscabais? ¿No sabíais que en los negocios de mi Padre me es necesario estar? ⁵⁰ Mas ellos no entendieron las palabras que les habló. ⁵¹ Y descendió con ellos, y volvió a Nazaret, y estaba sujeto a ellos. Y su madre guardaba todas estas cosas en su corazón.
⁵² Y Jesús crecía en sabiduría y en estatura, y en gracia para con Dios y los hombres.

Predicación de Juan el Bautista
(Mt. 3.1-12; Mr. 1.1-8; Jn. 1.19-28)

3 En el año decimoquinto del imperio de Tiberio César, siendo gobernador de Judea Poncio Pilato, y Herodes tetrarca de Galilea, y su hermano Felipe tetrarca de Iturea y de la provincia de Traconite, y Lisanias tetrarca de Abilinia, ² y siendo sumos sacerdotes Anás y Caifás, vino palabra de Dios a Juan, hijo de Zacarías, en el desierto. ³ Y él fue por toda la región contigua al Jordán, predicando el bautismo del arrepentimiento para perdón de pecados, ⁴ como está escrito en el libro de las palabras del profeta Isaías, que dice:
Voz del que clama en el desierto:
Preparad el camino del Señor;
Enderezad sus sendas.
⁵ Todo valle se rellenará,
Y se bajará todo monte y collado;
Los caminos torcidos serán

enderezados,
Y los caminos ásperos allanados;
⁶ Y verá toda carne la salvación
de Dios.

⁷ Y decía a las multitudes que
salían para ser bautizadas por
él: ¡Oh generación de víboras!
¿Quién os enseñó a huir de la ira
venidera? ⁸ Haced, pues, frutos
dignos de arrepentimiento, y no
comencéis a decir dentro de vosotros mismos: Tenemos a Abraham por padre; porque os digo
que Dios puede levantar hijos a
Abraham aun de estas piedras. ⁹ Y
ya también el hacha está puesta a
la raíz de los árboles; por tanto,
todo árbol que no da buen fruto
se corta y se echa en el fuego.

¹⁰ Y la gente le preguntaba, diciendo: Entonces, ¿qué haremos?
¹¹ Y respondiendo, les dijo: El
que tiene dos túnicas, dé al que
no tiene; y el que tiene qué comer, haga lo mismo. ¹² Vinieron
también unos publicanos para
ser bautizados, y le dijeron: Maestro, ¿qué haremos? ¹³ Él les dijo:
No exijáis más de lo que os está
ordenado. ¹⁴ También le preguntaron unos soldados, diciendo:
Y nosotros, ¿qué haremos? Y les
dijo: No hagáis extorsión a nadie,
ni calumniéis; y contentaos con
vuestro salario.

¹⁵ Como el pueblo estaba en ex-
pectativa, preguntándose todos
en sus corazones si acaso Juan
sería el Cristo, ¹⁶ respondió Juan,
diciendo a todos: Yo a la verdad
os bautizo en agua; pero viene
uno más poderoso que yo, de
quien no soy digno de desatar la
correa de su calzado; él os bautizará en Espíritu Santo y fuego.
¹⁷ Su aventador está en su mano, y
limpiará su era, y recogerá el trigo
en su granero, y quemará la paja
en fuego que nunca se apagará.

¹⁸ Con estas y otras muchas ex-
hortaciones anunciaba las buenas nuevas al pueblo. ¹⁹ Entonces Herodes el tetrarca, siendo
reprendido por Juan a causa de
Herodías, mujer de Felipe su hermano, y de todas las maldades
que Herodes había hecho, ²⁰ sobre
todas ellas, añadió además ésta:
encerró a Juan en la cárcel.

El bautismo de Jesús
(Mt. 3.13-17; Mr. 1.9-11)

²¹ Aconteció que cuando todo
el pueblo se bautizaba, también
Jesús fue bautizado; y orando, el
cielo se abrió, ²² y descendió el
Espíritu Santo sobre él en forma
corporal, como paloma, y vino
una voz del cielo que decía: Tú
eres mi Hijo amado; en ti tengo
complacencia.

Genealogía de Jesús
(Mt. 1.1-17)

23 Jesús mismo al comenzar su ministerio era como de treinta años, hijo, según se creía, de José, hijo de Elí, 24 hijo de Matat, hijo de Leví, hijo de Melqui, hijo de Jana, hijo de José, 25 hijo de Matatías, hijo de Amós, hijo de Nahum, hijo de Esli, hijo de Nagai, 26 hijo de Maat, hijo de Matatías, hijo de Semei, hijo de José, hijo de Judá, 27 hijo de Joana, hijo de Resa, hijo de Zorobabel, hijo de Salatiel, hijo de Neri, 28 hijo de Melqui, hijo de Adi, hijo de Cosam, hijo de Elmodam, hijo de Er, 29 hijo de Josué, hijo de Eliezer, hijo de Jorim, hijo de Matat, 30 hijo de Leví, hijo de Simeón, hijo de Judá, hijo de José, hijo de Jonán, hijo de Eliaquim, 31 hijo de Melea, hijo de Mainán, hijo de Matata, hijo de Natán, 32 hijo de David, hijo de Isaí, hijo de Obed, hijo de Booz, hijo de Salmón, hijo de Naasón, 33 hijo de Aminadab, hijo de Aram, hijo de Esrom, hijo de Fares, hijo de Judá, 34 hijo de Jacob, hijo de Isaac, hijo de Abraham, hijo de Taré, hijo de Nacor, 35 hijo de Serug, hijo de Ragau, hijo de Peleg, hijo de Heber, hijo de Sala, 36 hijo de Cainán, hijo de Arfaxad, hijo de Sem, hijo de Noé, hijo de Lamec, 37 hijo de Matusalén, hijo de Enoc, hijo de Jared, hijo de Mahalaleel, hijo de Cainán, 38 hijo de Enós, hijo de Set, hijo de Adán, hijo de Dios.

Tentación de Jesús
(Mt. 4.1-11; Mr. 1.12-13)

4 Jesús, lleno del Espíritu Santo, volvió del Jordán, y fue llevado por el Espíritu al desierto 2 por cuarenta días, y era tentado por el diablo. Y no comió nada en aquellos días, pasados los cuales, tuvo hambre. 3 Entonces el diablo le dijo: Si eres Hijo de Dios, di a esta piedra que se convierta en pan. 4 Jesús, respondiéndole, dijo: Escrito está: No sólo de pan vivirá el hombre, sino de toda palabra de Dios. 5 Y le llevó el diablo a un alto monte, y le mostró en un momento todos los reinos de la tierra. 6 Y le dijo el diablo: A ti te daré toda esta potestad, y la gloria de ellos; porque a mí me ha sido entregada, y a quien quiero la doy. 7 Si tú postrado me adorares, todos serán tuyos. 8 Respondiendo Jesús, le dijo: Vete de mí, Satanás, porque escrito está: Al Señor tu Dios adorarás, y a él solo servirás. 9 Y le llevó a Jerusalén, y le puso sobre el pináculo del templo, y le dijo: Si eres Hijo de Dios, échate de aquí abajo; 10 porque escrito está:

A sus ángeles mandará acerca de ti, que te guarden;

11 y,

En las manos te sostendrán,
Para que no tropieces con tu pie en piedra.

[12] Respondiendo Jesús, le dijo: Dicho está: No tentarás al Señor tu Dios. [13] Y cuando el diablo hubo acabado toda tentación, se apartó de él por un tiempo.

Jesús principia su ministerio
(Mt. 4.12-17; Mr. 1.14-15)

[14] Y Jesús volvió en el poder del Espíritu a Galilea, y se difundió su fama por toda la tierra de alrededor. [15] Y enseñaba en las sinagogas de ellos, y era glorificado por todos.

Jesús en Nazaret
(Mt. 13.53-58; Mr. 6.1-6)

[16] Vino a Nazaret, donde se había criado; y en el día de reposo entró en la sinagoga, conforme a su costumbre, y se levantó a leer. [17] Y se le dio el libro del profeta Isaías; y habiendo abierto el libro, halló el lugar donde estaba escrito:

[18] El Espíritu del Señor está sobre mí,

Por cuanto me ha ungido para dar buenas nuevas a los pobres;

Me ha enviado a sanar a los quebrantados de corazón;

A pregonar libertad a los cautivos,

Y vista a los ciegos;

A poner en libertad a los oprimidos;

[19] A predicar el año agradable del Señor.

[20] Y enrollando el libro, lo dio al ministro, y se sentó; y los ojos de todos en la sinagoga estaban fijos en él. [21] Y comenzó a decirles: Hoy se ha cumplido esta Escritura delante de vosotros. [22] Y todos daban buen testimonio de él, y estaban maravillados de las palabras de gracia que salían de su boca, y decían: ¿No es éste el hijo de José? [23] Él les dijo: Sin duda me diréis este refrán: Médico, cúrate a ti mismo; de tantas cosas que hemos oído que se han hecho en Capernaum, haz también aquí en tu tierra. [24] Y añadió: De cierto os digo, que ningún profeta es acepto en su propia tierra. [25] Y en verdad os digo que muchas viudas había en Israel en los días de Elías, cuando el cielo fue cerrado por tres años y seis meses, y hubo una gran hambre en toda la tierra; [26] pero a ninguna de ellas fue enviado Elías, sino a una mujer viuda en Sarepta de Sidón. [27] Y muchos leprosos había en Israel en tiempo del profeta Eliseo; pero ninguno de ellos fue limpiado, sino Naamán el sirio. [28] Al oír estas cosas, todos en la sinagoga se llenaron de ira; [29] y levantándose, le echaron fuera de la ciudad, y le llevaron hasta la cumbre del monte sobre el cual estaba edificada la ciudad de ellos, para despeñarle. [30] Mas él pasó por en medio de ellos, y se fue.

Un hombre que tenía un espíritu inmundo
(Mr. 1.21-28)

³¹ Descendió Jesús a Capernaum, ciudad de Galilea; y les enseñaba en los días de reposo. ³² Y se admiraban de su doctrina, porque su palabra era con autoridad. ³³ Estaba en la sinagoga un hombre que tenía un espíritu de demonio inmundo, el cual exclamó a gran voz, ³⁴ diciendo: Déjanos; ¿qué tienes con nosotros, Jesús nazareno? ¿Has venido para destruirnos? Yo te conozco quién eres, el Santo de Dios. ³⁵ Y Jesús le reprendió, diciendo: Cállate, y sal de él. Entonces el demonio, derribándole en medio de ellos, salió de él, y no le hizo daño alguno. ³⁶ Y estaban todos maravillados, y hablaban unos a otros, diciendo: ¿Qué palabra es ésta, que con autoridad y poder manda a los espíritus inmundos, y salen? ³⁷ Y su fama se difundía por todos los lugares de los contornos.

Jesús sana a la suegra de Pedro
(Mt. 8.14-15; Mr. 1.29-31)

³⁸ Entonces Jesús se levantó y salió de la sinagoga, y entró en casa de Simón. La suegra de Simón tenía una gran fiebre; y le rogaron por ella. ³⁹ E inclinándose hacia ella, reprendió a la fiebre; y la fiebre la dejó, y levantándose ella al instante, les servía.

Muchos sanados al ponerse el sol
(Mt. 8.16-17; Mr. 1.32-34)

⁴⁰ Al ponerse el sol, todos los que tenían enfermos de diversas enfermedades los traían a él; y él, poniendo las manos sobre cada uno de ellos, los sanaba. ⁴¹ También salían demonios de muchos, dando voces y diciendo: Tú eres el Hijo de Dios. Pero él los reprendía y no les dejaba hablar, porque sabían que él era el Cristo.

Jesús recorre Galilea predicando
(Mr. 1.35-39)

⁴² Cuando ya era de día, salió y se fue a un lugar desierto; y la gente le buscaba, y llegando a donde estaba, le detenían para que no se fuera de ellos. ⁴³ Pero él les dijo: Es necesario que también a otras ciudades anuncie el evangelio del reino de Dios; porque para esto he sido enviado. ⁴⁴ Y predicaba en las sinagogas de Galilea.

La pesca milagrosa
(Mt. 4.18-22; Mr. 1.16-20)

5 Aconteció que estando Jesús junto al lago de Genesaret, el gentío se agolpaba sobre él para oír la palabra de Dios. ² Y vio dos barcas que estaban cerca de la orilla del lago; y los pescadores, habiendo descendido de ellas, lavaban sus redes. ³ Y entrando en una de aquellas barcas, la cual era de Simón, le rogó que la apartase de tierra un poco; y sentándose, enseñaba desde la barca a la multitud. ⁴ Cuando terminó de hablar, dijo a Simón: Boga mar adentro, y echad vuestras redes para pescar. ⁵ Respondiendo Simón, le dijo: Maestro, toda la noche hemos estado trabajando, y nada hemos pescado; mas en tu palabra echaré la red. ⁶ Y habiéndolo hecho, encerraron gran cantidad de peces, y su red se rompía. ⁷ Entonces hicieron señas a los compañeros que estaban en la otra barca, para que viniesen a ayudarles; y vinieron, y llenaron ambas barcas, de tal manera que se hundían. ⁸ Viendo esto Simón Pedro, cayó de rodillas ante Jesús, diciendo: Apártate de mí, Señor, porque soy hombre pecador. ⁹ Porque por la pesca que habían hecho, el temor se había apoderado de él, y de todos los que estaban con él, ¹⁰ y asimismo de Jacobo y Juan, hijos de Zebedeo, que eran compañeros de Simón. Pero Jesús dijo a Simón: No temas; desde ahora serás pescador de hombres. ¹¹ Y cuando trajeron a tierra las barcas, dejándolo todo, le siguieron.

Jesús sana a un leproso
(Mt. 8.1-4; Mr. 1.40-45)

¹² Sucedió que estando él en una de las ciudades, se presentó un hombre lleno de lepra, el cual, viendo a Jesús, se postró con el rostro en tierra y le rogó, diciendo: Señor, si quieres, puedes limpiarme. ¹³ Entonces, extendiendo él la mano, le tocó, diciendo: Quiero; sé limpio. Y al instante la lepra se fue de él. ¹⁴ Y él le mandó que no lo dijese a nadie; sino ve, le dijo, muéstrate al sacerdote, y ofrece por tu purificación, según mandó Moisés, para testimonio a ellos. ¹⁵ Pero su fama se extendía más y más; y se reunía mucha gente para oírle, y para que les sanase de sus enfermedades. ¹⁶ Mas él se apartaba a lugares desiertos, y oraba.

Jesús sana a un paralítico
(Mt. 9.1-8; Mr. 2.1-12)

¹⁷ Aconteció un día, que él estaba enseñando, y estaban sentados los fariseos y doctores de la ley, los cuales habían venido de todas las aldeas de Galilea, de Judea y Jerusalén; y el poder del Señor estaba con él para sanar. ¹⁸ Y sucedió que unos hombres que traían en un lecho a un hombre que estaba paralítico, procuraban llevarle adentro y ponerle delante de él. ¹⁹ Pero no hallando cómo hacerlo a causa de la multitud, subieron encima de la casa, y por el tejado le bajaron con el lecho, poniéndole en medio, delante de Jesús. ²⁰ Al ver él la fe de ellos, le dijo: Hombre, tus pecados te son perdonados. ²¹ Entonces los

escribas y los fariseos comenzaron a cavilar, diciendo: ¿Quién es éste que habla blasfemias? ¿Quién puede perdonar pecados sino sólo Dios? ²² Jesús entonces, conociendo los pensamientos de ellos, respondiendo les dijo: ¿Qué caviláis en vuestros corazones? ²³ ¿Qué es más fácil, decir: Tus pecados te son perdonados, o decir: Levántate y anda? ²⁴ Pues para que sepáis que el Hijo del Hombre tiene potestad en la tierra para perdonar pecados (dijo al paralítico): A ti te digo: Levántate, toma tu lecho, y vete a tu casa. ²⁵ Al instante, levantándose en presencia de ellos, y tomando el lecho en que estaba acostado, se fue a su casa, glorificando a Dios. ²⁶ Y todos, sobrecogidos de asombro, glorificaban a Dios; y llenos de temor, decían: Hoy hemos visto maravillas.

Llamamiento de Leví
(Mt. 9.9-13; Mr. 2.13-17)

²⁷ Después de estas cosas salió, y vio a un publicano llamado Leví, sentado al banco de los tributos públicos, y le dijo: Sígueme. ²⁸ Y dejándolo todo, se levantó y le siguió.

²⁹ Y Leví le hizo gran banquete en su casa; y había mucha compañía de publicanos y de otros que estaban a la mesa con ellos. ³⁰ Y los escribas y los fariseos murmuraban contra los discípulos, diciendo: ¿Por qué coméis y bebéis con publicanos y pecadores? ³¹ Respondiendo Jesús, les dijo: Los que están sanos no tienen necesidad de médico, sino los enfermos. ³² No he venido a llamar a justos, sino a pecadores al arrepentimiento.

La pregunta sobre el ayuno
(Mt. 9.14-17; Mr. 2.18-22)

³³ Entonces ellos le dijeron: ¿Por qué los discípulos de Juan ayunan muchas veces y hacen oraciones, y asimismo los de los fariseos, pero los tuyos comen y beben? ³⁴ Él les dijo: ¿Podéis acaso hacer que los que están de bodas ayunen, entre tanto que el esposo está con ellos? ³⁵ Mas vendrán días cuando el esposo les será quitado; entonces, en aquellos días ayunarán. ³⁶ Les dijo también una parábola: Nadie corta un pedazo de un vestido nuevo y lo pone en un vestido viejo; pues si lo hace, no solamente rompe el nuevo, sino que el remiendo sacado de él no armoniza con el viejo. ³⁷ Y nadie echa vino nuevo en odres viejos; de otra manera, el vino nuevo romperá los odres y se derramará, y los odres se perderán. ³⁸ Mas el vino nuevo en odres nuevos se ha de echar; y lo uno y lo otro se conservan. ³⁹ Y ninguno que beba del añejo, quiere luego el nuevo; porque dice: El añejo es mejor.

Los discípulos recogen espigas en el día de reposo
(Mt. 12.1-8; Mr. 2.23-28)

6 Aconteció en un día de reposo, que pasando Jesús por los sembrados, sus discípulos arrancaban espigas y comían, restregándolas con las manos. ² Y algunos de los fariseos les dijeron: ¿Por qué hacéis lo que no es lícito hacer en los días de reposo? ³ Respondiendo Jesús, les dijo: ¿Ni aun esto habéis leído, lo que hizo David cuando tuvo hambre él, y los que con él estaban; ⁴ cómo entró en la casa de Dios, y tomó los panes de la proposición, de los cuales no es lícito comer sino sólo a los sacerdotes, y comió, y dio también a los que estaban con él? ⁵ Y les decía: El Hijo del Hombre es Señor aun del día de reposo.

El hombre de la mano seca
(Mt. 12.9-14; Mr. 3.1-6)

⁶ Aconteció también en otro día de reposo, que él entró en la sinagoga y enseñaba; y estaba allí un hombre que tenía seca la mano derecha. ⁷ Y le acechaban los escribas y los fariseos, para ver si en el día de reposo lo sanaría, a fin de hallar de qué acusarle. ⁸ Mas él conocía los pensamientos de ellos; y dijo al hombre que tenía la mano seca: Levántate, y ponte en medio. Y él, levantándose, se puso en pie. ⁹ Entonces Jesús les dijo: Os preguntaré una cosa: ¿Es lícito en día de reposo hacer bien, o hacer mal? ¿salvar la vida, o quitarla? ¹⁰ Y mirándolos a todos alrededor, dijo al hombre: Extiende tu mano. Y él lo hizo así, y su mano fue restaurada. ¹¹ Y ellos se llenaron de furor, y hablaban entre sí qué podrían hacer contra Jesús.

Elección de los doce apóstoles
(Mt. 10.1-4; Mr. 3.13-19)

¹² En aquellos días él fue al monte a orar, y pasó la noche orando a Dios. ¹³ Y cuando era de día, llamó a sus discípulos, y escogió a doce de ellos, a los cuales también llamó apóstoles: ¹⁴ a Simón, a quien también llamó Pedro, a Andrés su hermano, Jacobo y Juan, Felipe y Bartolomé, ¹⁵ Mateo, Tomás, Jacobo hijo de Alfeo, Simón llamado Zelote, ¹⁶ Judas hermano de Jacobo, y Judas Iscariote, que llegó a ser el traidor.

Jesús atiende a una multitud
(Mt. 4.23-25)

¹⁷ Y descendió con ellos, y se detuvo en un lugar llano, en compañía de sus discípulos y de una gran multitud de gente de toda Judea, de Jerusalén y de la costa de Tiro y de Sidón, que había venido para oírle, y para ser sanados de sus enfermedades; ¹⁸ y los que habían sido atormentados de espíritus inmundos eran

sanados. ¹⁹ Y toda la gente procuraba tocarle, porque poder salía de él y sanaba a todos.

Bienaventuranzas y ayes
(Mt. 5.1-12)

²⁰ Y alzando los ojos hacia sus discípulos, decía: Bienaventurados vosotros los pobres, porque vuestro es el reino de Dios.

²¹ Bienaventurados los que ahora tenéis hambre, porque seréis saciados. Bienaventurados los que ahora lloráis, porque reiréis.

²² Bienaventurados seréis cuando los hombres os aborrezcan, y cuando os aparten de sí, y os vituperen, y desechen vuestro nombre como malo, por causa del Hijo del Hombre. ²³ Gozaos en aquel día, y alegraos, porque he aquí vuestro galardón es grande en los cielos; porque así hacían sus padres con los profetas.

²⁴ Mas ¡ay de vosotros, ricos! porque ya tenéis vuestro consuelo.

²⁵ ¡Ay de vosotros, los que ahora estáis saciados! porque tendréis hambre. ¡Ay de vosotros, los que ahora reís! porque lamentaréis y lloraréis.

²⁶ ¡Ay de vosotros, cuando todos los hombres hablen bien de vosotros! porque así hacían sus padres con los falsos profetas.

El amor hacia los enemigos, y la regla de oro
(Mt. 5.38-48; 7.12)

²⁷ Pero a vosotros los que oís, os digo: Amad a vuestros enemigos, haced bien a los que os aborrecen; ²⁸ bendecid a los que os maldicen, y orad por los que os calumnian. ²⁹ Al que te hiera en una mejilla, preséntale también la otra; y al que te quite la capa, ni aun la túnica le niegues. ³⁰ A cualquiera que te pida, dale; y al que tome lo que es tuyo, no pidas que te lo devuelva. ³¹ Y como queréis que hagan los hombres con vosotros, así también haced vosotros con ellos.

³² Porque si amáis a los que os aman, ¿qué mérito tenéis? Porque también los pecadores aman a los que los aman. ³³ Y si hacéis bien a los que os hacen bien, ¿qué mérito tenéis? Porque también los pecadores hacen lo mismo. ³⁴ Y si prestáis a aquellos de quienes esperáis recibir, ¿qué mérito tenéis? Porque también los pecadores prestan a los pecadores, para recibir otro tanto. ³⁵ Amad, pues, a vuestros enemigos, y haced bien, y prestad, no esperando de ello nada; y será vuestro galardón grande, y seréis hijos del Altísimo; porque él es

benigno para con los ingratos y malos. ³⁶ Sed, pues, misericordiosos, como también vuestro Padre es misericordioso.

El juzgar a los demás
(Mt. 7.1-5)

³⁷ No juzguéis, y no seréis juzgados; no condenéis, y no seréis condenados; perdonad, y seréis perdonados. ³⁸ Dad, y se os dará; medida buena, apretada, remecida y rebosando darán en vuestro regazo; porque con la misma medida con que medís, os volverán a medir.

³⁹ Y les decía una parábola: ¿Acaso puede un ciego guiar a otro ciego? ¿No caerán ambos en el hoyo? ⁴⁰ El discípulo no es superior a su maestro; mas todo el que fuere perfeccionado, será como su maestro. ⁴¹ ¿Por qué miras la paja que está en el ojo de tu hermano, y no echas de ver la viga que está en tu propio ojo? ⁴² ¿O cómo puedes decir a tu hermano: Hermano, déjame sacar la paja que está en tu ojo, no mirando tú la viga que está en el ojo tuyo? Hipócrita, saca primero la viga de tu propio ojo, y entonces verás bien para sacar la paja que está en el ojo de tu hermano.

Por sus frutos los conoceréis
(Mt. 7.15-20)

⁴³ No es buen árbol el que da malos frutos, ni árbol malo el que da buen fruto. ⁴⁴ Porque cada árbol se conoce por su fruto; pues no se cosechan higos de los espinos, ni de las zarzas se vendimian uvas. ⁴⁵ El hombre bueno, del buen tesoro de su corazón saca lo bueno; y el hombre malo, del mal tesoro de su corazón saca lo malo; porque de la abundancia del corazón habla la boca.

Los dos cimientos
(Mt. 7.24-27)

⁴⁶ ¿Por qué me llamáis, Señor, Señor, y no hacéis lo que yo digo? ⁴⁷ Todo aquel que viene a mí, y oye mis palabras y las hace, os indicaré a quién es semejante. ⁴⁸ Semejante es al hombre que al edificar una casa, cavó y ahondó y puso el fundamento sobre la roca; y cuando vino una inundación, el río dio con ímpetu contra aquella casa, pero no la pudo mover, porque estaba fundada sobre la roca. ⁴⁹ Mas el que oyó y no hizo, semejante es al hombre que edificó su casa sobre tierra, sin fundamento; contra la cual el río dio con ímpetu, y luego cayó, y fue grande la ruina de aquella casa.

Jesús sana al siervo de un centurión
(Mt. 8.5-13)

7 Después que hubo terminado todas sus palabras al pueblo que le oía, entró en Capernaum. ² Y el siervo de un centurión, a quien éste quería mucho, estaba enfermo y a punto de morir. ³ Cuando el centurión oyó hablar de Jesús, le envió unos ancianos de los judíos, rogándole que viniese y sanase a su siervo. ⁴ Y ellos vinieron a Jesús y le rogaron con solicitud, diciéndole: Es digno de que le concedas esto; ⁵ porque ama a nuestra nación, y nos edificó una sinagoga. ⁶ Y Jesús fue con ellos. Pero cuando ya no estaban lejos de la casa, el centurión envió a él unos amigos, diciéndole: Señor, no te molestes, pues no soy digno de que entres bajo mi techo; ⁷ por lo que ni aun me tuve por digno de venir a ti; pero dí la palabra, y mi siervo será sano. ⁸ Porque también yo soy hombre puesto bajo autoridad, y tengo soldados bajo mis órdenes; y digo a éste: Ve, y va; y al otro: Ven, y viene; y a mi siervo: Haz esto, y lo hace. ⁹ Al oír esto, Jesús se maravilló de él, y volviéndose, dijo a la gente que le seguía: Os digo que ni aun en Israel he hallado tanta fe. ¹⁰ Y al regresar a casa los que habían sido enviados, hallaron sano al siervo que había estado enfermo.

Jesús resucita al hijo de la viuda de Naín

¹¹ Aconteció después, que él iba a la ciudad que se llama Naín, e iban con él muchos de sus discípulos, y una gran multitud. ¹² Cuando llegó cerca de la puerta de la ciudad, he aquí que llevaban a enterrar a un difunto, hijo único de su madre, la cual era viuda; y había con ella mucha gente de la ciudad. ¹³ Y cuando el Señor la vio, se compadeció de ella, y le dijo: No llores. ¹⁴ Y acercándose, tocó el féretro; y los que lo llevaban se detuvieron. Y dijo: Joven, a ti te digo, levántate. ¹⁵ Entonces se incorporó el que había muerto, y comenzó a hablar. Y lo dio a su madre. ¹⁶ Y todos tuvieron miedo, y glorificaban a Dios, diciendo: Un gran profeta se ha levantado entre nosotros; y: Dios ha visitado a su pueblo. ¹⁷ Y se extendió la fama de él por toda Judea, y por toda la región de alrededor.

Los mensajeros de Juan el Bautista
(Mt. 11.2-19)

¹⁸ Los discípulos de Juan le dieron las nuevas de todas estas cosas. Y llamó Juan a dos de sus discípulos, ¹⁹ y los envió a Jesús, para preguntarle: ¿Eres tú el que había de venir, o esperaremos a otro? ²⁰ Cuando, pues, los hombres vinieron a él, dijeron: Juan el Bautista nos ha enviado a ti, para preguntarte: ¿Eres tú el que había de venir, o esperaremos a otro? ²¹ En esa misma hora sanó a muchos de enfermedades y

plagas, y de espíritus malos, y a muchos ciegos les dio la vista. ²²Y respondiendo Jesús, les dijo: Id, haced saber a Juan lo que habéis visto y oído: los ciegos ven, los cojos andan, los leprosos son limpiados, los sordos oyen, los muertos son resucitados, y a los pobres es anunciado el evangelio; ²³ y bienaventurado es aquel que no halle tropiezo en mí.

²⁴ Cuando se fueron los mensajeros de Juan, comenzó a decir de Juan a la gente: ¿Qué salisteis a ver al desierto? ¿Una caña sacudida por el viento? ²⁵ Mas ¿qué salisteis a ver? ¿A un hombre cubierto de vestiduras delicadas? He aquí, los que tienen vestidura preciosa y viven en deleites, en los palacios de los reyes están. ²⁶ Mas ¿qué salisteis a ver? ¿A un profeta? Sí, os digo, y más que profeta. ²⁷ Éste es de quien está escrito:
He aquí, envío mi mensajero delante de tu faz,
El cual preparará tu camino delante de ti.
²⁸ Os digo que entre los nacidos de mujeres, no hay mayor profeta que Juan el Bautista; pero el más pequeño en el reino de Dios es mayor que él. ²⁹ Y todo el pueblo y los publicanos, cuando lo oyeron, justificaron a Dios, bautizándose con el bautismo de Juan. ³⁰ Mas los fariseos y los intérpretes de la ley desecharon los designios de Dios respecto de sí mismos, no siendo bautizados por Juan.

³¹ Y dijo el Señor: ¿A qué, pues, compararé los hombres de esta generación, y a qué son semejantes? ³² Semejantes son a los muchachos sentados en la plaza, que dan voces unos a otros y dicen: Os tocamos flauta, y no bailasteis; os endechamos, y no llorasteis. ³³ Porque vino Juan el Bautista, que ni comía pan ni bebía vino, y decís: Demonio tiene. ³⁴ Vino el Hijo del Hombre, que come y bebe, y decís: Éste es un hombre comilón y bebedor de vino, amigo de publicanos y de pecadores. ³⁵ Mas la sabiduría es justificada por todos sus hijos.

Jesús en el hogar de Simón el fariseo

³⁶ Uno de los fariseos rogó a Jesús que comiese con él. Y habiendo entrado en casa del fariseo, se sentó a la mesa. ³⁷ Entonces una mujer de la ciudad, que era pecadora, al saber que Jesús estaba a la mesa en casa del fariseo, trajo un frasco de alabastro con perfume; ³⁸ y estando detrás de él a sus pies, llorando, comenzó a regar con lágrimas sus pies, y los enjugaba con sus cabellos; y besaba sus pies, y los ungía con el perfume. ³⁹ Cuando vio esto el fariseo que le había convidado,

dijo para sí: Éste, si fuera profeta, conocería quién y qué clase de mujer es la que le toca, que es pecadora. ⁴⁰ Entonces respondiendo Jesús, le dijo: Simón, una cosa tengo que decirte. Y él le dijo: Di, Maestro. ⁴¹ Un acreedor tenía dos deudores: el uno le debía quinientos denarios, y el otro cincuenta; ⁴² y no teniendo ellos con qué pagar, perdonó a ambos. Di, pues, ¿cuál de ellos le amará más? ⁴³ Respondiendo Simón, dijo: Pienso que aquel a quien perdonó más. Y él le dijo: Rectamente has juzgado. ⁴⁴ Y vuelto a la mujer, dijo a Simón: ¿Ves esta mujer? Entré en tu casa, y no me diste agua para mis pies; mas ésta ha regado mis pies con lágrimas, y los ha enjugado con sus cabellos. ⁴⁵ No me diste beso; mas ésta, desde que entré, no ha cesado de besar mis pies. ⁴⁶ No ungiste mi cabeza con aceite; mas ésta ha ungido con perfume mis pies. ⁴⁷ Por lo cual te digo que sus muchos pecados le son perdonados, porque amó mucho; mas aquel a quien se le perdona poco, poco ama. ⁴⁸ Y a ella le dijo: Tus pecados te son perdonados. ⁴⁹ Y los que estaban juntamente sentados a la mesa, comenzaron a decir entre sí: ¿Quién es éste, que también perdona pecados? ⁵⁰ Pero él dijo a la mujer: Tu fe te ha salvado, ve en paz.

Mujeres que sirven a Jesús

8 Aconteció después, que Jesús iba por todas las ciudades y aldeas, predicando y anunciando el evangelio del reino de Dios, y los doce con él, ² y algunas mujeres que habían sido sanadas de espíritus malos y de enfermedades: María, que se llamaba Magdalena, de la que habían salido siete demonios, ³ Juana, mujer de Chuza intendente de Herodes, y Susana, y otras muchas que le servían de sus bienes.

Parábola del sembrador
(Mt. 13.1-15,18-23; Mr. 4.1-20)

⁴ Juntándose una gran multitud, y los que de cada ciudad venían a él, les dijo por parábola: ⁵ El sembrador salió a sembrar su semilla; y mientras sembraba, una parte cayó junto al camino, y fue hollada, y las aves del cielo la comieron. ⁶ Otra parte cayó sobre la piedra; y nacida, se secó, porque no tenía humedad. ⁷ Otra parte cayó entre espinos, y los espinos que nacieron juntamente con ella, la ahogaron. ⁸ Y otra parte cayó en buena tierra, y nació y llevó fruto a ciento por uno. Hablando estas cosas, decía a gran voz: El que tiene oídos para oír, oiga.

⁹ Y sus discípulos le preguntaron, diciendo: ¿Qué significa esta parábola? ¹⁰ Y él dijo: A vosotros

os es dado conocer los misterios del reino de Dios; pero a los otros por parábolas, para que viendo no vean, y oyendo no entiendan. ¹¹ Ésta es, pues, la parábola: La semilla es la palabra de Dios. ¹² Y los de junto al camino son los que oyen, y luego viene el diablo y quita de su corazón la palabra, para que no crean y se salven. ¹³ Los de sobre la piedra son los que habiendo oído, reciben la palabra con gozo; pero éstos no tienen raíces; creen por algún tiempo, y en el tiempo de la prueba se apartan. ¹⁴ La que cayó entre espinos, éstos son los que oyen, pero yéndose, son ahogados por los afanes y las riquezas y los placeres de la vida, y no llevan fruto. ¹⁵ Mas la que cayó en buena tierra, éstos son los que con corazón bueno y recto retienen la palabra oída, y dan fruto con perseverancia.

Nada oculto que no haya de ser manifestado
(Mr. 4.21-25)

¹⁶ Nadie que enciende una luz la cubre con una vasija, ni la pone debajo de la cama, sino que la pone en un candelero para que los que entran vean la luz. ¹⁷ Porque nada hay oculto, que no haya de ser manifestado; ni escondido, que no haya de ser conocido, y de salir a luz. ¹⁸ Mirad, pues, cómo oís; porque a todo el que tiene, se le dará; y a todo el que no tiene, aun lo que piensa tener se le quitará.

La madre y los hermanos de Jesús
(Mt. 12.46-50; Mr. 3.31-35)

¹⁹ Entonces su madre y sus hermanos vinieron a él; pero no podían llegar hasta él por causa de la multitud. ²⁰ Y se le avisó, diciendo: Tu madre y tus hermanos están fuera y quieren verte. ²¹ Él entonces respondiendo, les dijo: Mi madre y mis hermanos son los que oyen la palabra de Dios, y la hacen.

Jesús calma la tempestad
(Mt. 8.23-27; Mr. 4.35-41)

²² Aconteció un día, que entró en una barca con sus discípulos, y les dijo: Pasemos al otro lado del lago. Y partieron. ²³ Pero mientras navegaban, él se durmió. Y se desencadenó una tempestad de viento en el lago; y se anegaban y peligraban. ²⁴ Y vinieron a él y le despertaron, diciendo: ¡Maestro, Maestro, que perecemos! Despertando él, reprendió al viento y a las olas; y cesaron, y se hizo bonanza. ²⁵ Y les dijo: ¿Dónde está vuestra fe? Y atemorizados, se maravillaban, y se decían unos a otros: ¿Quién es éste, que aun a los vientos y a las aguas manda, y le obedecen?

El endemoniado gadareno
(Mt. 8.28-34; Mr. 5.1-20)

²⁶ Y arribaron a la tierra de los gadarenos, que está en la ribera opuesta a Galilea. ²⁷ Al llegar él a tierra, vino a su encuentro un hombre de la ciudad, endemoniado desde hacía mucho tiempo; y no vestía ropa, ni moraba en casa, sino en los sepulcros. ²⁸ Éste, al ver a Jesús, lanzó un gran grito, y postrándose a sus pies exclamó a gran voz: ¿Qué tienes conmigo, Jesús, Hijo del Dios Altísimo? Te ruego que no me atormentes. ²⁹ (Porque mandaba al espíritu inmundo que saliese del hombre, pues hacía mucho tiempo que se había apoderado de él; y le ataban con cadenas y grillos, pero rompiendo las cadenas, era impelido por el demonio a los desiertos.) ³⁰ Y le preguntó Jesús, diciendo: ¿Cómo te llamas? Y él dijo: Legión. Porque muchos demonios habían entrado en él. ³¹ Y le rogaban que no los mandase ir al abismo. ³² Había allí un hato de muchos cerdos que pacían en el monte; y le rogaron que los dejase entrar en ellos; y les dio permiso. ³³ Y los demonios, salidos del hombre, entraron en los cerdos; y el hato se precipitó por un despeñadero al lago, y se ahogó. ³⁴ Y los que apacentaban los cerdos, cuando vieron lo que había acontecido, huyeron, y yendo dieron aviso en la ciudad y por los campos. ³⁵ Y salieron a ver lo que había sucedido; y vinieron a Jesús, y hallaron al hombre de quien habían salido los demonios, sentado a los pies de Jesús, vestido, y en su cabal juicio; y tuvieron miedo. ³⁶ Y los que lo habían visto, les contaron cómo había sido salvado el endemoniado. ³⁷ Entonces toda la multitud de la región alrededor de los gadarenos le rogó que se marchase de ellos, pues tenían gran temor. Y Jesús, entrando en la barca, se volvió. ³⁸ Y el hombre de quien habían salido los demonios le rogaba que le dejase estar con él; pero Jesús le despidió, diciendo: ³⁹ Vuélvete a tu casa, y cuenta cuán grandes cosas ha hecho Dios contigo. Y él se fue, publicando por toda la ciudad cuán grandes cosas había hecho Jesús con él.

La hija de Jairo, y la mujer que tocó el manto de Jesús
(Mt. 9.18-26; Mr. 5.21-43)

⁴⁰ Cuando volvió Jesús, le recibió la multitud con gozo; porque todos le esperaban. ⁴¹ Entonces vino un varón llamado Jairo, que era principal de la sinagoga, y postrándose a los pies de Jesús, le rogaba que entrase en su casa; ⁴² porque tenía una hija única, como de doce años, que se estaba muriendo.

Y mientras iba, la multitud le oprimía. ⁴³ Pero una mujer que padecía de flujo de sangre desde hacía doce años, y que había gastado en médicos todo cuanto tenía, y por ninguno había podido ser curada, ⁴⁴ se le acercó por detrás y tocó el borde de su manto; y al instante se detuvo el flujo de su sangre. ⁴⁵ Entonces Jesús dijo: ¿Quién es el que me ha tocado? Y negando todos, dijo Pedro y los que con él estaban: Maestro, la multitud te aprieta y oprime, y dices: ¿Quién es el que me ha tocado? ⁴⁶ Pero Jesús dijo: Alguien me ha tocado; porque yo he conocido que ha salido poder de mí. ⁴⁷ Entonces, cuando la mujer vio que no había quedado oculta, vino temblando, y postrándose a sus pies, le declaró delante de todo el pueblo por qué causa le había tocado, y cómo al instante había sido sanada. ⁴⁸ Y él le dijo: Hija, tu fe te ha salvado; ve en paz.

⁴⁹ Estaba hablando aún, cuando vino uno de casa del principal de la sinagoga a decirle: Tu hija ha muerto; no molestes más al Maestro. ⁵⁰ Oyéndolo Jesús, le respondió: No temas; cree solamente, y será salva. ⁵¹ Entrando en la casa, no dejó entrar a nadie consigo, sino a Pedro, a Jacobo, a Juan, y al padre y a la madre de la niña. ⁵² Y lloraban todos y hacían lamentación por ella. Pero él dijo:

No lloréis; no está muerta, sino que duerme. ⁵³ Y se burlaban de él, sabiendo que estaba muerta. ⁵⁴ Mas él, tomándola de la mano, clamó diciendo: Muchacha, levántate. ⁵⁵ Entonces su espíritu volvió, e inmediatamente se levantó; y él mandó que se le diese de comer. ⁵⁶ Y sus padres estaban atónitos; pero Jesús les mandó que a nadie dijesen lo que había sucedido.

Misión de los doce discípulos
(Mt. 10.5-15; Mr. 6.7-13)

9 Habiendo reunido a sus doce discípulos, les dio poder y autoridad sobre todos los demonios, y para sanar enfermedades. ² Y los envió a predicar el reino de Dios, y a sanar a los enfermos. ³ Y les dijo: No toméis nada para el camino, ni bordón, ni alforja, ni pan, ni dinero; ni llevéis dos túnicas. ⁴ Y en cualquier casa donde entréis, quedad allí, y de allí salid. ⁵ Y dondequiera que no os reciban, salid de aquella ciudad, y sacudid el polvo de vuestros pies en testimonio contra ellos. ⁶ Y saliendo, pasaban por todas las aldeas, anunciando el evangelio y sanando por todas partes.

Muerte de Juan el Bautista
(Mt. 14.1-12; Mr. 6.14-29)

⁷ Herodes el tetrarca oyó de todas las cosas que hacía Jesús; y estaba perplejo, porque decían

algunos: Juan ha resucitado de los muertos; [8] otros: Elías ha aparecido; y otros: Algún profeta de los antiguos ha resucitado. [9] Y dijo Herodes: A Juan yo le hice decapitar; ¿quién, pues, es éste, de quien oigo tales cosas? Y procuraba verle.

Alimentación de los cinco mil
(Mt. 14.13-21; Mr. 6.30-44; Jn. 6.1-14)

[10] Vueltos los apóstoles, le contaron todo lo que habían hecho. Y tomándolos, se retiró aparte, a un lugar desierto de la ciudad llamada Betsaida. [11] Y cuando la gente lo supo, le siguió; y él les recibió, y les hablaba del reino de Dios, y sanaba a los que necesitaban ser curados. [12] Pero el día comenzaba a declinar; y acercándose los doce, le dijeron: Despide a la gente, para que vayan a las aldeas y campos de alrededor, y se alojen y encuentren alimentos; porque aquí estamos en lugar desierto. [13] Él les dijo: Dadles vosotros de comer. Y dijeron ellos: No tenemos más que cinco panes y dos pescados, a no ser que vayamos nosotros a comprar alimentos para toda esta multitud. [14] Y eran como cinco mil hombres. Entonces dijo a sus discípulos: Hacedlos sentar en grupos, de cincuenta en cincuenta. [15] Así lo hicieron, haciéndolos sentar a todos. [16] Y tomando los cinco panes

y los dos pescados, levantando los ojos al cielo, los bendijo, y los partió, y dio a sus discípulos para que los pusiesen delante de la gente. [17] Y comieron todos, y se saciaron; y recogieron lo que les sobró, doce cestas de pedazos.

La confesión de Pedro
(Mt. 16.13-20; Mr. 8.27-30)

[18] Aconteció que mientras Jesús oraba aparte, estaban con él los discípulos; y les preguntó, diciendo: ¿Quién dice la gente que soy yo? [19] Ellos respondieron: Unos, Juan el Bautista; otros, Elías; y otros, que algún profeta de los antiguos ha resucitado. [20] Él les dijo: ¿Y vosotros, quién decís que soy? Entonces respondiendo Pedro, dijo: El Cristo de Dios.

Jesús anuncia su muerte
(Mt. 16.21-28; Mr. 8.31—9.1)

[21] Pero él les mandó que a nadie dijesen esto, encargándoselo rigurosamente, [22] y diciendo: Es necesario que el Hijo del Hombre padezca muchas cosas, y sea desechado por los ancianos, por los principales sacerdotes y por los escribas, y que sea muerto, y resucite al tercer día.

[23] Y decía a todos: Si alguno quiere venir en pos de mí, niéguese a sí mismo, tome su cruz cada día, y sígame. [24] Porque todo el que quiera salvar su vida, la per-

derá; y todo el que pierda su vida por causa de mí, éste la salvará. ²⁵ Pues ¿qué aprovecha al hombre, si gana todo el mundo, y se destruye o se pierde a sí mismo? ²⁶ Porque el que se avergonzare de mí y de mis palabras, de éste se avergonzará el Hijo del Hombre cuando venga en su gloria, y en la del Padre, y de los santos ángeles. ²⁷ Pero os digo en verdad, que hay algunos de los que están aquí, que no gustarán la muerte hasta que vean el reino de Dios.

La transfiguración
(Mt. 17.1-8; Mr. 9.2-8)

²⁸ Aconteció como ocho días después de estas palabras, que tomó a Pedro, a Juan y a Jacobo, y subió al monte a orar. ²⁹ Y entre tanto que oraba, la apariencia de su rostro se hizo otra, y su vestido blanco y resplandeciente. ³⁰ Y he aquí dos varones que hablaban con él, los cuales eran Moisés y Elías; ³¹ quienes aparecieron rodeados de gloria, y hablaban de su partida, que iba Jesús a cumplir en Jerusalén. ³² Y Pedro y los que estaban con él estaban rendidos de sueño; mas permaneciendo despiertos, vieron la gloria de Jesús, y a los dos varones que estaban con él. ³³ Y sucedió que apartándose ellos de él, Pedro dijo a Jesús: Maestro, bueno es para nosotros que estemos aquí; y hagamos tres enramadas, una para ti, una para Moisés, y una para Elías; no sabiendo lo que decía. ³⁴ Mientras él decía esto, vino una nube que los cubrió; y tuvieron temor al entrar en la nube. ³⁵ Y vino una voz desde la nube, que decía: Éste es mi Hijo amado; a él oíd. ³⁶ Y cuando cesó la voz, Jesús fue hallado solo; y ellos callaron, y por aquellos días no dijeron nada a nadie de lo que habían visto.

Jesús sana a un muchacho endemoniado
(Mt. 17.14-21; Mr. 9.14-29)

³⁷ Al día siguiente, cuando descendieron del monte, una gran multitud les salió al encuentro. ³⁸ Y he aquí, un hombre de la multitud clamó diciendo: Maestro, te ruego que veas a mi hijo, pues es el único que tengo; ³⁹ y sucede que un espíritu le toma, y de repente da voces, y le sacude con violencia, y le hace echar espuma, y estropeándole, a duras penas se aparta de él. ⁴⁰ Y rogué a tus discípulos que le echasen fuera, y no pudieron. ⁴¹ Respondiendo Jesús, dijo: ¡Oh generación incrédula y perversa! ¿Hasta cuándo he de estar con vosotros, y os he de soportar? Trae acá a tu hijo. ⁴² Y mientras se acercaba el muchacho, el demonio le derribó y le sacudió con violencia; pero Jesús reprendió al espíritu inmundo, y sanó al muchacho, y se lo

devolvió a su padre. ⁴³ Y todos se admiraban de la grandeza de Dios.

Jesús anuncia otra vez su muerte
(Mt. 17.22-23; Mr. 9.30-32)

Y maravillándose todos de todas las cosas que hacía, dijo a sus discípulos: ⁴⁴ Haced que os penetren bien en los oídos estas palabras; porque acontecerá que el Hijo del Hombre será entregado en manos de hombres. ⁴⁵ Mas ellos no entendían estas palabras, pues les estaban veladas para que no las entendiesen; y temían preguntarle sobre esas palabras.

¿Quién es el mayor?
(Mt. 18.1-5; Mr. 9.33-37)

⁴⁶ Entonces entraron en discusión sobre quién de ellos sería el mayor. ⁴⁷ Y Jesús, percibiendo los pensamientos de sus corazones, tomó a un niño y lo puso junto a sí, ⁴⁸ y les dijo: Cualquiera que reciba a este niño en mi nombre, a mí me recibe; y cualquiera que me recibe a mí, recibe al que me envió; porque el que es más pequeño entre todos vosotros, ése es el más grande.

El que no es contra nosotros, por nosotros es
(Mr. 9.38-40)

⁴⁹ Entonces respondiendo Juan, dijo: Maestro, hemos visto a uno que echaba fuera demonios en tu nombre; y se lo prohibimos, porque no sigue con nosotros. ⁵⁰ Jesús le dijo: No se lo prohibáis; porque el que no es contra nosotros, por nosotros es.

Jesús reprende a Jacobo y a Juan

⁵¹ Cuando se cumplió el tiempo en que él había de ser recibido arriba, afirmó su rostro para ir a Jerusalén. ⁵² Y envió mensajeros delante de él, los cuales fueron y entraron en una aldea de los samaritanos para hacerle preparativos. ⁵³ Mas no le recibieron, porque su aspecto era como de ir a Jerusalén. ⁵⁴ Viendo esto sus discípulos Jacobo y Juan, dijeron: Señor, ¿quieres que mandemos que descienda fuego del cielo, como hizo Elías, y los consuma? ⁵⁵ Entonces volviéndose él, los reprendió, diciendo: Vosotros no sabéis de qué espíritu sois; ⁵⁶ porque el Hijo del Hombre no ha venido para perder las almas de los hombres, sino para salvarlas. Y se fueron a otra aldea.

Los que querían seguir a Jesús
(Mt. 8.18-22)

⁵⁷ Yendo ellos, uno le dijo en el camino: Señor, te seguiré adondequiera que vayas. ⁵⁸ Y le dijo Jesús: Las zorras tienen guaridas, y las aves de los cielos nidos; mas el Hijo del Hombre no tiene

dónde recostar la cabeza. ⁵⁹ Y dijo a otro: Sígueme. Él le dijo: Señor, déjame que primero vaya y entierre a mi padre. ⁶⁰ Jesús le dijo: Deja que los muertos entierren a sus muertos; y tú ve, y anuncia el reino de Dios. ⁶¹ Entonces también dijo otro: Te seguiré, Señor; pero déjame que me despida primero de los que están en mi casa. ⁶² Y Jesús le dijo: Ninguno que poniendo su mano en el arado mira hacia atrás, es apto para el reino de Dios.

Misión de los setenta

10 Después de estas cosas, designó el Señor también a otros setenta, a quienes envió de dos en dos delante de él a toda ciudad y lugar adonde él había de ir. ² Y les decía: La mies a la verdad es mucha, mas los obreros pocos; por tanto, rogad al Señor de la mies que envíe obreros a su mies. ³ Id; he aquí yo os envío como corderos en medio de lobos. ⁴ No llevéis bolsa, ni alforja, ni calzado; y a nadie saludéis por el camino. ⁵ En cualquier casa donde entréis, primeramente decid: Paz sea a esta casa. ⁶ Y si hubiere allí algún hijo de paz, vuestra paz reposará sobre él; y si no, se volverá a vosotros. ⁷ Y posad en aquella misma casa, comiendo y bebiendo lo que os den; porque el obrero es digno de su salario. No os paséis de casa en casa. ⁸ En cualquier ciudad donde entréis, y os reciban, comed lo que os pongan delante; ⁹ y sanad a los enfermos que en ella haya, y decidles: Se ha acercado a vosotros el reino de Dios. ¹⁰ Mas en cualquier ciudad donde entréis, y no os reciban, saliendo por sus calles, decid: ¹¹ Aun el polvo de vuestra ciudad, que se ha pegado a nuestros pies, lo sacudimos contra vosotros. Pero esto sabed, que el reino de Dios se ha acercado a vosotros. ¹² Y os digo que en aquel día será más tolerable el castigo para Sodoma, que para aquella ciudad.

Ayes sobre las ciudades impenitentes
(Mt. 11.20-24)

¹³ ¡Ay de ti, Corazín! ¡Ay de ti, Betsaida! que si en Tiro y en Sidón se hubieran hecho los milagros que se han hecho en vosotras, tiempo ha que sentadas en cilicio y ceniza, se habrían arrepentido. ¹⁴ Por tanto, en el juicio será más tolerable el castigo para Tiro y Sidón, que para vosotras. ¹⁵ Y tú, Capernaum, que hasta los cielos eres levantada, hasta el Hades serás abatida.

¹⁶ El que a vosotros oye, a mí me oye; y el que a vosotros desecha, a mí me desecha; y el que me desecha a mí, desecha al que me envió.

Regreso de los setenta

¹⁷ Volvieron los setenta con gozo, diciendo: Señor, aun los demonios se nos sujetan en tu nombre. ¹⁸ Y les dijo: Yo veía a Satanás caer del cielo como un rayo. ¹⁹ He aquí os doy potestad de hollar serpientes y escorpiones, y sobre toda fuerza del enemigo, y nada os dañará. ²⁰ Pero no os regocijéis de que los espíritus se os sujetan, sino regocijaos de que vuestros nombres están escritos en los cielos.

Jesús se regocija
(Mt. 11.25-27; 13.16-17)

²¹ En aquella misma hora Jesús se regocijó en el Espíritu, y dijo: Yo te alabo, oh Padre, Señor del cielo y de la tierra, porque escondiste estas cosas de los sabios y entendidos, y las has revelado a los niños. Sí, Padre, porque así te agradó. ²² Todas las cosas me fueron entregadas por mi Padre; y nadie conoce quién es el Hijo sino el Padre; ni quién es el Padre, sino el Hijo, y aquel a quien el Hijo lo quiera revelar.

²³ Y volviéndose a los discípulos, les dijo aparte: Bienaventurados los ojos que ven lo que vosotros veis; ²⁴ porque os digo que muchos profetas y reyes desearon ver lo que vosotros veis, y no lo vieron; y oír lo que oís, y no lo oyeron.

El buen samaritano

²⁵ Y he aquí un intérprete de la ley se levantó y dijo, para probarle: Maestro, ¿haciendo qué cosa heredaré la vida eterna? ²⁶ Él le dijo: ¿Qué está escrito en la ley? ¿Cómo lees? ²⁷ Aquél, respondiendo, dijo: Amarás al Señor tu Dios con todo tu corazón, y con toda tu alma, y con todas tus fuerzas, y con toda tu mente; y a tu prójimo como a ti mismo. ²⁸ Y le dijo: Bien has respondido; haz esto, y vivirás.

²⁹ Pero él, queriendo justificarse a sí mismo, dijo a Jesús: ¿Y quién es mi prójimo? ³⁰ Respondiendo Jesús, dijo: Un hombre descendía de Jerusalén a Jericó, y cayó en manos de ladrones, los cuales le despojaron; e hiriéndole, se fueron, dejándole medio muerto. ³¹ Aconteció que descendió un sacerdote por aquel camino, y viéndole, pasó de largo. ³² Asimismo un levita, llegando cerca de aquel lugar, y viéndole, pasó de largo. ³³ Pero un samaritano, que iba de camino, vino cerca de él, y viéndole, fue movido a misericordia; ³⁴ y acercándose, vendó sus heridas, echándoles aceite y vino; y poniéndole en su cabalgadura, lo llevó al mesón, y cuidó de él. ³⁵ Otro día al partir, sacó dos denarios, y los dio al mesonero, y le dijo: Cuídamele; y todo lo que gastes de más, yo te lo

pagaré cuando regrese. ³⁶ ¿Quién, pues, de estos tres te parece que fue el prójimo del que cayó en manos de los ladrones? ³⁷ Él dijo: El que usó de misericordia con él. Entonces Jesús le dijo: Ve, y haz tú lo mismo.

Jesús visita a Marta y a María

³⁸ Aconteció que yendo de camino, entró en una aldea; y una mujer llamada Marta le recibió en su casa. ³⁹ Ésta tenía una hermana que se llamaba María, la cual, sentándose a los pies de Jesús, oía su palabra. ⁴⁰ Pero Marta se preocupaba con muchos quehaceres, y acercándose, dijo: Señor, ¿no te da cuidado que mi hermana me deje servir sola? Dile, pues, que me ayude. ⁴¹ Respondiendo Jesús, le dijo: Marta, Marta, afanada y turbada estás con muchas cosas. ⁴² Pero sólo una cosa es necesaria; y María ha escogido la buena parte, la cual no le será quitada.

Jesús y la oración
(Mt. 6.9-15; 7.7-11)

11 Aconteció que estaba Jesús orando en un lugar, y cuando terminó, uno de sus discípulos le dijo: Señor, enséñanos a orar, como también Juan enseñó a sus discípulos. ² Y les dijo: Cuando oréis, decid: Padre nuestro que estás en los cielos, santificado sea tu nombre. Venga tu reino.

Hágase tu voluntad, como en el cielo, así también en la tierra. ³ El pan nuestro de cada día, dánoslo hoy. ⁴ Y perdónanos nuestros pecados, porque también nosotros perdonamos a todos los que nos deben. Y no nos metas en tentación, mas líbranos del mal.

⁵ Les dijo también: ¿Quién de vosotros que tenga un amigo, va a él a medianoche y le dice: Amigo, préstame tres panes, ⁶ porque un amigo mío ha venido a mí de viaje, y no tengo qué ponerle delante; ⁷ y aquél, respondiendo desde adentro, le dice: No me molestes; la puerta ya está cerrada, y mis niños están conmigo en cama; no puedo levantarme, y dártelos? ⁸ Os digo, que aunque no se levante a dárselos por ser su amigo, sin embargo por su importunidad se levantará y le dará todo lo que necesite. ⁹ Y yo os digo: Pedid, y se os dará; buscad, y hallaréis; llamad, y se os abrirá. ¹⁰ Porque todo aquel que pide, recibe; y el que busca, halla; y al que llama, se le abrirá. ¹¹ ¿Qué padre de vosotros, si su hijo le pide pan, le dará una piedra? ¿o si pescado, en lugar de pescado, le dará una serpiente? ¹² ¿O si le pide un huevo, le dará un escorpión? ¹³ Pues si vosotros, siendo malos, sabéis dar buenas dádivas a vuestros hijos, ¿cuánto más vuestro Padre

celestial dará el Espíritu Santo a los que se lo pidan?

Una casa dividida contra sí misma
(Mt. 12.22-30; Mr. 3.20-27)

14 Estaba Jesús echando fuera un demonio, que era mudo; y aconteció que salido el demonio, el mudo habló; y la gente se maravilló. 15 Pero algunos de ellos decían: Por Beelzebú, príncipe de los demonios, echa fuera los demonios. 16 Otros, para tentarle, le pedían señal del cielo. 17 Mas él, conociendo los pensamientos de ellos, les dijo: Todo reino dividido contra sí mismo, es asolado; y una casa dividida contra sí misma, cae. 18 Y si también Satanás está dividido contra sí mismo, ¿cómo permanecerá su reino? ya que decís que por Beelzebú echo yo fuera los demonios. 19 Pues si yo echo fuera los demonios por Beelzebú, ¿vuestros hijos por quién los echan? Por tanto, ellos serán vuestros jueces. 20 Mas si por el dedo de Dios echo yo fuera los demonios, ciertamente el reino de Dios ha llegado a vosotros. 21 Cuando el hombre fuerte armado guarda su palacio, en paz está lo que posee. 22 Pero cuando viene otro más fuerte que él y le vence, le quita todas sus armas en que confiaba, y reparte el botín. 23 El que no es conmigo,

contra mí es; y el que conmigo no recoge, desparrama.

El espíritu inmundo que vuelve
(Mt. 12.43-45)

24 Cuando el espíritu inmundo sale del hombre, anda por lugares secos, buscando reposo; y no hallándolo, dice: Volveré a mi casa de donde salí. 25 Y cuando llega, la halla barrida y adornada. 26 Entonces va, y toma otros siete espíritus peores que él; y entrados, moran allí; y el postrer estado de aquel hombre viene a ser peor que el primero.

Los que en verdad son bienaventurados

27 Mientras él decía estas cosas, una mujer de entre la multitud levantó la voz y le dijo: Bienaventurado el vientre que te trajo, y los senos que mamaste. 28 Y él dijo: Antes bienaventurados los que oyen la palabra de Dios, y la guardan.

La generación perversa demanda señal
(Mt. 12.38-42)

29 Y apiñándose las multitudes, comenzó a decir: Esta generación es mala; demanda señal, pero señal no le será dada, sino la señal de Jonás. 30 Porque así como Jonás fue señal a los ninivitas, también lo será el Hijo del Hombre a esta generación. 31 La reina

del Sur se levantará en el juicio con los hombres de esta generación, y los condenará; porque ella vino de los fines de la tierra para oír la sabiduría de Salomón, y he aquí más que Salomón en este lugar. ³² Los hombres de Nínive se levantarán en el juicio con esta generación, y la condenarán; porque a la predicación de Jonás se arrepintieron, y he aquí más que Jonás en este lugar.

La lámpara del cuerpo
(Mt. 6.22-23)

³³ Nadie pone en oculto la luz encendida, ni debajo del almud, sino en el candelero, para que los que entran vean la luz. ³⁴ La lámpara del cuerpo es el ojo; cuando tu ojo es bueno, también todo tu cuerpo está lleno de luz; pero cuando tu ojo es maligno, también tu cuerpo está en tinieblas. ³⁵ Mira pues, no suceda que la luz que en ti hay, sea tinieblas. ³⁶ Así que, si todo tu cuerpo está lleno de luz, no teniendo parte alguna de tinieblas, será todo luminoso, como cuando una lámpara te alumbra con su resplandor.

Jesús acusa a fariseos y a intérpretes de la ley
(Mt. 23.1-36; Mr. 12.38-40; Lc. 20.45-47)

³⁷ Luego que hubo hablado, le rogó un fariseo que comiese con él; y entrando Jesús en la casa, se sentó a la mesa. ³⁸ El fariseo, cuando lo vio, se extrañó de que no se hubiese lavado antes de comer. ³⁹ Pero el Señor le dijo: Ahora bien, vosotros los fariseos limpiáis lo de fuera del vaso y del plato, pero por dentro estáis llenos de rapacidad y de maldad. ⁴⁰ Necios, ¿el que hizo lo de fuera, no hizo también lo de adentro? ⁴¹ Pero dad limosna de lo que tenéis, y entonces todo os será limpio.

⁴² Mas ¡ay de vosotros, fariseos! que diezmáis la menta, y la ruda, y toda hortaliza, y pasáis por alto la justicia y el amor de Dios. Esto os era necesario hacer, sin dejar aquello. ⁴³ ¡Ay de vosotros, fariseos! que amáis las primeras sillas en las sinagogas, y las salutaciones en las plazas. ⁴⁴ ¡Ay de vosotros, escribas y fariseos, hipócritas! que sois como sepulcros que no se ven, y los hombres que andan encima no lo saben.

⁴⁵ Respondiendo uno de los intérpretes de la ley, le dijo: Maestro, cuando dices esto, también nos afrentas a nosotros. ⁴⁶ Y él dijo: ¡Ay de vosotros también, intérpretes de la ley! porque cargáis a los hombres con cargas que no pueden llevar, pero vosotros ni aun con un dedo las tocáis. ⁴⁷ ¡Ay de vosotros, que edificáis los sepulcros de los profetas a quienes mataron vuestros

padres! ⁴⁸ De modo que sois testigos y consentidores de los hechos de vuestros padres; porque a la verdad ellos los mataron, y vosotros edificáis sus sepulcros. ⁴⁹ Por eso la sabiduría de Dios también dijo: Les enviaré profetas y apóstoles; y de ellos, a unos matarán y a otros perseguirán, ⁵⁰ para que se demande de esta generación la sangre de todos los profetas que se ha derramado desde la fundación del mundo, ⁵¹ desde la sangre de Abel hasta la sangre de Zacarías, que murió entre el altar y el templo; sí, os digo que será demandada de esta generación. ⁵² ¡Ay de vosotros, intérpretes de la ley! porque habéis quitado la llave de la ciencia; vosotros mismos no entrasteis, y a los que entraban se lo impedisteis.

⁵³ Diciéndoles él estas cosas, los escribas y los fariseos comenzaron a estrecharle en gran manera, y a provocarle a que hablase de muchas cosas; ⁵⁴ acechándole, y procurando cazar alguna palabra de su boca para acusarle.

La levadura de los fariseos

12 En esto, juntándose por millares la multitud, tanto que unos a otros se atropellaban, comenzó a decir a sus discípulos, primeramente: Guardaos de la levadura de los fariseos, que es la hipocresía. ² Porque nada hay encubierto, que no haya de descubrirse; ni oculto, que no haya de saberse. ³ Por tanto, todo lo que habéis dicho en tinieblas, a la luz se oirá; y lo que habéis hablado al oído en los aposentos, se proclamará en las azoteas.

A quién se debe temer
(Mt. 10.26-31)

⁴ Mas os digo, amigos míos: No temáis a los que matan el cuerpo, y después nada más pueden hacer. ⁵ Pero os enseñaré a quién debéis temer: Temed a aquel que después de haber quitado la vida, tiene poder de echar en el infierno; sí, os digo, a éste temed. ⁶ ¿No se venden cinco pajarillos por dos cuartos? Con todo, ni uno de ellos está olvidado delante de Dios. ⁷ Pues aun los cabellos de vuestra cabeza están todos contados. No temáis, pues; más valéis vosotros que muchos pajarillos.

El que me confesare delante de los hombres

⁸ Os digo que todo aquel que me confesare delante de los hombres, también el Hijo del Hombre le confesará delante de los ángeles de Dios; ⁹ mas el que me negare delante de los hombres, será negado delante de los ángeles de Dios. ¹⁰ A todo aquel que dijere alguna palabra contra el Hijo del Hombre, le será perdonado; pero

al que blasfemare contra el Espíritu Santo, no le será perdonado. [11] Cuando os trajeren a las sinagogas, y ante los magistrados y las autoridades, no os preocupéis por cómo o qué habréis de responder, o qué habréis de decir; [12] porque el Espíritu Santo os enseñará en la misma hora lo que debáis decir.

El rico insensato

[13] Le dijo uno de la multitud: Maestro, di a mi hermano que parta conmigo la herencia. [14] Mas él le dijo: Hombre, ¿quién me ha puesto sobre vosotros como juez o partidor? [15] Y les dijo: Mirad, y guardaos de toda avaricia; porque la vida del hombre no consiste en la abundancia de los bienes que posee. [16] También les refirió una parábola, diciendo: La heredad de un hombre rico había producido mucho. [17] Y él pensaba dentro de sí, diciendo: ¿Qué haré, porque no tengo dónde guardar mis frutos? [18] Y dijo: Esto haré: derribaré mis graneros, y los edificaré mayores, y allí guardaré todos mis frutos y mis bienes; [19] y diré a mi alma: Alma, muchos bienes tienes guardados para muchos años; repósate, come, bebe, regocíjate. [20] Pero Dios le dijo: Necio, esta noche vienen a pedirte tu alma; y lo que has provisto, ¿de quién será? [21] Así es el que hace para sí tesoro, y no es rico para con Dios.

El afán y la ansiedad
(Mt. 6.25-34)

[22] Dijo luego a sus discípulos: Por tanto os digo: No os afanéis por vuestra vida, qué comeréis; ni por el cuerpo, qué vestiréis. [23] La vida es más que la comida, y el cuerpo que el vestido. [24] Considerad los cuervos, que ni siembran, ni siegan; que ni tienen despensa, ni granero, y Dios los alimenta. ¿No valéis vosotros mucho más que las aves? [25] ¿Y quién de vosotros podrá con afanarse añadir a su estatura un codo? [26] Pues si no podéis ni aun lo que es menos, ¿por qué os afanáis por lo demás? [27] Considerad los lirios, cómo crecen; no trabajan, ni hilan; mas os digo, que ni aun Salomón con toda su gloria se vistió como uno de ellos. [28] Y si así viste Dios la hierba que hoy está en el campo, y mañana es echada al horno, ¿cuánto más a vosotros, hombres de poca fe? [29] Vosotros, pues, no os preocupéis por lo que habéis de comer, ni por lo que habéis de beber, ni estéis en ansiosa inquietud. [30] Porque todas estas cosas buscan las gentes del mundo; pero vuestro Padre sabe que tenéis necesidad de estas cosas. [31] Mas buscad el reino de Dios, y todas estas cosas os serán añadidas.

Tesoro en el cielo
(Mt. 6.19-21)

³² No temáis, manada pequeña, porque a vuestro Padre le ha placido daros el reino. ³³ Vended lo que poseéis, y dad limosna; haceos bolsas que no se envejezcan, tesoro en los cielos que no se agote, donde ladrón no llega, ni polilla destruye. ³⁴ Porque donde está vuestro tesoro, allí estará también vuestro corazón.

El siervo vigilante

³⁵ Estén ceñidos vuestros lomos, y vuestras lámparas encendidas; ³⁶ y vosotros sed semejantes a hombres que aguardan a que su señor regrese de las bodas, para que cuando llegue y llame, le abran en seguida. ³⁷ Bienaventurados aquellos siervos a los cuales su señor, cuando venga, halle velando; de cierto os digo que se ceñirá, y hará que se sienten a la mesa, y vendrá a servirles. ³⁸ Y aunque venga a la segunda vigilia, y aunque venga a la tercera vigilia, si los hallare así, bienaventurados son aquellos siervos. ³⁹ Pero sabed esto, que si supiese el padre de familia a qué hora el ladrón había de venir, velaría ciertamente, y no dejaría minar su casa. ⁴⁰ Vosotros, pues, también, estad preparados, porque a la hora que no penséis, el Hijo del Hombre vendrá.

El siervo infiel
(Mt. 24.45-51)

⁴¹ Entonces Pedro le dijo: Señor, ¿dices esta parábola a nosotros, o también a todos? ⁴² Y dijo el Señor: ¿Quién es el mayordomo fiel y prudente al cual su señor pondrá sobre su casa, para que a tiempo les dé su ración? ⁴³ Bienaventurado aquel siervo al cual, cuando su señor venga, le halle haciendo así. ⁴⁴ En verdad os digo que le pondrá sobre todos sus bienes. ⁴⁵ Mas si aquel siervo dijere en su corazón: Mi señor tarda en venir; y comenzare a golpear a los criados y a las criadas, y a comer y beber y embriagarse, ⁴⁶ vendrá el señor de aquel siervo en día que éste no espera, y a la hora que no sabe, y le castigará duramente, y le pondrá con los infieles. ⁴⁷ Aquel siervo que conociendo la voluntad de su señor, no se preparó, ni hizo conforme a su voluntad, recibirá muchos azotes. ⁴⁸ Mas el que sin conocerla hizo cosas dignas de azotes, será azotado poco; porque a todo aquel a quien se haya dado mucho, mucho se le demandará; y al que mucho se le haya confiado, más se le pedirá.

Jesús, causa de división
(Mt. 10.34-36)

⁴⁹ Fuego vine a echar en la tierra; ¿y qué quiero, si ya se ha encendido? ⁵⁰ De un bautismo tengo

que ser bautizado; y ¡cómo me angustio hasta que se cumpla! [51] ¿Pensáis que he venido para dar paz en la tierra? Os digo: No, sino disensión. [52] Porque de aquí en adelante, cinco en una familia estarán divididos, tres contra dos, y dos contra tres. [53] Estará dividido el padre contra el hijo, y el hijo contra el padre; la madre contra la hija, y la hija contra la madre; la suegra contra su nuera, y la nuera contra su suegra.

¿Cómo no reconocéis este tiempo?
(Mt. 16.1-4; Mr. 8.11-13)

[54] Decía también a la multitud: Cuando veis la nube que sale del poniente, luego decís: Agua viene; y así sucede. [55] Y cuando sopla el viento del sur, decís: Hará calor; y lo hace. [56] ¡Hipócritas! Sabéis distinguir el aspecto del cielo y de la tierra; ¿y cómo no distinguís este tiempo?

Arréglate con tu adversario
(Mt. 5.25-26)

[57] ¿Y por qué no juzgáis por vosotros mismos lo que es justo? [58] Cuando vayas al magistrado con tu adversario, procura en el camino arreglarte con él, no sea que te arrastre al juez, y el juez te entregue al alguacil, y el alguacil te meta en la cárcel. [59] Te digo que no saldrás de allí, hasta que hayas pagado aun la última blanca.

Arrepentíos o pereceréis

13 En este mismo tiempo estaban allí algunos que le contaban acerca de los galileos cuya sangre Pilato había mezclado con los sacrificios de ellos. [2] Respondiendo Jesús, les dijo: ¿Pensáis que estos galileos, porque padecieron tales cosas, eran más pecadores que todos los galileos? [3] Os digo: No; antes si no os arrepentís, todos pereceréis igualmente. [4] O aquellos dieciocho sobre los cuales cayó la torre en Siloé, y los mató, ¿pensáis que eran más culpables que todos los hombres que habitan en Jerusalén? [5] Os digo: No; antes si no os arrepentís, todos pereceréis igualmente.

Parábola de la higuera estéril

[6] Dijo también esta parábola: Tenía un hombre una higuera plantada en su viña, y vino a buscar fruto en ella, y no lo halló. [7] Y dijo al viñador: He aquí, hace tres años que vengo a buscar fruto en esta higuera, y no lo hallo; córtala; ¿para qué inutiliza también la tierra? [8] Él entonces, respondiendo, le dijo: Señor, déjala todavía este año, hasta que yo cave alrededor de ella, y la abone. [9] Y si diere fruto, bien; y si no, la cortarás después.

Jesús sana a una mujer en el día de reposo

[10] Enseñaba Jesús en una sinagoga en el día de reposo; [11] y había allí una mujer que desde hacía dieciocho años tenía espíritu de enfermedad, y andaba encorvada, y en ninguna manera se podía enderezar. [12] Cuando Jesús la vio, la llamó y le dijo: Mujer, eres libre de tu enfermedad. [13] Y puso las manos sobre ella; y ella se enderezó luego, y glorificaba a Dios. [14] Pero el principal de la sinagoga, enojado de que Jesús hubiese sanado en el día de reposo, dijo a la gente: Seis días hay en que se debe trabajar; en éstos, pues, venid y sed sanados, y no en día de reposo. [15] Entonces el Señor le respondió y dijo: Hipócrita, cada uno de vosotros ¿no desata en el día de reposo su buey o su asno del pesebre y lo lleva a beber? [16] Y a esta hija de Abraham, que Satanás había atado dieciocho años, ¿no se le debía desatar de esta ligadura en el día de reposo? [17] Al decir él estas cosas, se avergonzaban todos sus adversarios; pero todo el pueblo se regocijaba por todas las cosas gloriosas hechas por él.

Parábola de la semilla de mostaza
(Mt. 13.31-32; Mr. 4.30-32)

[18] Y dijo: ¿A qué es semejante el reino de Dios, y con qué lo compararé? [19] Es semejante al grano de mostaza, que un hombre tomó y sembró en su huerto; y creció, y se hizo árbol grande, y las aves del cielo anidaron en sus ramas.

Parábola de la levadura
(Mt. 13.33)

[20] Y volvió a decir: ¿A qué compararé el reino de Dios? [21] Es semejante a la levadura, que una mujer tomó y escondió en tres medidas de harina, hasta que todo hubo fermentado.

La puerta estrecha
(Mt. 7.13-14,21-23)

[22] Pasaba Jesús por ciudades y aldeas, enseñando, y encaminándose a Jerusalén. [23] Y alguien le dijo: Señor, ¿son pocos los que se salvan? Y él les dijo: [24] Esforzaos a entrar por la puerta angosta; porque os digo que muchos procurarán entrar, y no podrán. [25] Después que el padre de familia se haya levantado y cerrado la puerta, y estando fuera empecéis a llamar a la puerta, diciendo: Señor, Señor, ábrenos, él respondiendo os dirá: No sé de dónde sois. [26] Entonces comenzaréis a decir: Delante de ti hemos comido y bebido, y en nuestras plazas enseñaste. [27] Pero os dirá: Os digo que no sé de dónde sois; apartaos de mí todos vosotros, hacedores de maldad. [28] Allí será el llanto y el crujir de dientes, cuando veáis

a Abraham, a Isaac, a Jacob y a todos los profetas en el reino de Dios, y vosotros estéis excluidos. [29] Porque vendrán del oriente y del occidente, del norte y del sur, y se sentarán a la mesa en el reino de Dios. [30] Y he aquí, hay postreros que serán primeros, y primeros que serán postreros.

Lamento de Jesús sobre Jerusalén
(Mt. 23.37-39)

[31] Aquel mismo día llegaron unos fariseos, diciéndole: Sal, y vete de aquí, porque Herodes te quiere matar. [32] Y les dijo: Id, y decid a aquella zorra: He aquí, echo fuera demonios y hago curaciones hoy y mañana, y al tercer día termino mi obra. [33] Sin embargo, es necesario que hoy y mañana y pasado mañana siga mi camino; porque no es posible que un profeta muera fuera de Jerusalén. [34] ¡Jerusalén, Jerusalén, que matas a los profetas, y apedreas a los que te son enviados! ¡Cuántas veces quise juntar a tus hijos, como la gallina a sus polluelos debajo de sus alas, y no quisiste! [35] He aquí, vuestra casa os es dejada desierta; y os digo que no me veréis, hasta que llegue el tiempo en que digáis: Bendito el que viene en nombre del Señor.

Jesús sana a un hidrópico

14 Aconteció un día de reposo, que habiendo entrado para comer en casa de un gobernante, que era fariseo, éstos le acechaban. [2] Y he aquí estaba delante de él un hombre hidrópico. [3] Entonces Jesús habló a los intérpretes de la ley y a los fariseos, diciendo: ¿Es lícito sanar en el día de reposo? [4] Mas ellos callaron. Y él, tomándole, le sanó, y le despidió. [5] Y dirigiéndose a ellos, dijo: ¿Quién de vosotros, si su asno o su buey cae en algún pozo, no lo sacará inmediatamente, aunque sea en día de reposo?, [6] Y no le podían replicar a estas cosas.

Los convidados a las bodas

[7] Observando cómo escogían los primeros asientos a la mesa, refirió a los convidados una parábola, diciéndoles: [8] Cuando fueres convidado por alguno a bodas, no te sientes en el primer lugar, no sea que otro más distinguido que tú esté convidado por él, [9] y viniendo el que te convidó a ti y a él, te diga: Da lugar a éste; y entonces comiences con vergüenza a ocupar el último lugar. [10] Mas cuando fueres convidado, ve y siéntate en el último lugar, para que cuando venga el que te convidó, te diga: Amigo, sube más arriba; entonces tendrás gloria delante de los que se sientan contigo a la mesa.

¹¹ Porque cualquiera que se enaltece, será humillado; y el que se humilla, será enaltecido.

¹² Dijo también al que le había convidado: Cuando hagas comida o cena, no llames a tus amigos, ni a tus hermanos, ni a tus parientes, ni a vecinos ricos; no sea que ellos a su vez te vuelvan a convidar, y seas recompensado. ¹³ Mas cuando hagas banquete, llama a los pobres, los mancos, los cojos y los ciegos; ¹⁴ y serás bienaventurado; porque ellos no te pueden recompensar, pero te será recompensado en la resurrección de los justos.

Parábola de la gran cena

¹⁵ Oyendo esto uno de los que estaban sentados con él a la mesa, le dijo: Bienaventurado el que coma pan en el reino de Dios. ¹⁶ Entonces Jesús le dijo: Un hombre hizo una gran cena, y convidó a muchos. ¹⁷ Y a la hora de la cena envió a su siervo a decir a los convidados: Venid, que ya todo está preparado. ¹⁸ Y todos a una comenzaron a excusarse. El primero dijo: He comprado una hacienda, y necesito ir a verla; te ruego que me excuses. ¹⁹ Otro dijo: He comprado cinco yuntas de bueyes, y voy a probarlos; te ruego que me excuses. ²⁰ Y otro dijo: Acabo de casarme, y por tanto no puedo ir. ²¹ Vuelto el siervo, hizo saber estas cosas a su señor. Entonces enojado el padre de familia, dijo a su siervo: Ve pronto por las plazas y las calles de la ciudad, y trae acá a los pobres, los mancos, los cojos y los ciegos. ²² Y dijo el siervo: Señor, se ha hecho como mandaste, y aún hay lugar. ²³ Dijo el señor al siervo: Ve por los caminos y por los vallados, y fuérzalos a entrar, para que se llene mi casa. ²⁴ Porque os digo que ninguno de aquellos hombres que fueron convidados, gustará mi cena.

Lo que cuesta seguir a Cristo

²⁵ Grandes multitudes iban con él; y volviéndose, les dijo: ²⁶ Si alguno viene a mí, y no aborrece a su padre, y madre, y mujer, e hijos, y hermanos, y hermanas, y aun también su propia vida, no puede ser mi discípulo. ²⁷ Y el que no lleva su cruz y viene en pos de mí, no puede ser mi discípulo. ²⁸ Porque ¿quién de vosotros, queriendo edificar una torre, no se sienta primero y calcula los gastos, a ver si tiene lo que necesita para acabarla? ²⁹ No sea que después que haya puesto el cimiento, y no pueda acabarla, todos los que lo vean comiencen a hacer burla de él, ³⁰ diciendo: Este hombre comenzó a edificar, y no pudo acabar. ³¹ ¿O qué rey, al marchar a la guerra contra otro rey, no se sienta primero y con-

sidera si puede hacer frente con diez mil al que viene contra él con veinte mil? ³² Y si no puede, cuando el otro está todavía lejos, le envía una embajada y le pide condiciones de paz. ³³ Así, pues, cualquiera de vosotros que no renuncia a todo lo que posee, no puede ser mi discípulo.

Cuando la sal pierde su sabor
(Mt. 5.13; Mr. 9.50)

³⁴ Buena es la sal; mas si la sal se hiciere insípida, ¿con qué se sazonará? ³⁵ Ni para la tierra ni para el muladar es útil; la arrojan fuera. El que tiene oídos para oír, oiga.

Parábola de la oveja perdida
(Mt. 18.10-14)

15 Se acercaban a Jesús todos los publicanos y pecadores para oírle, ² y los fariseos y los escribas murmuraban, diciendo: Éste a los pecadores recibe, y con ellos come.

³ Entonces él les refirió esta parábola, diciendo: ⁴ ¿Qué hombre de vosotros, teniendo cien ovejas, si pierde una de ellas, no deja las noventa y nueve en el desierto, y va tras la que se perdió, hasta encontrarla? ⁵ Y cuando la encuentra, la pone sobre sus hombros gozoso; ⁶ y al llegar a casa, reúne a sus amigos y vecinos, diciéndoles: Gozaos conmigo, porque he encontrado mi oveja que se había perdido. ⁷ Os digo que así habrá más gozo en el cielo por un pecador que se arrepiente, que por noventa y nueve justos que no necesitan de arrepentimiento.

Parábola de la moneda perdida

⁸ ¿O qué mujer que tiene diez dracmas, si pierde una dracma, no enciende la lámpara, y barre la casa, y busca con diligencia hasta encontrarla? ⁹ Y cuando la encuentra, reúne a sus amigas y vecinas, diciendo: Gozaos conmigo, porque he encontrado la dracma que había perdido. ¹⁰ Así os digo que hay gozo delante de los ángeles de Dios por un pecador que se arrepiente.

Parábola del hijo pródigo

¹¹ También dijo: Un hombre tenía dos hijos; ¹² y el menor de ellos dijo a su padre: Padre, dame la parte de los bienes que me corresponde; y les repartió los bienes. ¹³ No muchos días después, juntándolo todo el hijo menor, se fue lejos a una provincia apartada; y allí desperdició sus bienes viviendo perdidamente. ¹⁴ Y cuando todo lo hubo malgastado, vino una gran hambre en aquella provincia, y comenzó a faltarle. ¹⁵ Y fue y se arrimó a uno de los ciudadanos de aquella tierra, el cual le envió a su hacienda para que

apacentase cerdos. ¹⁶ Y deseaba llenar su vientre de las algarrobas que comían los cerdos, pero nadie le daba. ¹⁷ Y volviendo en sí, dijo: ¡Cuántos jornaleros en casa de mi padre tienen abundancia de pan, y yo aquí perezco de hambre! ¹⁸ Me levantaré e iré a mi padre, y le diré: Padre, he pecado contra el cielo y contra ti. ¹⁹ Ya no soy digno de ser llamado tu hijo; hazme como a uno de tus jornaleros. ²⁰ Y levantándose, vino a su padre. Y cuando aún estaba lejos, lo vio su padre, y fue movido a misericordia, y corrió, y se echó sobre su cuello, y le besó. ²¹ Y el hijo le dijo: Padre, he pecado contra el cielo y contra ti, y ya no soy digno de ser llamado tu hijo. ²² Pero el padre dijo a sus siervos: Sacad el mejor vestido, y vestidle; y poned un anillo en su mano, y calzado en sus pies. ²³ Y traed el becerro gordo y matadlo, y comamos y hagamos fiesta; ²⁴ porque este mi hijo muerto era, y ha revivido; se había perdido, y es hallado. Y comenzaron a regocijarse.

²⁵ Y su hijo mayor estaba en el campo; y cuando vino, y llegó cerca de la casa, oyó la música y las danzas; ²⁶ y llamando a uno de los criados, le preguntó qué era aquello. ²⁷ Él le dijo: Tu hermano ha venido; y tu padre ha hecho matar el becerro gordo,

por haberle recibido bueno y sano. ²⁸ Entonces se enojó, y no quería entrar. Salió por tanto su padre, y le rogaba que entrase. ²⁹ Mas él, respondiendo, dijo al padre: He aquí, tantos años te sirvo, no habiéndote desobedecido jamás, y nunca me has dado ni un cabrito para gozarme con mis amigos. ³⁰ Pero cuando vino este tu hijo, que ha consumido tus bienes con rameras, has hecho matar para él el becerro gordo. ³¹ Él entonces le dijo: Hijo, tú siempre estás conmigo, y todas mis cosas son tuyas. ³² Mas era necesario hacer fiesta y regocijarnos, porque este tu hermano era muerto, y ha revivido; se había perdido, y es hallado.

Parábola del mayordomo infiel

16 Dijo también a sus discípulos: Había un hombre rico que tenía un mayordomo, y éste fue acusado ante él como disipador de sus bienes. ² Entonces le llamó, y le dijo: ¿Qué es esto que oigo acerca de ti? Da cuenta de tu mayordomía, porque ya no podrás más ser mayordomo. ³ Entonces el mayordomo dijo para sí: ¿Qué haré? Porque mi amo me quita la mayordomía. Cavar, no puedo; mendigar, me da vergüenza. ⁴ Ya sé lo que haré para que cuando se me quite de la mayordomía, me reciban en sus casas. ⁵ Y llamando a cada uno de los deudores de su amo, dijo al primero: ¿Cuánto debes a mi amo? [6] Él dijo: Cien barriles de aceite. Y le dijo: Toma tu cuenta, siéntate pronto, y escribe cincuenta. [7] Después dijo a otro: Y tú, ¿cuánto debes? Y él dijo: Cien medidas de trigo. Él le dijo: Toma tu cuenta, y escribe ochenta. [8] Y alabó el amo al mayordomo malo por haber hecho sagazmente; porque los hijos de este siglo son más sagaces en el trato con sus semejantes que los hijos de luz. [9] Y yo os digo: Ganad amigos por medio de las riquezas injustas, para que cuando éstas falten, os reciban en las moradas eternas.

[10] El que es fiel en lo muy poco, también en lo más es fiel; y el que en lo muy poco es injusto, también en lo más es injusto. [11] Pues si en las riquezas injustas no fuisteis fieles, ¿quién os confiará lo verdadero? [12] Y si en lo ajeno no fuisteis fieles, ¿quién os dará lo que es vuestro? [13] Ningún siervo puede servir a dos señores; porque o aborrecerá al uno y amará al otro, o estimará al uno y menospreciará al otro. No podéis servir a Dios y a las riquezas.

[14] Y oían también todas estas cosas los fariseos, que eran avaros, y se burlaban de él. [15] Entonces les dijo: Vosotros sois los que os justificáis a vosotros mismos delante de los hombres; mas Dios conoce vuestros corazones; porque lo que los hombres tienen por sublime, delante de Dios es abominación.

La ley y el reino de Dios

[16] La ley y los profetas eran hasta Juan; desde entonces el reino de Dios es anunciado, y todos se esfuerzan por entrar en él. [17] Pero más fácil es que pasen el cielo y la tierra, que se frustre una tilde de la ley.

Jesús enseña sobre el divorcio
(Mt. 19.1-12; Mr. 10.1-12)

[18] Todo el que repudia a su mujer, y se casa con otra, adultera; y el que se casa con la repudiada del marido, adultera.

El rico y Lázaro

[19] Había un hombre rico, que se vestía de púrpura y de lino fino, y hacía cada día banquete con esplendidez. [20] Había también un mendigo llamado Lázaro, que estaba echado a la puerta de aquél, lleno de llagas, [21] y ansiaba saciarse de las migajas que caían de la mesa del rico; y aun los perros venían y le lamían las llagas. [22] Aconteció que murió el mendigo, y fue llevado por los ángeles al seno de Abraham; y murió también el rico, y fue sepultado. [23] Y en el Hades alzó sus ojos, estando en tormentos, y vio de lejos a

Abraham, y a Lázaro en su seno. ²⁴ Entonces él, dando voces, dijo: Padre Abraham, ten misericordia de mí, y envía a Lázaro para que moje la punta de su dedo en agua, y refresque mi lengua; porque estoy atormentado en esta llama. ²⁵ Pero Abraham le dijo: Hijo, acuérdate que recibiste tus bienes en tu vida, y Lázaro también males; pero ahora éste es consolado aquí, y tú atormentado. ²⁶ Además de todo esto, una gran sima está puesta entre nosotros y vosotros, de manera que los que quisieren pasar de aquí a vosotros, no pueden, ni de allá pasar acá. ²⁷ Entonces le dijo: Te ruego, pues, padre, que le envíes a la casa de mi padre, ²⁸ porque tengo cinco hermanos, para que les testifique, a fin de que no vengan ellos también a este lugar de tormento. ²⁹ Y Abraham le dijo: A Moisés y a los profetas tienen; óiganlos. ³⁰ Él entonces dijo: No, padre Abraham; pero si alguno fuere a ellos de entre los muertos, se arrepentirán. ³¹ Mas Abraham le dijo: Si no oyen a Moisés y a los profetas, tampoco se persuadirán aunque alguno se levantare de los muertos.

Ocasiones de caer
(Mt. 18.6-7,21-22; Mr. 9.42)

17 ¹ Dijo Jesús a sus discípulos: Imposible es que no vengan tropiezos; mas ¡ay de aquel por quien vienen! ² Mejor le fuera que se le atase al cuello una piedra de molino y se le arrojase al mar, que hacer tropezar a uno de estos pequeñitos. ³ Mirad por vosotros mismos. Si tu hermano pecare contra ti, repréndele; y si se arrepintiere, perdónale. ⁴ Y si siete veces al día pecare contra ti, y siete veces al día volviere a ti, diciendo: Me arrepiento; perdónale.

Auméntanos la fe

⁵ Dijeron los apóstoles al Señor: Auméntanos la fe. ⁶ Entonces el Señor dijo: Si tuvierais fe como un grano de mostaza, podríais decir a este sicómoro: Desarráigate, y plántate en el mar; y os obedecería.

El deber del siervo

⁷ ¿Quién de vosotros, teniendo un siervo que ara o apacienta ganado, al volver él del campo, luego le dice: Pasa, siéntate a la mesa? ⁸ ¿No le dice más bien: Prepárame la cena, cíñete, y sírveme hasta que haya comido y bebido; y después de esto, come y bebe tú? ⁹ ¿Acaso da gracias al siervo porque hizo lo que se le había mandado? Pienso que no. ¹⁰ Así también vosotros, cuando hayáis hecho todo lo que os ha sido ordenado, decid: Siervos inútiles somos, pues lo que debíamos hacer, hicimos.

Diez leprosos son limpiados

¹¹ Yendo Jesús a Jerusalén, pasaba entre Samaria y Galilea. ¹² Y al entrar en una aldea, le salieron al encuentro diez hombres leprosos, los cuales se pararon de lejos ¹³ y alzaron la voz, diciendo: ¡Jesús, Maestro, ten misericordia de nosotros! ¹⁴ Cuando él los vio, les dijo: Id, mostraos a los sacerdotes. Y aconteció que mientras iban, fueron limpiados. ¹⁵ Entonces uno de ellos, viendo que había sido sanado, volvió, glorificando a Dios a gran voz, ¹⁶ y se postró rostro en tierra a sus pies, dándole gracias; y éste era samaritano. ¹⁷ Respondiendo Jesús, dijo: ¿No son diez los que fueron limpiados? Y los nueve, ¿dónde están? ¹⁸ ¿No hubo quien volviese y diese gloria a Dios sino este extranjero? ¹⁹ Y le dijo: Levántate, vete; tu fe te ha salvado.

La venida del Reino
(Mt. 24.23-28,36-41)

²⁰ Preguntado por los fariseos, cuándo había de venir el reino de Dios, les respondió y dijo: El reino de Dios no vendrá con advertencia, ²¹ ni dirán: Helo aquí, o helo allí; porque he aquí el reino de Dios está entre vosotros. ²² Y dijo a sus discípulos: Tiempo vendrá cuando desearéis ver uno de los días del Hijo del Hombre, y no lo veréis. ²³ Y os dirán: Helo aquí, o helo allí. No vayáis, ni los sigáis. ²⁴ Porque como el relámpago que al fulgurar resplandece desde un extremo del cielo hasta el otro, así también será el Hijo del Hombre en su día. ²⁵ Pero primero es necesario que padezca mucho, y sea desechado por esta generación. ²⁶ Como fue en los días de Noé, así también será en los días del Hijo del Hombre. ²⁷ Comían, bebían, se casaban y se daban en casamiento, hasta el día en que entró Noé en el arca, y vino el diluvio y los destruyó a todos. ²⁸ Asimismo como sucedió en los días de Lot; comían, bebían, compraban, vendían, plantaban, edificaban; ²⁹ mas el día en que Lot salió de Sodoma, llovió del cielo fuego y azufre, y los destruyó a todos. ³⁰ Así será el día en que el Hijo del Hombre se manifieste. ³¹ En aquel día, el que esté en la azotea, y sus bienes en casa, no descienda a tomarlos; y el que en el campo, asimismo no vuelva atrás. ³² Acordaos de la mujer de Lot. ³³ Todo el que procure salvar su vida, la perderá; y todo el que la pierda, la salvará. ³⁴ Os digo que en aquella noche estarán dos en una cama; el uno será tomado, y el otro será dejado. ³⁵ Dos mujeres estarán moliendo juntas; la una será tomada, y la otra dejada. ³⁶ Dos estarán en el campo; el uno será tomado, y el otro dejado. ³⁷ Y respondiendo, le dijeron: ¿Dónde, Señor?

Él les dijo: Donde estuviere el cuerpo, allí se juntarán también las águilas.

Parábola de la viuda y el juez injusto

18 También les refirió Jesús una parábola sobre la necesidad de orar siempre, y no desmayar, ² diciendo: Había en una ciudad un juez, que ni temía a Dios, ni respetaba a hombre. ³ Había también en aquella ciudad una viuda, la cual venía a él, diciendo: Hazme justicia de mi adversario. ⁴ Y él no quiso por algún tiempo; pero después de esto dijo dentro de sí: Aunque ni temo a Dios, ni tengo respeto a hombre, ⁵ sin embargo, porque esta viuda me es molesta, le haré justicia, no sea que viniendo de continuo, me agote la paciencia. ⁶ Y dijo el Señor: Oíd lo que dijo el juez injusto. ⁷ ¿Y acaso Dios no hará justicia a sus escogidos, que claman a él día y noche? ¿Se tardará en responderles? ⁸ Os digo que pronto les hará justicia. Pero cuando venga el Hijo del Hombre, ¿hallará fe en la tierra?

Parábola del fariseo y el publicano

⁹ A unos que confiaban en sí mismos como justos, y menospreciaban a los otros, dijo también esta parábola: ¹⁰ Dos hombres subieron al templo a orar: uno era fariseo, y el otro publicano. ¹¹ El fariseo, puesto en pie, oraba consigo mismo de esta manera: Dios, te doy gracias porque no soy como los otros hombres, ladrones, injustos, adúlteros, ni aun como este publicano; ¹² ayuno dos veces a la semana, doy diezmos de todo lo que gano. ¹³ Mas el publicano, estando lejos, no quería ni aun alzar los ojos al cielo, sino que se golpeaba el pecho, diciendo: Dios, sé propicio a mí, pecador. ¹⁴ Os digo que éste descendió a su casa justificado antes que el otro; porque cualquiera que se enaltece, será humillado; y el que se humilla será enaltecido.

Jesús bendice a los niños
(Mt. 19.13-15; Mr. 10.13-16)

¹⁵ Traían a él los niños para que los tocase; lo cual viendo los discípulos, les reprendieron. ¹⁶ Mas Jesús, llamándolos, dijo: Dejad a los niños venir a mí, y no se lo impidáis; porque de los tales es el reino de Dios. ¹⁷ De cierto os digo, que el que no recibe el reino de Dios como un niño, no entrará en él.

El joven rico
(Mt. 19.16-30; Mr. 10.17-31)

¹⁸ Un hombre principal le preguntó, diciendo: Maestro bueno,

¿qué haré para heredar la vida eterna? ¹⁹ Jesús le dijo: ¿Por qué me llamas bueno? Ninguno hay bueno, sino sólo Dios. ²⁰ Los mandamientos sabes: No adulterarás; no matarás; no hurtarás; no dirás falso testimonio; honra a tu padre y a tu madre. ²¹ Él dijo: Todo esto lo he guardado desde mi juventud. ²² Jesús, oyendo esto, le dijo: Aún te falta una cosa: vende todo lo que tienes, y dalo a los pobres, y tendrás tesoro en el cielo; y ven, sígueme. ²³ Entonces él, oyendo esto, se puso muy triste, porque era muy rico. ²⁴ Al ver Jesús que se había entristecido mucho, dijo: ¡Cuán difícilmente entrarán en el reino de Dios los que tienen riquezas! ²⁵ Porque es más fácil pasar un camello por el ojo de una aguja, que entrar un rico en el reino de Dios. ²⁶ Y los que oyeron esto dijeron: ¿Quién, pues, podrá ser salvo? ²⁷ Él les dijo: Lo que es imposible para los hombres, es posible para Dios. ²⁸ Entonces Pedro dijo: He aquí, nosotros hemos dejado nuestras posesiones y te hemos seguido. ²⁹ Y él les dijo: De cierto os digo, que no hay nadie que haya dejado casa, o padres, o hermanos, o mujer, o hijos, por el reino de Dios, ³⁰ que no haya de recibir mucho más en este tiempo, y en el siglo venidero la vida eterna.

Nuevamente Jesús anuncia su muerte
(Mt. 20.17-19; Mr. 10.32-34)

³¹ Tomando Jesús a los doce, les dijo: He aquí subimos a Jerusalén, y se cumplirán todas las cosas escritas por los profetas acerca del Hijo del Hombre. ³² Pues será entregado a los gentiles, y será escarnecido, y afrentado, y escupido. ³³ Y después que le hayan azotado, le matarán; mas al tercer día resucitará. ³⁴ Pero ellos nada comprendieron de estas cosas, y esta palabra les era encubierta, y no entendían lo que se les decía.

Un ciego de Jericó recibe la vista
(Mt. 20.29-34; Mr. 10.46-52)

³⁵ Aconteció que acercándose Jesús a Jericó, un ciego estaba sentado junto al camino mendigando; ³⁶ y al oír a la multitud que pasaba, preguntó qué era aquello. ³⁷ Y le dijeron que pasaba Jesús nazareno. ³⁸ Entonces dio voces, diciendo: ¡Jesús, Hijo de David, ten misericordia de mí! ³⁹ Y los que iban delante le reprendían para que callase; pero él clamaba mucho más: ¡Hijo de David, ten misericordia de mí! ⁴⁰ Jesús entonces, deteniéndose, mandó traerle a su presencia; y cuando llegó, le preguntó, ⁴¹ diciendo: ¿Qué quieres que te haga? Y él dijo: Señor, que reciba la vista. ⁴² Jesús le dijo: Recíbela, tu fe te ha

salvado. ⁴³ Y luego vio, y le seguía, glorificando a Dios; y todo el pueblo, cuando vio aquello, dio alabanza a Dios.

Jesús y Zaqueo

19 Habiendo entrado Jesús en Jericó, iba pasando por la ciudad. ² Y sucedió que un varón llamado Zaqueo, que era jefe de los publicanos, y rico, ³ procuraba ver quién era Jesús; pero no podía a causa de la multitud, pues era pequeño de estatura. ⁴ Y corriendo delante, subió a un árbol sicómoro para verle; porque había de pasar por allí. ⁵ Cuando Jesús llegó a aquel lugar, mirando hacia arriba, le vio, y le dijo: Zaqueo, date prisa, desciende, porque hoy es necesario que pose yo en tu casa. ⁶ Entonces él descendió aprisa, y le recibió gozoso. ⁷ Al ver esto, todos murmuraban, diciendo que había entrado a posar con un hombre pecador. ⁸ Entonces Zaqueo, puesto en pie, dijo al Señor: He aquí, Señor, la mitad de mis bienes doy a los pobres; y si en algo he defraudado a alguno, se lo devuelvo cuadruplicado. ⁹ Jesús le dijo: Hoy ha venido la salvación a esta casa; por cuanto él también es hijo de Abraham. ¹⁰ Porque el Hijo del Hombre vino a buscar y a salvar lo que se había perdido.

Parábola de las diez minas

¹¹ Oyendo ellos estas cosas, prosiguió Jesús y dijo una parábola, por cuanto estaba cerca de Jerusalén, y ellos pensaban que el reino de Dios se manifestaría inmediatamente. ¹² Dijo, pues: Un hombre noble se fue a un país lejano, para recibir un reino y volver. ¹³ Y llamando a diez siervos suyos, les dio diez minas, y les dijo: Negociad entre tanto que vengo. ¹⁴ Pero sus conciudadanos le aborrecían, y enviaron tras él una embajada, diciendo: No queremos que éste reine sobre nosotros. ¹⁵ Aconteció que vuelto él, después de recibir el reino, mandó llamar ante él a aquellos siervos a los cuales había dado el dinero, para saber lo que había negociado cada uno. ¹⁶ Vino el primero, diciendo: Señor, tu mina ha ganado diez minas. ¹⁷ Él le dijo: Está bien, buen siervo; por cuanto en lo poco has sido fiel, tendrás autoridad sobre diez ciudades. ¹⁸ Vino otro, diciendo: Señor, tu mina ha producido cinco minas. ¹⁹ Y también a éste dijo: Tú también sé sobre cinco ciudades. ²⁰ Vino otro, diciendo: Señor, aquí está tu mina, la cual he tenido guardada en un pañuelo; ²¹ porque tuve miedo de ti, por cuanto eres hombre severo, que tomas lo que no pusiste, y siegas lo que no sembraste. ²² Entonces

él le dijo: Mal siervo, por tu propia boca te juzgo. Sabías que yo era hombre severo, que tomo lo que no puse, y que siego lo que no sembré; 23 ¿por qué, pues, no pusiste mi dinero en el banco, para que al volver yo, lo hubiera recibido con los intereses? 24 Y dijo a los que estaban presentes: Quitadle la mina, y dadla al que tiene las diez minas. 25 Ellos le dijeron: Señor, tiene diez minas. 26 Pues yo os digo que a todo el que tiene, se le dará; mas al que no tiene, aun lo que tiene se le quitará. 27 Y también a aquellos mis enemigos que no querían que yo reinase sobre ellos, traedlos acá, y decapitadlos delante de mí.

La entrada triunfal en Jerusalén
(Mt. 21.1-11; Mr. 11.1-11;
Jn. 12.12-19)

28 Dicho esto, iba delante subiendo a Jerusalén. 29 Y aconteció que llegando cerca de Betfagé y de Betania, al monte que se llama de los Olivos, envió dos de sus discípulos, 30 diciendo: Id a la aldea de enfrente, y al entrar en ella hallaréis un pollino atado, en el cual ningún hombre ha montado jamás; desatadlo, y traedlo. 31 Y si alguien os preguntare: ¿Por qué lo desatáis? le responderéis así: Porque el Señor lo necesita. 32 Fueron los que habían sido enviados, y hallaron como les dijo. 33 Y cuando desataban el pollino,

sus dueños les dijeron: ¿Por qué desatáis el pollino? 34 Ellos dijeron: Porque el Señor lo necesita. 35 Y lo trajeron a Jesús; y habiendo echado sus mantos sobre el pollino, subieron a Jesús encima. 36 Y a su paso tendían sus mantos por el camino. 37 Cuando llegaban ya cerca de la bajada del monte de los Olivos, toda la multitud de los discípulos, gozándose, comenzó a alabar a Dios a grandes voces por todas las maravillas que habían visto, 38 diciendo: ¡Bendito el rey que viene en el nombre del Señor; paz en el cielo, y gloria en las alturas! 39 Entonces algunos de los fariseos de entre la multitud le dijeron: Maestro, reprende a tus discípulos. 40 Él, respondiendo, les dijo: Os digo que si éstos callaran, las piedras clamarían.

41 Y cuando llegó cerca de la ciudad, al verla, lloró sobre ella, 42 diciendo: ¡Oh, si también tú conocieses, a lo menos en este tu día, lo que es para tu paz! Mas ahora está encubierto de tus ojos. 43 Porque vendrán días sobre ti, cuando tus enemigos te rodearán con vallado, y te sitiarán, y por todas partes te estrecharán, 44 y te derribarán a tierra, y a tus hijos dentro de ti, y no dejarán en ti piedra sobre piedra, por cuanto no conociste el tiempo de tu visitación.

Purificación del templo
(Mt. 21.12-17; Mr. 11.15-19; Jn. 2.13-22)

⁴⁵ Y entrando en el templo, comenzó a echar fuera a todos los que vendían y compraban en él, ⁴⁶ diciéndoles: Escrito está: Mi casa es casa de oración; mas vosotros la habéis hecho cueva de ladrones. ⁴⁷ Y enseñaba cada día en el templo; pero los principales sacerdotes, los escribas y los principales del pueblo procuraban matarle. ⁴⁸ Y no hallaban nada que pudieran hacerle, porque todo el pueblo estaba suspenso oyéndole.

La autoridad de Jesús
(Mt. 21.23-27; Mr. 11.27-33)

20 Sucedió un día, que enseñando Jesús al pueblo en el templo, y anunciando el evangelio, llegaron los principales sacerdotes y los escribas, con los ancianos, ² y le hablaron diciendo: Dinos: ¿con qué autoridad haces estas cosas? ¿o quién es el que te ha dado esta autoridad? ³ Respondiendo Jesús, les dijo: Os haré yo también una pregunta; respondedme: ⁴ El bautismo de Juan, ¿era del cielo, o de los hombres? ⁵ Entonces ellos discutían entre sí, diciendo: Si decimos, del cielo, dirá: ¿Por qué, pues, no le creísteis? ⁶ Y si decimos, de los hombres, todo el pueblo nos apedreará; porque están persuadidos de que Juan era profeta. ⁷ Y respondieron que no sabían de dónde fuese. ⁸ Entonces Jesús les dijo: Yo tampoco os diré con qué autoridad hago estas cosas.

Los labradores malvados
(Mt. 21.33-44; Mr. 12.1-11)

⁹ Comenzó luego a decir al pueblo esta parábola: Un hombre plantó una viña, la arrendó a labradores, y se ausentó por mucho tiempo. ¹⁰ Y a su tiempo envió un siervo a los labradores, para que le diesen del fruto de la viña; pero los labradores le golpearon, y le enviaron con las manos vacías. ¹¹ Volvió a enviar otro siervo; mas ellos a éste también, golpeado y afrentado, le enviaron con las manos vacías. ¹² Volvió a enviar un tercer siervo; mas ellos también a éste echaron fuera, herido. ¹³ Entonces el señor de la viña dijo: ¿Qué haré? Enviaré a mi hijo amado; quizá cuando le vean a él, le tendrán respeto. ¹⁴ Mas los labradores, al verle, discutían entre sí, diciendo: Éste es el heredero; venid, matémosle, para que la heredad sea nuestra. ¹⁵ Y le echaron fuera de la viña, y le mataron. ¿Qué, pues, les hará el señor de la viña? ¹⁶ Vendrá y destruirá a estos labradores, y dará su viña a otros. Cuando ellos oyeron esto, dijeron: ¡Dios nos libre! ¹⁷ Pero él, mirándolos, dijo: ¿Qué, pues, es lo que está escrito:

La piedra que desecharon los edificadores

Ha venido a ser cabeza del ángulo?

¹⁸ Todo el que cayere sobre aquella piedra, será quebrantado; mas sobre quien ella cayere, le desmenuzará.

La cuestión del tributo
(Mt. 21.45-46; 22.15-22; Mr. 12.12-17)

¹⁹ Procuraban los principales sacerdotes y los escribas echarle mano en aquella hora, porque comprendieron que contra ellos había dicho esta parábola; pero temieron al pueblo. ²⁰ Y acechándole enviaron espías que se simulasen justos, a fin de sorprenderle en alguna palabra, para entregarle al poder y autoridad del gobernador. ²¹ Y le preguntaron, diciendo: Maestro, sabemos que dices y enseñas rectamente, y que no haces acepción de persona, sino que enseñas el camino de Dios con verdad. ²² ¿Nos es lícito dar tributo a César, o no? ²³ Mas él, comprendiendo la astucia de ellos, les dijo: ¿Por qué me tentáis? ²⁴ Mostradme la moneda. ¿De quién tiene la imagen y la inscripción? Y respondiendo dijeron: De César. ²⁵ Entonces les dijo: Pues dad a César lo que es de César, y a Dios lo que es de Dios. ²⁶ Y no pudieron sorprenderle en palabra alguna delante del pueblo, sino que maravillados de su respuesta, callaron.

La pregunta sobre la resurrección
(Mt. 22.23-33; Mr. 12.18-27)

²⁷ Llegando entonces algunos de los saduceos, los cuales niegan haber resurrección, le preguntaron, ²⁸ diciendo: Maestro, Moisés nos escribió: Si el hermano de alguno muriere teniendo mujer, y no dejare hijos, que su hermano se case con ella, y levante descendencia a su hermano. ²⁹ Hubo, pues, siete hermanos; y el primero tomó esposa, y murió sin hijos. ³⁰ Y la tomó el segundo, el cual también murió sin hijos. ³¹ La tomó el tercero, y así todos los siete, y murieron sin dejar descendencia. ³² Finalmente murió también la mujer. ³³ En la resurrección, pues, ¿de cuál de ellos será mujer, ya que los siete la tuvieron por mujer?

³⁴ Entonces respondiendo Jesús, les dijo: Los hijos de este siglo se casan, y se dan en casamiento; ³⁵ mas los que fueren tenidos por dignos de alcanzar aquel siglo y la resurrección de entre los muertos, ni se casan, ni se dan en casamiento. ³⁶ Porque no pueden ya más morir, pues son iguales a los ángeles, y son hijos de Dios, al ser hijos de la resurrección. ³⁷ Pero en cuanto a que los muertos han de

resucitar, aun Moisés lo enseñó en el pasaje de la zarza, cuando llama al Señor, Dios de Abraham, Dios de Isaac y Dios de Jacob. ³⁸ Porque Dios no es Dios de muertos, sino de vivos, pues para él todos viven. ³⁹ Respondiéndole algunos de los escribas, dijeron: Maestro, bien has dicho. ⁴⁰ Y no osaron preguntarle nada más.

¿De quién es hijo el Cristo?
(Mt. 22.41-46; Mr. 12.35-37)

⁴¹ Entonces él les dijo: ¿Cómo dicen que el Cristo es hijo de David? ⁴² Pues el mismo David dice en el libro de los Salmos:
Dijo el Señor a mi Señor:
Siéntate a mi diestra,
⁴³ Hasta que ponga a tus enemigos por estrado de tus pies.
⁴⁴ David, pues, le llama Señor; ¿cómo entonces es su hijo?

Jesús acusa a los escribas
(Mt. 23.1-36; Mr. 12.38-40;
Lc. 11.37-54)

⁴⁵ Y oyéndole todo el pueblo, dijo a sus discípulos: ⁴⁶ Guardaos de los escribas, que gustan de andar con ropas largas, y aman las salutaciones en las plazas, y las primeras sillas en las sinagogas, y los primeros asientos en las cenas; ⁴⁷ que devoran las casas de las viudas, y por pretexto hacen largas oraciones; éstos recibirán mayor condenación.

La ofrenda de la viuda
(Mr. 12.41-44)

21 Levantando los ojos, vio a los ricos que echaban sus ofrendas en el arca de las ofrendas. ² Vio también a una viuda muy pobre, que echaba allí dos blancas. ³ Y dijo: En verdad os digo, que esta viuda pobre echó más que todos. ⁴ Porque todos aquéllos echaron para las ofrendas de Dios de lo que les sobra; mas ésta, de su pobreza echó todo el sustento que tenía.

Jesús predice la destrucción del templo
(Mt. 24.1-2; Mr. 13.1-2)

⁵ Y a unos que hablaban de que el templo estaba adornado de hermosas piedras y ofrendas votivas, dijo: ⁶ En cuanto a estas cosas que veis, días vendrán en que no quedará piedra sobre piedra, que no sea destruida.

Señales antes del fin
(Mt. 24.3-28; Mr. 13.3-23)

⁷ Y le preguntaron, diciendo: Maestro, ¿cuándo será esto? ¿y qué señal habrá cuando estas cosas estén para suceder? ⁸ Él entonces dijo: Mirad que no seáis engañados; porque vendrán muchos en mi nombre, diciendo: Yo soy el Cristo, y: El tiempo está cerca. Mas no vayáis en pos de ellos. ⁹ Y cuando oigáis de guerras y de sediciones, no os alarméis;

porque es necesario que estas cosas acontezcan primero; pero el fin no será inmediatamente.

[10] Entonces les dijo: Se levantará nación contra nación, y reino contra reino; [11] y habrá grandes terremotos, y en diferentes lugares hambres y pestilencias; y habrá terror y grandes señales del cielo. [12] Pero antes de todas estas cosas os echarán mano, y os perseguirán, y os entregarán a las sinagogas y a las cárceles, y seréis llevados ante reyes y ante gobernadores por causa de mi nombre. [13] Y esto os será ocasión para dar testimonio. [14] Proponed en vuestros corazones no pensar antes cómo habéis de responder en vuestra defensa; [15] porque yo os daré palabra y sabiduría, la cual no podrán resistir ni contradecir todos los que se opongan. [16] Mas seréis entregados aun por vuestros padres, y hermanos, y parientes, y amigos; y matarán a algunos de vosotros; [17] y seréis aborrecidos de todos por causa de mi nombre. [18] Pero ni un cabello de vuestra cabeza perecerá. [19] Con vuestra paciencia ganaréis vuestras almas.

[20] Pero cuando viereis a Jerusalén rodeada de ejércitos, sabed entonces que su destrucción ha llegado. [21] Entonces los que estén en Judea, huyan a los montes; y los que en medio de ella, váyanse; y los que estén en los campos, no entren en ella. [22] Porque éstos son días de retribución, para que se cumplan todas las cosas que están escritas. [23] Mas ¡ay de las que estén encintas, y de las que críen en aquellos días! porque habrá gran calamidad en la tierra, e ira sobre este pueblo. [24] Y caerán a filo de espada, y serán llevados cautivos a todas las naciones; y Jerusalén será hollada por los gentiles, hasta que los tiempos de los gentiles se cumplan.

La venida del Hijo del Hombre
(Mt. 24.29-35,42-44;
Mr. 13.24-37)

[25] Entonces habrá señales en el sol, en la luna y en las estrellas, y en la tierra angustia de las gentes, confundidas a causa del bramido del mar y de las olas; [26] desfalleciendo los hombres por el temor y la expectación de las cosas que sobrevendrán en la tierra; porque las potencias de los cielos serán conmovidas. [27] Entonces verán al Hijo del Hombre, que vendrá en una nube con poder y gran gloria. [28] Cuando estas cosas comiencen a suceder, erguíos y levantad vuestra cabeza, porque vuestra redención está cerca.

[29] También les dijo una parábola: Mirad la higuera y todos los árboles. [30] Cuando ya brotan, vién-

dolo, sabéis por vosotros mismos que el verano está ya cerca. ³¹ Así también vosotros, cuando veáis que suceden estas cosas, sabed que está cerca el reino de Dios. ³² De cierto os digo, que no pasará esta generación hasta que todo esto acontezca. ³³ El cielo y la tierra pasarán, pero mis palabras no pasarán.

³⁴ Mirad también por vosotros mismos, que vuestros corazones no se carguen de glotonería y embriaguez y de los afanes de esta vida, y venga de repente sobre vosotros aquel día. ³⁵ Porque como un lazo vendrá sobre todos los que habitan sobre la faz de toda la tierra. ³⁶ Velad, pues, en todo tiempo orando que seáis tenidos por dignos de escapar de todas estas cosas que vendrán, y de estar en pie delante del Hijo del Hombre.

³⁷ Y enseñaba de día en el templo; y de noche, saliendo, se estaba en el monte que se llama de los Olivos. ³⁸ Y todo el pueblo venía a él por la mañana, para oírle en el templo.

El complot para matar a Jesús
*(Mt. 26.1-5,14-16; Mr. 14.1-2,
10-11; Jn. 11.45-53)*

22 Estaba cerca la fiesta de los panes sin levadura, que se llama la pascua. ² Y los principales sacerdotes y los escribas buscaban cómo matarle; porque temían al pueblo.

³ Y entró Satanás en Judas, por sobrenombre Iscariote, el cual era uno del número de los doce; ⁴ y éste fue y habló con los principales sacerdotes, y con los jefes de la guardia, de cómo se lo entregaría. ⁵ Ellos se alegraron, y convinieron en darle dinero. ⁶ Y él se comprometió, y buscaba una oportunidad para entregárselo a espaldas del pueblo.

Institución de la Cena del Señor
*(Mt. 26.17-29; Mr. 14.12-25;
Jn. 13.21-30; 1 Co. 11.23-26)*

⁷ Llegó el día de los panes sin levadura, en el cual era necesario sacrificar el cordero de la pascua. ⁸ Y Jesús envió a Pedro y a Juan, diciendo: Id, preparadnos la pascua para que la comamos. ⁹ Ellos le dijeron: ¿Dónde quieres que la preparemos? ¹⁰ Él les dijo: He aquí, al entrar en la ciudad os saldrá al encuentro un hombre que lleva un cántaro de agua; seguidle hasta la casa donde entrare, ¹¹ y decid al padre de familia de esa casa: El Maestro te dice: ¿Dónde está el aposento donde he de comer la pascua con mis discípulos? ¹² Entonces él os mostrará un gran aposento alto ya dispuesto; preparad allí.

¹³ Fueron, pues, y hallaron como les había dicho; y prepararon la pascua.

¹⁴ Cuando era la hora, se sentó a la mesa, y con él los apóstoles. ¹⁵ Y les dijo: ¡Cuánto he deseado comer con vosotros esta pascua antes que padezca! ¹⁶ Porque os digo que no la comeré más, hasta que se cumpla en el reino de Dios. ¹⁷ Y habiendo tomado la copa, dio gracias, y dijo: Tomad esto, y repartidlo entre vosotros; ¹⁸ porque os digo que no beberé más del fruto de la vid, hasta que el reino de Dios venga. ¹⁹ Y tomó el pan y dio gracias, y lo partió y les dio, diciendo: Esto es mi cuerpo, que por vosotros es dado; haced esto en memoria de mí. ²⁰ De igual manera, después que hubo cenado, tomó la copa, diciendo: Esta copa es el nuevo pacto en mi sangre, que por vosotros se derrama. ²¹ Mas he aquí, la mano del que me entrega está conmigo en la mesa. ²² A la verdad el Hijo del Hombre va, según lo que está determinado; pero ¡ay de aquel hombre por quien es entregado! ²³ Entonces ellos comenzaron a discutir entre sí, quién de ellos sería el que había de hacer esto.

La grandeza en el servicio

²⁴ Hubo también entre ellos una disputa sobre quién de ellos sería el mayor. ²⁵ Pero él les dijo: Los reyes de las naciones se enseñorean de ellas, y los que sobre ellas tienen autoridad son llamados bienhechores; ²⁶ mas no así vosotros, sino sea el mayor entre vosotros como el más joven, y el que dirige, como el que sirve. ²⁷ Porque, ¿cuál es mayor, el que se sienta a la mesa, o el que sirve? ¿No es el que se sienta a la mesa? Mas yo estoy entre vosotros como el que sirve.

²⁸ Pero vosotros sois los que habéis permanecido conmigo en mis pruebas. ²⁹ Yo, pues, os asigno un reino, como mi Padre me lo asignó a mí, ³⁰ para que comáis y bebáis a mi mesa en mi reino, y os sentéis en tronos juzgando a las doce tribus de Israel.

Jesús anuncia la negación de Pedro
(Mt. 26.31-35; Mr. 14.27-31; Jn. 13.36-38)

³¹ Dijo también el Señor: Simón, Simón, he aquí Satanás os ha pedido para zarandearos como a trigo; ³² pero yo he rogado por ti, que tu fe no falte; y tú, una vez vuelto, confirma a tus hermanos. ³³ Él le dijo: Señor, dispuesto estoy a ir contigo no sólo a la cárcel, sino también a la muerte. ³⁴ Y él le dijo: Pedro, te digo que el gallo no cantará hoy antes que tú niegues tres veces que me conoces.

Bolsa, alforja y espada

³⁵ Y a ellos dijo: Cuando os envié sin bolsa, sin alforja, y sin calzado, ¿os faltó algo? Ellos dijeron: Nada. ³⁶ Y les dijo: Pues ahora, el que tiene bolsa, tómela, y también la alforja; y el que no tiene espada, venda su capa y compre una. ³⁷ Porque os digo que es necesario que se cumpla todavía en mí aquello que está escrito: Y fue contado con los inicuos; porque lo que está escrito de mí, tiene cumplimiento. ³⁸ Entonces ellos dijeron: Señor, aquí hay dos espadas. Y él les dijo: Basta.

Jesús ora en Getsemaní
(Mt. 26.36-46; Mr. 14.32-42)

³⁹ Y saliendo, se fue, como solía, al monte de los Olivos; y sus discípulos también le siguieron. ⁴⁰ Cuando llegó a aquel lugar, les dijo: Orad que no entréis en tentación. ⁴¹ Y él se apartó de ellos a distancia como de un tiro de piedra; y puesto de rodillas oró, ⁴² diciendo: Padre, si quieres, pasa de mí esta copa; pero no se haga mi voluntad, sino la tuya. ⁴³ Y se le apareció un ángel del cielo para fortalecerle. ⁴⁴ Y estando en agonía, oraba más intensamente; y era su sudor como grandes gotas de sangre que caían hasta la tierra. ⁴⁵ Cuando se levantó de la oración, y vino a sus discípulos, los halló durmiendo a causa de la triste-

za; ⁴⁶ y les dijo: ¿Por qué dormís? Levantaos, y orad para que no entréis en tentación.

Arresto de Jesús
(Mt. 26.47-56; Mr. 14.43-50; Jn. 18.2-11)

⁴⁷ Mientras él aún hablaba, se presentó una turba; y el que se llamaba Judas, uno de los doce, iba al frente de ellos; y se acercó hasta Jesús para besarle. ⁴⁸ Entonces Jesús le dijo: Judas, ¿con un beso entregas al Hijo del Hombre? ⁴⁹ Viendo los que estaban con él lo que había de acontecer, le dijeron: Señor, ¿heriremos a espada? ⁵⁰ Y uno de ellos hirió a un siervo del sumo sacerdote, y le cortó la oreja derecha. ⁵¹ Entonces respondiendo Jesús, dijo: Basta ya; dejad. Y tocando su oreja, le sanó. ⁵² Y Jesús dijo a los principales sacerdotes, a los jefes de la guardia del templo y a los ancianos, que habían venido contra él: ¿Como contra un ladrón habéis salido con espadas y palos? ⁵³ Habiendo estado con vosotros cada día en el templo, no extendisteis las manos contra mí; mas ésta es vuestra hora, y la potestad de las tinieblas.

Pedro niega a Jesús
(Mt. 26.57-58,69-75; Mr. 14.53-54,66-72; Jn. 18.12-18,25-27)

⁵⁴ Y prendiéndole, le llevaron, y le condujeron a casa del sumo

sacerdote. Y Pedro le seguía de lejos. ⁵⁵ Y habiendo ellos encendido fuego en medio del patio, se sentaron alrededor; y Pedro se sentó también entre ellos. ⁵⁶ Pero una criada, al verle sentado al fuego, se fijó en él, y dijo: También éste estaba con él. ⁵⁷ Pero él lo negó, diciendo: Mujer, no lo conozco. ⁵⁸ Un poco después, viéndole otro, dijo: Tú también eres de ellos. Y Pedro dijo: Hombre, no lo soy. ⁵⁹ Como una hora después, otro afirmaba, diciendo: Verdaderamente también éste estaba con él, porque es galileo. ⁶⁰ Y Pedro dijo: Hombre, no sé lo que dices. Y en seguida, mientras él todavía hablaba, el gallo cantó. ⁶¹ Entonces, vuelto el Señor, miró a Pedro; y Pedro se acordó de la palabra del Señor, que le había dicho: Antes que el gallo cante, me negarás tres veces. ⁶² Y Pedro, saliendo fuera, lloró amargamente.

Jesús escarnecido y azotado
(Mt. 26.67-68; Mr. 14.65)

⁶³ Y los hombres que custodiaban a Jesús se burlaban de él y le golpeaban; ⁶⁴ y vendándole los ojos, le golpeaban el rostro, y le preguntaban, diciendo: Profetiza, ¿quién es el que te golpeó? ⁶⁵ Y decían otras muchas cosas injuriándole.

Jesús ante el concilio
(Mt. 26.59-66; Mr. 14.55-64; Jn. 18.19-24)

⁶⁶ Cuando era de día, se juntaron los ancianos del pueblo, los principales sacerdotes y los escribas, y le trajeron al concilio, diciendo: ⁶⁷ ¿Eres tú el Cristo? Dínoslo. Y les dijo: Si os lo dijere, no creeréis; ⁶⁸ y también si os preguntare, no me responderéis, ni me soltaréis. ⁶⁹ Pero desde ahora el Hijo del Hombre se sentará a la diestra del poder de Dios. ⁷⁰ Dijeron todos: ¿Luego eres tú el Hijo de Dios? Y él les dijo: Vosotros decís que lo soy. ⁷¹ Entonces ellos dijeron: ¿Qué más testimonio necesitamos? porque nosotros mismos lo hemos oído de su boca.

Jesús ante Pilato
(Mt. 27.1-2,11-14; Mr. 15.1-5; Jn. 18.28-38)

23 Levantándose entonces toda la muchedumbre de ellos, llevaron a Jesús a Pilato. ² Y comenzaron a acusarle, diciendo: A éste hemos hallado que pervierte a la nación, y que prohíbe dar tributo a César, diciendo que él mismo es el Cristo, un rey. ³ Entonces Pilato le preguntó, diciendo: ¿Eres tú el Rey de los judíos? Y respondiéndole él, dijo: Tú lo dices. ⁴ Y Pilato dijo a los principales sacerdotes, y a la gente: Ningún delito hallo en este hombre. ⁵ Pero ellos porfiaban, diciendo: Alborota al pueblo, enseñando por toda Judea, comenzando desde Galilea hasta aquí.

Jesús ante Herodes

⁶ Entonces Pilato, oyendo decir, Galilea, preguntó si el hombre era galileo. ⁷ Y al saber que era de la jurisdicción de Herodes, le remitió a Herodes, que en aquellos días también estaba en Jerusalén. ⁸ Herodes, viendo a Jesús, se alegró mucho, porque hacía tiempo que deseaba verle; porque había oído muchas cosas acerca de él, y esperaba verle hacer alguna señal. ⁹ Y le hacía muchas preguntas, pero él nada le respondió. ¹⁰ Y estaban los principales sacerdotes y los escribas acusándole con gran vehemencia. ¹¹ Entonces Herodes con sus soldados le menospreció y escarneció, vistiéndole de una ropa espléndida; y volvió a enviarle a Pilato. ¹² Y se hicieron amigos Pilato y Herodes aquel día; porque antes estaban enemistados entre sí.

Jesús sentenciado a muerte
(Mt. 27.15-26; Mr. 15.6-15; Jn. 18.38—19.16)

¹³ Entonces Pilato, convocando a los principales sacerdotes, a los gobernantes, y al pueblo, ¹⁴ les dijo: Me habéis presentado a éste como un hombre que perturba al pueblo, pero habiéndole interrogado yo delante de vosotros, no he hallado en este hombre delito alguno de aquellos de que le acusáis. ¹⁵ Y ni aun Herodes, porque os remití a él; y he aquí, nada digno de muerte ha hecho este hombre. ¹⁶ Le soltaré, pues, después de castigarle. ¹⁷ Y tenía necesidad de soltarles uno en cada fiesta.

¹⁸ Mas toda la multitud dio voces a una, diciendo: ¡Fuera con éste, y suéltanos a Barrabás! ¹⁹ Éste había sido echado en la cárcel por sedición en la ciudad, y por un homicidio. ²⁰ Les habló otra vez Pilato, queriendo soltar a Jesús; ²¹ pero ellos volvieron a dar voces, diciendo: ¡Crucifícale, crucifícale! ²² Él les dijo por tercera vez: ¿Pues qué mal ha hecho éste? Ningún delito digno de muerte he hallado en él; le castigaré, pues, y le soltaré. ²³ Mas ellos instaban a grandes voces, pidiendo que fuese crucificado. Y las voces de ellos y de los principales sacerdotes prevalecieron. ²⁴ Entonces Pilato sentenció que se hiciese lo que ellos pedían; ²⁵ y les soltó a aquel que había sido echado en la cárcel por sedición y homicidio, a quien habían pedido; y entregó a Jesús a la voluntad de ellos.

Crucifixión y muerte de Jesús
(Mt. 27.32-56; Mr. 15.21-41; Jn. 19.17-30)

²⁶ Y llevándole, tomaron a cier-

to Simón de Cirene, que venía del campo, y le pusieron encima la cruz para que la llevase tras Jesús. ²⁷ Y le seguía gran multitud del pueblo, y de mujeres que lloraban y hacían lamentación por él. ²⁸ Pero Jesús, vuelto hacia ellas, les dijo: Hijas de Jerusalén, no lloréis por mí, sino llorad por vosotras mismas y por vuestros hijos. ²⁹ Porque he aquí vendrán días en que dirán: Bienaventuradas las estériles, y los vientres que no concibieron, y los pechos que no criaron. ³⁰ Entonces comenzarán a decir a los montes: Caed sobre nosotros; y a los collados: Cubridnos. ³¹ Porque si en el árbol verde hacen estas cosas, ¿en el seco, qué no se hará?

³² Llevaban también con él a otros dos, que eran malhechores, para ser muertos. ³³ Y cuando llegaron al lugar llamado de la Calavera, le crucificaron allí, y a los malhechores, uno a la derecha y otro a la izquierda. ³⁴ Y Jesús decía: Padre, perdónalos, porque no saben lo que hacen. Y repartieron entre sí sus vestidos, echando suertes. ³⁵ Y el pueblo estaba mirando; y aun los gobernantes se burlaban de él, diciendo: A otros salvó; sálvese a sí mismo, si éste es el Cristo, el escogido de Dios. ³⁶ Los soldados también le escarnecían, acercándose y presentándole vinagre, ³⁷ y diciendo: Si tú eres el Rey de los judíos, sálvate a ti mismo. ³⁸ Había también sobre él un título escrito con letras griegas, latinas y hebreas: ÉSTE ES EL REY DE LOS JUDÍOS.

³⁹ Y uno de los malhechores que estaban colgados le injuriaba, diciendo: Si tú eres el Cristo, sálvate a ti mismo y a nosotros. ⁴⁰ Respondiendo el otro, le reprendió, diciendo: ¿Ni aun temes tú a Dios, estando en la misma condenación? ⁴¹ Nosotros, a la verdad, justamente padecemos, porque recibimos lo que merecieron nuestros hechos; mas éste ningún mal hizo. ⁴² Y dijo a Jesús: Acuérdate de mí cuando vengas en tu reino. ⁴³ Entonces Jesús le dijo: De cierto te digo que hoy estarás conmigo en el paraíso.

⁴⁴ Cuando era como la hora sexta, hubo tinieblas sobre toda la tierra hasta la hora novena. ⁴⁵ Y el sol se oscureció, y el velo del templo se rasgó por la mitad. ⁴⁶ Entonces Jesús, clamando a gran voz, dijo: Padre, en tus manos encomiendo mi espíritu. Y habiendo dicho esto, expiró. ⁴⁷ Cuando el centurión vio lo que había acontecido, dio gloria a Dios, diciendo: Verdaderamente este hombre era justo. ⁴⁸ Y toda la multitud de los que estaban presentes en este espectáculo, viendo lo que había acontecido,

se volvían golpeándose el pecho. [49] Pero todos sus conocidos, y las mujeres que le habían seguido desde Galilea, estaban lejos mirando estas cosas.

Jesús es sepultado
(Mt. 27.57-61; Mr. 15.42-47; Jn. 19.38-42)

[50] Había un varón llamado José, de Arimatea, ciudad de Judea, el cual era miembro del concilio, varón bueno y justo. [51] Éste, que también esperaba el reino de Dios, y no había consentido en el acuerdo ni en los hechos de ellos, [52] fue a Pilato, y pidió el cuerpo de Jesús. [53] Y quitándolo, lo envolvió en una sábana, y lo puso en un sepulcro abierto en una peña, en el cual aún no se había puesto a nadie. [54] Era día de la preparación, y estaba para comenzar el día de reposo. [55] Y las mujeres que habían venido con él desde Galilea, siguieron también, y vieron el sepulcro, y cómo fue puesto su cuerpo. [56] Y vueltas, prepararon especias aromáticas y ungüentos; y descansaron el día de reposo, conforme al mandamiento.

La resurrección
(Mt. 28.1-10; Mr. 16.1-8; Jn. 20.1-10)

24 El primer día de la semana, muy de mañana, vinieron al sepulcro, trayendo las especias aromáticas que habían prepara-do, y algunas otras mujeres con ellas. [2] Y hallaron removida la piedra del sepulcro; [3] y entrando, no hallaron el cuerpo del Señor Jesús. [4] Aconteció que estando ellas perplejas por esto, he aquí se pararon junto a ellas dos varones con vestiduras resplandecientes; [5] y como tuvieron temor, y bajaron el rostro a tierra, les dijeron: ¿Por qué buscáis entre los muertos al que vive? [6] No está aquí, sino que ha resucitado. Acordaos de lo que os habló, cuando aún estaba en Galilea, [7] diciendo: Es necesario que el Hijo del Hombre sea entregado en manos de hombres pecadores, y que sea crucificado, y resucite al tercer día. [8] Entonces ellas se acordaron de sus palabras, [9] y volviendo del sepulcro, dieron nuevas de todas estas cosas a los once, y a todos los demás. [10] Eran María Magdalena, y Juana, y María madre de Jacobo, y las demás con ellas, quienes dijeron estas cosas a los apóstoles. [11] Mas a ellos les parecían locura las palabras de ellas, y no las creían. [12] Pero levantándose Pedro, corrió al sepulcro; y cuando miró dentro, vio los lienzos solos, y se fue a casa maravillándose de lo que había sucedido.

En el camino a Emaús
(Mr. 16.12-13)

[13] Y he aquí, dos de ellos iban el mismo día a una aldea llama-

da Emaús, que estaba a sesenta estadios de Jerusalén. ¹⁴ E iban hablando entre sí de todas aquellas cosas que habían acontecido. ¹⁵ Sucedió que mientras hablaban y discutían entre sí, Jesús mismo se acercó, y caminaba con ellos. ¹⁶ Mas los ojos de ellos estaban velados, para que no le conociesen. ¹⁷ Y les dijo: ¿Qué pláticas son estas que tenéis entre vosotros mientras camináis, y por qué estáis tristes? ¹⁸ Respondiendo uno de ellos, que se llamaba Cleofas, le dijo: ¿Eres tú el único forastero en Jerusalén que no has sabido las cosas que en ella han acontecido en estos días? ¹⁹ Entonces él les dijo: ¿Qué cosas? Y ellos le dijeron: De Jesús nazareno, que fue varón profeta, poderoso en obra y en palabra delante de Dios y de todo el pueblo; ²⁰ y cómo le entregaron los principales sacerdotes y nuestros gobernantes a sentencia de muerte, y le crucificaron. ²¹ Pero nosotros esperábamos que él era el que había de redimir a Israel; y ahora, además de todo esto, hoy es ya el tercer día que esto ha acontecido. ²² Aunque también nos han asombrado unas mujeres de entre nosotros, las que antes del día fueron al sepulcro; ²³ y como no hallaron su cuerpo, vinieron diciendo que también habían visto visión de ángeles, quienes dijeron que él vive. ²⁴ Y fueron algunos de los nuestros

al sepulcro, y hallaron así como las mujeres habían dicho, pero a él no le vieron. ²⁵ Entonces él les dijo: ¡Oh insensatos, y tardos de corazón para creer todo lo que los profetas han dicho! ²⁶ ¿No era necesario que el Cristo padeciera estas cosas, y que entrara en su gloria? ²⁷ Y comenzando desde Moisés, y siguiendo por todos los profetas, les declaraba en todas las Escrituras lo que de él decían. ²⁸ Llegaron a la aldea adonde iban, y él hizo como que iba más lejos. ²⁹ Mas ellos le obligaron a quedarse, diciendo: Quédate con nosotros, porque se hace tarde, y el día ya ha declinado. Entró, pues, a quedarse con ellos. ³⁰ Y aconteció que estando sentado con ellos a la mesa, tomó el pan y lo bendijo, lo partió, y les dio. ³¹ Entonces les fueron abiertos los ojos, y le reconocieron; mas él se desapareció de su vista. ³² Y se decían el uno al otro: ¿No ardía nuestro corazón en nosotros, mientras nos hablaba en el camino, y cuando nos abría las Escrituras? ³³ Y levantándose en la misma hora, volvieron a Jerusalén, y hallaron a los once reunidos, y a los que estaban con ellos, ³⁴ que decían: Ha resucitado el Señor verdaderamente, y ha aparecido a Simón. ³⁵ Entonces ellos contaban las cosas que les habían acontecido en el camino, y cómo le habían reconocido al partir el pan.

Jesús se aparece a los discípulos
(Mt. 28.16-20; Mr. 16.14-18;
Jn. 20.19-23)

36 Mientras ellos aún hablaban de estas cosas, Jesús se puso en medio de ellos, y les dijo: Paz a vosotros. 37 Entonces, espantados y atemorizados, pensaban que veían espíritu. 38 Pero él les dijo: ¿Por qué estáis turbados, y vienen a vuestro corazón estos pensamientos? 39 Mirad mis manos y mis pies, que yo mismo soy; palpad, y ved; porque un espíritu no tiene carne ni huesos, como veis que yo tengo. 40 Y diciendo esto, les mostró las manos y los pies. 41 Y como todavía ellos, de gozo, no lo creían, y estaban maravillados, les dijo: ¿Tenéis aquí algo de comer? 42 Entonces le dieron parte de un pez asado, y un panal de miel. 43 Y él lo tomó, y comió delante de ellos.

44 Y les dijo: Éstas son las palabras que os hablé, estando aún con vosotros: que era necesario que se cumpliese todo lo que está escrito de mí en la ley de Moisés, en los profetas y en los salmos. 45 Entonces les abrió el entendimiento, para que comprendiesen las Escrituras; 46 y les dijo: Así está escrito, y así fue necesario que el Cristo padeciese, y resucitase de los muertos al tercer día; 47 y que se predicase en su nombre el arrepentimiento y el perdón de pecados en todas las naciones, comenzando desde Jerusalén. 48 Y vosotros sois testigos de estas cosas. 49 He aquí, yo enviaré la promesa de mi Padre sobre vosotros; pero quedaos vosotros en la ciudad de Jerusalén, hasta que seáis investidos de poder desde lo alto.

La ascensión
(Mr. 16.19-20)

50 Y los sacó fuera hasta Betania, y alzando sus manos, los bendijo. 51 Y aconteció que bendiciéndolos, se separó de ellos, y fue llevado arriba al cielo. 52 Ellos, después de haberle adorado, volvieron a Jerusalén con gran gozo; 53 y estaban siempre en el templo, alabando y bendiciendo a Dios. Amén.

EL SANTO EVANGELIO SEGÚN
SAN JUAN

El Verbo hecho carne

1 En el principio era el Verbo, y el Verbo era con Dios, y el Verbo era Dios. ² Éste era en el principio con Dios. ³ Todas las cosas por él fueron hechas, y sin él nada de lo que ha sido hecho, fue hecho. ⁴ En él estaba la vida, y la vida era la luz de los hombres. ⁵ La luz en las tinieblas resplandece, y las tinieblas no prevalecieron contra ella. ⁶ Hubo un hombre enviado de Dios, el cual se llamaba Juan. ⁷ Éste vino por testimonio, para que diese testimonio de la luz, a fin de que todos creyesen por él. ⁸ No era él la luz, sino para que diese testimonio de la luz.

⁹ Aquella luz verdadera, que alumbra a todo hombre, venía a este mundo. ¹⁰ En el mundo estaba, y el mundo por él fue hecho; pero el mundo no le conoció. ¹¹ A lo suyo vino, y los suyos no le recibieron. ¹² Mas a todos los que le recibieron, a los que creen en su nombre, les dio potestad de ser hechos hijos de Dios; ¹³ los cuales no son engendrados de sangre, ni de voluntad de carne, ni de voluntad de varón, sino de Dios.

¹⁴ Y aquel Verbo fue hecho carne, y habitó entre nosotros (y vimos su gloria, gloria como del unigénito del Padre), lleno de gracia y de verdad. ¹⁵ Juan dio testimonio de él, y clamó diciendo: Éste es de quien yo decía: El que viene después de mí, es antes de mí; porque era primero que yo. ¹⁶ Porque de su plenitud tomamos todos, y gracia sobre gracia. ¹⁷ Pues la ley por medio de Moisés fue dada, pero la gracia y la verdad vinieron por medio de Jesucristo. ¹⁸ A Dios nadie le vio jamás; el unigénito Hijo, que está en el seno del Padre, él le ha dado a conocer.

Testimonio de Juan el Bautista
(Mt. 3.11-12; Mr. 1.7-8;
Lc. 3.15-17)

¹⁹ Éste es el testimonio de Juan, cuando los judíos enviaron de Jerusalén sacerdotes y levitas para que le preguntasen: ¿Tú, quién eres? ²⁰ Confesó, y no negó, sino confesó: Yo no soy el Cristo. ²¹ Y le preguntaron: ¿Qué pues? ¿Eres

tú Elías? Dijo: No soy. ¿Eres tú el profeta? Y respondió: No. ²²Le dijeron: ¿Pues quién eres? para que demos respuesta a los que nos enviaron. ¿Qué dices de ti mismo? ²³ Dijo: Yo soy la voz de uno que clama en el desierto: Enderezad el camino del Señor, como dijo el profeta Isaías.

²⁴ Y los que habían sido enviados eran de los fariseos. ²⁵ Y le preguntaron, y le dijeron: ¿Por qué, pues, bautizas, si tú no eres el Cristo, ni Elías, ni el profeta? ²⁶ Juan les respondió diciendo: Yo bautizo con agua; mas en medio de vosotros está uno a quien vosotros no conocéis. ²⁷ Éste es el que viene después de mí, el que es antes de mí, del cual yo no soy digno de desatar la correa del calzado. ²⁸ Estas cosas sucedieron en Betábara, al otro lado del Jordán, donde Juan estaba bautizando.

El Cordero de Dios

²⁹ El siguiente día vio Juan a Jesús que venía a él, y dijo: He aquí el Cordero de Dios, que quita el pecado del mundo. ³⁰ Éste es aquel de quien yo dije: Después de mí viene un varón, el cual es antes de mí; porque era primero que yo. ³¹ Y yo no le conocía; mas para que fuese manifestado a Israel, por esto vine yo bautizando con agua. ³² También dio

Juan testimonio, diciendo: Vi al Espíritu que descendía del cielo como paloma, y permaneció sobre él. ³³ Y yo no le conocía; pero el que me envió a bautizar con agua, aquél me dijo: Sobre quien veas descender el Espíritu y que permanece sobre él, ése es el que bautiza con el Espíritu Santo. ³⁴ Y yo le vi, y he dado testimonio de que éste es el Hijo de Dios.

Los primeros discípulos

³⁵ El siguiente día otra vez estaba Juan, y dos de sus discípulos. ³⁶ Y mirando a Jesús que andaba por allí, dijo: He aquí el Cordero de Dios. ³⁷ Le oyeron hablar los dos discípulos, y siguieron a Jesús. ³⁸ Y volviéndose Jesús, y viendo que le seguían, les dijo: ¿Qué buscáis? Ellos le dijeron: Rabí (que traducido es, Maestro), ¿dónde moras? ³⁹ Les dijo: Venid y ved. Fueron, y vieron donde moraba, y se quedaron con él aquel día; porque era como la hora décima. ⁴⁰ Andrés, hermano de Simón Pedro, era uno de los dos que habían oído a Juan, y habían seguido a Jesús. ⁴¹ Éste halló primero a su hermano Simón, y le dijo: Hemos hallado al Mesías (que traducido es, el Cristo). ⁴² Y le trajo a Jesús. Y mirándole Jesús, dijo: Tú eres Simón, hijo de Jonás; tú serás llamado Cefas (que quiere decir, Pedro).

Jesús llama a Felipe y a Natanael

⁴³ El siguiente día quiso Jesús ir a Galilea, y halló a Felipe, y le dijo: Sígueme. ⁴⁴ Y Felipe era de Betsaida, la ciudad de Andrés y Pedro. ⁴⁵ Felipe halló a Natanael, y le dijo: Hemos hallado a aquél de quien escribió Moisés en la ley, así como los profetas: a Jesús, el hijo de José, de Nazaret. ⁴⁶ Natanael le dijo: ¿De Nazaret puede salir algo de bueno? Le dijo Felipe: Ven y ve. ⁴⁷ Cuando Jesús vio a Natanael que se le acercaba, dijo de él: He aquí un verdadero israelita, en quien no hay engaño. ⁴⁸ Le dijo Natanael: ¿De dónde me conoces? Respondió Jesús y le dijo: Antes que Felipe te llamara, cuando estabas debajo de la higuera, te vi. ⁴⁹ Respondió Natanael y le dijo: Rabí, tú eres el Hijo de Dios; tú eres el Rey de Israel. ⁵⁰ Respondió Jesús y le dijo: ¿Porque te dije: Te vi debajo de la higuera, crees? Cosas mayores que éstas verás. ⁵¹ Y le dijo: De cierto, de cierto os digo: De aquí adelante veréis el cielo abierto, y a los ángeles de Dios que suben y descienden sobre el Hijo del Hombre.

Las bodas de Caná

2 Al tercer día se hicieron unas bodas en Caná de Galilea; y estaba allí la madre de Jesús. ² Y fueron también invitados a las bodas Jesús y sus discípulos. ³ Y faltando el vino, la madre de Jesús le dijo: No tienen vino. ⁴ Jesús le dijo: ¿Qué tienes conmigo, mujer? Aún no ha venido mi hora. ⁵ Su madre dijo a los que servían: Haced todo lo que os dijere. ⁶ Y estaban allí seis tinajas de piedra para agua, conforme al rito de la purificación de los judíos, en cada una de las cuales cabían dos o tres cántaros. ⁷ Jesús les dijo: Llenad estas tinajas de agua. Y las llenaron hasta arriba. ⁸ Entonces les dijo: Sacad ahora, y llevadlo al maestresala. Y se lo llevaron. ⁹ Cuando el maestresala probó el agua hecha vino, sin saber él de dónde era, aunque lo sabían los sirvientes que habían sacado el agua, llamó al esposo, ¹⁰ y le dijo: Todo hombre sirve primero el buen vino, y cuando ya han bebido mucho, entonces el inferior; mas tú has reservado el buen vino hasta ahora. ¹¹ Este principio de señales hizo Jesús en Caná de Galilea, y manifestó su gloria; y sus discípulos creyeron en él.

¹² Después de esto descendieron a Capernaum, él, su madre, sus hermanos y sus discípulos; y estuvieron allí no muchos días.

Jesús purifica el templo
(Mt. 21.12-13; Mr. 11.15-18;
Lc. 19.45-46)

¹³ Estaba cerca la pascua de los judíos; y subió Jesús a Jerusalén, ¹⁴ y halló en el templo a los que vendían bueyes, ovejas y palomas, y a los cambistas allí sentados. ¹⁵ Y haciendo un azote de cuerdas, echó fuera del templo a todos, y las ovejas y los bueyes; y esparció las monedas de los cambistas, y volcó las mesas; ¹⁶ y dijo a los que vendían palomas: Quitad de aquí esto, y no hagáis de la casa de mi Padre casa de mercado. ¹⁷ Entonces se acordaron sus discípulos que está escrito: El celo de tu casa me consume. ¹⁸ Y los judíos respondieron y le dijeron: ¿Qué señal nos muestras, ya que haces esto? ¹⁹ Respondió Jesús y les dijo: Destruid este templo, y en tres días lo levantaré. ²⁰ Dijeron luego los judíos: En cuarenta y seis años fue edificado este templo, ¿y tú en tres días lo levantarás? ²¹ Mas él hablaba del templo de su cuerpo. ²² Por tanto, cuando resucitó de entre los muertos, sus discípulos se acordaron que había dicho esto; y creyeron la Escritura y la palabra que Jesús había dicho.

Jesús conoce a todos los hombres

²³ Estando en Jerusalén en la fiesta de la pascua, muchos creyeron en su nombre, viendo las señales que hacía. ²⁴ Pero Jesús mismo no se fiaba de ellos, porque conocía a todos, ²⁵ y no tenía necesidad de que nadie le diese testimonio del hombre, pues él sabía lo que había en el hombre.

Jesús y Nicodemo

3 Había un hombre de los fariseos que se llamaba Nicodemo, un principal entre los judíos. ² Éste vino a Jesús de noche, y le dijo: Rabí, sabemos que has venido de Dios como maestro; porque nadie puede hacer estas señales que tú haces, si no está Dios con él. ³ Respondió Jesús y le dijo: De cierto, de cierto te digo, que el que no naciere de nuevo, no puede ver el reino de Dios. ⁴ Nicodemo le dijo: ¿Cómo puede un hombre nacer siendo viejo? ¿Puede acaso entrar por segunda vez en el vientre de su madre, y nacer? ⁵ Respondió Jesús: De cierto, de cierto te digo, que el que no naciere de agua y del Espíritu, no puede entrar en el reino de Dios. ⁶ Lo que es nacido de la carne, carne es; y lo que es nacido del Espíritu, espíritu es. ⁷ No te maravilles de que te dije: Os es necesario nacer de nuevo. ⁸ El viento sopla de donde quiere, y oyes su sonido; mas no sabes de dónde viene, ni a dónde va; así es todo aquel que es nacido del Espíritu. ⁹ Respondió Nicodemo y le dijo:

¿Cómo puede hacerse esto? ¹⁰ Respondió Jesús y le dijo: ¿Eres tú maestro de Israel, y no sabes esto? ¹¹ De cierto, de cierto te digo, que lo que sabemos hablamos, y lo que hemos visto, testificamos; y no recibís nuestro testimonio. ¹² Si os he dicho cosas terrenales, y no creéis, ¿cómo creeréis si os dijere las celestiales? ¹³ Nadie subió al cielo, sino el que descendió del cielo; el Hijo del Hombre, que está en el cielo. ¹⁴ Y como Moisés levantó la serpiente en el desierto, así es necesario que el Hijo del Hombre sea levantado, ¹⁵ para que todo aquel que en él cree, no se pierda, mas tenga vida eterna.

De tal manera amó
Dios al mundo

¹⁶ Porque de tal manera amó Dios al mundo, que ha dado a su Hijo unigénito, para que todo aquel que en él cree, no se pierda, mas tenga vida eterna. ¹⁷ Porque no envió Dios a su Hijo al mundo para condenar al mundo, sino para que el mundo sea salvo por él. ¹⁸ El que en él cree, no es condenado; pero el que no cree, ya ha sido condenado, porque no ha creído en el nombre del unigénito Hijo de Dios. ¹⁹ Y ésta es la condenación: que la luz vino al mundo, y los hombres amaron más las tinieblas que la luz, porque sus obras eran malas. ²⁰ Porque todo aquel que hace lo malo, aborrece la luz y no viene a la luz, para que sus obras no sean reprendidas. ²¹ Mas el que practica la verdad viene a la luz, para que sea manifiesto que sus obras son hechas en Dios.

El amigo del esposo

²² Después de esto, vino Jesús con sus discípulos a la tierra de Judea, y estuvo allí con ellos, y bautizaba. ²³ Juan bautizaba también en Enón, junto a Salim, porque había allí muchas aguas; y venían, y eran bautizados. ²⁴ Porque Juan no había sido aún encarcelado. ²⁵ Entonces hubo discusión entre los discípulos de Juan y los judíos acerca de la purificación. ²⁶ Y vinieron a Juan y le dijeron: Rabí, mira que el que estaba contigo al otro lado del Jordán, de quien tú diste testimonio, bautiza, y todos vienen a él. ²⁷ Respondió Juan y dijo: No puede el hombre recibir nada, si no le fuere dado del cielo. ²⁸ Vosotros mismos me sois testigos de que dije: Yo no soy el Cristo, sino que soy enviado delante de él. ²⁹ El que tiene la esposa, es el esposo; mas el amigo del esposo, que está a su lado y le oye, se goza grandemente de la voz del esposo; así pues, este mi gozo está cumplido. ³⁰ Es necesario que él crezca, pero que yo mengüe.

El que viene de arriba

³¹ El que de arriba viene, es sobre

todos; el que es de la tierra, es terrenal, y cosas terrenales habla; el que viene del cielo, es sobre todos. ³²Y lo que vio y oyó, esto testifica; y nadie recibe su testimonio. ³³El que recibe su testimonio, éste atestigua que Dios es veraz. ³⁴Porque el que Dios envió, las palabras de Dios habla; pues Dios no da el Espíritu por medida. ³⁵El Padre ama al Hijo, y todas las cosas ha entregado en su mano.

³⁶El que cree en el Hijo tiene vida eterna; pero el que rehúsa creer en el Hijo no verá la vida, sino que la ira de Dios está sobre él.

Jesús y la mujer samaritana

4 Cuando, pues, el Señor entendió que los fariseos habían oído decir: Jesús hace y bautiza más discípulos que Juan ²(aunque Jesús no bautizaba, sino sus discípulos), ³salió de Judea, y se fue otra vez a Galilea. ⁴Y le era necesario pasar por Samaria. ⁵Vino, pues, a una ciudad de Samaria llamada Sicar, junto a la heredad que Jacob dio a su hijo José. ⁶Y estaba allí el pozo de Jacob. Entonces Jesús, cansado del camino, se sentó así junto al pozo. Era como la hora sexta. ⁷Vino una mujer de Samaria a sacar agua; y Jesús le dijo: Dame de beber. ⁸Pues sus discípulos habían ido a la ciudad a comprar de comer. ⁹La mujer samaritana le dijo: ¿Cómo tú, siendo judío, me pides a mí de beber, que soy mujer samaritana? Porque judíos y samaritanos no se tratan entre sí. ¹⁰Respondió Jesús y le dijo: Si conocieras el don de Dios, y quién es el que te dice: Dame de beber; tú le pedirías, y él te daría agua viva. ¹¹La mujer le dijo: Señor, no tienes con qué sacarla, y el pozo es hondo. ¿De dónde, pues, tienes el agua viva? ¹²¿Acaso eres tú mayor que nuestro padre Jacob, que nos dio este pozo, del cual bebieron él, sus hijos y sus ganados? ¹³Respondió Jesús y le dijo: Cualquiera que bebiere de esta agua, volverá a tener sed; ¹⁴mas el que bebiere del agua que yo le daré, no tendrá sed jamás; sino que el agua que yo le daré será en él una fuente de agua que salte para vida eterna. ¹⁵La mujer le dijo: Señor, dame esa agua, para que no tenga yo sed, ni venga aquí a sacarla.

¹⁶Jesús le dijo: Ve, llama a tu marido, y ven acá. ¹⁷Respondió la mujer y dijo: No tengo marido. Jesús le dijo: Bien has dicho: No tengo marido; ¹⁸porque cinco maridos has tenido, y el que ahora tienes no es tu marido; esto has dicho con verdad. ¹⁹Le dijo la mujer: Señor, me parece que tú eres profeta. ²⁰Nuestros padres adoraron en este monte, y vosotros decís que en Jerusalén es el lugar donde se debe adorar.

²¹ Jesús le dijo: Mujer, créeme, que la hora viene cuando ni en este monte ni en Jerusalén adoraréis al Padre. ²² Vosotros adoráis lo que no sabéis; nosotros adoramos lo que sabemos; porque la salvación viene de los judíos. ²³ Mas la hora viene, y ahora es, cuando los verdaderos adoradores adorarán al Padre en espíritu y en verdad; porque también el Padre tales adoradores busca que le adoren. ²⁴ Dios es Espíritu; y los que le adoran, en espíritu y en verdad es necesario que adoren. ²⁵ Le dijo la mujer: Sé que ha de venir el Mesías, llamado el Cristo; cuando él venga nos declarará todas las cosas. ²⁶ Jesús le dijo: Yo soy, el que habla contigo.

²⁷ En esto vinieron sus discípulos, y se maravillaron de que hablaba con una mujer; sin embargo, ninguno dijo: ¿Qué preguntas? o, ¿Qué hablas con ella? ²⁸ Entonces la mujer dejó su cántaro, y fue a la ciudad, y dijo a los hombres: ²⁹ Venid, ved a un hombre que me ha dicho todo cuanto he hecho. ¿No será éste el Cristo? ³⁰ Entonces salieron de la ciudad, y vinieron a él.

³¹ Entre tanto, los discípulos le rogaban, diciendo: Rabí, come. ³² Él les dijo: Yo tengo una comida que comer, que vosotros no sabéis. ³³ Entonces los discípulos decían unos a otros: ¿Le habrá traído alguien de comer? ³⁴ Jesús les dijo: Mi comida es que haga la voluntad del que me envió, y que acabe su obra. ³⁵ ¿No decís vosotros: Aún faltan cuatro meses para que llegue la siega? He aquí os digo: Alzad vuestros ojos y mirad los campos, porque ya están blancos para la siega. ³⁶ Y el que siega recibe salario, y recoge fruto para vida eterna, para que el que siembra goce juntamente con el que siega. ³⁷ Porque en esto es verdadero el dicho: Uno es el que siembra, y otro es el que siega. ³⁸ Yo os he enviado a segar lo que vosotros no labrasteis; otros labraron, y vosotros habéis entrado en sus labores.

³⁹ Y muchos de los samaritanos de aquella ciudad creyeron en él por la palabra de la mujer, que daba testimonio diciendo: Me dijo todo lo que he hecho. ⁴⁰ Entonces vinieron los samaritanos a él y le rogaron que se quedase con ellos; y se quedó allí dos días. ⁴¹ Y creyeron muchos más por la palabra de él, ⁴² y decían a la mujer: Ya no creemos solamente por tu dicho, porque nosotros mismos hemos oído, y sabemos que verdaderamente éste es el Salvador del mundo, el Cristo.

Jesús sana al hijo de un noble

⁴³ Dos días después, salió de allí y

fue a Galilea. ⁴⁴ Porque Jesús mismo dio testimonio de que el profeta no tiene honra en su propia tierra. ⁴⁵ Cuando vino a Galilea, los galileos le recibieron, habiendo visto todas las cosas que había hecho en Jerusalén, en la fiesta; porque también ellos habían ido a la fiesta.

⁴⁶ Vino, pues, Jesús otra vez a Caná de Galilea, donde había convertido el agua en vino. Y había en Capernaum un oficial del rey, cuyo hijo estaba enfermo. ⁴⁷ Éste, cuando oyó que Jesús había llegado de Judea a Galilea, vino a él y le rogó que descendiese y sanase a su hijo, que estaba a punto de morir. ⁴⁸ Entonces Jesús le dijo: Si no viereis señales y prodigios, no creeréis. ⁴⁹ El oficial del rey le dijo: Señor, desciende antes que mi hijo muera. ⁵⁰ Jesús le dijo: Ve, tu hijo vive. Y el hombre creyó la palabra que Jesús le dijo, y se fue. ⁵¹ Cuando ya él descendía, sus siervos salieron a recibirle, y le dieron nuevas, diciendo: Tu hijo vive. ⁵² Entonces él les preguntó a qué hora había comenzado a estar mejor. Y le dijeron: Ayer a las siete le dejó la fiebre. ⁵³ El padre entonces entendió que aquélla era la hora en que Jesús le había dicho: Tu hijo vive; y creyó él con toda su casa. ⁵⁴ Esta segunda señal hizo Jesús, cuando fue de Judea a Galilea.

El paralítico de Betesda

5 Después de estas cosas había una fiesta de los judíos, y subió Jesús a Jerusalén.

² Y hay en Jerusalén, cerca de la puerta de las ovejas, un estanque, llamado en hebreo Betesda, el cual tiene cinco pórticos. ³ En éstos yacía una multitud de enfermos, ciegos, cojos y paralíticos, que esperaban el movimiento del agua. ⁴ Porque un ángel descendía de tiempo en tiempo al estanque, y agitaba el agua; y el que primero descendía al estanque después del movimiento del agua, quedaba sano de cualquier enfermedad que tuviese. ⁵ Y había allí un hombre que hacía treinta y ocho años que estaba enfermo. ⁶ Cuando Jesús lo vio acostado, y supo que llevaba ya mucho tiempo así, le dijo: ¿Quieres ser sano? ⁷ Señor, le respondió el enfermo, no tengo quien me meta en el estanque cuando se agita el agua; y entre tanto que yo voy, otro desciende antes que yo. ⁸ Jesús le dijo: Levántate, toma tu lecho, y anda. ⁹ Y al instante aquel hombre fue sanado, y tomó su lecho, y anduvo. Y era día de reposo aquel día. ¹⁰ Entonces los judíos dijeron a aquel que había sido sanado: Es día de reposo; no te es lícito llevar tu lecho. ¹¹ Él les respondió: El que me sanó, él mismo me dijo: Toma tu lecho y anda. ¹² Entonces

le preguntaron: ¿Quién es el que te dijo: Toma tu lecho y anda? ¹³ Y el que había sido sanado no sabía quién fuese, porque Jesús se había apartado de la gente que estaba en aquel lugar. ¹⁴ Después le halló Jesús en el templo, y le dijo: Mira, has sido sanado; no peques más, para que no te venga alguna cosa peor. ¹⁵ El hombre se fue, y dio aviso a los judíos, que Jesús era el que le había sanado. ¹⁶ Y por esta causa perseguían a Jesús, y procuraban matarle, porque hacía estas cosas en el día de reposo. ¹⁷ Y Jesús les respondió: Mi Padre hasta ahora trabaja, y yo trabajo. ¹⁸ Por esto los judíos aún más procuraban matarle, porque no sólo quebrantaba el día de reposo, sino que también decía que Dios era su propio Padre, haciéndose igual a Dios.

La autoridad del Hijo

¹⁹ Respondió entonces Jesús, y les dijo: De cierto, de cierto os digo: No puede el Hijo hacer nada por sí mismo, sino lo que ve hacer al Padre; porque todo lo que el Padre hace, también lo hace el Hijo igualmente. ²⁰ Porque el Padre ama al Hijo, y le muestra todas las cosas que él hace; y mayores obras que éstas le mostrará, de modo que vosotros os maravilléis. ²¹ Porque como el Padre levanta a los muertos, y les da vida, así también el Hijo a los que quiere da vida. ²² Porque el Padre a nadie juzga, sino que todo el juicio dio al Hijo, ²³ para que todos honren al Hijo como honran al Padre. El que no honra al Hijo, no honra al Padre que le envió.

²⁴ De cierto, de cierto os digo: El que oye mi palabra, y cree al que me envió, tiene vida eterna; y no vendrá a condenación, mas ha pasado de muerte a vida. ²⁵ De cierto, de cierto os digo: Viene la hora, y ahora es, cuando los muertos oirán la voz del Hijo de Dios; y los que la oyeren vivirán. ²⁶ Porque como el Padre tiene vida en sí mismo, así también ha dado al Hijo el tener vida en sí mismo; ²⁷ y también le dio autoridad de hacer juicio, por cuanto es el Hijo del Hombre. ²⁸ No os maravilléis de esto; porque vendrá hora cuando todos los que están en los sepulcros oirán su voz; ²⁹ y los que hicieron lo bueno, saldrán a resurrección de vida; mas los que hicieron lo malo, a resurrección de condenación.

Testigos de Cristo

³⁰ No puedo yo hacer nada por mí mismo; según oigo, así juzgo; y mi juicio es justo, porque no busco mi voluntad, sino la voluntad del que me envió, la del Padre. ³¹ Si yo doy testimonio acerca de mí mismo, mi testimonio no

es verdadero. ³² Otro es el que da testimonio acerca de mí, y sé que el testimonio que da de mí es verdadero. ³³ Vosotros enviasteis mensajeros a Juan, y él dio testimonio de la verdad. ³⁴ Pero yo no recibo testimonio de hombre alguno; mas digo esto, para que vosotros seáis salvos. ³⁵ Él era antorcha que ardía y alumbraba; y vosotros quisisteis regocijaros por un tiempo en su luz. ³⁶ Mas yo tengo mayor testimonio que el de Juan; porque las obras que el Padre me dio para que cumpliese, las mismas obras que yo hago, dan testimonio de mí, que el Padre me ha enviado. ³⁷ También el Padre que me envió ha dado testimonio de mí. Nunca habéis oído su voz, ni habéis visto su aspecto, ³⁸ ni tenéis su palabra morando en vosotros; porque a quien él envió, vosotros no creéis. ³⁹ Escudriñad las Escrituras; porque a vosotros os parece que en ellas tenéis la vida eterna; y ellas son las que dan testimonio de mí; ⁴⁰ y no queréis venir a mí para que tengáis vida. ⁴¹ Gloria de los hombres no recibo. ⁴² Mas yo os conozco, que no tenéis amor de Dios en vosotros. ⁴³ Yo he venido en nombre de mi Padre, y no me recibís; si otro viniere en su propio nombre, a ése recibiréis. ⁴⁴ ¿Cómo podéis vosotros creer, pues recibís gloria los unos de los otros, y no buscáis la gloria

que viene del Dios único? ⁴⁵ No penséis que yo voy a acusaros delante del Padre; hay quien os acusa, Moisés, en quien tenéis vuestra esperanza. ⁴⁶ Porque si creyeseis a Moisés, me creeríais a mí, porque de mí escribió él. ⁴⁷ Pero si no creéis a sus escritos, ¿cómo creeréis a mis palabras?

Alimentación de los cinco mil
(Mt. 14.13-21; Mr. 6.30-44; Lc. 9.10-17)

6 Después de esto, Jesús fue al otro lado del mar de Galilea, el de Tiberias. ² Y le seguía gran multitud, porque veían las señales que hacía en los enfermos. ³ Entonces subió Jesús a un monte, y se sentó allí con sus discípulos. ⁴ Y estaba cerca la pascua, la fiesta de los judíos. ⁵ Cuando alzó Jesús los ojos, y vio que había venido a él gran multitud, dijo a Felipe: ¿De dónde compraremos pan para que coman éstos? ⁶ Pero esto decía para probarle; porque él sabía lo que había de hacer. ⁷ Felipe le respondió: Doscientos denarios de pan no bastarían para que cada uno de ellos tomase un poco. ⁸ Uno de sus discípulos, Andrés, hermano de Simón Pedro, le dijo: ⁹ Aquí está un muchacho, que tiene cinco panes de cebada y dos pececillos; mas ¿qué es esto para tantos? ¹⁰ Entonces Jesús dijo: Haced recostar la gente. Y había mucha hierba en aquel lugar; y se recostaron como en número de cinco mil varones. [11] Y tomó Jesús aquellos panes, y habiendo dado gracias, los repartió entre los discípulos, y los discípulos entre los que estaban recostados; asimismo de los peces, cuanto querían. [12] Y cuando se hubieron saciado, dijo a sus discípulos: Recoged los pedazos que sobraron, para que no se pierda nada. [13] Recogieron, pues, y llenaron doce cestas de pedazos, que de los cinco panes de cebada sobraron a los que habían comido. [14] Aquellos hombres entonces, viendo la señal que Jesús había hecho, dijeron: Éste verdaderamente es el profeta que había de venir al mundo.

[15] Pero entendiendo Jesús que iban a venir para apoderarse de él y hacerle rey, volvió a retirarse al monte él solo.

Jesús anda sobre el mar
(Mt. 14.22-27; Mr. 6.45-52)
[16] Al anochecer, descendieron sus discípulos al mar, [17] y entrando en una barca, iban cruzando el mar hacia Capernaum. Estaba ya oscuro, y Jesús no había venido a ellos. [18] Y se levantaba el mar con un gran viento que soplaba. [19] Cuando habían remado como veinticinco o treinta estadios, vieron a Jesús que andaba sobre el mar y se acercaba a la barca; y

tuvieron miedo. [20] Mas él les dijo: Yo soy; no temáis. [21] Ellos entonces con gusto le recibieron en la barca, la cual llegó en seguida a la tierra adonde iban.

La gente busca a Jesús
[22] El día siguiente, la gente que estaba al otro lado del mar vio que no había habido allí más que una sola barca, y que Jesús no había entrado en ella con sus discípulos, sino que éstos se habían ido solos. [23] Pero otras barcas habían arribado de Tiberias junto al lugar donde habían comido el pan después de haber dado gracias el Señor. [24] Cuando vio, pues, la gente que Jesús no estaba allí, ni sus discípulos, entraron en las barcas y fueron a Capernaum, buscando a Jesús.

Jesús, el pan de vida
[25] Y hallándole al otro lado del mar, le dijeron: Rabí, ¿cuándo llegaste acá? [26] Respondió Jesús y les dijo: De cierto, de cierto os digo que me buscáis, no porque habéis visto las señales, sino porque comisteis el pan y os saciasteis. [27] Trabajad, no por la comida que perece, sino por la comida que a vida eterna permanece, la cual el Hijo del Hombre os dará; porque a éste señaló Dios el Padre. [28] Entonces le dijeron: ¿Qué debemos hacer para poner en práctica las obras de Dios? [29] Respondió

Jesús y les dijo: Ésta es la obra de Dios, que creáis en el que él ha enviado. ³⁰ Le dijeron entonces: ¿Qué señal, pues, haces tú, para que veamos, y te creamos? ¿Qué obra haces? ³¹ Nuestros padres comieron el maná en el desierto, como está escrito: Pan del cielo les dio a comer. ³² Y Jesús les dijo: De cierto, de cierto os digo: No os dio Moisés el pan del cielo, mas mi Padre os da el verdadero pan del cielo. ³³ Porque el pan de Dios es aquel que descendió del cielo y da vida al mundo. ³⁴ Le dijeron: Señor, danos siempre este pan.

³⁵ Jesús les dijo: Yo soy el pan de vida; el que a mí viene, nunca tendrá hambre; y el que en mí cree, no tendrá sed jamás. ³⁶ Mas os he dicho, que aunque me habéis visto, no creéis. ³⁷ Todo lo que el Padre me da, vendrá a mí; y al que a mí viene, no le echo fuera. ³⁸ Porque he descendido del cielo, no para hacer mi voluntad, sino la voluntad del que me envió. ³⁹ Y ésta es la voluntad del Padre, el que me envió: Que de todo lo que me diere, no pierda yo nada, sino que lo resucite en el día postrero. ⁴⁰ Y ésta es la voluntad del que me ha enviado: Que todo aquél que ve al Hijo, y cree en él, tenga vida eterna; y yo le resucitaré en el día postrero.

⁴¹ Murmuraban entonces de él los judíos, porque había dicho: Yo soy el pan que descendió del cielo. ⁴² Y decían: ¿No es éste Jesús, el hijo de José, cuyo padre y madre nosotros conocemos? ¿Cómo, pues, dice éste: Del cielo he descendido? ⁴³ Jesús respondió y les dijo: No murmuréis entre vosotros. ⁴⁴ Ninguno puede venir a mí, si el Padre que me envió no le trajere; y yo le resucitaré en el día postrero. ⁴⁵ Escrito está en los profetas: Y serán todos enseñados por Dios. Así que, todo aquel que oyó al Padre, y aprendió de él, viene a mí. ⁴⁶ No que alguno haya visto al Padre, sino aquel que vino de Dios; éste ha visto al Padre. ⁴⁷ De cierto, de cierto os digo: El que cree en mí, tiene vida eterna. ⁴⁸ Yo soy el pan de vida. ⁴⁹ Vuestros padres comieron el maná en el desierto, y murieron. ⁵⁰ Éste es el pan que desciende del cielo, para que el que de él come, no muera. ⁵¹ Yo soy el pan vivo que descendió del cielo; si alguno comiere de este pan, vivirá para siempre; y el pan que yo daré es mi carne, la cual yo daré por la vida del mundo.

⁵² Entonces los judíos contendían entre sí, diciendo: ¿Cómo puede éste darnos a comer su carne? ⁵³ Jesús les dijo: De cierto, de cierto os digo: Si no coméis la carne del Hijo del Hombre, y bebéis su sangre, no tenéis vida en vosotros.

⁵⁴ El que come mi carne y bebe mi sangre, tiene vida eterna; y yo le resucitaré en el día postrero. ⁵⁵ Porque mi carne es verdadera comida, y mi sangre es verdadera bebida. ⁵⁶ El que come mi carne y bebe mi sangre, en mí permanece, y yo en él. ⁵⁷ Como me envió el Padre viviente, y yo vivo por el Padre, asimismo el que me come, él también vivirá por mí. ⁵⁸ Éste es el pan que descendió del cielo; no como vuestros padres comieron el maná, y murieron; el que come de este pan, vivirá eternamente. ⁵⁹ Estas cosas dijo en la sinagoga, enseñando en Capernaum.

Palabras de vida eterna

⁶⁰ Al oírlas, muchos de sus discípulos dijeron: Dura es esta palabra; ¿quién la puede oír? ⁶¹ Sabiendo Jesús en sí mismo que sus discípulos murmuraban de esto, les dijo: ¿Esto os ofende? ⁶² ¿Pues qué, si viereis al Hijo del Hombre subir adonde estaba primero? ⁶³ El espíritu es el que da vida; la carne para nada aprovecha; las palabras que yo os he hablado son espíritu y son vida. ⁶⁴ Pero hay algunos de vosotros que no creen. Porque Jesús sabía desde el principio quiénes eran los que no creían, y quién le había de entregar. ⁶⁵ Y dijo: Por eso os he dicho que ninguno puede venir a mí, si no le fuere dado del Padre.

⁶⁶ Desde entonces muchos de sus discípulos volvieron atrás, y ya no andaban con él. ⁶⁷ Dijo entonces Jesús a los doce: ¿Queréis acaso iros también vosotros? ⁶⁸ Le respondió Simón Pedro: Señor, ¿a quién iremos? Tú tienes palabras de vida eterna. ⁶⁹ Y nosotros hemos creído y conocemos que tú eres el Cristo, el Hijo del Dios viviente. ⁷⁰ Jesús les respondió: ¿No os he escogido yo a vosotros los doce, y uno de vosotros es diablo? ⁷¹ Hablaba de Judas Iscariote, hijo de Simón; porque éste era el que le iba a entregar, y era uno de los doce.

Incredulidad de los hermanos de Jesús

7 Después de estas cosas, andaba Jesús en Galilea; pues no quería andar en Judea, porque los judíos procuraban matarle. ² Estaba cerca la fiesta de los judíos, la de los tabernáculos; ³ y le dijeron sus hermanos: Sal de aquí, y vete a Judea, para que también tus discípulos vean las obras que haces. ⁴ Porque ninguno que procura darse a conocer hace algo en secreto. Si estas cosas haces, manifiéstate al mundo. ⁵ Porque ni aun sus hermanos creían en él. ⁶ Entonces Jesús les dijo: Mi tiempo aún no ha llegado, mas vuestro tiempo siempre está presto. ⁷ No puede el mundo aborreceros a vosotros; mas a mí me aborrece, porque yo testifico de él, que sus obras son malas. ⁸ Subid vosotros a la fiesta; yo no subo todavía a esa fiesta, porque mi tiempo aún no se ha cumplido. ⁹ Y habiéndoles dicho esto, se quedó en Galilea.

Jesús en la fiesta de los tabernáculos

¹⁰ Pero después que sus hermanos habían subido, entonces él también subió a la fiesta, no abiertamente, sino como en secreto. ¹¹ Y le buscaban los judíos en la fiesta, y decían: ¿Dónde está aquél? ¹² Y había gran murmullo acerca de él entre la multitud, pues unos decían: Es bueno; pero otros decían: No, sino que engaña al pueblo. ¹³ Pero ninguno hablaba abiertamente de él, por miedo a los judíos.

¹⁴ Mas a la mitad de la fiesta subió Jesús al templo, y enseñaba. ¹⁵ Y se maravillaban los judíos, diciendo: ¿Cómo sabe éste letras, sin haber estudiado? ¹⁶ Jesús les respondió y dijo: Mi doctrina no es mía, sino de aquel que me envió. ¹⁷ El que quiera hacer la voluntad de Dios, conocerá si la doctrina es de Dios, o si yo hablo por mi propia cuenta. ¹⁸ El que habla por su propia cuenta, su propia gloria busca; pero el que busca la gloria del que le envió, éste es verdadero, y no hay en él injusticia. ¹⁹ ¿No

os dio Moisés la ley, y ninguno de vosotros cumple la ley? ¿Por qué procuráis matarme? ²⁰ Respondió la multitud y dijo: Demonio tienes; ¿quién procura matarte? ²¹ Jesús respondió y les dijo: Una obra hice, y todos os maravilláis. ²² Por cierto, Moisés os dio la circuncisión (no porque sea de Moisés, sino de los padres); y en el día de reposo circuncidáis al hombre. ²³ Si recibe el hombre la circuncisión en el día de reposo, para que la ley de Moisés no sea quebrantada, ¿os enojáis conmigo porque en el día de reposo sané completamente a un hombre? ²⁴ No juzguéis según las apariencias, sino juzgad con justo juicio.

¿Es éste el Cristo?

²⁵ Decían entonces unos de Jerusalén: ¿No es éste a quien buscan para matarle? ²⁶ Pues mirad, habla públicamente, y no le dicen nada. ¿Habrán reconocido en verdad los gobernantes que éste es el Cristo? ²⁷ Pero éste, sabemos de dónde es; mas cuando venga el Cristo, nadie sabrá de dónde sea. ²⁸ Jesús entonces, enseñando en el templo, alzó la voz y dijo: A mí me conocéis, y sabéis de dónde soy; y no he venido de mí mismo, pero el que me envió es verdadero, a quien vosotros no conocéis. ²⁹ Pero yo le conozco, porque de él procedo, y él me envió. ³⁰ Entonces

procuraban prenderle; pero ninguno le echó mano, porque aún no había llegado su hora. ³¹ Y muchos de la multitud creyeron en él, y decían: El Cristo, cuando venga, ¿hará más señales que las que éste hace?

Los fariseos envían alguaciles para prender a Jesús

³² Los fariseos oyeron a la gente que murmuraba de él estas cosas; y los principales sacerdotes y los fariseos enviaron alguaciles para que le prendiesen. ³³ Entonces Jesús dijo: Todavía un poco de tiempo estaré con vosotros, e iré al que me envió. ³⁴ Me buscaréis, y no me hallaréis; y a donde yo estaré, vosotros no podréis venir. ³⁵ Entonces los judíos dijeron entre sí: ¿Adónde se irá éste, que no le hallemos? ¿Se irá a los dispersos entre los griegos, y enseñará a los griegos? ³⁶ ¿Qué significa esto que dijo: Me buscaréis, y no me hallaréis; y a donde yo estaré, vosotros no podréis venir?

Ríos de agua viva

³⁷ En el último y gran día de la fiesta, Jesús se puso en pie y alzó la voz, diciendo: Si alguno tiene sed, venga a mí y beba. ³⁸ El que cree en mí, como dice la Escritura, de su interior correrán ríos de agua viva. ³⁹ Esto dijo del Espíritu que habían de recibir los que creyesen en él; pues aún no había venido el Espíritu Santo, porque Jesús no había sido aún glorificado.

División entre la gente

⁴⁰ Entonces algunos de la multitud, oyendo estas palabras, decían: Verdaderamente éste es el profeta. ⁴¹ Otros decían: Éste es el Cristo. Pero algunos decían: ¿De Galilea ha de venir el Cristo? ⁴² ¿No dice la Escritura que del linaje de David, y de la aldea de Belén, de donde era David, ha de venir el Cristo? ⁴³ Hubo entonces disensión entre la gente a causa de él. ⁴⁴ Y algunos de ellos querían prenderle; pero ninguno le echó mano.

¡Nunca ha hablado hombre así!

⁴⁵ Los alguaciles vinieron a los principales sacerdotes y a los fariseos; y éstos les dijeron: ¿Por qué no le habéis traído? ⁴⁶ Los alguaciles respondieron: ¡Jamás hombre alguno ha hablado como este hombre! ⁴⁷ Entonces los fariseos les respondieron: ¿También vosotros habéis sido engañados? ⁴⁸ ¿Acaso ha creído en él alguno de los gobernantes, o de los fariseos? ⁴⁹ Mas esta gente que no sabe la ley, maldita es. ⁵⁰ Les dijo Nicodemo, el que vino a él de noche, el cual era uno de ellos: ⁵¹ ¿Juzga acaso nuestra ley a un hombre si primero no le oye, y sabe lo que ha hecho? ⁵² Respondieron y le dijeron: ¿Eres tú

también galileo? Escudriña y ve que de Galilea nunca se ha levantado profeta.

La mujer adúltera

53 Cada uno se fue a su casa;

8 y Jesús se fue al monte de los Olivos. 2 Y por la mañana volvió al templo, y todo el pueblo vino a él; y sentado él, les enseñaba. 3 Entonces los escribas y los fariseos le trajeron una mujer sorprendida en adulterio; y poniéndola en medio, 4 le dijeron: Maestro, esta mujer ha sido sorprendida en el acto mismo de adulterio. 5 Y en la ley nos mandó Moisés apedrear a tales mujeres. Tú, pues, ¿qué dices? 6 Mas esto decían tentándole, para poder acusarle. Pero Jesús, inclinado hacia el suelo, escribía en tierra con el dedo. 7 Y como insistieran en preguntarle, se enderezó y les dijo: El que de vosotros esté sin pecado sea el primero en arrojar la piedra contra ella. 8 E inclinándose de nuevo hacia el suelo, siguió escribiendo en tierra. 9 Pero ellos, al oír esto, acusados por su conciencia, salían uno a uno, comenzando desde los más viejos hasta los postreros; y quedó solo Jesús, y la mujer que estaba en medio. 10 Enderezándose Jesús, y no viendo a nadie sino a la mujer, le dijo: Mujer, ¿dónde están los que te acusaban? ¿Ninguno te condenó? 11 Ella dijo: Ninguno, Señor. Entonces Jesús le dijo: Ni yo te condeno; vete, y no peques más.

Jesús, la luz del mundo

12 Otra vez Jesús les habló, diciendo: Yo soy la luz del mundo; el que me sigue, no andará en tinieblas, sino que tendrá la luz de la vida. 13 Entonces los fariseos le dijeron: Tú das testimonio acerca de ti mismo; tu testimonio no es verdadero. 14 Respondió Jesús y les dijo: Aunque yo doy testimonio acerca de mí mismo, mi testimonio es verdadero, porque sé de dónde he venido y a dónde voy; pero vosotros no sabéis de dónde vengo, ni a dónde voy. 15 Vosotros juzgáis según la carne; yo no juzgo a nadie. 16 Y si yo juzgo, mi juicio es verdadero; porque no soy yo solo, sino yo y el que me envió, el Padre. 17 Y en vuestra ley está escrito que el testimonio de dos hombres es verdadero. 18 Yo soy el que doy testimonio de mí mismo, y el Padre que me envió da testimonio de mí. 19 Ellos le dijeron: ¿Dónde está tu Padre? Respondió Jesús: Ni a mí me conocéis, ni a mi Padre; si a mí me conocieseis, también a mi Padre conoceríais. 20 Estas palabras habló Jesús en el lugar de las ofrendas, enseñando en el templo; y nadie le prendió, porque aún no había llegado su hora.

A donde yo voy, vosotros no podéis venir

21 Otra vez les dijo Jesús: Yo me voy, y me buscaréis, pero en vuestro pecado moriréis; a donde yo voy, vosotros no podéis venir. 22 Decían entonces los judíos: ¿Acaso se matará a sí mismo, que dice: A donde yo voy, vosotros no podéis venir? 23 Y les dijo: Vosotros sois de abajo, yo soy de arriba; vosotros sois de este mundo, yo no soy de este mundo. 24 Por eso os dije que moriréis en vuestros pecados; porque si no creéis que yo soy, en vuestros pecados moriréis. 25 Entonces le dijeron: ¿Tú quién eres? Entonces Jesús les dijo: Lo que desde el principio os he dicho. 26 Muchas cosas tengo que decir y juzgar de vosotros; pero el que me envió es verdadero; y yo, lo que he oído de él, esto hablo al mundo. 27 Pero no entendieron que les hablaba del Padre. 28 Les dijo, pues, Jesús: Cuando hayáis levantado al Hijo del Hombre, entonces conoceréis que yo soy, y que nada hago por mí mismo, sino que según me enseñó el Padre, así hablo. 29 Porque el que me envió, conmigo está; no me ha dejado solo el Padre, porque yo hago siempre lo que le agrada. 30 Hablando él estas cosas, muchos creyeron en él.

La verdad os hará libres

31 Dijo entonces Jesús a los judíos que habían creído en él: Si vosotros permaneciereis en mi palabra, seréis verdaderamente mis discípulos; 32 y conoceréis la verdad, y la verdad os hará libres. 33 Le respondieron: Linaje de Abraham somos, y jamás hemos sido esclavos de nadie. ¿Cómo dices tú: Seréis libres?

34 Jesús les respondió: De cierto, de cierto os digo, que todo aquel que hace pecado, esclavo es del pecado. 35 Y el esclavo no queda en la casa para siempre; el hijo sí queda para siempre. 36 Así que, si el Hijo os libertare, seréis verdaderamente libres. 37 Sé que sois descendientes de Abraham; pero procuráis matarme, porque mi palabra no halla cabida en vosotros. 38 Yo hablo lo que he visto cerca del Padre; y vosotros hacéis lo que habéis oído cerca de vuestro padre.

Sois de vuestro padre el diablo

39 Respondieron y le dijeron: Nuestro padre es Abraham. Jesús les dijo: Si fueseis hijos de Abraham, las obras de Abraham haríais. 40 Pero ahora procuráis matarme a mí, hombre que os he hablado la verdad, la cual he oído de Dios; no hizo esto Abraham. 41 Vosotros hacéis las obras de vuestro padre. Entonces le

dijeron: Nosotros no somos nacidos de fornicación; un padre tenemos, que es Dios. ⁴² Jesús entonces les dijo: Si vuestro padre fuese Dios, ciertamente me amaríais; porque yo de Dios he salido, y he venido; pues no he venido de mí mismo, sino que él me envió. ⁴³ ¿Por qué no entendéis mi lenguaje? Porque no podéis escuchar mi palabra. ⁴⁴ Vosotros sois de vuestro padre el diablo, y los deseos de vuestro padre queréis hacer. Él ha sido homicida desde el principio, y no ha permanecido en la verdad, porque no hay verdad en él. Cuando habla mentira, de suyo habla; porque es mentiroso, y padre de mentira. ⁴⁵ Y a mí, porque digo la verdad, no me creéis. ⁴⁶ ¿Quién de vosotros me redarguye de pecado? Pues si digo la verdad, ¿por qué vosotros no me creéis? ⁴⁷ El que es de Dios, las palabras de Dios oye; por esto no las oís vosotros, porque no sois de Dios.

La preexistencia de Cristo

⁴⁸ Respondieron entonces los judíos, y le dijeron: ¿No decimos bien nosotros, que tú eres samaritano, y que tienes demonio? ⁴⁹ Respondió Jesús: Yo no tengo demonio, antes honro a mi Padre; y vosotros me deshonráis. ⁵⁰ Pero yo no busco mi gloria; hay quien la busca, y juzga. ⁵¹ De cierto, de cierto os digo, que el que guarda mi palabra, nunca verá muerte. ⁵² Entonces los judíos le dijeron: Ahora conocemos que tienes demonio. Abraham murió, y los profetas; y tú dices: El que guarda mi palabra, nunca sufrirá muerte. ⁵³ ¿Eres tú acaso mayor que nuestro padre Abraham, el cual murió? ¡Y los profetas murieron! ¿Quién te haces a ti mismo? ⁵⁴ Respondió Jesús: Si yo me glorifico a mí mismo, mi gloria nada es; mi Padre es el que me glorifica, el que vosotros decís que es vuestro Dios. ⁵⁵ Pero vosotros no le conocéis; mas yo le conozco, y si dijere que no le conozco, sería mentiroso como vosotros; pero le conozco, y guardo su palabra. ⁵⁶ Abraham vuestro padre se gozó de que había de ver mi día; y lo vio, y se gozó. ⁵⁷ Entonces le dijeron los judíos: Aún no tienes cincuenta años, ¿y has visto a Abraham? ⁵⁸ Jesús les dijo: De cierto, de cierto os digo: Antes que Abraham fuese, yo soy. ⁵⁹ Tomaron entonces piedras para arrojárselas; pero Jesús se escondió y salió del templo; y atravesando por en medio de ellos, se fue.

Jesús sana a un ciego de nacimiento

9 Al pasar Jesús, vio a un hombre ciego de nacimiento. ² Y le preguntaron sus discípulos, diciendo: Rabí, ¿quién pecó, éste o sus padres, para que haya nacido ciego? ³ Respondió Jesús: No es que pecó éste, ni sus padres, sino para que las obras de Dios se manifiesten en él. ⁴ Me es necesario hacer las obras del que me envió, entre tanto que el día dura; la noche viene, cuando nadie puede trabajar. ⁵ Entre tanto que estoy en el mundo, luz soy del mundo. ⁶ Dicho esto, escupió en tierra, e hizo lodo con la saliva, y untó con el lodo los ojos del ciego, ⁷ y le dijo: Ve a lavarte en el estanque de Siloé (que traducido es, Enviado). Fue entonces, y se lavó, y regresó viendo. ⁸ Entonces los vecinos, y los que antes le habían visto que era ciego, decían: ¿No es éste el que se sentaba y mendigaba? ⁹ Unos decían: Él es; y otros: A él se parece. Él decía: Yo soy. ¹⁰ Y le dijeron: ¿Cómo te fueron abiertos los ojos? ¹¹ Respondió él y dijo: Aquel hombre que se llama Jesús hizo lodo, me untó los ojos, y me dijo: Ve al Siloé, y lávate; y fui, y me lavé, y recibí la vista. ¹² Entonces le dijeron: ¿Dónde está él? Él dijo: No sé.

Los fariseos interrogan al ciego sanado

¹³ Llevaron ante los fariseos al que había sido ciego. ¹⁴ Y era día de reposo cuando Jesús había hecho el lodo, y le había abierto los ojos. ¹⁵ Volvieron, pues, a preguntarle también los fariseos cómo había recibido la vista. Él les dijo: Me puso lodo sobre los ojos, y me lavé, y veo. ¹⁶ Entonces algunos de los fariseos decían: Ese hombre no procede de Dios, porque no guarda el día de reposo. Otros decían: ¿Cómo puede un hombre pecador hacer estas señales? Y había disensión entre ellos. ¹⁷ Entonces volvieron a decirle al ciego: ¿Qué dices tú del que te abrió los ojos? Y él dijo: Que es profeta.

¹⁸ Pero los judíos no creían que él había sido ciego, y que había recibido la vista, hasta que llamaron a los padres del que había recibido la vista, ¹⁹ y les preguntaron, diciendo: ¿Es éste vuestro hijo, el que vosotros decís que nació ciego? ¿Cómo, pues, ve ahora? ²⁰ Sus padres respondieron y les dijeron: Sabemos que éste es nuestro hijo, y que nació ciego; ²¹ pero cómo vea ahora, no lo sabemos; o quién le haya abierto los ojos, nosotros tampoco lo sabemos; edad tiene, preguntadle a él; él hablará por sí mismo. ²² Esto dijeron sus padres, porque tenían miedo de los judíos, por cuanto los judíos ya habían acordado que si alguno confesase que Jesús era el Mesías, fuera expulsado de la sinagoga. ²³ Por eso dijeron sus padres: Edad tiene, preguntadle a él.

²⁴ Entonces volvieron a llamar al hombre que había sido ciego, y

le dijeron: Da gloria a Dios; nosotros sabemos que ese hombre es pecador. ²⁵ Entonces él respondió y dijo: Si es pecador, no lo sé; una cosa sé, que habiendo yo sido ciego, ahora veo. ²⁶ Le volvieron a decir: ¿Qué te hizo? ¿Cómo te abrió los ojos? ²⁷ Él les respondió: Ya os lo he dicho, y no habéis querido oír; ¿por qué lo queréis oír otra vez? ¿Queréis también vosotros haceros sus discípulos? ²⁸ Y le injuriaron, y dijeron: Tú eres su discípulo; pero nosotros, discípulos de Moisés, somos. ²⁹ Nosotros sabemos que Dios ha hablado a Moisés; pero respecto a ése, no sabemos de dónde sea. ³⁰ Respondió el hombre, y les dijo: Pues esto es lo maravilloso, que vosotros no sepáis de dónde sea, y a mí me abrió los ojos. ³¹ Y sabemos que Dios no oye a los pecadores; pero si alguno es temeroso de Dios, y hace su voluntad, a ése oye. ³² Desde el principio no se ha oído decir que alguno abriese los ojos a uno que nació ciego. ³³ Si éste no viniera de Dios, nada podría hacer. ³⁴ Respondieron y le dijeron: Tú naciste del todo en pecado, ¿y nos enseñas a nosotros? Y le expulsaron.

Ceguera espiritual

³⁵ Oyó Jesús que le habían expulsado; y hallándole, le dijo: ¿Crees tú en el Hijo de Dios? ³⁶ Respondió él y dijo: ¿Quién es, Señor, para que crea en él? ³⁷ Le dijo Jesús: Pues le has visto, y el que habla contigo, él es. ³⁸ Y él dijo: Creo, Señor; y le adoró. ³⁹ Dijo Jesús: Para juicio he venido yo a este mundo; para que los que no ven, vean, y los que ven, sean cegados. ⁴⁰ Entonces algunos de los fariseos que estaban con él, al oír esto, le dijeron: ¿Acaso nosotros somos también ciegos? ⁴¹ Jesús les respondió: Si fuerais ciegos, no tendríais pecado; mas ahora, porque decís: Vemos, vuestro pecado permanece.

Parábola del redil

10 De cierto, de cierto os digo: El que no entra por la puerta en el redil de las ovejas, sino que sube por otra parte, ése es ladrón y salteador. ² Mas el que entra por la puerta, el pastor de las ovejas es. ³ A éste abre el portero, y las ovejas oyen su voz; y a sus ovejas llama por nombre, y las saca. ⁴ Y cuando ha sacado fuera todas las propias, va delante de ellas; y las ovejas le siguen, porque conocen su voz. ⁵ Mas al extraño no seguirán, sino huirán de él, porque no conocen la voz de los extraños. ⁶ Esta alegoría les dijo Jesús; pero ellos no entendieron qué era lo que les decía.

Jesús, el buen pastor

⁷ Volvió, pues, Jesús a decirles: De cierto, de cierto os digo: Yo

soy la puerta de las ovejas. ⁸ Todos los que antes de mí vinieron, ladrones son y salteadores; pero no los oyeron las ovejas. ⁹ Yo soy la puerta; el que por mí entrare, será salvo; y entrará, y saldrá, y hallará pastos. ¹⁰ El ladrón no viene sino para hurtar y matar y destruir; yo he venido para que tengan vida, y para que la tengan en abundancia. ¹¹ Yo soy el buen pastor; el buen pastor su vida da por las ovejas. ¹² Mas el asalariado, y que no es el pastor, de quien no son propias las ovejas, ve venir al lobo y deja las ovejas y huye, y el lobo arrebata las ovejas y las dispersa. ¹³ Así que el asalariado huye, porque es asalariado, y no le importan las ovejas. ¹⁴ Yo soy el buen pastor; y conozco mis ovejas, y las mías me conocen, ¹⁵ así como el Padre me conoce, y yo conozco al Padre; y pongo mi vida por las ovejas. ¹⁶ También tengo otras ovejas que no son de este redil; aquéllas también debo traer, y oirán mi voz; y habrá un rebaño, y un pastor. ¹⁷ Por eso me ama el Padre, porque yo pongo mi vida, para volverla a tomar. ¹⁸ Nadie me la quita, sino que yo de mí mismo la pongo. Tengo poder para ponerla, y tengo poder para volverla a tomar. Este mandamiento recibí de mi Padre. ¹⁹ Volvió a haber disensión entre los judíos por estas palabras. ²⁰ Muchos de ellos decían: Demo-

nio tiene, y está fuera de sí; ¿por qué le oís? ²¹ Decían otros: Estas palabras no son de endemoniado. ¿Puede acaso el demonio abrir los ojos de los ciegos?

Los judíos rechazan a Jesús

²² Celebrábase en Jerusalén la fiesta de la dedicación. Era invierno, ²³ y Jesús andaba en el templo por el pórtico de Salomón. ²⁴ Y le rodearon los judíos y le dijeron: ¿Hasta cuándo nos turbarás el alma? Si tú eres el Cristo, dínoslo abiertamente. ²⁵ Jesús les respondió: Os lo he dicho, y no creéis; las obras que yo hago en nombre de mi Padre, ellas dan testimonio de mí; ²⁶ pero vosotros no creéis, porque no sois de mis ovejas, como os he dicho. ²⁷ Mis ovejas oyen mi voz, y yo las conozco, y me siguen, ²⁸ y yo les doy vida eterna; y no perecerán jamás, ni nadie las arrebatará de mi mano. ²⁹ Mi Padre que me las dio, es mayor que todos, y nadie las puede arrebatar de la mano de mi Padre. ³⁰ Yo y el Padre uno somos.

³¹ Entonces los judíos volvieron a tomar piedras para apedrearle. ³² Jesús les respondió: Muchas buenas obras os he mostrado de mi Padre; ¿por cuál de ellas me apedreáis? ³³ Le respondieron los judíos, diciendo: Por buena obra no te apedreamos, sino por

la blasfemia; porque tú, siendo hombre, te haces Dios. ³⁴ Jesús les respondió: ¿No está escrito en vuestra ley: Yo dije, dioses sois? ³⁵ Si llamó dioses a aquellos a quienes vino la palabra de Dios (y la Escritura no puede ser quebrantada), ³⁶ ¿al que el Padre santificó y envió al mundo, vosotros decís: Tú blasfemas, porque dije: Hijo de Dios soy? ³⁷ Si no hago las obras de mi Padre, no me creáis. ³⁸ Mas si las hago, aunque no me creáis a mí, creed a las obras, para que conozcáis y creáis que el Padre está en mí, y yo en el Padre. ³⁹ Procuraron otra vez prenderle, pero él se escapó de sus manos. ⁴⁰ Y se fue de nuevo al otro lado del Jordán, al lugar donde primero había estado bautizando Juan; y se quedó allí. ⁴¹ Y muchos venían a él, y decían: Juan, a la verdad, ninguna señal hizo; pero todo lo que Juan dijo de éste, era verdad. ⁴² Y muchos creyeron en él allí.

Muerte de Lázaro

11 Estaba entonces enfermo uno llamado Lázaro, de Betania, la aldea de María y de Marta su hermana. ² (María, cuyo hermano Lázaro estaba enfermo, fue la que ungió al Señor con perfume, y le enjugó los pies con sus cabellos.) ³ Enviaron, pues, las hermanas para decir a Jesús: Señor, he aquí el que amas está enfermo. ⁴ Oyéndolo Jesús, dijo: Esta enfermedad no es para muerte, sino para la gloria de Dios, para que el Hijo de Dios sea glorificado por ella.

⁵ Y amaba Jesús a Marta, a su hermana y a Lázaro. ⁶ Cuando oyó, pues, que estaba enfermo, se quedó dos días más en el lugar donde estaba. ⁷ Luego, después de esto, dijo a los discípulos: Vamos a Judea otra vez. ⁸ Le dijeron los discípulos: Rabí, ahora procuraban los judíos apedrearte, ¿y otra vez vas allá? ⁹ Respondió Jesús: ¿No tiene el día doce horas? El que anda de día, no tropieza, porque ve la luz de este mundo; ¹⁰ pero el que anda de noche, tropieza, porque no hay luz en él. ¹¹ Dicho esto, les dijo después: Nuestro amigo Lázaro duerme; mas voy para despertarle. ¹² Dijeron entonces sus discípulos: Señor, si duerme, sanará. ¹³ Pero Jesús decía esto de la muerte de Lázaro; y ellos pensaron que hablaba del reposar del sueño. ¹⁴ Entonces Jesús les dijo claramente: Lázaro ha muerto; ¹⁵ y me alegro por vosotros, de no haber estado allí, para que creáis; mas vamos a él. ¹⁶ Dijo entonces Tomás, llamado Dídimo, a sus condiscípulos: Vamos también nosotros, para que muramos con él.

Jesús, la resurrección y la vida

17 Vino, pues, Jesús, y halló que hacía ya cuatro días que Lázaro estaba en el sepulcro. 18 Betania estaba cerca de Jerusalén, como a quince estadios; 19 y muchos de los judíos habían venido a Marta y a María, para consolarlas por su hermano. 20 Entonces Marta, cuando oyó que Jesús venía, salió a encontrarle; pero María se quedó en casa. 21 Y Marta dijo a Jesús: Señor, si hubieses estado aquí, mi hermano no habría muerto. 22 Mas también sé ahora que todo lo que pidas a Dios, Dios te lo dará. 23 Jesús le dijo: Tu hermano resucitará. 24 Marta le dijo: Yo sé que resucitará en la resurrección, en el día postrero. 25 Le dijo Jesús: Yo soy la resurrección y la vida; el que cree en mí, aunque esté muerto, vivirá. 26 Y todo aquel que vive y cree en mí, no morirá eternamente. ¿Crees esto? 27 Le dijo: Sí, Señor; yo he creído que tú eres el Cristo, el Hijo de Dios, que has venido al mundo.

Jesús llora ante la tumba de Lázaro

28 Habiendo dicho esto, fue y llamó a María su hermana, diciéndole en secreto: El Maestro está aquí y te llama. 29 Ella, cuando lo oyó, se levantó de prisa y vino a él. 30 Jesús todavía no había entrado en la aldea, sino que estaba en el lugar donde Marta le había encontrado. 31 Entonces los judíos que estaban en casa con ella y la consolaban, cuando vieron que María se había levantado de prisa y había salido, la siguieron, diciendo: Va al sepulcro a llorar allí. 32 María, cuando llegó a donde estaba Jesús, al verle, se postró a sus pies, diciéndole: Señor, si hubieses estado aquí, no habría muerto mi hermano. 33 Jesús entonces, al verla llorando, y a los judíos que la acompañaban, también llorando, se estremeció en espíritu y se conmovió, 34 y dijo: ¿Dónde le pusisteis? Le dijeron: Señor, ven y ve. 35 Jesús lloró. 36 Dijeron entonces los judíos: Mirad cómo le amaba. 37 Y algunos de ellos dijeron: ¿No podía éste, que abrió los ojos al ciego, haber hecho también que Lázaro no muriera?

Resurrección de Lázaro

38 Jesús, profundamente conmovido otra vez, vino al sepulcro. Era una cueva, y tenía una piedra puesta encima. 39 Dijo Jesús: Quitad la piedra. Marta, la hermana del que había muerto, le dijo: Señor, hiede ya, porque es de cuatro días. 40 Jesús le dijo: ¿No te he dicho que si crees, verás la gloria de Dios? 41 Entonces quitaron la piedra de donde había sido puesto el muerto. Y Jesús, alzando los ojos a lo alto, dijo:

Padre, gracias te doy por haberme oído. [42] Yo sabía que siempre me oyes; pero lo dije por causa de la multitud que está alrededor, para que crean que tú me has enviado. [43] Y habiendo dicho esto, clamó a gran voz: ¡Lázaro, ven fuera! [44] Y el que había muerto salió, atadas las manos y los pies con vendas, y el rostro envuelto en un sudario. Jesús les dijo: Desatadle, y dejadle ir.

El complot para matar a Jesús
(Mt. 26.1-5; Mr. 14.1-2; Lc. 22.1-2)

[45] Entonces muchos de los judíos que habían venido para acompañar a María, y vieron lo que hizo Jesús, creyeron en él. [46] Pero algunos de ellos fueron a los fariseos y les dijeron lo que Jesús había hecho. [47] Entonces los principales sacerdotes y los fariseos reunieron el concilio, y dijeron: ¿Qué haremos? Porque este hombre hace muchas señales. [48] Si le dejamos así, todos creerán en él; y vendrán los romanos, y destruirán nuestro lugar santo y nuestra nación. [49] Entonces Caifás, uno de ellos, sumo sacerdote aquel año, les dijo: Vosotros no sabéis nada; [50] ni pensáis que nos conviene que un hombre muera por el pueblo, y no que toda la nación perezca. [51] Esto no lo dijo por sí mismo, sino que como era el sumo sacerdote aquel año, profetizó que Jesús había de morir por la nación; [52] y no solamente por la nación, sino también para congregar en uno a los hijos de Dios que estaban dispersos. [53] Así que, desde aquel día acordaron matarle.

[54] Por tanto, Jesús ya no andaba abiertamente entre los judíos, sino que se alejó de allí a la región contigua al desierto, a una ciudad llamada Efraín; y se quedó allí con sus discípulos.

[55] Y estaba cerca la pascua de los judíos; y muchos subieron de aquella región a Jerusalén antes de la pascua, para purificarse. [56] Y buscaban a Jesús, y estando ellos en el templo, se preguntaban unos a otros: ¿Qué os parece? ¿No vendrá a la fiesta? [57] Y los principales sacerdotes y los fariseos habían dado orden de que si alguno supiese dónde estaba, lo manifestase, para que le prendiesen.

Jesús es ungido en Betania
(Mt. 26.6-13; Mr. 14.3-9)

12 Seis días antes de la pascua, vino Jesús a Betania, donde estaba Lázaro, el que había estado muerto, y a quien había resucitado de los muertos. [2] Y le hicieron allí una cena; Marta servía, y Lázaro era uno de los que estaban sentados a la mesa con él. ³ Entonces María tomó una libra de perfume de nardo puro, de mucho precio, y ungió los pies de Jesús, y los enjugó con sus cabellos; y la casa se llenó del olor del perfume. ⁴ Y dijo uno de sus discípulos, Judas Iscariote hijo de Simón, el que le había de entregar: ⁵ ¿Por qué no fue este perfume vendido por trescientos denarios, y dado a los pobres? ⁶ Pero dijo esto, no porque se cuidara de los pobres, sino porque era ladrón, y teniendo la bolsa, sustraía de lo que se echaba en ella. ⁷ Entonces Jesús dijo: Déjala; para el día de mi sepultura ha guardado esto. ⁸ Porque a los pobres siempre los tendréis con vosotros, mas a mí no siempre me tendréis.

El complot contra Lázaro

⁹ Gran multitud de los judíos supieron entonces que él estaba allí, y vinieron, no solamente por causa de Jesús, sino también para ver a Lázaro, a quien había resucitado de los muertos. ¹⁰ Pero los principales sacerdotes acordaron dar muerte también a Lázaro, ¹¹ porque a causa de él muchos de los judíos se apartaban y creían en Jesús.

La entrada triunfal en Jerusalén
(Mt. 21.1-11; Mr. 11.1-11;
Lc. 19.28-40)

¹² El siguiente día, grandes multitudes que habían venido a la fiesta, al oír que Jesús venía a Jerusalén, ¹³ tomaron ramas de palmera y salieron a recibirle, y clamaban: ¡Hosanna! ¡Bendito el que viene en el nombre del Señor, el Rey de Israel! ¹⁴ Y halló Jesús un asnillo, y montó sobre él, como está escrito:

¹⁵ No temas, hija de Sion;
He aquí tu Rey viene,
Montado sobre un pollino de asna.

¹⁶ Estas cosas no las entendieron sus discípulos al principio; pero cuando Jesús fue glorificado, entonces se acordaron de que estas cosas estaban escritas acerca de él, y de que se las habían hecho. ¹⁷ Y daba testimonio la gente que estaba con él cuando llamó a Lázaro del sepulcro, y le resucitó de los muertos. ¹⁸ Por lo cual también había venido la gente a recibirle, porque había oído que él había hecho esta señal. ¹⁹ Pero los fariseos dijeron entre sí: Ya veis que no conseguís nada. Mirad, el mundo se va tras él.

Unos griegos buscan a Jesús

²⁰ Había ciertos griegos entre los que habían subido a adorar en la fiesta. ²¹ Éstos, pues, se acercaron a Felipe, que era de Betsaida de Galilea, y le rogaron, diciendo: Señor, quisiéramos ver a Jesús. ²² Felipe fue y se lo dijo a Andrés; entonces Andrés y Felipe se lo

dijeron a Jesús. 23 Jesús les respondió diciendo: Ha llegado la hora para que el Hijo del Hombre sea glorificado. 24 De cierto, de cierto os digo, que si el grano de trigo no cae en la tierra y muere, queda solo; pero si muere, lleva mucho fruto. 25 El que ama su vida, la perderá; y el que aborrece su vida en este mundo, para vida eterna la guardará. 26 Si alguno me sirve, sígame; y donde yo estuviere, allí también estará mi servidor. Si alguno me sirviere, mi Padre le honrará.

Jesús anuncia su muerte

27 Ahora está turbada mi alma; ¿y qué diré? ¿Padre, sálvame de esta hora? Mas para esto he llegado a esta hora. 28 Padre, glorifica tu nombre. Entonces vino una voz del cielo: Lo he glorificado, y lo glorificaré otra vez. 29 Y la multitud que estaba allí, y había oído la voz, decía que había sido un trueno. Otros decían: Un ángel le ha hablado. 30 Respondió Jesús y dijo: No ha venido esta voz por causa mía, sino por causa de vosotros. 31 Ahora es el juicio de este mundo; ahora el príncipe de este mundo será echado fuera. 32 Y yo, si fuere levantado de la tierra, a todos atraeré a mí mismo. 33 Y decía esto dando a entender de qué muerte iba a morir. 34 Le respondió la gente: Nosotros hemos oído de la ley, que el Cristo permanece para siempre. ¿Cómo, pues, dices tú que es necesario que el Hijo del Hombre sea levantado? ¿Quién es este Hijo del Hombre? 35 Entonces Jesús les dijo: Aún por un poco está la luz entre vosotros; andad entre tanto que tenéis luz, para que no os sorprendan las tinieblas; porque el que anda en tinieblas, no sabe a dónde va. 36 Entre tanto que tenéis la luz, creed en la luz, para que seáis hijos de luz.

Incredulidad de los judíos

Estas cosas habló Jesús, y se fue y se ocultó de ellos. 37 Pero a pesar de que había hecho tantas señales delante de ellos, no creían en él; 38 para que se cumpliese la palabra del profeta Isaías, que dijo:
Señor, ¿quién ha creído a nuestro anuncio?
¿Y a quién se ha revelado el brazo del Señor?
39 Por esto no podían creer, porque también dijo Isaías:
40 Cegó los ojos de ellos, y endureció su corazón;
Para que no vean con los ojos, y entiendan con el corazón,
Y se conviertan, y yo los sane.
41 Isaías dijo esto cuando vio su gloria, y habló acerca de él. 42 Con todo eso, aun de los gobernantes, muchos creyeron en él; pero a causa de los fariseos no lo confesaban, para no ser expulsados de la sinagoga. 43 Porque amaban

más la gloria de los hombres que la gloria de Dios.

Las palabras de Jesús juzgarán a los hombres

⁴⁴ Jesús clamó y dijo: El que cree en mí, no cree en mí, sino en el que me envió; ⁴⁵ y el que me ve, ve al que me envió. ⁴⁶ Yo, la luz, he venido al mundo, para que todo aquel que cree en mí no permanezca en tinieblas. ⁴⁷ Al que oye mis palabras, y no las guarda, yo no le juzgo; porque no he venido a juzgar al mundo, sino a salvar al mundo. ⁴⁸ El que me rechaza, y no recibe mis palabras, tiene quien le juzgue; la palabra que he hablado, ella le juzgará en el día postrero. ⁴⁹ Porque yo no he hablado por mi propia cuenta; el Padre que me envió, él me dio mandamiento de lo que he de decir, y de lo que he de hablar. ⁵⁰ Y sé que su mandamiento es vida eterna. Así pues, lo que yo hablo, lo hablo como el Padre me lo ha dicho.

Jesús lava los pies de sus discípulos

13 Antes de la fiesta de la pascua, sabiendo Jesús que su hora había llegado para que pasase de este mundo al Padre, como había amado a los suyos que estaban en el mundo, los amó hasta el fin. ² Y cuando cenaban, como el diablo ya había puesto en el corazón de Judas Iscariote, hijo de Simón, que le entregase, ³ sabiendo Jesús que el Padre le había dado todas las cosas en las manos, y que había salido de Dios, y a Dios iba, ⁴ se levantó de la cena, y se quitó su manto, y tomando una toalla, se la ciñó. ⁵ Luego puso agua en un lebrillo, y comenzó a lavar los pies de los discípulos, y a enjugarlos con la toalla con que estaba ceñido. ⁶ Entonces vino a Simón Pedro; y Pedro le dijo: Señor, ¿tú me lavas los pies? ⁷ Respondió Jesús y le dijo: Lo que yo hago, tú no lo comprendes ahora; mas lo entenderás después. ⁸ Pedro le dijo: No me lavarás los pies jamás. Jesús le respondió: Si no te lavare, no tendrás parte conmigo. ⁹ Le dijo Simón Pedro: Señor, no sólo mis pies, sino también las manos y la cabeza. ¹⁰ Jesús le dijo: El que está lavado, no necesita sino lavarse los pies, pues está todo limpio; y vosotros limpios estáis, aunque no todos. ¹¹ Porque sabía quién le iba a entregar; por eso dijo: No estáis limpios todos.

¹² Así que, después que les hubo lavado los pies, tomó su manto, volvió a la mesa, y les dijo: ¿Sabéis lo que os he hecho? ¹³ Vosotros me llamáis Maestro, y Señor; y decís bien, porque lo soy. ¹⁴ Pues si yo, el Señor y el Maestro, he

lavado vuestros pies, vosotros también debéis lavaros los pies los unos a los otros. ¹⁵ Porque ejemplo os he dado, para que como yo os he hecho, vosotros también hagáis. ¹⁶ De cierto, de cierto os digo: El siervo no es mayor que su señor, ni el enviado es mayor que el que le envió. ¹⁷ Si sabéis estas cosas, bienaventurados seréis si las hiciereis. ¹⁸ No hablo de todos vosotros; yo sé a quienes he elegido; mas para que se cumpla la Escritura: El que come pan conmigo, levantó contra mí su calcañar. ¹⁹ Desde ahora os lo digo antes que suceda, para que cuando suceda, creáis que yo soy. ²⁰ De cierto, de cierto os digo: El que recibe al que yo enviare, me recibe a mí; y el que me recibe a mí, recibe al que me envió.

Jesús anuncia la traición de Judas
(Mt. 26.20-25; Mr. 14.17-21; Lc. 22.21-23)

²¹ Habiendo dicho Jesús esto, se conmovió en espíritu, y declaró y dijo: De cierto, de cierto os digo, que uno de vosotros me va a entregar. ²² Entonces los discípulos se miraban unos a otros, dudando de quién hablaba. ²³ Y uno de sus discípulos, al cual Jesús amaba, estaba recostado al lado de Jesús. ²⁴ A éste, pues, hizo señas Simón Pedro, para que preguntase quién era aquel de quien hablaba. ²⁵ Él entonces, recostado cerca del pecho de Jesús, le dijo: Señor, ¿quién es? ²⁶ Respondió Jesús: A quien yo diere el pan mojado, aquél es. Y mojando el pan, lo dio a Judas Iscariote hijo de Simón. ²⁷ Y después del bocado, Satanás entró en él. Entonces Jesús le dijo: Lo que vas a hacer, hazlo más pronto. ²⁸ Pero ninguno de los que estaban a la mesa entendió por qué le dijo esto. ²⁹ Porque algunos pensaban, puesto que Judas tenía la bolsa, que Jesús le decía: Compra lo que necesitamos para la fiesta; o que diese algo a los pobres. ³⁰ Cuando él, pues, hubo tomado el bocado, luego salió; y era ya de noche.

El nuevo mandamiento

³¹ Entonces, cuando hubo salido, dijo Jesús: Ahora es glorificado el Hijo del Hombre, y Dios es glorificado en él. ³² Si Dios es glorificado en él, Dios también le glorificará en sí mismo, y en seguida le glorificará. ³³ Hijitos, aún estaré con vosotros un poco. Me buscaréis; pero como dije a los judíos, así os digo ahora a vosotros: A donde yo voy, vosotros no podéis ir. ³⁴ Un mandamiento nuevo os doy: Que os améis unos a otros; como yo os he amado, que también os améis unos a otros. ³⁵ En esto conoc-

erán todos que sois mis discípulos, si tuviereis amor los unos con los otros.

Jesús anuncia la negación de Pedro
(Mt. 26.31-35; Mr. 14.27-31; Lc. 22.31-34)

36 Le dijo Simón Pedro: Señor, ¿a dónde vas? Jesús le respondió: A donde yo voy, no me puedes seguir ahora; mas me seguirás después. 37 Le dijo Pedro: Señor, ¿por qué no te puedo seguir ahora? Mi vida pondré por ti. 38 Jesús le respondió: ¿Tu vida pondrás por mí? De cierto, de cierto te digo: No cantará el gallo, sin que me hayas negado tres veces.

Jesús, el camino al Padre

14 No se turbe vuestro corazón; creéis en Dios, creed también en mí. 2 En la casa de mi Padre muchas moradas hay; si así no fuera, yo os lo hubiera dicho; voy, pues, a preparar lugar para vosotros. 3 Y si me fuere y os preparare lugar, vendré otra vez, y os tomaré a mí mismo, para que donde yo estoy, vosotros también estéis. 4 Y sabéis a dónde voy, y sabéis el camino. 5 Le dijo Tomás: Señor, no sabemos a dónde vas; ¿cómo, pues, podemos saber el camino? 6 Jesús le dijo: Yo soy el camino, y la verdad, y la vida; nadie viene al Padre, sino por mí. 7 Si me conocieseis, también a mi Padre conoceríais; y desde ahora le conocéis, y le habéis visto.

8 Felipe le dijo: Señor, muéstranos el Padre, y nos basta. 9 Jesús le dijo: ¿Tanto tiempo hace que estoy con vosotros, y no me has conocido, Felipe? El que me ha visto a mí, ha visto al Padre; ¿cómo, pues, dices tú: Muéstranos el Padre? 10 ¿No crees que yo soy en el Padre, y el Padre en mí? Las palabras que yo os hablo, no las hablo por mi propia cuenta, sino que el Padre que mora en mí, él hace las obras. 11 Creedme que yo soy en el Padre, y el Padre en mí; de otra manera, creedme por las mismas obras.

12 De cierto, de cierto os digo: El que en mí cree, las obras que yo hago, él las hará también; y aun mayores hará, porque yo voy al Padre. 13 Y todo lo que pidiereis al Padre en mi nombre, lo haré, para que el Padre sea glorificado en el Hijo. 14 Si algo pidiereis en mi nombre, yo lo haré.

La promesa del Espíritu Santo

15 Si me amáis, guardad mis mandamientos. 16 Y yo rogaré al Padre, y os dará otro Consolador, para que esté con vosotros para siempre: 17 el Espíritu de verdad, al cual el mundo no puede recibir, porque no le ve, ni le conoce; pero vosotros le conocéis, porque

mora con vosotros, y estará en vosotros.

¹⁸ No os dejaré huérfanos; vendré a vosotros. ¹⁹ Todavía un poco, y el mundo no me verá más; pero vosotros me veréis; porque yo vivo, vosotros también viviréis. ²⁰ En aquel día vosotros conoceréis que yo estoy en mi Padre, y vosotros en mí, y yo en vosotros. ²¹ El que tiene mis mandamientos, y los guarda, ése es el que me ama; y el que me ama, será amado por mi Padre, y yo le amaré, y me manifestaré a él. ²² Le dijo Judas (no el Iscariote): Señor, ¿cómo es que te manifestarás a nosotros, y no al mundo? ²³ Respondió Jesús y le dijo: El que me ama, mi palabra guardará; y mi Padre le amará, y vendremos a él, y haremos morada con él. ²⁴ El que no me ama, no guarda mis palabras; y la palabra que habéis oído no es mía, sino del Padre que me envió.

²⁵ Os he dicho estas cosas estando con vosotros. ²⁶ Mas el Consolador, el Espíritu Santo, a quien el Padre enviará en mi nombre, él os enseñará todas las cosas, y os recordará todo lo que yo os he dicho. ²⁷ La paz os dejo, mi paz os doy; yo no os la doy como el mundo la da. No se turbe vuestro corazón, ni tenga miedo. ²⁸ Habéis oído que yo os he dicho: Voy, y vengo a vosotros. Si me amarais, os habríais regocijado, porque he dicho que voy al Padre; porque el Padre mayor es que yo. ²⁹ Y ahora os lo he dicho antes que suceda, para que cuando suceda, creáis. ³⁰ No hablaré ya mucho con vosotros; porque viene el príncipe de este mundo, y él nada tiene en mí. ³¹ Mas para que el mundo conozca que amo al Padre, y como el Padre me mandó, así hago. Levantaos, vamos de aquí.

Jesús, la vid verdadera

15 Yo soy la vid verdadera, y mi Padre es el labrador. ² Todo pámpano que en mí no lleva fruto, lo quitará; y todo aquel que lleva fruto, lo limpiará, para que lleve más fruto. ³ Ya vosotros estáis limpios por la palabra que os he hablado. ⁴ Permaneced en mí, y yo en vosotros. Como el pámpano no puede llevar fruto por sí mismo, si no permanece en la vid, así tampoco vosotros, si no permanecéis en mí. ⁵ Yo soy la vid, vosotros los pámpanos; el que permanece en mí, y yo en él, éste lleva mucho fruto; porque separados de mí nada podéis hacer. ⁶ El que en mí no permanece, será echado fuera como pámpano, y se secará; y los recogen, y los echan en el fuego, y arden. ⁷ Si permanecéis en mí, y mis palabras permanecen en vosotros, pedid todo lo que queréis, y os será hecho. [8] En esto es glorificado mi Padre, en que llevéis mucho fruto, y seáis así mis discípulos. [9] Como el Padre me ha amado, así también yo os he amado; permaneced en mi amor. [10] Si guardareis mis mandamientos, permaneceréis en mi amor; así como yo he guardado los mandamientos de mi Padre, y permanezco en su amor. [11] Estas cosas os he hablado, para que mi gozo esté en vosotros, y vuestro gozo sea cumplido.

[12] Éste es mi mandamiento: Que os améis unos a otros, como yo os he amado. [13] Nadie tiene mayor amor que éste, que uno ponga su vida por sus amigos. [14] Vosotros sois mis amigos, si hacéis lo que yo os mando. [15] Ya no os llamaré siervos, porque el siervo no sabe lo que hace su señor; pero os he llamado amigos, porque todas las cosas que oí de mi Padre, os las he dado a conocer. [16] No me elegisteis vosotros a mí, sino que yo os elegí a vosotros, y os he puesto para que vayáis y llevéis fruto, y vuestro fruto permanezca; para que todo lo que pidiereis al Padre en mi nombre, él os lo dé. [17] Esto os mando: Que os améis unos a otros.

El mundo os aborrecerá

[18] Si el mundo os aborrece, sabed que a mí me ha aborrecido antes que a vosotros. [19] Si fuerais del mundo, el mundo amaría lo suyo; pero porque no sois del mundo, antes yo os elegí del mundo, por eso el mundo os aborrece. [20] Acordaos de la palabra que yo os he dicho: El siervo no es mayor que su señor. Si a mí me han perseguido, también a vosotros os perseguirán; si han guardado mi palabra, también guardarán la vuestra. [21] Mas todo esto os harán por causa de mi nombre, porque no conocen al que me ha enviado. [22] Si yo no hubiera venido, ni les hubiera hablado, no tendrían pecado; pero ahora no tienen excusa por su pecado. [23] El que me aborrece a mí, también a mi Padre aborrece. [24] Si yo no hubiese hecho entre ellos obras que ningún otro ha hecho, no tendrían pecado; pero ahora han visto y han aborrecido a mí y a mi Padre. [25] Pero esto es para que se cumpla la palabra que está escrita en su ley: Sin cau[—] me aborrecieron. [26] Pero cuan[—] venga el Consolador, a quien yo os enviaré del Padre, el Espíritu de verdad, el cual procede del Padre, él dará testimonio acerca de mí. [27] Y vosotros daréis testimonio también, porque habéis estado conmigo desde el principio.

16 Estas cosas os he hablado, para que no tengáis tropiezo. [2] Os expulsarán de las sinagogas; y aun viene la hora cuando cualquiera que os mate, pensará que rinde servicio a Dios. ³ Y harán esto porque no conocen al Padre ni a mí. ⁴ Mas os he dicho estas cosas, para que cuando llegue la hora, os acordéis de que ya os lo había dicho.

La obra del Espíritu Santo

Esto no os lo dije al principio, porque yo estaba con vosotros. ⁵ Pero ahora voy al que me envió; y ninguno de vosotros me pregunta: ¿A dónde vas? ⁶ Antes, porque os he dicho estas cosas, tristeza ha llenado vuestro corazón. ⁷ Pero yo os digo la verdad: Os conviene que yo me vaya; porque si no me fuera, el Consolador no vendría a vosotros; mas si me fuere, os lo enviaré. ⁸ Y cuando él venga, convencerá al mundo de pecado, de justicia y de juicio. ⁹ De pecado, por cuanto no creen en mí; ¹⁰ de justicia, por cuanto voy al Padre, y no me veréis más; ¹¹ y de juicio, por cuanto el príncipe de este mundo ha sido ya juzgado.

¹² Aún tengo muchas cosas que deciros, pero ahora no las podéis sobrellevar. ¹³ Pero cuando venga el Espíritu de verdad, él os guiará a toda la verdad; porque no hablará por su propia cuenta, sino que hablará todo lo que oyere, y os hará saber las cosas que habrán de venir. ¹⁴ Él me glorificará; porque tomará de lo mío, y os lo hará saber. ¹⁵ Todo lo que tiene el Padre es mío; por eso dije que tomará de lo mío, y os lo hará saber.

La tristeza se convertirá en gozo

¹⁶ Todavía un poco, y no me veréis; y de nuevo un poco, y me veréis; porque yo voy al Padre. ¹⁷ Entonces se dijeron algunos de sus discípulos unos a otros: ¿Qué es esto que nos dice: Todavía un poco y no me veréis; y de nuevo un poco, y me veréis; y, porque yo voy al Padre? ¹⁸ Decían, pues: ¿Qué quiere decir con: Todavía un poco? No entendemos lo que habla. ¹⁹ Jesús conoció que querían preguntarle, y les dijo: ¿Preguntáis entre vosotros acerca de esto que dije: Todavía un poco y no me veréis, y de nuevo un poco y me veréis? ²⁰ De cierto, de cierto os digo, que vosotros lloraréis y lamentaréis, y el mundo se alegrará; pero aunque vosotros estéis tristes, vuestra tristeza se convertirá en gozo. ²¹ La mujer cuando da a luz, tiene dolor, porque ha llegado su hora; pero después que ha dado a luz un niño, ya no se acuerda de la angustia, por el gozo de que haya nacido un hombre en el mundo. ²² También vosotros ahora tenéis tristeza; pero os volveré a ver, y

se gozará vuestro corazón, y nadie os quitará vuestro gozo. ²³ En aquel día no me preguntaréis nada. De cierto, de cierto os digo, que todo cuanto pidiereis al Padre en mi nombre, os lo dará. ²⁴ Hasta ahora nada habéis pedido en mi nombre; pedid, y recibiréis, para que vuestro gozo sea cumplido.

Yo he vencido al mundo

²⁵ Estas cosas os he hablado en alegorías; la hora viene cuando ya no os hablaré por alegorías, sino que claramente os anunciaré acerca del Padre. ²⁶ En aquel día pediréis en mi nombre; y no os digo que yo rogaré al Padre por vosotros, ²⁷ pues el Padre mismo os ama, porque vosotros me habéis amado, y habéis creído que yo salí de Dios. ²⁸ Salí del Padre, y he venido al mundo; otra vez dejo el mundo, y voy al Padre. ²⁹ Le dijeron sus discípulos: He aquí ahora hablas claramente, y ninguna alegoría dices. ³⁰ Ahora entendemos que sabes todas las cosas, y no necesitas que nadie te pregunte; por esto creemos que has salido de Dios. ³¹ Jesús les respondió: ¿Ahora creéis? ³² He aquí la hora viene, y ha venido ya, en que seréis esparcidos cada uno por su lado, y me dejaréis solo; mas no estoy solo, porque el Padre está conmigo. ³³ Estas cosas os he hablado para que en mí tengáis paz. En el mundo tendréis aflicción; pero confiad, yo he vencido al mundo.

Jesús ora por sus discípulos

17 Estas cosas habló Jesús, y levantando los ojos al cielo, dijo: Padre, la hora ha llegado; glorifica a tu Hijo, para que también tu Hijo te glorifique a ti; ² como le has dado potestad sobre toda carne, para que dé vida eterna a todos los que le diste. ³ Y ésta es la vida eterna: que te conozcan a ti, el único Dios verdadero, y a Jesucristo, a quien has enviado. ⁴ Yo te he glorificado en la tierra; he acabado la obra que me diste que hiciese. ⁵ Ahora pues, Padre, glorifícame tú al lado tuyo, con aquella gloria que tuve contigo antes que el mundo fuese.

⁶ He manifestado tu nombre a los hombres que del mundo me diste; tuyos eran, y me los diste, y han guardado tu palabra. ⁷ Ahora han conocido que todas las cosas que me has dado, proceden de ti; ⁸ porque las palabras que me diste, les he dado; y ellos las recibieron, y han conocido verdaderamente que salí de ti, y han creído que tú me enviaste. ⁹ Yo ruego por ellos; no ruego por el mundo, sino por los que me diste; porque tuyos son, ¹⁰ y todo lo mío es tuyo, y lo tuyo mío; y he sido glorificado en ellos. ¹¹ Y ya no estoy en

el mundo; mas éstos están en el mundo, y yo voy a ti. Padre santo, a los que me has dado, guárdalos en tu nombre, para que sean uno, así como nosotros. ¹² Cuando estaba con ellos en el mundo, yo los guardaba en tu nombre; a los que me diste, yo los guardé, y ninguno de ellos se perdió, sino el hijo de perdición, para que la Escritura se cumpliese. ¹³ Pero ahora voy a ti; y hablo esto en el mundo, para que tengan mi gozo cumplido en sí mismos. ¹⁴ Yo les he dado tu palabra; y el mundo los aborreció, porque no son del mundo, como tampoco yo soy del mundo. ¹⁵ No ruego que los quites del mundo, sino que los guardes del mal. ¹⁶ No son del mundo, como tampoco yo soy del mundo. ¹⁷ Santifícalos en tu verdad; tu palabra es verdad. ¹⁸ Como tú me enviaste al mundo, así yo los he enviado al mundo. ¹⁹ Y por ellos yo me santifico a mí mismo, para que también ellos sean santificados en la verdad.

²⁰ Mas no ruego solamente por éstos, sino también por los que han de creer en mí por la palabra de ellos, ²¹ para que todos sean uno; como tú, oh Padre, en mí, y yo en ti, que también ellos sean uno en nosotros; para que el mundo crea que tú me enviaste. ²² La gloria que me diste, yo les he dado, para que sean uno, así como nosotros somos uno. ²³ Yo en ellos, y tú en mí, para que sean perfectos en unidad, para que el mundo conozca que tú me enviaste, y que los has amado a ellos como también a mí me has amado. ²⁴ Padre, aquellos que me has dado, quiero que donde yo estoy, también ellos estén conmigo, para que vean mi gloria que me has dado; porque me has amado desde antes de la fundación del mundo. ²⁵ Padre justo, el mundo no te ha conocido, pero yo te he conocido, y éstos han conocido que tú me enviaste. ²⁶ Y les he dado a conocer tu nombre, y lo daré a conocer aún, para que el amor con que me has amado, esté en ellos, y yo en ellos.

Arresto de Jesús
(Mt. 26.47-56; Mr. 14.43-50; Lc. 22.47-53)

18 Habiendo dicho Jesús estas cosas, salió con sus discípulos al otro lado del torrente de Cedrón, donde había un huerto, en el cual entró con sus discípulos. ² Y también Judas, el que le entregaba, conocía aquel lugar, porque muchas veces Jesús se había reunido allí con sus discípulos. ³ Judas, pues, tomando una compañía de soldados, y alguaciles de los principales sacerdotes y de los fariseos, fue allí con linternas y antorchas, y con armas. ⁴ Pero Jesús, sabiendo todas las cosas que le habían de sobrevenir, se adelantó y les dijo: ¿A quién buscáis? 5 Le respondieron: A Jesús nazareno. Jesús les dijo: Yo soy. Y estaba también con ellos Judas, el que le entregaba. 6 Cuando les dijo: Yo soy, retrocedieron, y cayeron a tierra. 7 Volvió, pues, a preguntarles: ¿A quién buscáis? Y ellos dijeron: A Jesús nazareno. 8 Respondió Jesús: Os he dicho que yo soy; pues si me buscáis a mí, dejad ir a éstos; 9 para que se cumpliese aquello que había dicho: De los que me diste, no perdí ninguno. 10 Entonces Simón Pedro, que tenía una espada, la desenvainó, e hirió al siervo del sumo sacerdote, y le cortó la oreja derecha. Y el siervo se llamaba Malco. 11 Jesús entonces dijo a Pedro: Mete tu espada en la vaina; la copa que el Padre me ha dado, ¿no la he de beber?

Jesús ante el sumo sacerdote
(Mt. 26.57-58; Mr. 14.53-54; Lc. 22.54)

12 Entonces la compañía de soldados, el tribuno y los alguaciles de los judíos, prendieron a Jesús y le ataron, 13 y le llevaron primeramente a Anás; porque era suegro de Caifás, que era sumo sacerdote aquel año. 14 Era Caifás el que había dado el consejo a los judíos, de que convenía que un solo hombre muriese por el pueblo.

Pedro en el patio de Anás
(Mt. 26.69-70; Mr. 14.66-68; Lc. 22.55-57)

15 Y seguían a Jesús Simón Pedro y otro discípulo. Y este discípulo era conocido del sumo sacerdote, y entró con Jesús al patio del sumo sacerdote; 16 mas Pedro estaba fuera, a la puerta. Salió, pues, el discípulo que era conocido del sumo sacerdote, y habló a la portera, e hizo entrar a Pedro. 17 Entonces la criada portera dijo a Pedro: ¿No eres tú también de los discípulos de este hombre? Dijo él: No lo soy. 18 Y estaban en pie los siervos y los alguaciles que habían encendido un fuego; porque hacía frío, y se calentaban; y también con ellos estaba Pedro en pie, calentándose.

Anás interroga a Jesús
(Mt. 26.59-66; Mr. 14.55-64; Lc. 22.66-71)

19 Y el sumo sacerdote preguntó a Jesús acerca de sus discípulos y de su doctrina. 20 Jesús le respondió: Yo públicamente he hablado al mundo; siempre he enseñado en la sinagoga y en el templo, donde se reúnen todos los judíos, y nada he hablado en oculto. 21 ¿Por qué me preguntas a mí? Pregunta a los que han oído, qué les haya yo hablado; he aquí, ellos saben lo que yo he dicho. 22 Cuando Jesús hubo dicho esto, uno de los alguaciles, que estaba

allí, le dio una bofetada, diciendo: ¿Así respondes al sumo sacerdote? 23 Jesús le respondió: Si he hablado mal, testifica en qué está el mal; y si bien, ¿por qué me golpeas? 24 Anás entonces le envió atado a Caifás, el sumo sacerdote.

Pedro niega a Jesús
(Mt. 26.71-75; Mr. 14.69-72; Lc. 22.58-62)

25 Estaba, pues, Pedro en pie, calentándose. Y le dijeron: ¿No eres tú de sus discípulos? Él negó, y dijo: No lo soy. 26 Uno de los siervos del sumo sacerdote, pariente de aquel a quien Pedro había cortado la oreja, le dijo: ¿No te vi yo en el huerto con él? 27 Negó Pedro otra vez; y en seguida cantó el gallo.

Jesús ante Pilato
(Mt. 27.1-2,11-31; Mr. 15.1-20; Lc. 23.1-5,13-25)

28 Llevaron a Jesús de casa de Caifás al pretorio. Era de mañana, y ellos no entraron en el pretorio para no contaminarse, y así poder comer la pascua. 29 Entonces salió Pilato a ellos, y les dijo: ¿Qué acusación traéis contra este hombre? 30 Respondieron y le dijeron: Si éste no fuera malhechor, no te lo habríamos entregado. 31 Entonces les dijo Pilato: Tomadle vosotros, y juzgadle según vuestra ley. Y los judíos le dijeron: A nosotros no nos está permitido dar muerte a nadie; 32 para que se cumpliese la palabra que Jesús había dicho, dando a entender de qué muerte iba a morir.

33 Entonces Pilato volvió a entrar en el pretorio, y llamó a Jesús y le dijo: ¿Eres tú el Rey de los judíos? 34 Jesús le respondió: ¿Dices tú esto por ti mismo, o te lo han dicho otros de mí? 35 Pilato le respondió: ¿Soy yo acaso judío? Tu nación, y los principales sacerdotes, te han entregado a mí. ¿Qué has hecho? 36 Respondió Jesús: Mi reino no es de este mundo; si mi reino fuera de este mundo, mis servidores pelearían para que yo no fuera entregado a los judíos; pero mi reino no es de aquí. 37 Le dijo entonces Pilato: ¿Luego, eres tú rey? Respondió Jesús: Tú dices que yo soy rey. Yo para esto he nacido, y para esto he venido al mundo, para dar testimonio a la verdad. Todo aquel que es de la verdad, oye mi voz. 38 Le dijo Pilato: ¿Qué es la verdad?

Y cuando hubo dicho esto, salió otra vez a los judíos, y les dijo: Yo no hallo en él ningún delito. 39 Pero vosotros tenéis la costumbre de que os suelte uno en la pascua. ¿Queréis, pues, que os suelte al Rey de los judíos? 40 Entonces todos dieron voces de nuevo, diciendo: No a éste, sino a Barrabás. Y Barrabás era ladrón.

19 Así que, entonces tomó Pilato a Jesús, y le azotó. ² Y los soldados entretejieron una corona de espinas, y la pusieron sobre su cabeza, y le vistieron con un manto de púrpura; ³ y le decían: ¡Salve, Rey de los judíos! y le daban de bofetadas. ⁴ Entonces Pilato salió otra vez, y les dijo: Mirad, os lo traigo fuera, para que entendáis que ningún delito hallo en él. ⁵ Y salió Jesús, llevando la corona de espinas y el manto de púrpura. Y Pilato les dijo: ¡He aquí el hombre! ⁶ Cuando le vieron los principales sacerdotes y los alguaciles, dieron voces, diciendo: ¡Crucifícale! ¡Crucifícale! Pilato les dijo: Tomadle vosotros, y crucificadle; porque yo no hallo delito en él. ⁷ Los judíos le respondieron: Nosotros tenemos una ley, y según nuestra ley debe morir, porque se hizo a sí mismo Hijo de Dios. ⁸ Cuando Pilato oyó decir esto, tuvo más miedo. ⁹ Y entró otra vez en el pretorio, y dijo a Jesús: ¿De dónde eres tú? Mas Jesús no le dio respuesta. ¹⁰ Entonces le dijo Pilato: ¿A mí no me hablas? ¿No sabes que tengo autoridad para crucificarte, y que tengo autoridad para soltarte? ¹¹ Respondió Jesús: Ninguna autoridad tendrías contra mí, si no te fuese dada de arriba; por tanto, el que a ti me ha entregado, mayor pecado tiene.

¹² Desde entonces procuraba Pilato soltarle; pero los judíos daban voces, diciendo: Si a éste sueltas, no eres amigo de César; todo el que se hace rey, a César se opone. ¹³ Entonces Pilato, oyendo esto, llevó fuera a Jesús, y se sentó en el tribunal en el lugar llamado el Enlosado, y en hebreo Gabata. ¹⁴ Era la preparación de la pascua, y como la hora sexta. Entonces dijo a los judíos: ¡He aquí vuestro Rey! ¹⁵ Pero ellos gritaron: ¡Fuera, fuera, crucifícale! Pilato les dijo: ¿A vuestro Rey he de crucificar? Respondieron los principales sacerdotes: No tenemos más rey que César. ¹⁶ Así que entonces lo entregó a ellos para que fuese crucificado. Tomaron, pues, a Jesús, y le llevaron.

Crucifixión y muerte de Jesús
(Mt. 27.32-50; Mr. 15.21-37; Lc. 23.26-49)

¹⁷ Y él, cargando su cruz, salió al lugar llamado de la Calavera, y en hebreo, Gólgota; ¹⁸ y allí le crucificaron, y con él a otros dos, uno a cada lado, y Jesús en medio. ¹⁹ Escribió también Pilato un título, que puso sobre la cruz, el cual decía: JESÚS NAZARENO, REY DE LOS JUDÍOS. ²⁰ Y muchos de los judíos leyeron este título; porque el lugar donde Jesús fue

crucificado estaba cerca de la ciudad, y el título estaba escrito en hebreo, en griego y en latín. ²¹ Dijeron a Pilato los principales sacerdotes de los judíos: No escribas: Rey de los judíos; sino, que él dijo: Soy Rey de los judíos. ²² Respondió Pilato: Lo que he escrito, he escrito.

²³ Cuando los soldados hubieron crucificado a Jesús, tomaron sus vestidos, e hicieron cuatro partes, una para cada soldado. Tomaron también su túnica, la cual era sin costura, de un solo tejido de arriba abajo. ²⁴ Entonces dijeron entre sí: No la partamos, sino echemos suertes sobre ella, a ver de quién será. Esto fue para que se cumpliese la Escritura, que dice: Repartieron entre sí mis vestidos, Y sobre mi ropa echaron suertes. Y así lo hicieron los soldados. ²⁵ Estaban junto a la cruz de Jesús su madre, y la hermana de su madre, María mujer de Cleofas, y María Magdalena. ²⁶ Cuando vio Jesús a su madre, y al discípulo a quien él amaba, que estaba presente, dijo a su madre: Mujer, he ahí tu hijo. ²⁷ Después dijo al discípulo: He ahí tu madre. Y desde aquella hora el discípulo la recibió en su casa.

²⁸ Después de esto, sabiendo Jesús que ya todo estaba consumado, dijo, para que la Escritura se cumpliese: Tengo sed. ²⁹ Y estaba allí una vasija llena de vinagre; entonces ellos empaparon en vinagre una esponja, y poniéndola en un hisopo, se la acercaron a la boca. ³⁰ Cuando Jesús hubo tomado el vinagre, dijo: Consumado es. Y habiendo inclinado la cabeza, entregó el espíritu.

El costado de Jesús traspasado

³¹ Entonces los judíos, por cuanto era la preparación de la pascua, a fin de que los cuerpos no quedasen en la cruz en el día de reposo (pues aquel día de reposo era de gran solemnidad), rogaron a Pilato que se les quebrasen las piernas, y fuesen quitados de allí. ³² Vinieron, pues, los soldados, y quebraron las piernas al primero, y asimismo al otro que había sido crucificado con él. ³³ Mas cuando llegaron a Jesús, como le vieron ya muerto, no le quebraron las piernas. ³⁴ Pero uno de los soldados le abrió el costado con una lanza, y al instante salió sangre y agua. ³⁵ Y el que lo vio da testimonio, y su testimonio es verdadero; y él sabe que dice verdad, para que vosotros también creáis. ³⁶ Porque estas cosas sucedieron para que se cumpliese la Escritura: No será quebrado hueso suyo. ³⁷ Y también otra Escritura dice: Mirarán al que traspasaron.

Jesús es sepultado
(Mt. 27.57-61; Mr. 15.42-47;
Lc. 23.50-56)

38 Después de todo esto, José de Arimatea, que era discípulo de Jesús, pero secretamente por miedo de los judíos, rogó a Pilato que le permitiese llevarse el cuerpo de Jesús; y Pilato se lo concedió. Entonces vino, y se llevó el cuerpo de Jesús. 39 También Nicodemo, el que antes había visitado a Jesús de noche, vino trayendo un compuesto de mirra y de áloes, como cien libras. 40 Tomaron, pues, el cuerpo de Jesús, y lo envolvieron en lienzos con especias aromáticas, según es costumbre sepultar entre los judíos. 41 Y en el lugar donde había sido crucificado, había un huerto, y en el huerto un sepulcro nuevo, en el cual aún no había sido puesto ninguno. 42 Allí, pues, por causa de la preparación de la pascua de los judíos, y porque aquel sepulcro estaba cerca, pusieron a Jesús.

La resurrección
(Mt. 28.1-10; Mr. 16.1-8;
Lc. 24.1-12)

20 El primer día de la semana, María Magdalena fue de mañana, siendo aún oscuro, al sepulcro; y vio quitada la piedra del sepulcro. 2 Entonces corrió, y fue a Simón Pedro y al otro discípulo, aquel al que amaba Jesús, y les dijo: Se han llevado del sepulcro al Señor, y no sabemos dónde le han puesto. 3 Y salieron Pedro y el otro discípulo, y fueron al sepulcro. 4 Corrían los dos juntos; pero el otro discípulo corrió más aprisa que Pedro, y llegó primero al sepulcro. 5 Y bajándose a mirar, vio los lienzos puestos allí, pero no entró. 6 Luego llegó Simón Pedro tras él, y entró en el sepulcro, y vio los lienzos puestos allí, 7 y el sudario, que había estado sobre la cabeza de Jesús, no puesto con los lienzos, sino enrollado en un lugar aparte. 8 Entonces entró también el otro discípulo, que había venido primero al sepulcro; y vio, y creyó. 9 Porque aún no habían entendido la Escritura, que era necesario que él resucitase de los muertos. 10 Y volvieron los discípulos a los suyos.

Jesús se aparece a María Magdalena
(Mr. 16.9-11)

11 Pero María estaba fuera llorando junto al sepulcro; y mientras lloraba, se inclinó para mirar dentro del sepulcro; 12 y vio a dos ángeles con vestiduras blancas, que estaban sentados el uno a la cabecera, y el otro a los pies, donde el cuerpo de Jesús había sido puesto. 13 Y le dijeron: Mujer, ¿por qué lloras? Les dijo: Porque se han llevado a mi Señor, y no sé dónde le

han puesto. ¹⁴ Cuando había dicho esto, se volvió, y vio a Jesús que estaba allí; mas no sabía que era Jesús. ¹⁵ Jesús le dijo: Mujer, ¿por qué lloras? ¿A quién buscas? Ella, pensando que era el hortelano, le dijo: Señor, si tú lo has llevado, dime dónde lo has puesto, y yo lo llevaré. ¹⁶ Jesús le dijo: ¡María! Volviéndose ella, le dijo: ¡Raboni! (que quiere decir, Maestro). ¹⁷ Jesús le dijo: No me toques, porque aún no he subido a mi Padre; mas ve a mis hermanos, y diles: Subo a mi Padre y a vuestro Padre, a mi Dios y a vuestro Dios. ¹⁸ Fue entonces María Magdalena para dar a los discípulos las nuevas de que había visto al Señor, y que él le había dicho estas cosas.

Jesús se aparece a los discípulos
(Mt. 28.16-20; Mr. 16.14-18; Lc. 24.36-49)

¹⁹ Cuando llegó la noche de aquel mismo día, el primero de la semana, estando las puertas cerradas en el lugar donde los discípulos estaban reunidos por miedo de los judíos, vino Jesús, y puesto en medio, les dijo: Paz a vosotros. ²⁰ Y cuando les hubo dicho esto, les mostró las manos y el costado. Y los discípulos se regocijaron viendo al Señor. ²¹ Entonces Jesús les dijo otra vez: Paz a vosotros. Como me envió el Padre, así también yo os envío. ²² Y habiendo dicho esto, sopló, y les dijo: Recibid el Espíritu Santo. ²³ A quienes remitiereis los pecados, les son remitidos; y a quienes se los retuviereis, les son retenidos.

Incredulidad de Tomás

²⁴ Pero Tomás, uno de los doce, llamado Dídimo, no estaba con ellos cuando Jesús vino. ²⁵ Le dijeron, pues, los otros discípulos: Al Señor hemos visto. Él les dijo: Si no viere en sus manos la señal de los clavos, y metiere mi dedo en el lugar de los clavos, y metiere mi mano en su costado, no creeré.

²⁶ Ocho días después, estaban otra vez sus discípulos dentro, y con ellos Tomás. Llegó Jesús, estando las puertas cerradas, y se puso en medio y les dijo: Paz a vosotros. ²⁷ Luego dijo a Tomás: Pon aquí tu dedo, y mira mis manos; y acerca tu mano, y métela en mi costado; y no seas incrédulo, sino creyente. ²⁸ Entonces Tomás respondió y le dijo: ¡Señor mío, y Dios mío! ²⁹ Jesús le dijo: Porque me has visto, Tomás, creíste; bienaventurados los que no vieron, y creyeron.

El propósito del libro

³⁰ Hizo además Jesús muchas otras señales en presencia de sus discípulos, las cuales no están escritas en este libro. ³¹ Pero éstas se

han escrito para que creáis que Jesús es el Cristo, el Hijo de Dios, y para que creyendo, tengáis vida en su nombre.

Jesús se aparece a siete de sus discípulos

21 Después de esto, Jesús se manifestó otra vez a sus discípulos junto al mar de Tiberias; y se manifestó de esta manera: ² Estaban juntos Simón Pedro, Tomás llamado el Dídimo, Natanael el de Caná de Galilea, los hijos de Zebedeo, y otros dos de sus discípulos. ³ Simón Pedro les dijo: Voy a pescar. Ellos le dijeron: Vamos nosotros también contigo. Fueron, y entraron en una barca; y aquella noche no pescaron nada.

⁴ Cuando ya iba amaneciendo, se presentó Jesús en la playa; mas los discípulos no sabían que era Jesús. ⁵ Y les dijo: Hijitos, ¿tenéis algo de comer? Le respondieron: No. ⁶ Él les dijo: Echad la red a la derecha de la barca, y hallaréis. Entonces la echaron, y ya no la podían sacar, por la gran cantidad de peces. ⁷ Entonces aquel discípulo a quien Jesús amaba dijo a Pedro: ¡Es el Señor! Simón Pedro, cuando oyó que era el Señor, se ciñó la ropa (porque se había despojado de ella), y se echó al mar. ⁸ Y los otros discípulos vinieron con la barca, arrastrando la red de peces, pues no distaban de tierra sino como doscientos codos.

⁹ Al descender a tierra, vieron brasas puestas, y un pez encima de ellas, y pan. ¹⁰ Jesús les dijo: Traed de los peces que acabáis de pescar. ¹¹ Subió Simón Pedro, y sacó la red a tierra, llena de grandes peces, ciento cincuenta y tres; y aun siendo tantos, la red no se rompió. ¹² Les dijo Jesús: Venid, comed. Y ninguno de los discípulos se atrevía a preguntarle: ¿Tú, quién eres? sabiendo que era el Señor. ¹³ Vino, pues, Jesús, y tomó el pan y les dio, y asimismo del pescado. ¹⁴ Ésta era ya la tercera vez que Jesús se manifestaba a sus discípulos, después de haber resucitado de los muertos.

Apacienta mis ovejas

¹⁵ Cuando hubieron comido, Jesús dijo a Simón Pedro: Simón, hijo de Jonás, ¿me amas más que éstos? Le respondió: Sí, Señor; tú sabes que te amo. Él le dijo: Apacienta mis corderos. ¹⁶ Volvió a decirle la segunda vez: Simón, hijo de Jonás, ¿me amas? Pedro le respondió: Sí, Señor; tú sabes que te amo. Le dijo: Pastorea mis ovejas. ¹⁷ Le dijo la tercera vez: Simón, hijo de Jonás, ¿me amas? Pedro se entristeció de que le dijese la tercera vez: ¿Me amas? y le respondió: Señor, tú

lo sabes todo; tú sabes que te amo. Jesús le dijo: Apacienta mis ovejas. [18] De cierto, de cierto te digo: Cuando eras más joven, te ceñías, e ibas a donde querías; mas cuando ya seas viejo, extenderás tus manos, y te ceñirá otro, y te llevará a donde no quieras. [19] Esto dijo, dando a entender con qué muerte había de glorificar a Dios. Y dicho esto, añadió: Sígueme.

El discípulo amado

[20] Volviéndose Pedro, vio que les seguía el discípulo a quien amaba Jesús, el mismo que en la cena se había recostado al lado de él, y le había dicho: Señor, ¿quién es el que te ha de entregar? [21] Cuando Pedro le vio, dijo a Jesús: Señor, ¿y qué de éste? [22] Jesús le dijo: Si quiero que él quede hasta que yo venga, ¿qué a ti? Sígueme tú. [23] Este dicho se extendió entonces entre los hermanos, que aquel discípulo no moriría. Pero Jesús no le dijo que no moriría, sino: Si quiero que él quede hasta que yo venga, ¿qué a ti?

[24] Éste es el discípulo que da testimonio de estas cosas, y escribió estas cosas; y sabemos que su testimonio es verdadero.

[25] Y hay también otras muchas cosas que hizo Jesús, las cuales si se escribieran una por una, pienso que ni aun en el mundo cabrían los libros que se habrían de escribir. Amén.

HECHOS
DE LOS APÓSTOLES

La promesa del Espíritu Santo

1 En el primer tratado, oh Teófilo, hablé acerca de todas las cosas que Jesús comenzó a hacer y a enseñar, ² hasta el día en que fue recibido arriba, después de haber dado mandamientos por el Espíritu Santo a los apóstoles que había escogido; ³ a quienes también, después de haber padecido, se presentó vivo con muchas pruebas indubitables, apareciéndoseles durante cuarenta días y hablándoles acerca del reino de Dios. ⁴ Y estando juntos, les mandó que no se fueran de Jerusalén, sino que esperasen la promesa del Padre, la cual, les dijo, oísteis de mí. ⁵ Porque Juan ciertamente bautizó con agua, mas vosotros seréis bautizados con el Espíritu Santo dentro de no muchos días.

La ascensión

⁶ Entonces los que se habían reunido le preguntaron, diciendo: Señor, ¿restaurarás el reino a Israel en este tiempo? ⁷ Y les dijo: No os toca a vosotros saber los tiempos o las sazones, que el Padre puso en su sola potestad; ⁸ pero recibiréis poder, cuando haya venido sobre vosotros el Espíritu Santo, y me seréis testigos en Jerusalén, en toda Judea, en Samaria, y hasta lo último de la tierra. ⁹ Y habiendo dicho estas cosas, viéndolo ellos, fue alzado, y le recibió una nube que le ocultó de sus ojos. ¹⁰ Y estando ellos con los ojos puestos en el cielo, entre tanto que él se iba, he aquí se pusieron junto a ellos dos varones con vestiduras blancas, ¹¹ los cuales también les dijeron: Varones galileos, ¿por qué estáis mirando al cielo? Este mismo Jesús, que ha sido tomado de vosotros al cielo, así vendrá como le habéis visto ir al cielo.

Elección del sucesor de Judas

¹² Entonces volvieron a Jerusalén desde el monte que se llama del Olivar, el cual está cerca de Jerusalén, camino de un día de reposo. ¹³ Y entrados, subieron al aposento alto, donde moraban Pedro y Jacobo, Juan, Andrés,

Felipe, Tomás, Bartolomé, Mateo, Jacobo hijo de Alfeo, Simón el Zelote y Judas hermano de Jacobo. ¹⁴ Todos estos perseveraban unánimes en oración y ruego, con las mujeres, y con María la madre de Jesús, y con sus hermanos.

¹⁵ En aquellos días Pedro se levantó en medio de los hermanos (y los reunidos eran como ciento veinte en número), y dijo: ¹⁶ Varones hermanos, era necesario que se cumpliese la Escritura en que el Espíritu Santo habló antes por boca de David acerca de Judas, que fue guía de los que prendieron a Jesús, ¹⁷ y era contado con nosotros, y tenía parte en este ministerio. ¹⁸ Éste, pues, con el salario de su iniquidad adquirió un campo, y cayendo de cabeza, se reventó por la mitad, y todas sus entrañas se derramaron. ¹⁹ Y fue notorio a todos los habitantes de Jerusalén, de tal manera que aquel campo se llama en su propia lengua, Acéldama, que quiere decir, Campo de sangre. ²⁰ Porque está escrito en el libro de los Salmos:

Sea hecha desierta su habitación,
Y no haya quien more en ella;

y:

Tome otro su oficio.

²¹ Es necesario, pues, que de estos hombres que han estado juntos con nosotros todo el tiempo que el Señor Jesús entraba y salía entre nosotros, ²² comenzando desde el bautismo de Juan hasta el día en que de entre nosotros fue recibido arriba, uno sea hecho testigo con nosotros, de su resurrección. ²³ Y señalaron a dos: a José, llamado Barsabás, que tenía por sobrenombre Justo, y a Matías. ²⁴ Y orando, dijeron: Tú, Señor, que conoces los corazones de todos, muestra cuál de estos dos has escogido, ²⁵ para que tome la parte de este ministerio y apostolado, de que cayó Judas por transgresión, para irse a su propio lugar. ²⁶ Y les echaron suertes, y la suerte cayó sobre Matías; y fue contado con los once apóstoles.

La venida del Espíritu Santo

2 Cuando llegó el día de Pentecostés, estaban todos unánimes juntos. ² Y de repente vino del cielo un estruendo como de un viento recio que soplaba, el cual llenó toda la casa donde estaban sentados; ³ y se les aparecieron lenguas repartidas, como de fuego, asentándose sobre cada uno de ellos. ⁴ Y fueron todos llenos del Espíritu Santo, y comenzaron a hablar en otras lenguas, según el Espíritu les daba que hablasen.

⁵ Moraban entonces en Jerusalén judíos, varones piadosos, de todas

las naciones bajo el cielo. ⁶ Y hecho este estruendo, se juntó la multitud; y estaban confusos, porque cada uno les oía hablar en su propia lengua. ⁷ Y estaban atónitos y maravillados, diciendo: Mirad, ¿no son galileos todos estos que hablan? ⁸ ¿Cómo, pues, les oímos nosotros hablar cada uno en nuestra lengua en la que hemos nacido? ⁹ Partos, medos, elamitas, y los que habitamos en Mesopotamia, en Judea, en Capadocia, en el Ponto y en Asia, ¹⁰ en Frigia y Panfilia, en Egipto. y en las regiones de Africa más allá de Cirene, y romanos aquí residentes, tanto judíos como prosélitos, ¹¹ cretenses y árabes, les oímos hablar en nuestras lenguas las maravillas de Dios. ¹² Y estaban todos atónitos y perplejos, diciéndose unos a otros: ¿Qué quiere decir esto? ¹³ Mas otros, burlándose, decían: Están llenos de mosto.

Primer discurso de Pedro

¹⁴ Entonces Pedro, poniéndose en pie con los once, alzó la voz y les habló diciendo: Varones judíos, y todos los que habitáis en Jerusalén, esto os sea notorio, y oíd mis palabras. ¹⁵ Porque éstos no están ebrios, como vosotros suponéis, puesto que es la hora tercera del día. ¹⁶ Mas esto es lo dicho por el profeta Joel:

¹⁷ Y en los postreros días, dice Dios,
Derramaré de mi Espíritu sobre toda carne,
Y vuestros hijos y vuestras hijas profetizarán;
Vuestros jóvenes verán visiones,
Y vuestros ancianos soñarán sueños;
¹⁸ Y de cierto sobre mis siervos y sobre mis siervas en aquellos días
Derramaré de mi Espíritu, y profetizarán.
¹⁹ Y daré prodigios arriba en el cielo,
Y señales abajo en la tierra,
Sangre y fuego y vapor de humo;
²⁰ El sol se convertirá en tinieblas,
Y la luna en sangre,
Antes que venga el día del Señor,
Grande y manifiesto;
²¹ Y todo aquel que invocare el nombre del Señor, será salvo.

²² Varones israelitas, oíd estas palabras: Jesús nazareno, varón aprobado por Dios entre vosotros con las maravillas, prodigios y señales que Dios hizo entre vosotros por medio de él, como vosotros mismos sabéis; ²³ a éste, entregado por el determinado consejo y anticipado conocimiento de Dios, prendisteis y matasteis por manos de inicuos, crucificándole; ²⁴ al cual Dios levantó, sueltos los dolores de la muerte, por cuanto era imposible que fuese retenido por ella. ²⁵ Porque David dice de él:

Veía al Señor siempre delante de mí;
Porque está a mi diestra, no seré conmovido.
²⁶ Por lo cual mi corazón se alegró, y se gozó mi lengua,
Y aun mi carne descansará en esperanza;
²⁷ Porque no dejarás mi alma en el Hades,
Ni permitirás que tu Santo vea corrupción.
²⁸ Me hiciste conocer los caminos de la vida;
Me llenarás de gozo con tu presencia.
²⁹ Varones hermanos, se os puede decir libremente del patriarca David, que murió y fue sepultado, y su sepulcro está con nosotros hasta el día de hoy. ³⁰ Pero siendo profeta, y sabiendo que con juramento Dios le había jurado que de su descendencia, en cuanto a la carne, levantaría al Cristo para que se sentase en su trono, ³¹ viéndolo antes, habló de la resurrección de Cristo, que su alma no fue dejada en el Hades, ni su carne vio corrupción. ³² A este Jesús resucitó Dios, de lo cual todos nosotros somos testigos. ³³ Así que, exaltado por la diestra de Dios, y habiendo recibido del Padre la promesa del Espíritu Santo, ha derramado esto que vosotros veis y oís. ³⁴ Porque David no subió a los cielos; pero él mismo dice:

Dijo el Señor a mi Señor:
Siéntate a mi diestra,
³⁵ Hasta que ponga a tus enemigos por estrado de tus pies.
³⁶ Sepa, pues, ciertísimamente toda la casa de Israel, que a este Jesús a quien vosotros crucificasteis, Dios le ha hecho Señor y Cristo.

³⁷ Al oír esto, se compungieron de corazón, y dijeron a Pedro y a los otros apóstoles: Varones hermanos, ¿qué haremos? ³⁸ Pedro les dijo: Arrepentíos, y bautícese cada uno de vosotros en el nombre de Jesucristo para perdón de los pecados; y recibiréis el don del Espíritu Santo. ³⁹ Porque para vosotros es la promesa, y para vuestros hijos, y para todos los que están lejos; para cuantos el Señor nuestro Dios llamare. ⁴⁰ Y con otras muchas palabras testificaba y les exhortaba, diciendo: Sed salvos de esta perversa generación. ⁴¹ Así que, los que recibieron su palabra fueron bautizados; y se añadieron aquel día como tres mil personas. ⁴² Y perseveraban en la doctrina de los apóstoles, en la comunión unos con otros, en el partimiento del pan y en las oraciones.

La vida de los primeros cristianos

⁴³ Y sobrevino temor a toda persona; y muchas maravillas

y señales eran hechas por los apóstoles. ⁴⁴ Todos los que habían creído estaban juntos, y tenían en común todas las cosas; ⁴⁵ y vendían sus propiedades y sus bienes, y lo repartían a todos según la necesidad de cada uno. ⁴⁶ Y perseverando unánimes cada día en el templo, y partiendo el pan en las casas, comían juntos con alegría y sencillez de corazón, ⁴⁷ alabando a Dios, y teniendo favor con todo el pueblo. Y el Señor añadía cada día a la iglesia los que habían de ser salvos.

Curación de un cojo

3 Pedro y Juan subían juntos al templo a la hora novena, la de la oración. ² Y era traído un hombre cojo de nacimiento, a quien ponían cada día a la puerta del templo que se llama la Hermosa, para que pidiese limosna de los que entraban en el templo. ³ Éste, cuando vio a Pedro y a Juan que iban a entrar en el templo, les rogaba que le diesen limosna. ⁴ Pedro, con Juan, fijando en él los ojos, le dijo: Míranos. ⁵ Entonces él les estuvo atento, esperando recibir de ellos algo. ⁶ Mas Pedro dijo: No tengo plata ni oro, pero lo que tengo te doy; en el nombre de Jesucristo de Nazaret, levántate y anda. ⁷ Y tomándole por la mano derecha le levantó; y al momento se le afirmaron los pies y tobillos; ⁸ y saltando, se puso en pie y anduvo; y entró con ellos en el templo, andando, y saltando, y alabando a Dios. ⁹ Y todo el pueblo le vio andar y alabar a Dios. ¹⁰ Y le reconocían que era el que se sentaba a pedir limosna a la puerta del templo, la Hermosa; y se llenaron de asombro y espanto por lo que le había sucedido.

Discurso de Pedro en el pórtico de Salomón

¹¹ Y teniendo asidos a Pedro y a Juan el cojo que había sido sanado, todo el pueblo, atónito, concurrió a ellos al pórtico que se llama de Salomón. ¹² Viendo esto Pedro, respondió al pueblo: Varones israelitas, ¿por qué os maravilláis de esto? ¿o por qué ponéis los ojos en nosotros, como si por nuestro poder o piedad hubiésemos hecho andar a éste? ¹³ El Dios de Abraham, de Isaac y de Jacob, el Dios de nuestros padres, ha glorificado a su Hijo Jesús, a quien vosotros entregasteis y negasteis delante de Pilato, cuando éste había resuelto ponerle en libertad. ¹⁴ Mas vosotros negasteis al Santo y al Justo, y pedisteis que se os diese un homicida, ¹⁵ y matasteis al Autor de la vida, a quien Dios ha resucitado de los muertos, de lo cual nosotros somos testigos. ¹⁶ Y por la fe en su nombre, a éste, que vosotros veis y conocéis, le ha confirmado su nombre; y la fe

que es por él ha dado a éste esta completa sanidad en presencia de todos vosotros.

17 Mas ahora, hermanos, sé que por ignorancia lo habéis hecho, como también vuestros gobernantes. 18 Pero Dios ha cumplido así lo que había antes anunciado por boca de todos sus profetas, que su Cristo había de padecer. 19 Así que, arrepentíos y convertíos, para que sean borrados vuestros pecados; para que vengan de la presencia del Señor tiempos de refrigerio, 20 y él envíe a Jesucristo, que os fue antes anunciado; 21 a quien de cierto es necesario que el cielo reciba hasta los tiempos de la restauración de todas las cosas, de que habló Dios por boca de sus santos profetas que han sido desde tiempo antiguo. 22 Porque Moisés dijo a los padres: El Señor vuestro Dios os levantará profeta de entre vuestros hermanos, como a mí; a él oiréis en todas las cosas que os hable; 23 y toda alma que no oiga a aquel profeta, será desarraigada del pueblo. 24 Y todos los profetas desde Samuel en adelante, cuantos han hablado, también han anunciado estos días. 25 Vosotros sois los hijos de los profetas, y del pacto que Dios hizo con nuestros padres, diciendo a Abraham: En tu simiente serán benditas todas las familias de la tierra. 26 A

vosotros primeramente, Dios, habiendo levantado a su Hijo, lo envió para que os bendijese, a fin de que cada uno se convierta de su maldad.

Pedro y Juan ante el concilio

4 Hablando ellos al pueblo, vinieron sobre ellos los sacerdotes con el jefe de la guardia del templo, y los saduceos, 2 resentidos de que enseñasen al pueblo, y anunciasen en Jesús la resurrección de entre los muertos. 3 Y les echaron mano, y los pusieron en la cárcel hasta el día siguiente, porque era ya tarde. 4 Pero muchos de los que habían oído la palabra, creyeron; y el número de los varones era como cinco mil.

5 Aconteció al día siguiente, que se reunieron en Jerusalén los gobernantes, los ancianos y los escribas, 6 y el sumo sacerdote Anás, y Caifás y Juan y Alejandro, y todos los que eran de la familia de los sumos sacerdotes; 7 y poniéndoles en medio, les preguntaron: ¿Con qué potestad, o en qué nombre, habéis hecho vosotros esto? 8 Entonces Pedro, lleno del Espíritu Santo, les dijo: Gobernantes del pueblo, y ancianos de Israel: 9 Puesto que hoy se nos interroga acerca del beneficio hecho a un hombre enfermo, de qué manera éste haya sido sanado, 10 sea notorio a todos vosotros, y a

todo el pueblo de Israel, que en el nombre de Jesucristo de Nazaret, a quien vosotros crucificasteis y a quien Dios resucitó de los muertos, por él este hombre está en vuestra presencia sano. [11] Este Jesús es la piedra reprobada por vosotros los edificadores, la cual ha venido a ser cabeza del ángulo. [12] Y en ningún otro hay salvación; porque no hay otro nombre bajo el cielo, dado a los hombres, en que podamos ser salvos.

[13] Entonces viendo el denuedo de Pedro y de Juan, y sabiendo que eran hombres sin letras y del vulgo, se maravillaban; y les reconocían que habían estado con Jesús. [14] Y viendo al hombre que había sido sanado, que estaba en pie con ellos, no podían decir nada en contra. [15] Entonces les ordenaron que saliesen del concilio; y conferenciaban entre sí, [16] diciendo: ¿Qué haremos con estos hombres? Porque de cierto, señal manifiesta ha sido hecha por ellos, notoria a todos los que moran en Jerusalén, y no lo podemos negar. [17] Sin embargo, para que no se divulgue más entre el pueblo, amenacémosles para que no hablen de aquí en adelante a hombre alguno en este nombre. [18] Y llamándolos, les intimaron que en ninguna manera hablasen ni enseñasen en el nombre de Jesús. [19] Mas Pedro y Juan respondieron diciéndoles: Juzgad si es justo delante de Dios obedecer a vosotros antes que a Dios; [20] porque no podemos dejar de decir lo que hemos visto y oído. [21] Ellos entonces les amenazaron y les soltaron, no hallando ningún modo de castigarles, por causa del pueblo; porque todos glorificaban a Dios por lo que se había hecho, [22] ya que el hombre en quien se había hecho este milagro de sanidad, tenía más de cuarenta años.

Los creyentes piden confianza y valor

[23] Y puestos en libertad, vinieron a los suyos y contaron todo lo que los principales sacerdotes y los ancianos les habían dicho. [24] Y ellos, habiéndolo oído, alzaron unánimes la voz a Dios, y dijeron: Soberano Señor, tú eres el Dios que hiciste el cielo y la tierra, el mar y todo lo que en ellos hay; [25] que por boca de David tu siervo dijiste:
¿Por qué se amotinan las gentes,
Y los pueblos piensan cosas vanas?
[26] Se reunieron los reyes de la tierra,
Y los príncipes se juntaron en uno
Contra el Señor, y contra su Cristo.
[27] Porque verdaderamente se unieron en esta ciudad contra tu santo Hijo Jesús, a quien

ungiste, Herodes y Poncio Pilato, con los gentiles y el pueblo de Israel, ²⁸ para hacer cuanto tu mano y tu consejo habían antes determinado que sucediera. ²⁹ Y ahora, Señor, mira sus amenazas, y concede a tus siervos que con todo denuedo hablen tu palabra, ³⁰ mientras extiendes tu mano para que se hagan sanidades y señales y prodigios mediante el nombre de tu santo Hijo Jesús. ³¹ Cuando hubieron orado, el lugar en que estaban congregados tembló; y todos fueron llenos del Espíritu Santo, y hablaban con denuedo la palabra de Dios.

Todas las cosas en común

³² Y la multitud de los que habían creído era de un corazón y un alma; y ninguno decía ser suyo propio nada de lo que poseía, sino que tenían todas las cosas en común. ³³ Y con gran poder los apóstoles daban testimonio de la resurrección del Señor Jesús, y abundante gracia era sobre todos ellos. ³⁴ Así que no había entre ellos ningún necesitado; porque todos los que poseían heredades o casas, las vendían, y traían el precio de lo vendido, ³⁵ y lo ponían a los pies de los apóstoles; y se repartía a cada uno según su necesidad. ³⁶ Entonces José, a quien los apóstoles pusieron por sobrenombre Bernabé (que traducido es, Hijo de consolación),

levita, natural de Chipre, ³⁷ como tenía una heredad, la vendió y trajo el precio y lo puso a los pies de los apóstoles.

Ananías y Safira

5 Pero cierto hombre llamado Ananías, con Safira su mujer, vendió una heredad, ² y sustrajo del precio, sabiéndolo también su mujer; y trayendo sólo una parte, la puso a los pies de los apóstoles. ³ Y dijo Pedro: Ananías, ¿por qué llenó Satanás tu corazón para que mintieses al Espíritu Santo, y sustrajeses del precio de la heredad? ⁴ Reteniéndola, ¿no se te quedaba a ti? y vendida, ¿no estaba en tu poder? ¿Por qué pusiste esto en tu corazón? No has mentido a los hombres, sino a Dios. ⁵ Al oír Ananías estas palabras, cayó y expiró. Y vino un gran temor sobre todos los que lo oyeron. ⁶ Y levantándose los jóvenes, lo envolvieron, y sacándolo, lo sepultaron.

⁷ Pasado un lapso como de tres horas, sucedió que entró su mujer, no sabiendo lo que había acontecido. ⁸ Entonces Pedro le dijo: Dime, ¿vendisteis en tanto la heredad? Y ella dijo: Sí, en tanto. ⁹ Y Pedro le dijo: ¿Por qué convinisteis en tentar al Espíritu del Señor? He aquí a la puerta los pies de los que han sepultado a tu marido, y te sacarán a ti. ¹⁰ Al

instante ella cayó a los pies de él, y expiró; y cuando entraron los jóvenes, la hallaron muerta; y la sacaron, y la sepultaron junto a su marido. [11] Y vino gran temor sobre toda la iglesia, y sobre todos los que oyeron estas cosas.

Muchas señales y maravillas

[12] Y por la mano de los apóstoles se hacían muchas señales y prodigios en el pueblo; y estaban todos unánimes en el pórtico de Salomón. [13] De los demás, ninguno se atrevía a juntarse con ellos; mas el pueblo los alababa grandemente. [14] Y los que creían en el Señor aumentaban más, gran número así de hombres como de mujeres; [15] tanto que sacaban los enfermos a las calles, y los ponían en camas y lechos, para que al pasar Pedro, a lo menos su sombra cayese sobre alguno de ellos. [16] Y aun de las ciudades vecinas muchos venían a Jerusalén, trayendo enfermos y atormentados de espíritus inmundos; y todos eran sanados.

Pedro y Juan son perseguidos

[17] Entonces levantándose el sumo sacerdote y todos los que estaban con él, esto es, la secta de los saduceos, se llenaron de celos; [18] y echaron mano a los apóstoles y los pusieron en la cárcel pública. [19] Mas un ángel del Señor, abriendo de noche las puertas de la cárcel y sacándolos, dijo: [20] Id, y puestos en pie en el templo, anunciad al pueblo todas las palabras de esta vida. [21] Habiendo oído esto, entraron de mañana en el templo, y enseñaban.

Entre tanto, vinieron el sumo sacerdote y los que estaban con él, y convocaron al concilio y a todos los ancianos de los hijos de Israel, y enviaron a la cárcel para que fuesen traídos. [22] Pero cuando llegaron los alguaciles, no los hallaron en la cárcel; entonces volvieron y dieron aviso, [23] diciendo: Por cierto, la cárcel hemos hallado cerrada con toda seguridad, y los guardas afuera de pie ante las puertas; mas cuando abrimos, a nadie hallamos dentro. [24] Cuando oyeron estas palabras el sumo sacerdote y el jefe de la guardia del templo y los principales sacerdotes, dudaban en qué vendría a parar aquello. [25] Pero viniendo uno, les dio esta noticia: He aquí, los varones que pusisteis en la cárcel están en el templo, y enseñan al pueblo. [26] Entonces fue el jefe de la guardia con los alguaciles, y los trajo sin violencia, porque temían ser apedreados por el pueblo.

[27] Cuando los trajeron, los presentaron en el concilio, y el sumo sacerdote les preguntó, [28] diciendo: ¿No os mandamos estricta-

mente que no enseñaseis en ese nombre? Y ahora habéis llenado a Jerusalén de vuestra doctrina, y queréis echar sobre nosotros la sangre de ese hombre. ²⁹ Respondiendo Pedro y los apóstoles, dijeron: Es necesario obedecer a Dios antes que a los hombres. ³⁰ El Dios de nuestros padres levantó a Jesús, a quien vosotros matasteis colgándole en un madero. ³¹ A éste, Dios ha exaltado con su diestra por Príncipe y Salvador, para dar a Israel arrepentimiento y perdón de pecados. ³² Y nosotros somos testigos suyos de estas cosas, y también el Espíritu Santo, el cual ha dado Dios a los que le obedecen.

³³ Ellos, oyendo esto, se enfurecían y querían matarlos. ³⁴ Entonces levantándose en el concilio un fariseo llamado Gamaliel, doctor de la ley, venerado de todo el pueblo, mandó que sacasen fuera por un momento a los apóstoles, ³⁵ y luego dijo: Varones israelitas, mirad por vosotros lo que vais a hacer respecto a estos hombres. ³⁶ Porque antes de estos días se levantó Teudas, diciendo que era alguien. A éste se unió un número como de cuatrocientos hombres; pero él fue muerto, y todos los que le obedecían fueron dispersados y reducidos a nada. ³⁷ Después de éste, se levantó Judas el galileo, en los días del censo, y llevó en pos de sí a mucho pueblo. Pereció también él, y todos los que le obedecían fueron dispersados. ³⁸ Y ahora os digo: Apartaos de estos hombres, y dejadlos; porque si este consejo o esta obra es de los hombres, se desvanecerá; ³⁹ mas si es de Dios, no la podréis destruir; no seáis tal vez hallados luchando contra Dios.

⁴⁰ Y convinieron con él; y llamando a los apóstoles, después de azotarlos, les intimaron que no hablasen en el nombre de Jesús, y los pusieron en libertad. ⁴¹ Y ellos salieron de la presencia del concilio, gozosos de haber sido tenidos por dignos de padecer afrenta por causa del Nombre. ⁴² Y todos los días, en el templo y por las casas, no cesaban de enseñar y predicar a Jesucristo.

Elección de siete diáconos

6 En aquellos días, como creciera el número de los discípulos, hubo murmuración de los griegos contra los hebreos, de que las viudas de aquéllos eran desatendidas en la distribución diaria. ² Entonces los doce convocaron a la multitud de los discípulos, y dijeron: No es justo que nosotros dejemos la palabra de Dios, para servir a las mesas. ³ Buscad, pues, hermanos, de entre vosotros a siete varones de buen testimonio, llenos del Espíritu Santo y de sabiduría, a quienes encarguemos de este trabajo. ⁴ Y nosotros persistiremos en la oración y en el ministerio de la palabra. ⁵ Agradó la propuesta a toda la multitud; y eligieron a Esteban, varón lleno de fe y del Espíritu Santo, a Felipe, a Prócoro, a Nicanor, a Timón, a Parmenas, y a Nicolás prosélito de Antioquía; ⁶ a los cuales presentaron ante los apóstoles, quienes, orando, les impusieron las manos.

⁷ Y crecía la palabra del Señor, y el número de los discípulos se multiplicaba grandemente en Jerusalén; también muchos de los sacerdotes obedecían a la fe.

Arresto de Esteban

⁸ Y Esteban, lleno de gracia y de poder, hacía grandes prodigios y señales entre el pueblo. ⁹ Entonces se levantaron unos de la sinagoga llamada de los libertos, y de los de Cirene, de Alejandría, de Cilicia y de Asia, disputando con Esteban. ¹⁰ Pero no podían resistir a la sabiduría y al Espíritu con que hablaba. ¹¹ Entonces sobornaron a unos para que dijesen que le habían oído hablar palabras blasfemas contra Moisés y contra Dios. ¹² Y soliviantaron al pueblo, a los ancianos y a los escribas; y arremetiendo, le arre-

bataron, y le trajeron al concilio. ¹³ Y pusieron testigos falsos que decían: Este hombre no cesa de hablar palabras blasfemas contra este lugar santo y contra la ley; ¹⁴ pues le hemos oído decir que ese Jesús de Nazaret destruirá este lugar, y cambiará las costumbres que nos dio Moisés. ¹⁵ Entonces todos los que estaban sentados en el concilio, al fijar los ojos en él, vieron su rostro como el rostro de un ángel.

Defensa y muerte de Esteban

7 El sumo sacerdote dijo entonces: ¿Es esto así? ² Y él dijo: Varones hermanos y padres, oíd: El Dios de la gloria apareció a nuestro padre Abraham, estando en Mesopotamia, antes que morase en Harán, ³ y le dijo: Sal de tu tierra y de tu parentela, y ven a la tierra que yo te mostraré. ⁴ Entonces salió de la tierra de los caldeos y habitó en Harán; y de allí, muerto su padre, Dios le trasladó a esta tierra, en la cual vosotros habitáis ahora. ⁵ Y no le dio herencia en ella, ni aun para asentar un pie; pero le prometió que se la daría en posesión, y a su descendencia después de él, cuando él aún no tenía hijo. ⁶ Y le dijo Dios así: Que su descendencia sería extranjera en tierra ajena, y que los reducirían a servidumbre y los maltratarían, por cuatrocientos años. ⁷ Mas yo

juzgaré, dijo Dios, a la nación de la cual serán siervos; y después de esto saldrán y me servirán en este lugar. ⁸ Y le dio el pacto de la circuncisión; y así Abraham engendró a Isaac, y le circuncidó al octavo día; e Isaac a Jacob, y Jacob a los doce patriarcas. ⁹ Los patriarcas, movidos por envidia, vendieron a José para Egipto; pero Dios estaba con él, ¹⁰ y le libró de todas sus tribulaciones, y le dio gracia y sabiduría delante de Faraón rey de Egipto, el cual lo puso por gobernador sobre Egipto y sobre toda su casa. ¹¹ Vino entonces hambre en toda la tierra de Egipto y de Canaán, y grande tribulación; y nuestros padres no hallaban alimentos. ¹² Cuando oyó Jacob que había trigo en Egipto, envió a nuestros padres la primera vez. ¹³ Y en la segunda, José se dio a conocer a sus hermanos, y fue manifestado a Faraón el linaje de José. ¹⁴ Y enviando José, hizo venir a su padre Jacob, y a toda su parentela, en número de setenta y cinco personas. ¹⁵ Así descendió Jacob a Egipto, donde murió él, y también nuestros padres; ¹⁶ los cuales fueron trasladados a Siquem, y puestos en el sepulcro que a precio de dinero compró Abraham de los hijos de Hamor en Siquem.

¹⁷ Pero cuando se acercaba el tiempo de la promesa, que Dios había jurado a Abraham, el pueblo creció y se multiplicó en Egipto, ¹⁸ hasta que se levantó en Egipto otro rey que no conocía a José. ¹⁹ Este rey, usando de astucia con nuestro pueblo, maltrató a nuestros padres, a fin de que expusiesen a la muerte a sus niños, para que no se propagasen. ²⁰ En aquel mismo tiempo nació Moisés, y fue agradable a Dios; y fue criado tres meses en casa de su padre. ²¹ Pero siendo expuesto a la muerte, la hija de Faraón le recogió y le crió como a hijo suyo. ²² Y fue enseñado Moisés en toda la sabiduría de los egipcios; y era poderoso en sus palabras y obras.

²³ Cuando hubo cumplido la edad de cuarenta años, le vino al corazón el visitar a sus hermanos, los hijos de Israel. ²⁴ Y al ver a uno que era maltratado, lo defendió, e hiriendo al egipcio, vengó al oprimido. ²⁵ Pero él pensaba que sus hermanos comprendían que Dios les daría libertad por mano suya; mas ellos no lo habían entendido así. ²⁶ Y al día siguiente, se presentó a unos de ellos que reñían, y los ponía en paz, diciendo: Varones, hermanos sois, ¿por qué os maltratáis el uno al otro? ²⁷ Entonces el que maltrataba a su prójimo le rechazó,

diciendo: ¿Quién te ha puesto por gobernante y juez sobre nosotros? ²⁸ ¿Quieres tú matarme, como mataste ayer al egipcio? ²⁹ Al oír esta palabra, Moisés huyó, y vivió como extranjero en tierra de Madián, donde engendró dos hijos.

³⁰ Pasados cuarenta años, un ángel se le apareció en el desierto del monte Sinaí, en la llama de fuego de una zarza. ³¹ Entonces Moisés, mirando, se maravilló de la visión; y acercándose para observar, vino a él la voz del Señor: ³² Yo soy el Dios de tus padres, el Dios de Abraham, el Dios de Isaac, y el Dios de Jacob. Y Moisés, temblando, no se atrevía a mirar. ³³ Y le dijo el Señor: Quita el calzado de tus pies, porque el lugar en que estás es tierra santa. ³⁴ Ciertamente he visto la aflicción de mi pueblo que está en Egipto, y he oído su gemido, y he descendido para librarlos. Ahora, pues, ven, te enviaré a Egipto.

³⁵ A este Moisés, a quien habían rechazado, diciendo: ¿Quién te ha puesto por gobernante y juez?, a éste lo envió Dios como gobernante y libertador por mano del ángel que se le apareció en la zarza. ³⁶ Éste los sacó, habiendo hecho prodigios y señales en tierra de Egipto, y en el Mar Rojo, y en el desierto por cuarenta años.

³⁷ Este Moisés es el que dijo a los hijos de Israel: Profeta os levantará el Señor vuestro Dios de entre vuestros hermanos, como a mí; a él oiréis. ³⁸ Éste es aquel Moisés que estuvo en la congregación en el desierto con el ángel que le hablaba en el monte Sinaí, y con nuestros padres, y que recibió palabras de vida que darnos; ³⁹ al cual nuestros padres no quisieron obedecer, sino que le desecharon, y en sus corazones se volvieron a Egipto, ⁴⁰ cuando dijeron a Aarón: Haznos dioses que vayan delante de nosotros; porque a este Moisés, que nos sacó de la tierra de Egipto, no sabemos qué le haya acontecido. ⁴¹ Entonces hicieron un becerro, y ofrecieron sacrificio al ídolo, y en las obras de sus manos se regocijaron. ⁴² Y Dios se apartó, y los entregó a que rindiesen culto al ejército del cielo; como está escrito en el libro de los profetas:
¿Acaso me ofrecisteis víctimas y sacrificios
En el desierto por cuarenta años, casa de Israel?
⁴³ Antes bien llevasteis el tabernáculo de Moloc,
Y la estrella de vuestro dios Renfán,
Figuras que os hicisteis para adorarlas.
Os transportaré, pues, más allá de Babilonia.
⁴⁴ Tuvieron nuestros padres el

tabernáculo del testimonio en el desierto, como había ordenado Dios cuando dijo a Moisés que lo hiciese conforme al modelo que había visto. ⁴⁵ El cual, recibido a su vez por nuestros padres, lo introdujeron con Josué al tomar posesión de la tierra de los gentiles, a los cuales Dios arrojó de la presencia de nuestros padres, hasta los días de David. ⁴⁶ Éste halló gracia delante de Dios, y pidió proveer tabernáculo para el Dios de Jacob. ⁴⁷ Mas Salomón le edificó casa; ⁴⁸ si bien el Altísimo no habita en templos hechos de mano, como dice el profeta:
⁴⁹ El cielo es mi trono,
Y la tierra el estrado de mis pies.
¿Qué casa me edificaréis? dice el Señor;
¿O cuál es el lugar de mi reposo?
⁵⁰ ¿No hizo mi mano todas estas cosas?

⁵¹ ¡Duros de cerviz, e incircuncisos de corazón y de oídos! Vosotros resistís siempre al Espíritu Santo; como vuestros padres, así también vosotros. ⁵² ¿A cuál de los profetas no persiguieron vuestros padres? Y mataron a los que anunciaron de antemano la venida del Justo, de quien vosotros ahora habéis sido entregadores y matadores; ⁵³ vosotros que recibisteis la ley por disposición de ángeles, y no la guardasteis.

⁵⁴ Oyendo estas cosas, se enfurecían en sus corazones, y crujían los dientes contra él. ⁵⁵ Pero Esteban, lleno del Espíritu Santo, puestos los ojos en el cielo, vio la gloria de Dios, y a Jesús que estaba a la diestra de Dios, ⁵⁶ y dijo: He aquí, veo los cielos abiertos, y al Hijo del Hombre que está a la diestra de Dios. ⁵⁷ Entonces ellos, dando grandes voces, se taparon los oídos, y arremetieron a una contra él. ⁵⁸ Y echándole fuera de la ciudad, le apedrearon; y los testigos pusieron sus ropas a los pies de un joven que se llamaba Saulo. ⁵⁹ Y apedreaban a Esteban, mientras él invocaba y decía: Señor Jesús, recibe mi espíritu. ⁶⁰ Y puesto de rodillas, clamó a gran voz: Señor, no les tomes en cuenta este pecado. Y habiendo dicho esto, durmió.

Saulo persigue a la iglesia

8 Y Saulo consentía en su muerte. En aquel día hubo una gran persecución contra la iglesia que estaba en Jerusalén; y todos fueron esparcidos por las tierras de Judea y de Samaria, salvo los apóstoles. ² Y hombres piadosos llevaron a enterrar a Esteban, e hicieron gran llanto sobre él. ³ Y Saulo asolaba la iglesia, y entrando casa por casa, arrastraba a hombres y a mujeres, y los entregaba en la cárcel.

Predicación del evangelio en Samaria

⁴ Pero los que fueron esparcidos iban por todas partes anunciando el evangelio. ⁵ Entonces Felipe, descendiendo a la ciudad de Samaria, les predicaba a Cristo. ⁶ Y la gente, unánime, escuchaba atentamente las cosas que decía Felipe, oyendo y viendo las señales que hacía. ⁷ Porque de muchos que tenían espíritus inmundos, salían éstos dando grandes voces; y muchos paralíticos y cojos eran sanados; ⁸ así que había gran gozo en aquella ciudad.

⁹ Pero había un hombre llamado Simón, que antes ejercía la magia en aquella ciudad, y había engañado a la gente de Samaria, haciéndose pasar por algún grande. ¹⁰ A éste oían atentamente todos, desde el más pequeño hasta el más grande, diciendo: Éste es el gran poder de Dios. ¹¹ Y le estaban atentos, porque con sus artes mágicas les había engañado mucho tiempo. ¹² Pero cuando creyeron a Felipe, que anunciaba el evangelio del reino de Dios y el nombre de Jesucristo, se bautizaban hombres y mujeres. ¹³ También creyó Simón mismo, y habiéndose bautizado, estaba siempre con Felipe; y viendo las señales y grandes milagros que se hacían, estaba atónito.

¹⁴ Cuando los apóstoles que estaban en Jerusalén oyeron que Samaria había recibido la palabra de Dios, enviaron allá a Pedro y a Juan; ¹⁵ los cuales, habiendo venido, oraron por ellos para que recibiesen el Espíritu Santo; ¹⁶ porque aún no había descendido sobre ninguno de ellos, sino que solamente habían sido bautizados en el nombre de Jesús. ¹⁷ Entonces les imponían las manos, y recibían el Espíritu Santo. ¹⁸ Cuando vio Simón que por la imposición de las manos de los apóstoles se daba el Espíritu Santo, les ofreció dinero, ¹⁹ diciendo: Dadme también a mí este poder, para que cualquiera a quien yo impusiere las manos reciba el Espíritu Santo. ²⁰ Entonces Pedro le dijo: Tu dinero perezca contigo, porque has pensado que el don de Dios se obtiene con dinero. ²¹ No tienes tú parte ni suerte en este asunto, porque tu corazón no es recto delante de Dios. ²² Arrepiéntete, pues, de esta tu maldad, y ruega a Dios, si quizá te sea perdonado el pensamiento de tu corazón; ²³ porque en hiel de amargura y en prisión de maldad veo que estás. ²⁴ Respondiendo entonces Simón, dijo: Rogad vosotros por mí al Señor, para que nada de esto que habéis dicho venga sobre mí.

²⁵ Y ellos, habiendo testificado y hablado la palabra de Dios, se volvieron a Jerusalén, y en muchas poblaciones de los samaritanos anunciaron el evangelio.

Felipe y el etíope

²⁶ Un ángel del Señor habló a Felipe, diciendo: Levántate y ve hacia el sur, por el camino que desciende de Jerusalén a Gaza, el cual es desierto. ²⁷ Entonces él se levantó y fue. Y sucedió que un etíope, eunuco, funcionario de Candace reina de los etíopes, el cual estaba sobre todos sus tesoros, y había venido a Jerusalén para adorar, ²⁸ volvía sentado en su carro, y leyendo al profeta Isaías. ²⁹ Y el Espíritu dijo a Felipe: Acércate y júntate a ese carro. ³⁰ Acudiendo Felipe, le oyó que leía al profeta Isaías, y dijo: Pero ¿entiendes lo que lees? ³¹ Él dijo: ¿Y cómo podré, si alguno no me enseñare? Y rogó a Felipe que subiese y se sentara con él. ³² El pasaje de la Escritura que leía era éste:

Como oveja a la muerte fue llevado;
Y como cordero mudo delante del que lo trasquila,
Así no abrió su boca.
³³ En su humillación no se le hizo justicia;
Mas su generación, ¿quién la contará?

Porque fue quitada de la tierra su vida.
³⁴ Respondiendo el eunuco, dijo a Felipe: Te ruego que me digas: ¿de quién dice el profeta esto; de sí mismo, o de algún otro? ³⁵ Entonces Felipe, abriendo su boca, y comenzando desde esta escritura, le anunció el evangelio de Jesús. ³⁶ Y yendo por el camino, llegaron a cierta agua, y dijo el eunuco: Aquí hay agua; ¿qué impide que yo sea bautizado? ³⁷ Felipe dijo: Si crees de todo corazón, bien puedes. Y respondiendo, dijo: Creo que Jesucristo es el Hijo de Dios. ³⁸ Y mandó parar el carro; y descendieron ambos al agua, Felipe y el eunuco, y le bautizó. ³⁹ Cuando subieron del agua, el Espíritu del Señor arrebató a Felipe; y el eunuco no le vio más, y siguió gozoso su camino. ⁴⁰ Pero Felipe se encontró en Azoto; y pasando, anunciaba el evangelio en todas las ciudades, hasta que llegó a Cesarea.

Conversión de Saulo
(Hch. 22.6-16; 26.12-18)

9 Saulo, respirando aún amenazas y muerte contra los discípulos del Señor, vino al sumo sacerdote, ² y le pidió cartas para las sinagogas de Damasco, a fin de que si hallase algunos hombres o mujeres de este Camino, los trajese presos a Jerusalén.

³ Mas yendo por el camino, aconteció que al llegar cerca de Damasco, repentinamente le rodeó un resplandor de luz del cielo; ⁴ y cayendo en tierra, oyó una voz que le decía: Saulo, Saulo, ¿por qué me persigues? ⁵ Él dijo: ¿Quién eres, Señor? Y le dijo: Yo soy Jesús, a quien tú persigues; dura cosa te es dar coces contra el aguijón. ⁶ Él, temblando y temeroso, dijo: Señor, ¿qué quieres que yo haga? Y el Señor le dijo: Levántate y entra en la ciudad, y se te dirá lo que debes hacer. ⁷ Y los hombres que iban con Saulo se pararon atónitos, oyendo a la verdad la voz, mas sin ver a nadie. ⁸ Entonces Saulo se levantó de tierra, y abriendo los ojos, no veía a nadie; así que, llevándole por la mano, le metieron en Damasco, ⁹ donde estuvo tres días sin ver, y no comió ni bebió.

¹⁰ Había entonces en Damasco un discípulo llamado Ananías, a quien el Señor dijo en visión: Ananías. Y él respondió: Heme aquí, Señor. ¹¹ Y el Señor le dijo: Levántate, y ve a la calle que se llama Derecha, y busca en casa de Judas a uno llamado Saulo, de Tarso; porque he aquí, él ora, ¹² y ha visto en visión a un varón llamado Ananías, que entra y le pone las manos encima para que recobre la vista. ¹³ Entonces Ananías respondió: Señor, he oído de muchos acerca de este hombre, cuántos males ha hecho a tus santos en Jerusalén; ¹⁴ y aun aquí tiene autoridad de los principales sacerdotes para prender a todos los que invocan tu nombre. ¹⁵ El Señor le dijo: Ve, porque instrumento escogido me es éste, para llevar mi nombre en presencia de los gentiles, y de reyes, y de los hijos de Israel; ¹⁶ porque yo le mostraré cuánto le es necesario padecer por mi nombre. ¹⁷ Fue entonces Ananías y entró en la casa, y poniendo sobre él las manos, dijo: Hermano Saulo, el Señor Jesús, que se te apareció en el camino por donde venías, me ha enviado para que recibas la vista y seas lleno del Espíritu Santo. ¹⁸ Y al momento le cayeron de los ojos como escamas, y recibió al instante la vista; y levantándose, fue bautizado. ¹⁹ Y habiendo tomado alimento, recobró fuerzas. Y estuvo Saulo por algunos días con los discípulos que estaban en Damasco.

Saulo predica en Damasco

²⁰ En seguida predicaba a Cristo en las sinagogas, diciendo que éste era el Hijo de Dios. ²¹ Y todos los que le oían estaban atónitos, y decían: ¿No es éste el que asolaba en Jerusalén a los que invocaban este nombre, y a eso vino acá, para llevarlos presos ante los principales sacerdotes? ²² Pero

Saulo mucho más se esforzaba, y confundía a los judíos que moraban en Damasco, demostrando que Jesús era el Cristo.

Saulo escapa de los judíos

²³ Pasados muchos días, los judíos resolvieron en consejo matarle; ²⁴ pero sus asechanzas llegaron a conocimiento de Saulo. Y ellos guardaban las puertas de día y de noche para matarle. ²⁵ Entonces los discípulos, tomándole de noche, le bajaron por el muro, descolgándole en una canasta.

Saulo en Jerusalén

²⁶ Cuando llegó a Jerusalén, trataba de juntarse con los discípulos; pero todos le tenían miedo, no creyendo que fuese discípulo. ²⁷ Entonces Bernabé, tomándole, lo trajo a los apóstoles, y les contó cómo Saulo había visto en el camino al Señor, el cual le había hablado, y cómo en Damasco había hablado valerosamente en el nombre de Jesús. ²⁸ Y estaba con ellos en Jerusalén; y entraba y salía, ²⁹ y hablaba denodadamente en el nombre del Señor, y disputaba con los griegos; pero éstos procuraban matarle. ³⁰ Cuando supieron esto los hermanos, le llevaron hasta Cesarea, y le enviaron a Tarso.

³¹ Entonces las iglesias tenían paz por toda Judea, Galilea y Samaria; y eran edificadas, andando en el temor del Señor, y se acrecentaban fortalecidas por el Espíritu Santo.

Curación de Eneas

³² Aconteció que Pedro, visitando a todos, vino también a los santos que habitaban en Lida. ³³ Y halló allí a uno que se llamaba Eneas, que hacía ocho años que estaba en cama, pues era paralítico. ³⁴ Y le dijo Pedro: Eneas, Jesucristo te sana; levántate, y haz tu cama. Y en seguida se levantó. ³⁵ Y le vieron todos los que habitaban en Lida y en Sarón, los cuales se convirtieron al Señor.

Dorcas es resucitada

³⁶ Había entonces en Jope una discípula llamada Tabita, que traducido quiere decir, Dorcas. Ésta abundaba en buenas obras y en limosnas que hacía. ³⁷ Y aconteció que en aquellos días enfermó y murió. Después de lavada, la pusieron en una sala. ³⁸ Y como Lida estaba cerca de Jope, los discípulos, oyendo que Pedro estaba allí, le enviaron dos hombres, a rogarle: No tardes en venir a nosotros. ³⁹ Levantándose entonces Pedro, fue con ellos; y cuando llegó, le llevaron a la sala, donde le rodearon todas las viudas, llorando y mostrando las túnicas y los vestidos que Dorcas hacía cuando estaba con ellas.

⁴⁰ Entonces, sacando a todos, Pedro se puso de rodillas y oró; y volviéndose al cuerpo, dijo: Tabita, levántate. Y ella abrió los ojos, y al ver a Pedro, se incorporó. ⁴¹ Y él, dándole la mano, la levantó; entonces, llamando a los santos y a las viudas, la presentó viva. ⁴² Esto fue notorio en toda Jope, y muchos creyeron en el Señor. ⁴³ Y aconteció que se quedó muchos días en Jope en casa de un cierto Simón, curtidor.

Pedro y Cornelio

10 Había en Cesarea un hombre llamado Cornelio, centurión de la compañía llamada la Italiana, ² piadoso y temeroso de Dios con toda su casa, y que hacía muchas limosnas al pueblo, y oraba a Dios siempre. ³ Éste vio claramente en una visión, como a la hora novena del día, que un ángel de Dios entraba donde él estaba, y le decía: Cornelio. ⁴ Él, mirándole fijamente, y atemorizado, dijo: ¿Qué es, Señor? Y le dijo: Tus oraciones y tus limosnas han subido para memoria delante de Dios. ⁵ Envía, pues, ahora hombres a Jope, y haz venir a Simón, el que tiene por sobrenombre Pedro. ⁶ Éste posa en casa de cierto Simón curtidor, que tiene su casa junto al mar; él te dirá lo que es necesario que hagas. ⁷ Ido el ángel que hablaba con Cornelio, éste llamó a dos de sus criados, y a un devoto soldado de los que le asistían; ⁸ a los cuales envió a Jope, después de haberles contado todo.

⁹ Al día siguiente, mientras ellos iban por el camino y se acercaban a la ciudad, Pedro subió a la azotea para orar, cerca de la hora sexta. ¹⁰ Y tuvo gran hambre, y quiso comer; pero mientras le preparaban algo, le sobrevino un éxtasis; ¹¹ y vio el cielo abierto, y que descendía algo semejante a un gran lienzo, que atado de las cuatro puntas era bajado a la tierra; ¹² en el cual había de todos los cuadrúpedos terrestres y reptiles y aves del cielo. ¹³ Y le vino una voz: Levántate, Pedro, mata y come. ¹⁴ Entonces Pedro dijo: Señor, no; porque ninguna cosa común o inmunda he comido jamás. ¹⁵ Volvió la voz a él la segunda vez: Lo que Dios limpió, no lo llames tú común. ¹⁶ Esto se hizo tres veces; y aquel lienzo volvió a ser recogido en el cielo.

¹⁷ Y mientras Pedro estaba perplejo dentro de sí sobre lo que significaría la visión que había visto, he aquí los hombres que habían sido enviados por Cornelio, los cuales, preguntando por la casa de Simón, llegaron a la puerta. ¹⁸ Y llamando, preguntaron si moraba allí un Simón que tenía por sobrenombre

Pedro. ¹⁹ Y mientras Pedro pensaba en la visión, le dijo el Espíritu: He aquí, tres hombres te buscan. ²⁰ Levántate, pues, y desciende y no dudes de ir con ellos, porque yo los he enviado. ²¹ Entonces Pedro, descendiendo a donde estaban los hombres que fueron enviados por Cornelio, les dijo: He aquí, yo soy el que buscáis; ¿cuál es la causa por la que habéis venido? ²² Ellos dijeron: Cornelio el centurión, varón justo y temeroso de Dios, y que tiene buen testimonio en toda la nación de los judíos, ha recibido instrucciones de un santo ángel, de hacerte venir a su casa para oír tus palabras. ²³ Entonces, haciéndoles entrar, los hospedó. Y al día siguiente, levantándose, se fue con ellos; y le acompañaron algunos de los hermanos de Jope.

²⁴ Al otro día entraron en Cesarea. Y Cornelio los estaba esperando, habiendo convocado a sus parientes y amigos más íntimos. ²⁵ Cuando Pedro entró, salió Cornelio a recibirle, y postrándose a sus pies, adoró. ²⁶ Mas Pedro le levantó, diciendo: Levántate, pues yo mismo también soy hombre. ²⁷ Y hablando con él, entró, y halló a muchos que se habían reunido. ²⁸ Y les dijo: Vosotros sabéis cuán abominable es para un varón judío juntarse o acercarse a un extranjero; pero a mí me ha mostrado Dios que a ningún hombre llame común o inmundo; ²⁹ por lo cual, al ser llamado, vine sin replicar. Así que pregunto: ¿Por qué causa me habéis hecho venir?

³⁰ Entonces Cornelio dijo: Hace cuatro días que a esta hora yo estaba en ayunas; y a la hora novena, mientras oraba en mi casa, vi que se puso delante de mí un varón con vestido resplandeciente, ³¹ y dijo: Cornelio, tu oración ha sido oída, y tus limosnas han sido recordadas delante de Dios. ³² Envía, pues, a Jope, y haz venir a Simón el que tiene por sobrenombre Pedro, el cual mora en casa de Simón, un curtidor, junto al mar; y cuando llegue, él te hablará. ³³ Así que luego envié por ti; y tú has hecho bien en venir. Ahora, pues, todos nosotros estamos aquí en la presencia de Dios, para oír todo lo que Dios te ha mandado.

³⁴ Entonces Pedro, abriendo la boca, dijo: En verdad comprendo que Dios no hace acepción de personas, ³⁵ sino que en toda nación se agrada del que le teme y hace justicia. ³⁶ Dios envió mensaje a los hijos de Israel, anunciando el evangelio de la paz por medio de Jesucristo; éste es Señor de todos. ³⁷ Vosotros sabéis lo que se divulgó por toda Judea, comenzando

desde Galilea, después del bautismo que predicó Juan: [38] cómo Dios ungió con el Espíritu Santo y con poder a Jesús de Nazaret, y cómo éste anduvo haciendo bienes y sanando a todos los oprimidos por el diablo, porque Dios estaba con él. [39] Y nosotros somos testigos de todas las cosas que Jesús hizo en la tierra de Judea y en Jerusalén; a quien mataron colgándole en un madero. [40] A éste levantó Dios al tercer día, e hizo que se manifestase; [41] no a todo el pueblo, sino a los testigos que Dios había ordenado de antemano, a nosotros que comimos y bebimos con él después que resucitó de los muertos. [42] Y nos mandó que predicásemos al pueblo, y testificásemos que él es el que Dios ha puesto por Juez de vivos y muertos. [43] De éste dan testimonio todos los profetas, que todos los que en él creyeren, recibirán perdón de pecados por su nombre.

[44] Mientras aún hablaba Pedro estas palabras, el Espíritu Santo cayó sobre todos los que oían el discurso. [45] Y los fieles de la circuncisión que habían venido con Pedro se quedaron atónitos de que también sobre los gentiles se derramase el don del Espíritu Santo. [46] Porque los oían que hablaban en lenguas, y que magnificaban a Dios. [47] Entonces respondió Pedro: ¿Puede acaso alguno impedir el agua, para que no sean bautizados estos que han recibido el Espíritu Santo también como nosotros? [48] Y mandó bautizarles en el nombre del Señor Jesús. Entonces le rogaron que se quedase por algunos días.

Informe de Pedro a la iglesia de Jerusalén

11 Oyeron los apóstoles y los hermanos que estaban en Judea, que también los gentiles habían recibido la palabra de Dios. [2] Y cuando Pedro subió a Jerusalén, disputaban con él los que eran de la circuncisión, [3] diciendo: ¿Por qué has entrado en casa de hombres incircuncisos, y has comido con ellos? [4] Entonces comenzó Pedro a contarles por orden lo sucedido, diciendo: [5] Estaba yo en la ciudad de Jope orando, y vi en éxtasis una visión; algo semejante a un gran lienzo que descendía, que por las cuatro puntas era bajado del cielo y venía hasta mí. [6] Cuando fijé en él los ojos, consideré y vi cuadrúpedos terrestres, y fieras, y reptiles, y aves del cielo. [7] Y oí una voz que me decía: Levántate, Pedro, mata y come. [8] Y dije: Señor, no; porque ninguna cosa común o inmunda entró jamás en mi boca. [9] Entonces la voz me respondió del cielo por segunda vez: Lo que Dios limpió, no lo llames tú común.

¹⁰ Y esto se hizo tres veces, y volvió todo a ser llevado arriba al cielo. ¹¹ Y he aquí, luego llegaron tres hombres a la casa donde yo estaba, enviados a mí desde Cesarea. ¹² Y el Espíritu me dijo que fuese con ellos sin dudar. Fueron también conmigo estos seis hermanos, y entramos en casa de un varón, ¹³ quien nos contó cómo había visto en su casa un ángel, que se puso en pie y le dijo: Envía hombres a Jope, y haz venir a Simón, el que tiene por sobrenombre Pedro; ¹⁴ él te hablará palabras por las cuales serás salvo tú, y toda tu casa. ¹⁵ Y cuando comencé a hablar, cayó el Espíritu Santo sobre ellos también, como sobre nosotros al principio. ¹⁶ Entonces me acordé de lo dicho por el Señor, cuando dijo: Juan ciertamente bautizó en agua, mas vosotros seréis bautizados con el Espíritu Santo. ¹⁷ Si Dios, pues, les concedió también el mismo don que a nosotros que hemos creído en el Señor Jesucristo, ¿quién era yo que pudiese estorbar a Dios? ¹⁸ Entonces, oídas estas cosas, callaron, y glorificaron a Dios, diciendo: ¡De manera que también a los gentiles ha dado Dios arrepentimiento para vida!

La iglesia en Antioquía

¹⁹ Ahora bien, los que habían sido esparcidos a causa de la persecución que hubo con motivo de Esteban, pasaron hasta Fenicia, Chipre y Antioquía, no hablando a nadie la palabra, sino sólo a los judíos. ²⁰ Pero había entre ellos unos varones de Chipre y de Cirene, los cuales, cuando entraron en Antioquía, hablaron también a los griegos, anunciando el evangelio del Señor Jesús. ²¹ Y la mano del Señor estaba con ellos, y gran número creyó y se convirtió al Señor. ²² Llegó la noticia de estas cosas a oídos de la iglesia que estaba en Jerusalén; y enviaron a Bernabé que fuese hasta Antioquía. ²³ Éste, cuando llegó, y vio la gracia de Dios, se regocijó, y exhortó a todos a que con propósito de corazón permaneciesen fieles al Señor. ²⁴ Porque era varón bueno, y lleno del Espíritu Santo y de fe. Y una gran multitud fue agregada al Señor. ²⁵ Después fue Bernabé a Tarso para buscar a Saulo; y hallándole, le trajo a Antioquía. ²⁶ Y se congregaron allí todo un año con la iglesia, y enseñaron a mucha gente; y a los discípulos se les llamó cristianos por primera vez en Antioquía.

²⁷ En aquellos días unos profetas descendieron de Jerusalén a Antioquía. ²⁸ Y levantándose uno de ellos, llamado Agabo, daba a entender por el Espíritu, que vendría una gran hambre en toda la tierra habitada; la cual sucedió en

tiempo de Claudio. [29] Entonces los discípulos, cada uno conforme a lo que tenía, determinaron enviar socorro a los hermanos que habitaban en Judea; [30] lo cual en efecto hicieron, enviándolo a los ancianos por mano de Bernabé y de Saulo.

Jacobo, muerto; Pedro, encarcelado

12 En aquel mismo tiempo el rey Herodes echó mano a algunos de la iglesia para maltratarles. [2] Y mató a espada a Jacobo, hermano de Juan. [3] Y viendo que esto había agradado a los judíos, procedió a prender también a Pedro. Eran entonces los días de los panes sin levadura. [4] Y habiéndole tomado preso, le puso en la cárcel, entregándole a cuatro grupos de cuatro soldados cada uno, para que le custodiasen; y se proponía sacarle al pueblo después de la pascua. [5] Así que Pedro estaba custodiado en la cárcel; pero la iglesia hacía sin cesar oración a Dios por él.

Pedro es librado de la cárcel

[6] Y cuando Herodes le iba a sacar, aquella misma noche estaba Pedro durmiendo entre dos soldados, sujeto con dos cadenas, y los guardas delante de la puerta custodiaban la cárcel. [7] Y he aquí que se presentó un ángel del Señor, y una luz resplandeció en la cárcel; y tocando a Pedro en el costado, le despertó, diciendo: Levántate pronto. Y las cadenas se le cayeron de las manos. [8] Le dijo el ángel: Cíñete, y átate las sandalias. Y lo hizo así. Y le dijo: Envuélvete en tu manto, y sígueme. [9] Y saliendo, le seguía; pero no sabía que era verdad lo que hacía el ángel, sino que pensaba que veía una visión. [10] Habiendo pasado la primera y la segunda guardia, llegaron a la puerta de hierro que daba a la ciudad, la cual se les abrió por sí misma; y salidos, pasaron una calle, y luego el ángel se apartó de él. [11] Entonces Pedro, volviendo en sí, dijo: Ahora entiendo verdaderamente que el Señor ha enviado su ángel, y me ha librado de la mano de Herodes, y de todo lo que el pueblo de los judíos esperaba.

[12] Y habiendo considerado esto, llegó a casa de María la madre de Juan, el que tenía por sobrenombre Marcos, donde muchos estaban reunidos orando. [13] Cuando llamó Pedro a la puerta del patio, salió a escuchar una muchacha llamada Rode, [14] la cual, cuando reconoció la voz de Pedro, de gozo no abrió la puerta, sino que corriendo adentro, dio la nueva de que Pedro estaba a la puerta. [15] Y ellos le dijeron: Estás loca. Pero ella aseguraba que así era. Entonces ellos decían: ¡Es su

¡ángel! ¹⁶ Mas Pedro persistía en llamar; y cuando abrieron y le vieron, se quedaron atónitos. ¹⁷ Pero él, haciéndoles con la mano señal de que callasen, les contó cómo el Señor le había sacado de la cárcel. Y dijo: Haced saber esto a Jacobo y a los hermanos. Y salió, y se fue a otro lugar.

¹⁸ Luego que fue de día, hubo no poco alboroto entre los soldados sobre qué había sido de Pedro. ¹⁹ Mas Herodes, habiéndole buscado sin hallarle, después de interrogar a los guardas, ordenó llevarlos a la muerte. Después descendió de Judea a Cesarea y se quedó allí.

Muerte de Herodes

²⁰ Y Herodes estaba enojado contra los de Tiro y de Sidón; pero ellos vinieron de acuerdo ante él, y sobornado Blasto, que era camarero mayor del rey, pedían paz, porque su territorio era abastecido por el del rey. ²¹ Y un día señalado, Herodes, vestido de ropas reales, se sentó en el tribunal y les arengó. ²² Y el pueblo aclamaba gritando: ¡Voz de Dios, y no de hombre! ²³ Al momento un ángel del Señor le hirió, por cuanto no dio la gloria a Dios; y expiró comido de gusanos.
²⁴ Pero la palabra del Señor crecía y se multiplicaba.
²⁵ Y Bernabé y Saulo, cumplido su servicio, volvieron de Jerusalén, llevando también consigo a Juan, el que tenía por sobrenombre Marcos.

Bernabé y Saulo comienzan su primer viaje misionero

13 Había entonces en la iglesia que estaba en Antioquía, profetas y maestros: Bernabé, Simón el que se llamaba Niger, Lucio de Cirene, Manaén el que se había criado junto con Herodes el tetrarca, y Saulo. ² Ministrando éstos al Señor, y ayunando, dijo el Espíritu Santo: Apartadme a Bernabé y a Saulo para la obra a que los he llamado. ³ Entonces, habiendo ayunado y orado, les impusieron las manos y los despidieron.

Los apóstoles predican en Chipre

⁴ Ellos, entonces, enviados por el Espíritu Santo, descendieron a Seleucia, y de allí navegaron a Chipre. ⁵ Y llegados a Salamina, anunciaban la palabra de Dios en las sinagogas de los judíos. Tenían también a Juan de ayudante. ⁶ Y habiendo atravesado toda la isla hasta Pafos, hallaron a cierto mago, falso profeta, judío, llamado Barjesús, ⁷ que estaba con el procónsul Sergio Paulo, varón prudente. Éste, llamando a Bernabé y a Saulo, deseaba oír la palabra de Dios. ⁸ Pero les

resistía Elimas, el mago (pues así se traduce su nombre), procurando apartar de la fe al procónsul. [9] Entonces Saulo, que también es Pablo, lleno del Espíritu Santo, fijando en él los ojos, [10] dijo: ¡Oh, lleno de todo engaño y de toda maldad, hijo del diablo, enemigo de toda justicia! ¿No cesarás de trastornar los caminos rectos del Señor? [11] Ahora, pues, he aquí la mano del Señor está contra ti, y serás ciego, y no verás el sol por algún tiempo. E inmediatamente cayeron sobre él oscuridad y tinieblas; y andando alrededor, buscaba quien le condujese de la mano. [12] Entonces el procónsul, viendo lo que había sucedido, creyó, maravillado de la doctrina del Señor.

Pablo y Bernabé en Antioquía de Pisidia

[13] Habiendo zarpado de Pafos, Pablo y sus compañeros arribaron a Perge de Panfilia; pero Juan, apartándose de ellos, volvió a Jerusalén. [14] Ellos, pasando de Perge, llegaron a Antioquía de Pisidia; y entraron en la sinagoga un día de reposo y se sentaron. [15] Y después de la lectura de la ley y de los profetas, los principales de la sinagoga mandaron a decirles: Varones hermanos, si tenéis alguna palabra de exhortación para el pueblo, hablad. [16] Entonces Pablo, levantándose,

hecha señal de silencio con la mano, dijo:

Varones israelitas, y los que teméis a Dios, oíd: [17] El Dios de este pueblo de Israel escogió a nuestros padres, y enalteció al pueblo, siendo ellos extranjeros en tierra de Egipto, y con brazo levantado los sacó de ella. [18] Y por un tiempo como de cuarenta años los soportó en el desierto; [19] y habiendo destruido siete naciones en la tierra de Canaán, les dio en herencia su territorio. [20] Después, como por cuatrocientos cincuenta años, les dio jueces hasta el profeta Samuel. [21] Luego pidieron rey, y Dios les dio a Saúl hijo de Cis, varón de la tribu de Benjamín, por cuarenta años. [22] Quitado éste, les levantó por rey a David, de quien dio también testimonio diciendo: He hallado a David hijo de Isaí, varón conforme a mi corazón, quien hará todo lo que yo quiero. [23] De la descendencia de éste, y conforme a la promesa, Dios levantó a Jesús por Salvador a Israel. [24] Antes de su venida, predicó Juan el bautismo de arrepentimiento a todo el pueblo de Israel. [25] Mas cuando Juan terminaba su carrera, dijo: ¿Quién pensáis que soy? No soy yo él; mas he aquí viene tras mí uno de quien no soy digno de desatar el calzado de los pies.

²⁶ Varones hermanos, hijos del linaje de Abraham, y los que entre vosotros teméis a Dios, a vosotros es enviada la palabra de esta salvación. ²⁷ Porque los habitantes de Jerusalén y sus gobernantes, no conociendo a Jesús, ni las palabras de los profetas que se leen todos los días de reposo, las cumplieron al condenarle. ²⁸ Y sin hallar en él causa digna de muerte, pidieron a Pilato que se le matase. ²⁹ Y habiendo cumplido todas las cosas que de él estaban escritas, quitándolo del madero, lo pusieron en el sepulcro. ³⁰ Mas Dios le levantó de los muertos. ³¹ Y él se apareció durante muchos días a los que habían subido juntamente con él de Galilea a Jerusalén, los cuales ahora son sus testigos ante el pueblo. ³² Y nosotros también os anunciamos el evangelio de aquella promesa hecha a nuestros padres, ³³ la cual Dios ha cumplido a los hijos de ellos, a nosotros, resucitando a Jesús; como está escrito también en el salmo segundo: Mi hijo eres tú, yo te he engendrado hoy. ³⁴ Y en cuanto a que le levantó de los muertos para nunca más volver a corrupción, lo dijo así: Os daré las misericordias fieles de David. ³⁵ Por eso dice también en otro salmo: No permitirás que tu Santo vea corrupción. ³⁶ Porque a la verdad David, habiendo servido a su propia generación según la voluntad de Dios, durmió, y fue reunido con sus padres, y vio corrupción. ³⁷ Mas aquel a quien Dios levantó, no vio corrupción. ³⁸ Sabed, pues, esto, varones hermanos: que por medio de él se os anuncia perdón de pecados, ³⁹ y que de todo aquello de que por la ley de Moisés no pudisteis ser justificados, en él es justificado todo aquel que cree. ⁴⁰ Mirad, pues, que no venga sobre vosotros lo que está dicho en los profetas:

⁴¹ Mirad, oh menospreciadores, y asombraos, y desapareced;
Porque yo hago una obra en vuestros días,
Obra que no creeréis, si alguien os la contare.

⁴² Cuando salieron ellos de la sinagoga de los judíos, los gentiles les rogaron que el siguiente día de reposo les hablasen de estas cosas. ⁴³ Y despedida la congregación, muchos de los judíos y de los prosélitos piadosos siguieron a Pablo y a Bernabé, quienes hablándoles, les persuadían a que perseverasen en la gracia de Dios.

⁴⁴ El siguiente día de reposo se juntó casi toda la ciudad para oír la palabra de Dios. ⁴⁵ Pero viendo los judíos la muchedumbre, se llenaron de celos, y rebatían lo que Pablo decía, contradici-

endo y blasfemando. ⁴⁶ Entonces Pablo y Bernabé, hablando con denuedo, dijeron: A vosotros a la verdad era necesario que se os hablase primero la palabra de Dios; mas puesto que la desecháis, y no os juzgáis dignos de la vida eterna, he aquí, nos volvemos a los gentiles. ⁴⁷ Porque así nos ha mandado el Señor, diciendo:

Te he puesto para luz de los gentiles,

A fin de que seas para salvación hasta lo último de la tierra.

⁴⁸ Los gentiles, oyendo esto, se regocijaban y glorificaban la palabra del Señor, y creyeron todos los que estaban ordenados para vida eterna. ⁴⁹ Y la palabra del Señor se difundía por toda aquella provincia. ⁵⁰ Pero los judíos instigaron a mujeres piadosas y distinguidas, y a los principales de la ciudad, y levantaron persecución contra Pablo y Bernabé, y los expulsaron de sus límites. ⁵¹ Ellos entonces, sacudiendo contra ellos el polvo de sus pies, llegaron a Iconio. ⁵² Y los discípulos estaban llenos de gozo y del Espíritu Santo.

Pablo y Bernabé en Iconio

14 Aconteció en Iconio que entraron juntos en la sinagoga de los judíos, y hablaron de tal manera que creyó una gran multitud de judíos, y asimismo de griegos. ² Mas los judíos que no creían excitaron y corrompieron los ánimos de los gentiles contra los hermanos. ³ Por tanto, se detuvieron allí mucho tiempo, hablando con denuedo, confiados en el Señor, el cual daba testimonio a la palabra de su gracia, concediendo que se hiciesen por las manos de ellos señales y prodigios. ⁴ Y la gente de la ciudad estaba dividida: unos estaban con los judíos, y otros con los apóstoles. ⁵ Pero cuando los judíos y los gentiles, juntamente con sus gobernantes, se lanzaron a afrentarlos y apedrearlos, ⁶ habiéndolo sabido, huyeron a Listra y Derbe, ciudades de Licaonia, y a toda la región circunvecina, ⁷ y allí predicaban el evangelio.

Pablo es apedreado en Listra

⁸ Y cierto hombre de Listra estaba sentado, imposibilitado de los pies, cojo de nacimiento, que jamás había andado. ⁹ Éste oyó hablar a Pablo, el cual, fijando en él sus ojos, y viendo que tenía fe para ser sanado, ¹⁰ dijo a gran voz: Levántate derecho sobre tus pies. Y él saltó, y anduvo. ¹¹ Entonces la gente, visto lo que Pablo había hecho, alzó la voz, diciendo en lengua licaónica: Dioses bajo la semejanza de hombres han descendido a nosotros. ¹² Y a Bernabé llamaban Júpiter, y a Pablo,

Mercurio, porque éste era el que llevaba la palabra. 13 Y el sacerdote de Júpiter, cuyo templo estaba frente a la ciudad, trajo toros y guirnaldas delante de las puertas, y juntamente con la muchedumbre quería ofrecer sacrificios. 14 Cuando lo oyeron los apóstoles Bernabé y Pablo, rasgaron sus ropas, y se lanzaron entre la multitud, dando voces 15 y diciendo: Varones, ¿por qué hacéis esto? Nosotros también somos hombres semejantes a vosotros, que os anunciamos que de estas vanidades os convirtáis al Dios vivo, que hizo el cielo y la tierra, el mar, y todo lo que en ellos hay. 16 En las edades pasadas él ha dejado a todas las gentes andar en sus propios caminos; 17 si bien no se dejó a sí mismo sin testimonio, haciendo bien, dándonos lluvias del cielo y tiempos fructíferos, llenando de sustento y de alegría nuestros corazones. 18 Y diciendo estas cosas, difícilmente lograron impedir que la multitud les ofreciese sacrificio.

19 Entonces vinieron unos judíos de Antioquía y de Iconio, que persuadieron a la multitud, y habiendo apedreado a Pablo, le arrastraron fuera de la ciudad, pensando que estaba muerto. 20 Pero rodeándole los discípulos, se levantó y entró en la ciudad; y al día siguiente salió con Bernabé para Derbe. 21 Y después de anunciar el evangelio a aquella ciudad y de hacer muchos discípulos, volvieron a Listra, a Iconio y a Antioquía, 22 confirmando los ánimos de los discípulos, exhortándoles a que permaneciesen en la fe, y diciéndoles: Es necesario que a través de muchas tribulaciones entremos en el reino de Dios. 23 Y constituyeron ancianos en cada iglesia, y habiendo orado con ayunos, los encomendaron al Señor en quien habían creído.

El regreso a Antioquía de Siria

24 Pasando luego por Pisidia, vinieron a Panfilia. 25 Y habiendo predicado la palabra en Perge, descendieron a Atalia. 26 De allí navegaron a Antioquía, desde donde habían sido encomendados a la gracia de Dios para la obra que habían cumplido. 27 Y habiendo llegado, y reunido a la iglesia, refirieron cuán grandes cosas había hecho Dios con ellos, y cómo había abierto la puerta de la fe a los gentiles. 28 Y se quedaron allí mucho tiempo con los discípulos.

El concilio en Jerusalén

15 Entonces algunos que venían de Judea enseñaban a los hermanos: Si no os circuncidáis conforme al rito de Moisés, no podéis ser salvos. 2 Como Pablo y Bernabé tuviesen una discusión y contienda no pequeña con ellos, se dispuso que subiesen Pablo y Bernabé a Jerusalén, y algunos otros de ellos, a los apóstoles y a los ancianos, para tratar esta cuestión. ³ Ellos, pues, habiendo sido encaminados por la iglesia, pasaron por Fenicia y Samaria, contando la conversión de los gentiles; y causaban gran gozo a todos los hermanos. ⁴ Y llegados a Jerusalén, fueron recibidos por la iglesia y los apóstoles y los ancianos, y refirieron todas las cosas que Dios había hecho con ellos. ⁵ Pero algunos de la secta de los fariseos, que habían creído, se levantaron diciendo: Es necesario circuncidarlos, y mandarles que guarden la ley de Moisés.

⁶ Y se reunieron los apóstoles y los ancianos para conocer de este asunto. ⁷ Y después de mucha discusión, Pedro se levantó y les dijo: Varones hermanos, vosotros sabéis cómo ya hace algún tiempo que Dios escogió que los gentiles oyesen por mi boca la palabra del evangelio y creyesen. ⁸ Y Dios, que conoce los corazones, les dio testimonio, dándoles el Espíritu Santo lo mismo que a nosotros; ⁹ y ninguna diferencia hizo entre nosotros y ellos, purificando por la fe sus corazones. ¹⁰ Ahora, pues, ¿por qué tentáis a Dios, poniendo sobre la cerviz de los discípulos un yugo que ni nuestros padres ni nosotros hemos podido llevar? ¹¹ Antes creemos que por la gracia del Señor Jesús seremos salvos, de igual modo que ellos.

¹² Entonces toda la multitud calló, y oyeron a Bernabé y a Pablo, que contaban cuán grandes señales y maravillas había hecho Dios por medio de ellos entre los gentiles. ¹³ Y cuando ellos callaron, Jacobo respondió diciendo: Varones hermanos, oídme. ¹⁴ Simón ha contado cómo Dios visitó por primera vez a los gentiles, para tomar de ellos pueblo para su nombre. ¹⁵ Y con esto concuerdan las palabras de los profetas, como está escrito:
¹⁶ Después de esto volveré
Y reedificaré el tabernáculo de David, que está caído;
Y repararé sus ruinas,
Y lo volveré a levantar,
¹⁷ Para que el resto de los hombres busque al Señor,
Y todos los gentiles, sobre los cuales es invocado mi nombre,
¹⁸ Dice el Señor, que hace conocer todo esto desde tiempos antiguos.
¹⁹ Por lo cual yo juzgo que no se inquiete a los gentiles que se convierten a Dios, ²⁰ sino que se les escriba que se aparten de las contaminaciones de los ídolos, de fornicación, de ahogado y de sangre. ²¹ Porque Moisés desde tiempos antiguos tiene en cada ciudad quien lo predique en las

sinagogas, donde es leído cada día de reposo.

²² Entonces pareció bien a los apóstoles y a los ancianos, con toda la iglesia, elegir de entre ellos varones y enviarlos a Antioquía con Pablo y Bernabé: a Judas que tenía por sobrenombre Barsabás, y a Silas, varones principales entre los hermanos; ²³ y escribir por conducto de ellos: Los apóstoles y los ancianos y los hermanos, a los hermanos de entre los gentiles que están en Antioquía, en Siria y en Cilicia, salud. ²⁴ Por cuanto hemos oído que algunos que han salido de nosotros, a los cuales no dimos orden, os han inquietado con palabras, perturbando vuestras almas, mandando circuncidaros y guardar la ley, ²⁵ nos ha parecido bien, habiendo llegado a un acuerdo, elegir varones y enviarlos a vosotros con nuestros amados Bernabé y Pablo, ²⁶ hombres que han expuesto su vida por el nombre de nuestro Señor Jesucristo. ²⁷ Así que enviamos a Judas y a Silas, los cuales también de palabra os harán saber lo mismo. ²⁸ Porque ha parecido bien al Espíritu Santo, y a nosotros, no imponeros ninguna carga más que estas cosas necesarias: ²⁹ que os abstengáis de lo sacrificado a ídolos, de sangre, de ahogado y de fornicación; de las cuales co-

sas si os guardareis, bien haréis. Pasadlo bien.

³⁰ Así, pues, los que fueron enviados descendieron a Antioquía, y reuniendo a la congregación, entregaron la carta; ³¹ habiendo leído la cual, se regocijaron por la consolación. ³² Y Judas y Silas, como ellos también eran profetas, consolaron y confirmaron a los hermanos con abundancia de palabras. ³³ Y pasando algún tiempo allí, fueron despedidos en paz por los hermanos, para volver a aquellos que los habían enviado. ³⁴ Mas a Silas le pareció bien el quedarse allí. ³⁵ Y Pablo y Bernabé continuaron en Antioquía, enseñando la palabra del Señor y anunciando el evangelio con otros muchos.

Pablo se separa de Bernabé, y comienza su segundo viaje misionero

³⁶ Después de algunos días, Pablo dijo a Bernabé: Volvamos a visitar a los hermanos en todas las ciudades en que hemos anunciado la palabra del Señor, para ver cómo están. ³⁷ Y Bernabé quería que llevasen consigo a Juan, el que tenía por sobrenombre Marcos; ³⁸ pero a Pablo no le parecía bien llevar consigo al que se había apartado de ellos desde Panfilia, y no había ido con ellos a la obra. ³⁹ Y hubo tal desacuer-

do entre ellos, que se separaron el uno del otro; Bernabé, tomando a Marcos, navegó a Chipre, ⁴⁰ y Pablo, escogiendo a Silas, salió encomendado por los hermanos a la gracia del Señor, ⁴¹ y pasó por Siria y Cilicia, confirmando a las iglesias.

Timoteo acompaña a Pablo y a Silas

16 Después llegó a Derbe y a Listra; y he aquí, había allí cierto discípulo llamado Timoteo, hijo de una mujer judía creyente, pero de padre griego; ² y daban buen testimonio de él los hermanos que estaban en Listra y en Iconio. ³ Quiso Pablo que éste fuese con él; y tomándole, le circuncidó por causa de los judíos que había en aquellos lugares; porque todos sabían que su padre era griego. ⁴ Y al pasar por las ciudades, les entregaban las ordenanzas que habían acordado los apóstoles y los ancianos que estaban en Jerusalén, para que las guardasen. ⁵ Así que las iglesias eran confirmadas en la fe, y aumentaban en número cada día.

La visión del varón macedonio

⁶ Y atravesando Frigia y la provincia de Galacia, les fue prohibido por el Espíritu Santo hablar la palabra en Asia; ⁷ y cuando llegaron a Misia, intentaron ir a Bitinia, pero el Espíritu no se lo permitió. ⁸ Y pasando junto a Misia, descendieron a Troas. ⁹ Y se le mostró a Pablo una visión de noche: un varón macedonio estaba en pie, rogándole y diciendo: Pasa a Macedonia y ayúdanos. ¹⁰ Cuando vio la visión, en seguida procuramos partir para Macedonia, dando por cierto que Dios nos llamaba para que les anunciásemos el evangelio.

Encarcelados en Filipos

¹¹ Zarpando, pues, de Troas, vinimos con rumbo directo a Samotracia, y el día siguiente a Neápolis; ¹² y de allí a Filipos, que es la primera ciudad de la provincia de Macedonia, y una colonia; y estuvimos en aquella ciudad algunos días. ¹³ Y un día de reposo salimos fuera de la puerta, junto al río, donde solía hacerse la oración; y sentándonos, hablamos a las mujeres que se habían reunido. ¹⁴ Entonces una mujer llamada Lidia, vendedora de púrpura, de la ciudad de Tiatira, que adoraba a Dios, estaba oyendo; y el Señor abrió el corazón de ella para que estuviese atenta a lo que Pablo decía. ¹⁵ Y cuando fue bautizada, y su familia, nos rogó diciendo: Si habéis juzgado que yo sea fiel al Señor, entrad en mi casa, y posad. Y nos obligó a quedarnos.

¹⁶ Aconteció que mientras íbamos a la oración, nos salió al

encuentro una muchacha que tenía espíritu de adivinación, la cual daba gran ganancia a sus amos, adivinando. [17] Ésta, siguiendo a Pablo y a nosotros, daba voces, diciendo: Estos hombres son siervos del Dios Altísimo, quienes os anuncian el camino de salvación. [18] Y esto lo hacía por muchos días; mas desagradando a Pablo, éste se volvió y dijo al espíritu: Te mando en el nombre de Jesucristo, que salgas de ella. Y salió en aquella misma hora.

[19] Pero viendo sus amos que había salido la esperanza de su ganancia, prendieron a Pablo y a Silas, y los trajeron al foro, ante las autoridades; [20] y presentándolos a los magistrados, dijeron: Estos hombres, siendo judíos, alborotan nuestra ciudad, [21] y enseñan costumbres que no nos es lícito recibir ni hacer, pues somos romanos. [22] Y se agolpó el pueblo contra ellos; y los magistrados, rasgándoles las ropas, ordenaron azotarles con varas. [23] Después de haberles azotado mucho, los echaron en la cárcel, mandando al carcelero que los guardase con seguridad. [24] El cual, recibido este mandato, los metió en el calabozo de más adentro, y les aseguró los pies en el cepo.

[25] Pero a medianoche, orando Pablo y Silas, cantaban himnos a Dios; y los presos los oían. [26] Entonces sobrevino de repente un gran terremoto, de tal manera que los cimientos de la cárcel se sacudían; y al instante se abrieron todas las puertas, y las cadenas de todos se soltaron. [27] Despertando el carcelero, y viendo abiertas las puertas de la cárcel, sacó la espada y se iba a matar, pensando que los presos habían huido. [28] Mas Pablo clamó a gran voz, diciendo: No te hagas ningún mal, pues todos estamos aquí. [29] Él entonces, pidiendo luz, se precipitó adentro, y temblando, se postró a los pies de Pablo y de Silas; [30] y sacándolos, les dijo: Señores, ¿qué debo hacer para ser salvo? [31] Ellos dijeron: Cree en el Señor Jesucristo, y serás salvo, tú y tu casa. [32] Y le hablaron la palabra del Señor a él y a todos los que estaban en su casa. [33] Y él, tomándolos en aquella misma hora de la noche, les lavó las heridas; y en seguida se bautizó él con todos los suyos. [34] Y llevándolos a su casa, les puso la mesa; y se regocijó con toda su casa de haber creído a Dios.

[35] Cuando fue de día, los magistrados enviaron alguaciles a decir: Suelta a aquellos hombres. [36] Y el carcelero hizo saber estas palabras a Pablo: Los magistrados han mandado a decir que se os suelte; así que ahora salid, y marchaos en paz. [37] Pero Pablo les

dijo: Después de azotarnos públicamente sin sentencia judicial, siendo ciudadanos romanos, nos echaron en la cárcel, ¿y ahora nos echan encubiertamente? No, por cierto, sino vengan ellos mismos a sacarnos. ³⁸ Y los alguaciles hicieron saber estas palabras a los magistrados, los cuales tuvieron miedo al oír que eran romanos. ³⁹ Y viniendo, les rogaron; y sacándolos, les pidieron que salieran de la ciudad. ⁴⁰ Entonces, saliendo de la cárcel, entraron en casa de Lidia, y habiendo visto a los hermanos, los consolaron, y se fueron.

El alboroto en Tesalónica

17 Pasando por Anfípolis y Apolonia, llegaron a Tesalónica, donde había una sinagoga de los judíos. ² Y Pablo, como acostumbraba, fue a ellos, y por tres días de reposo discutió con ellos, ³ declarando y exponiendo por medio de las Escrituras, que era necesario que el Cristo padeciese, y resucitase de los muertos; y que Jesús, a quien yo os anuncio, decía él, es el Cristo. ⁴ Y algunos de ellos creyeron, y se juntaron con Pablo y con Silas; y de los griegos piadosos gran número, y mujeres nobles no pocas. ⁵ Entonces los judíos que no creían, teniendo celos, tomaron consigo a algunos ociosos, hombres malos, y juntando

una turba, alborotaron la ciudad; y asaltando la casa de Jasón, procuraban sacarlos al pueblo. ⁶ Pero no hallándolos, trajeron a Jasón y a algunos hermanos ante las autoridades de la ciudad, gritando: Estos que trastornan el mundo entero también han venido acá; ⁷ a los cuales Jasón ha recibido; y todos estos contravienen los decretos de César, diciendo que hay otro rey, Jesús. ⁸ Y alborotaron al pueblo y a las autoridades de la ciudad, oyendo estas cosas. ⁹ Pero obtenida fianza de Jasón y de los demás, los soltaron.

Pablo y Silas en Berea

¹⁰ Inmediatamente, los hermanos enviaron de noche a Pablo y a Silas hasta Berea. Y ellos, habiendo llegado, entraron en la sinagoga de los judíos. ¹¹ Y éstos eran más nobles que los que estaban en Tesalónica, pues recibieron la palabra con toda solicitud, escudriñando cada día las Escrituras para ver si estas cosas eran así. ¹² Así que creyeron muchos de ellos, y mujeres griegas de distinción, y no pocos hombres. ¹³ Cuando los judíos de Tesalónica supieron que también en Berea era anunciada la palabra de Dios por Pablo, fueron allá, y también alborotaron a las multitudes. ¹⁴ Pero inmediatamente los hermanos enviaron a Pablo que fuese hacia el mar; y Silas

y Timoteo se quedaron allí. ¹⁵ Y los que se habían encargado de conducir a Pablo le llevaron a Atenas; y habiendo recibido orden para Silas y Timoteo, de que viniesen a él lo más pronto que pudiesen, salieron.

Pablo en Atenas

¹⁶ Mientras Pablo los esperaba en Atenas, su espíritu se enardecía viendo la ciudad entregada a la idolatría. ¹⁷ Así que discutía en la sinagoga con los judíos y piadosos, y en la plaza cada día con los que concurrían. ¹⁸ Y algunos filósofos de los epicúreos y de los estoicos disputaban con él; y unos decían: ¿Qué querrá decir este palabrero? Y otros: Parece que es predicador de nuevos dioses; porque les predicaba el evangelio de Jesús, y de la resurrección. ¹⁹ Y tomándole, le trajeron al Areópago, diciendo: ¿Podremos saber qué es esta nueva enseñanza de que hablas? ²⁰ Pues traes a nuestros oídos cosas extrañas. Queremos, pues, saber qué quiere decir esto. ²¹ (Porque todos los atenienses y los extranjeros residentes allí, en ninguna otra cosa se interesaban sino en decir o en oír algo nuevo.)

²² Entonces Pablo, puesto en pie en medio del Areópago, dijo: Varones atenienses, en todo observo que sois muy religiosos; ²³ porque pasando y mirando vuestros santuarios, hallé también un altar en el cual estaba esta inscripción: AL DIOS NO CONOCIDO. Al que vosotros adoráis, pues, sin conocerle, es a quien yo os anuncio. ²⁴ El Dios que hizo el mundo y todas las cosas que en él hay, siendo Señor del cielo y de la tierra, no habita en templos hechos por manos humanas, ²⁵ ni es honrado por manos de hombres, como si necesitase de algo; pues él es quien da a todos vida y aliento y todas las cosas. ²⁶ Y de una sangre ha hecho todo el linaje de los hombres, para que habiten sobre toda la faz de la tierra; y les ha prefijado el orden de los tiempos, y los límites de su habitación; ²⁷ para que busquen a Dios, si en alguna manera, palpando, puedan hallarle, aunque ciertamente no está lejos de cada uno de nosotros. ²⁸ Porque en él vivimos, y nos movemos, y somos; como algunos de vuestros propios poetas también han dicho: Porque linaje suyo somos. ²⁹ Siendo, pues, linaje de Dios, no debemos pensar que la Divinidad sea semejante a oro, o plata, o piedra, escultura de arte y de imaginación de hombres. ³⁰ Pero Dios, habiendo pasado por alto los tiempos de esta ignorancia, ahora manda a todos los hombres en todo lugar, que se arrepientan; ³¹ por cuanto ha

establecido un día en el cual juzgará al mundo con justicia, por aquel varón a quien designó, dando fe a todos con haberle levantado de los muertos.

32 Pero cuando oyeron lo de la resurrección de los muertos, unos se burlaban, y otros decían: Ya te oiremos acerca de esto otra vez. 33 Y así Pablo salió de en medio de ellos. 34 Mas algunos creyeron, juntándose con él; entre los cuales estaba Dionisio el areopagita, una mujer llamada Dámaris, y otros con ellos.

Pablo en Corinto

18 Después de estas cosas, Pablo salió de Atenas y fue a Corinto. 2 Y halló a un judío llamado Aquila, natural del Ponto, recién venido de Italia con Priscila su mujer, por cuanto Claudio había mandado que todos los judíos saliesen de Roma. Fue a ellos, 3 y como era del mismo oficio, se quedó con ellos, y trabajaban juntos, pues el oficio de ellos era hacer tiendas. 4 Y discutía en la sinagoga todos los días de reposo, y persuadía a judíos y a griegos.

5 Y cuando Silas y Timoteo vinieron de Macedonia, Pablo estaba entregado por entero a la predicación de la palabra, testificando a los judíos que Jesús era el Cristo. 6 Pero oponiéndose y blasfemando éstos, les dijo, sacudiéndose los vestidos: Vuestra sangre sea sobre vuestra propia cabeza; yo, limpio; desde ahora me iré a los gentiles. 7 Y saliendo de allí, se fue a la casa de uno llamado Justo, temeroso de Dios, la cual estaba junto a la sinagoga. 8 Y Crispo, el principal de la sinagoga, creyó en el Señor con toda su casa; y muchos de los corintios, oyendo, creían y eran bautizados. 9 Entonces el Señor dijo a Pablo en visión de noche: No temas, sino habla, y no calles; 10 porque yo estoy contigo, y ninguno pondrá sobre ti la mano para hacerte mal, porque yo tengo mucho pueblo en esta ciudad. 11 Y se detuvo allí un año y seis meses, enseñándoles la palabra de Dios.

12 Pero siendo Galión procónsul de Acaya, los judíos se levantaron de común acuerdo contra Pablo, y le llevaron al tribunal, 13 diciendo: Éste persuade a los hombres a honrar a Dios contra la ley. 14 Y al comenzar Pablo a hablar, Galión dijo a los judíos: Si fuera algún agravio o algún crimen enorme, oh judíos, conforme a derecho yo os toleraría. 15 Pero si son cuestiones de palabras, y de nombres, y de vuestra ley, vedlo vosotros; porque yo no quiero ser juez de estas cosas. 16 Y los echó del tribunal. 17 Entonces

todos los griegos, apoderándose de Sóstenes, principal de la sinagoga, le golpeaban delante del tribunal; pero a Galión nada se le daba de ello.

¹⁸ Mas Pablo, habiéndose detenido aún muchos días allí, después se despidió de los hermanos y navegó a Siria, y con él Priscila y Aquila, habiéndose rapado la cabeza en Cencrea, porque tenía hecho voto. ¹⁹ Y llegó a Éfeso, y los dejó allí; y entrando en la sinagoga, discutía con los judíos, ²⁰ los cuales le rogaban que se quedase con ellos por más tiempo; mas no accedió, ²¹ sino que se despidió de ellos, diciendo: Es necesario que en todo caso yo guarde en Jerusalén la fiesta que viene; pero otra vez volveré a vosotros, si Dios quiere. Y zarpó de Éfeso.

Pablo regresa a Antioquía y comienza su tercer viaje misionero

²² Habiendo arribado a Cesarea, subió para saludar a la iglesia, y luego descendió a Antioquía. ²³ Y después de estar allí algún tiempo, salió, recorriendo por orden la región de Galacia y de Frigia, confirmando a todos los discípulos.

Apolos predica en Éfeso

²⁴ Llegó entonces a Éfeso un judío llamado Apolos, natural de Alejandría, varón elocuente, poderoso en las Escrituras. ²⁵ Éste había sido instruido en el camino del Señor; y siendo de espíritu fervoroso, hablaba y enseñaba diligentemente lo concerniente al Señor, aunque solamente conocía el bautismo de Juan. ²⁶ Y comenzó a hablar con denuedo en la sinagoga; pero cuando le oyeron Priscila y Aquila, le tomaron aparte y le expusieron más exactamente el camino de Dios. ²⁷ Y queriendo él pasar a Acaya, los hermanos le animaron, y escribieron a los discípulos que le recibiesen; y llegado él allá, fue de gran provecho a los que por la gracia habían creído; ²⁸ porque con gran vehemencia refutaba públicamente a los judíos, demostrando por las Escrituras que Jesús era el Cristo.

Pablo en Éfeso

19 Aconteció que entre tanto que Apolos estaba en Corinto, Pablo, después de recorrer las regiones superiores, vino a Éfeso, y hallando a ciertos discípulos, ² les dijo: ¿Recibisteis el Espíritu Santo cuando creísteis? Y ellos le dijeron: Ni siquiera hemos oído si hay Espíritu Santo. ³ Entonces dijo: ¿En qué, pues, fuisteis bautizados? Ellos dijeron: En el bautismo de Juan. ⁴ Dijo Pablo: Juan bautizó con bautismo de arrepentimiento, diciendo al pueblo que creyesen en aquel que vendría después de él, esto es, en Jesús el Cristo. ⁵ Cuando oyeron esto, fueron bautizados en el nombre del Señor Jesús. ⁶ Y habiéndoles impuesto Pablo las manos, vino sobre ellos el Espíritu Santo; y hablaban en lenguas, y profetizaban. ⁷ Eran por todos unos doce hombres.

⁸ Y entrando Pablo en la sinagoga, habló con denuedo por espacio de tres meses, discutiendo y persuadiendo acerca del reino de Dios. ⁹ Pero endureciéndose algunos y no creyendo, maldiciendo el Camino delante de la multitud, se apartó Pablo de ellos y separó a los discípulos, discutiendo cada día en la escuela de uno llamado Tiranno. ¹⁰ Así continuó por espacio de dos años, de manera que todos los que habitaban en Asia, judíos y griegos, oyeron la palabra del Señor Jesús.

¹¹ Y hacía Dios milagros extraordinarios por mano de Pablo, ¹² de tal manera que aun se llevaban a los enfermos los paños o delantales de su cuerpo, y las enfermedades se iban de ellos, y los espíritus malos salían. ¹³ Pero algunos de los judíos, exorcistas ambulantes, intentaron invocar el nombre del Señor Jesús sobre los que tenían espíritus malos, diciendo: Os conjuro por Jesús, el que predica Pablo. ¹⁴ Había siete hijos de un tal Esceva, judío, jefe de los sacerdotes, que hacían esto. ¹⁵ Pero respondiendo el espíritu malo, dijo: A Jesús conozco, y sé quién es Pablo; pero vosotros, ¿quiénes sois? ¹⁶ Y el hombre en quien estaba el espíritu malo, saltando sobre ellos y dominándolos, pudo más que ellos, de tal manera que huyeron de aquella casa desnudos y heridos. ¹⁷ Y esto fue notorio a todos los que habitaban en Éfeso, así judíos como griegos; y tuvieron temor todos ellos, y era magnificado el nombre del Señor Jesús. ¹⁸ Y muchos de los que habían creído venían, confesando y dando cuenta de sus hechos. ¹⁹ Asimismo muchos de los que habían practicado la magia trajeron los libros y los quemaron delante de todos; y hecha la cuenta de su precio, hallaron que era cincuenta mil piezas de plata. ²⁰ Así crecía y prevalecía poderosamente la palabra del Señor.

²¹ Pasadas estas cosas, Pablo se propuso en espíritu ir a Jerusalén, después de recorrer Macedonia y Acaya, diciendo: Después que haya estado allí, me será necesario ver también a Roma. ²² Y enviando a Macedonia a dos de los que le ayudaban,

Timoteo y Erasto, él se quedó por algún tiempo en Asia.

El alboroto en Éfeso

23 Hubo por aquel tiempo un disturbio no pequeño acerca del Camino. 24 Porque un platero llamado Demetrio, que hacía de plata templecillos de Diana, daba no poca ganancia a los artífices; 25 a los cuales, reunidos con los obreros del mismo oficio, dijo: Varones, sabéis que de este oficio obtenemos nuestra riqueza; 26 pero veis y oís que este Pablo, no solamente en Éfeso, sino en casi toda Asia, ha apartado a muchas gentes con persuasión, diciendo que no son dioses los que se hacen con las manos. 27 Y no solamente hay peligro de que este nuestro negocio venga a desacreditarse, sino también que el templo de la gran diosa Diana sea estimado en nada, y comience a ser destruida la majestad de aquella a quien venera toda Asia, y el mundo entero.

28 Cuando oyeron estas cosas, se llenaron de ira, y gritaron, diciendo: ¡Grande es Diana de los efesios! 29 Y la ciudad se llenó de confusión, y a una se lanzaron al teatro, arrebatando a Gayo y a Aristarco, macedonios, compañeros de Pablo. 30 Y queriendo Pablo salir al pueblo, los discípulos no le dejaron. 31 También algunas de las autoridades de Asia, que eran sus amigos, le enviaron recado, rogándole que no se presentase en el teatro. 32 Unos, pues, gritaban una cosa, y otros otra; porque la concurrencia estaba confusa, y los más no sabían por qué se habían reunido. 33 Y sacaron de entre la multitud a Alejandro, empujándole los judíos. Entonces Alejandro, pedido silencio con la mano, quería hablar en su defensa ante el pueblo. 34 Pero cuando le conocieron que era judío, todos a una voz gritaron casi por dos horas: ¡Grande es Diana de los efesios! 35 Entonces el escribano, cuando había apaciguado a la multitud, dijo: Varones efesios, ¿y quién es el hombre que no sabe que la ciudad de los efesios es guardiana del templo de la gran diosa Diana, y de la imagen venida de Júpiter? 36 Puesto que esto no puede contradecirse, es necesario que os apacigüéis, y que nada hagáis precipitadamente. 37 Porque habéis traído a estos hombres, sin ser sacrílegos ni blasfemadores de vuestra diosa. 38 Que si Demetrio y los artífices que están con él tienen pleito contra alguno, audiencias se conceden, y procónsules hay; acúsense los unos a los otros. 39 Y si demandáis alguna otra cosa, en legítima asamblea se puede decidir. 40 Porque peligro hay de

que seamos acusados de sedición por esto de hoy, no habiendo ninguna causa por la cual podamos dar razón de este concurso. ⁴¹ Y habiendo dicho esto, despidió la asamblea.

Viaje de Pablo a Macedonia y Grecia

20 Después que cesó el alboroto, llamó Pablo a los discípulos, y habiéndolos exhortado y abrazado, se despidió y salió para ir a Macedonia. ² Y después de recorrer aquellas regiones, y de exhortarles con abundancia de palabras, llegó a Grecia. ³ Después de haber estado allí tres meses, y siéndole puestas asechanzas por los judíos para cuando se embarcase para Siria, tomó la decisión de volver por Macedonia. ⁴ Y le acompañaron hasta Asia, Sópater de Berea, Aristarco y Segundo de Tesalónica, Gayo de Derbe, y Timoteo; y de Asia, Tíquico y Trófimo. ⁵ Éstos, habiéndose adelantado, nos esperaron en Troas. ⁶ Y nosotros, pasados los días de los panes sin levadura, navegamos de Filipos, y en cinco días nos reunimos con ellos en Troas, donde nos quedamos siete días.

Visita de despedida de Pablo en Troas

⁷ El primer día de la semana, reunidos los discípulos para partir el pan, Pablo les enseñaba, habiendo de salir al día siguiente; y alargó el discurso hasta la medianoche. ⁸ Y había muchas lámparas en el aposento alto donde estaban reunidos; ⁹ y un joven llamado Eutico, que estaba sentado en la ventana, rendido de un sueño profundo, por cuanto Pablo disertaba largamente, vencido del sueño cayó del tercer piso abajo, y fue levantado muerto. ¹⁰ Entonces descendió Pablo y se echó sobre él, y abrazándole, dijo: No os alarméis, pues está vivo. ¹¹ Después de haber subido, y partido el pan y comido, habló largamente hasta el alba; y así salió. ¹² Y llevaron al joven vivo, y fueron grandemente consolados.

Viaje de Troas a Mileto

¹³ Nosotros, adelantándonos a embarcarnos, navegamos a Asón para recoger allí a Pablo, ya que así lo había determinado, queriendo él ir por tierra. ¹⁴ Cuando se reunió con nosotros en Asón, tomándole a bordo, vinimos a Mitilene. ¹⁵ Navegando de allí, al día siguiente llegamos delante de Quío, y al otro día tomamos puerto en Samos; y habiendo hecho escala en Trogilio, al día siguiente llegamos a Mileto. ¹⁶ Porque Pablo se había propuesto pasar de largo a Éfeso, para no detenerse en Asia, pues se apresuraba por estar el día de

Pentecostés, si le fuese posible, en Jerusalén.

Discurso de despedida de Pablo en Mileto

[17] Enviando, pues, desde Mileto a Éfeso, hizo llamar a los ancianos de la iglesia. [18] Cuando vinieron a él, les dijo:

Vosotros sabéis cómo me he comportado entre vosotros todo el tiempo, desde el primer día que entré en Asia, [19] sirviendo al Señor con toda humildad, y con muchas lágrimas, y pruebas que me han venido por las asechanzas de los judíos; [20] y cómo nada que fuese útil he rehuido de anunciaros y enseñaros, públicamente y por las casas, [21] testificando a judíos y a gentiles acerca del arrepentimiento para con Dios, y de la fe en nuestro Señor Jesucristo. [22] Ahora, he aquí, ligado yo en espíritu, voy a Jerusalén, sin saber lo que allá me ha de acontecer; [23] salvo que el Espíritu Santo por todas las ciudades me da testimonio, diciendo que me esperan prisiones y tribulaciones. [24] Pero de ninguna cosa hago caso, ni estimo preciosa mi vida para mí mismo, con tal que acabe mi carrera con gozo, y el ministerio que recibí del Señor Jesús, para dar testimonio del evangelio de la gracia de Dios. [25] Y ahora, he aquí, yo sé que ninguno de todos vosotros, entre quienes he pasado predicando el reino de Dios, verá más mi rostro. [26] Por tanto, yo os protesto en el día de hoy, que estoy limpio de la sangre de todos; [27] porque no he rehuido anunciaros todo el consejo de Dios. [28] Por tanto, mirad por vosotros, y por todo el rebaño en que el Espíritu Santo os ha puesto por obispos, para apacentar la iglesia del Señor, la cual él ganó por su propia sangre. [29] Porque yo sé que después de mi partida entrarán en medio de vosotros lobos rapaces, que no perdonarán al rebaño. [30] Y de vosotros mismos se levantarán hombres que hablen cosas perversas para arrastrar tras sí a los discípulos. [31] Por tanto, velad, acordándoos que por tres años, de noche y de día, no he cesado de amonestar con lágrimas a cada uno. [32] Y ahora, hermanos, os encomiendo a Dios, y a la palabra de su gracia, que tiene poder para sobreedificaros y daros herencia con todos los santificados. [33] Ni plata ni oro ni vestido de nadie he codiciado. [34] Antes vosotros sabéis que para lo que me ha sido necesario a mí y a los que están conmigo, estas manos me han servido. [35] En todo os he enseñado que, trabajando así, se debe ayudar a los necesitados, y recordar las palabras del Señor

Jesús, que dijo: Más bienaventurado es dar que recibir.

³⁶ Cuando hubo dicho estas cosas, se puso de rodillas, y oró con todos ellos. ³⁷ Entonces hubo gran llanto de todos; y echándose al cuello de Pablo, le besaban, ³⁸ doliéndose en gran manera por la palabra que dijo, de que no verían más su rostro. Y le acompañaron al barco.

Viaje de Pablo a Jerusalén

21 Después de separarnos de ellos, zarpamos y fuimos con rumbo directo a Cos, y al día siguiente a Rodas, y de allí a Pátara. ² Y hallando un barco que pasaba a Fenicia, nos embarcamos, y zarpamos. ³ Al avistar Chipre, dejándola a mano izquierda, navegamos a Siria, y arribamos a Tiro, porque el barco había de descargar allí. ⁴ Y hallados los discípulos, nos quedamos allí siete días; y ellos decían a Pablo por el Espíritu, que no subiese a Jerusalén. ⁵ Cumplidos aquellos días, salimos, acompañándonos todos, con sus mujeres e hijos, hasta fuera de la ciudad; y puestos de rodillas en la playa, oramos. ⁶ Y abrazándonos los unos a los otros, subimos al barco y ellos se volvieron a sus casas.

⁷ Y nosotros completamos la navegación, saliendo de Tiro y arribando a Tolemaida; y habiendo saludado a los hermanos, nos quedamos con ellos un día. ⁸ Al otro día, saliendo Pablo y los que con él estábamos, fuimos a Cesarea; y entrando en casa de Felipe el evangelista, que era uno de los siete, posamos con él. ⁹ Éste tenía cuatro hijas doncellas que profetizaban. ¹⁰ Y permaneciendo nosotros allí algunos días, descendió de Judea un profeta llamado Agabo, ¹¹ quien viniendo a vernos, tomó el cinto de Pablo, y atándose los pies y las manos, dijo: Esto dice el Espíritu Santo: Así atarán los judíos en Jerusalén al varón de quien es este cinto, y le entregarán en manos de los gentiles. ¹² Al oír esto, le rogamos nosotros y los de aquel lugar, que no subiese a Jerusalén. ¹³ Entonces Pablo respondió: ¿Qué hacéis llorando y quebrantándome el corazón? Porque yo estoy dispuesto no sólo a ser atado, mas aun a morir en Jerusalén por el nombre del Señor Jesús. ¹⁴ Y como no le pudimos persuadir, desistimos, diciendo: Hágase la voluntad del Señor.

¹⁵ Después de esos días, hechos ya los preparativos, subimos a Jerusalén. ¹⁶ Y vinieron también con nosotros de Cesarea algunos de los discípulos, trayendo consigo a uno llamado Mnasón, de

Chipre, discípulo antiguo, con quien nos hospedaríamos.

Arresto de Pablo en el templo

17 Cuando llegamos a Jerusalén, los hermanos nos recibieron con gozo. 18 Y al día siguiente Pablo entró con nosotros a ver a Jacobo, y se hallaban reunidos todos los ancianos; 19 a los cuales, después de haberles saludado, les contó una por una las cosas que Dios había hecho entre los gentiles por su ministerio. 20 Cuando ellos lo oyeron, glorificaron a Dios, y le dijeron: Ya ves, hermano, cuántos millares de judíos hay que han creído; y todos son celosos por la ley. 21 Pero se les ha informado en cuanto a ti, que enseñas a todos los judíos que están entre los gentiles a apostatar de Moisés, diciéndoles que no circunciden a sus hijos, ni observen las costumbres. 22 ¿Qué hay, pues? La multitud se reunirá de cierto, porque oirán que has venido. 23 Haz, pues, esto que te decimos: Hay entre nosotros cuatro hombres que tienen obligación de cumplir voto. 24 Tómalos contigo, purifícate con ellos, y paga sus gastos para que se rasuren la cabeza; y todos comprenderán que no hay nada de lo que se les informó acerca de ti, sino que tú también andas ordenadamente, guardando la ley. 25 Pero en cuanto a los gentiles que han creído,

nosotros les hemos escrito determinando que no guarden nada de esto; solamente que se abstengan de lo sacrificado a los ídolos, de sangre, de ahogado y de fornicación. 26 Entonces Pablo tomó consigo a aquellos hombres, y al día siguiente, habiéndose purificado con ellos, entró en el templo, para anunciar el cumplimiento de los días de la purificación, cuando había de presentarse la ofrenda por cada uno de ellos.

27 Pero cuando estaban para cumplirse los siete días, unos judíos de Asia, al verle en el templo, alborotaron a toda la multitud y le echaron mano, 28 dando voces: ¡Varones israelitas, ayudad! Éste es el hombre que por todas partes enseña a todos contra el pueblo, la ley y este lugar; y además de esto, ha metido a griegos en el templo, y ha profanado este santo lugar. 29 Porque antes habían visto con él en la ciudad a Trófimo, de Éfeso, a quien pensaban que Pablo había metido en el templo. 30 Así que toda la ciudad se conmovió, y se agolpó el pueblo; y apoderándose de Pablo, le arrastraron fuera del templo, e inmediatamente cerraron las puertas. 31 Y procurando ellos matarle, se le avisó al tribuno de la compañía, que toda la ciudad de Jerusalén estaba alborotada. 32 Éste, tomando luego soldados

19:31 I.e. political or religious officials of the province of Asia y centuriones, corrió a ellos. Y cuando ellos vieron al tribuno y a los soldados, dejaron de golpear a Pablo. ³³ Entonces, llegando el tribuno, le prendió y le mandó atar con dos cadenas, y preguntó quién era y qué había hecho. ³⁴ Pero entre la multitud, unos gritaban una cosa, y otros otra; y como no podía entender nada de cierto a causa del alboroto, le mandó llevar a la fortaleza. ³⁵ Al llegar a las gradas, aconteció que era llevado en peso por los soldados a causa de la violencia de la multitud; ³⁶ porque la muchedumbre del pueblo venía detrás, gritando: ¡Muera!

Defensa de Pablo ante el pueblo
³⁷ Cuando comenzaron a meter a Pablo en la fortaleza, dijo al tribuno: ¿Se me permite decirte algo? Y él dijo: ¿Sabes griego? ³⁸ ¿No eres tú aquel egipcio que levantó una sedición antes de estos días, y sacó al desierto los cuatro mil sicarios? ³⁹ Entonces dijo Pablo: Yo de cierto soy hombre judío de Tarso, ciudadano de una ciudad no insignificante de Cilicia; pero te ruego que me permitas hablar al pueblo. ⁴⁰ Y cuando él se lo permitió, Pablo, estando en pie en las gradas, hizo señal con la mano al pueblo. Y hecho gran silencio, habló en lengua hebrea, diciendo:

22 Varones hermanos y padres, oíd ahora mi defensa ante vosotros.

² Y al oír que les hablaba en lengua hebrea, guardaron más silencio. Y él les dijo:

³ Yo de cierto soy judío, nacido en Tarso de Cilicia, pero criado en esta ciudad, instruido a los pies de Gamaliel, estrictamente conforme a la ley de nuestros padres, celoso de Dios, como hoy lo sois todos vosotros. ⁴ Perseguía yo este Camino hasta la muerte, prendiendo y entregando en cárceles a hombres y mujeres; ⁵ como el sumo sacerdote también me es testigo, y todos los ancianos, de quienes también recibí cartas para los hermanos, y fui a Damasco para traer presos a Jerusalén también a los que estuviesen allí, para que fuesen castigados.

Pablo relata su conversión
(Hch. 9.1-19; 26.12-18)
⁶ Pero aconteció que yendo yo, al llegar cerca de Damasco, como a mediodía, de repente me rodeó mucha luz del cielo; ⁷ y caí al suelo, y oí una voz que me decía: Saulo, Saulo, ¿por qué me persigues? ⁸ Yo entonces respondí: ¿Quién eres, Señor? Y me dijo: Yo soy Jesús de Nazaret, a quien tú persigues. ⁹ Y los que estaban conmigo vieron a la verdad la luz, y se espantaron;

pero no entendieron la voz del que hablaba conmigo. [10] Y dije: ¿Qué haré, Señor? Y el Señor me dijo: Levántate, y ve a Damasco, y allí se te dirá todo lo que está ordenado que hagas. [11] Y como yo no veía a causa de la gloria de la luz, llevado de la mano por los que estaban conmigo, llegué a Damasco.

[12] Entonces uno llamado Ananías, varón piadoso según la ley, que tenía buen testimonio de todos los judíos que allí moraban, [13] vino a mí, y acercándose, me dijo: Hermano Saulo, recibe la vista. Y yo en aquella misma hora recobré la vista y lo miré. [14] Y él dijo: El Dios de nuestros padres te ha escogido para que conozcas su voluntad, y veas al Justo, y oigas la voz de su boca. [15] Porque serás testigo suyo a todos los hombres, de lo que has visto y oído. [16] Ahora, pues, ¿por qué te detienes? Levántate y bautízate, y lava tus pecados, invocando su nombre.

Pablo es enviado a los gentiles

[17] Y me aconteció, vuelto a Jerusalén, que orando en el templo me sobrevino un éxtasis. [18] Y le vi que me decía: Date prisa, y sal prontamente de Jerusalén; porque no recibirán tu testimonio acerca de mí. [19] Yo dije: Señor, ellos saben que yo encarcelaba y azotaba en todas las sinagogas a los que creían en ti; [20] y cuando se derramaba la sangre de Esteban tu testigo, yo mismo también estaba presente, y consentía en su muerte, y guardaba las ropas de los que le mataban. [21] Pero me dijo: Ve, porque yo te enviaré lejos a los gentiles.

Pablo en manos del tribuno

[22] Y le oyeron hasta esta palabra; entonces alzaron la voz, diciendo: Quita de la tierra a tal hombre, porque no conviene que viva. [23] Y como ellos gritaban y arrojaban sus ropas y lanzaban polvo al aire, [24] mandó el tribuno que le metiesen en la fortaleza, y ordenó que fuese examinado con azotes, para saber por qué causa clamaban así contra él. [25] Pero cuando le ataron con correas, Pablo dijo al centurión que estaba presente: ¿Os es lícito azotar a un ciudadano romano sin haber sido condenado? [26] Cuando el centurión oyó esto, fue y dio aviso al tribuno, diciendo: ¿Qué vas a hacer? Porque este hombre es ciudadano romano. [27] Vino el tribuno y le dijo: Dime, ¿eres tú ciudadano romano? Él dijo: Sí. [28] Respondió el tribuno: Yo con una gran suma adquirí esta ciudadanía. Entonces Pablo dijo: Pero yo lo soy de nacimiento. [29] Así que, luego se apartaron de él los que le iban a dar tormen-

to; y aun el tribuno, al saber que era ciudadano romano, también tuvo temor por haberle atado.

Pablo ante el concilio

30 Al día siguiente, queriendo saber de cierto la causa por la cual le acusaban los judíos, le soltó de las cadenas, y mandó venir a los principales sacerdotes y a todo el concilio, y sacando a Pablo, le presentó ante ellos.

23 Entonces Pablo, mirando fijamente al concilio, dijo: Varones hermanos, yo con toda buena conciencia he vivido delante de Dios hasta el día de hoy. 2 El sumo sacerdote Ananías ordenó entonces a los que estaban junto a él, que le golpeasen en la boca. 3 Entonces Pablo le dijo: ¡Dios te golpeará a ti, pared blanqueada! ¿Estás tú sentado para juzgarme conforme a la ley, y quebrantando la ley me mandas golpear? 4 Los que estaban presentes dijeron: ¿Al sumo sacerdote de Dios injurias? 5 Pablo dijo: No sabía, hermanos, que era el sumo sacerdote; pues escrito está: No maldecirás a un príncipe de tu pueblo.

6 Entonces Pablo, notando que una parte era de saduceos y otra de fariseos, alzó la voz en el concilio: Varones hermanos, yo soy fariseo, hijo de fariseo; acerca de la esperanza y de la resurrección de los muertos se me juzga. 7 Cuando dijo esto, se produjo disensión entre los fariseos y los saduceos, y la asamblea se dividió. 8 Porque los saduceos dicen que no hay resurrección, ni ángel, ni espíritu; pero los fariseos afirman estas cosas. 9 Y hubo un gran vocerío; y levantándose los escribas de la parte de los fariseos, contendían, diciendo: Ningún mal hallamos en este hombre; que si un espíritu le ha hablado, o un ángel, no resistamos a Dios. 10 Y habiendo grande disensión, el tribuno, teniendo temor de que Pablo fuese despedazado por ellos, mandó que bajasen soldados y le arrebatasen de en medio de ellos, y le llevasen a la fortaleza. 11 A la noche siguiente se le presentó el Señor y le dijo: Ten ánimo, Pablo, pues como has testificado de mí en Jerusalén, así es necesario que testifiques también en Roma.

Complot contra Pablo

12 Venido el día, algunos de los judíos tramaron un complot y se juramentaron bajo maldición, diciendo que no comerían ni beberían hasta que hubiesen dado muerte a Pablo. 13 Eran más de cuarenta los que habían hecho esta conjuración, 14 los cuales fueron a los principales sacerdotes y a los ancianos y dijeron:

Nosotros nos hemos juramentado bajo maldición, a no gustar nada hasta que hayamos dado muerte a Pablo. ¹⁵ Ahora pues, vosotros, con el concilio, requerid al tribuno que le traiga mañana ante vosotros, como que queréis indagar alguna cosa más cierta acerca de él; y nosotros estaremos listos para matarle antes que llegue.

¹⁶ Mas el hijo de la hermana de Pablo, oyendo hablar de la celada, fue y entró en la fortaleza, y dio aviso a Pablo. ¹⁷ Pablo, llamando a uno de los centuriones, dijo: Lleva a este joven ante el tribuno, porque tiene cierto aviso que darle. ¹⁸ Él entonces tomándole, le llevó al tribuno, y dijo: El preso Pablo me llamó y me rogó que trajese ante ti a este joven, que tiene algo que hablarte. ¹⁹ El tribuno, tomándole de la mano y retirándose aparte, le preguntó: ¿Qué es lo que tienes que decirme? ²⁰ Él le dijo: Los judíos han convenido en rogarte que mañana lleves a Pablo ante el concilio, como que van a inquirir alguna cosa más cierta acerca de él. ²¹ Pero tú no les creas; porque más de cuarenta hombres de ellos le acechan, los cuales se han juramentado bajo maldición, a no comer ni beber hasta que le hayan dado muerte; y ahora están listos esperando tu promesa. ²² Entonces el tribuno despidió al joven, mandándole que a nadie dijese que le había dado aviso de esto.

Pablo es enviado a Félix el gobernador

²³ Y llamando a dos centuriones, mandó que preparasen para la hora tercera de la noche doscientos soldados, setenta jinetes y doscientos lanceros, para que fuesen hasta Cesarea; ²⁴ y que preparasen cabalgaduras en que poniendo a Pablo, le llevasen en salvo a Félix el gobernador. ²⁵ Y escribió una carta en estos términos: ²⁶ Claudio Lisias al excelentísimo gobernador Félix: Salud. ²⁷ A este hombre, aprehendido por los judíos, y que iban ellos a matar, lo libré yo acudiendo con la tropa, habiendo sabido que era ciudadano romano. ²⁸ Y queriendo saber la causa por qué le acusaban, le llevé al concilio de ellos; ²⁹ y hallé que le acusaban por cuestiones de la ley de ellos, pero que ningún delito tenía digno de muerte o de prisión. ³⁰ Pero al ser avisado de asechanzas que los judíos habían tendido contra este hombre, al punto le he enviado a ti, intimando también a los acusadores que traten delante de ti lo que tengan contra él. Pásalo bien.

³¹ Y los soldados, tomando a Pablo como se les ordenó, le llevaron de noche a Antípatris. ³² Y al día siguiente, dejando a los jinetes que fuesen con él, volvieron a la fortaleza. ³³ Cuando aquéllos llegaron a Cesarea, y dieron la carta al gobernador, presentaron también a Pablo delante de él. ³⁴ Y el gobernador, leída la carta, preguntó de qué provincia era; y habiendo entendido que era de Cilicia, ³⁵ le dijo: Te oiré cuando vengan tus acusadores. Y mandó que le custodiasen en el pretorio de Herodes.

Defensa de Pablo ante Félix

24 Cinco días después, descendió el sumo sacerdote Ananías con algunos de los ancianos y un cierto orador llamado Tértulo, y comparecieron ante el gobernador contra Pablo. ² Y cuando éste fue llamado, Tértulo comenzó a acusarle, diciendo:
Como debido a ti gozamos de gran paz, y muchas cosas son bien gobernadas en el pueblo por tu prudencia, ³ oh excelentísimo Félix, lo recibimos en todo tiempo y en todo lugar con toda gratitud. ⁴ Pero por no molestarte más largamente, te ruego que nos oigas brevemente conforme a tu equidad. ⁵ Porque hemos hallado que este hombre es una plaga, y promotor de sediciones entre todos los judíos por todo el mundo, y cabecilla de la secta de los nazarenos. ⁶ Intentó también profanar el templo; y prendiéndole, quisimos juzgarle conforme a nuestra ley. ⁷ Pero interviniendo el tribuno Lisias, con gran violencia le quitó de nuestras manos, ⁸ mandando a sus acusadores que viniesen a ti. Tú mismo, pues, al juzgarle, podrás informarte de todas estas cosas de que le acusamos.

⁹ Los judíos también confirmaban, diciendo ser así todo.

¹⁰ Habiéndole hecho señal el gobernador a Pablo para que hablase, éste respondió:
Porque sé que desde hace muchos años eres juez de esta nación, con buen ánimo haré mi defensa. ¹¹ Como tú puedes cerciorarte, no hace más de doce días que subí a adorar a Jerusalén; ¹² y no me hallaron disputando con ninguno, ni amotinando a la multitud; ni en el templo, ni en las sinagogas ni en la ciudad; ¹³ ni te pueden probar las cosas de que ahora me acusan. ¹⁴ Pero esto te confieso, que según el Camino que ellos llaman herejía, así sirvo al Dios de mis padres, creyendo todas las cosas que en la ley y en los profetas están escritas; ¹⁵ teniendo esperanza en Dios, la cual ellos también abrigan, de que ha de haber resurrección de los muertos, así de

justos como de injustos. ¹⁶ Y por esto procuro tener siempre una conciencia sin ofensa ante Dios y ante los hombres. ¹⁷ Pero pasados algunos años, vine a hacer limosnas a mi nación y presentar ofrendas. ¹⁸ Estaba en ello, cuando unos judíos de Asia me hallaron purificado en el templo, no con multitud ni con alboroto. ¹⁹ Ellos debieran comparecer ante ti y acusarme, si contra mí tienen algo. ²⁰ O digan éstos mismos si hallaron en mí alguna cosa mal hecha, cuando comparecí ante el concilio, ²¹ a no ser que estando entre ellos prorrumpí en alta voz: Acerca de la resurrección de los muertos soy juzgado hoy por vosotros.

²² Entonces Félix, oídas estas cosas, estando bien informado de este Camino, les aplazó, diciendo: Cuando descendiere el tribuno Lisias, acabaré de conocer de vuestro asunto. ²³ Y mandó al centurión que se custodiase a Pablo, pero que se le concediese alguna libertad, y que no impidiese a ninguno de los suyos servirle o venir a él.

²⁴ Algunos días después, viniendo Félix con Drusila su mujer, que era judía, llamó a Pablo, y le oyó acerca de la fe en Jesucristo. ²⁵ Pero al disertar Pablo acerca de la justicia, del dominio propio y del juicio venidero, Félix se espantó, y dijo: Ahora vete; pero cuando tenga oportunidad te llamaré. ²⁶ Esperaba también con esto, que Pablo le diera dinero para que le soltase; por lo cual muchas veces lo hacía venir y hablaba con él. ²⁷ Pero al cabo de dos años recibió Félix por sucesor a Porcio Festo; y queriendo Félix congraciarse con los judíos, dejó preso a Pablo.

Pablo apela a César

25 Llegado, pues, Festo a la provincia, subió de Cesarea a Jerusalén tres días después. ² Y los principales sacerdotes y los más influyentes de los judíos se presentaron ante él contra Pablo, y le rogaron, ³ pidiendo contra él, como gracia, que le hiciese traer a Jerusalén; preparando ellos una celada para matarle en el camino. ⁴ Pero Festo respondió que Pablo estaba custodiado en Cesarea, adonde él mismo partiría en breve. ⁵ Los que de vosotros puedan, dijo, desciendan conmigo, y si hay algún crimen en este hombre, acúsenle.

⁶ Y deteniéndose entre ellos no más de ocho o diez días, venido a Cesarea, al siguiente día se sentó en el tribunal, y mandó que fuese traído Pablo. ⁷ Cuando éste llegó, lo rodearon los judíos que habían venido de Jerusalén,

presentando contra él muchas y graves acusaciones, las cuales no podían probar; [8] alegando Pablo en su defensa: Ni contra la ley de los judíos, ni contra el templo, ni contra César he pecado en nada. [9] Pero Festo, queriendo congraciarse con los judíos, respondiendo a Pablo dijo: ¿Quieres subir a Jerusalén, y allá ser juzgado de estas cosas delante de mí? [10] Pablo dijo: Ante el tribunal de César estoy, donde debo ser juzgado. A los judíos no les he hecho ningún agravio, como tú sabes muy bien. [11] Porque si algún agravio, o cosa alguna digna de muerte he hecho, no rehúso morir; pero si nada hay de las cosas de que éstos me acusan, nadie puede entregarme a ellos. A César apelo. [12] Entonces Festo, habiendo hablado con el consejo, respondió: A César has apelado; a César irás.

Pablo ante Agripa y Berenice

[13] Pasados algunos días, el rey Agripa y Berenice vinieron a Cesarea para saludar a Festo. [14] Y como estuvieron allí muchos días, Festo expuso al rey la causa de Pablo, diciendo: Un hombre ha sido dejado preso por Félix, [15] respecto al cual, cuando fui a Jerusalén, se me presentaron los principales sacerdotes y los ancianos de los judíos, pidiendo condenación contra él. [16] A éstos respondí que no es costumbre de los romanos entregar alguno a la muerte antes que el acusado tenga delante a sus acusadores, y pueda defenderse de la acusación. [17] Así que, habiendo venido ellos juntos acá, sin ninguna dilación, al día siguiente, sentado en el tribunal, mandé traer al hombre. [18] Y estando presentes los acusadores, ningún cargo presentaron de los que yo sospechaba, [19] sino que tenían contra él ciertas cuestiones acerca de su religión, y de un cierto Jesús, ya muerto, el que Pablo afirmaba estar vivo. [20] Yo, dudando en cuestión semejante, le pregunté si quería ir a Jerusalén y allá ser juzgado de estas cosas. [21] Mas como Pablo apeló para que se le reservase para el conocimiento de Augusto, mandé que le custodiasen hasta que le enviara yo a César. [22] Entonces Agripa dijo a Festo: Yo también quisiera oír a ese hombre. Y él le dijo: Mañana le oirás.

[23] Al otro día, viniendo Agripa y Berenice con mucha pompa, y entrando en la audiencia con los tribunos y principales hombres de la ciudad, por mandato de Festo fue traído Pablo. [24] Entonces Festo dijo: Rey Agripa, y todos los varones que estáis aquí juntos con nosotros, aquí tenéis a este hombre, respecto del cual toda la multitud de los judíos me ha

demandado en Jerusalén y aquí, dando voces que no debe vivir más. ²⁵ Pero yo, hallando que ninguna cosa digna de muerte ha hecho, y como él mismo apeló a Augusto, he determinado enviarle a él. ²⁶ Como no tengo cosa cierta que escribir a mi señor, le he traído ante vosotros, y mayormente ante ti, oh rey Agripa, para que después de examinarle, tenga yo qué escribir. ²⁷ Porque me parece fuera de razón enviar un preso, y no informar de los cargos que haya en su contra.

Defensa de Pablo ante Agripa

26 Entonces Agripa dijo a Pablo: Se te permite hablar por ti mismo. Pablo entonces, extendiendo la mano, comenzó así su defensa:

² Me tengo por dichoso, oh rey Agripa, de que haya de defenderme hoy delante de ti de todas las cosas de que soy acusado por los judíos. ³ Mayormente porque tú conoces todas las costumbres y cuestiones que hay entre los judíos; por lo cual te ruego que me oigas con paciencia.

Vida anterior de Pablo

⁴ Mi vida, pues, desde mi juventud, la cual desde el principio pasé en mi nación, en Jerusalén, la conocen todos los judíos; ⁵ los cuales también saben que yo desde el principio, si quieren testificarlo, conforme a la más rigurosa secta de nuestra religión, viví fariseo. ⁶ Y ahora, por la esperanza de la promesa que hizo Dios a nuestros padres soy llamado a juicio; ⁷ promesa cuyo cumplimiento esperan que han de alcanzar nuestras doce tribus, sirviendo constantemente a Dios de día y de noche. Por esta esperanza, oh rey Agripa, soy acusado por los judíos. ⁸ ¡Qué! ¿Se juzga entre vosotros cosa increíble que Dios resucite a los muertos?

Pablo el perseguidor

⁹ Yo ciertamente había creído mi deber hacer muchas cosas contra el nombre de Jesús de Nazaret; ¹⁰ lo cual también hice en Jerusalén. Yo encerré en cárceles a muchos de los santos, habiendo recibido poderes de los principales sacerdotes; y cuando los mataron, yo di mi voto. ¹¹ Y muchas veces, castigándolos en todas las sinagogas, los forcé a blasfemar; y enfurecido sobremanera contra ellos, los perseguí hasta en las ciudades extranjeras.

Pablo relata su conversión
(Hch. 9.1-19; 22.6-16)

¹² Ocupado en esto, iba yo a Damasco con poderes y en comisión de los principales sacerdotes, ¹³ cuando a mediodía, oh rey, yendo por el camino, vi una luz del cielo que sobrepasaba

el resplandor del sol, la cual me rodeó a mí y a los que iban conmigo. ¹⁴ Y habiendo caído todos nosotros en tierra, oí una voz que me hablaba, y decía en lengua hebrea: Saulo, Saulo, ¿por qué me persigues? Dura cosa te es dar coces contra el aguijón. ¹⁵ Yo entonces dije: ¿Quién eres, Señor? Y el Señor dijo: Yo soy Jesús, a quien tú persigues. ¹⁶ Pero levántate, y ponte sobre tus pies; porque para esto he aparecido a ti, para ponerte por ministro y testigo de las cosas que has visto, y de aquellas en que me apareceré a ti, ¹⁷librándote de tu pueblo, y de los gentiles, a quienes ahora te envío, ¹⁸ para que abras sus ojos, para que se conviertan de las tinieblas a la luz, y de la potestad de Satanás a Dios; para que reciban, por la fe que es en mí, perdón de pecados y herencia entre los santificados.

Pablo obedece a la visión

¹⁹ Por lo cual, oh rey Agripa, no fui rebelde a la visión celestial, ²⁰ sino que anuncié primeramente a los que están en Damasco, y Jerusalén, y por toda la tierra de Judea, y a los gentiles, que se arrepintiesen y se convirtiesen a Dios, haciendo obras dignas de arrepentimiento. ²¹ Por causa de esto los judíos, prendiéndome en el templo, intentaron matarme. ²² Pero habiendo obtenido auxilio de Dios, persevero hasta el día de hoy, dando testimonio a pequeños y a grandes, no diciendo nada fuera de las cosas que los profetas y Moisés dijeron que habían de suceder: ²³ Que el Cristo había de padecer, y ser el primero de la resurrección de los muertos, para anunciar luz al pueblo y a los gentiles.

Pablo insta a Agripa a que crea

²⁴ Diciendo él estas cosas en su defensa, Festo a gran voz dijo: Estás loco, Pablo; las muchas letras te vuelven loco. ²⁵ Mas él dijo: No estoy loco, excelentísimo Festo, sino que hablo palabras de verdad y de cordura. ²⁶ Pues el rey sabe estas cosas, delante de quien también hablo con toda confianza. Porque no pienso que ignora nada de esto; pues no se ha hecho esto en algún rincón. ²⁷ ¿Crees, oh rey Agripa, a los profetas? Yo sé que crees. ²⁸ Entonces Agripa dijo a Pablo: Por poco me persuades a ser cristiano. ²⁹ Y Pablo dijo: ¡Quisiera Dios que por poco o por mucho, no solamente tú, sino también todos los que hoy me oyen, fueseis hechos tales cual yo soy, excepto estas cadenas!

³⁰ Cuando había dicho estas cosas, se levantó el rey, y el gobernador, y Berenice, y los que se habían sentado con ellos; ³¹ y cuando se retiraron aparte, hablaban entre

sí, diciendo: Ninguna cosa digna ni de muerte ni de prisión ha hecho este hombre. ³² Y Agripa dijo a Festo: Podía este hombre ser puesto en libertad, si no hubiera apelado a César.

Pablo es enviado a Roma

27 Cuando se decidió que habíamos de navegar para Italia, entregaron a Pablo y a algunos otros presos a un centurión llamado Julio, de la compañía Augusta. ² Y embarcándonos en una nave adramitena que iba a tocar los puertos de Asia, zarpamos, estando con nosotros Aristarco, macedonio de Tesalónica. ³ Al otro día llegamos a Sidón; y Julio, tratando humanamente a Pablo, le permitió que fuese a los amigos, para ser atendido por ellos. ⁴ Y haciéndonos a la vela desde allí, navegamos a sotavento de Chipre, porque los vientos eran contrarios. ⁵ Habiendo atravesado el mar frente a Cilicia y Panfilia, arribamos a Mira, ciudad de Licia. ⁶ Y hallando allí el centurión una nave alejandrina que zarpaba para Italia, nos embarcó en ella. ⁷ Navegando muchos días despacio, y llegando a duras penas frente a Gnido, porque nos impedía el viento, navegamos a sotavento de Creta, frente a Salmón. ⁸ Y costeándola con dificultad, llegamos a un lugar que llaman Buenos Puertos, cerca del cual estaba la ciudad de Lasea.

⁹ Y habiendo pasado mucho tiempo, y siendo ya peligrosa la navegación, por haber pasado ya el ayuno, Pablo les amonestaba, ¹⁰ diciéndoles: Varones, veo que la navegación va a ser con perjuicio y mucha pérdida, no sólo del cargamento y de la nave, sino también de nuestras personas. ¹¹ Pero el centurión daba más crédito al piloto y al patrón de la nave, que a lo que Pablo decía. ¹² Y siendo incómodo el puerto para invernar, la mayoría acordó zarpar también de allí, por si pudiesen arribar a Fenice, puerto de Creta que mira al nordeste y sudeste, e invernar allí.

La tempestad en el mar

¹³ Y soplando una brisa del sur, pareciéndoles que ya tenían lo que deseaban, levaron anclas e iban costeando Creta. ¹⁴ Pero no mucho después dio contra la nave un viento huracanado llamado Euroclidón. ¹⁵ Y siendo arrebatada la nave, y no pudiendo poner proa al viento, nos abandonamos a él y nos dejamos llevar. ¹⁶ Y habiendo corrido a sotavento de una pequeña isla llamada Clauda, con dificultad pudimos recoger el esquife. ¹⁷ Y una vez subido a bordo, usaron de refuerzos para ceñir la nave; y teniendo

temor de dar en la Sirte, arriaron las velas y quedaron a la deriva. [18] Pero siendo combatidos por una furiosa tempestad, al siguiente día empezaron a alijar, [19] y al tercer día con nuestras propias manos arrojamos los aparejos de la nave. [20] Y no apareciendo ni sol ni estrellas por muchos días, y acosados por una tempestad no pequeña, ya habíamos perdido toda esperanza de salvarnos.

[21] Entonces Pablo, como hacía ya mucho que no comíamos, puesto en pie en medio de ellos, dijo: Habría sido por cierto conveniente, oh varones, haberme oído, y no zarpar de Creta tan sólo para recibir este perjuicio y pérdida. [22] Pero ahora os exhorto a tener buen ánimo, pues no habrá ninguna pérdida de vida entre vosotros, sino solamente de la nave. [23] Porque esta noche ha estado conmigo el ángel del Dios de quien soy y a quien sirvo, [24] diciendo: Pablo, no temas; es necesario que comparezcas ante César; y he aquí, Dios te ha concedido todos los que navegan contigo. [25] Por tanto, oh varones, tened buen ánimo; porque yo confío en Dios que será así como se me ha dicho. [26] Con todo, es necesario que demos en alguna isla.

[27] Venida la decimacuarta noche, y siendo llevados a través del mar Adriático, a la medianoche los marineros sospecharon que estaban cerca de tierra; [28] y echando la sonda, hallaron veinte brazas; y pasando un poco más adelante, volviendo a echar la sonda, hallaron quince brazas. [29] Y temiendo dar en escollos, echaron cuatro anclas por la popa, y ansiaban que se hiciese de día. [30] Entonces los marineros procuraron huir de la nave, y echando el esquife al mar, aparentaban como que querían largar las anclas de proa. [31] Pero Pablo dijo al centurión y a los soldados: Si éstos no permanecen en la nave, vosotros no podéis salvaros. [32] Entonces los soldados cortaron las amarras del esquife y lo dejaron perderse.

[33] Cuando comenzó a amanecer, Pablo exhortaba a todos que comiesen, diciendo: Éste es el decimocuarto día que veláis y permanecéis en ayunas, sin comer nada. [34] Por tanto, os ruego que comáis por vuestra salud; pues ni aun un cabello de la cabeza de ninguno de vosotros perecerá. [35] Y habiendo dicho esto, tomó el pan y dio gracias a Dios en presencia de todos, y partiéndolo, comenzó a comer. [36] Entonces todos, teniendo ya mejor ánimo, comieron también. [37] Y éramos todas las personas en la nave doscientas setenta y seis. [38] Y ya satisfechos, aligeraron la nave, echando el trigo al mar.

El naufragio

³⁹ Cuando se hizo de día, no reconocían la tierra, pero veían una ensenada que tenía playa, en la cual acordaron varar, si pudiesen, la nave. ⁴⁰ Cortando, pues, las anclas, las dejaron en el mar, largando también las amarras del timón; e izada al viento la vela de proa, enfilaron hacia la playa. ⁴¹ Pero dando en un lugar de dos aguas, hicieron encallar la nave; y la proa, hincada, quedó inmóvil, y la popa se abría con la violencia del mar. ⁴² Entonces los soldados acordaron matar a los presos, para que ninguno se fugase nadando. ⁴³ Pero el centurión, queriendo salvar a Pablo, les impidió este intento, y mandó que los que pudiesen nadar se echasen los primeros, y saliesen a tierra; ⁴⁴ y los demás, parte en tablas, parte en cosas de la nave. Y así aconteció que todos se salvaron saliendo a tierra.

Pablo en la isla de Malta

28 Estando ya a salvo, supimos que la isla se llamaba Malta. ² Y los naturales nos trataron con no poca humanidad; porque encendiendo un fuego, nos recibieron a todos, a causa de la lluvia que caía, y del frío. ³ Entonces, habiendo recogido Pablo algunas ramas secas, las echó al fuego; y una víbora, huyendo del calor, se le prendió en la mano.

⁴ Cuando los naturales vieron la víbora colgando de su mano, se decían unos a otros: Ciertamente este hombre es homicida, a quien, escapado del mar, la justicia no deja vivir. ⁵ Pero él, sacudiendo la víbora en el fuego, ningún daño padeció. ⁶ Ellos estaban esperando que él se hinchase, o cayese muerto de repente; mas habiendo esperado mucho, y viendo que ningún mal le venía, cambiaron de parecer y dijeron que era un dios.

⁷ En aquellos lugares había propiedades del hombre principal de la isla, llamado Publio, quien nos recibió y hospedó solícitamente tres días. ⁸ Y aconteció que el padre de Publio estaba en cama, enfermo de fiebre y de disentería; y entró Pablo a verle, y después de haber orado, le impuso las manos, y le sanó. ⁹ Hecho esto, también los otros que en la isla tenían enfermedades, venían, y eran sanados; ¹⁰ los cuales también nos honraron con muchas atenciones; y cuando zarpamos, nos cargaron de las cosas necesarias.

Pablo llega a Roma

¹¹ Pasados tres meses, nos hicimos a la vela en una nave alejandrina que había invernado en la isla, la cual tenía por enseña a Cástor y Pólux. ¹² Y llegados a Siracusa,

estuvimos allí tres días. [13] De allí, costeando alrededor, llegamos a Regio; y otro día después, soplando el viento sur, llegamos al segundo día a Puteoli, [14] donde habiendo hallado hermanos, nos rogaron que nos quedásemos con ellos siete días; y luego fuimos a Roma, [15] de donde, oyendo de nosotros los hermanos, salieron a recibirnos hasta el Foro de Apio y las Tres Tabernas; y al verlos, Pablo dio gracias a Dios y cobró aliento. [16] Cuando llegamos a Roma, el centurión entregó los presos al prefecto militar, pero a Pablo se le permitió vivir aparte, con un soldado que le custodiase.

Pablo predica en Roma

[17] Aconteció que tres días después, Pablo convocó a los principales de los judíos, a los cuales, luego que estuvieron reunidos, les dijo: Yo, varones hermanos, no habiendo hecho nada contra el pueblo, ni contra las costumbres de nuestros padres, he sido entregado preso desde Jerusalén en manos de los romanos; [18] los cuales, habiéndome examinado, me querían soltar, por no haber en mí ninguna causa de muerte. [19] Pero oponiéndose los judíos, me vi obligado a apelar a César; no porque tenga de qué acusar a mi nación. [20] Así que por esta causa os he llamado para veros y hablaros; porque por la esperanza de Israel estoy sujeto con esta cadena. [21] Entonces ellos le dijeron: Nosotros ni hemos recibido de Judea cartas acerca de ti, ni ha venido alguno de los hermanos que haya denunciado o hablado algún mal de ti. [22] Pero querríamos oír de ti lo que piensas; porque de esta secta nos es notorio que en todas partes se habla contra ella.

[23] Y habiéndole señalado un día, vinieron a él muchos a la posada, a los cuales les declaraba y les testificaba el reino de Dios desde la mañana hasta la tarde, persuadiéndoles acerca de Jesús, tanto por la ley de Moisés como por los profetas. [24] Y algunos asentían a lo que se decía, pero otros no creían. [25] Y como no estuviesen de acuerdo entre sí, al retirarse, les dijo Pablo esta palabra: Bien habló el Espíritu Santo por medio del profeta Isaías a nuestros padres, diciendo:

[26] Ve a este pueblo, y diles:
De oído oiréis, y no entenderéis;
Y viendo veréis, y no percibiréis;
[27] Porque el corazón de este pueblo se ha engrosado,
Y con los oídos oyeron pesadamente,
Y sus ojos han cerrado,
Para que no vean con los ojos,
Y oigan con los oídos,
Y entiendan de corazón,
Y se conviertan,

Y yo los sane. ²⁸ Sabed, pues, que a los gentiles es enviada esta salvación de Dios; y ellos oirán. ²⁹ Y cuando hubo dicho esto, los judíos se fueron, teniendo gran discusión entre sí.

³⁰ Y Pablo permaneció dos años enteros en una casa alquilada, y recibía a todos los que a él venían, ³¹ predicando el reino de Dios y enseñando acerca del Señor Jesucristo, abiertamente y sin impedimento.

LA EPÍSTOLA DEL APÓSTOL SAN PABLO A LOS
ROMANOS

Salutación

1 Pablo, siervo de Jesucristo, llamado a ser apóstol, apartado para el evangelio de Dios, ² que él había prometido antes por sus profetas en las santas Escrituras, ³ acerca de su Hijo, nuestro Señor Jesucristo, que era del linaje de David según la carne, ⁴ que fue declarado Hijo de Dios con poder, según el Espíritu de santidad, por la resurrección de entre los muertos, ⁵ y por quien recibimos la gracia y el apostolado, para la obediencia a la fe en todas las naciones por amor de su nombre; ⁶ entre las cuales estáis también vosotros, llamados a ser de Jesucristo; ⁷ a todos los que estáis en Roma, amados de Dios, llamados a ser santos: Gracia y paz a vosotros, de Dios nuestro Padre y del Señor Jesucristo.

Deseo de Pablo de visitar Roma

⁸ Primeramente doy gracias a mi Dios mediante Jesucristo con respecto a todos vosotros, de que vuestra fe se divulga por todo el mundo. ⁹ Porque testigo me es Dios, a quien sirvo en mi espíritu en el evangelio de su Hijo, de que sin cesar hago mención de vosotros siempre en mis oraciones, ¹⁰ rogando que de alguna manera tenga al fin, por la voluntad de

Dios, un próspero viaje para ir a vosotros. ¹¹ Porque deseo veros, para comunicaros algún don espiritual, a fin de que seáis confirmados; ¹² esto es, para ser mutuamente confortados por la fe que nos es común a vosotros y a mí.

¹³ Pero no quiero, hermanos, que ignoréis que muchas veces me he propuesto ir a vosotros (pero hasta ahora he sido estorbado), para tener también entre vosotros algún fruto, como entre los demás gentiles. ¹⁴ A griegos y a no griegos, a sabios y a no sabios soy deudor. ¹⁵ Así que, en cuanto a mí, pronto estoy a anunciaros el evangelio también a vosotros que estáis en Roma.

El poder del evangelio

¹⁶ Porque no me avergüenzo del evangelio, porque es poder de Dios para salvación a todo aquel que cree; al judío primeramente, y también al griego. ¹⁷ Porque en el evangelio la justicia de Dios se revela por fe y para fe, como está escrito: Mas el justo por la fe vivirá.

La culpabilidad del hombre

¹⁸ Porque la ira de Dios se revela desde el cielo contra toda impiedad e injusticia de los hombres que detienen con injusticia la verdad; ¹⁹ porque lo que de Dios se conoce les es manifiesto, pues Dios se lo manifestó. ²⁰ Porque las cosas invisibles de él, su eterno poder y deidad, se hacen claramente visibles desde la creación del mundo, siendo entendidas por medio de las cosas hechas, de modo que no tienen excusa. ²¹ Pues habiendo conocido a Dios, no le glorificaron como a Dios, ni le dieron gracias, sino que se envanecieron en sus razonamientos, y su necio corazón fue entenebrecido. ²² Profesando ser sabios, se hicieron necios, ²³ y cambiaron la gloria del Dios incorruptible en semejanza de imagen de hombre corruptible, de aves, de cuadrúpedos y de reptiles.

²⁴ Por lo cual también Dios los entregó a la inmundicia, en las concupiscencias de sus corazones, de modo que deshonraron entre sí sus propios cuerpos, ²⁵ ya que cambiaron la verdad de Dios por la mentira, honrando y dando culto a las criaturas antes que al Creador, el cual es bendito por los siglos. Amén.

²⁶ Por esto Dios los entregó a pasiones vergonzosas; pues aun sus mujeres cambiaron el uso natural por el que es contra naturaleza, ²⁷ y de igual modo también los hombres, dejando el uso natural de la mujer, se encendieron en su lascivia unos con otros, cometiendo hechos vergonzosos

hombres con hombres, y recibiendo en sí mismos la retribución debida a su extravío.

²⁸ Y como ellos no aprobaron tener en cuenta a Dios, Dios los entregó a una mente reprobada, para hacer cosas que no convienen; ²⁹ estando atestados de toda injusticia, fornicación, perversidad, avaricia, maldad; llenos de envidia, homicidios, contiendas, engaños y malignidades; ³⁰ murmuradores, detractores, aborrecedores de Dios, injuriosos, soberbios, altivos, inventores de males, desobedientes a los padres, ³¹ necios, desleales, sin afecto natural, implacables, sin misericordia; ³² quienes habiendo entendido el juicio de Dios, que los que practican tales cosas son dignos de muerte, no sólo las hacen, sino que también se complacen con los que las practican.

El justo juicio de Dios

2 Por lo cual eres inexcusable, oh hombre, quienquiera que seas tú que juzgas; pues en lo que juzgas a otro, te condenas a ti mismo; porque tú que juzgas haces lo mismo. ² Mas sabemos que el juicio de Dios contra los que practican tales cosas es según verdad. ³ ¿Y piensas esto, oh hombre, tú que juzgas a los que tal hacen, y haces lo mismo, que tú escaparás del juicio de Dios?

⁴ ¿O menosprecias las riquezas de su benignidad, paciencia y longanimidad, ignorando que su benignidad te guía al arrepentimiento? ⁵ Pero por tu dureza y por tu corazón no arrepentido, atesoras para ti mismo ira para el día de la ira y de la revelación del justo juicio de Dios, ⁶ el cual pagará a cada uno conforme a sus obras: ⁷ vida eterna a los que, perseverando en bien hacer, buscan gloria y honra e inmortalidad, ⁸ pero ira y enojo a los que son contenciosos y no obedecen a la verdad, sino que obedecen a la injusticia; ⁹ tribulación y angustia sobre todo ser humano que hace lo malo, el judío primeramente y también el griego, ¹⁰ pero gloria y honra y paz a todo el que hace lo bueno, al judío primeramente y también al griego; ¹¹ porque no hay acepción de personas para con Dios.

¹² Porque todos los que sin ley han pecado, sin ley también perecerán; y todos los que bajo la ley han pecado, por la ley serán juzgados; ¹³ porque no son los oidores de la ley los justos ante Dios, sino los hacedores de la ley serán justificados. ¹⁴ Porque cuando los gentiles que no tienen ley, hacen por naturaleza lo que es de la ley, éstos, aunque no tengan ley, son ley para sí mismos, ¹⁵ mostrando la obra de la ley

escrita en sus corazones, dando testimonio su conciencia, y acusándoles o defendiéndoles sus razonamientos, ¹⁶ en el día en que Dios juzgará por Jesucristo los secretos de los hombres, conforme a mi evangelio.

Los judíos y la ley

¹⁷ He aquí, tú tienes el sobrenombre de judío, y te apoyas en la ley, y te glorías en Dios, ¹⁸ y conoces su voluntad, e instruido por la ley apruebas lo mejor, ¹⁹ y confías en que eres guía de los ciegos, luz de los que están en tinieblas, ²⁰ instructor de los indoctos, maestro de niños, que tienes en la ley la forma de la ciencia y de la verdad. ²¹ Tú, pues, que enseñas a otro, ¿no te enseñas a ti mismo? Tú que predicas que no se ha de hurtar, ¿hurtas? ²² Tú que dices que no se ha de adulterar, ¿adulteras? Tú que abominas de los ídolos, ¿cometes sacrilegio? ²³ Tú que te jactas de la ley, ¿con infracción de la ley deshonras a Dios? ²⁴ Porque como está escrito, el nombre de Dios es blasfemado entre los gentiles por causa de vosotros.

²⁵ Pues en verdad la circuncisión aprovecha, si guardas la ley; pero si eres transgresor de la ley, tu circuncisión viene a ser incircuncisión. ²⁶ Si, pues, el incircunciso guardare las ordenanzas de la ley, ¿no será tenida su incircuncisión como circuncisión? ²⁷ Y el que físicamente es incircunciso, pero guarda perfectamente la ley, te condenará a ti, que con la letra de la ley y con la circuncisión eres transgresor de la ley. ²⁸ Pues no es judío el que lo es exteriormente, ni es la circuncisión la que se hace exteriormente en la carne; ²⁹ sino que es judío el que lo es en lo interior, y la circuncisión es la del corazón, en espíritu, no en letra; la alabanza del cual no viene de los hombres, sino de Dios.

3 ¿Qué ventaja tiene, pues, el judío? ¿o de qué aprovecha la circuncisión? ² Mucho, en todas maneras. Primero, ciertamente, que les ha sido confiada la palabra de Dios. ³ ¿Pues qué, si algunos de ellos han sido incrédulos? ¿Su incredulidad habrá hecho nula la fidelidad de Dios? ⁴ De ninguna manera; antes bien sea Dios veraz, y todo hombre mentiroso; como está escrito:
Para que seas justificado en tus palabras,
Y venzas cuando fueres juzgado.
⁵ Y si nuestra injusticia hace resaltar la justicia de Dios, ¿qué diremos? ¿Será injusto Dios que da castigo? (Hablo como hombre.) ⁶ En ninguna manera; de otro modo, ¿cómo juzgaría Dios al mundo? ⁷ Pero si por mi mentira la verdad de Dios abundó para su gloria, ¿por qué aún soy juzgado

como pecador? ⁸ ¿Y por qué no decir (como se nos calumnia, y como algunos, cuya condenación es justa, afirman que nosotros decimos): Hagamos males para que vengan bienes?

No hay justo

⁹ ¿Qué, pues? ¿Somos nosotros mejores que ellos? En ninguna manera; pues ya hemos acusado a judíos y a gentiles, que todos están bajo pecado. ¹⁰ Como está escrito:

No hay justo, ni aun uno;
¹¹ No hay quien entienda,
No hay quien busque a Dios.
¹² Todos se desviaron, a una se hicieron inútiles;
No hay quien haga lo bueno, no hay ni siquiera uno.
¹³ Sepulcro abierto es su garganta;
Con su lengua engañan.
Veneno de áspides hay debajo de sus labios;
¹⁴ Su boca está llena de maldición y de amargura.
¹⁵ Sus pies se apresuran para derramar sangre;
¹⁶ Quebranto y desventura hay en sus caminos;
¹⁷ Y no conocieron camino de paz.
¹⁸ No hay temor de Dios delante de sus ojos.

¹⁹ Pero sabemos que todo lo que la ley dice, lo dice a los que están bajo la ley, para que toda boca se cierre y todo el mundo quede bajo el juicio de Dios; ²⁰ ya que por las obras de la ley ningún ser humano será justificado delante de él; porque por medio de la ley es el conocimiento del pecado.

La justicia es por medio de la fe

²¹ Pero ahora, aparte de la ley, se ha manifestado la justicia de Dios, testificada por la ley y por los profetas; ²² la justicia de Dios por medio de la fe en Jesucristo, para todos los que creen en él. Porque no hay diferencia, ²³ por cuanto todos pecaron, y están destituidos de la gloria de Dios, ²⁴ siendo justificados gratuitamente por su gracia, mediante la redención que es en Cristo Jesús, ²⁵ a quien Dios puso como propiciación por medio de la fe en su sangre, para manifestar su justicia, a causa de haber pasado por alto, en su paciencia, los pecados pasados, ²⁶ con la mira de manifestar en este tiempo su justicia, a fin de que él sea el justo, y el que justifica al que es de la fe de Jesús. ²⁷ ¿Dónde, pues, está la jactancia? Queda excluida. ¿Por cuál ley? ¿Por la de las obras? No, sino por la ley de la fe. ²⁸ Concluimos, pues, que el hombre es justificado por fe sin las obras de la ley. ²⁹ ¿Es Dios solamente Dios de los judíos? ¿No es también Dios de los gentiles? Ciertamente, también de los gentiles. ³⁰ Porque

Dios es uno, y él justificará por la fe a los de la circuncisión, y por medio de la fe a los de la incircuncisión. ³¹ ¿Luego por la fe invalidamos la ley? En ninguna manera, sino que confirmamos la ley.

El ejemplo de Abraham

4 ¿Qué, pues, diremos que halló Abraham, nuestro padre según la carne? ² Porque si Abraham fue justificado por las obras, tiene de qué gloriarse, pero no para con Dios. ³ Porque ¿qué dice la Escritura? Creyó Abraham a Dios, y le fue contado por justicia. ⁴ Pero al que obra, no se le cuenta el salario como gracia, sino como deuda; ⁵ mas al que no obra, sino cree en aquel que justifica al impío, su fe le es contada por justicia. ⁶ Como también David habla de la bienaventuranza del hombre a quien Dios atribuye justicia sin obras, ⁷ diciendo:
Bienaventurados aquellos cuyas iniquidades son perdonadas,
Y cuyos pecados son cubiertos.
⁸ Bienaventurado el varón a quien el Señor no inculpa de pecado.

⁹ ¿Es, pues, esta bienaventuranza solamente para los de la circuncisión, o también para los de la incircuncisión? Porque decimos que a Abraham le fue contada la fe por justicia. ¹⁰ ¿Cómo, pues, le fue contada? ¿Estando en la circuncisión, o en la incircuncisión? No en la circuncisión, sino en la incircuncisión. ¹¹ Y recibió la circuncisión como señal, como sello de la justicia de la fe que tuvo estando aún incircunciso; para que fuese padre de todos los creyentes no circuncidados, a fin de que también a ellos la fe les sea contada por justicia; ¹² y padre de la circuncisión, para los que no solamente son de la circuncisión, sino que también siguen las pisadas de la fe que tuvo nuestro padre Abraham antes de ser circuncidado.

La promesa realizada mediante la fe

¹³ Porque no por la ley fue dada a Abraham o a su descendencia la promesa de que sería heredero del mundo, sino por la justicia de la fe. ¹⁴ Porque si los que son de la ley son los herederos, vana resulta la fe, y anulada la promesa. ¹⁵ Pues la ley produce ira; pero donde no hay ley, tampoco hay transgresión.

¹⁶ Por tanto, es por fe, para que sea por gracia, a fin de que la promesa sea firme para toda su descendencia; no solamente para la que es de la ley, sino también para la que es de la fe de Abraham, el cual es padre de todos nosotros ¹⁷ (como está escrito: Te he puesto por padre de

muchas gentes) delante de Dios, a quien creyó, el cual da vida a los muertos, y llama las cosas que no son, como si fuesen. [18] Él creyó en esperanza contra esperanza, para llegar a ser padre de muchas gentes, conforme a lo que se le había dicho: Así será tu descendencia. [19] Y no se debilitó en la fe al considerar su cuerpo, que estaba ya como muerto (siendo de casi cien años), o la esterilidad de la matriz de Sara. [20] Tampoco dudó, por incredulidad, de la promesa de Dios, sino que se fortaleció en fe, dando gloria a Dios, [21] plenamente convencido de que era también poderoso para hacer todo lo que había prometido; [22] por lo cual también su fe le fue contada por justicia. [23] Y no solamente con respecto a él se escribió que le fue contada, [24] sino también con respecto a nosotros a quienes ha de ser contada, esto es, a los que creemos en el que levantó de los muertos a Jesús, Señor nuestro, [25] el cual fue entregado por nuestras transgresiones, y resucitado para nuestra justificación.

Resultados de la justificación

5 Justificados, pues, por la fe, tenemos paz para con Dios por medio de nuestro Señor Jesucristo; [2] por quien también tenemos entrada por la fe a esta gracia en la cual estamos firmes, y nos gloriamos en la esperanza de la gloria de Dios. [3] Y no sólo esto, sino que también nos gloriamos en las tribulaciones, sabiendo que la tribulación produce paciencia; [4] y la paciencia, prueba; y la prueba, esperanza; [5] y la esperanza no avergüenza; porque el amor de Dios ha sido derramado en nuestros corazones por el Espíritu Santo que nos fue dado.

[6] Porque Cristo, cuando aún éramos débiles, a su tiempo murió por los impíos. [7] Ciertamente, apenas morirá alguno por un justo; con todo, pudiera ser que alguno osara morir por el bueno. [8] Mas Dios muestra su amor para con nosotros, en que siendo aún pecadores, Cristo murió por nosotros. [9] Pues mucho más, estando ya justificados en su sangre, por él seremos salvos de la ira. [10] Porque si siendo enemigos, fuimos reconciliados con Dios por la muerte de su Hijo, mucho más, estando reconciliados, seremos salvos por su vida. [11] Y no sólo esto, sino que también nos gloriamos en Dios por el Señor nuestro Jesucristo, por quien hemos recibido ahora la reconciliación.

Adán y Cristo

[12] Por tanto, como el pecado entró en el mundo por un hombre, y por el pecado la muerte, así la muerte pasó a todos los hombres,

por cuanto todos pecaron. [13] Pues antes de la ley, había pecado en el mundo; pero donde no hay ley, no se inculpa de pecado. [14] No obstante, reinó la muerte desde Adán hasta Moisés, aun en los que no pecaron a la manera de la transgresión de Adán, el cual es figura del que había de venir.

[15] Pero el don no fue como la transgresión; porque si por la transgresión de aquel uno murieron los muchos, abundaron mucho más para los muchos la gracia y el don de Dios por la gracia de un hombre, Jesucristo. [16] Y con el don no sucede como en el caso de aquel uno que pecó; porque ciertamente el juicio vino a causa de un solo pecado para condenación, pero el don vino a causa de muchas transgresiones para justificación. [17] Pues si por la transgresión de uno solo reinó la muerte, mucho más reinarán en vida por uno solo, Jesucristo, los que reciben la abundancia de la gracia y del don de la justicia.

[18] Así que, como por la transgresión de uno vino la condenación a todos los hombres, de la misma manera por la justicia de uno vino a todos los hombres la justificación de vida. [19] Porque así como por la desobediencia de un hombre los muchos fueron constituidos pecadores, así también por la obediencia de uno, los muchos serán constituidos justos. [20] Pero la ley se introdujo para que el pecado abundase; mas cuando el pecado abundó, sobreabundó la gracia; [21] para que así como el pecado reinó para muerte, así también la gracia reine por la justicia para vida eterna mediante Jesucristo, Señor nuestro.

Muertos al pecado

6 ¿Qué, pues, diremos? ¿Perseveraremos en el pecado para que la gracia abunde? [2] En ninguna manera. Porque los que hemos muerto al pecado, ¿cómo viviremos aún en él? [3] ¿O no sabéis que todos los que hemos sido bautizados en Cristo Jesús, hemos sido bautizados en su muerte? [4] Porque somos sepultados juntamente con él para muerte por el bautismo, a fin de que como Cristo resucitó de los muertos por la gloria del Padre, así también nosotros andemos en vida nueva.

[5] Porque si fuimos plantados juntamente con él en la semejanza de su muerte, así también lo seremos en la de su resurrección; [6] sabiendo esto, que nuestro viejo hombre fue crucificado juntamente con él, para que el cuerpo del pecado sea destruido, a fin de que ya no sirvamos más al pecado. [7] Porque el que ha muerto, ha sido justificado del pecado. [8] Y

si morimos con Cristo, creemos que también viviremos con él; ⁹ sabiendo que Cristo, habiendo resucitado de los muertos, ya no muere; la muerte no se enseñorea más de él. ¹⁰ Porque en cuanto murió, al pecado murió una vez por todas; mas en cuanto vive, para Dios vive. ¹¹ Así también vosotros consideraos muertos al pecado, pero vivos para Dios en Cristo Jesús, Señor nuestro.

¹² No reine, pues, el pecado en vuestro cuerpo mortal, de modo que lo obedezcáis en sus concupiscencias; ¹³ ni tampoco presentéis vuestros miembros al pecado como instrumentos de iniquidad, sino presentaos vosotros mismos a Dios como vivos de entre los muertos, y vuestros miembros a Dios como instrumentos de justicia. ¹⁴ Porque el pecado no se enseñoreará de vosotros; pues no estáis bajo la ley, sino bajo la gracia.

Siervos de la justicia

¹⁵ ¿Qué, pues? ¿Pecaremos, porque no estamos bajo la ley, sino bajo la gracia? En ninguna manera. ¹⁶ ¿No sabéis que si os sometéis a alguien como esclavos para obedecerle, sois esclavos de aquel a quien obedecéis, sea del pecado para muerte, o sea de la obediencia para justicia? ¹⁷ Pero gracias a Dios, que aunque erais esclavos del pecado, habéis obedecido de corazón a aquella forma de doctrina a la cual fuisteis entregados; ¹⁸ y libertados del pecado, vinisteis a ser siervos de la justicia. ¹⁹ Hablo como humano, por vuestra humana debilidad; que así como para iniquidad presentasteis vuestros miembros para servir a la inmundicia y a la iniquidad, así ahora para santificación presentad vuestros miembros para servir a la justicia.

²⁰ Porque cuando erais esclavos del pecado, erais libres acerca de la justicia. ²¹ ¿Pero qué fruto teníais de aquellas cosas de las cuales ahora os avergonzáis? Porque el fin de ellas es muerte. ²² Mas ahora que habéis sido libertados del pecado y hechos siervos de Dios, tenéis por vuestro fruto la santificación, y como fin, la vida eterna. ²³ Porque la paga del pecado es muerte, mas la dádiva de Dios es vida eterna en Cristo Jesús Señor nuestro.

Analogía tomada del matrimonio

7 ¿Acaso ignoráis, hermanos (pues hablo con los que conocen la ley), que la ley se enseñorea del hombre entre tanto que éste vive? ² Porque la mujer casada está sujeta por la ley al marido mientras éste vive; pero si el marido muere, ella queda libre de la ley del marido. ³ Así que, si en vida del marido se uniere a otro varón, será llamada adúltera; pero si su marido muriere, es libre de esa ley, de tal manera que si se uniere a otro marido, no será adúltera.

⁴ Así también vosotros, hermanos míos, habéis muerto a la ley mediante el cuerpo de Cristo, para que seáis de otro, del que resucitó de los muertos, a fin de que llevemos fruto para Dios. ⁵ Porque mientras estábamos en la carne, las pasiones pecaminosas que eran por la ley obraban en nuestros miembros llevando fruto para muerte. ⁶ Pero ahora estamos libres de la ley, por haber muerto para aquella en que estábamos sujetos, de modo que sirvamos bajo el régimen nuevo del Espíritu y no bajo el régimen viejo de la letra.

El pecado que mora en mí

⁷ ¿Qué diremos, pues? ¿La ley es pecado? En ninguna manera. Pero yo no conocí el pecado sino por la ley; porque tampoco conociera la codicia, si la ley no dijera: No codiciarás. ⁸ Mas el pecado, tomando ocasión por el mandamiento, produjo en mí toda codicia; porque sin la ley el pecado está muerto. ⁹ Y yo sin la ley vivía en un tiempo; pero venido el mandamiento, el pecado revivió y yo morí. ¹⁰ Y hallé que el mismo mandamiento que era para vida, a mí me resultó para muerte; ¹¹ porque el pecado, tomando ocasión por el mandamiento, me engañó, y por él me mató. ¹² De manera que la ley a la verdad es santa, y el mandamiento santo, justo y bueno.

¹³ ¿Luego lo que es bueno, vino a ser muerte para mí? En ninguna manera; sino que el pecado, para mostrarse pecado, produjo en mí la muerte por medio de lo que es bueno, a fin de que por el mandamiento el pecado llegase a ser sobremanera pecaminoso. ¹⁴ Porque sabemos que la ley es espiritual; mas yo soy carnal, vendido al pecado. ¹⁵ Porque lo que hago, no lo entiendo; pues no hago lo que quiero, sino lo que aborrezco, eso hago. ¹⁶ Y si lo que no quiero, esto hago, apruebo que la ley es buena. ¹⁷ De manera que ya no soy yo quien hace aquello, sino el pecado que mora en mí. ¹⁸ Y yo sé que en mí, esto es, en mi carne, no mora el bien; porque el querer el bien está en mí, pero no el hacerlo. ¹⁹ Porque no hago el bien que quiero, sino el mal que no quiero, eso hago. ²⁰ Y si hago lo que no quiero, ya no lo hago yo, sino el pecado que mora en mí.

²¹ Así que, queriendo yo hacer el bien, hallo esta ley: que el mal está

en mí. ²² Porque según el hombre interior, me deleito en la ley de Dios; ²³ pero veo otra ley en mis miembros, que se rebela contra la ley de mi mente, y que me lleva cautivo a la ley del pecado que está en mis miembros. ²⁴ ¡Miserable de mí! ¿quién me librará de este cuerpo de muerte? ²⁵ Gracias doy a Dios, por Jesucristo Señor nuestro. Así que, yo mismo con la mente sirvo a la ley de Dios, mas con la carne a la ley del pecado.

Viviendo en el Espíritu

8 Ahora, pues, ninguna condenación hay para los que están en Cristo Jesús, los que no andan conforme a la carne, sino conforme al Espíritu. ² Porque la ley del Espíritu de vida en Cristo Jesús me ha librado de la ley del pecado y de la muerte. ³ Porque lo que era imposible para la ley, por cuanto era débil por la carne, Dios, enviando a su Hijo en semejanza de carne de pecado y a causa del pecado, condenó al pecado en la carne; ⁴ para que la justicia de la ley se cumpliese en nosotros, que no andamos conforme a la carne, sino conforme al Espíritu. ⁵ Porque los que son de la carne piensan en las cosas de la carne; pero los que son del Espíritu, en las cosas del Espíritu. ⁶ Porque el ocuparse de la carne es muerte, pero el ocuparse del Espíritu es vida y paz. ⁷ Por cuan-to los designios de la carne son enemistad contra Dios; porque no se sujetan a la ley de Dios, ni tampoco pueden; ⁸ y los que viven según la carne no pueden agradar a Dios.

⁹ Mas vosotros no vivís según la carne, sino según el Espíritu, si es que el Espíritu de Dios mora en vosotros. Y si alguno no tiene el Espíritu de Cristo, no es de él. ¹⁰ Pero si Cristo está en vosotros, el cuerpo en verdad está muerto a causa del pecado, mas el espíritu vive a causa de la justicia. ¹¹ Y si el Espíritu de aquel que levantó de los muertos a Jesús mora en vosotros, el que levantó de los muertos a Cristo Jesús vivificará también vuestros cuerpos mortales por su Espíritu que mora en vosotros.

¹² Así que, hermanos, deudores somos, no a la carne, para que vivamos conforme a la carne; ¹³ porque si vivís conforme a la carne, moriréis; mas si por el Espíritu hacéis morir las obras de la carne, viviréis. ¹⁴ Porque todos los que son guiados por el Espíritu de Dios, éstos son hijos de Dios. ¹⁵ Pues no habéis recibido el espíritu de esclavitud para estar otra vez en temor, sino que habéis recibido el espíritu de adopción, por el cual clamamos: ¡Abba, Padre! ¹⁶ El Espíritu mismo da

testimonio a nuestro espíritu, de que somos hijos de Dios. [17] Y si hijos, también herederos; herederos de Dios y coherederos con Cristo, si es que padecemos juntamente con él, para que juntamente con él seamos glorificados.

[18] Pues tengo por cierto que las aflicciones del tiempo presente no son comparables con la gloria venidera que en nosotros ha de manifestarse. [19] Porque el anhelo ardiente de la creación es el aguardar la manifestación de los hijos de Dios. [20] Porque la creación fue sujetada a vanidad, no por su propia voluntad, sino por causa del que la sujetó en esperanza; [21] porque también la creación misma será libertada de la esclavitud de corrupción, a la libertad gloriosa de los hijos de Dios. [22] Porque sabemos que toda la creación gime a una, y a una está con dolores de parto hasta ahora; [23] y no sólo ella, sino que también nosotros mismos, que tenemos las primicias del Espíritu, nosotros también gemimos dentro de nosotros mismos, esperando la adopción, la redención de nuestro cuerpo. [24] Porque en esperanza fuimos salvos; pero la esperanza que se ve, no es esperanza; porque lo que alguno ve, ¿a qué esperarlo? [25] Pero si esperamos lo que no vemos, con paciencia lo aguardamos.

[26] Y de igual manera el Espíritu nos ayuda en nuestra debilidad; pues qué hemos de pedir como conviene, no lo sabemos, pero el Espíritu mismo intercede por nosotros con gemidos indecibles. [27] Mas el que escudriña los corazones sabe cuál es la intención del Espíritu, porque conforme a la voluntad de Dios intercede por los santos.

Más que vencedores

[28] Y sabemos que a los que aman a Dios, todas las cosas les ayudan a bien, esto es, a los que conforme a su propósito son llamados. [29] Porque a los que antes conoció, también los predestinó para que fuesen hechos conformes a la imagen de su Hijo, para que él sea el primogénito entre muchos hermanos. [30] Y a los que predestinó, a éstos también llamó; y a los que llamó, a éstos también justificó; y a los que justificó, a éstos también glorificó.

[31] ¿Qué, pues, diremos a esto? Si Dios es por nosotros, ¿quién contra nosotros? [32] El que no escatimó ni a su propio Hijo, sino que lo entregó por todos nosotros, ¿cómo no nos dará también con él todas las cosas? [33] ¿Quién acusará a los escogidos de Dios? Dios es el que justifica. [34] ¿Quién es el que condenará? Cristo es el que murió; más aun,

el que también resucitó, el que además está a la diestra de Dios, el que también intercede por nosotros. ³⁵ ¿Quién nos separará del amor de Cristo? ¿Tribulación, o angustia, o persecución, o hambre, o desnudez, o peligro, o espada? ³⁶ Como está escrito:

Por causa de ti somos muertos todo el tiempo;

Somos contados como ovejas de matadero.

³⁷ Antes, en todas estas cosas somos más que vencedores por medio de aquel que nos amó. ³⁸ Por lo cual estoy seguro de que ni la muerte, ni la vida, ni ángeles, ni principados, ni potestades, ni lo presente, ni lo por venir, ³⁹ ni lo alto, ni lo profundo, ni ninguna otra cosa creada nos podrá separar del amor de Dios, que es en Cristo Jesús Señor nuestro.

La elección de Israel

9 Verdad digo en Cristo, no miento, y mi conciencia me da testimonio en el Espíritu Santo, ² que tengo gran tristeza y continuo dolor en mi corazón. ³ Porque deseara yo mismo ser anatema, separado de Cristo, por amor a mis hermanos, los que son mis parientes según la carne; ⁴ que son israelitas, de los cuales son la adopción, la gloria, el pacto, la promulgación de la ley, el culto y las promesas; ⁵ de quienes son los patriarcas, y de los cuales,

según la carne, vino Cristo, el cual es Dios sobre todas las cosas, bendito por los siglos. Amén.

⁶ No que la palabra de Dios haya fallado; porque no todos los que descienden de Israel son israelitas, ⁷ ni por ser descendientes de Abraham, son todos hijos; sino: En Isaac te será llamada descendencia. ⁸ Esto es: No los que son hijos según la carne son los hijos de Dios, sino que los que son hijos según la promesa son contados como descendientes. ⁹ Porque la palabra de la promesa es ésta: Por este tiempo vendré, y Sara tendrá un hijo. ¹⁰ Y no sólo esto, sino también cuando Rebeca concibió de uno, de Isaac nuestro padre ¹¹ (pues no habían aún nacido, ni habían hecho aún ni bien ni mal, para que el propósito de Dios conforme a la elección permaneciese, no por las obras sino por el que llama), ¹² se le dijo: El mayor servirá al menor. ¹³ Como está escrito: A Jacob amé, mas a Esaú aborrecí.

¹⁴ ¿Qué, pues, diremos? ¿Que hay injusticia en Dios? En ninguna manera. ¹⁵ Pues a Moisés dice: Tendré misericordia del que yo tenga misericordia, y me compadeceré del que yo me compadezca. ¹⁶ Así que no depende del que quiere, ni del que corre, sino de Dios que tiene misericor-

dia. ¹⁷ Porque la Escritura dice a Faraón: Para esto mismo te he levantado, para mostrar en ti mi poder, y para que mi nombre sea anunciado por toda la tierra. ¹⁸ De manera que de quien quiere, tiene misericordia, y al que quiere endurecer, endurece.

¹⁹ Pero me dirás: ¿Por qué, pues, inculpa? porque ¿quién ha resistido a su voluntad? ²⁰ Mas antes, oh hombre, ¿quién eres tú, para que alterques con Dios? ¿Dirá el vaso de barro al que lo formó: ¿Por qué me has hecho así? ²¹ ¿O no tiene potestad el alfarero sobre el barro, para hacer de la misma masa un vaso para honra y otro para deshonra? ²² ¿Y qué, si Dios, queriendo mostrar su ira y hacer notorio su poder, soportó con mucha paciencia los vasos de ira preparados para destrucción, ²³ y para hacer notorias las riquezas de su gloria, las mostró para con los vasos de misericordia que él preparó de antemano para gloria, ²⁴ a los cuales también ha llamado, esto es, a nosotros, no sólo de los judíos, sino también de los gentiles? ²⁵ Como también en Oseas dice:
Llamaré pueblo mío al que no era mi pueblo,
Y a la no amada, amada.
²⁶ Y en el lugar donde se les dijo:
Vosotros no sois pueblo mío,

Allí serán llamados hijos del Dios viviente.

²⁷ También Isaías clama tocante a Israel: Si fuere el número de los hijos de Israel como la arena del mar, tan sólo el remanente será salvo; ²⁸ porque el Señor ejecutará su sentencia sobre la tierra en justicia y con prontitud. ²⁹ Y como antes dijo Isaías:
Si el Señor de los ejércitos no nos hubiera dejado descendencia,
Como Sodoma habríamos venido a ser, y a Gomorra seríamos semejantes.

La justicia que es por fe

³⁰ ¿Qué, pues, diremos? Que los gentiles, que no iban tras la justicia, han alcanzado la justicia, es decir, la justicia que es por fe; ³¹ mas Israel, que iba tras una ley de justicia, no la alcanzó. ³² ¿Por qué? Porque iban tras ella no por fe, sino como por obras de la ley, pues tropezaron en la piedra de tropiezo, ³³ como está escrito:
He aquí pongo en Sion piedra de tropiezo y roca de caída;
Y el que creyere en él, no será avergonzado.

10 Hermanos, ciertamente el anhelo de mi corazón, y mi oración a Dios por Israel, es para salvación. ² Porque yo les doy testimonio de que tienen celo de

Dios, pero no conforme a ciencia. ³ Porque ignorando la justicia de Dios, y procurando establecer la suya propia, no se han sujetado a la justicia de Dios; ⁴ porque el fin de la ley es Cristo, para justicia a todo aquel que cree.

⁵ Porque de la justicia que es por la ley Moisés escribe así: El hombre que haga estas cosas, vivirá por ellas. ⁶ Pero la justicia que es por la fe dice así: No digas en tu corazón: ¿Quién subirá al cielo? (esto es, para traer abajo a Cristo); ⁷ o, ¿quién descenderá al abismo? (esto es, para hacer subir a Cristo de entre los muertos). ⁸ Mas ¿qué dice? Cerca de ti está la palabra, en tu boca y en tu corazón. Ésta es la palabra de fe que predicamos: ⁹ que si confesares con tu boca que Jesús es el Señor, y creyeres en tu corazón que Dios le levantó de los muertos, serás salvo. ¹⁰ Porque con el corazón se cree para justicia, pero con la boca se confiesa para salvación. ¹¹ Pues la Escritura dice: Todo aquel que en él creyere, no será avergonzado. ¹² Porque no hay diferencia entre judío y griego, pues el mismo que es Señor de todos, es rico para con todos los que le invocan; ¹³ porque todo aquel que invocare el nombre del Señor, será salvo.

¹⁴ ¿Cómo, pues, invocarán a aquel en el cual no han creído? ¿Y cómo creerán en aquel de quien no han oído? ¿Y cómo oirán sin haber quien les predique? ¹⁵ ¿Y cómo predicarán si no fueren enviados? Como está escrito: ¡Cuán hermosos son los pies de los que anuncian la paz, de los que anuncian buenas nuevas! ¹⁶ Mas no todos obedecieron al evangelio; pues Isaías dice: Señor, ¿quién ha creído a nuestro anuncio? ¹⁷ Así que la fe es por el oír, y el oír, por la palabra de Dios. ¹⁸ Pero digo: ¿No han oído? Antes bien,

Por toda la tierra ha salido la voz de ellos,
Y hasta los fines de la tierra sus palabras.

¹⁹ También digo: ¿No ha conocido esto Israel? Primeramente Moisés dice:

Yo os provocaré a celos con un pueblo que no es pueblo;
Con pueblo insensato os provocaré a ira.

²⁰ E Isaías dice resueltamente:
Fui hallado de los que no me buscaban;
Me manifesté a los que no preguntaban por mí.

²¹ Pero acerca de Israel dice: Todo el día extendí mis manos a un pueblo rebelde y contradictor.

El remanente de Israel

11 Digo, pues: ¿Ha desechado Dios a su pueblo? En ninguna manera. Porque también yo soy israelita, de la descendencia de Abraham, de la tribu de Benjamín. ² No ha desechado Dios a su pueblo, al cual desde antes conoció. ¿O no sabéis qué dice de Elías la Escritura, cómo invoca a Dios contra Israel, diciendo: ³ Señor, a tus profetas han dado muerte, y tus altares han derribado; y sólo yo he quedado, y procuran matarme? ⁴ Pero ¿qué le dice la divina respuesta? Me he reservado siete mil hombres, que no han doblado la rodilla delante de Baal. ⁵ Así también aun en este tiempo ha quedado un remanente escogido por gracia. ⁶ Y si por gracia, ya no es por obras; de otra manera la gracia ya no es gracia. Y si por obras, ya no es gracia; de otra manera la obra ya no es obra.

⁷ ¿Qué pues? Lo que buscaba Israel, no lo ha alcanzado; pero los escogidos sí lo han alcanzado, y los demás fueron endurecidos; ⁸ como está escrito: Dios les dio espíritu de estupor, ojos con que no vean y oídos con que no oigan, hasta el día de hoy. ⁹ Y David dice: Sea vuelto su convite en trampa y en red,
En tropezadero y en retribución; ¹⁰ Sean oscurecidos sus ojos para que no vean,
Y agóbiales la espalda para siempre.

La salvación de los gentiles

¹¹ Digo, pues: ¿Han tropezado los de Israel para que cayesen? En ninguna manera; pero por su transgresión vino la salvación a los gentiles, para provocarles a celos. ¹² Y si su transgresión es la riqueza del mundo, y su defección la riqueza de los gentiles, ¿cuánto más su plena restauración?

¹³ Porque a vosotros hablo, gentiles. Por cuanto yo soy apóstol a los gentiles, honro mi ministerio, ¹⁴ por si en alguna manera pueda provocar a celos a los de mi sangre, y hacer salvos a algunos de ellos. ¹⁵ Porque si su exclusión es la reconciliación del mundo, ¿qué será su admisión, sino vida de entre los muertos? ¹⁶ Si las primicias son santas, también lo es la masa restante; y si la raíz es santa, también lo son las ramas.

¹⁷ Pues si algunas de las ramas fueron desgajadas, y tú, siendo olivo silvestre, has sido injertado en lugar de ellas, y has sido hecho participante de la raíz y de la rica savia del olivo, ¹⁸ no te jactes contra las ramas; y si te jactas, sabe que no sustentas tú a la raíz, sino la raíz a ti. ¹⁹ Pues las ramas, dirás, fueron desgajadas para que yo fuese injertado. ²⁰ Bien; por

su incredulidad fueron desgajadas, pero tú por la fe estás en pie. No te ensoberbezcas, sino teme. 21 Porque si Dios no perdonó a las ramas naturales, a ti tampoco te perdonará. 22 Mira, pues, la bondad y la severidad de Dios; la severidad ciertamente para con los que cayeron, pero la bondad para contigo, si permaneces en esa bondad; pues de otra manera tú también serás cortado. 23 Y aun ellos, si no permanecieren en incredulidad, serán injertados, pues poderoso es Dios para volverlos a injertar. 24 Porque si tú fuiste cortado del que por naturaleza es olivo silvestre, y contra naturaleza fuiste injertado en el buen olivo, ¿cuánto más éstos, que son las ramas naturales, serán injertados en su propio olivo?

La restauración de Israel

25 Porque no quiero, hermanos, que ignoréis este misterio, para que no seáis arrogantes en cuanto a vosotros mismos: que ha acontecido a Israel endurecimiento en parte, hasta que haya entrado la plenitud de los gentiles; 26 y luego todo Israel será salvo, como está escrito:

Vendrá de Sion el Libertador,
Que apartará de Jacob la impiedad.
27 Y éste será mi pacto con ellos,
Cuando yo quite sus pecados.
28 Así que en cuanto al evangelio, son enemigos por causa de vosotros; pero en cuanto a la elección, son amados por causa de los padres. 29 Porque irrevocables son los dones y el llamamiento de Dios. 30 Pues como vosotros también en otro tiempo erais desobedientes a Dios, pero ahora habéis alcanzado misericordia por la desobediencia de ellos, 31 así también éstos ahora han sido desobedientes, para que por la misericordia concedida a vosotros, ellos también alcancen misericordia. 32 Porque Dios sujetó a todos en desobediencia, para tener misericordia de todos.

33 ¡Oh profundidad de las riquezas de la sabiduría y de la ciencia de Dios! ¡Cuán insondables son sus juicios, e inescrutables sus caminos! 34 Porque ¿quién entendió la mente del Señor? ¿O quién fue su consejero? 35 ¿O quién le dio a él primero, para que le fuese recompensado? 36 Porque de él, y por él, y para él, son todas las cosas. A él sea la gloria por los siglos. Amén.

Deberes cristianos

12 Así que, hermanos, os ruego por las misericordias de Dios, que presentéis vuestros cuerpos en sacrificio vivo, santo, agradable a Dios, que es vuestro culto racional. 2 No os conforméis a este siglo, sino transformaos por medio de la renovación de vuestro entendimiento, para que comprobéis cuál sea la buena voluntad de Dios, agradable y perfecta.

³ Digo, pues, por la gracia que me es dada, a cada cual que está entre vosotros, que no tenga más alto concepto de sí que el que debe tener, sino que piense de sí con cordura, conforme a la medida de fe que Dios repartió a cada uno. ⁴ Porque de la manera que en un cuerpo tenemos muchos miembros, pero no todos los miembros tienen la misma función, ⁵ así nosotros, siendo muchos, somos un cuerpo en Cristo, y todos miembros los unos de los otros. ⁶ De manera que, teniendo diferentes dones, según la gracia que nos es dada, si el de profecía, úsese conforme a la medida de la fe; ⁷ o si de servicio, en servir; o el que enseña, en la enseñanza; ⁸ el que exhorta, en la exhortación; el que reparte, con liberalidad; el que preside, con solicitud; el que hace misericordia, con alegría.

⁹ El amor sea sin fingimiento. Aborreced lo malo, seguid lo bueno. ¹⁰ Amaos los unos a los otros con amor fraternal; en cuanto a honra, prefiriéndoos los unos a los otros. ¹¹ En lo que requiere diligencia, no perezosos; fervientes en espíritu, sirviendo al Señor; ¹² gozosos en la esperanza; sufridos en la tribulación; constantes en la oración; ¹³ compartiendo para las necesidades de los santos; practicando la hospitalidad.

¹⁴ Bendecid a los que os persiguen; bendecid, y no maldigáis. ¹⁵ Gozaos con los que se gozan; llorad con los que lloran. ¹⁶ Unánimes entre vosotros; no altivos, sino asociándoos con los humildes. No seáis sabios en vuestra propia opinión. ¹⁷ No paguéis a nadie mal por mal; procurad lo bueno delante de todos los hombres. ¹⁸ Si es posible, en cuanto dependa de vosotros, estad en paz con todos los hombres. ¹⁹ No os venguéis vosotros mismos, amados míos, sino dejad lugar a la ira de Dios; porque escrito está: Mía es la venganza, yo pagaré, dice el Señor. ²⁰ Así que, si tu enemigo tuviere hambre, dale de comer; si tuviere sed, dale de beber; pues haciendo esto, ascuas de fuego amontonarás sobre su cabeza. ²¹ No seas vencido de lo malo, sino vence con el bien el mal.

13 Sométase toda persona a las autoridades superiores; porque no hay autoridad sino de parte de Dios, y las que hay, por Dios han sido establecidas. ² De modo que quien se opone a la autoridad, a lo establecido por Dios resiste; y los que resisten, acarrean condenación para sí mismos. ³ Porque los magistrados no están para infundir temor al que hace el bien, sino al malo. ¿Quieres, pues, no temer la autoridad? Haz lo bueno, y tendrás alabanza de ella; ⁴ porque es servidor de Dios para tu bien. Pero si haces lo malo, teme; porque no en vano lleva la espada, pues es servidor de Dios, vengador para castigar al que hace lo malo. ⁵ Por lo cual es necesario estarle sujetos, no solamente por razón del castigo, sino también por causa de la conciencia. ⁶ Pues por esto pagáis también los tributos, porque son servidores de Dios que atienden continuamente a esto mismo. ⁷ Pagad a todos lo que debéis: al que tributo, tributo; al que impuesto, impuesto; al que respeto, respeto; al que honra, honra.

⁸ No debáis a nadie nada, sino el amaros unos a otros; porque el que ama al prójimo, ha cumplido la ley. ⁹ Porque: No adulterarás, no matarás, no hurtarás, no dirás falso testimonio, no codiciarás, y cualquier otro mandamiento, en esta sentencia se resume: Amarás a tu prójimo como a ti mismo. ¹⁰ El amor no hace mal al prójimo; así que el cumplimiento de la ley es el amor.

¹¹ Y esto, conociendo el tiempo, que es ya hora de levantarnos del sueño; porque ahora está más cerca de nosotros nuestra salvación que cuando creímos. ¹² La noche está avanzada, y se acerca el día. Desechemos, pues, las obras de las tinieblas, y vistámonos las armas de la luz. ¹³ Andemos como de día, honestamente; no en glotonerías y borracheras, no en lujurias y lascivias, no en contiendas y envidia, ¹⁴ sino vestíos del Señor Jesucristo, y no proveáis para los deseos de la carne.

Los débiles en la fe

14 Recibid al débil en la fe, pero no para contender sobre opiniones. ² Porque uno cree que se ha de comer de todo; otro, que es débil, come legumbres. ³ El que come, no menosprecie al que no come, y el que no come, no juzgue al que come; porque Dios le ha recibido. ⁴ ¿Tú quién eres, que juzgas al criado ajeno? Para su propio señor está en pie, o cae; pero estará firme, porque poderoso es el Señor para hacerle estar firme.

⁵ Uno hace diferencia entre día y día; otro juzga iguales todos los días. Cada uno esté plenamente convencido en su propia mente. ⁶ El que hace caso del día, lo hace para el Señor; y el que no hace caso del día, para el Señor

no lo hace. El que come, para el Señor come, porque da gracias a Dios; y el que no come, para el Señor no come, y da gracias a Dios. ⁷ Porque ninguno de nosotros vive para sí, y ninguno muere para sí. ⁸ Pues si vivimos, para el Señor vivimos; y si morimos, para el Señor morimos. Así pues, sea que vivamos, o que muramos, del Señor somos. ⁹ Porque Cristo para esto murió y resucitó, y volvió a vivir, para ser Señor así de los muertos como de los que viven.

¹⁰ Pero tú, ¿por qué juzgas a tu hermano? O tú también, ¿por qué menosprecias a tu hermano? Porque todos compareceremos ante el tribunal de Cristo. ¹¹ Porque escrito está:
Vivo yo, dice el Señor, que ante mí se doblará toda rodilla,
Y toda lengua confesará a Dios.
¹² De manera que cada uno de nosotros dará a Dios cuenta de sí.

¹³ Así que, ya no nos juzguemos más los unos a los otros, sino más bien decidid no poner tropiezo u ocasión de caer al hermano. ¹⁴ Yo sé, y confío en el Señor Jesús, que nada es inmundo en sí mismo; mas para el que piensa que algo es inmundo, para él lo es. ¹⁵ Pero si por causa de la comida tu hermano es contristado, ya no andas conforme al amor. No hagas que por la comida tuya se pierda aquel por quien Cristo murió. ¹⁶ No sea, pues, vituperado vuestro bien; ¹⁷ porque el reino de Dios no es comida ni bebida, sino justicia, paz y gozo en el Espíritu Santo. ¹⁸ Porque el que en esto sirve a Cristo, agrada a Dios, y es aprobado por los hombres. ¹⁹ Así que, sigamos lo que contribuye a la paz y a la mutua edificación. ²⁰ No destruyas la obra de Dios por causa de la comida. Todas las cosas a la verdad son limpias; pero es malo que el hombre haga tropezar a otros con lo que come. ²¹ Bueno es no comer carne, ni beber vino, ni nada en que tu hermano tropiece, o se ofenda, o se debilite. ²² ¿Tienes tú fe? Tenla para contigo delante de Dios. Bienaventurado el que no se condena a sí mismo en lo que aprueba. ²³ Pero el que duda sobre lo que come, es condenado, porque no lo hace con fe; y todo lo que no proviene de fe, es pecado.

15 Así que, los que somos fuertes debemos soportar las flaquezas de los débiles, y no agradarnos a nosotros mismos. ² Cada uno de nosotros agrade a su prójimo en lo que es bueno, para edificación. ³ Porque ni aun Cristo se agradó a sí mismo; antes bien, como está escrito: Los vituperios de los que te vituperaban, cayeron sobre mí. ⁴ Porque las cosas que se escribieron antes, para nuestra enseñanza se escribieron, a fin de que por la paciencia y la consolación de las Escrituras, tengamos esperanza. ⁵ Pero el Dios de la paciencia y de la consolación os dé entre vosotros un mismo sentir según Cristo Jesús, ⁶ para que unánimes, a una voz, glorifiquéis al Dios y Padre de nuestro Señor Jesucristo.

El evangelio a los gentiles

⁷ Por tanto, recibíos los unos a los otros, como también Cristo nos recibió, para gloria de Dios. ⁸ Pues os digo, que Cristo Jesús vino a ser siervo de la circuncisión para mostrar la verdad de Dios, para confirmar las promesas hechas a los padres, ⁹ y para que los gentiles glorifiquen a Dios por su misericordia, como está escrito:
Por tanto, yo te confesaré entre los gentiles,
Y cantaré a tu nombre.
¹⁰ Y otra vez dice:
Alegraos, gentiles, con su pueblo.
¹¹ Y otra vez:
Alabad al Señor todos los gentiles,
Y magnificadle todos los pueblos.
¹² Y otra vez dice Isaías:
Estará la raíz de Isaí,
Y el que se levantará a regir los gentiles;
Los gentiles esperarán en él.

¹³ Y el Dios de esperanza os llene de todo gozo y paz en el creer, para que abundéis en esperanza por el poder del Espíritu Santo.

¹⁴ Pero estoy seguro de vosotros, hermanos míos, de que vosotros mismos estáis llenos de bondad, llenos de todo conocimiento, de tal manera que podéis amonestaros los unos a los otros. ¹⁵ Mas os he escrito, hermanos, en parte con atrevimiento, como para haceros recordar, por la gracia que de Dios me es dada ¹⁶ para ser ministro de Jesucristo a los gentiles, ministrando el evangelio de Dios, para que los gentiles le sean ofrenda agradable, santificada por el Espíritu Santo. ¹⁷ Tengo, pues, de qué gloriarme en Cristo Jesús en lo que a Dios se refiere. ¹⁸ Porque no osaría hablar sino de lo que Cristo ha hecho por medio de mí para la obediencia de los gentiles, con la palabra y con las obras, ¹⁹ con potencia de señales y prodigios, en el poder del Espíritu de Dios; de manera que desde Jerusalén, y por los alrededores hasta Ilírico, todo lo he llenado del evangelio de Cristo. ²⁰ Y de esta manera me esforcé a predicar el evangelio, no donde Cristo ya hubiese sido nombrado, para no edificar sobre fundamento ajeno, ²¹ sino, como está escrito:
Aquellos a quienes nunca les fue

anunciado acerca de él, verán;
Y los que nunca han oído de él,
entenderán.

Pablo se propone ir a Roma

²² Por esta causa me he visto impedido muchas veces de ir a vosotros. ²³ Pero ahora, no teniendo más campo en estas regiones, y deseando desde hace muchos años ir a vosotros, ²⁴ cuando vaya a España, iré a vosotros; porque espero veros al pasar, y ser encaminado allá por vosotros, una vez que haya gozado con vosotros. ²⁵ Mas ahora voy a Jerusalén para ministrar a los santos. ²⁶ Porque Macedonia y Acaya tuvieron a bien hacer una ofrenda para los pobres que hay entre los santos que están en Jerusalén. ²⁷ Pues les pareció bueno, y son deudores a ellos; porque si los gentiles han sido hechos participantes de sus bienes espirituales, deben también ellos ministrarles de los materiales. ²⁸ Así que, cuando haya concluido esto, y les haya entregado este fruto, pasaré entre vosotros rumbo a España. ²⁹ Y sé que cuando vaya a vosotros, llegaré con abundancia de la bendición del evangelio de Cristo.

³⁰ Pero os ruego, hermanos, por nuestro Señor Jesucristo y por el amor del Espíritu, que me ayudéis orando por mí a Dios, ³¹ para que sea librado de los rebeldes que están en Judea, y que la ofrenda de mi servicio a los santos en Jerusalén sea acepta; ³² para que con gozo llegue a vosotros por la voluntad de Dios, y que sea recreado juntamente con vosotros. ³³ Y el Dios de paz sea con todos vosotros. Amén.

Saludos personales

16 Os recomiendo además nuestra hermana Febe, la cual es diaconisa de la iglesia en Cencrea; ² que la recibáis en el Señor, como es digno de los santos, y que la ayudéis en cualquier cosa en que necesite de vosotros; porque ella ha ayudado a muchos, y a mí mismo.

³ Saludad a Priscila y a Aquila, mis colaboradores en Cristo Jesús, ⁴ que expusieron su vida por mí; a los cuales no sólo yo doy gracias, sino también todas las iglesias de los gentiles. ⁵ Saludad también a la iglesia de su casa. Saludad a Epeneto, amado mío, que es el primer fruto de Acaya para Cristo. ⁶ Saludad a María, la cual ha trabajado mucho entre vosotros. ⁷ Saludad a Andrónico y a Junias, mis parientes y mis compañeros de prisiones, los cuales son muy estimados entre los apóstoles, y que también fueron antes de mí en Cristo. ⁸ Saludad a Amplias, amado mío en el Señor.

⁹ Saludad a Urbano, nuestro colaborador en Cristo Jesús, y a Estaquis, amado mío. ¹⁰ Saludad a Apeles, aprobado en Cristo. Saludad a los de la casa de Aristóbulo. ¹¹ Saludad a Herodión, mi pariente. Saludad a los de la casa de Narciso, los cuales están en el Señor. ¹² Saludad a Trifena y a Trifosa, las cuales trabajan en el Señor. Saludad a la amada Pérsida, la cual ha trabajado mucho en el Señor. ¹³ Saludad a Rufo, escogido en el Señor, y a su madre y mía. ¹⁴ Saludad a Asíncrito, a Flegonte, a Hermas, a Patrobas, a Hermes y a los hermanos que están con ellos. ¹⁵ Saludad a Filólogo, a Julia, a Nereo y a su hermana, a Olimpas y a todos los santos que están con ellos. ¹⁶ Saludaos los unos a los otros con ósculo santo. Os saludan todas las iglesias de Cristo.

¹⁷ Mas os ruego, hermanos, que os fijéis en los que causan divisiones y tropiezos en contra de la doctrina que vosotros habéis aprendido, y que os apartéis de ellos. ¹⁸ Porque tales personas no sirven a nuestro Señor Jesucristo, sino a sus propios vientres, y con suaves palabras y lisonjas engañan los corazones de los ingenuos. ¹⁹ Porque vuestra obediencia ha venido a ser notoria a todos, así que me gozo de vosotros; pero quiero que seáis sabios para el bien, e ingenuos para el mal. ²⁰ Y el Dios de paz aplastará en breve a Satanás bajo vuestros pies. La gracia de nuestro Señor Jesucristo sea con vosotros.

²¹ Os saludan Timoteo mi colaborador, y Lucio, Jasón y Sosípater, mis parientes.

²² Yo Tercio, que escribí la epístola, os saludo en el Señor.

²³ Os saluda Gayo, hospedador mío y de toda la iglesia. Os saluda Erasto, tesorero de la ciudad, y el hermano Cuarto.

²⁴ La gracia de nuestro Señor Jesucristo sea con todos vosotros. Amén.

Doxología final

²⁵ Y al que puede confirmaros según mi evangelio y la predicación de Jesucristo, según la revelación del misterio que se ha mantenido oculto desde tiempos eternos, ²⁶ pero que ha sido manifestado ahora, y que por las Escrituras de los profetas, según el mandamiento del Dios eterno, se ha dado a conocer a todas las gentes para que obedezcan a la fe, ²⁷ al único y sabio Dios, sea gloria mediante Jesucristo para siempre. Amén.

PRIMERA EPÍSTOLA DEL APÓSTOL SAN PABLO A LOS
CORINTIOS

Salutación

1 Pablo, llamado a ser apóstol de Jesucristo por la voluntad de Dios, y el hermano Sóstenes, [2] a la iglesia de Dios que está en Corinto, a los santificados en Cristo Jesús, llamados a ser santos con todos los que en cualquier lugar invocan el nombre de nuestro Señor Jesucristo, Señor de ellos y nuestro: [3] Gracia y paz a vosotros, de Dios nuestro Padre y del Señor Jesucristo.

Acción de gracias por dones espirituales

[4] Gracias doy a mi Dios siempre por vosotros, por la gracia de Dios que os fue dada en Cristo Jesús; [5] porque en todas las cosas fuisteis enriquecidos en él, en toda palabra y en toda ciencia; [6] así como el testimonio acerca de Cristo ha sido confirmado en vosotros, [7] de tal manera que nada os falta en ningún don, esperando la manifestación de nuestro Señor Jesucristo; [8] el cual también os confirmará hasta el fin, para que seáis irreprensibles en el día de nuestro Señor Jesucristo. [9] Fiel es Dios, por el cual fuisteis llamados a la comunión con su Hijo Jesucristo nuestro Señor.

¿Está dividido Cristo?

[10] Os ruego, pues, hermanos, por el nombre de nuestro Señor Jesucristo, que habléis todos una misma cosa, y que no haya entre vosotros divisiones, sino que estéis perfectamente unidos en una misma mente y en un mismo parecer. [11] Porque he sido informado acerca de vosotros, hermanos míos, por los de Cloé, que hay entre vosotros contiendas. [12] Quiero decir, que cada uno de vosotros dice: Yo soy de Pablo; y yo de Apolos; y yo de Cefas; y yo de Cristo. [13] ¿Acaso está dividido Cristo? ¿Fue crucificado Pablo por vosotros? ¿O fuisteis bautizados en el nombre de Pablo? [14] Doy gracias a Dios de que a ninguno de vosotros he bautizado, sino a Crispo y a Gayo, [15] para que ninguno diga que fuisteis bautizados en mi nombre. [16] También bauticé a la familia de Estéfanas; de

los demás, no sé si he bautizado a algún otro. ¹⁷ Pues no me envió Cristo a bautizar, sino a predicar el evangelio; no con sabiduría de palabras, para que no se haga vana la cruz de Cristo.

Cristo, poder y sabiduría de Dios

¹⁸ Porque la palabra de la cruz es locura a los que se pierden; pero a los que se salvan, esto es, a nosotros, es poder de Dios. ¹⁹ Pues está escrito:

Destruiré la sabiduría de los sabios,

Y desecharé el entendimiento de los entendidos.

²⁰ ¿Dónde está el sabio? ¿Dónde está el escriba? ¿Dónde está el disputador de este siglo? ¿No ha enloquecido Dios la sabiduría del mundo? ²¹ Pues ya que en la sabiduría de Dios, el mundo no conoció a Dios mediante la sabiduría, agradó a Dios salvar a los creyentes por la locura de la predicación. ²² Porque los judíos piden señales, y los griegos buscan sabiduría; ²³ pero nosotros predicamos a Cristo crucificado, para los judíos ciertamente tropezadero, y para los gentiles locura; ²⁴ mas para los llamados, así judíos como griegos, Cristo poder de Dios, y sabiduría de Dios. ²⁵ Porque lo insensato de Dios es más sabio que los hombres, y lo débil de Dios es más fuerte que los hombres.

²⁶ Pues mirad, hermanos, vuestra vocación, que no sois muchos sabios según la carne, ni muchos poderosos, ni muchos nobles; ²⁷ sino que lo necio del mundo escogió Dios, para avergonzar a los sabios; y lo débil del mundo escogió Dios, para avergonzar a lo fuerte; ²⁸ y lo vil del mundo y lo menospreciado escogió Dios, y lo que no es, para deshacer lo que es, ²⁹ a fin de que nadie se jacte en su presencia. ³⁰ Mas por él estáis vosotros en Cristo Jesús, el cual nos ha sido hecho por Dios sabiduría, justificación, santificación y redención; ³¹ para que, como está escrito: El que se gloría, gloríese en el Señor.

Proclamando a Cristo crucificado

2 Así que, hermanos, cuando fui a vosotros para anunciaros el testimonio de Dios, no fui con excelencia de palabras o de sabiduría. ² Pues me propuse no saber entre vosotros cosa alguna sino a Jesucristo, y a éste crucificado. ³ Y estuve entre vosotros con debilidad, y mucho temor y temblor; ⁴ y ni mi palabra ni mi predicación fue con palabras persuasivas de humana sabiduría, sino con demostración del Espíritu y de poder, ⁵ para que vuestra fe no esté fundada en la sabiduría de los hombres, sino en el poder de Dios.

La revelación por el Espíritu de Dios

⁶ Sin embargo, hablamos sabiduría entre los que han alcanzado madurez; y sabiduría, no de este siglo, ni de los príncipes de este siglo, que perecen. ⁷ Mas hablamos sabiduría de Dios en misterio, la sabiduría oculta, la cual Dios predestinó antes de los siglos para nuestra gloria, ⁸ la que ninguno de los príncipes de este siglo conoció; porque si la hubieran conocido, nunca habrían crucificado al Señor de gloria. ⁹ Antes bien, como está escrito: Cosas que ojo no vio, ni oído oyó, Ni han subido en corazón de hombre, Son las que Dios ha preparado para los que le aman.
¹⁰ Pero Dios nos las reveló a nosotros por el Espíritu; porque el Espíritu todo lo escudriña, aun lo profundo de Dios. ¹¹ Porque ¿quién de los hombres sabe las cosas del hombre, sino el espíritu del hombre que está en él? Así tampoco nadie conoció las cosas de Dios, sino el Espíritu de Dios. ¹² Y nosotros no hemos recibido el espíritu del mundo, sino el Espíritu que proviene de Dios, para que sepamos lo que Dios nos ha concedido, ¹³ lo cual también

hablamos, no con palabras enseñadas por sabiduría humana, sino con las que enseña el Espíritu, acomodando lo espiritual a lo espiritual.

¹⁴ Pero el hombre natural no percibe las cosas que son del Espíritu de Dios, porque para él son locura, y no las puede entender, porque se han de discernir espiritualmente. ¹⁵ En cambio el espiritual juzga todas las cosas; pero él no es juzgado de nadie. ¹⁶ Porque ¿quién conoció la mente del Señor? ¿Quién le instruirá? Mas nosotros tenemos la mente de Cristo.

Colaboradores de Dios

3 De manera que yo, hermanos, no pude hablaros como a espirituales, sino como a carnales, como a niños en Cristo. ² Os di a beber leche, y no vianda; porque aún no erais capaces, ni sois capaces todavía, ³ porque aún sois carnales; pues habiendo entre vosotros celos, contiendas y disensiones, ¿no sois carnales, y andáis como hombres? ⁴ Porque diciendo el uno: Yo ciertamente soy de Pablo; y el otro: Yo soy de Apolos, ¿no sois carnales?

⁵ ¿Qué, pues, es Pablo, y qué es Apolos? Servidores por medio de los cuales habéis creído; y eso según lo que a cada uno concedió

el Señor. [6] Yo planté, Apolos regó; pero el crecimiento lo ha dado Dios. [7] Así que ni el que planta es algo, ni el que riega, sino Dios, que da el crecimiento. [8] Y el que planta y el que riega son una misma cosa; aunque cada uno recibirá su recompensa conforme a su labor. [9] Porque nosotros somos colaboradores de Dios, y vosotros sois labranza de Dios, edificio de Dios.

[10] Conforme a la gracia de Dios que me ha sido dada, yo como perito arquitecto puse el fundamento, y otro edifica encima; pero cada uno mire cómo sobreedifica. [11] Porque nadie puede poner otro fundamento que el que está puesto, el cual es Jesucristo. [12] Y si sobre este fundamento alguno edificare oro, plata, piedras preciosas, madera, heno, hojarasca, [13] la obra de cada uno se hará manifiesta; porque el día la declarará, pues por el fuego será revelada; y la obra de cada uno cuál sea, el fuego la probará. [14] Si permaneciere la obra de alguno que sobreedificó, recibirá recompensa. [15] Si la obra de alguno se quemare, él sufrirá pérdida, si bien él mismo será salvo, aunque así como por fuego.

[16] ¿No sabéis que sois templo de Dios, y que el Espíritu de Dios mora en vosotros? [17] Si alguno destruyere el templo de Dios, Dios le destruirá a él; porque el templo de Dios, el cual sois vosotros, santo es.

[18] Nadie se engañe a sí mismo; si alguno entre vosotros se cree sabio en este siglo, hágase ignorante, para que llegue a ser sabio. [19] Porque la sabiduría de este mundo es insensatez para con Dios; pues escrito está: Él prende a los sabios en la astucia de ellos. [20] Y otra vez: El Señor conoce los pensamientos de los sabios, que son vanos. [21] Así que, ninguno se gloríe en los hombres; porque todo es vuestro: [22] sea Pablo, sea Apolos, sea Cefas, sea el mundo, sea la vida, sea la muerte, sea lo presente, sea lo por venir, todo es vuestro, [23] y vosotros de Cristo, y Cristo de Dios.

El ministerio de los apóstoles

4 Así, pues, téngannos los hombres por servidores de Cristo, y administradores de los misterios de Dios. [2] Ahora bien, se requiere de los administradores, que cada uno sea hallado fiel. [3] Yo en muy poco tengo el ser juzgado por vosotros, o por tribunal humano; y ni aun yo me juzgo a mí mismo. [4] Porque aunque de nada tengo mala conciencia, no por eso soy justificado; pero el que me juzga es el Señor. [5] Así que, no juzguéis nada antes de tiempo, hasta que venga el Señor, el cual aclarará también lo oculto de las tinieblas, y manifestará las intenciones de los corazones; y entonces cada uno recibirá su alabanza de Dios.

6 Pero esto, hermanos, lo he presentado como ejemplo en mí y en Apolos por amor de vosotros, para que en nosotros aprendáis a no pensar más de lo que está escrito, no sea que por causa de uno, os envanezcáis unos contra otros. 7 Porque ¿quién te distingue? ¿o qué tienes que no hayas recibido? Y si lo recibiste, ¿por qué te glorías como si no lo hubieras recibido?

8 Ya estáis saciados, ya estáis ricos, sin nosotros reináis. ¡Y ojalá reinaseis, para que nosotros reinásemos también juntamente con vosotros! 9 Porque según pienso, Dios nos ha exhibido a nosotros los apóstoles como postreros, como a sentenciados a muerte; pues hemos llegado a ser espectáculo al mundo, a los ángeles y a los hombres. 10 Nosotros somos insensatos por amor de Cristo, mas vosotros prudentes en Cristo; nosotros débiles, mas vosotros fuertes; vosotros honorables, mas nosotros despreciados. 11 Hasta esta hora padecemos hambre, tenemos sed, estamos desnudos, somos abofeteados, y no tenemos morada fija. 12 Nos fatigamos trabajando con nuestras propias manos; nos maldicen, y bendecimos; padecemos persecución, y la soportamos. 13 Nos difaman, y rogamos; hemos venido a ser hasta ahora como la escoria del mundo, el desecho de todos.

14 No escribo esto para avergonzaros, sino para amonestaros como a hijos míos amados. 15 Porque aunque tengáis diez mil ayos en Cristo, no tendréis muchos padres; pues en Cristo Jesús yo os engendré por medio del evangelio. 16 Por tanto, os ruego que me imitéis. 17 Por esto mismo os he enviado a Timoteo, que es mi hijo amado y fiel en el Señor, el cual os recordará mi proceder en Cristo, de la manera que enseño en todas partes y en todas las iglesias. 18 Mas algunos están envanecidos, como si yo nunca hubiese de ir a vosotros. 19 Pero iré pronto a vosotros, si el Señor quiere, y conoceré, no las palabras, sino el poder de los que andan envanecidos. 20 Porque el reino de Dios no consiste en palabras, sino en poder. 21 ¿Qué queréis? ¿Iré a vosotros con vara, o con amor y espíritu de mansedumbre?

Un caso de inmoralidad juzgado

5 De cierto se oye que hay entre vosotros fornicación, y tal fornicación cual ni aun se nombra entre los gentiles; tanto que alguno tiene la mujer de su padre. ² Y vosotros estáis envanecidos. ¿No debierais más bien haberos lamentado, para que fuese quitado de en medio de vosotros el que cometió tal acción?

³ Ciertamente yo, como ausente en cuerpo, pero presente en espíritu, ya como presente he juzgado al que tal cosa ha hecho. ⁴ En el nombre de nuestro Señor Jesucristo, reunidos vosotros y mi espíritu, con el poder de nuestro Señor Jesucristo, ⁵ el tal sea entregado a Satanás para destrucción de la carne, a fin de que el espíritu sea salvo en el día del Señor Jesús.

⁶ No es buena vuestra jactancia. ¿No sabéis que un poco de levadura leuda toda la masa? ⁷ Limpiaos, pues, de la vieja levadura, para que seáis nueva masa, sin levadura como sois; porque nuestra pascua, que es Cristo, ya fue sacrificada por nosotros. ⁸ Así que celebremos la fiesta, no con la vieja levadura, ni con la levadura de malicia y de maldad, sino con panes sin levadura, de sinceridad y de verdad.

⁹ Os he escrito por carta, que no os juntéis con los fornicarios; ¹⁰ no absolutamente con los fornicarios de este mundo, o con los avaros, o con los ladrones, o con los idólatras; pues en tal caso os sería necesario salir del mundo. ¹¹ Más bien os escribí que no os juntéis con ninguno que, llamándose hermano, fuere fornicario, o avaro, o idólatra, o maldiciente, o borracho, o ladrón; con el tal ni aun comáis. ¹² Porque ¿qué razón tendría yo para juzgar a los que están fuera? ¿No juzgáis vosotros a los que están dentro? ¹³ Porque a los que están fuera, Dios juzgará. Quitad, pues, a ese perverso de entre vosotros.

Litigios delante de los incrédulos

6 ¿Osa alguno de vosotros, cuando tiene algo contra otro, ir a juicio delante de los injustos, y no delante de los santos? ² ¿O no sabéis que los santos han de juzgar al mundo? Y si el mundo ha de ser juzgado por vosotros, ¿sois indignos de juzgar cosas muy pequeñas? ³ ¿O no sabéis que hemos de juzgar a los ángeles? ¿Cuánto más las cosas de esta vida? ⁴ Si, pues, tenéis juicios sobre cosas de esta vida, ¿ponéis para juzgar a los que son de menor estima en la iglesia? ⁵ Para avergonzaros lo digo. ¿Pues qué, no hay entre vosotros sabio, ni aun uno, que pueda juzgar entre sus hermanos, 6 sino que el hermano con el hermano pleitea en juicio, y esto ante los incrédulos?

7 Así que, por cierto es ya una falta en vosotros que tengáis pleitos entre vosotros mismos. ¿Por qué no sufrís más bien el agravio? ¿Por qué no sufrís más bien el ser defraudados? 8 Pero vosotros cometéis el agravio, y defraudáis, y esto a los hermanos.

9 ¿No sabéis que los injustos no heredarán el reino de Dios? No erréis; ni los fornicarios, ni los idólatras, ni los adúlteros, ni los afeminados, ni los que se echan con varones, 10 ni los ladrones, ni los avaros, ni los borrachos, ni los maldicientes, ni los estafadores, heredarán el reino de Dios. 11 Y esto erais algunos; mas ya habéis sido lavados, ya habéis sido santificados, ya habéis sido justificados en el nombre del Señor Jesús, y por el Espíritu de nuestro Dios.

Glorificad a Dios en vuestro cuerpo

12 Todas las cosas me son lícitas, mas no todas convienen; todas las cosas me son lícitas, mas yo no me dejaré dominar de ninguna. 13 Las viandas para el vientre, y el vientre para las viandas; pero tanto al uno como a las otras destruirá Dios. Pero el cuerpo no es para la fornicación, sino para el Señor, y el Señor para el cuerpo. 14 Y Dios, que levantó al Señor, también a nosotros nos levantará con su poder. 15 ¿No sabéis que vuestros cuerpos son miembros de Cristo? ¿Quitaré, pues, los miembros de Cristo y los haré miembros de una ramera? De ningún modo. 16 ¿O no sabéis que el que se une con una ramera, es un cuerpo con ella? Porque dice: Los dos serán una sola carne. 17 Pero el que se une al Señor, un espíritu es con él. 18 Huid de la fornicación. Cualquier otro pecado que el hombre cometa, está fuera del cuerpo; mas el que fornica, contra su propio cuerpo peca. 19 ¿O ignoráis que vuestro cuerpo es templo del Espíritu Santo, el cual está en vosotros, el cual tenéis de Dios, y que no sois vuestros? 20 Porque habéis sido comprados por precio; glorificad, pues, a Dios en vuestro cuerpo y en vuestro espíritu, los cuales son de Dios.

Problemas del matrimonio

7 En cuanto a las cosas de que me escribisteis, bueno le sería al hombre no tocar mujer; 2 pero a causa de las fornicaciones, cada uno tenga su propia mujer, y cada una tenga su propio marido. 3 El marido cumpla con la mujer el deber conyugal, y asimismo la mujer con el marido. 4 La mujer

no tiene potestad sobre su propio cuerpo, sino el marido; ni tampoco tiene el marido potestad sobre su propio cuerpo, sino la mujer. ⁵ No os neguéis el uno al otro, a no ser por algún tiempo de mutuo consentimiento, para ocuparos sosegadamente en la oración; y volved a juntaros en uno, para que no os tiente Satanás a causa de vuestra incontinencia. ⁶ Mas esto digo por vía de concesión, no por mandamiento. ⁷ Quisiera más bien que todos los hombres fuesen como yo; pero cada uno tiene su propio don de Dios, uno a la verdad de un modo, y otro de otro.

⁸ Digo, pues, a los solteros y a las viudas, que bueno les fuera quedarse como yo; ⁹ pero si no tienen don de continencia, cásense, pues mejor es casarse que estarse quemando.

¹⁰ Pero a los que están unidos en matrimonio, mando, no yo, sino el Señor: Que la mujer no se separe del marido; ¹¹ y si se separa, quédese sin casar, o reconcíliese con su marido; y que el marido no abandone a su mujer.

¹² Y a los demás yo digo, no el Señor: Si algún hermano tiene mujer que no sea creyente, y ella consiente en vivir con él, no la abandone. ¹³ Y si una mujer tiene marido que no sea creyente, y él consiente en vivir con ella, no lo abandone. ¹⁴ Porque el marido incrédulo es santificado en la mujer, y la mujer incrédula en el marido; pues de otra manera vuestros hijos serían inmundos, mientras que ahora son santos. ¹⁵ Pero si el incrédulo se separa, sepárese; pues no está el hermano o la hermana sujeto a servidumbre en semejante caso, sino que a paz nos llamó Dios. ¹⁶ Porque ¿qué sabes tú, oh mujer, si quizá harás salvo a tu marido? ¿O qué sabes tú, oh marido, si quizá harás salva a tu mujer?

¹⁷ Pero cada uno como el Señor le repartió, y como Dios llamó a cada uno, así haga; esto ordeno en todas las iglesias. ¹⁸ ¿Fue llamado alguno siendo circunciso? Quédese circunciso. ¿Fue llamado alguno siendo incircunciso? No se circuncide. ¹⁹ La circuncisión nada es, y la incircuncisión nada es, sino el guardar los mandamientos de Dios. ²⁰ Cada uno en el estado en que fue llamado, en él se quede. ²¹ ¿Fuiste llamado siendo esclavo? No te dé cuidado; pero también, si puedes hacerte libre, procúralo más. ²² Porque el que en el Señor fue llamado siendo esclavo, liberto es del Señor; asimismo el que fue llamado siendo libre, esclavo es de Cristo. ²³ Por precio fuisteis comprados;

no os hagáis esclavos de los hombres. ²⁴ Cada uno, hermanos, en el estado en que fue llamado, así permanezca para con Dios.

²⁵ En cuanto a las vírgenes no tengo mandamiento del Señor; mas doy mi parecer, como quien ha alcanzado misericordia del Señor para ser fiel. ²⁶ Tengo, pues, esto por bueno a causa de la necesidad que apremia; que hará bien el hombre en quedarse como está. ²⁷ ¿Estás ligado a mujer? No procures soltarte. ¿Estás libre de mujer? No procures casarte. ²⁸ Mas también si te casas, no pecas; y si la doncella se casa, no peca; pero los tales tendrán aflicción de la carne, y yo os la quisiera evitar. ²⁹ Pero esto digo, hermanos: que el tiempo es corto; resta, pues, que los que tienen esposa sean como si no la tuviesen; ³⁰ y los que lloran, como si no llorasen; y los que se alegran, como si no se alegrasen; y los que compran, como si no poseyesen; ³¹ y los que disfrutan de este mundo, como si no lo disfrutasen; porque la apariencia de este mundo se pasa.

³² Quisiera, pues, que estuvieseis sin congoja. El soltero tiene cuidado de las cosas del Señor, de cómo agradar al Señor; ³³ pero el casado tiene cuidado de las cosas del mundo, de cómo agradar a su mujer. ³⁴ Hay asimismo diferencia entre la casada y la doncella. La doncella tiene cuidado de las cosas del Señor, para ser santa así en cuerpo como en espíritu; pero la casada tiene cuidado de las cosas del mundo, de cómo agradar a su marido. ³⁵ Esto lo digo para vuestro provecho; no para tenderos lazo, sino para lo honesto y decente, y para que sin impedimento os acerquéis al Señor.

³⁶ Pero si alguno piensa que es impropio para su hija virgen que pase ya de edad, y es necesario que así sea, haga lo que quiera, no peca; que se case. ³⁷ Pero el que está firme en su corazón, sin tener necesidad, sino que es dueño de su propia voluntad, y ha resuelto en su corazón guardar a su hija virgen, bien hace. ³⁸ De manera que el que la da en casamiento hace bien, y el que no la da en casamiento hace mejor.

³⁹ La mujer casada está ligada por la ley mientras su marido vive; pero si su marido muriere, libre es para casarse con quien quiera, con tal que sea en el Señor. ⁴⁰ Pero a mi juicio, más dichosa será si se quedare así; y pienso que también yo tengo el Espíritu de Dios.

Lo sacrificado a los ídolos

8 En cuanto a lo sacrificado a los ídolos, sabemos que todos tenemos conocimiento. El conocimiento envanece, pero el amor edifica. ² Y si alguno se imagina que sabe algo, aún no sabe nada como debe saberlo. ³ Pero si alguno ama a Dios, es conocido por él.

⁴ Acerca, pues, de las viandas que se sacrifican a los ídolos, sabemos que un ídolo nada es en el mundo, y que no hay más que un Dios. ⁵ Pues aunque haya algunos que se llamen dioses, sea en el cielo, o en la tierra (como hay muchos dioses y muchos señores), ⁶ para nosotros, sin embargo, sólo hay un Dios, el Padre, del cual proceden todas las cosas, y nosotros somos para él; y un Señor, Jesucristo, por medio del cual son todas las cosas, y nosotros por medio de él.

⁷ Pero no en todos hay este conocimiento; porque algunos, habituados hasta aquí a los ídolos, comen como sacrificado a ídolos, y su conciencia, siendo débil, se contamina. ⁸ Si bien la vianda no nos hace más aceptos ante Dios; pues ni porque comamos, seremos más, ni porque no comamos, seremos menos. ⁹ Pero mirad que esta libertad vuestra no venga a ser tropezadero para los débiles. ¹⁰ Porque si alguno te ve a ti, que tienes conocimiento, sentado a la mesa en un lugar de ídolos, la conciencia de aquel que es débil, ¿no será estimulada a comer de lo sacrificado a los ídolos? ¹¹ Y por el conocimiento tuyo, se perderá el hermano débil por quien Cristo murió. ¹² De esta manera, pues, pecando contra los hermanos e hiriendo su débil conciencia, contra Cristo pecáis. ¹³ Por lo cual, si la comida le es a mi hermano ocasión de caer, no comeré carne jamás, para no poner tropiezo a mi hermano.

Los derechos de un apóstol

9 ¿No soy apóstol? ¿No soy libre? ¿No he visto a Jesús el Señor nuestro? ¿No sois vosotros mi obra en el Señor? ² Si para otros no soy apóstol, para vosotros ciertamente lo soy; porque el sello de mi apostolado sois vosotros en el Señor.

³ Contra los que me acusan, ésta es mi defensa: ⁴ ¿Acaso no tenemos derecho de comer y beber? ⁵ ¿No tenemos derecho de traer con nosotros una hermana por mujer como también los otros apóstoles, y los hermanos del Señor, y Cefas? ⁶ ¿O sólo yo y Bernabé no tenemos derecho de no trabajar? ⁷ ¿Quién fue jamás soldado a sus propias expensas? ¿Quién planta viña y no come de su fruto? ¿O quién apacienta el rebaño y no toma de la leche del rebaño?

⁸ ¿Digo esto sólo como hombre? ¿No dice esto también la ley? ⁹ Porque en la ley de Moisés está escrito: No pondrás bozal al buey que trilla. ¿Tiene Dios cuidado de los bueyes, ¹⁰ o lo dice enteramente por nosotros? Pues por nosotros se escribió; porque con esperanza debe arar el que ara, y el que trilla, con esperanza de recibir del fruto. ¹¹ Si nosotros sembramos entre vosotros lo espiritual, ¿es gran cosa si segáremos de vosotros lo material? ¹² Si otros participan de este derecho sobre vosotros, ¿cuánto más nosotros?

Pero no hemos usado de este derecho, sino que lo soportamos todo, por no poner ningún obstáculo al evangelio de Cristo. ¹³ ¿No sabéis que los que trabajan en las cosas sagradas, comen del templo, y que los que sirven al altar, del altar participan? ¹⁴ Así también ordenó el Señor a los que anuncian el evangelio, que vivan del evangelio.

¹⁵ Pero yo de nada de esto me he aprovechado, ni tampoco he escrito esto para que se haga así conmigo; porque prefiero morir, antes que nadie desvanezca esta mi gloria. ¹⁶ Pues si anuncio el evangelio, no tengo por qué gloriarme; porque me es impuesta necesidad; y ¡ay de mí si no anunciare el evangelio!

¹⁷ Por lo cual, si lo hago de buena voluntad, recompensa tendré; pero si de mala voluntad, la comisión me ha sido encomendada. ¹⁸ ¿Cuál, pues, es mi galardón? Que predicando el evangelio, presente gratuitamente el evangelio de Cristo, para no abusar de mi derecho en el evangelio. ¹⁹ Por lo cual, siendo libre de todos, me he hecho siervo de todos para ganar a mayor número. ²⁰ Me he hecho a los judíos como judío, para ganar a los judíos; a los que están sujetos a la ley (aunque yo no esté sujeto a la ley) como sujeto a la ley, para ganar a los que están sujetos a la ley; ²¹ a los que están sin ley, como si yo estuviera sin ley (no estando yo sin ley de Dios, sino bajo la ley de Cristo), para ganar a los que están sin ley. ²² Me he hecho débil a los débiles, para ganar a los débiles; a todos me he hecho de todo, para que de todos modos salve a algunos. ²³ Y esto hago por causa del evangelio, para hacerme copartícipe de él.

²⁴ ¿No sabéis que los que corren en el estadio, todos a la verdad corren, pero uno solo se lleva el premio? Corred de tal manera que lo obtengáis. ²⁵ Todo aquel que lucha, de todo se abstiene; ellos, a la verdad, para recibir una corona corruptible, pero nosotros, una incorruptible. ²⁶ Así que, yo de esta manera corro, no

como a la ventura; de esta manera peleo, no como quien golpea el aire, ²⁷ sino que golpeo mi cuerpo, y lo pongo en servidumbre, no sea que habiendo sido heraldo para otros, yo mismo venga a ser eliminado.

Amonestaciones contra la idolatría

10 Porque no quiero, hermanos, que ignoréis que nuestros padres todos estuvieron bajo la nube, y todos pasaron el mar; ² y todos en Moisés fueron bautizados en la nube y en el mar, ³ y todos comieron el mismo alimento espiritual, ⁴ y todos bebieron la misma bebida espiritual; porque bebían de la roca espiritual que los seguía, y la roca era Cristo. ⁵ Pero de los más de ellos no se agradó Dios; por lo cual quedaron postrados en el desierto.

⁶ Mas estas cosas sucedieron como ejemplos para nosotros, para que no codiciemos cosas malas, como ellos codiciaron. ⁷ Ni seáis idólatras, como algunos de ellos, según está escrito: Se sentó el pueblo a comer y a beber, y se levantó a jugar. ⁸ Ni forniquemos, como algunos de ellos fornicaron, y cayeron en un día veintitrés mil. ⁹ Ni tentemos al Señor, como también algunos de ellos le tentaron, y perecieron por las serpientes. ¹⁰ Ni murmuréis, como algunos de ellos murmuraron, y perecieron por el destructor. ¹¹ Y estas cosas les acontecieron como ejemplo, y están escritas para amonestarnos a nosotros, a quienes han alcanzado los fines de los siglos. ¹² Así que, el que piensa estar firme, mire que no caiga. ¹³ No os ha sobrevenido ninguna tentación que no sea humana; pero fiel es Dios, que no os dejará ser tentados más de lo que podéis resistir, sino que dará también juntamente con la tentación la salida, para que podáis soportar.

¹⁴ Por tanto, amados míos, huid de la idolatría. ¹⁵ Como a sensatos os hablo; juzgad vosotros lo que digo. ¹⁶ La copa de bendición que bendecimos, ¿no es la comunión de la sangre de Cristo? El pan que partimos, ¿no es la comunión del cuerpo de Cristo? ¹⁷ Siendo uno solo el pan, nosotros, con ser muchos, somos un cuerpo; pues todos participamos de aquel mismo pan. ¹⁸ Mirad a Israel según la carne; los que comen de los sacrificios, ¿no son partícipes del altar? ¹⁹ ¿Qué digo, pues? ¿Que el ídolo es algo, o que sea algo lo que se sacrifica a los ídolos? ²⁰ Antes digo que lo que los gentiles sacrifican, a los demonios lo sacrifican, y no a Dios; y no quiero que vosotros os hagáis partícipes con

los demonios. ²¹ No podéis beber la copa del Señor, y la copa de los demonios; no podéis participar de la mesa del Señor, y de la mesa de los demonios. ²² ¿O provocaremos a celos al Señor? ¿Somos más fuertes que él?

Haced todo para la gloria de Dios

²³ Todo me es lícito, pero no todo conviene; todo me es lícito, pero no todo edifica. ²⁴ Ninguno busque su propio bien, sino el del otro. ²⁵ De todo lo que se vende en la carnicería, comed, sin preguntar nada por motivos de conciencia; ²⁶ porque del Señor es la tierra y su plenitud. ²⁷ Si algún incrédulo os invita, y queréis ir, de todo lo que se os ponga delante comed, sin preguntar nada por motivos de conciencia. ²⁸ Mas si alguien os dijere: Esto fue sacrificado a los ídolos; no lo comáis, por causa de aquel que lo declaró, y por motivos de conciencia; porque del Señor es la tierra y su plenitud. ²⁹ La conciencia, digo, no la tuya, sino la del otro. Pues ¿por qué se ha de juzgar mi libertad por la conciencia de otro? ³⁰ Y si yo con agradecimiento participo, ¿por qué he de ser censurado por aquello de que doy gracias?

³¹ Si, pues, coméis o bebéis, o hacéis otra cosa, hacedlo todo para la gloria de Dios. ³² No seáis tropiezo ni a judíos, ni a gentiles, ni a la iglesia de Dios; ³³ como también yo en todas las cosas agrado a todos, no procurando mi propio beneficio, sino el de muchos, para que sean salvos.

11 Sed imitadores de mí, así como yo de Cristo.

Atavío de las mujeres

² Os alabo, hermanos, porque en todo os acordáis de mí, y retenéis las instrucciones tal como os las entregué. ³ Pero quiero que sepáis que Cristo es la cabeza de todo varón, y el varón es la cabeza de la mujer, y Dios la cabeza de Cristo. ⁴ Todo varón que ora o profetiza con la cabeza cubierta, afrenta su cabeza. ⁵ Pero toda mujer que ora o profetiza con la cabeza descubierta, afrenta su cabeza; porque lo mismo es que si se hubiese rapado. ⁶ Porque si la mujer no se cubre, que se corte también el cabello; y si le es vergonzoso a la mujer cortarse el cabello o raparse, que se cubra. ⁷ Porque el varón no debe cubrirse la cabeza, pues él es imagen y gloria de Dios; pero la mujer es gloria del varón. ⁸ Porque el varón no procede de la mujer, sino la mujer del varón, ⁹ y tampoco el varón fue creado por causa de la mujer, sino la mujer por causa del varón. ¹⁰ Por lo cual la mujer debe tener señal de autoridad sobre su cabeza, por causa

de los ángeles. ¹¹ Pero en el Señor, ni el varón es sin la mujer, ni la mujer sin el varón; ¹² porque así como la mujer procede del varón, también el varón nace de la mujer; pero todo procede de Dios. ¹³ Juzgad vosotros mismos: ¿Es propio que la mujer ore a Dios sin cubrirse la cabeza? ¹⁴ La naturaleza misma ¿no os enseña que al varón le es deshonroso dejarse crecer el cabello? ¹⁵ Por el contrario, a la mujer dejarse crecer el cabello le es honroso; porque en lugar de velo le es dado el cabello. ¹⁶ Con todo eso, si alguno quiere ser contencioso, nosotros no tenemos tal costumbre, ni las iglesias de Dios.

Abusos en la Cena del Señor

¹⁷ Pero al anunciaros esto que sigue, no os alabo; porque no os congregáis para lo mejor, sino para lo peor. ¹⁸ Pues en primer lugar, cuando os reunís como iglesia, oigo que hay entre vosotros divisiones; y en parte lo creo. ¹⁹ Porque es preciso que entre vosotros haya disensiones, para que se hagan manifiestos entre vosotros los que son aprobados. ²⁰ Cuando, pues, os reunís vosotros, esto no es comer la cena del Señor. ²¹ Porque al comer, cada uno se adelanta a tomar su propia cena; y uno tiene hambre, y otro se embriaga. ²² Pues qué, ¿no tenéis casas en que comáis y bebáis? ¿O menospreciáis la iglesia de Dios, y avergonzáis a los que no tienen nada? ¿Qué os diré? ¿Os alabaré? En esto no os alabo.

Institución de la Cena del Señor
(Mt. 26.26-29; Mr. 14.22-25; Lc. 22.14-20)

²³ Porque yo recibí del Señor lo que también os he enseñado: Que el Señor Jesús, la noche que fue entregado, tomó pan; ²⁴ y habiendo dado gracias, lo partió, y dijo: Tomad, comed; esto es mi cuerpo que por vosotros es partido; haced esto en memoria de mí. ²⁵ Asimismo tomó también la copa, después de haber cenado, diciendo: Esta copa es el nuevo pacto en mi sangre; haced esto todas las veces que la bebiereis, en memoria de mí. ²⁶ Así, pues, todas las veces que comiereis este pan, y bebiereis esta copa, la muerte del Señor anunciáis hasta que él venga.

Tomando la Cena indignamente

²⁷ De manera que cualquiera que comiere este pan o bebiere esta copa del Señor indignamente, será culpado del cuerpo y de la sangre del Señor. ²⁸ Por tanto, pruébese cada uno a sí mismo, y coma así del pan, y beba de la copa. ²⁹ Porque el que come y

bebe indignamente, sin discernir el cuerpo del Señor, juicio come y bebe para sí. [30] Por lo cual hay muchos enfermos y debilitados entre vosotros, y muchos duermen. [31] Si, pues, nos examinásemos a nosotros mismos, no seríamos juzgados; [32] mas siendo juzgados, somos castigados por el Señor, para que no seamos condenados con el mundo.

[33] Así que, hermanos míos, cuando os reunís a comer, esperaos unos a otros. [34] Si alguno tuviere hambre, coma en su casa, para que no os reunáis para juicio. Las demás cosas las pondré en orden cuando yo fuere.

Dones espirituales

12 No quiero, hermanos, que ignoréis acerca de los dones espirituales. [2] Sabéis que cuando erais gentiles, se os extraviaba llevándoos, como se os llevaba, a los ídolos mudos. [3] Por tanto, os hago saber que nadie que hable por el Espíritu de Dios llama anatema a Jesús; y nadie puede llamar a Jesús Señor, sino por el Espíritu Santo.

[4] Ahora bien, hay diversidad de dones, pero el Espíritu es el mismo. [5] Y hay diversidad de ministerios, pero el Señor es el mismo. [6] Y hay diversidad de operaciones, pero Dios, que hace todas las cosas en todos, es el mismo. [7] Pero a cada uno le es dada la manifestación del Espíritu para provecho. [8] Porque a éste es dada por el Espíritu palabra de sabiduría; a otro, palabra de ciencia según el mismo Espíritu; [9] a otro, fe por el mismo Espíritu; y a otro, dones de sanidades por el mismo Espíritu. [10] A otro, el hacer milagros; a otro, profecía; a otro, discernimiento de espíritus; a otro, diversos géneros de lenguas; y a otro, interpretación de lenguas. [11] Pero todas estas cosas las hace uno y el mismo Espíritu, repartiendo a cada uno en particular como él quiere.

[12] Porque así como el cuerpo es uno, y tiene muchos miembros, pero todos los miembros del cuerpo, siendo muchos, son un solo cuerpo, así también Cristo. [13] Porque por un solo Espíritu fuimos todos bautizados en un cuerpo, sean judíos o griegos, sean esclavos o libres; y a todos se nos dio a beber de un mismo Espíritu.

[14] Además, el cuerpo no es un solo miembro, sino muchos. [15] Si dijere el pie: Porque no soy mano, no soy del cuerpo, ¿por eso no será del cuerpo? [16] Y si dijere la oreja: Porque no soy ojo, no soy del cuerpo, ¿por eso no será del cuerpo? [17] Si todo el cuerpo fuese

ojo, ¿dónde estaría el oído? Si todo fuese oído, ¿dónde estaría el olfato? [18] Mas ahora Dios ha colocado los miembros cada uno de ellos en el cuerpo, como él quiso. [19] Porque si todos fueran un solo miembro, ¿dónde estaría el cuerpo? [20] Pero ahora son muchos los miembros, pero el cuerpo es uno solo. [21] Ni el ojo puede decir a la mano: No te necesito, ni tampoco la cabeza a los pies: No tengo necesidad de vosotros. [22] Antes bien los miembros del cuerpo que parecen más débiles, son los más necesarios; [23] y a aquellos del cuerpo que nos parecen menos dignos, a éstos vestimos más dignamente; y los que en nosotros son menos decorosos, se tratan con más decoro. [24] Porque los que en nosotros son más decorosos, no tienen necesidad; pero Dios ordenó el cuerpo, dando más abundante honor al que le faltaba, [25] para que no haya desavenencia en el cuerpo, sino que los miembros todos se preocupen los unos por los otros. [26] De manera que si un miembro padece, todos los miembros se duelen con él, y si un miembro recibe honra, todos los miembros con él se gozan.

[27] Vosotros, pues, sois el cuerpo de Cristo, y miembros cada uno en particular. [28] Y a unos puso Dios en la iglesia, primeramente apóstoles, luego profetas, lo tercero maestros, luego los que hacen milagros, después los que sanan, los que ayudan, los que administran, los que tienen don de lenguas. [29] ¿Son todos apóstoles? ¿son todos profetas? ¿todos maestros? ¿hacen todos milagros? [30] ¿Tienen todos dones de sanidad? ¿hablan todos lenguas? ¿interpretan todos? [31] Procurad, pues, los dones mejores. Mas yo os muestro un camino aun más excelente.

La preeminencia del amor

13 Si yo hablase lenguas humanas y angélicas, y no tengo amor, vengo a ser como metal que resuena, o címbalo que retiñe. [2] Y si tuviese profecía, y entendiese todos los misterios y toda ciencia, y si tuviese toda la fe, de tal manera que trasladase los montes, y no tengo amor, nada soy. [3] Y si repartiese todos mis bienes para dar de comer a los pobres, y si entregase mi cuerpo para ser quemado, y no tengo amor, de nada me sirve.

[4] El amor es sufrido, es benigno; el amor no tiene envidia, el amor no es jactancioso, no se envanece; [5] no hace nada indebido, no busca lo suyo, no se irrita, no guarda rencor; [6] no se goza de la injusticia, mas se goza de la verdad. [7] Todo lo sufre, todo lo cree, todo lo espera, todo lo soporta.

⁸ El amor nunca deja de ser; pero las profecías se acabarán, y cesarán las lenguas, y la ciencia acabará. ⁹ Porque en parte conocemos, y en parte profetizamos; ¹⁰ mas cuando venga lo perfecto, entonces lo que es en parte se acabará. ¹¹ Cuando yo era niño, hablaba como niño, pensaba como niño, juzgaba como niño; mas cuando ya fui hombre, dejé lo que era de niño. ¹² Ahora vemos por espejo, oscuramente; mas entonces veremos cara a cara. Ahora conozco en parte; pero entonces conoceré como fui conocido. ¹³ Y ahora permanecen la fe, la esperanza y el amor, estos tres; pero el mayor de ellos es el amor.

El hablar en lenguas

14 Seguid el amor; y procurad los dones espirituales, pero sobre todo que profeticéis. ² Porque el que habla en lenguas no habla a los hombres, sino a Dios; pues nadie le entiende, aunque por el Espíritu habla misterios. ³ Pero el que profetiza habla a los hombres para edificación, exhortación y consolación. ⁴ El que habla en lengua extraña, a sí mismo se edifica; pero el que profetiza, edifica a la iglesia. ⁵ Así que, quisiera que todos vosotros hablaseis en lenguas, pero más que profetizaseis; porque mayor es el que profetiza que el que habla en lenguas, a no ser que las interprete para que la iglesia reciba edificación.

⁶ Ahora pues, hermanos, si yo voy a vosotros hablando en lenguas, ¿qué os aprovechará, si no os hablare con revelación, o con ciencia, o con profecía, o con doctrina? ⁷ Ciertamente las cosas inanimadas que producen sonidos, como la flauta o la cítara, si no dieren distinción de voces, ¿cómo se sabrá lo que se toca con la flauta o con la cítara? ⁸ Y si la trompeta diere sonido incierto, ¿quién se preparará para la batalla? ⁹ Así también vosotros, si por la lengua no diereis palabra bien comprensible, ¿cómo se entenderá lo que decís? Porque hablaréis al aire. ¹⁰ Tantas clases de idiomas hay, seguramente, en el mundo, y ninguno de ellos carece de significado. ¹¹ Pero si yo ignoro el valor de las palabras, seré como extranjero para el que habla, y el que habla será como extranjero para mí. ¹² Así también vosotros; pues que anheláis dones espirituales, procurad abundar en ellos para edificación de la iglesia.

¹³ Por lo cual, el que habla en lengua extraña, pida en oración poder interpretarla. ¹⁴ Porque si yo oro en lengua desconocida, mi espíritu ora, pero mi

entendimiento queda sin fruto. ¹⁵ ¿Qué, pues? Oraré con el espíritu, pero oraré también con el entendimiento; cantaré con el espíritu, pero cantaré también con el entendimiento. ¹⁶ Porque si bendices sólo con el espíritu, el que ocupa lugar de simple oyente, ¿cómo dirá el Amén a tu acción de gracias? pues no sabe lo que has dicho. ¹⁷ Porque tú, a la verdad, bien das gracias; pero el otro no es edificado. ¹⁸ Doy gracias a Dios que hablo en lenguas más que todos vosotros; ¹⁹ pero en la iglesia prefiero hablar cinco palabras con mi entendimiento, para enseñar también a otros, que diez mil palabras en lengua desconocida.

²⁰ Hermanos, no seáis niños en el modo de pensar, sino sed niños en la malicia, pero maduros en el modo de pensar. ²¹ En la ley está escrito: En otras lenguas y con otros labios hablaré a este pueblo; y ni aun así me oirán, dice el Señor. ²² Así que, las lenguas son por señal, no a los creyentes, sino a los incrédulos; pero la profecía, no a los incrédulos, sino a los creyentes. ²³ Si, pues, toda la iglesia se reúne en un solo lugar, y todos hablan en lenguas, y entran indoctos o incrédulos, ¿no dirán que estáis locos? ²⁴ Pero si todos profetizan, y entra algún incrédulo o indocto, por todos es

convencido, por todos es juzgado; ²⁵ lo oculto de su corazón se hace manifiesto; y así, postrándose sobre el rostro, adorará a Dios, declarando que verdaderamente Dios está entre vosotros.

²⁶ ¿Qué hay, pues, hermanos? Cuando os reunís, cada uno de vosotros tiene salmo, tiene doctrina, tiene lengua, tiene revelación, tiene interpretación. Hágase todo para edificación. ²⁷ Si habla alguno en lengua extraña, sea esto por dos, o a lo más tres, y por turno; y uno interprete. ²⁸ Y si no hay intérprete, calle en la iglesia, y hable para sí mismo y para Dios. ²⁹ Asimismo, los profetas hablen dos o tres, y los demás juzguen. ³⁰ Y si algo le fuere revelado a otro que estuviere sentado, calle el primero. ³¹ Porque podéis profetizar todos uno por uno, para que todos aprendan, y todos sean exhortados. ³² Y los espíritus de los profetas están sujetos a los profetas; ³³ pues Dios no es Dios de confusión, sino de paz.

Como en todas las iglesias de los santos, ³⁴ vuestras mujeres callen en las congregaciones; porque no les es permitido hablar, sino que estén sujetas, como también la ley lo dice. ³⁵ Y si quieren aprender algo, pregunten en casa a sus maridos; porque es indecoroso que una mujer hable en la congregación. ³⁶ ¿Acaso ha salido de vosotros la palabra de Dios, o sólo a vosotros ha llegado?

³⁷ Si alguno se cree profeta, o espiritual, reconozca que lo que os escribo son mandamientos del Señor. ³⁸ Mas el que ignora, ignore. ³⁹ Así que, hermanos, procurad profetizar, y no impidáis el hablar lenguas; ⁴⁰ pero hágase todo decentemente y con orden.

La resurrección de los muertos

15 Además os declaro, hermanos, el evangelio que os he predicado, el cual también recibisteis, en el cual también perseveráis; ² por el cual asimismo, si retenéis la palabra que os he predicado, sois salvos, si no creísteis en vano.

³ Porque primeramente os he enseñado lo que asimismo recibí: Que Cristo murió por nuestros pecados, conforme a las Escrituras; ⁴ y que fue sepultado, y que resucitó al tercer día, conforme a las Escrituras; ⁵ y que apareció a Cefas, y después a los doce. ⁶ Después apareció a más de quinientos hermanos a la vez, de los cuales muchos viven aún, y otros ya duermen. ⁷ Después apareció a Jacobo; después a todos los apóstoles; ⁸ y al último de todos, como a un abortivo, me apareció

a mí. ⁹ Porque yo soy el más pequeño de los apóstoles, que no soy digno de ser llamado apóstol, porque perseguí a la iglesia de Dios. ¹⁰ Pero por la gracia de Dios soy lo que soy; y su gracia no ha sido en vano para conmigo, antes he trabajado más que todos ellos; pero no yo, sino la gracia de Dios conmigo. ¹¹ Porque o sea yo o sean ellos, así predicamos, y así habéis creído.

¹² Pero si se predica de Cristo que resucitó de los muertos, ¿cómo dicen algunos entre vosotros que no hay resurrección de muertos? ¹³ Porque si no hay resurrección de muertos, tampoco Cristo resucitó. ¹⁴ Y si Cristo no resucitó, vana es entonces nuestra predicación, vana es también vuestra fe. ¹⁵ Y somos hallados falsos testigos de Dios; porque hemos testificado de Dios que él resucitó a Cristo, al cual no resucitó, si en verdad los muertos no resucitan. ¹⁶ Porque si los muertos no resucitan, tampoco Cristo resucitó; ¹⁷ y si Cristo no resucitó, vuestra fe es vana; aún estáis en vuestros pecados. ¹⁸ Entonces también los que durmieron en Cristo perecieron. ¹⁹ Si en esta vida solamente esperamos en Cristo, somos los más dignos de conmiseración de todos los hombres.

²⁰ Mas ahora Cristo ha resucitado de los muertos; primicias de los que durmieron es hecho. ²¹ Porque por cuanto la muerte entró por un hombre, también por un hombre la resurrección de los muertos. ²² Porque así como en Adán todos mueren, también en Cristo todos serán vivificados. ²³ Pero cada uno en su debido orden: Cristo, las primicias; luego los que son de Cristo, en su venida. ²⁴ Luego el fin, cuando entregue el reino al Dios y Padre, cuando haya suprimido todo dominio, toda autoridad y potencia. ²⁵ Porque preciso es que él reine hasta que haya puesto a todos sus enemigos debajo de sus pies. ²⁶ Y el postrer enemigo que será destruido es la muerte. ²⁷ Porque todas las cosas las sujetó debajo de sus pies. Y cuando dice que todas las cosas han sido sujetadas a él, claramente se exceptúa aquel que sujetó a él todas las cosas. ²⁸ Pero luego que todas las cosas le estén sujetas, entonces también el Hijo mismo se sujetará al que le sujetó a él todas las cosas, para que Dios sea todo en todos.

²⁹ De otro modo, ¿qué harán los que se bautizan por los muertos, si en ninguna manera los muertos resucitan? ¿Por qué, pues, se bautizan por los muertos? ³⁰ ¿Y por qué nosotros peligramos a toda hora? ³¹ Os aseguro, hermanos, por la gloria que de vosotros tengo en nuestro Señor Jesucristo, que cada día muero. ³² Si como hombre batallé en Éfeso contra fieras, ¿qué me aprovecha? Si los muertos no resucitan, comamos y bebamos, porque mañana moriremos. ³³ No erréis; las malas conversaciones corrompen las buenas costumbres. ³⁴ Velad debidamente, y no pequéis; porque algunos no conocen a Dios; para vergüenza vuestra lo digo.

³⁵ Pero dirá alguno: ¿Cómo resucitarán los muertos? ¿Con qué cuerpo vendrán? ³⁶ Necio, lo que tú siembras no se vivifica, si no muere antes. ³⁷ Y lo que siembras no es el cuerpo que ha de salir, sino el grano desnudo, ya sea de trigo o de otro grano; ³⁸ pero Dios le da el cuerpo como él quiso, y a cada semilla su propio cuerpo. ³⁹ No toda carne es la misma carne, sino que una carne es la de los hombres, otra carne la de las bestias, otra la de los peces, y otra la de las aves. ⁴⁰ Y hay cuerpos celestiales, y cuerpos terrenales; pero una es la gloria de los celestiales, y otra la de los terrenales. ⁴¹ Una es la gloria del sol, otra la gloria de la luna, y otra la gloria de las estrellas, pues una estrella es diferente de otra en gloria.

⁴² Así también es la resurrección de los muertos. Se siembra

en corrupción, resucitará en incorrupción. ⁴³ Se siembra en deshonra, resucitará en gloria; se siembra en debilidad, resucitará en poder. ⁴⁴ Se siembra cuerpo animal, resucitará cuerpo espiritual. Hay cuerpo animal, y hay cuerpo espiritual. ⁴⁵ Así también está escrito: Fue hecho el primer hombre Adán alma viviente; el postrer Adán, espíritu vivificante. ⁴⁶ Mas lo espiritual no es primero, sino lo animal; luego lo espiritual. ⁴⁷ El primer hombre es de la tierra, terrenal; el segundo hombre, que es el Señor, es del cielo. ⁴⁸ Cual el terrenal, tales también los terrenales; y cual el celestial, tales también los celestiales. ⁴⁹ Y así como hemos traído la imagen del terrenal, traeremos también la imagen del celestial. ⁵⁰ Pero esto digo, hermanos: que la carne y la sangre no pueden heredar el reino de Dios, ni la corrupción hereda la incorrupción.

⁵¹ He aquí, os digo un misterio: No todos dormiremos; pero todos seremos transformados, ⁵² en un momento, en un abrir y cerrar de ojos, a la final trompeta; porque se tocará la trompeta, y los muertos serán resucitados incorruptibles, y nosotros seremos transformados. ⁵³ Porque es necesario que esto corruptible se vista de incorrupción, y esto mortal se vista de inmortalidad. ⁵⁴ Y cuando

esto corruptible se haya vestido de incorrupción, y esto mortal se haya vestido de inmortalidad, entonces se cumplirá la palabra que está escrita: Sorbida es la muerte en victoria. ⁵⁵ ¿Dónde está, oh muerte, tu aguijón? ¿Dónde, oh sepulcro, tu victoria? ⁵⁶ ya que el aguijón de la muerte es el pecado, y el poder del pecado, la ley. ⁵⁷ Mas gracias sean dadas a Dios, que nos da la victoria por medio de nuestro Señor Jesucristo.

⁵⁸ Así que, hermanos míos amados, estad firmes y constantes, creciendo en la obra del Señor siempre, sabiendo que vuestro trabajo en el Señor no es en vano.

La ofrenda para los santos

16 En cuanto a la ofrenda para los santos, haced vosotros también de la manera que ordené en las iglesias de Galacia. ² Cada primer día de la semana cada uno de vosotros ponga aparte algo, según haya prosperado, guardándolo, para que cuando yo llegue no se recojan entonces ofrendas. ³ Y cuando haya llegado, a quienes hubiereis designado por carta, a éstos enviaré para que lleven vuestro donativo a Jerusalén. ⁴ Y si fuere propio que yo también vaya, irán conmigo.

Planes de Pablo

⁵ Iré a vosotros, cuando haya

pasado por Macedonia, pues por Macedonia tengo que pasar. ⁶ Y podrá ser que me quede con vosotros, o aun pase el invierno, para que vosotros me encaminéis a donde haya de ir. ⁷ Porque no quiero veros ahora de paso, pues espero estar con vosotros algún tiempo, si el Señor lo permite. ⁸ Pero estaré en Éfeso hasta Pentecostés; ⁹ porque se me ha abierto puerta grande y eficaz, y muchos son los adversarios.

¹⁰ Y si llega Timoteo, mirad que esté con vosotros con tranquilidad, porque él hace la obra del Señor así como yo. ¹¹ Por tanto, nadie le tenga en poco, sino encaminadle en paz, para que venga a mí, porque le espero con los hermanos.

¹² Acerca del hermano Apolos, mucho le rogué que fuese a vosotros con los hermanos, mas de ninguna manera tuvo voluntad de ir por ahora; pero irá cuando tenga oportunidad.

Salutaciones finales

¹³ Velad, estad firmes en la fe; portaos varonilmente, y esforzaos.

¹⁴ Todas vuestras cosas sean hechas con amor.

¹⁵ Hermanos, ya sabéis que la familia de Estéfanas es las primicias de Acaya, y que ellos se han dedicado al servicio de los santos. ¹⁶ Os ruego que os sujetéis a personas como ellos, y a todos los que ayudan y trabajan. ¹⁷ Me regocijo con la venida de Estéfanas, de Fortunato y de Acaico, pues ellos han suplido vuestra ausencia. ¹⁸ Porque confortaron mi espíritu y el vuestro; reconoced, pues, a tales personas.

¹⁹ Las iglesias de Asia os saludan. Aquila y Priscila, con la iglesia que está en su casa, os saludan mucho en el Señor. ²⁰ Os saludan todos los hermanos. Saludaos los unos a los otros con ósculo santo.

²¹ Yo, Pablo, os escribo esta salutación de mi propia mano. ²² El que no amare al Señor Jesucristo, sea anatema. El Señor viene. ²³ La gracia del Señor Jesucristo esté con vosotros. ²⁴ Mi amor en Cristo Jesús esté con todos vosotros. Amén.

SEGUNDA EPÍSTOLA DEL APÓSTOL SAN PABLO A LOS
CORINTIOS

Salutación

1 Pablo, apóstol de Jesucristo por la voluntad de Dios, y el hermano Timoteo, a la iglesia de Dios que está en Corinto, con todos los santos que están en toda Acaya: ² Gracia y paz a vosotros, de Dios nuestro Padre y del Señor Jesucristo.

Aflicciones de Pablo

³ Bendito sea el Dios y Padre de nuestro Señor Jesucristo, Padre de misericordias y Dios de toda consolación, ⁴ el cual nos consuela en todas nuestras tribulaciones, para que podamos también nosotros consolar a los que están en cualquier tribulación, por medio de la consolación con que nosotros somos consolados por Dios. ⁵ Porque de la manera que abundan en nosotros las aflicciones de Cristo, así abunda también por el mismo Cristo nuestra consolación. ⁶ Pero si somos atribulados, es para vuestra consolación y salvación; o si somos consolados, es para vuestra consolación y salvación, la cual se opera en el sufrir las mismas aflicciones que nosotros también padecemos. ⁷ Y nuestra esperanza respecto de vosotros es firme, pues sabemos que así como sois compañeros en las aflicciones, también lo sois en la consolación.

⁸ Porque hermanos, no queremos que ignoréis acerca de nuestra tribulación que nos sobrevino en Asia; pues fuimos abrumados sobremanera más allá de nuestras fuerzas, de tal modo que aun perdimos la esperanza de conservar la vida. ⁹ Pero tuvimos en nosotros mismos sentencia de muerte, para que no confiásemos en nosotros mismos, sino en Dios que resucita a los muertos; ¹⁰ el cual nos libró, y nos libra, y en quien esperamos que aún nos librará, de tan gran muerte; ¹¹ cooperando también vosotros a favor nuestro con la oración, para que por muchas personas sean dadas gracias a favor nuestro por el don concedido a nosotros por medio de muchos.

Por qué Pablo pospuso su visita a Corinto

[12] Porque nuestra gloria es ésta: el testimonio de nuestra conciencia, que con sencillez y sinceridad de Dios, no con sabiduría humana, sino con la gracia de Dios, nos hemos conducido en el mundo, y mucho más con vosotros. [13] Porque no os escribimos otras cosas de las que leéis, o también entendéis; y espero que hasta el fin las entenderéis; [14] como también en parte habéis entendido que somos vuestra gloria, así como también vosotros la nuestra, para el día del Señor Jesús.

[15] Con esta confianza quise ir primero a vosotros, para que tuvieseis una segunda gracia, [16] y por vosotros pasar a Macedonia, y desde Macedonia venir otra vez a vosotros, y ser encaminado por vosotros a Judea. [17] Así que, al proponerme esto, ¿usé quizá de ligereza? ¿O lo que pienso hacer, lo pienso según la carne, para que haya en mí Sí y No? [18] Mas, como Dios es fiel, nuestra palabra a vosotros no es Sí y No. [19] Porque el Hijo de Dios, Jesucristo, que entre vosotros ha sido predicado por nosotros, por mí, Silvano y Timoteo, no ha sido Sí y No; mas ha sido Sí en él; [20] porque todas las promesas de Dios son en él Sí, y en él Amén, por medio de nosotros, para la gloria de Dios. [21] Y el que nos confirma con vosotros en Cristo, y el que nos ungió, es Dios, [22] el cual también nos ha sellado, y nos ha dado las arras del Espíritu en nuestros corazones.

[23] Mas yo invoco a Dios por testigo sobre mi alma, que por ser indulgente con vosotros no he pasado todavía a Corinto. [24] No que nos enseñoreemos de vuestra fe, sino que colaboramos para vuestro gozo; porque por la fe estáis firmes.

2 Esto, pues, determiné para conmigo, no ir otra vez a vosotros con tristeza. [2] Porque si yo os contristo, ¿quién será luego el que me alegre, sino aquel a quien yo contristé? [3] Y esto mismo os escribí, para que cuando llegue no tenga tristeza de parte de aquellos de quienes me debiera gozar; confiando en vosotros todos que mi gozo es el de todos vosotros. [4] Porque por la mucha tribulación y angustia del corazón os escribí con muchas lágrimas, no para que fueseis contristados, sino para que supieseis cuán grande es el amor que os tengo.

Pablo perdona al ofensor

[5] Pero si alguno me ha causado tristeza, no me la ha causado sólo a mí, sino en cierto modo (por no exagerar) a todos vosotros.

⁶ Le basta a tal persona esta reprensión hecha por muchos; ⁷ así que, al contrario, vosotros más bien debéis perdonarle y consolarle, para que no sea consumido de demasiada tristeza. ⁸ Por lo cual os ruego que confirméis el amor para con él. ⁹ Porque también para este fin os escribí, para tener la prueba de si vosotros sois obedientes en todo. ¹⁰ Y al que vosotros perdonáis, yo también; porque también yo lo que he perdonado, si algo he perdonado, por vosotros lo he hecho en presencia de Cristo, ¹¹ para que Satanás no gane ventaja alguna sobre nosotros; pues no ignoramos sus maquinaciones.

Ansiedad de Pablo en Troas

¹² Cuando llegué a Troas para predicar el evangelio de Cristo, aunque se me abrió puerta en el Señor, ¹³ no tuve reposo en mi espíritu, por no haber hallado a mi hermano Tito; así, despidiéndome de ellos, partí para Macedonia.

Triunfantes en Cristo

¹⁴ Mas a Dios gracias, el cual nos lleva siempre en triunfo en Cristo Jesús, y por medio de nosotros manifiesta en todo lugar el olor de su conocimiento. ¹⁵ Porque para Dios somos grato olor de Cristo en los que se salvan, y en los que se pierden; ¹⁶ a éstos ciertamente olor de muerte para muerte, y a aquéllos olor de vida para vida. Y para estas cosas, ¿quién es suficiente? ¹⁷ Pues no somos como muchos, que medran falsificando la palabra de Dios, sino que con sinceridad, como de parte de Dios, y delante de Dios, hablamos en Cristo.

Ministros del nuevo pacto

3 ¿Comenzamos otra vez a recomendarnos a nosotros mismos? ¿O tenemos necesidad, como algunos, de cartas de recomendación para vosotros, o de recomendación de vosotros? ² Nuestras cartas sois vosotros, escritas en nuestros corazones, conocidas y leídas por todos los hombres; ³ siendo manifiesto que sois carta de Cristo expedida por nosotros, escrita no con tinta, sino con el Espíritu del Dios vivo; no en tablas de piedra, sino en tablas de carne del corazón.

⁴ Y tal confianza tenemos mediante Cristo para con Dios; ⁵ no que seamos competentes por nosotros mismos para pensar algo como de nosotros mismos, sino que nuestra competencia proviene de Dios, ⁶ el cual asimismo nos hizo ministros competentes de un nuevo pacto, no de la letra, sino del espíritu; porque la letra mata, mas el espíritu vivifica.

⁷ Y si el ministerio de muerte grabado con letras en piedras fue con gloria, tanto que los hijos de Israel no pudieron fijar la vista en el rostro de Moisés a causa de la gloria de su rostro, la cual había de perecer, ⁸ ¿cómo no será más bien con gloria el ministerio del espíritu? ⁹ Porque si el ministerio de condenación fue con gloria, mucho más abundará en gloria el ministerio de justificación. ¹⁰ Porque aun lo que fue glorioso, no es glorioso en este respecto, en comparación con la gloria más eminente. ¹¹ Porque si lo que perece tuvo gloria, mucho más glorioso será lo que permanece.

¹² Así que, teniendo tal esperanza, usamos de mucha franqueza; ¹³ y no como Moisés, que ponía un velo sobre su rostro, para que los hijos de Israel no fijaran la vista en el fin de aquello que había de ser abolido. ¹⁴ Pero el entendimiento de ellos se embotó; porque hasta el día de hoy, cuando leen el antiguo pacto, les queda el mismo velo no descubierto, el cual por Cristo es quitado. ¹⁵ Y aun hasta el día de hoy, cuando se lee a Moisés, el velo está puesto sobre el corazón de ellos. ¹⁶ Pero cuando se conviertan al Señor, el velo se quitará. ¹⁷ Porque el Señor es el Espíritu; y donde está el Espíritu del Señor, allí hay libertad. ¹⁸ Por tanto, nosotros todos, mirando a cara descubierta como en un espejo la gloria del Señor, somos transformados de gloria en gloria en la misma imagen, como por el Espíritu del Señor.

4 Por lo cual, teniendo nosotros este ministerio según la misericordia que hemos recibido, no desmayamos. ² Antes bien renunciamos a lo oculto y vergonzoso, no andando con astucia, ni adulterando la palabra de Dios, sino por la manifestación de la verdad recomendándonos a toda conciencia humana delante de Dios. ³ Pero si nuestro evangelio está aún encubierto, entre los que se pierden está encubierto; ⁴ en los cuales el dios de este siglo cegó el entendimiento de los incrédulos, para que no les resplandezca la luz del evangelio de la gloria de Cristo, el cual es la imagen de Dios. ⁵ Porque no nos predicamos a nosotros mismos, sino a Jesucristo como Señor, y a nosotros como vuestros siervos por amor de Jesús. ⁶ Porque Dios, que mandó que de las tinieblas resplandeciese la luz, es el que resplandeció en nuestros corazones, para iluminación del conocimiento de la gloria de Dios en la faz de Jesucristo.

Viviendo por la fe

⁷ Pero tenemos este tesoro en vasos de barro, para que la

excelencia del poder sea de Dios, y no de nosotros, [8] que estamos atribulados en todo, mas no angustiados; en apuros, mas no desesperados; [9] perseguidos, mas no desamparados; derribados, pero no destruidos; [10] llevando en el cuerpo siempre por todas partes la muerte de Jesús, para que también la vida de Jesús se manifieste en nuestros cuerpos. [11] Porque nosotros que vivimos, siempre estamos entregados a muerte por causa de Jesús, para que también la vida de Jesús se manifieste en nuestra carne mortal. [12] De manera que la muerte actúa en nosotros, y en vosotros la vida.

[13] Pero teniendo el mismo espíritu de fe, conforme a lo que está escrito: Creí, por lo cual hablé, nosotros también creemos, por lo cual también hablamos, [14] sabiendo que el que resucitó al Señor Jesús, a nosotros también nos resucitará con Jesús, y nos presentará juntamente con vosotros. [15] Porque todas estas cosas padecemos por amor a vosotros, para que abundando la gracia por medio de muchos, la acción de gracias sobreabunde para gloria de Dios.

[16] Por tanto, no desmayamos; antes aunque este nuestro hombre exterior se va desgastando, el interior no obstante se renueva de día en día. [17] Porque esta leve tribulación momentánea produce en nosotros un cada vez más excelente y eterno peso de gloria; [18] no mirando nosotros las cosas que se ven, sino las que no se ven; pues las cosas que se ven son temporales, pero las que no se ven son eternas.

5 Porque sabemos que si nuestra morada terrestre, este tabernáculo, se deshiciere, tenemos de Dios un edificio, una casa no hecha de manos, eterna, en los cielos. [2] Y por esto también gemimos, deseando ser revestidos de aquella nuestra habitación celestial; [3] pues así seremos hallados vestidos, y no desnudos. [4] Porque asimismo los que estamos en este tabernáculo gemimos con angustia; porque no quisiéramos ser desnudados, sino revestidos, para que lo mortal sea absorbido por la vida. [5] Mas el que nos hizo para esto mismo es Dios, quien nos ha dado las arras del Espíritu.

[6] Así que vivimos confiados siempre, y sabiendo que entre tanto que estamos en el cuerpo, estamos ausentes del Señor [7] (porque por fe andamos, no por vista); [8] pero confiamos, y más quisiéramos estar ausentes del cuerpo, y presentes al Señor. [9] Por tanto procuramos también, o ausentes

o presentes, serle agradables. [10] Porque es necesario que todos nosotros comparezcamos ante el tribunal de Cristo, para que cada uno reciba según lo que haya hecho mientras estaba en el cuerpo, sea bueno o sea malo.

El ministerio de la reconciliación

[11] Conociendo, pues, el temor del Señor, persuadimos a los hombres; pero a Dios le es manifiesto lo que somos; y espero que también lo sea a vuestras conciencias. [12] No nos recomendamos, pues, otra vez a vosotros, sino os damos ocasión de gloriaros por nosotros, para que tengáis con qué responder a los que se glorían en las apariencias y no en el corazón. [13] Porque si estamos locos, es para Dios; y si somos cuerdos, es para vosotros. [14] Porque el amor de Cristo nos constriñe, pensando esto: que si uno murió por todos, luego todos murieron; [15] y por todos murió, para que los que viven, ya no vivan para sí, sino para aquel que murió y resucitó por ellos.

[16] De manera que nosotros de aquí en adelante a nadie conocemos según la carne; y aun si a Cristo conocimos según la carne, ya no lo conocemos así. [17] De modo que si alguno está en Cristo, nueva criatura es; las cosas viejas pasaron; he aquí todas son hechas nuevas. [18] Y todo esto proviene de Dios, quien nos reconcilió consigo mismo por Cristo, y nos dio el ministerio de la reconciliación; [19] que Dios estaba en Cristo reconciliando consigo al mundo, no tomándoles en cuenta a los hombres sus pecados, y nos encargó a nosotros la palabra de la reconciliación. [20] Así que, somos embajadores en nombre de Cristo, como si Dios rogase por medio de nosotros; os rogamos en nombre de Cristo: Reconciliaos con Dios. [21] Al que no conoció pecado, por nosotros lo hizo pecado, para que nosotros fuésemos hechos justicia de Dios en él.

6 Así, pues, nosotros, como colaboradores suyos, os exhortamos también a que no recibáis en vano la gracia de Dios. [2] Porque dice:
En tiempo aceptable te he oído,
Y en día de salvación te he socorrido.
He aquí ahora el tiempo aceptable; he aquí ahora el día de salvación. [3] No damos a nadie ninguna ocasión de tropiezo, para que nuestro ministerio no sea vituperado; [4] antes bien, nos recomendamos en todo como ministros de Dios, en mucha paciencia, en tribulaciones, en necesidades, en angustias; [5] en

azotes, en cárceles, en tumultos, en trabajos, en desvelos, en ayunos; [6] en pureza, en ciencia, en longanimidad, en bondad, en el Espíritu Santo, en amor sincero, [7] en palabra de verdad, en poder de Dios, con armas de justicia a diestra y a siniestra; [8] por honra y por deshonra, por mala fama y por buena fama; como engañadores, pero veraces; [9] como desconocidos, pero bien conocidos; como moribundos, mas he aquí vivimos; como castigados, mas no muertos; [10] como entristecidos, mas siempre gozosos; como pobres, mas enriqueciendo a muchos; como no teniendo nada, mas poseyéndolo todo.

[11] Nuestra boca se ha abierto a vosotros, oh corintios; nuestro corazón se ha ensanchado. [12] No estáis estrechos en nosotros, pero sí sois estrechos en vuestro propio corazón. [13] Pues, para corresponder del mismo modo (como a hijos hablo), ensanchaos también vosotros.

Somos templo del Dios viviente

[14] No os unáis en yugo desigual con los incrédulos; porque ¿qué compañerismo tiene la justicia con la injusticia? ¿Y qué comunión la luz con las tinieblas? [15] ¿Y qué concordia Cristo con Belial? ¿O qué parte el creyente con el incrédulo? [16] ¿Y qué acuerdo hay entre el templo de Dios y los ídolos? Porque vosotros sois el templo del Dios viviente, como Dios dijo:
Habitaré y andaré entre ellos,
Y seré su Dios,
Y ellos serán mi pueblo.
[17] Por lo cual,
Salid de en medio de ellos, y apartaos, dice el Señor,
Y no toquéis lo inmundo;
Y yo os recibiré,
[18] Y seré para vosotros por Padre,
Y vosotros me seréis hijos e hijas,
dice el Señor Todopoderoso.

7 Así que, amados, puesto que tenemos tales promesas, limpiémonos de toda contaminación de carne y de espíritu, perfeccionando la santidad en el temor de Dios.

Regocijo de Pablo al arrepentirse los corintios

[2] Admitidnos: a nadie hemos agraviado, a nadie hemos corrompido, a nadie hemos engañado. [3] No lo digo para condenaros; pues ya he dicho antes que estáis en nuestro corazón, para morir y para vivir juntamente. [4] Mucha franqueza tengo con vosotros; mucho me glorío con respecto de vosotros; lleno estoy de consolación; sobreabundo de gozo en todas nuestras tribulaciones.

⁵ Porque de cierto, cuando vinimos a Macedonia, ningún reposo tuvo nuestro cuerpo, sino que en todo fuimos atribulados; de fuera, conflictos; de dentro, temores. ⁶ Pero Dios, que consuela a los humildes, nos consoló con la venida de Tito; ⁷ y no sólo con su venida, sino también con la consolación con que él había sido consolado en cuanto a vosotros, haciéndonos saber vuestro gran afecto, vuestro llanto, vuestra solicitud por mí, de manera que me regocijé aún más. ⁸ Porque aunque os contristé con la carta, no me pesa, aunque entonces lo lamenté; porque veo que aquella carta, aunque por algún tiempo, os contristó. ⁹ Ahora me gozo, no porque hayáis sido contristados, sino porque fuisteis contristados para arrepentimiento; porque habéis sido contristados según Dios, para que ninguna pérdida padecieseis por nuestra parte. ¹⁰ Porque la tristeza que es según Dios produce arrepentimiento para salvación, de que no hay que arrepentirse; pero la tristeza del mundo produce muerte. ¹¹ Porque he aquí, esto mismo de que hayáis sido contristados según Dios, ¡qué solicitud produjo en vosotros, qué defensa, qué indignación, qué temor, qué ardiente afecto, qué celo, y qué vindicación! En todo os habéis mostrado limpios en el asunto.

¹² Así que, aunque os escribí, no fue por causa del que cometió el agravio, ni por causa del que lo padeció, sino para que se os hiciese manifiesta nuestra solicitud que tenemos por vosotros delante de Dios.

¹³ Por esto hemos sido consolados en vuestra consolación; pero mucho más nos gozamos por el gozo de Tito, que haya sido confortado su espíritu por todos vosotros. ¹⁴ Pues si de algo me he gloriado con él respecto de vosotros, no he sido avergonzado, sino que así como en todo os hemos hablado con verdad, también nuestro gloriarnos con Tito resultó verdad. ¹⁵ Y su cariño para con vosotros es aun más abundante, cuando se acuerda de la obediencia de todos vosotros, de cómo lo recibisteis con temor y temblor. ¹⁶ Me gozo de que en todo tengo confianza en vosotros.

La ofrenda para los santos

8 Asimismo, hermanos, os hacemos saber la gracia de Dios que se ha dado a las iglesias de Macedonia; ² que en grande prueba de tribulación, la abundancia de su gozo y su profunda pobreza abundaron en riquezas de su generosidad. ³ Pues doy testimonio de que con agrado han dado conforme a sus fuerzas, y aun más allá de sus fuerzas,

⁴ pidiéndonos con muchos ruegos que les concediésemos el privilegio de participar en este servicio para los santos. ⁵ Y no como lo esperábamos, sino que a sí mismos se dieron primeramente al Señor, y luego a nosotros por la voluntad de Dios; ⁶ de manera que exhortamos a Tito para que tal como comenzó antes, asimismo acabe también entre vosotros esta obra de gracia. ⁷ Por tanto, como en todo abundáis, en fe, en palabra, en ciencia, en toda solicitud, y en vuestro amor para con nosotros, abundad también en esta gracia.

⁸ No hablo como quien manda, sino para poner a prueba, por medio de la diligencia de otros, también la sinceridad del amor vuestro. ⁹ Porque ya conocéis la gracia de nuestro Señor Jesucristo, que por amor a vosotros se hizo pobre, siendo rico, para que vosotros con su pobreza fueseis enriquecidos. ¹⁰ Y en esto doy mi consejo; porque esto os conviene a vosotros, que comenzasteis antes, no sólo a hacerlo, sino también a quererlo, desde el año pasado. ¹¹ Ahora, pues, llevad también a cabo el hacerlo, para que como estuvisteis prontos a querer, así también lo estéis en cumplir conforme a lo que tengáis. ¹² Porque si primero hay la voluntad dispuesta, será

acepta según lo que uno tiene, no según lo que no tiene. ¹³ Porque no digo esto para que haya para otros holgura, y para vosotros estrechez, ¹⁴ sino para que en este tiempo, con igualdad, la abundancia vuestra supla la escasez de ellos, para que también la abundancia de ellos supla la necesidad vuestra, para que haya igualdad, ¹⁵ como está escrito: El que recogió mucho, no tuvo más, y el que poco, no tuvo menos.

¹⁶ Pero gracias a Dios que puso en el corazón de Tito la misma solicitud por vosotros. ¹⁷ Pues a la verdad recibió la exhortación; pero estando también muy solícito, por su propia voluntad partió para ir a vosotros. ¹⁸ Y enviamos juntamente con él al hermano cuya alabanza en el evangelio se oye por todas las iglesias; ¹⁹ y no sólo esto, sino que también fue designado por las iglesias como compañero de nuestra peregrinación para llevar este donativo, que es administrado por nosotros para gloria del Señor mismo, y para demostrar vuestra buena voluntad; ²⁰ evitando que nadie nos censure en cuanto a esta ofrenda abundante que administramos, ²¹ procurando hacer las cosas honradamente, no sólo delante del Señor sino también delante de los hombres. ²² Enviamos también con ellos a nuestro

hermano, cuya diligencia hemos comprobado repetidas veces en muchas cosas, y ahora mucho más diligente por la mucha confianza que tiene en vosotros. ²³ En cuanto a Tito, es mi compañero y colaborador para con vosotros; y en cuanto a nuestros hermanos, son mensajeros de las iglesias, y gloria de Cristo. ²⁴ Mostrad, pues, para con ellos ante las iglesias la prueba de vuestro amor, y de nuestro gloriarnos respecto de vosotros.

9 Cuanto a la ministración para los santos, es por demás que yo os escriba; ² pues conozco vuestra buena voluntad, de la cual yo me glorío entre los de Macedonia, que Acaya está preparada desde el año pasado; y vuestro celo ha estimulado a la mayoría. ³ Pero he enviado a los hermanos, para que nuestro gloriarnos de vosotros no sea vano en esta parte; para que como lo he dicho, estéis preparados; ⁴ no sea que si vinieren conmigo algunos macedonios, y os hallaren desprevenidos, nos avergoncemos nosotros, por no decir vosotros, de esta nuestra confianza. ⁵ Por tanto, tuve por necesario exhortar a los hermanos que fuesen primero a vosotros y preparasen primero vuestra generosidad antes prometida, para que esté lista como de generosidad, y no como de exigencia nuestra.

⁶ Pero esto digo: El que siembra escasamente, también segará escasamente; y el que siembra generosamente, generosamente también segará. ⁷ Cada uno dé como propuso en su corazón: no con tristeza, ni por necesidad, porque Dios ama al dador alegre. ⁸ Y poderoso es Dios para hacer que abunde en vosotros toda gracia, a fin de que, teniendo siempre en todas las cosas todo lo suficiente, abundéis para toda buena obra; ⁹ como está escrito:
Repartió, dio a los pobres;
Su justicia permanece para siempre.

¹⁰ Y el que da semilla al que siembra, y pan al que come, proveerá y multiplicará vuestra sementera, y aumentará los frutos de vuestra justicia, ¹¹ para que estéis enriquecidos en todo para toda liberalidad, la cual produce por medio de nosotros acción de gracias a Dios. ¹² Porque la ministración de este servicio no solamente suple lo que a los santos falta, sino que también abunda en muchas acciones de gracias a Dios; ¹³ pues por la experiencia de esta ministración glorifican a Dios por la obediencia que profesáis al evangelio de Cristo, y por la liberalidad de

vuestra contribución para ellos y para todos; ¹⁴ asimismo en la oración de ellos por vosotros, a quienes aman a causa de la superabundante gracia de Dios en vosotros. ¹⁵ ¡Gracias a Dios por su don inefable!

Pablo defiende su ministerio

10 Yo Pablo os ruego por la mansedumbre y ternura de Cristo, yo que estando presente ciertamente soy humilde entre vosotros, mas ausente soy osado para con vosotros; ² ruego, pues, que cuando esté presente, no tenga que usar de aquella osadía con que estoy dispuesto a proceder resueltamente contra algunos que nos tienen como si anduviésemos según la carne. ³ Pues aunque andamos en la carne, no militamos según la carne; ⁴ porque las armas de nuestra milicia no son carnales, sino poderosas en Dios para la destrucción de fortalezas, ⁵ derribando argumentos y toda altivez que se levanta contra el conocimiento de Dios, y llevando cautivo todo pensamiento a la obediencia a Cristo, ⁶ y estando prontos para castigar toda desobediencia, cuando vuestra obediencia sea perfecta.

⁷ Miráis las cosas según la apariencia. Si alguno está persuadido en sí mismo que es de Cristo, esto también piense por sí mismo, que como él es de Cristo, así también nosotros somos de Cristo. ⁸ Porque aunque me gloríe algo más todavía de nuestra autoridad, la cual el Señor nos dio para edificación y no para vuestra destrucción, no me avergonzaré; ⁹ para que no parezca como que os quiero amedrentar por cartas. ¹⁰ Porque a la verdad, dicen, las cartas son duras y fuertes; mas la presencia corporal débil, y la palabra menospreciable. ¹¹ Esto tenga en cuenta tal persona, que así como somos en la palabra por cartas, estando ausentes, lo seremos también en hechos, estando presentes. ¹² Porque no nos atrevemos a contarnos ni a compararnos con algunos que se alaban a sí mismos; pero ellos, midiéndose a sí mismos por sí mismos, y comparándose consigo mismos, no son juiciosos. ¹³ Pero nosotros no nos gloriaremos desmedidamente, sino conforme a la regla que Dios nos ha dado por medida, para llegar también hasta vosotros. ¹⁴ Porque no nos hemos extralimitado, como si no llegásemos hasta vosotros, pues fuimos los primeros en llegar hasta vosotros con el evangelio de Cristo. ¹⁵ No nos gloriamos desmedidamente en trabajos ajenos, sino que esperamos que conforme crezca vuestra fe seremos muy engrandecidos entre vosotros, conforme a

nuestra regla; [16] y que anunciaremos el evangelio en los lugares más allá de vosotros, sin entrar en la obra de otro para gloriarnos en lo que ya estaba preparado. [17] Mas el que se gloría, gloríese en el Señor; [18] porque no es aprobado el que se alaba a sí mismo, sino aquel a quien Dios alaba.

11 ¡Ojalá me toleraseis un poco de locura! Sí, toleradme. [2] Porque os celo con celo de Dios; pues os he desposado con un solo esposo, para presentaros como una virgen pura a Cristo. [3] Pero temo que como la serpiente con su astucia engañó a Eva, vuestros sentidos sean de alguna manera extraviados de la sincera fidelidad a Cristo. [4] Porque si viene alguno predicando a otro Jesús que el que os hemos predicado, o si recibís otro espíritu que el que habéis recibido, u otro evangelio que el que habéis aceptado, bien lo toleráis; [5] y pienso que en nada he sido inferior a aquellos grandes apóstoles. [6] Pues aunque sea tosco en la palabra, no lo soy en el conocimiento; en todo y por todo os lo hemos demostrado. [7] ¿Pequé yo humillándome a mí mismo, para que vosotros fueseis enaltecidos, por cuanto os he predicado el evangelio de Dios de balde? [8] He despojado a otras iglesias, recibiendo salario para serviros a

vosotros. [9] Y cuando estaba entre vosotros y tuve necesidad, a ninguno fui carga, pues lo que me faltaba, lo suplieron los hermanos que vinieron de Macedonia, y en todo me guardé y me guardaré de seros gravoso. [10] Por la verdad de Cristo que está en mí, que no se me impedirá esta mi gloria en las regiones de Acaya. [11] ¿Por qué? ¿Porque no os amo? Dios lo sabe.

[12] Mas lo que hago, lo haré aún, para quitar la ocasión a aquellos que la desean, a fin de que en aquello en que se glorían, sean hallados semejantes a nosotros. [13] Porque éstos son falsos apóstoles, obreros fraudulentos, que se disfrazan como apóstoles de Cristo. [14] Y no es maravilla, porque el mismo Satanás se disfraza como ángel de luz. [15] Así que, no es extraño si también sus ministros se disfrazan como ministros de justicia; cuyo fin será conforme a sus obras.

Sufrimientos de Pablo como apóstol

[16] Otra vez digo: Que nadie me tenga por loco; o de otra manera, recibidme como a loco, para que yo también me glorié un poquito. [17] Lo que hablo, no lo hablo según el Señor, sino como en locura, con esta confianza de gloriarme. [18] Puesto que muchos se glorían según la carne, también yo me

gloriaré; ¹⁹ porque de buena gana toleráis a los necios, siendo vosotros cuerdos. ²⁰ Pues toleráis si alguno os esclaviza, si alguno os devora, si alguno toma lo vuestro, si alguno se enaltece, si alguno os da de bofetadas. ²¹ Para vergüenza mía lo digo, para eso fuimos demasiado débiles.

Pero en lo que otro tenga osadía (hablo con locura), también yo tengo osadía. ²² ¿Son hebreos? Yo también. ¿Son israelitas? Yo también. ¿Son descendientes de Abraham? También yo. ²³ ¿Son ministros de Cristo? (Como si estuviera loco hablo.) Yo más; en trabajos más abundante; en azotes sin número; en cárceles más; en peligros de muerte muchas veces. ²⁴ De los judíos cinco veces he recibido cuarenta azotes menos uno. ²⁵ Tres veces he sido azotado con varas; una vez apedreado; tres veces he padecido naufragio; una noche y un día he estado como náufrago en alta mar; ²⁶ en caminos muchas veces; en peligros de ríos, peligros de ladrones, peligros de los de mi nación, peligros de los gentiles, peligros en la ciudad, peligros en el desierto, peligros en el mar, peligros entre falsos hermanos; ²⁷ en trabajo y fatiga, en muchos desvelos, en hambre y sed, en muchos ayunos, en frío y en desnudez; ²⁸ y además de otras cosas, lo que sobre mí se agolpa cada día, la preocupación por todas las iglesias. ²⁹ ¿Quién enferma, y yo no enfermo? ¿A quién se le hace tropezar, y yo no me indigno?

³⁰ Si es necesario gloriarse, me gloriaré en lo que es de mi debilidad. ³¹ El Dios y Padre de nuestro Señor Jesucristo, quien es bendito por los siglos, sabe que no miento. ³² En Damasco, el gobernador de la provincia del rey Aretas guardaba la ciudad de los damascenos para prenderme; ³³ y fui descolgado del muro en un canasto por una ventana, y escapé de sus manos.

El aguijón en la carne

12 Ciertamente no me conviene gloriarme; pero vendré a las visiones y a las revelaciones del Señor. ² Conozco a un hombre en Cristo, que hace catorce años (si en el cuerpo, no lo sé; si fuera del cuerpo, no lo sé; Dios lo sabe) fue arrebatado hasta el tercer cielo. ³ Y conozco al tal hombre (si en el cuerpo, o fuera del cuerpo, no lo sé; Dios lo sabe), ⁴ que fue arrebatado al paraíso, donde oyó palabras inefables que no le es dado al hombre expresar. ⁵ De tal hombre me gloriaré; pero de mí mismo en nada me gloriaré, sino en mis debilidades. ⁶ Sin embargo, si quisiera gloriarme, no sería insensato, porque diría la verdad; pero lo dejo, para que nadie piense de mí más de lo que en mí ve, u oye de mí. [7] Y para que la grandeza de las revelaciones no me exaltase desmedidamente, me fue dado un aguijón en mi carne, un mensajero de Satanás que me abofetee, para que no me enaltezca sobremanera; [8] respecto a lo cual tres veces he rogado al Señor, que lo quite de mí. [9] Y me ha dicho: Bástate mi gracia; porque mi poder se perfecciona en la debilidad. Por tanto, de buena gana me gloriaré más bien en mis debilidades, para que repose sobre mí el poder de Cristo. [10] Por lo cual, por amor a Cristo me gozo en las debilidades, en afrentas, en necesidades, en persecuciones, en angustias; porque cuando soy débil, entonces soy fuerte.

[11] Me he hecho un necio al gloriarme; vosotros me obligasteis a ello, pues yo debía ser alabado por vosotros; porque en nada he sido menos que aquellos grandes apóstoles, aunque nada soy. [12] Con todo, las señales de apóstol han sido hechas entre vosotros en toda paciencia, por señales, prodigios y milagros. [13] Porque ¿en qué habéis sido menos que las otras iglesias, sino en que yo mismo no os he sido carga? ¡Perdonadme este agravio!

Pablo anuncia su tercera visita

[14] He aquí, por tercera vez estoy preparado para ir a vosotros; y no os seré gravoso, porque no busco lo vuestro, sino a vosotros, pues no deben atesorar los hijos para los padres, sino los padres para los hijos. [15] Y yo con el mayor placer gastaré lo mío, y aun yo mismo me gastaré del todo por amor de vuestras almas, aunque amándoos más, sea amado menos. [16] Pero admitiendo esto, que yo no os he sido carga, sino que como soy astuto, os prendí por engaño, [17] ¿acaso os he engañado por alguno de los que he enviado a vosotros? [18] Rogué a Tito, y envié con él al hermano. ¿Os engañó acaso Tito? ¿No hemos procedido con el mismo espíritu y en las mismas pisadas?

[19] ¿Pensáis aún que nos disculpamos con vosotros? Delante de Dios en Cristo hablamos; y todo, muy amados, para vuestra edificación. [20] Pues me temo que cuando llegue, no os halle tales como quiero, y yo sea hallado de vosotros cual no queréis; que haya entre vosotros contiendas, envidias, iras, divisiones, maledicencias, murmuraciones, soberbias, desórdenes; [21] que cuando vuelva, me humille Dios entre vosotros, y quizá tenga que llorar por muchos de los que antes han pecado, y no se han arrepentido

de la inmundicia y fornicación y lascivia que han cometido.

13 Ésta es la tercera vez que voy a vosotros. Por boca de dos o de tres testigos se decidirá todo asunto. ² He dicho antes, y ahora digo otra vez como si estuviera presente, y ahora ausente lo escribo a los que antes pecaron, y a todos los demás, que si voy otra vez, no seré indulgente; ³ pues buscáis una prueba de que habla Cristo en mí, el cual no es débil para con vosotros, sino que es poderoso en vosotros. ⁴ Porque aunque fue crucificado en debilidad, vive por el poder de Dios. Pues también nosotros somos débiles en él, pero viviremos con él por el poder de Dios para con vosotros.

⁵ Examinaos a vosotros mismos si estáis en la fe; probaos a vosotros mismos. ¿O no os conocéis a vosotros mismos, que Jesucristo está en vosotros, a menos que estéis reprobados? ⁶ Mas espero que conoceréis que nosotros no estamos reprobados. ⁷ Y oramos a Dios que ninguna cosa mala hagáis; no para que nosotros aparezcamos aprobados, sino para que vosotros hagáis lo bueno, aunque nosotros seamos como reprobados. ⁸ Porque nada podemos contra la verdad, sino por la verdad. ⁹ Por lo cual nos gozamos de que seamos nosotros débiles, y que vosotros estéis fuertes; y aun oramos por vuestra perfección. ¹⁰ Por esto os escribo estando ausente, para no usar de severidad cuando esté presente, conforme a la autoridad que el Señor me ha dado para edificación, y no para destrucción.

Saludos y doxología final

¹¹ Por lo demás, hermanos, tened gozo, perfeccionaos, consolaos, sed de un mismo sentir, y vivid en paz; y el Dios de paz y de amor estará con vosotros. ¹² Saludaos unos a otros con ósculo santo. ¹³ Todos los santos os saludan. ¹⁴ La gracia del Señor Jesucristo, el amor de Dios, y la comunión del Espíritu Santo sean con todos vosotros. Amén.

LA EPÍSTOLA DEL APÓSTOL SAN PABLO A LOS

GÁLATAS

Salutación

1 Pablo, apóstol (no de hombres ni por hombre, sino por Jesucristo y por Dios el Padre que lo resucitó de los muertos), ² y todos los hermanos que están conmigo, a las iglesias de Galacia; ³ Gracia y paz sean a vosotros, de Dios el Padre y de nuestro Señor Jesucristo, ⁴ el cual se dio a sí mismo por nuestros pecados para librarnos del presente siglo malo, conforme a la voluntad de nuestro Dios y Padre, ⁵ a quien sea la gloria por los siglos de los siglos. Amén.

No hay otro evangelio

⁶ Estoy maravillado de que tan pronto os hayáis alejado del que os llamó por la gracia de Cristo, para seguir un evangelio diferente. ⁷ No que haya otro, sino que hay algunos que os perturban y quieren pervertir el evangelio de Cristo. ⁸ Mas si aun nosotros, o un ángel del cielo, os anunciare otro evangelio diferente del que os hemos anunciado, sea anatema. ⁹ Como antes hemos dicho, también ahora lo repito: Si alguno os predica diferente evangelio del que habéis recibido, sea anatema.

¹⁰ Pues, ¿busco ahora el favor de los hombres, o el de Dios? ¿O trato de agradar a los hombres? Pues si todavía agradara a los hombres, no sería siervo de Cristo.

El ministerio de Pablo

¹¹ Mas os hago saber, hermanos, que el evangelio anunciado por mí, no es según hombre; ¹² pues yo ni lo recibí ni lo aprendí de hombre alguno, sino por revelación de Jesucristo. ¹³ Porque ya habéis oído acerca de mi conducta en otro tiempo en el judaísmo, que perseguía sobremanera a la iglesia de Dios, y la asolaba; ¹⁴ y en el judaísmo aventajaba a muchos de mis contemporáneos en mi nación, siendo mucho más celoso de las tradiciones de mis padres. ¹⁵ Pero cuando agradó a Dios, que me apartó desde el vientre de mi madre, y me llamó por su gracia, ¹⁶ revelar a su Hijo

en mí, para que yo le predicase entre los gentiles, no consulté en seguida con carne y sangre, ¹⁷ ni subí a Jerusalén a los que eran apóstoles antes que yo; sino que fui a Arabia, y volví de nuevo a Damasco.

¹⁸ Después, pasados tres años, subí a Jerusalén para ver a Pedro, y permanecí con él quince días; ¹⁹ pero no vi a ningún otro de los apóstoles, sino a Jacobo el hermano del Señor. ²⁰ En esto que os escribo, he aquí delante de Dios que no miento. ²¹ Después fui a las regiones de Siria y de Cilicia, ²² y no era conocido de vista a las iglesias de Judea, que eran en Cristo; ²³ solamente oían decir: Aquel que en otro tiempo nos perseguía, ahora predica la fe que en otro tiempo asolaba. ²⁴ Y glorificaban a Dios en mí.

2 Después, pasados catorce años, subí otra vez a Jerusalén con Bernabé, llevando también conmigo a Tito. ² Pero subí según una revelación, y para no correr o haber corrido en vano, expuse en privado a los que tenían cierta reputación el evangelio que predico entre los gentiles. ³ Mas ni aun Tito, que estaba conmigo, con todo y ser griego, fue obligado a circuncidarse; ⁴ y esto a pesar de los falsos hermanos introducidos a escondidas, que entraban para espiar nuestra libertad que tenemos en Cristo Jesús, para reducirnos a esclavitud, ⁵ a los cuales ni por un momento accedimos a someternos, para que la verdad del evangelio permaneciese con vosotros. ⁶ Pero de los que tenían reputación de ser algo (lo que hayan sido en otro tiempo nada me importa; Dios no hace acepción de personas), a mí, pues, los de reputación nada nuevo me comunicaron. ⁷ Antes por el contrario, como vieron que me había sido encomendado el evangelio de la incircuncisión, como a Pedro el de la circuncisión ⁸ (pues el que actuó en Pedro para el apostolado de la circuncisión, actuó también en mí para con los gentiles), ⁹ y reconociendo la gracia que me había sido dada, Jacobo, Cefas y Juan, que eran considerados como columnas, nos dieron a mí y a Bernabé la diestra en señal de compañerismo, para que nosotros fuésemos a los gentiles, y ellos a la circuncisión. ¹⁰ Solamente nos pidieron que nos acordásemos de los pobres; lo cual también procuré con diligencia hacer.

Pablo reprende a Pedro en Antioquía

¹¹ Pero cuando Pedro vino a Antioquía, le resistí cara a cara, porque era de condenar. ¹² Pues antes que viniesen algunos de

parte de Jacobo, comía con los gentiles; pero después que vinieron, se retraía y se apartaba, porque tenía miedo de los de la circuncisión. ¹³ Y en su simulación participaban también los otros judíos, de tal manera que aun Bernabé fue también arrastrado por la hipocresía de ellos. ¹⁴ Pero cuando vi que no andaban rectamente conforme a la verdad del evangelio, dije a Pedro delante de todos: Si tú, siendo judío, vives como los gentiles y no como judío, ¿por qué obligas a los gentiles a judaizar? ¹⁵ Nosotros, judíos de nacimiento, y no pecadores de entre los gentiles, ¹⁶ sabiendo que el hombre no es justificado por las obras de la ley, sino por la fe de Jesucristo, nosotros también hemos creído en Jesucristo, para ser justificados por la fe de Cristo y no por las obras de la ley, por cuanto por las obras de la ley nadie será justificado. ¹⁷ Y si buscando ser justificados en Cristo, también nosotros somos hallados pecadores, ¿es por eso Cristo ministro de pecado? En ninguna manera. ¹⁸ Porque si las cosas que destruí, las mismas vuelvo a edificar, transgresor me hago. ¹⁹ Porque yo por la ley soy muerto para la ley, a fin de vivir para Dios. ²⁰ Con Cristo estoy juntamente crucificado, y ya no vivo yo, mas vive Cristo en mí;

y lo que ahora vivo en la carne, lo vivo en la fe del Hijo de Dios, el cual me amó y se entregó a sí mismo por mí. ²¹ No desecho la gracia de Dios; pues si por la ley fuese la justicia, entonces por demás murió Cristo.

El Espíritu se recibe por la fe

3 ¡Oh gálatas insensatos! ¿quién os fascinó para no obedecer a la verdad, a vosotros ante cuyos ojos Jesucristo fue ya presentado claramente entre vosotros como crucificado? ² Esto sólo quiero saber de vosotros: ¿Recibisteis el Espíritu por las obras de la ley, o por el oír con fe? ³ ¿Tan necios sois? ¿Habiendo comenzado por el Espíritu, ahora vais a acabar por la carne? ⁴ ¿Tantas cosas habéis padecido en vano? si es que realmente fue en vano. ⁵ Aquel, pues, que os suministra el Espíritu, y hace maravillas entre vosotros, ¿lo hace por las obras de la ley, o por el oír con fe?

El pacto de Dios con Abraham

⁶ Así Abraham creyó a Dios, y le fue contado por justicia. ⁷ Sabed, por tanto, que los que son de fe, éstos son hijos de Abraham. ⁸ Y la Escritura, previendo que Dios había de justificar por la fe a los gentiles, dio de antemano la buena nueva a Abraham, diciendo: En ti serán benditas todas las

naciones. ⁹ De modo que los de la fe son bendecidos con el creyente Abraham.

¹⁰ Porque todos los que dependen de las obras de la ley están bajo maldición, pues escrito está: Maldito todo aquel que no permaneciere en todas las cosas escritas en el libro de la ley, para hacerlas. ¹¹ Y que por la ley ninguno se justifica para con Dios, es evidente, porque: El justo por la fe vivirá; ¹² y la ley no es de fe, sino que dice: El que hiciere estas cosas vivirá por ellas. ¹³ Cristo nos redimió de la maldición de la ley, hecho por nosotros maldición (porque está escrito: Maldito todo el que es colgado en un madero), ¹⁴ para que en Cristo Jesús la bendición de Abraham alcanzase a los gentiles, a fin de que por la fe recibiésemos la promesa del Espíritu.

¹⁵ Hermanos, hablo en términos humanos: Un pacto, aunque sea de hombre, una vez ratificado, nadie lo invalida, ni le añade. ¹⁶ Ahora bien, a Abraham fueron hechas las promesas, y a su simiente. No dice: Y a las simientes, como si hablase de muchos, sino como de uno: Y a tu simiente, la cual es Cristo. ¹⁷ Esto, pues, digo: El pacto previamente ratificado por Dios para con Cristo, la ley que vino cuatrocientos treinta años después, no lo abroga, para invalidar la promesa. ¹⁸ Porque si la herencia es por la ley, ya no es por la promesa; pero Dios la concedió a Abraham mediante la promesa.

El propósito de la ley

¹⁹ Entonces, ¿para qué sirve la ley? Fue añadida a causa de las transgresiones, hasta que viniese la simiente a quien fue hecha la promesa; y fue ordenada por medio de ángeles en mano de un mediador. ²⁰ Y el mediador no lo es de uno solo; pero Dios es uno. ²¹ ¿Luego la ley es contraria a las promesas de Dios? En ninguna manera; porque si la ley dada pudiera vivificar, la justicia fuera verdaderamente por la ley. ²² Mas la Escritura lo encerró todo bajo pecado, para que la promesa que es por la fe en Jesucristo fuese dada a los creyentes.

²³ Pero antes que viniese la fe, estábamos confinados bajo la ley, encerrados para aquella fe que iba a ser revelada. ²⁴ De manera que la ley ha sido nuestro ayo, para llevarnos a Cristo, a fin de que fuésemos justificados por la fe. ²⁵ Pero venida la fe, ya no estamos bajo ayo, ²⁶ pues todos sois hijos de Dios por la fe en Cristo Jesús; ²⁷ porque todos los que habéis sido bautizados en Cristo, de Cristo estáis revestidos. ²⁸ Ya

no hay judío ni griego; no hay esclavo ni libre; no hay varón ni mujer; porque todos vosotros sois uno en Cristo Jesús. [29] Y si vosotros sois de Cristo, ciertamente linaje de Abraham sois, y herederos según la promesa.

4 Pero también digo: Entre tanto que el heredero es niño, en nada difiere del esclavo, aunque es señor de todo; [2] sino que está bajo tutores y curadores hasta el tiempo señalado por el padre. [3] Así también nosotros, cuando éramos niños, estábamos en esclavitud bajo los rudimentos del mundo. [4] Pero cuando vino el cumplimiento del tiempo, Dios envió a su Hijo, nacido de mujer y nacido bajo la ley, [5] para que redimiese a los que estaban bajo la ley, a fin de que recibiésemos la adopción de hijos. [6] Y por cuanto sois hijos, Dios envió a vuestros corazones el Espíritu de su Hijo, el cual clama: ¡Abba, Padre! [7] Así que ya no eres esclavo, sino hijo; y si hijo, también heredero de Dios por medio de Cristo.

Exhortación contra el volver a la esclavitud

[8] Ciertamente, en otro tiempo, no conociendo a Dios, servíais a los que por naturaleza no son dioses; [9] mas ahora, conociendo a Dios, o más bien, siendo conocidos por Dios, ¿cómo es que os volvéis de nuevo a los débiles y pobres rudimentos, a los cuales os queréis volver a esclavizar? [10] Guardáis los días, los meses, los tiempos y los años. [11] Me temo de vosotros, que haya trabajado en vano con vosotros.

[12] Os ruego, hermanos, que os hagáis como yo, porque yo también me hice como vosotros. Ningún agravio me habéis hecho. [13] Pues vosotros sabéis que a causa de una enfermedad del cuerpo os anuncié el evangelio al principio; [14] y no me despreciasteis ni desechasteis por la prueba que tenía en mi cuerpo, antes bien me recibisteis como a un ángel de Dios, como a Cristo Jesús. [15] ¿Dónde, pues, está esa satisfacción que experimentabais? Porque os doy testimonio de que si hubieseis podido, os hubierais sacado vuestros propios ojos para dármelos. [16] ¿Me he hecho, pues, vuestro enemigo, por deciros la verdad? [17] Tienen celo por vosotros, pero no para bien, sino que quieren apartaros de nosotros para que vosotros tengáis celo por ellos. [18] Bueno es mostrar celo en lo bueno siempre, y no solamente cuando estoy presente con vosotros. [19] Hijitos míos, por quienes vuelvo a sufrir dolores de parto, hasta que Cristo sea formado en vosotros, [20] quisiera estar con vosotros ahora mismo y

cambiar de tono, pues estoy perplejo en cuanto a vosotros.

Alegoría de Sara y Agar

²¹ Decidme, los que queréis estar bajo la ley: ¿no habéis oído la ley? ²² Porque está escrito que Abraham tuvo dos hijos; uno de la esclava, el otro de la libre. ²³ Pero el de la esclava nació según la carne; mas el de la libre, por la promesa. ²⁴ Lo cual es una alegoría, pues estas mujeres son los dos pactos; el uno proviene del monte Sinaí, el cual da hijos para esclavitud; éste es Agar. ²⁵ Porque Agar es el monte Sinaí en Arabia, y corresponde a la Jerusalén actual, pues ésta, junto con sus hijos, está en esclavitud. ²⁶ Mas la Jerusalén de arriba, la cual es madre de todos nosotros, es libre. ²⁷ Porque está escrito:

Regocíjate, oh estéril, tú que no das a luz;

Prorrumpe en júbilo y clama, tú que no tienes dolores de parto;

Porque más son los hijos de la desolada, que de la que tiene marido.

²⁸ Así que, hermanos, nosotros, como Isaac, somos hijos de la promesa. ²⁹ Pero como entonces el que había nacido según la carne perseguía al que había nacido según el Espíritu, así también ahora. ³⁰ Mas ¿qué dice la Escritura? Echa fuera a la esclava y a su hijo, porque no heredará el hijo de la esclava con el hijo de la libre. ³¹ De manera, hermanos, que no somos hijos de la esclava, sino de la libre.

Estad firmes en la libertad

5 Estad, pues, firmes en la libertad con que Cristo nos hizo libres, y no estéis otra vez sujetos al yugo de esclavitud. ² He aquí, yo Pablo os digo que si os circuncidáis, de nada os aprovechará Cristo. ³ Y otra vez testifico a todo hombre que se circuncida, que está obligado a guardar toda la ley. ⁴ De Cristo os desligasteis, los que por la ley os justificáis; de la gracia habéis caído. ⁵ Pues nosotros por el Espíritu aguardamos por fe la esperanza de la justicia; ⁶ porque en Cristo Jesús ni la circuncisión vale algo, ni la incircuncisión, sino la fe que obra por el amor. ⁷ Vosotros corríais bien; ¿quién os estorbó para no obedecer a la verdad? ⁸ Esta persuasión no procede de aquel que os llama. ⁹ Un poco de levadura leuda toda la masa. ¹⁰ Yo confío respecto de vosotros en el Señor, que no pensaréis de otro modo; mas el que os perturba llevará la sentencia, quienquiera que sea. ¹¹ Y yo, hermanos, si aún predico la circuncisión, ¿por qué padezco persecución todavía? En tal caso se ha quitado el tropiezo de la cruz. ¹² ¡Ojalá se mutilasen los que os perturban!

¹³ Porque vosotros, hermanos, a libertad fuisteis llamados; solamente que no uséis la libertad como ocasión para la carne, sino servíos por amor los unos a los otros. ¹⁴ Porque toda la ley en esta sola palabra se cumple: Amarás a tu prójimo como a ti mismo. ¹⁵ Pero si os mordéis y os coméis unos a otros, mirad que también no os consumáis unos a otros.

Las obras de la carne y el fruto del Espíritu

¹⁶ Digo, pues: Andad en el Espíritu, y no satisfagáis los deseos de la carne. ¹⁷ Porque el deseo de la carne es contra el Espíritu, y el del Espíritu es contra la carne; y éstos se oponen entre sí, para que no hagáis lo que quisiereis. ¹⁸ Pero si sois guiados por el Espíritu, no estáis bajo la ley. ¹⁹ Y manifiestas son las obras de la carne, que son: adulterio, fornicación, inmundicia, lascivia, ²⁰ idolatría, hechicerías, enemistades, pleitos, celos, iras, contiendas, disensiones, herejías, ²¹ envidias, homicidios, borracheras, orgías, y cosas semejantes a éstas; acerca de las cuales os amonesto, como ya os lo he dicho antes, que los que practican tales cosas no heredarán el reino de Dios. ²² Mas el fruto del Espíritu es amor, gozo, paz, paciencia, benignidad, bondad, fe, ²³ mansedumbre, templanza; contra tales cosas no hay ley. ²⁴ Pero los que son de Cristo han crucificado la carne con sus pasiones y deseos.

²⁵ Si vivimos por el Espíritu, andemos también por el Espíritu. ²⁶ No nos hagamos vanagloriosos, irritándonos unos a otros, envidiándonos unos a otros.

6 Hermanos, si alguno fuere sorprendido en alguna falta, vosotros que sois espirituales, restauradle con espíritu de mansedumbre, considerándote a ti mismo, no sea que tú también seas tentado. ² Sobrellevad los unos las cargas de los otros, y cumplid así la ley de Cristo. ³ Porque el que se cree ser algo, no siendo nada, a sí mismo se engaña. ⁴ Así que, cada uno someta a prueba su propia obra, y entonces tendrá motivo de gloriarse sólo respecto de sí mismo, y no en otro; ⁵ porque cada uno llevará su propia carga.

⁶ El que es enseñado en la palabra, haga partícipe de toda cosa buena al que lo instruye.

⁷ No os engañéis; Dios no puede ser burlado: pues todo lo que el hombre sembrare, eso también segará. ⁸ Porque el que siembra para su carne, de la carne segará

corrupción; mas el que siembra para el Espíritu, del Espíritu segará vida eterna. ⁹ No nos cansemos, pues, de hacer bien; porque a su tiempo segaremos, si no desmayamos. ¹⁰ Así que, según tengamos oportunidad, hagamos bien a todos, y mayormente a los de la familia de la fe.

Pablo se gloría en la cruz de Cristo

¹¹ Mirad con cuán grandes letras os escribo de mi propia mano. ¹² Todos los que quieren agradar en la carne, éstos os obligan a que os circuncidéis, solamente para no padecer persecución a causa de la cruz de Cristo. ¹³ Porque ni aun los mismos que se circuncidan guardan la ley; pero quieren que vosotros os circuncidéis, para gloriarse en vuestra carne. ¹⁴ Pero lejos esté de mí gloriarme, sino en la cruz de nuestro Señor Jesucristo, por quien el mundo me es crucificado a mí, y yo al mundo. ¹⁵ Porque en Cristo Jesús ni la circuncisión vale nada, ni la incircuncisión, sino una nueva creación. ¹⁶ Y a todos los que anden conforme a esta regla, paz y misericordia sea a ellos, y al Israel de Dios.

¹⁷ De aquí en adelante nadie me cause molestias; porque yo traigo en mi cuerpo las marcas del Señor Jesús.

Bendición final

¹⁸ Hermanos, la gracia de nuestro Señor Jesucristo sea con vuestro espíritu. Amén.

LA EPÍSTOLA DEL APÓSTOL SAN PABLO A LOS

EFESIOS

Salutación

1 Pablo, apóstol de Jesucristo por la voluntad de Dios, a los santos y fieles en Cristo Jesús que están en Éfeso: ² Gracia y paz a vosotros, de Dios nuestro Padre y del Señor Jesucristo.

Bendiciones espirituales en Cristo

³ Bendito sea el Dios y Padre de nuestro Señor Jesucristo, que nos bendijo con toda bendición espiritual en los lugares celestiales en Cristo, ⁴ según nos escogió en él antes de la fundación del mundo, para que fuésemos santos y sin mancha delante de él, ⁵ en amor habiéndonos predestinado para ser adoptados hijos suyos por medio de Jesucristo, según el puro afecto de su voluntad, ⁶ para alabanza de la gloria de su gracia, con la cual nos hizo aceptos en el Amado, ⁷ en quien tenemos redención por su sangre, el perdón de pecados según las riquezas de su gracia, ⁸ que hizo sobreabundar para con nosotros en toda sabiduría e inteligencia, ⁹ dándonos a conocer el misterio de su voluntad, según su beneplácito, el cual se había propuesto en sí mismo, ¹⁰ de reunir todas las cosas en Cristo, en la dispensación del cumplimiento de los tiempos, así las que están en los cielos, como las que están en la tierra.

¹¹ En él asimismo tuvimos herencia, habiendo sido predestinados conforme al propósito del que hace todas las cosas según el designio de su voluntad, ¹² a fin de que seamos para alabanza de su gloria, nosotros los que primeramente esperábamos en Cristo. ¹³ En él también vosotros, habiendo oído la palabra de verdad, el evangelio de vuestra salvación, y habiendo creído en él, fuisteis sellados con el Espíritu Santo de la promesa, ¹⁴ que es las arras de nuestra herencia hasta la redención de la posesión adquirida, para alabanza de su gloria.

El espíritu de sabiduría
y de revelación

[15] Por esta causa también yo, habiendo oído de vuestra fe en el Señor Jesús, y de vuestro amor para con todos los santos, [16] no ceso de dar gracias por vosotros, haciendo memoria de vosotros en mis oraciones, [17] para que el Dios de nuestro Señor Jesucristo, el Padre de gloria, os dé espíritu de sabiduría y de revelación en el conocimiento de él, [18] alumbrando los ojos de vuestro entendimiento, para que sepáis cuál es la esperanza a que él os ha llamado, y cuáles las riquezas de la gloria de su herencia en los santos, [19] y cuál la supereminente grandeza de su poder para con nosotros los que creemos, según la operación del poder de su fuerza, [20] la cual operó en Cristo, resucitándole de los muertos y sentándole a su diestra en los lugares celestiales, [21] sobre todo principado y autoridad y poder y señorío, y sobre todo nombre que se nombra, no sólo en este siglo, sino también en el venidero; [22] y sometió todas las cosas bajo sus pies, y lo dio por cabeza sobre todas las cosas a la iglesia, [23] la cual es su cuerpo, la plenitud de Aquel que todo lo llena en todo.

Salvos por gracia

2 Y él os dio vida a vosotros, cuando estabais muertos en vuestros delitos y pecados, [2] en los cuales anduvisteis en otro tiempo, siguiendo la corriente de este mundo, conforme al príncipe de la potestad del aire, el espíritu que ahora opera en los hijos de desobediencia, [3] entre los cuales también todos nosotros vivimos en otro tiempo en los deseos de nuestra carne, haciendo la voluntad de la carne y de los pensamientos, y éramos por naturaleza hijos de ira, lo mismo que los demás. [4] Pero Dios, que es rico en misericordia, por su gran amor con que nos amó, [5] aun estando nosotros muertos en pecados, nos dio vida juntamente con Cristo (por gracia sois salvos), [6] y juntamente con él nos resucitó, y asimismo nos hizo sentar en los lugares celestiales con Cristo Jesús, [7] para mostrar en los siglos venideros las abundantes riquezas de su gracia en su bondad para con nosotros en Cristo Jesús. [8] Porque por gracia sois salvos por medio de la fe; y esto no de vosotros, pues es don de Dios; [9] no por obras, para que nadie se gloríe. [10] Porque somos hechura suya, creados en Cristo Jesús para buenas obras, las cuales Dios preparó de antemano para que anduviésemos en ellas.

Reconciliación por medio
de la cruz

[11] Por tanto, acordaos de que en

otro tiempo vosotros, los gentiles en cuanto a la carne, erais llamados incircuncisión por la llamada circuncisión hecha con mano en la carne. 12 En aquel tiempo estabais sin Cristo, alejados de la ciudadanía de Israel y ajenos a los pactos de la promesa, sin esperanza y sin Dios en el mundo. 13 Pero ahora en Cristo Jesús, vosotros que en otro tiempo estabais lejos, habéis sido hechos cercanos por la sangre de Cristo. 14 Porque él es nuestra paz, que de ambos pueblos hizo uno, derribando la pared intermedia de separación, 15 aboliendo en su carne las enemistades, la ley de los mandamientos expresados en ordenanzas, para crear en sí mismo de los dos un solo y nuevo hombre, haciendo la paz, 16 y mediante la cruz reconciliar con Dios a ambos en un solo cuerpo, matando en ella las enemistades. 17 Y vino y anunció las buenas nuevas de paz a vosotros que estabais lejos, y a los que estaban cerca; 18 porque por medio de él los unos y los otros tenemos entrada por un mismo Espíritu al Padre. 19 Así que ya no sois extranjeros ni advenedizos, sino conciudadanos de los santos, y miembros de la familia de Dios, 20 edificados sobre el fundamento de los apóstoles y profetas, siendo la principal piedra del ángulo Jesucristo mismo, 21 en quien todo el edificio, bien coordinado, va creciendo para ser un templo santo en el Señor; 22 en quien vosotros también sois juntamente edificados para morada de Dios en el Espíritu.

Ministerio de Pablo a los gentiles

3 Por esta causa yo Pablo, prisionero de Cristo Jesús por vosotros los gentiles; 2 si es que habéis oído de la administración de la gracia de Dios que me fue dada para con vosotros; 3 que por revelación me fue declarado el misterio, como antes lo he escrito brevemente, 4 leyendo lo cual podéis entender cuál sea mi conocimiento en el misterio de Cristo, 5 misterio que en otras generaciones no se dio a conocer a los hijos de los hombres, como ahora es revelado a sus santos apóstoles y profetas por el Espíritu: 6 que los gentiles son coherederos y miembros del mismo cuerpo, y copartícipes de la promesa en Cristo Jesús por medio del evangelio, 7 del cual yo fui hecho ministro por el don de la gracia de Dios que me ha sido dado según la operación de su poder.

8 A mí, que soy menos que el más pequeño de todos los santos, me fue dada esta gracia de anunciar entre los gentiles el evangelio de las inescrutables

riquezas de Cristo, [9] y de aclarar a todos cuál sea la dispensación del misterio escondido desde los siglos en Dios, que creó todas las cosas; [10] para que la multiforme sabiduría de Dios sea ahora dada a conocer por medio de la iglesia a los principados y potestades en los lugares celestiales, [11] conforme al propósito eterno que hizo en Cristo Jesús nuestro Señor, [12] en quien tenemos seguridad y acceso con confianza por medio de la fe en él; [13] por lo cual pido que no desmayéis a causa de mis tribulaciones por vosotros, las cuales son vuestra gloria.

El amor que excede a todo conocimiento

[14] Por esta causa doblo mis rodillas ante el Padre de nuestro Señor Jesucristo, [15] de quien toma nombre toda familia en los cielos y en la tierra, [16] para que os dé, conforme a las riquezas de su gloria, el ser fortalecidos con poder en el hombre interior por su Espíritu; [17] para que habite Cristo por la fe en vuestros corazones, a fin de que, arraigados y cimentados en amor, [18] seáis plenamente capaces de comprender con todos los santos cuál sea la anchura, la longitud, la profundidad y la altura, [19] y de conocer el amor de Cristo, que excede a todo conocimiento, para que seáis llenos de toda la plenitud de Dios.

[20] Y a Aquel que es poderoso para hacer todas las cosas mucho más abundantemente de lo que pedimos o entendemos, según el poder que actúa en nosotros, [21] a él sea gloria en la iglesia en Cristo Jesús por todas las edades, por los siglos de los siglos. Amén.

La unidad del Espíritu

4 Yo pues, preso en el Señor, os ruego que andéis como es digno de la vocación con que fuisteis llamados, [2] con toda humildad y mansedumbre, soportándoos con paciencia los unos a los otros en amor, [3] solícitos en guardar la unidad del Espíritu en el vínculo de la paz; [4] un cuerpo, y un Espíritu, como fuisteis también llamados en una misma esperanza de vuestra vocación; [5] un Señor, una fe, un bautismo, [6] un Dios y Padre de todos, el cual es sobre todos, y por todos, y en todos. [7] Pero a cada uno de nosotros fue dada la gracia conforme a la medida del don de Cristo. [8] Por lo cual dice: Subiendo a lo alto, llevó cautiva la cautividad, Y dio dones a los hombres. [9] Y eso de que subió, ¿qué es, sino que también había descendido primero a las partes más bajas de la tierra? [10] El que descendió, es el mismo que también subió por encima de todos los cielos para llenarlo todo. [11] Y él mismo constituyó a unos, apóstoles; a otros, profetas; a otros, evangelistas; a otros, pastores y maestros, [12] a fin de perfeccionar a los santos para la obra del ministerio, para la edificación del cuerpo de Cristo, [13] hasta que todos lleguemos a la unidad de la fe y del conocimiento del Hijo de Dios, a un varón perfecto, a la medida de la estatura de la plenitud de Cristo; [14] para que ya no seamos niños fluctuantes, llevados por doquiera de todo viento de doctrina, por estratagema de hombres que para engañar emplean con astucia las artimañas del error, [15] sino que siguiendo la verdad en amor, crezcamos en todo en aquel que es la cabeza, esto es, Cristo, [16] de quien todo el cuerpo, bien concertado y unido entre sí por todas las coyunturas que se ayudan mutuamente, según la actividad propia de cada miembro, recibe su crecimiento para ir edificándose en amor.

La nueva vida en Cristo

[17] Esto, pues, digo y requiero en el Señor: que ya no andéis como los otros gentiles, que andan en la vanidad de su mente, [18] teniendo el entendimiento entenebrecido, ajenos de la vida de Dios por la ignorancia que en ellos hay, por la dureza de su corazón; [19] los cuales, después que perdieron toda sensibilidad, se entregaron a la lascivia para cometer con avidez toda clase de impureza. [20] Mas vosotros no habéis aprendido así a Cristo, [21] si en verdad le habéis oído, y habéis sido por él enseñados, conforme a la verdad que está en Jesús. [22] En cuanto a la pasada manera de vivir, despojaos del viejo hombre, que está viciado conforme a los deseos engañosos, [23] y renovaos en el espíritu de vuestra mente, [24] y vestíos del nuevo hombre, creado según Dios en la justicia y santidad de la verdad.

[25] Por lo cual, desechando la mentira, hablad verdad cada uno con su prójimo; porque somos miembros los unos de los otros. [26] Airaos, pero no pequéis; no se ponga el sol sobre vuestro enojo, [27] ni deis lugar al diablo. [28] El que hurtaba, no hurte más, sino trabaje, haciendo con sus manos lo que es bueno, para que tenga qué compartir con el que padece necesidad. [29] Ninguna palabra corrompida salga de vuestra boca, sino la que sea buena para la necesaria edificación, a fin de dar gracia a los oyentes. [30] Y no contristéis al Espíritu Santo de Dios, con el cual fuisteis sellados para el día de la redención. [31] Quítense de vosotros toda amargura, enojo, ira, gritería y maledicencia, y toda malicia. [32] Antes sed benignos unos con otros, misericordiosos, perdonándoos

unos a otros, como Dios también os perdonó a vosotros en Cristo.

Andad como hijos de luz

5 Sed, pues, imitadores de Dios como hijos amados. [2] Y andad en amor, como también Cristo nos amó, y se entregó a sí mismo por nosotros, ofrenda y sacrificio a Dios en olor fragante.

[3] Pero fornicación y toda inmundicia, o avaricia, ni aun se nombre entre vosotros, como conviene a santos; [4] ni palabras deshonestas, ni necedades, ni truhanerías, que no convienen, sino antes bien acciones de gracias. [5] Porque sabéis esto, que ningún fornicario, o inmundo, o avaro, que es idólatra, tiene herencia en el reino de Cristo y de Dios. [6] Nadie os engañe con palabras vanas, porque por estas cosas viene la ira de Dios sobre los hijos de desobediencia. [7] No seáis, pues, partícipes con ellos. [8] Porque en otro tiempo erais tinieblas, mas ahora sois luz en el Señor; andad como hijos de luz [9] (porque el fruto del Espíritu es en toda bondad, justicia y verdad), [10] comprobando lo que es agradable al Señor. [11] Y no participéis en las obras infructuosas de las tinieblas, sino más bien reprendedlas; [12] porque vergonzoso es aun hablar de lo que ellos hacen en secreto. [13] Mas todas las cosas, cuando son puestas en evidencia por la luz, son hechas manifiestas; porque la luz es lo que manifiesta todo. [14] Por lo cual dice:
Despiértate, tú que duermes,
Y levántate de los muertos,
Y te alumbrará Cristo.

[15] Mirad, pues, con diligencia cómo andéis, no como necios sino como sabios, [16] aprovechando bien el tiempo, porque los días son malos. [17] Por tanto, no seáis insensatos, sino entendidos de cuál sea la voluntad del Señor. [18] No os embriaguéis con vino, en lo cual hay disolución; antes bien sed llenos del Espíritu, [19] hablando entre vosotros con salmos, con himnos y cánticos espirituales, cantando y alabando al Señor en vuestros corazones; [20] dando siempre gracias por todo al Dios y Padre, en el nombre de nuestro Señor Jesucristo.

Someteos los unos a los otros

[21] Someteos unos a otros en el temor de Dios. [22] Las casadas estén sujetas a sus propios maridos, como al Señor; [23] porque el marido es cabeza de la mujer, así como Cristo es cabeza de la iglesia, la cual es su cuerpo, y él es su Salvador. [24] Así que, como la iglesia está sujeta a Cristo, así también las casadas lo estén a sus maridos en todo. [25] Maridos, amad a vuestras mujeres, así como Cris-

to amó a la iglesia, y se entregó a sí mismo por ella, [26] para santificarla, habiéndola purificado en el lavamiento del agua por la palabra, [27] a fin de presentársela a sí mismo, una iglesia gloriosa, que no tuviese mancha ni arruga ni cosa semejante, sino que fuese santa y sin mancha. [28] Así también los maridos deben amar a sus mujeres como a sus mismos cuerpos. El que ama a su mujer, a sí mismo se ama. [29] Porque nadie aborreció jamás a su propia carne, sino que la sustenta y la cuida, como también Cristo a la iglesia, [30] porque somos miembros de su cuerpo, de su carne y de sus huesos. [31] Por esto dejará el hombre a su padre y a su madre, y se unirá a su mujer, y los dos serán una sola carne. [32] Grande es este misterio; mas yo digo esto respecto de Cristo y de la iglesia. [33] Por lo demás, cada uno de vosotros ame también a su mujer como a sí mismo; y la mujer respete a su marido.

6 Hijos, obedeced en el Señor a vuestros padres, porque esto es justo. [2] Honra a tu padre y a tu madre, que es el primer mandamiento con promesa; [3] para que te vaya bien, y seas de larga vida sobre la tierra. [4] Y vosotros, padres, no provoquéis a ira a vuestros hijos, sino criadlos en disciplina y amonestación del Señor.

[5] Siervos, obedeced a vuestros amos terrenales con temor y temblor, con sencillez de vuestro corazón, como a Cristo; [6] no sirviendo al ojo, como los que quieren agradar a los hombres, sino como siervos de Cristo, de corazón haciendo la voluntad de Dios; [7] sirviendo de buena voluntad, como al Señor y no a los hombres, [8] sabiendo que el bien que cada uno hiciere, ése recibirá del Señor, sea siervo o sea libre. [9] Y vosotros, amos, haced con ellos lo mismo, dejando las amenazas, sabiendo que el Señor de ellos y vuestro está en los cielos, y que para él no hay acepción de personas.

La armadura de Dios

[10] Por lo demás, hermanos míos, fortaleceos en el Señor, y en el poder de su fuerza. [11] Vestíos de toda la armadura de Dios, para que podáis estar firmes contra las asechanzas del diablo. [12] Porque no tenemos lucha contra sangre y carne, sino contra principados, contra potestades, contra los gobernadores de las tinieblas de este siglo, contra huestes espirituales de maldad en las regiones celestes. [13] Por tanto, tomad toda la armadura de Dios, para que podáis resistir en el día malo, y habiendo acabado todo, estar firmes. [14] Estad, pues, firmes, ceñidos vuestros

lomos con la verdad, y vestidos con la coraza de justicia, [15] y calzados los pies con el apresto del evangelio de la paz. [16] Sobre todo, tomad el escudo de la fe, con que podáis apagar todos los dardos de fuego del maligno. [17] Y tomad el yelmo de la salvación, y la espada del Espíritu, que es la palabra de Dios; [18] orando en todo tiempo con toda oración y súplica en el Espíritu, y velando en ello con toda perseverancia y súplica por todos los santos; [19] y por mí, a fin de que al abrir mi boca me sea dada palabra para dar a conocer con denuedo el misterio del evangelio, [20] por el cual soy embajador en cadenas; que con denuedo hable de él, como debo hablar.

Salutaciones finales

[21] Para que también vosotros sepáis mis asuntos, y lo que hago, todo os lo hará saber Tíquico, hermano amado y fiel ministro en el Señor, [22] el cual envié a vosotros para esto mismo, para que sepáis lo tocante a nosotros, y que consuele vuestros corazones.

[23] Paz sea a los hermanos, y amor con fe, de Dios Padre y del Señor Jesucristo. [24] La gracia sea con todos los que aman a nuestro Señor Jesucristo con amor inalterable. Amén.

LA EPÍSTOLA DEL APÓSTOL SAN PABLO A LOS

FILIPENSES

Salutación

1 Pablo y Timoteo, siervos de Jesucristo, a todos los santos en Cristo Jesús que están en Filipos, con los obispos y diáconos: ² Gracia y paz a vosotros, de Dios nuestro Padre y del Señor Jesucristo.

Oración de Pablo por los creyentes

³ Doy gracias a mi Dios siempre que me acuerdo de vosotros, ⁴ siempre en todas mis oraciones rogando con gozo por todos vosotros, ⁵ por vuestra comunión en el evangelio, desde el primer día hasta ahora; ⁶ estando persuadido de esto, que el que comenzó en vosotros la buena obra, la perfeccionará hasta el día de Jesucristo; ⁷ como me es justo sentir esto de todos vosotros, por cuanto os tengo en el corazón; y en mis prisiones, y en la defensa y confirmación del evangelio, todos vosotros sois participantes conmigo de la gracia. ⁸ Porque Dios me es testigo de cómo os amo a todos vosotros con el entrañable amor de Jesucristo. ⁹ Y esto pido en oración, que vuestro amor abunde aún más y más en ciencia y en todo conocimiento, ¹⁰ para que aprobéis lo mejor, a fin de que seáis sinceros e irreprensibles para el día de Cristo, ¹¹ llenos de frutos de justicia que son por medio de Jesucristo, para gloria y alabanza de Dios.

Para mí el vivir es Cristo

¹² Quiero que sepáis, hermanos, que las cosas que me han sucedido, han redundado más bien para el progreso del evangelio, ¹³ de tal manera que mis prisiones se han hecho patentes en Cristo en todo el pretorio, y a todos los demás. ¹⁴ Y la mayoría de los hermanos, cobrando ánimo en el Señor con mis prisiones, se atreven mucho más a hablar la palabra sin temor.

¹⁵ Algunos, a la verdad, predican a Cristo por envidia y contienda; pero otros de buena voluntad. ¹⁶ Los unos anuncian a Cristo por contención, no sinceramente, pensando añadir aflicción a mis

prisiones; ¹⁷ pero los otros por amor, sabiendo que estoy puesto para la defensa del evangelio. ¹⁸ ¿Qué, pues? Que no obstante, de todas maneras, o por pretexto o por verdad, Cristo es anunciado; y en esto me gozo, y me gozaré aún.

¹⁹ Porque sé que por vuestra oración y la suministración del Espíritu de Jesucristo, esto resultará en mi liberación, ²⁰ conforme a mi anhelo y esperanza de que en nada seré avergonzado; antes bien con toda confianza, como siempre, ahora también será magnificado Cristo en mi cuerpo, o por vida o por muerte. ²¹ Porque para mí el vivir es Cristo, y el morir es ganancia. ²² Mas si el vivir en la carne resulta para mí en beneficio de la obra, no sé entonces qué escoger. ²³ Porque de ambas cosas estoy puesto en estrecho, teniendo deseo de partir y estar con Cristo, lo cual es muchísimo mejor; ²⁴ pero quedar en la carne es más necesario por causa de vosotros. ²⁵ Y confiado en esto, sé que quedaré, que aún permaneceré con todos vosotros, para vuestro provecho y gozo de la fe, ²⁶ para que abunde vuestra gloria de mí en Cristo Jesús por mi presencia otra vez entre vosotros.

²⁷ Solamente que os comportéis como es digno del evangelio de Cristo, para que o sea que vaya a veros, o que esté ausente, oiga de vosotros que estáis firmes en un mismo espíritu, combatiendo unánimes por la fe del evangelio, ²⁸ y en nada intimidados por los que se oponen, que para ellos ciertamente es indicio de perdición, mas para vosotros de salvación; y esto de Dios. ²⁹ Porque a vosotros os es concedido a causa de Cristo, no sólo que creáis en él, sino también que padezcáis por él, ³⁰ teniendo el mismo conflicto que habéis visto en mí, y ahora oís que hay en mí.

Humillación y exaltación de Cristo

2 Por tanto, si hay alguna consolación en Cristo, si algún consuelo de amor, si alguna comunión del Espíritu, si algún afecto entrañable, si alguna misericordia, ² completad mi gozo, sintiendo lo mismo, teniendo el mismo amor, unánimes, sintiendo una misma cosa. ³ Nada hagáis por contienda o por vanagloria; antes bien con humildad, estimando cada uno a los demás como superiores a él mismo; ⁴ no mirando cada uno por lo suyo propio, sino cada cual también por lo de los otros. ⁵ Haya, pues, en vosotros este sentir que hubo también en Cristo Jesús, ⁶ el cual, siendo en forma de Dios, no estimó el ser igual a Dios como cosa a que aferrarse, ⁷ sino que se despojó a sí mismo, tomando forma de siervo, hecho semejante a los hombres; ⁸ y estando en la condición de hombre, se humilló a sí mismo, haciéndose obediente hasta la muerte, y muerte de cruz. ⁹ Por lo cual Dios también le exaltó hasta lo sumo, y le dio un nombre que es sobre todo nombre, ¹⁰ para que en el nombre de Jesús se doble toda rodilla de los que están en los cielos, y en la tierra, y debajo de la tierra; ¹¹ y toda lengua confiese que Jesucristo es el Señor, para gloria de Dios Padre.

Luminares en el mundo

¹² Por tanto, amados míos, como siempre habéis obedecido, no como en mi presencia solamente, sino mucho más ahora en mi ausencia, ocupaos en vuestra salvación con temor y temblor, ¹³ porque Dios es el que en vosotros produce así el querer como el hacer, por su buena voluntad. ¹⁴ Haced todo sin murmuraciones y contiendas, ¹⁵ para que seáis irreprensibles y sencillos, hijos de Dios sin mancha en medio de una generación maligna y perversa, en medio de la cual resplandecéis como luminares en el mundo; ¹⁶ asidos de la palabra de vida, para que en el día de Cristo yo pueda gloriarme de que no he corrido en vano, ni en vano he trabajado. ¹⁷ Y aunque sea derramado en libación sobre el sacrificio y servicio de vuestra fe, me gozo y regocijo con todos vosotros. ¹⁸ Y asimismo gozaos y regocijaos también vosotros conmigo.

Timoteo y Epafrodito

¹⁹ Espero en el Señor Jesús enviaros pronto a Timoteo, para que yo también esté de buen ánimo al saber de vuestro estado; ²⁰ pues a ninguno tengo del mismo ánimo, y que tan sinceramente se interese por vosotros. ²¹ Porque todos buscan lo suyo propio, no lo que es de Cristo Jesús. ²² Pero ya conocéis los méritos de él, que como hijo a padre ha servido conmigo en el evangelio. ²³ Así que a éste espero enviaros, luego que yo vea cómo van mis asuntos; ²⁴ y confío en el Señor que yo también iré pronto a vosotros.

²⁵ Mas tuve por necesario enviaros a Epafrodito, mi hermano y colaborador y compañero de milicia, vuestro mensajero, y ministrador de mis necesidades; ²⁶ porque él tenía gran deseo de veros a todos vosotros, y gravemente se angustió porque habíais oído que había enfermado. ²⁷ Pues en verdad estuvo enfer-

mo, a punto de morir; pero Dios tuvo misericordia de él, y no solamente de él, sino también de mí, para que yo no tuviese tristeza sobre tristeza. ²⁸ Así que le envío con mayor solicitud, para que al verle de nuevo, os gocéis, y yo esté con menos tristeza. ²⁹ Recibidle, pues, en el Señor, con todo gozo, y tened en estima a los que son como él; ³⁰ porque por la obra de Cristo estuvo próximo a la muerte, exponiendo su vida para suplir lo que faltaba en vuestro servicio por mí.

Prosigo al blanco

3 Por lo demás, hermanos, gozaos en el Señor. A mí no me es molesto el escribiros las mismas cosas, y para vosotros es seguro.

² Guardaos de los perros, guardaos de los malos obreros, guardaos de los mutiladores del cuerpo. ³ Porque nosotros somos la circuncisión, los que en espíritu servimos a Dios y nos gloriamos en Cristo Jesús, no teniendo confianza en la carne. ⁴ Aunque yo tengo también de qué confiar en la carne. Si alguno piensa que tiene de qué confiar en la carne, yo más: ⁵ circuncidado al octavo día, del linaje de Israel, de la tribu de Benjamín, hebreo de hebreos; en cuanto a la ley, fariseo; ⁶ en cuanto a celo, perseguidor de la iglesia; en cuanto a la justicia que es en la ley, irreprensible. ⁷ Pero cuantas cosas eran para mí ganancia, las he estimado como pérdida por amor de Cristo. ⁸ Y ciertamente, aun estimo todas las cosas como pérdida por la excelencia del conocimiento de Cristo Jesús, mi Señor, por amor del cual lo he perdido todo, y lo tengo por basura, para ganar a Cristo, ⁹ y ser hallado en él, no teniendo mi propia justicia, que es por la ley, sino la que es por la fe de Cristo, la justicia que es de Dios por la fe; ¹⁰ a fin de conocerle, y el poder de su resurrección, y la participación de sus padecimientos, llegando a ser semejante a él en su muerte, ¹¹ si en alguna manera llegase a la resurrección de entre los muertos.

¹² No que lo haya alcanzado ya, ni que ya sea perfecto; sino que prosigo, por ver si logro asir aquello para lo cual fui también asido por Cristo Jesús. ¹³ Hermanos, yo mismo no pretendo haberlo ya alcanzado; pero una cosa hago: olvidando ciertamente lo que queda atrás, y extendiéndome a lo que está delante, ¹⁴ prosigo a la meta, al premio del supremo llamamiento de Dios en Cristo Jesús. ¹⁵ Así que, todos los que somos perfectos, esto mismo sintamos; y si otra cosa sentís, esto también os lo revelará Dios.

16 Pero en aquello a que hemos llegado, sigamos una misma regla, sintamos una misma cosa.

17 Hermanos, sed imitadores de mí, y mirad a los que así se conducen según el ejemplo que tenéis en nosotros. 18 Porque por ahí andan muchos, de los cuales os dije muchas veces, y aun ahora lo digo llorando, que son enemigos de la cruz de Cristo; 19 el fin de los cuales será perdición, cuyo dios es el vientre, y cuya gloria es su vergüenza; que sólo piensan en lo terrenal. 20 Mas nuestra ciudadanía está en los cielos, de donde también esperamos al Salvador, al Señor Jesucristo; 21 el cual transformará el cuerpo de la humillación nuestra, para que sea semejante al cuerpo de la gloria suya, por el poder con el cual puede también sujetar a sí mismo todas las cosas.

Regocijaos en el Señor siempre

4 Así que, hermanos míos amados y deseados, gozo y corona mía, estad así firmes en el Señor, amados.

2 Ruego a Evodia y a Síntique, que sean de un mismo sentir en el Señor. 3 Asimismo te ruego también a ti, compañero fiel, que ayudes a éstas que combatieron juntamente conmigo en el evangelio, con Clemente también y los demás colaboradores míos, cuyos nombres están en el libro de la vida.

4 Regocijaos en el Señor siempre. Otra vez digo: ¡Regocijaos! 5 Vuestra gentileza sea conocida de todos los hombres. El Señor está cerca. 6 Por nada estéis afanosos, sino sean conocidas vuestras peticiones delante de Dios en toda oración y ruego, con acción de gracias. 7 Y la paz de Dios, que sobrepasa todo entendimiento, guardará vuestros corazones y vuestros pensamientos en Cristo Jesús.

En esto pensad

8 Por lo demás, hermanos, todo lo que es verdadero, todo lo honesto, todo lo justo, todo lo puro, todo lo amable, todo lo que es de buen nombre; si hay virtud alguna, si algo digno de alabanza, en esto pensad. 9 Lo que aprendisteis y recibisteis y oísteis y visteis en mí, esto haced; y el Dios de paz estará con vosotros.

Dádivas de los filipenses

10 En gran manera me gocé en el Señor de que ya al fin habéis revivido vuestro cuidado de mí; de lo cual también estabais solícitos, pero os faltaba la oportunidad. 11 No lo digo porque tenga escasez, pues he aprendido a contentarme, cualquiera que sea

mi situación. ¹² Sé vivir humildemente, y sé tener abundancia; en todo y por todo estoy enseñado, así para estar saciado como para tener hambre, así para tener abundancia como para padecer necesidad. ¹³ Todo lo puedo en Cristo que me fortalece.

¹⁴ Sin embargo, bien hicisteis en participar conmigo en mi tribulación. ¹⁵ Y sabéis también vosotros, oh filipenses, que al principio de la predicación del evangelio, cuando partí de Macedonia, ninguna iglesia participó conmigo en razón de dar y recibir, sino vosotros solos; ¹⁶ pues aun a Tesalónica me enviasteis una y otra vez para mis necesidades. ¹⁷ No es que busque dádivas, sino que busco fruto que abunde en vuestra cuenta. ¹⁸ Pero todo lo he recibido, y tengo abundancia; estoy lleno, habiendo recibido de Epafrodito lo que enviasteis; olor fragante, sacrificio acepto, agradable a Dios. ¹⁹ Mi Dios, pues, suplirá todo lo que os falta conforme a sus riquezas en gloria en Cristo Jesús. ²⁰ Al Dios y Padre nuestro sea gloria por los siglos de los siglos. Amén.

Salutaciones finales

²¹ Saludad a todos los santos en Cristo Jesús. Los hermanos que están conmigo os saludan. ²² Todos los santos os saludan, y especialmente los de la casa de César. ²³ La gracia de nuestro Señor Jesucristo sea con todos vosotros. Amén.

LA EPÍSTOLA DEL APÓSTOL SAN PABLO A LOS
COLOSENSES

Salutación

1 Pablo, apóstol de Jesucristo por la voluntad de Dios, y el hermano Timoteo, ² a los santos y fieles hermanos en Cristo que están en Colosas: Gracia y paz sean a vosotros, de Dios nuestro Padre y del Señor Jesucristo.

Pablo pide que Dios les conceda sabiduría espiritual

³ Siempre orando por vosotros, damos gracias a Dios, Padre de nuestro Señor Jesucristo, ⁴ habiendo oído de vuestra fe en Cristo Jesús, y del amor que tenéis a todos los santos, ⁵ a causa de la esperanza que os está guardada en los cielos, de la cual ya habéis oído por la palabra verdadera del evangelio, ⁶ que ha llegado hasta vosotros, así como a todo el mundo, y lleva fruto y crece también en vosotros, desde el día que oísteis y conocisteis la gracia de Dios en verdad, ⁷ como lo habéis aprendido de Epafras, nuestro consiervo amado, que es un fiel ministro de Cristo para vosotros, ⁸ quien también nos ha declarado vuestro amor en el Espíritu.

⁹ Por lo cual también nosotros, desde el día que lo oímos, no cesamos de orar por vosotros, y de pedir que seáis llenos del conocimiento de su voluntad en toda sabiduría e inteligencia espiritual, ¹⁰ para que andéis como es digno del Señor, agradándole en todo, llevando fruto en toda buena obra, y creciendo en el conocimiento de Dios; ¹¹ fortalecidos con todo poder, conforme a la potencia de su gloria, para toda paciencia y longanimidad; ¹² con gozo dando gracias al Padre que nos hizo aptos para participar de la herencia de los santos en luz; ¹³ el cual nos ha librado de la potestad de las tinieblas, y trasladado al reino de su amado Hijo, ¹⁴ en quien tenemos redención por su sangre, el perdón de pecados.

Reconciliación por medio de la muerte de Cristo

[15] Él es la imagen del Dios invisible, el primogénito de toda creación. [16] Porque en él fueron creadas todas las cosas, las que hay en los cielos y las que hay en la tierra, visibles e invisibles; sean tronos, sean dominios, sean principados, sean potestades; todo fue creado por medio de él y para él. [17] Y él es antes de todas las cosas, y todas las cosas en él subsisten; [18] y él es la cabeza del cuerpo que es la iglesia, él que es el principio, el primogénito de entre los muertos, para que en todo tenga la preeminencia; [19] por cuanto agradó al Padre que en él habitase toda plenitud, [20] y por medio de él reconciliar consigo todas las cosas, así las que están en la tierra como las que están en los cielos, haciendo la paz mediante la sangre de su cruz.

[21] Y a vosotros también, que erais en otro tiempo extraños y enemigos en vuestra mente, haciendo malas obras, ahora os ha reconciliado [22] en su cuerpo de carne, por medio de la muerte, para presentaros santos y sin mancha e irreprensibles delante de él; [23] si en verdad permanecéis fundados y firmes en la fe, y sin moveros de la esperanza del evangelio que habéis oído, el cual se predica en toda la creación que está debajo del cielo; del cual yo Pablo fui hecho ministro.

Ministerio de Pablo a los gentiles

[24] Ahora me gozo en lo que padezco por vosotros, y cumplo en mi carne lo que falta de las aflicciones de Cristo por su cuerpo, que es la iglesia; [25] de la cual fui hecho ministro, según la administración de Dios que me fue dada para con vosotros, para que anuncie cumplidamente la palabra de Dios, [26] el misterio que había estado oculto desde los siglos y edades, pero que ahora ha sido manifestado a sus santos, [27] a quienes Dios quiso dar a conocer las riquezas de la gloria de este misterio entre los gentiles; que es Cristo en vosotros, la esperanza de gloria, [28] a quien anunciamos, amonestando a todo hombre, y enseñando a todo hombre en toda sabiduría, a fin de presentar perfecto en Cristo Jesús a todo hombre; [29] para lo cual también trabajo, luchando según la potencia de él, la cual actúa poderosamente en mí.

2 Porque quiero que sepáis cuán gran lucha sostengo por vosotros, y por los que están en Laodicea, y por todos los que nunca han visto mi rostro; [2] para que sean consolados sus corazones, unidos en amor, hasta alcanzar todas las riquezas de pleno entendimiento, a fin de conocer el misterio de Dios el Padre, y de Cristo, ³ en quien están escondidos todos los tesoros de la sabiduría y del conocimiento. ⁴ Y esto lo digo para que nadie os engañe con palabras persuasivas. ⁵ Porque aunque estoy ausente en cuerpo, no obstante en espíritu estoy con vosotros, gozándome y mirando vuestro buen orden y la firmeza de vuestra fe en Cristo. ⁶ Por tanto, de la manera que habéis recibido al Señor Jesucristo, andad en él; ⁷ arraigados y sobreedificados en él, y confirmados en la fe, así como habéis sido enseñados, abundando en acciones de gracias.

Plenitud de vida en Cristo

⁸ Mirad que nadie os engañe por medio de filosofías y huecas sutilezas, según las tradiciones de los hombres, conforme a los rudimentos del mundo, y no según Cristo. ⁹ Porque en él habita corporalmente toda la plenitud de la Deidad, ¹⁰ y vosotros estáis completos en él, que es la cabeza de todo principado y potestad. ¹¹ En él también fuisteis circuncidados con circuncisión no hecha a mano, al echar de vosotros el cuerpo pecaminoso carnal, en la circuncisión de Cristo; ¹² sepultados con él en el bautismo, en el cual fuisteis también resucitados

con él, mediante la fe en el poder de Dios que le levantó de los muertos. ¹³ Y a vosotros, estando muertos en pecados y en la incircuncisión de vuestra carne, os dio vida juntamente con él, perdonándoos todos los pecados, ¹⁴ anulando el acta de los decretos que había contra nosotros, que nos era contraria, quitándola de en medio y clavándola en la cruz, ¹⁵ y despojando a los principados y a las potestades, los exhibió públicamente, triunfando sobre ellos en la cruz.

¹⁶ Por tanto, nadie os juzgue en comida o en bebida, o en cuanto a días de fiesta, luna nueva o días de reposo,, ¹⁷ todo lo cual es sombra de lo que ha de venir; pero el cuerpo es de Cristo. ¹⁸ Nadie os prive de vuestro premio, afectando humildad y culto a los ángeles, entremetiéndose en lo que no ha visto, vanamente hinchado por su propia mente carnal, ¹⁹ y no asiéndose de la Cabeza, en virtud de quien todo el cuerpo, nutriéndose y uniéndose por las coyunturas y ligamentos, crece con el crecimiento que da Dios.

²⁰ Pues si habéis muerto con Cristo en cuanto a los rudimentos del mundo, ¿por qué, como si vivieseis en el mundo, os sometéis a preceptos ²¹ tales como: No manejes, ni gustes, ni

aun toques ²² (en conformidad a mandamientos y doctrinas de hombres), cosas que todas se destruyen con el uso? ²³ Tales cosas tienen a la verdad cierta reputación de sabiduría en culto voluntario, en humildad y en duro trato del cuerpo; pero no tienen valor alguno contra los apetitos de la carne.

3 Si, pues, habéis resucitado con Cristo, buscad las cosas de arriba, donde está Cristo sentado a la diestra de Dios. ² Poned la mira en las cosas de arriba, no en las de la tierra. ³ Porque habéis muerto, y vuestra vida está escondida con Cristo en Dios. ⁴ Cuando Cristo, vuestra vida, se manifieste, entonces vosotros también seréis manifestados con él en gloria.

La vida antigua y la nueva

⁵ Haced morir, pues, lo terrenal en vosotros: fornicación, impureza, pasiones desordenadas, malos deseos y avaricia, que es idolatría; ⁶ cosas por las cuales la ira de Dios viene sobre los hijos de desobediencia, ⁷ en las cuales vosotros también anduvisteis en otro tiempo cuando vivíais en ellas. ⁸ Pero ahora dejad también vosotros todas estas cosas: ira, enojo, malicia, blasfemia, palabras deshonestas de vuestra boca. ⁹ No mintáis los unos a los otros, habiéndoos despojado del viejo hombre con sus hechos, ¹⁰ y revestido del nuevo, el cual conforme a la imagen del que lo creó se va renovando hasta el conocimiento pleno, ¹¹ donde no hay griego ni judío, circuncisión ni incircuncisión, bárbaro ni escita, siervo ni libre, sino que Cristo es el todo, y en todos.

¹² Vestíos, pues, como escogidos de Dios, santos y amados, de entrañable misericordia, de benignidad, de humildad, de mansedumbre, de paciencia; ¹³ soportándoos unos a otros, y perdonándoos unos a otros si alguno tuviere queja contra otro. De la manera que Cristo os perdonó, así también hacedlo vosotros. ¹⁴ Y sobre todas estas cosas vestíos de amor, que es el vínculo perfecto. ¹⁵ Y la paz de Dios gobierne en vuestros corazones, a la que asimismo fuisteis llamados en un solo cuerpo; y sed agradecidos. ¹⁶ La palabra de Cristo more en abundancia en vosotros, enseñándoos y exhortándoos unos a otros en toda sabiduría, cantando con gracia en vuestros corazones al Señor con salmos e himnos y cánticos espirituales. ¹⁷ Y todo lo que hacéis, sea de palabra o de hecho, hacedlo todo en el nombre del Señor Jesús, dando gracias a Dios Padre por medio de él.

Deberes sociales de la nueva vida

18 Casadas, estad sujetas a vuestros maridos, como conviene en el Señor. 19 Maridos, amad a vuestras mujeres, y no seáis ásperos con ellas. 20 Hijos, obedeced a vuestros padres en todo, porque esto agrada al Señor. 21 Padres, no exasperéis a vuestros hijos, para que no se desalienten. 22 Siervos, obedeced en todo a vuestros amos terrenales, no sirviendo al ojo, como los que quieren agradar a los hombres, sino con corazón sincero, temiendo a Dios. 23 Y todo lo que hagáis, hacedlo de corazón, como para el Señor y no para los hombres; 24 sabiendo que del Señor recibiréis la recompensa de la herencia, porque a Cristo el Señor servís. 25 Mas el que hace injusticia, recibirá la injusticia que hiciere, porque no hay acepción de personas.

4 Amos, haced lo que es justo y recto con vuestros siervos, sabiendo que también vosotros tenéis un Amo en los cielos.

2 Perseverad en la oración, velando en ella con acción de gracias; 3 orando también al mismo tiempo por nosotros, para que el Señor nos abra puerta para la palabra, a fin de dar a conocer el misterio de Cristo, por el cual también estoy preso, 4 para que lo manifieste como debo hablar.

5 Andad sabiamente para con los de afuera, redimiendo el tiempo. 6 Sea vuestra palabra siempre con gracia, sazonada con sal, para que sepáis cómo debéis responder a cada uno.

Salutaciones finales

7 Todo lo que a mí se refiere, os lo hará saber Tíquico, amado hermano y fiel ministro y consiervo en el Señor, 8 el cual he enviado a vosotros para esto mismo, para que conozca lo que a vosotros se refiere, y conforte vuestros corazones, 9 con Onésimo, amado y fiel hermano, que es uno de vosotros. Todo lo que acá pasa, os lo harán saber.

10 Aristarco, mi compañero de prisiones, os saluda, y Marcos el sobrino de Bernabé, acerca del cual habéis recibido mandamientos; si fuere a vosotros, recibidle; 11 y Jesús, llamado Justo; que son los únicos de la circuncisión que me ayudan en el reino de Dios, y han sido para mí un consuelo. 12 Os saluda Epafras, el cual es uno de vosotros, siervo de Cristo, siempre rogando encarecidamente por vosotros en sus oraciones, para que

estéis firmes, perfectos y completos en todo lo que Dios quiere. [13] Porque de él doy testimonio de que tiene gran solicitud por vosotros, y por los que están en Laodicea, y los que están en Hierápolis. [14] Os saluda Lucas el médico amado, y Demas. [15] Saludad a los hermanos que están en Laodicea, y a Ninfas y a la iglesia que está en su casa. [16] Cuando esta carta haya sido leída entre vosotros, haced que también se lea en la iglesia de los laodicenses, y que la de Laodicea la leáis también vosotros. [17] Decid a Arquipo: Mira que cumplas el ministerio que recibiste en el Señor.

[18] La salutación de mi propia mano, de Pablo. Acordaos de mis prisiones. La gracia sea con vosotros. Amén.

PRIMERA EPÍSTOLA DEL APÓSTOL SAN PABLO A LOS
TESALONICENSES

Salutación

1 Pablo, Silvano y Timoteo, a la iglesia de los tesalonicenses en Dios Padre y en el Señor Jesucristo: Gracia y paz sean a vosotros, de Dios nuestro Padre y del Señor Jesucristo.

Ejemplo de los tesalonicenses

² Damos siempre gracias a Dios por todos vosotros, haciendo memoria de vosotros en nuestras oraciones, ³ acordándonos sin cesar delante del Dios y Padre nuestro de la obra de vuestra fe, del trabajo de vuestro amor y de vuestra constancia en la esperanza en nuestro Señor Jesucristo. ⁴ Porque conocemos, hermanos amados de Dios, vuestra elección; ⁵ pues nuestro evangelio no llegó a vosotros en palabras solamente, sino también en poder, en el Espíritu Santo y en plena certidumbre, como bien sabéis cuáles fuimos entre vosotros por amor de vosotros. ⁶ Y vosotros vinisteis a ser imitadores de nosotros y del Señor, recibiendo la palabra en medio de gran tribulación, con gozo del Espíritu Santo, ⁷ de tal manera que habéis sido ejemplo a todos los de Macedonia y de Acaya que han creído. ⁸ Porque partiendo de vosotros ha sido divulgada la palabra del Señor, no sólo en Macedonia y Acaya, sino que también en todo lugar vuestra fe en Dios se ha extendido, de modo que nosotros no tenemos necesidad de hablar nada; ⁹ porque ellos mismos cuentan de nosotros la manera en que nos recibisteis, y cómo os convertisteis de los ídolos a Dios, para servir al Dios vivo y verdadero, ¹⁰ y esperar de los cielos a su Hijo, al cual resucitó de los muertos, a Jesús, quien nos libra de la ira venidera.

Ministerio de Pablo en Tesalónica

2 Porque vosotros mismos sabéis, hermanos, que nuestra visita a vosotros no resultó vana; ² pues habiendo antes padecido y sido ultrajados en Filipos, como sabéis, tuvimos denuedo en nuestro Dios para anunciaros el evangelio de Dios en medio de gran oposición. ³ Porque nuestra exhortación no procedió de error ni de impureza, ni fue por engaño, ⁴ sino que según fuimos aprobados por Dios para que se nos confiase el evangelio, así hablamos; no como para agradar a los hombres, sino a Dios, que prueba nuestros corazones. ⁵ Porque nunca usamos de palabras lisonjeras, como sabéis, ni encubrimos avaricia; Dios es testigo; ⁶ ni buscamos gloria de los hombres; ni de vosotros, ni de otros, aunque podíamos seros carga como apóstoles de Cristo. ⁷ Antes fuimos tiernos entre vosotros, como la nodriza que cuida con ternura a sus propios hijos. ⁸ Tan grande es nuestro afecto por vosotros, que hubiéramos querido entregaros no sólo el evangelio de Dios, sino también nuestras propias vidas; porque habéis llegado a sernos muy queridos.

⁹ Porque os acordáis, hermanos, de nuestro trabajo y fatiga; cómo trabajando de noche y de día, para no ser gravosos a ninguno de vosotros, os predicamos el evangelio de Dios. ¹⁰ Vosotros sois testigos, y Dios también, de cuán santa, justa e irreprensiblemente nos comportamos con vosotros los creyentes; ¹¹ así como también sabéis de qué modo, como el padre a sus hijos, exhortábamos y consolábamos a cada uno de vosotros, ¹² y os encargábamos que anduvieseis como es digno de Dios, que os llamó a su reino y gloria.

¹³ Por lo cual también nosotros sin cesar damos gracias a Dios, de que cuando recibisteis la palabra de Dios que oísteis de nosotros, la recibisteis no como palabra de hombres, sino según es en verdad, la palabra de Dios, la cual actúa en vosotros los creyentes. ¹⁴ Porque vosotros, hermanos, vinisteis a ser imitadores de las iglesias de Dios en Cristo Jesús que están en Judea; pues habéis padecido de los de vuestra propia nación las mismas cosas que ellas padecieron de los judíos, ¹⁵ los cuales mataron al Señor Jesús y a sus propios profetas, y a nosotros nos expulsaron; y no agradan a Dios, y se oponen a todos los hombres, ¹⁶ impidiéndonos hablar a los gentiles para que éstos se salven; así colman ellos siempre la medida de sus pecados, pues vino sobre ellos la ira hasta el extremo.

Ausencia de Pablo de la iglesia

¹⁷ Pero nosotros, hermanos, separados de vosotros por un poco de tiempo, de vista pero no de corazón, tanto más procuramos con mucho deseo ver vuestro rostro; ¹⁸ por lo cual quisimos ir

a vosotros, yo Pablo ciertamente una y otra vez; pero Satanás nos estorbó. ¹⁹ Porque ¿cuál es nuestra esperanza, o gozo, o corona de que me gloríe? ¿No lo sois vosotros, delante de nuestro Señor Jesucristo, en su venida? ²⁰ Vosotros sois nuestra gloria y gozo.

3 Por lo cual, no pudiendo soportarlo más, acordamos quedarnos solos en Atenas, ² y enviamos a Timoteo nuestro hermano, servidor de Dios y colaborador nuestro en el evangelio de Cristo, para confirmaros y exhortaros respecto a vuestra fe, ³ a fin de que nadie se inquiete por estas tribulaciones; porque vosotros mismos sabéis que para esto estamos puestos. ⁴ Porque también estando con vosotros, os predecíamos que íbamos a pasar tribulaciones, como ha acontecido y sabéis. ⁵ Por lo cual también yo, no pudiendo soportar más, envié para informarme de vuestra fe, no sea que os hubiese tentado el tentador, y que nuestro trabajo resultase en vano.

⁶ Pero cuando Timoteo volvió de vosotros a nosotros, y nos dio buenas noticias de vuestra fe y amor, y que siempre nos recordáis con cariño, deseando vernos, como también nosotros a vosotros, ⁷ por ello, hermanos, en medio de toda nuestra necesidad y aflicción fuimos consolados de vosotros por medio de vuestra fe; ⁸ porque ahora vivimos, si vosotros estáis firmes en el Señor. ⁹ Por lo cual, ¿qué acción de gracias podremos dar a Dios por vosotros, por todo el gozo con que nos gozamos a causa de vosotros delante de nuestro Dios, ¹⁰ orando de noche y de día con gran insistencia, para que veamos vuestro rostro, y completemos lo que falte a vuestra fe?

¹¹ Mas el mismo Dios y Padre nuestro, y nuestro Señor Jesucristo, dirija nuestro camino a vosotros. ¹² Y el Señor os haga crecer y abundar en amor unos para con otros y para con todos, como también lo hacemos nosotros para con vosotros, ¹³ para que sean afirmados vuestros corazones, irreprensibles en santidad delante de Dios nuestro Padre, en la venida de nuestro Señor Jesucristo con todos sus santos.

La vida que agrada a Dios

4 Por lo demás, hermanos, os rogamos y exhortamos en el Señor Jesús, que de la manera que aprendisteis de nosotros cómo os conviene conduciros y agradar a Dios, así abundéis más y más. ² Porque ya sabéis qué instrucciones os dimos por el Señor Jesús; ³ pues la voluntad de Dios es vuestra santificación;

que os apartéis de fornicación; [4] que cada uno de vosotros sepa tener su propia esposa en santidad y honor; [5] no en pasión de concupiscencia, como los gentiles que no conocen a Dios; [6] que ninguno agravie ni engañe en nada a su hermano; porque el Señor es vengador de todo esto, como ya os hemos dicho y testificado. [7] Pues no nos ha llamado Dios a inmundicia, sino a santificación. [8] Así que, el que desecha esto, no desecha a hombre, sino a Dios, que también nos dio su Espíritu Santo.

[9] Pero acerca del amor fraternal no tenéis necesidad de que os escriba, porque vosotros mismos habéis aprendido de Dios que os améis unos a otros; [10] y también lo hacéis así con todos los hermanos que están por toda Macedonia. Pero os rogamos, hermanos, que abundéis en ello más y más; [11] y que procuréis tener tranquilidad, y ocuparos en vuestros negocios, y trabajar con vuestras manos de la manera que os hemos mandado, [12] a fin de que os conduzcáis honradamente para con los de afuera, y no tengáis necesidad de nada.

La venida del Señor

[13] Tampoco queremos, hermanos, que ignoréis acerca de los que duermen, para que no os entristezcáis como los otros que no tienen esperanza. [14] Porque si creemos que Jesús murió y resucitó, así también traerá Dios con Jesús a los que durmieron en él. [15] Por lo cual os decimos esto en palabra del Señor: que nosotros que vivimos, que habremos quedado hasta la venida del Señor, no precederemos a los que durmieron. [16] Porque el Señor mismo con voz de mando, con voz de arcángel, y con trompeta de Dios, descenderá del cielo; y los muertos en Cristo resucitarán primero. [17] Luego nosotros los que vivimos, los que hayamos quedado, seremos arrebatados juntamente con ellos en las nubes para recibir al Señor en el aire, y así estaremos siempre con el Señor. [18] Por tanto, alentaos los unos a los otros con estas palabras.

5 Pero acerca de los tiempos y de las ocasiones, no tenéis necesidad, hermanos, de que yo os escriba. [2] Porque vosotros sabéis perfectamente que el día del Señor vendrá así como ladrón en la noche; [3] que cuando digan: Paz y seguridad, entonces vendrá sobre ellos destrucción repentina, como los dolores a la mujer encinta, y no escaparán. [4] Mas vosotros, hermanos, no estáis en tinieblas, para que aquel día os sorprenda como ladrón. [5] Porque todos vosotros sois hijos de luz e hijos del día; no somos de la noche ni de las tinieblas. 6 Por tanto, no durmamos como los demás, sino velemos y seamos sobrios. 7 Pues los que duermen, de noche duermen, y los que se embriagan, de noche se embriagan. 8 Pero nosotros, que somos del día, seamos sobrios, habiéndonos vestido con la coraza de fe y de amor, y con la esperanza de salvación como yelmo. 9 Porque no nos ha puesto Dios para ira, sino para alcanzar salvación por medio de nuestro Señor Jesucristo, 10 quien murió por nosotros para que ya sea que velemos, o que durmamos, vivamos juntamente con él. 11 Por lo cual, animaos unos a otros, y edificaos unos a otros, así como lo hacéis.

Pablo exhorta a los hermanos

12 Os rogamos, hermanos, que reconozcáis a los que trabajan entre vosotros, y os presiden en el Señor, y os amonestan; 13 y que los tengáis en mucha estima y amor por causa de su obra. Tened paz entre vosotros. 14 También os rogamos, hermanos, que amonestéis a los ociosos, que alentéis a los de poco ánimo, que sostengáis a los débiles, que seáis pacientes para con todos. 15 Mirad que ninguno pague a otro mal por mal; antes seguid siempre lo bueno unos para con otros, y para con todos. 16 Estad siempre gozosos. 17 Orad sin cesar. 18 Dad gracias en todo, porque ésta es la voluntad de Dios para con vosotros en Cristo Jesús. 19 No apaguéis al Espíritu. 20 No menospreciéis las profecías. 21 Examinadlo todo; retened lo bueno. 22 Absteneos de toda especie de mal.

23 Y el mismo Dios de paz os santifique por completo; y todo vuestro ser, espíritu, alma y cuerpo, sea guardado irreprensible para la venida de nuestro Señor Jesucristo. 24 Fiel es el que os llama, el cual también lo hará.

Salutaciones y bendición final

25 Hermanos, orad por nosotros. 26 Saludad a todos los hermanos con ósculo santo.

27 Os conjuro por el Señor, que esta carta se lea a todos los santos hermanos.

28 La gracia de nuestro Señor Jesucristo sea con vosotros. Amén.

SEGUNDA EPÍSTOLA DEL APÓSTOL SAN PABLO A LOS
TESALONICENSES

Salutación

1 Pablo, Silvano y Timoteo, a la iglesia de los tesalonicenses en Dios nuestro Padre y en el Señor Jesucristo: ² Gracia y paz a vosotros, de Dios nuestro Padre y del Señor Jesucristo.

Dios juzgará a los pecadores en la venida de Cristo

³ Debemos siempre dar gracias a Dios por vosotros, hermanos, como es digno, por cuanto vuestra fe va creciendo, y el amor de todos y cada uno de vosotros abunda para con los demás; ⁴ tanto, que nosotros mismos nos gloriamos de vosotros en las iglesias de Dios, por vuestra paciencia y fe en todas vuestras persecuciones y tribulaciones que soportáis.

⁵ Esto es demostración del justo juicio de Dios, para que seáis tenidos por dignos del reino de Dios, por el cual asimismo padecéis. ⁶ Porque es justo delante de Dios pagar con tribulación a los que os atribulan, ⁷ y a vosotros que sois atribulados, daros reposo con nosotros, cuando se manifieste el Señor Jesús desde el cielo con los ángeles de su poder, ⁸ en llama de fuego, para dar retribución a los que no conocieron a Dios, ni obedecen al evangelio de nuestro Señor Jesucristo; ⁹ los cuales sufrirán pena de eterna perdición, excluidos de la presencia del Señor y de la gloria de su poder, ¹⁰ cuando venga en aquel día para ser glorificado en sus santos y ser admirado en todos los que creyeron (por cuanto nuestro testimonio ha sido creído entre vosotros). ¹¹ Por lo cual asimismo oramos siempre por vosotros, para que nuestro Dios os tenga por dignos de su llamamiento, y cumpla todo propósito de bondad y toda obra de fe con su poder, ¹² para que el nombre de nuestro Señor Jesucristo sea glorificado en vosotros, y vosotros en él, por la gracia de nuestro Dios y del Señor Jesucristo.

Manifestación del hombre de pecado

2 Pero con respecto a la venida de nuestro Señor Jesucristo, y nuestra reunión con él, os rogamos, hermanos, [2] que no os dejéis mover fácilmente de vuestro modo de pensar, ni os conturbéis, ni por espíritu, ni por palabra, ni por carta como si fuera nuestra, en el sentido de que el día del Señor está cerca. [3] Nadie os engañe en ninguna manera; porque no vendrá sin que antes venga la apostasía, y se manifieste el hombre de pecado, el hijo de perdición, [4] el cual se opone y se levanta contra todo lo que se llama Dios o es objeto de culto; tanto que se sienta en el templo de Dios como Dios, haciéndose pasar por Dios. [5] ¿No os acordáis que cuando yo estaba todavía con vosotros, os decía esto? [6] Y ahora vosotros sabéis lo que lo detiene, a fin de que a su debido tiempo se manifieste. [7] Porque ya está en acción el misterio de la iniquidad; sólo que hay quien al presente lo detiene, hasta que él a su vez sea quitado de en medio. [8] Y entonces se manifestará aquel inicuo, a quien el Señor matará con el espíritu de su boca, y destruirá con el resplandor de su venida; [9] inicuo cuyo advenimiento es por obra de Satanás, con gran poder y señales y prodigios mentirosos, [10] y con todo engaño de iniquidad para los que se pierden, por cuanto no recibieron el amor de la verdad para ser salvos. [11] Por esto Dios les envía un poder engañoso, para que crean la mentira, [12] a fin de que sean condenados todos los que no creyeron a la verdad, sino que se complacieron en la injusticia.

Escogidos para salvación

[13] Pero nosotros debemos dar siempre gracias a Dios respecto a vosotros, hermanos amados por el Señor, de que Dios os haya escogido desde el principio para salvación, mediante la santificación por el Espíritu y la fe en la verdad, [14] a lo cual os llamó mediante nuestro evangelio, para alcanzar la gloria de nuestro Señor Jesucristo. [15] Así que, hermanos, estad firmes, y retened la doctrina que habéis aprendido, sea por palabra, o por carta nuestra.

[16] Y el mismo Jesucristo Señor nuestro, y Dios nuestro Padre, el cual nos amó y nos dio consolación eterna y buena esperanza por gracia, [17] conforte vuestros corazones, y os confirme en toda buena palabra y obra.

Que la palabra de Dios sea glorificada

3 Por lo demás, hermanos, orad por nosotros, para que la palabra del Señor corra y sea glorificada, así como lo fue entre vosotros, [2] y para que seamos librados de hombres perversos y malos; porque no es de todos la fe. [3] Pero fiel es el Señor, que os afirmará y guardará del mal. [4] Y tenemos confianza respecto a vosotros en el Señor, en que hacéis y haréis lo que os hemos mandado. [5] Y el Señor encamine vuestros corazones al amor de Dios, y a la paciencia de Cristo.

El deber de trabajar

[6] Pero os ordenamos, hermanos, en el nombre de nuestro Señor Jesucristo, que os apartéis de todo hermano que ande desordenadamente, y no según la enseñanza que recibisteis de nosotros. [7] Porque vosotros mismos sabéis de qué manera debéis imitarnos; pues nosotros no anduvimos desordenadamente entre vosotros, [8] ni comimos de balde el pan de nadie, sino que trabajamos con afán y fatiga día y noche, para no ser gravosos a ninguno de vosotros; [9] no porque no tuviésemos derecho, sino por daros nosotros mismos un ejemplo para que nos imitaseis. [10] Porque también cuando estábamos con vosotros, os ordenábamos esto: Si alguno no quiere trabajar, tampoco coma. [11] Porque oímos que algunos de entre vosotros andan desordenadamente, no trabajando en nada, sino entremetiéndose en lo ajeno. [12] A los tales mandamos y exhortamos por nuestro Señor Jesucristo, que trabajando sosegadamente, coman su propio pan. [13] Y vosotros, hermanos, no os canséis de hacer bien.

[14] Si alguno no obedece a lo que decimos por medio de esta carta, a ése señaladlo, y no os juntéis con él, para que se avergüence. [15] Mas no lo tengáis por enemigo, sino amonestadle como a hermano.

Bendición final

[16] Y el mismo Señor de paz os dé siempre paz en toda manera. El Señor sea con todos vosotros. [17] La salutación es de mi propia mano, de Pablo, que es el signo en toda carta mía; así escribo. [18] La gracia de nuestro Señor Jesucristo sea con todos vosotros. Amén.

TIMOTEO

Salutación

1 Pablo, apóstol de Jesucristo por mandato de Dios nuestro Salvador, y del Señor Jesucristo nuestra esperanza, ² a Timoteo, verdadero hijo en la fe: Gracia, misericordia y paz, de Dios nuestro Padre y de Cristo Jesús nuestro Señor.

Advertencia contra falsas doctrinas

³ Como te rogué que te quedases en Éfeso, cuando fui a Macedonia, para que mandases a algunos que no enseñen diferente doctrina, ⁴ ni presten atención a fábulas y genealogías interminables, que acarrean disputas más bien que edificación de Dios que es por fe, así te encargo ahora. ⁵ Pues el propósito de este mandamiento es el amor nacido de corazón limpio, y de buena conciencia, y de fe no fingida, ⁶ de las cuales cosas desviándose algunos, se apartaron a vana palabrería, ⁷ queriendo ser doctores de la ley, sin entender ni lo que hablan ni lo que afirman.

⁸ Pero sabemos que la ley es buena, si uno la usa legítimamente; ⁹ conociendo esto, que la ley no fue dada para el justo, sino para los transgresores y desobedientes, para los impíos y pecadores, para los irreverentes y profanos, para los parricidas y matricidas, para los homicidas, ¹⁰ para los fornicarios, para los sodomitas, para los secuestradores, para los mentirosos y perjuros, y para cuanto se oponga a la sana doctrina, ¹¹ según el glorioso evangelio del Dios bendito, que a mí me ha sido encomendado.

El ministerio de Pablo

¹² Doy gracias al que me fortaleció, a Cristo Jesús nuestro Señor, porque me tuvo por fiel, poniéndome en el ministerio, ¹³ habiendo yo sido antes blasfemo, perseguidor e injuriador; mas fui recibido a misericordia porque lo hice por ignorancia, en incredulidad. ¹⁴ Pero la gracia de nuestro Señor fue más abundante con la fe y el amor que es en

Cristo Jesús. [15] Palabra fiel y digna de ser recibida por todos: que Cristo Jesús vino al mundo para salvar a los pecadores, de los cuales yo soy el primero. [16] Pero por esto fui recibido a misericordia, para que Jesucristo mostrase en mí el primero toda su clemencia, para ejemplo de los que habrían de creer en él para vida eterna. [17] Por tanto, al Rey de los siglos, inmortal, invisible, al único y sabio Dios, sea honor y gloria por los siglos de los siglos. Amén.

[18] Este mandamiento, hijo Timoteo, te encargo, para que conforme a las profecías que se hicieron antes en cuanto a ti, milites por ellas la buena milicia, [19] manteniendo la fe y buena conciencia, desechando la cual naufragaron en cuanto a la fe algunos, [20] de los cuales son Himeneo y Alejandro, a quienes entregué a Satanás para que aprendan a no blasfemar.

Instrucciones sobre la oración

2 Exhorto ante todo, a que se hagan rogativas, oraciones, peticiones y acciones de gracias, por todos los hombres; [2] por los reyes y por todos los que están en eminencia, para que vivamos quieta y reposadamente en toda piedad y honestidad. [3] Porque esto es bueno y agradable delante de Dios nuestro Salvador, [4] el cual quiere que todos los hombres sean salvos y vengan al conocimiento de la verdad. [5] Porque hay un solo Dios, y un solo mediador entre Dios y los hombres, Jesucristo hombre, [6] el cual se dio a sí mismo en rescate por todos, de lo cual se dio testimonio a su debido tiempo. [7] Para esto yo fui constituido predicador y apóstol (digo verdad en Cristo, no miento), y maestro de los gentiles en fe y verdad.

[8] Quiero, pues, que los hombres oren en todo lugar, levantando manos santas, sin ira ni contienda. [9] Asimismo que las mujeres se atavíen de ropa decorosa, con pudor y modestia; no con peinado ostentoso, ni oro, ni perlas, ni vestidos costosos, [10] sino con buenas obras, como corresponde a mujeres que profesan piedad. [11] La mujer aprenda en silencio, con toda sujeción. [12] Porque no permito a la mujer enseñar, ni ejercer dominio sobre el hombre, sino estar en silencio. [13] Porque Adán fue formado primero, después Eva; [14] y Adán no fue engañado, sino que la mujer, siendo engañada, incurrió en transgresión. [15] Pero se salvará engendrando hijos, si permaneciere en fe, amor y santificación, con modestia.

Requisitos de los obispos

3 Palabra fiel: Si alguno anhela obispado, buena obra desea. ² Pero es necesario que el obispo sea irreprensible, marido de una sola mujer, sobrio, prudente, decoroso, hospedador, apto para enseñar; ³ no dado al vino, no pendenciero, no codicioso de ganancias deshonestas, sino amable, apacible, no avaro; ⁴ que gobierne bien su casa, que tenga a sus hijos en sujeción con toda honestidad ⁵ (pues el que no sabe gobernar su propia casa, ¿cómo cuidará de la iglesia de Dios?); ⁶ no un neófito, no sea que envaneciéndose caiga en la condenación del diablo. ⁷ También es necesario que tenga buen testimonio de los de afuera, para que no caiga en descrédito y en lazo del diablo.

Requisitos de los diáconos

⁸ Los diáconos asimismo deben ser honestos, sin doblez, no dados a mucho vino, no codiciosos de ganancias deshonestas; ⁹ que guarden el misterio de la fe con limpia conciencia. ¹⁰ Y éstos también sean sometidos a prueba primero, y entonces ejerzan el diaconado, si son irreprensibles. ¹¹ Las mujeres asimismo sean honestas, no calumniadoras, sino sobrias, fieles en todo. ¹² Los diáconos sean maridos de una sola mujer, y que gobiernen bien sus hijos y sus casas. ¹³ Porque los que ejerzan bien el diaconado, ganan para sí un grado honroso, y mucha confianza en la fe que es en Cristo Jesús.

El misterio de la piedad

¹⁴ Esto te escribo, aunque tengo la esperanza de ir pronto a verte, ¹⁵ para que si tardo, sepas cómo debes conducirte en la casa de Dios, que es la iglesia del Dios viviente, columna y baluarte de la verdad. ¹⁶ E indiscutiblemente, grande es el misterio de la piedad:
Dios fue manifestado en carne,
Justificado en el Espíritu,
Visto de los ángeles,
Predicado a los gentiles,
Creído en el mundo,
Recibido arriba en gloria.

Predicción de la apostasía

4 Pero el Espíritu dice claramente que en los postreros tiempos algunos apostatarán de la fe, escuchando a espíritus engañadores y a doctrinas de demonios; ² por la hipocresía de mentirosos que, teniendo cauterizada la conciencia, ³ prohibirán casarse, y mandarán abstenerse de alimentos que Dios creó para que con acción de gracias participasen de ellos los creyentes y los que han conocido la verdad. ⁴ Porque todo lo que Dios creó es bueno, y nada es de desecharse, si se toma con acción de gracias;

⁵ porque por la palabra de Dios y por la oración es santificado.

Un buen ministro de Jesucristo

⁶ Si esto enseñas a los hermanos, serás buen ministro de Jesucristo, nutrido con las palabras de la fe y de la buena doctrina que has seguido. ⁷ Desecha las fábulas profanas y de viejas. Ejercítate para la piedad; ⁸ porque el ejercicio corporal para poco es provechoso, pero la piedad para todo aprovecha, pues tiene promesa de esta vida presente, y de la venidera. ⁹ Palabra fiel es ésta, y digna de ser recibida por todos. ¹⁰ Que por esto mismo trabajamos y sufrimos oprobios, porque esperamos en el Dios viviente, que es el Salvador de todos los hombres, mayormente de los que creen.

¹¹ Esto manda y enseña. ¹² Ninguno tenga en poco tu juventud, sino sé ejemplo de los creyentes en palabra, conducta, amor, espíritu, fe y pureza. ¹³ Entre tanto que voy, ocúpate en la lectura, la exhortación y la enseñanza. ¹⁴ No descuides el don que hay en ti, que te fue dado mediante profecía con la imposición de las manos del presbiterio. ¹⁵ Ocúpate en estas cosas; permanece en ellas, para que tu aprovechamiento sea manifiesto a todos. ¹⁶ Ten cuidado de ti mismo y de la doctrina; persiste en ello, pues haciendo esto, te salvarás a ti mismo y a los que te oyeren.

Deberes hacia los demás

5 No reprendas al anciano, sino exhórtale como a padre; a los más jóvenes, como a hermanos; ² a las ancianas, como a madres; a las jovencitas, como a hermanas, con toda pureza.

³ Honra a las viudas que en verdad lo son. ⁴ Pero si alguna viuda tiene hijos, o nietos, aprendan éstos primero a ser piadosos para con su propia familia, y a recompensar a sus padres; porque esto es lo bueno y agradable delante de Dios. ⁵ Mas la que en verdad es viuda y ha quedado sola, espera en Dios, y es diligente en súplicas y oraciones noche y día. ⁶ Pero la que se entrega a los placeres, viviendo está muerta. ⁷ Manda también estas cosas, para que sean irreprensibles; ⁸ porque si alguno no provee para los suyos, y mayormente para los de su casa, ha negado la fe, y es peor que un incrédulo.

⁹ Sea puesta en la lista sólo la viuda no menor de sesenta años, que haya sido esposa de un solo marido, ¹⁰ que tenga testimonio de buenas obras; si ha criado hijos; si ha practicado la hospitalidad; si ha lavado los pies de los santos; si ha socorrido a los

afligidos; si ha practicado toda buena obra. ¹¹ Pero viudas más jóvenes no admitas; porque cuando, impulsadas por sus deseos, se rebelan contra Cristo, quieren casarse, ¹² incurriendo así en condenación, por haber quebrantado su primera fe. ¹³ Y también aprenden a ser ociosas, andando de casa en casa; y no solamente ociosas, sino también chismosas y entremetidas, hablando lo que no debieran. ¹⁴ Quiero, pues, que las viudas jóvenes se casen, críen hijos, gobiernen su casa; que no den al adversario ninguna ocasión de maledicencia. ¹⁵ Porque ya algunas se han apartado en pos de Satanás. ¹⁶ Si algún creyente o alguna creyente tiene viudas, que las mantenga, y no sea gravada la iglesia, a fin de que haya lo suficiente para las que en verdad son viudas.

¹⁷ Los ancianos que gobiernan bien, sean tenidos por dignos de doble honor, mayormente los que trabajan en predicar y enseñar. ¹⁸ Pues la Escritura dice: No pondrás bozal al buey que trilla; y: Digno es el obrero de su salario. ¹⁹ Contra un anciano no admitas acusación sino con dos o tres testigos. ²⁰ A los que persisten en pecar, repréndelos delante de todos, para que los demás también teman. ²¹ Te encarezco delante de Dios y del Señor Jesucristo, y de sus ángeles escogidos, que guardes estas cosas sin prejuicios, no haciendo nada con parcialidad. ²² No impongas con ligereza las manos a ninguno, ni participes en pecados ajenos. Consérvate puro.

²³ Ya no bebas agua, sino usa de un poco de vino por causa de tu estómago y de tus frecuentes enfermedades.

²⁴ Los pecados de algunos hombres se hacen patentes antes que ellos vengan a juicio, mas a otros se les descubren después. ²⁵ Asimismo se hacen manifiestas las buenas obras; y las que son de otra manera, no pueden permanecer ocultas.

6 Todos los que están bajo el yugo de esclavitud, tengan a sus amos por dignos de todo honor, para que no sea blasfemado el nombre de Dios y la doctrina. ² Y los que tienen amos creyentes, no los tengan en menos por ser hermanos, sino sírvanles mejor, por cuanto son creyentes y amados los que se benefician de su buen servicio. Esto enseña y exhorta.

Piedad y contentamiento

³ Si alguno enseña otra cosa, y no se conforma a las sanas palabras de nuestro Señor Jesucristo, y a

la doctrina que es conforme a la piedad, ⁴ está envanecido, nada sabe, y delira acerca de cuestiones y contiendas de palabras, de las cuales nacen envidias, pleitos, blasfemias, malas sospechas, ⁵ disputas necias de hombres corruptos de entendimiento y privados de la verdad, que toman la piedad como fuente de ganancia; apártate de los tales. ⁶ Pero gran ganancia es la piedad acompañada de contentamiento; ⁷ porque nada hemos traído a este mundo, y sin duda nada podremos sacar. ⁸ Así que, teniendo sustento y abrigo, estemos contentos con esto. ⁹ Porque los que quieren enriquecerse caen en tentación y lazo, y en muchas codicias necias y dañosas, que hunden a los hombres en destrucción y perdición; ¹⁰ porque raíz de todos los males es el amor al dinero, el cual codiciando algunos, se extraviaron de la fe, y fueron traspasados de muchos dolores.

La buena batalla de la fe

¹¹ Mas tú, oh hombre de Dios, huye de estas cosas, y sigue la justicia, la piedad, la fe, el amor, la paciencia, la mansedumbre. ¹² Pelea la buena batalla de la fe, echa mano de la vida eterna, a la cual asimismo fuiste llamado, habiendo hecho la buena profesión delante de muchos testigos. ¹³ Te mando delante de Dios, que da vida a todas las cosas, y de Jesucristo, que dio testimonio de la buena profesión delante de Poncio Pilato, ¹⁴ que guardes el mandamiento sin mácula ni represión, hasta la aparición de nuestro Señor Jesucristo, ¹⁵ la cual a su tiempo mostrará el bienaventurado y solo Soberano, Rey de reyes, y Señor de señores, ¹⁶ el único que tiene inmortalidad, que habita en luz inaccesible; a quien ninguno de los hombres ha visto ni puede ver, al cual sea la honra y el imperio sempiterno. Amén.

¹⁷ A los ricos de este siglo manda que no sean altivos, ni pongan la esperanza en las riquezas, las cuales son inciertas, sino en el Dios vivo, que nos da todas las cosas en abundancia para que las disfrutemos. ¹⁸ Que hagan bien, que sean ricos en buenas obras, dadivosos, generosos; ¹⁹ atesorando para sí buen fundamento para lo por venir, que echen mano de la vida eterna.

Encargo final de Pablo a Timoteo

²⁰ Oh Timoteo, guarda lo que se te ha encomendado, evitando las profanas pláticas sobre cosas vanas, y los argumentos de la falsamente llamada ciencia, ²¹ la cual profesando algunos, se desviaron de la fe. La gracia sea contigo. Amén.

SEGUNDA EPÍSTOLA DEL APÓSTOL SAN PABLO A

TIMOTEO

Salutación

1 Pablo, apóstol de Jesucristo por la voluntad de Dios, según la promesa de la vida que es en Cristo Jesús, ² a Timoteo, amado hijo: Gracia, misericordia y paz, de Dios Padre y de Jesucristo nuestro Señor.

Testificando de Cristo

³ Doy gracias a Dios, al cual sirvo desde mis mayores con limpia conciencia, de que sin cesar me acuerdo de ti en mis oraciones noche y día; ⁴ deseando verte, al acordarme de tus lágrimas, para llenarme de gozo; ⁵ trayendo a la memoria la fe no fingida que hay en ti, la cual habitó primero en tu abuela Loida, y en tu madre Eunice, y estoy seguro que en ti también. ⁶ Por lo cual te aconsejo que avives el fuego del don de Dios que está en ti por la imposición de mis manos. ⁷ Porque no nos ha dado Dios espíritu de cobardía, sino de poder, de amor y de dominio propio.

⁸ Por tanto, no te avergüences de dar testimonio de nuestro Señor, ni de mí, preso suyo, sino participa de las aflicciones por el evangelio según el poder de Dios, ⁹ quien nos salvó y llamó con llamamiento santo, no conforme a nuestras obras, sino según el propósito suyo y la gracia que nos fue dada en Cristo Jesús antes de los tiempos de los siglos, ¹⁰ pero que ahora ha sido manifestada por la aparición de nuestro Salvador Jesucristo, el cual quitó la muerte y sacó a luz la vida y la inmortalidad por el evangelio, ¹¹ del cual yo fui constituido predicador, apóstol y maestro de los gentiles. ¹² Por lo cual asimismo padezco esto; pero no me avergüenzo, porque yo sé a quién he creído, y estoy seguro que es poderoso para guardar mi depósito para aquel día. ¹³ Retén la forma de las sanas palabras que de mí oíste, en la fe y amor que es en Cristo Jesús. ¹⁴ Guarda el buen depósito por el Espíritu Santo que mora en nosotros.

¹⁵ Ya sabes esto, que me abandonaron todos los que están en

Asia, de los cuales son Figelo y Hermógenes. ¹⁶ Tenga el Señor misericordia de la casa de Onesíforo, porque muchas veces me confortó, y no se avergonzó de mis cadenas, ¹⁷ sino que cuando estuvo en Roma, me buscó solícitamente y me halló. ¹⁸ Concédale el Señor que halle misericordia cerca del Señor en aquel día. Y cuánto nos ayudó en Éfeso, tú lo sabes mejor.

Un buen soldado de Jesucristo

2 Tú, pues, hijo mío, esfuérzate en la gracia que es en Cristo Jesús. ² Lo que has oído de mí ante muchos testigos, esto encarga a hombres fieles que sean idóneos para enseñar también a otros. ³ Tú, pues, sufre penalidades como buen soldado de Jesucristo. ⁴ Ninguno que milita se enreda en los negocios de la vida, a fin de agradar a aquel que lo tomó por soldado. ⁵ Y también el que lucha como atleta, no es coronado si no lucha legítimamente. ⁶ El labrador, para participar de los frutos, debe trabajar primero. ⁷ Considera lo que digo, y el Señor te dé entendimiento en todo.

⁸ Acuérdate de Jesucristo, del linaje de David, resucitado de los muertos conforme a mi evangelio, ⁹ en el cual sufro penalidades, hasta prisiones a modo de malhechor; mas la palabra de Dios no está presa. ¹⁰ Por tanto, todo lo soporto por amor de los escogidos, para que ellos también obtengan la salvación que es en Cristo Jesús con gloria eterna. ¹¹ Palabra fiel es ésta:
Si somos muertos con él, también viviremos con él;
¹² Si sufrimos, también reinaremos con él;
Si le negáremos, él también nos negará.
¹³ Si fuéremos infieles, él permanece fiel;
Él no puede negarse a sí mismo.

Un obrero aprobado

¹⁴ Recuérdales esto, exhortándoles delante del Señor a que no contiendan sobre palabras, lo cual para nada aprovecha, sino que es para perdición de los oyentes. ¹⁵ Procura con diligencia presentarte a Dios aprobado, como obrero que no tiene de qué avergonzarse, que usa bien la palabra de verdad. ¹⁶ Mas evita profanas y vanas palabrerías, porque conducirán más y más a la impiedad. ¹⁷ Y su palabra carcomerá como gangrena; de los cuales son Himeneo y Fileto, ¹⁸ que se desviaron de la verdad, diciendo que la resurrección ya se efectuó, y trastornan la fe de algunos. ¹⁹ Pero el fundamento de Dios está firme, teniendo este sello: Conoce el Señor a los que

son suyos; y: Apártese de iniquidad todo aquel que invoca el nombre de Cristo.

²⁰ Pero en una casa grande, no solamente hay utensilios de oro y de plata, sino también de madera y de barro; y unos son para usos honrosos, y otros para usos viles. ²¹ Así que, si alguno se limpia de estas cosas, será instrumento para honra, santificado, útil al Señor, y dispuesto para toda buena obra. ²² Huye también de las pasiones juveniles, y sigue la justicia, la fe, el amor y la paz, con los que de corazón limpio invocan al Señor. ²³ Pero desecha las cuestiones necias e insensatas, sabiendo que engendran contiendas. ²⁴ Porque el siervo del Señor no debe ser contencioso, sino amable para con todos, apto para enseñar, sufrido; ²⁵ que con mansedumbre corrija a los que se oponen, por si quizá Dios les conceda que se arrepientan para conocer la verdad, ²⁶ y escapen del lazo del diablo, en que están cautivos a voluntad de él.

Carácter de los hombres en los postreros días

3 También debes saber esto: que en los postreros días vendrán tiempos peligrosos. ² Porque habrá hombres amadores de sí mismos, avaros, vanagloriosos, soberbios, blasfemos, desobedientes a los padres, ingratos, impíos, ³ sin afecto natural, implacables, calumniadores, intemperantes, crueles, aborrecedores de lo bueno, ⁴ traidores, impetuosos, infatuados, amadores de los deleites más que de Dios, ⁵ que tendrán apariencia de piedad, pero negarán la eficacia de ella; a éstos evita. ⁶ Porque de éstos son los que se meten en las casas y llevan cautivas a las mujercillas cargadas de pecados, arrastradas por diversas concupiscencias. ⁷ Éstas siempre están aprendiendo, y nunca pueden llegar al conocimiento de la verdad. ⁸ Y de la manera que Janes y Jambres resistieron a Moisés, así también éstos resisten a la verdad; hombres corruptos de entendimiento, réprobos en cuanto a la fe. ⁹ Mas no irán más adelante; porque su insensatez será manifiesta a todos, como también lo fue la de aquéllos.

¹⁰ Pero tú has seguido mi doctrina, conducta, propósito, fe, longanimidad, amor, paciencia, ¹¹ persecuciones, padecimientos, como los que me sobrevinieron en Antioquía, en Iconio, en Listra; persecuciones que he sufrido, y de todas me ha librado el Señor. ¹² Y también todos los que quieren vivir piadosamente en Cristo Jesús padecerán persecución; ¹³ mas los malos hombres y los engañadores irán de mal en peor, engañando y siendo engañados.

¹⁴ Pero persiste tú en lo que has aprendido y te persuadiste, sabiendo de quién has aprendido; ¹⁵ y que desde la niñez has sabido las Sagradas Escrituras, las cuales te pueden hacer sabio para la salvación por la fe que es en Cristo Jesús. ¹⁶ Toda la Escritura es inspirada por Dios, y útil para enseñar, para redargüir, para corregir, para instruir en justicia, ¹⁷ a fin de que el hombre de Dios sea perfecto, enteramente preparado para toda buena obra.

Predica la palabra

4 Te encarezco delante de Dios y del Señor Jesucristo, que juzgará a los vivos y a los muertos en su manifestación y en su reino, ² que prediques la palabra; que instes a tiempo y fuera de tiempo; redarguye, reprende, exhorta con toda paciencia y doctrina. ³ Porque vendrá tiempo cuando no sufrirán la sana doctrina, sino que teniendo comezón de oír, se amontonarán maestros conforme a sus propias concupiscencias, ⁴ y apartarán de la verdad el oído y se volverán a las fábulas. ⁵ Pero tú sé sobrio en todo, soporta las aflicciones, haz obra de evangelista, cumple tu ministerio.

⁶ Porque yo ya estoy para ser sacrificado, y el tiempo de mi partida está cercano. ⁷ He peleado la buena batalla, he acabado la carrera, he guardado la fe. ⁸ Por lo demás, me está guardada la corona de justicia, la cual me dará el Señor, juez justo, en aquel día; y no sólo a mí, sino también a todos los que aman su venida.

Instrucciones personales

⁹ Procura venir pronto a verme, ¹⁰ porque Demas me ha desamparado, amando este mundo, y se ha ido a Tesalónica. Crescente fue a Galacia, y Tito a Dalmacia. ¹¹ Sólo Lucas está conmigo. Toma a Marcos y tráele contigo, porque me es útil para el ministerio. ¹² A Tíquico lo envié a Éfeso. ¹³ Trae, cuando vengas, el capote que dejé en Troas en casa de Carpo, y los libros, mayormente los pergaminos. ¹⁴ Alejandro el calderero me ha causado muchos males; el Señor le pague conforme a sus hechos. ¹⁵ Guárdate tú también de él, pues en gran manera se ha opuesto a nuestras palabras. ¹⁶ En mi primera defensa ninguno estuvo a mi lado, sino que todos me desampararon; no les sea tomado en cuenta. ¹⁷ Pero el Señor estuvo a mi lado, y me dio fuerzas, para que por mí fuese cumplida la predicación, y que todos los gentiles oyesen. Así fui librado de la boca del león. ¹⁸ Y el Señor me librará de toda obra mala, y me preservará para su reino celestial. A él sea gloria por los siglos de los siglos. Amén.

Saludos y bendición final

¹⁹ Saluda a Prisca y a Aquila, y a la casa de Onesíforo. ²⁰ Erasto se quedó en Corinto, y a Trófimo dejé en Mileto enfermo. ²¹ Procura venir antes del invierno.

Eubulo te saluda, y Pudente, Lino, Claudia y todos los hermanos.

²² El Señor Jesucristo esté con tu espíritu. La gracia sea con vosotros. Amén.

LA EPÍSTOLA DEL APÓSTOL SAN PABLO A

TITO

Salutación

1 Pablo, siervo de Dios y apóstol de Jesucristo, conforme a la fe de los escogidos de Dios y el conocimiento de la verdad que es según la piedad, ² en la esperanza de la vida eterna, la cual Dios, que no miente, prometió desde antes del principio de los siglos, ³ y a su debido tiempo manifestó su palabra por medio de la predicación que me fue encomendada por mandato de Dios nuestro Salvador, ⁴ a Tito, verdadero hijo en la común fe: Gracia, misericordia y paz, de Dios Padre y del Señor Jesucristo nuestro Salvador.

Requisitos de ancianos y obispos

⁵ Por esta causa te dejé en Creta, para que corrigieses lo deficiente, y establecieses ancianos en cada ciudad, así como yo te mandé; ⁶ el que fuere irreprensible, marido de una sola mujer, y tenga hijos creyentes que no estén acusados de disolución ni de rebeldía. ⁷ Porque es necesario que el obispo sea irreprensible, como administrador de Dios; no soberbio, no iracundo, no dado al vino, no pendenciero, no codicioso de ganancias deshonestas, ⁸ sino hospedador, amante de lo bueno, sobrio, justo, santo, dueño

de sí mismo, [9] retenedor de la palabra fiel tal como ha sido enseñada, para que también pueda exhortar con sana enseñanza y convencer a los que contradicen. [10] Porque hay aún muchos contumaces, habladores de vanidades y engañadores, mayormente los de la circuncisión, [11] a los cuales es preciso tapar la boca; que trastornan casas enteras, enseñando por ganancia deshonesta lo que no conviene. [12] Uno de ellos, su propio profeta, dijo: Los cretenses, siempre mentirosos, malas bestias, glotones ociosos. [13] Este testimonio es verdadero; por tanto, repréndelos duramente, para que sean sanos en la fe, [14] no atendiendo a fábulas judaicas, ni a mandamientos de hombres que se apartan de la verdad. [15] Todas las cosas son puras para los puros, mas para los corrompidos e incrédulos nada les es puro; pues hasta su mente y su conciencia están corrompidas. [16] Profesan conocer a Dios, pero con los hechos lo niegan, siendo abominables y rebeldes, reprobados en cuanto a toda buena obra.

Enseñanza de la sana doctrina

2 Pero tú habla lo que está de acuerdo con la sana doctrina. [2] Que los ancianos sean sobrios, serios, prudentes, sanos en la fe, en el amor, en la paciencia.

[3] Las ancianas asimismo sean reverentes en su porte; no calumniadoras, no esclavas del vino, maestras del bien; [4] que enseñen a las mujeres jóvenes a amar a sus maridos y a sus hijos, [5] a ser prudentes, castas, cuidadosas de su casa, buenas, sujetas a sus maridos, para que la palabra de Dios no sea blasfemada. [6] Exhorta asimismo a los jóvenes a que sean prudentes; [7] presentándote tú en todo como ejemplo de buenas obras; en la enseñanza mostrando integridad, seriedad, [8] palabra sana e irreprochable, de modo que el adversario se avergüence, y no tenga nada malo que decir de vosotros. [9] Exhorta a los siervos a que se sujeten a sus amos, que agraden en todo, que no sean respondones; [10] no defraudando, sino mostrándose fieles en todo, para que en todo adornen la doctrina de Dios nuestro Salvador.

[11] Porque la gracia de Dios se ha manifestado para salvación a todos los hombres, [12] enseñándonos que, renunciando a la impiedad y a los deseos mundanos, vivamos en este siglo sobria, justa y piadosamente, [13] aguardando la esperanza bienaventurada y la manifestación gloriosa de nuestro gran Dios y Salvador Jesucristo, [14] quien se dio a sí mismo por nosotros para redimirnos de toda

iniquidad y purificar para sí un pueblo propio, celoso de buenas obras.

[15] Esto habla, y exhorta y reprende con toda autoridad. Nadie te menosprecie.

Justificados por gracia

3 Recuérdales que se sujeten a los gobernantes y autoridades, que obedezcan, que estén dispuestos a toda buena obra. [2] Que a nadie difamen, que no sean pendencieros, sino amables, mostrando toda mansedumbre para con todos los hombres. [3] Porque nosotros también éramos en otro tiempo insensatos, rebeldes, extraviados, esclavos de concupiscencias y deleites diversos, viviendo en malicia y envidia, aborrecibles, y aborreciéndonos unos a otros. [4] Pero cuando se manifestó la bondad de Dios nuestro Salvador, y su amor para con los hombres, [5] nos salvó, no por obras de justicia que nosotros hubiéramos hecho, sino por su misericordia, por el lavamiento de la regeneración y por la renovación en el Espíritu Santo, [6] el cual derramó en nosotros abundantemente por Jesucristo nuestro Salvador, [7] para que justificados por su gracia, viniésemos a ser herederos conforme a la esperanza de la vida eterna.

[8] Palabra fiel es ésta, y en estas cosas quiero que insistas con firmeza, para que los que creen en Dios procuren ocuparse en buenas obras. Estas cosas son buenas y útiles a los hombres. [9] Pero evita las cuestiones necias, y genealogías, y contenciones, y discusiones acerca de la ley; porque son vanas y sin provecho. [10] Al hombre que cause divisiones, después de una y otra amonestación deséchalo, [11] sabiendo que el tal se ha pervertido, y peca y está condenado por su propio juicio.

Instrucciones personales

[12] Cuando envíe a ti a Artemas o a Tíquico, apresúrate a venir a mí en Nicópolis, porque allí he determinado pasar el invierno. [13] A Zenas intérprete de la ley, y a Apolos, encamínales con solicitud, de modo que nada les falte. [14] Y aprendan también los nuestros a ocuparse en buenas obras para los casos de necesidad, para que no sean sin fruto.

Salutaciones y bendición final

[15] Todos los que están conmigo te saludan. Saluda a los que nos aman en la fe.

La gracia sea con todos vosotros. Amén.

LA EPÍSTOLA DEL APÓSTOL SAN PABLO A

FILEMÓN

Salutación

1 Pablo, prisionero de Jesucristo, y el hermano Timoteo, al amado Filemón, colaborador nuestro, [2] y a la amada hermana Apia, y a Arquipo nuestro compañero de milicia, y a la iglesia que está en tu casa: [3] Gracia y paz a vosotros, de Dios nuestro Padre y del Señor Jesucristo.

El amor y la fe de Filemón

[4] Doy gracias a mi Dios, haciendo siempre memoria de ti en mis oraciones, [5] porque oigo del amor y de la fe que tienes hacia el Señor Jesús, y para con todos los santos; [6] para que la participación de tu fe sea eficaz en el conocimiento de todo el bien que está en vosotros por Cristo Jesús. [7] Pues tenemos gran gozo y consolación en tu amor, porque por ti, oh hermano, han sido confortados los corazones de los santos.

Pablo intercede por Onésimo

[8] Por lo cual, aunque tengo mucha libertad en Cristo para mandarte lo que conviene, [9] más bien te ruego por amor, siendo como soy, Pablo ya anciano, y ahora, además, prisionero de Jesucristo; [10] te ruego por mi hijo Onésimo,, a quien engendré en mis prisiones, [11] el cual en otro tiempo te fue inútil, pero ahora a ti y a mí nos es útil, [12] el cual vuelvo a enviarte; tú, pues, recíbele como a mí mismo. [13] Yo quisiera retenerle conmigo, para que en lugar tuyo me sirviese en mis prisiones por el evangelio; [14] pero nada quise hacer sin tu consentimiento, para que tu favor no fuese como de necesidad, sino voluntario.

[15] Porque quizá para esto se apartó de ti por algún tiempo, para que le recibieses para siempre; [16] no ya como esclavo, sino como más que esclavo, como hermano amado, mayormente para mí, pero cuánto más para ti, tanto en la carne como en el Señor. [17] Así que, si me tienes por compañero, recíbele como a mí mismo. [18] Y si en algo te dañó, o te debe, ponlo a mi cuenta. [19] Yo Pablo lo escribo de mi mano, yo lo pagaré; por no decirte

que aun tú mismo te me debes también. ²⁰ Sí, hermano, tenga yo algún provecho de ti en el Señor; conforta mi corazón en el Señor.

²¹ Te he escrito confiando en tu obediencia, sabiendo que harás aun más de lo que te digo. ²² Prepárame también alojamiento; porque espero que por vuestras oraciones os seré concedido.

Salutaciones y bendición final

²³ Te saludan Epafras, mi compañero de prisiones por Cristo Jesús, ²⁴ Marcos, Aristarco, Demas y Lucas, mis colaboradores. ²⁵ La gracia de nuestro Señor Jesucristo sea con vuestro espíritu. Amén.

LA EPÍSTOLA A LOS
HEBREOS

Dios ha hablado por su Hijo

1 Dios, habiendo hablado muchas veces y de muchas maneras en otro tiempo a los padres por los profetas, ² en estos postreros días nos ha hablado por el Hijo, a quien constituyó heredero de todo, y por quien asimismo hizo el universo; ³ el cual, siendo el resplandor de su gloria, y la imagen misma de su sustancia, y quien sustenta todas las cosas con la palabra de su poder, habiendo efectuado la purificación de nuestros pecados por medio de sí mismo, se sentó a la diestra de la Majestad en las alturas, ⁴ hecho tanto superior a los ángeles, cuanto heredó más excelente nombre que ellos.

El Hijo, superior a los ángeles

⁵ Porque ¿a cuál de los ángeles dijo Dios jamás:
Mi Hijo eres tú,
Yo te he engendrado hoy,
y otra vez:
Yo seré a él Padre,

Y él me será a mí hijo?
⁶ Y otra vez, cuando introduce al Primogénito en el mundo, dice:
Adórenle todos los ángeles de Dios.
⁷ Ciertamente de los ángeles dice:
El que hace a sus ángeles espíritus,
Y a sus ministros llama de fuego.
⁸ Mas del Hijo dice:
Tu trono, oh Dios, por el siglo del siglo;
Cetro de equidad es el cetro de tu reino.
⁹ Has amado la justicia, y aborrecido la maldad,
Por lo cual te ungió Dios, el Dios tuyo,
Con óleo de alegría más que a tus compañeros.
¹⁰ Y:
Tú, oh Señor, en el principio fundaste la tierra,
Y los cielos son obra de tus manos.
¹¹ Ellos perecerán, mas tú permaneces;
Y todos ellos se envejecerán como una vestidura,
¹² Y como un vestido los envolverás, y serán mudados;
Pero tú eres el mismo,
Y tus años no acabarán.
¹³ Pues, ¿a cuál de los ángeles dijo Dios jamás:
Siéntate a mi diestra,
Hasta que ponga a tus enemigos por estrado de tus pies?
¹⁴ ¿No son todos espíritus ministradores, enviados para servicio a favor de los que serán herederos de la salvación?

Una salvación tan grande

2 Por tanto, es necesario que con más diligencia atendamos a las cosas que hemos oído, no sea que nos deslicemos. ² Porque si la palabra dicha por medio de los ángeles fue firme, y toda transgresión y desobediencia recibió justa retribución, ³ ¿cómo escaparemos nosotros, si descuidamos una salvación tan grande? La cual, habiendo sido anunciada primeramente por el Señor, nos fue confirmada por los que oyeron, ⁴ testificando Dios juntamente con ellos, con señales y prodigios y diversos milagros y repartimientos del Espíritu Santo según su voluntad.

El autor de la salvación

⁵ Porque no sujetó a los ángeles el mundo venidero, acerca del cual estamos hablando; ⁶ pero alguien testificó en cierto lugar, diciendo:
¿Qué es el hombre, para que te acuerdes de él,
O el hijo del hombre, para que le visites?
⁷ Le hiciste un poco menor que los ángeles,
Le coronaste de gloria y de honra,
Y le pusiste sobre las obras de tus manos;
⁸ Todo lo sujetaste bajo sus pies.
Porque en cuanto le sujetó todas

las cosas, nada dejó que no sea sujeto a él; pero todavía no vemos que todas las cosas le sean sujetas. ⁹ Pero vemos a aquel que fue hecho un poco menor que los ángeles, a Jesús, coronado de gloria y de honra, a causa del padecimiento de la muerte, para que por la gracia de Dios gustase la muerte por todos.

¹⁰ Porque convenía a aquel por cuya causa son todas las cosas, y por quien todas las cosas subsisten, que habiendo de llevar muchos hijos a la gloria, perfeccionase por aflicciones al autor de la salvación de ellos. ¹¹ Porque el que santifica y los que son santificados, de uno son todos; por lo cual no se avergüenza de llamarlos hermanos, ¹² diciendo:
Anunciaré a mis hermanos tu nombre,
En medio de la congregación te alabaré.
¹³ Y otra vez:
Yo confiaré en él.
Y de nuevo:
He aquí, yo y los hijos que Dios me dio.

¹⁴ Así que, por cuanto los hijos participaron de carne y sangre, él también participó de lo mismo, para destruir por medio de la muerte al que tenía el imperio de la muerte, esto es, al diablo, ¹⁵ y librar a todos los que por el temor de la muerte estaban durante toda la vida sujetos a servidumbre. ¹⁶ Porque ciertamente no socorrió a los ángeles, sino que socorrió a la descendencia de Abraham. ¹⁷ Por lo cual debía ser en todo semejante a sus hermanos, para venir a ser misericordioso y fiel sumo sacerdote en lo que a Dios se refiere, para expiar los pecados del pueblo. ¹⁸ Pues en cuanto él mismo padeció siendo tentado, es poderoso para socorrer a los que son tentados.

Jesús es superior a Moisés

3 Por tanto, hermanos santos, participantes del llamamiento celestial, considerad al apóstol y sumo sacerdote de nuestra profesión, Cristo Jesús; ² el cual es fiel al que le constituyó, como también lo fue Moisés en toda la casa de Dios. ³ Porque de tanto mayor gloria que Moisés es estimado digno éste, cuanto tiene mayor honra que la casa el que la hizo. ⁴ Porque toda casa es hecha por alguno; pero el que hizo todas las cosas es Dios. ⁵ Y Moisés a la verdad fue fiel en toda la casa de Dios, como siervo, para testimonio de lo que se iba a decir; ⁶ pero Cristo como hijo sobre su casa, la cual casa somos nosotros, si retenemos firme hasta el fin la confianza y el gloriarnos en la esperanza.

El reposo del pueblo de Dios

⁷ Por lo cual, como dice el Espíritu Santo:

Si oyereis hoy su voz,

⁸ No endurezcáis vuestros corazones,

Como en la provocación, en el día de la tentación en el desierto,

⁹ Donde me tentaron vuestros padres; me probaron,

Y vieron mis obras cuarenta años.

¹⁰ A causa de lo cual me disgusté contra esa generación,

Y dije: Siempre andan vagando en su corazón,

Y no han conocido mis caminos.

¹¹ Por tanto, juré en mi ira:

No entrarán en mi reposo.

¹² Mirad, hermanos, que no haya en ninguno de vosotros corazón malo de incredulidad para apartarse del Dios vivo; ¹³ antes exhortaos los unos a los otros cada día, entre tanto que se dice: Hoy; para que ninguno de vosotros se endurezca por el engaño del pecado. ¹⁴ Porque somos hechos participantes de Cristo, con tal que retengamos firme hasta el fin nuestra confianza del principio, ¹⁵ entre tanto que se dice:

Si oyereis hoy su voz,

No endurezcáis vuestros corazones, como en la provocación.

¹⁶ ¿Quiénes fueron los que, habiendo oído, le provocaron? ¿No fueron todos los que salieron de Egipto por mano de Moisés? ¹⁷ ¿Y con quiénes estuvo él disgustado cuarenta años? ¿No fue con los que pecaron, cuyos cuerpos cayeron en el desierto? ¹⁸ ¿Y a quiénes juró que no entrarían en su reposo, sino a aquellos que desobedecieron? ¹⁹ Y vemos que no pudieron entrar a causa de incredulidad.

4 Temamos, pues, no sea que permaneciendo aún la promesa de entrar en su reposo, alguno de vosotros parezca no haberlo alcanzado. ² Porque también a nosotros se nos ha anunciado la buena nueva como a ellos; pero no les aprovechó el oír la palabra, por no ir acompañada de fe en los que la oyeron. ³ Pero los que hemos creído entramos en el reposo, de la manera que dijo:

Por tanto, juré en mi ira,

No entrarán en mi reposo;

aunque las obras suyas estaban acabadas desde la fundación del mundo. ⁴ Porque en cierto lugar dijo así del séptimo día: Y reposó Dios de todas sus obras en el séptimo día. ⁵ Y otra vez aquí: No entrarán en mi reposo. ⁶ Por lo tanto, puesto que falta que algunos entren en él, y aquellos a quienes primero se les anunció la buena nueva no entraron por causa de desobediencia, ⁷ otra vez determina un día: Hoy, diciendo después de tanto tiempo, por

medio de David, como se dijo:
Si oyereis hoy su voz,
No endurezcáis vuestros corazones.

⁸ Porque si Josué les hubiera dado el reposo, no hablaría después de otro día. ⁹ Por tanto, queda un reposo para el pueblo de Dios. ¹⁰ Porque el que ha entrado en su reposo, también ha reposado de sus obras, como Dios de las suyas.

¹¹ Procuremos, pues, entrar en aquel reposo, para que ninguno caiga en semejante ejemplo de desobediencia. ¹² Porque la palabra de Dios es viva y eficaz, y más cortante que toda espada de dos filos; y penetra hasta partir el alma y el espíritu, las coyunturas y los tuétanos, y discierne los pensamientos y las intenciones del corazón. ¹³ Y no hay cosa creada que no sea manifiesta en su presencia; antes bien todas las cosas están desnudas y abiertas a los ojos de aquel a quien tenemos que dar cuenta.

Jesús el gran sumo sacerdote

¹⁴ Por tanto, teniendo un gran sumo sacerdote que traspasó los cielos, Jesús el Hijo de Dios, retengamos nuestra profesión. ¹⁵ Porque no tenemos un sumo sacerdote que no pueda compadecerse de nuestras debilidades, sino uno que fue tentado en todo según nuestra semejanza, pero sin pecado. ¹⁶ Acerquémonos, pues, confiadamente al trono de la gracia, para alcanzar misericordia y hallar gracia para el oportuno socorro.

5 Porque todo sumo sacerdote tomado de entre los hombres es constituido a favor de los hombres en lo que a Dios se refiere, para que presente ofrendas y sacrificios por los pecados; ² para que se muestre paciente con los ignorantes y extraviados, puesto que él también está rodeado de debilidad; ³ y por causa de ella debe ofrecer por los pecados, tanto por sí mismo como también por el pueblo. ⁴ Y nadie toma para sí esta honra, sino el que es llamado por Dios, como lo fue Aarón.

⁵ Así tampoco Cristo se glorificó a sí mismo haciéndose sumo sacerdote, sino el que le dijo:
Tú eres mi Hijo,
Yo te he engendrado hoy.
⁶ Como también dice en otro lugar:
Tú eres sacerdote para siempre,
Según el orden de Melquisedec.

⁷ Y Cristo, en los días de su carne, ofreciendo ruegos y súplicas con gran clamor y lágrimas al que le podía librar de la muerte, fue oído a causa de su temor reverente.

⁸ Y aunque era Hijo, por lo que padeció aprendió la obediencia; ⁹ y habiendo sido perfeccionado, vino a ser autor de eterna salvación para todos los que le obedecen; ¹⁰ y fue declarado por Dios sumo sacerdote según el orden de Melquisedec.

Advertencia contra la apostasía
¹¹ Acerca de esto tenemos mucho que decir, y difícil de explicar, por cuanto os habéis hecho tardos para oír. ¹² Porque debiendo ser ya maestros, después de tanto tiempo, tenéis necesidad de que se os vuelva a enseñar cuáles son los primeros rudimentos de las palabras de Dios; y habéis llegado a ser tales que tenéis necesidad de leche, y no de alimento sólido. ¹³ Y todo aquel que participa de la leche es inexperto en la palabra de justicia, porque es niño; ¹⁴ pero el alimento sólido es para los que han alcanzado madurez, para los que por el uso tienen los sentidos ejercitados en el discernimiento del bien y del mal.

6 Por tanto, dejando ya los rudimentos de la doctrina de Cristo, vamos adelante a la perfección; no echando otra vez el fundamento del arrepentimiento de obras muertas, de la fe en Dios, ² de la doctrina de bautismos, de la imposición de manos, de la resurrección de los muertos y del juicio eterno. ³ Y esto haremos, si Dios en verdad lo permite. ⁴ Porque es imposible que los que una vez fueron iluminados y gustaron del don celestial, y fueron hechos partícipes del Espíritu Santo, ⁵ y asimismo gustaron de la buena palabra de Dios y los poderes del siglo venidero, ⁶ y recayeron, sean otra vez renovados para arrepentimiento, crucificando de nuevo para sí mismos al Hijo de Dios y exponiéndole a vituperio. ⁷ Porque la tierra que bebe la lluvia que muchas veces cae sobre ella, y produce hierba provechosa a aquellos por los cuales es labrada, recibe bendición de Dios; ⁸ pero la que produce espinos y abrojos es reprobada, está próxima a ser maldecida, y su fin es el ser quemada.

⁹ Pero en cuanto a vosotros, oh amados, estamos persuadidos de cosas mejores, y que pertenecen a la salvación, aunque hablamos así. ¹⁰ Porque Dios no es injusto para olvidar vuestra obra y el trabajo de amor que habéis mostrado hacia su nombre, habiendo servido a los santos y sirviéndoles aún. ¹¹ Pero deseamos que cada uno de vosotros muestre la misma solicitud hasta el fin, para plena certeza de la esperanza, ¹² a fin de que no os hagáis perezosos, sino imitadores de aquellos que

por la fe y la paciencia heredan las promesas.

[13] Porque cuando Dios hizo la promesa a Abraham, no pudiendo jurar por otro mayor, juró por sí mismo, [14] diciendo: De cierto te bendeciré con abundancia y te multiplicaré grandemente. [15] Y habiendo esperado con paciencia, alcanzó la promesa. [16] Porque los hombres ciertamente juran por uno mayor que ellos, y para ellos el fin de toda controversia es el juramento para confirmación. [17] Por lo cual, queriendo Dios mostrar más abundantemente a los herederos de la promesa la inmutabilidad de su consejo, interpuso juramento; [18] para que por dos cosas inmutables, en las cuales es imposible que Dios mienta, tengamos un fortísimo consuelo los que hemos acudido para asirnos de la esperanza puesta delante de nosotros. [19] La cual tenemos como segura y firme ancla del alma, y que penetra hasta dentro del velo, [20] donde Jesús entró por nosotros como precursor, hecho sumo sacerdote para siempre según el orden de Melquisedec.

El sacerdocio de Melquisedec

7 Porque este Melquisedec, rey de Salem, sacerdote del Dios Altísimo, que salió a recibir a Abraham que volvía de la derrota de los reyes, y le bendijo, [2] a quien asimismo dio Abraham los diezmos de todo; cuyo nombre significa primeramente Rey de justicia, y también Rey de Salem, esto es, Rey de paz; [3] sin padre, sin madre, sin genealogía; que ni tiene principio de días, ni fin de vida, sino hecho semejante al Hijo de Dios, permanece sacerdote para siempre.

[4] Considerad, pues, cuán grande era éste, a quien aun Abraham el patriarca dio diezmos del botín. [5] Ciertamente los que de entre los hijos de Leví reciben el sacerdocio, tienen mandamiento de tomar del pueblo los diezmos según la ley, es decir, de sus hermanos, aunque éstos también hayan salido de los lomos de Abraham. [6] Pero aquel cuya genealogía no es contada de entre ellos, tomó de Abraham los diezmos, y bendijo al que tenía las promesas. [7] Y sin discusión alguna, el menor es bendecido por el mayor. [8] Y aquí ciertamente reciben los diezmos hombres mortales; pero allí, uno de quien se da testimonio de que vive. [9] Y por decirlo así, en Abraham pagó el diezmo también Leví, que recibe los diezmos; [10] porque aún estaba en los lomos de su padre cuando Melquisedec le salió al encuentro.

[11] Si, pues, la perfección fuera por el sacerdocio levítico (porque bajo él recibió el pueblo la ley), ¿qué necesidad habría aún de que se levantase otro sacerdote, según el orden de Melquisedec, y que no fuese llamado según el orden de Aarón? [12] Porque cambiado el sacerdocio, necesario es que haya también cambio de ley; [13] y aquel de quien se dice esto, es de otra tribu, de la cual nadie sirvió al altar. [14] Porque manifiesto es que nuestro Señor vino de la tribu de Judá, de la cual nada habló Moisés tocante al sacerdocio.

[15] Y esto es aun más manifiesto, si a semejanza de Melquisedec se levanta un sacerdote distinto, [16] no constituido conforme a la ley del mandamiento acerca de la descendencia, sino según el poder de una vida indestructible. [17] Pues se da testimonio de él:
Tú eres sacerdote para siempre,
Según el orden de Melquisedec.
[18] Queda, pues, abrogado el mandamiento anterior a causa de su debilidad e ineficacia [19] (pues nada perfeccionó la ley), y de la introducción de una mejor esperanza, por la cual nos acercamos a Dios.

[20] Y esto no fue hecho sin juramento; [21] porque los otros ciertamente sin juramento fueron hechos sacerdotes; pero éste, con el juramento del que le dijo:
Juró el Señor, y no se arrepentirá:
Tú eres sacerdote para siempre,
Según el orden de Melquisedec.
[22] Por tanto, Jesús es hecho fiador de un mejor pacto.

[23] Y los otros sacerdotes llegaron a ser muchos, debido a que por la muerte no podían continuar; [24] mas éste, por cuanto permanece para siempre, tiene un sacerdocio inmutable; [25] por lo cual puede también salvar perpetuamente a los que por él se acercan a Dios, viviendo siempre para interceder por ellos.

[26] Porque tal sumo sacerdote nos convenía: santo, inocente, sin mancha, apartado de los pecadores, y hecho más sublime que los cielos; [27] que no tiene necesidad cada día, como aquellos sumos sacerdotes, de ofrecer primero sacrificios por sus propios pecados, y luego por los del pueblo; porque esto lo hizo una vez para siempre, ofreciéndose a sí mismo. [28] Porque la ley constituye sumos sacerdotes a débiles hombres; pero la palabra del juramento, posterior a la ley, al Hijo, hecho perfecto para siempre.

El mediador de un nuevo pacto

8 Ahora bien, el punto principal de lo que venimos diciendo es que tenemos tal sumo sacerdote, el cual se sentó a la diestra del trono de la Majestad en los cielos, ² ministro del santuario, y de aquel verdadero tabernáculo que levantó el Señor, y no el hombre. ³ Porque todo sumo sacerdote está constituido para presentar ofrendas y sacrificios; por lo cual es necesario que también éste tenga algo que ofrecer. ⁴ Así que, si estuviese sobre la tierra, ni siquiera sería sacerdote, habiendo aún sacerdotes que presentan las ofrendas según la ley; ⁵ los cuales sirven a lo que es figura y sombra de las cosas celestiales, como se le advirtió a Moisés cuando iba a erigir el tabernáculo, diciéndole: Mira, haz todas las cosas conforme al modelo que se te ha mostrado en el monte. ⁶ Pero ahora tanto mejor ministerio es el suyo, cuanto es mediador de un mejor pacto, establecido sobre mejores promesas. ⁷ Porque si aquel primero hubiera sido sin defecto, ciertamente no se hubiera procurado lugar para el segundo.

⁸ Porque reprendiéndolos dice:
He aquí vienen días, dice el Señor,
En que estableceré con la casa de Israel y la casa de Judá un nuevo pacto;
⁹ No como el pacto que hice con sus padres
El día que los tomé de la mano para sacarlos de la tierra de Egipto;
Porque ellos no permanecieron en mi pacto,
Y yo me desentendí de ellos, dice el Señor.
¹⁰ Por lo cual, éste es el pacto que haré con la casa de Israel
Después de aquellos días, dice el Señor:
Pondré mis leyes en la mente de ellos,
Y sobre su corazón las escribiré;
Y seré a ellos por Dios,
Y ellos me serán a mí por pueblo;
¹¹ Y ninguno enseñará a su prójimo,
Ni ninguno a su hermano, diciendo: Conoce al Señor;
Porque todos me conocerán,
Desde el menor hasta el mayor de ellos.
¹² Porque seré propicio a sus injusticias,
Y nunca más me acordaré de sus pecados y de sus iniquidades.

¹³ Al decir: Nuevo pacto, ha dado por viejo al primero; y lo que se da por viejo y se envejece, está próximo a desaparecer.

9 Ahora bien, aun el primer pacto tenía ordenanzas de culto y un santuario terrenal. ² Porque el tabernáculo estaba dispuesto así: en la primera parte, llamada el Lugar Santo, estaban el candelabro, la mesa y los panes de la proposición. ³ Tras el segundo velo estaba la parte del tabernáculo llamada el Lugar Santísimo, ⁴ el cual tenía un incensario de oro y el arca del pacto cubierta de oro por todas partes, en la que estaba una urna de oro que contenía el maná, la vara de Aarón que reverdeció, y las tablas del pacto; ⁵ y sobre ella los querubines de gloria que cubrían el propiciatorio; de las cuales cosas no se puede ahora hablar en detalle.

⁶ Y así dispuestas estas cosas, en la primera parte del tabernáculo entran los sacerdotes continuamente para cumplir los oficios del culto; ⁷ pero en la segunda parte, sólo el sumo sacerdote una vez al año, no sin sangre, la cual ofrece por sí mismo y por los pecados de ignorancia del pueblo; ⁸ dando el Espíritu Santo a entender con esto que aún no se había manifestado el camino al Lugar Santísimo, entre tanto que la primera parte del tabernáculo estuviese en pie. ⁹ Lo cual es símbolo para el tiempo presente, según el cual se presentan ofrendas y sacrificios que no pueden hacer perfecto, en cuanto a la conciencia, al que practica ese culto, ¹⁰ ya que consiste sólo de comidas y bebidas, de diversas abluciones, y ordenanzas acerca de la carne, impuestas hasta el tiempo de reformar las cosas.

¹¹ Pero estando ya presente Cristo, sumo sacerdote de los bienes venideros, por el más amplio y más perfecto tabernáculo, no hecho de manos, es decir, no de esta creación, ¹² y no por sangre de machos cabríos ni de becerros, sino por su propia sangre, entró una vez para siempre en el Lugar Santísimo, habiendo obtenido eterna redención. ¹³ Porque si la sangre de los toros y de los machos cabríos, y las cenizas de la becerra rociadas a los inmundos, santifican para la purificación de la carne, ¹⁴ ¿cuánto más la sangre de Cristo, el cual mediante el Espíritu eterno se ofreció a sí mismo sin mancha a Dios, limpiará vuestras conciencias de obras muertas para que sirváis al Dios vivo?

¹⁵ Así que, por eso es mediador de un nuevo pacto, para que interviniendo muerte para la remisión de las transgresiones que había bajo el primer pacto, los llamados reciban la promesa de la herencia eterna. ¹⁶ Porque donde hay testamento, es necesario que intervenga muerte del testador. ¹⁷ Porque el testamento con la muerte se confirma; pues no es válido entre tanto que el testador vive. ¹⁸ De donde ni aun el primer pacto fue

instituido sin sangre. [19] Porque habiendo anunciado Moisés todos los mandamientos de la ley a todo el pueblo, tomó la sangre de los becerros y de los machos cabríos, con agua, lana escarlata e hisopo, y roció el mismo libro y también a todo el pueblo, [20] diciendo: Ésta es la sangre del pacto que Dios os ha mandado. [21] Y además de esto, roció también con la sangre el tabernáculo y todos los vasos del ministerio. [22] Y casi todo es purificado, según la ley, con sangre; y sin derramamiento de sangre no se hace remisión.

El sacrificio de Cristo quita el pecado

[23] Fue, pues, necesario que las figuras de las cosas celestiales fuesen purificadas así; pero las cosas celestiales mismas, con mejores sacrificios que éstos. [24] Porque no entró Cristo en el santuario hecho de mano, figura del verdadero, sino en el cielo mismo para presentarse ahora por nosotros ante Dios; [25] y no para ofrecerse muchas veces, como entra el sumo sacerdote en el Lugar Santísimo cada año con sangre ajena. [26] De otra manera le hubiera sido necesario padecer muchas veces desde el principio del mundo; pero ahora, en la consumación de los siglos, se presentó una vez para siempre por el sacrificio de sí mismo para quitar de en medio el pecado. [27] Y de la manera que está establecido para los hombres que mueran una sola vez, y después de esto el juicio, [28] así también Cristo fue ofrecido una sola vez para llevar los pecados de muchos; y aparecerá por segunda vez, sin relación con el pecado, para salvar a los que le esperan.

10 Porque la ley, teniendo la sombra de los bienes venideros, no la imagen misma de las cosas, nunca puede, por los mismos sacrificios que se ofrecen continuamente cada año, hacer perfectos a los que se acercan. [2] De otra manera cesarían de ofrecerse, pues los que tributan este culto, limpios una vez, no tendrían ya más conciencia de pecado. [3] Pero en estos sacrificios cada año se hace memoria de los pecados; [4] porque la sangre de los toros y de los machos cabríos no puede quitar los pecados. [5] Por lo cual, entrando en el mundo dice: Sacrificio y ofrenda no quisiste; Mas me preparaste cuerpo.
[6] Holocaustos y expiaciones por el pecado no te agradaron.
[7] Entonces dije: He aquí que vengo, oh Dios, para hacer tu voluntad, Como en el rollo del libro está escrito de mí.
[8] Diciendo primero: Sacrificio y ofrenda y holocaustos y expiaciones por el pecado no quisiste,

ni te agradaron (las cuales cosas se ofrecen según la ley), [9] y diciendo luego: He aquí que vengo, oh Dios, para hacer tu voluntad; quita lo primero, para establecer esto último. [10] En esa voluntad somos santificados mediante la ofrenda del cuerpo de Jesucristo hecha una vez para siempre.

[11] Y ciertamente todo sacerdote está día tras día ministrando y ofreciendo muchas veces los mismos sacrificios, que nunca pueden quitar los pecados; [12] pero Cristo, habiendo ofrecido una vez para siempre un solo sacrificio por los pecados, se ha sentado a la diestra de Dios, [13] de ahí en adelante esperando hasta que sus enemigos sean puestos por estrado de sus pies; [14] porque con una sola ofrenda hizo perfectos para siempre a los santificados. [15] Y nos atestigua lo mismo el Espíritu Santo; porque después de haber dicho:

[16] Éste es el pacto que haré con ellos
Después de aquellos días, dice el Señor:
Pondré mis leyes en sus corazones,
Y en sus mentes las escribiré,
[17] añade:
Y nunca más me acordaré de sus pecados y transgresiones.
[18] Pues donde hay remisión de éstos, no hay más ofrenda por el pecado.

[19] Así que, hermanos, teniendo libertad para entrar en el Lugar Santísimo por la sangre de Jesucristo, [20] por el camino nuevo y vivo que él nos abrió a través del velo, esto es, de su carne, [21] y teniendo un gran sacerdote sobre la casa de Dios, [22] acerquémonos con corazón sincero, en plena certidumbre de fe, purificados los corazones de mala conciencia, y lavados los cuerpos con agua pura. [23] Mantengamos firme, sin fluctuar, la profesión de nuestra esperanza, porque fiel es el que prometió. [24] Y considerémonos unos a otros para estimularnos al amor y a las buenas obras; [25] no dejando de congregarnos, como algunos tienen por costumbre, sino exhortándonos; y tanto más, cuanto veis que aquel día se acerca.

Advertencia al que peca deliberadamente

[26] Porque si pecáremos voluntariamente después de haber recibido el conocimiento de la verdad, ya no queda más sacrificio por los pecados, [27] sino una horrenda expectación de juicio, y de hervor de fuego que ha de devorar a los adversarios. [28] El que viola la ley de Moisés, por el testimonio de dos o de tres testigos muere irremisiblemente. [29] ¿Cuánto mayor castigo pensáis que merecerá el que pisoteare al Hijo de Dios, y

tuviere por inmunda la sangre del pacto en la cual fue santificado, e hiciere afrenta al Espíritu de gracia? ³⁰ Pues conocemos al que dijo: Mía es la venganza, yo daré el pago, dice el Señor. Y otra vez: El Señor juzgará a su pueblo. ³¹ ¡Horrenda cosa es caer en manos del Dios vivo!

³² Pero traed a la memoria los días pasados, en los cuales, después de haber sido iluminados, sostuvisteis gran combate de padecimientos; ³³ por una parte, ciertamente, con vituperios y tribulaciones fuisteis hechos espectáculo; y por otra, llegasteis a ser compañeros de los que estaban en una situación semejante. ³⁴ Porque de los presos también os compadecisteis, y el despojo de vuestros bienes sufristeis con gozo, sabiendo que tenéis en vosotros una mejor y perdurable herencia en los cielos. ³⁵ No perdáis, pues, vuestra confianza, que tiene grande galardón; ³⁶ porque os es necesaria la paciencia, para que habiendo hecho la voluntad de Dios, obtengáis la promesa.

³⁷ Porque aún un poquito,
Y el que ha de venir vendrá, y no tardará.
³⁸ Mas el justo vivirá por fe;
Y si retrocediere, no agradará a mi alma.
³⁹ Pero nosotros no somos de los que retroceden para perdición, sino de los que tienen fe para preservación del alma.

La fe

11 Es, pues, la fe la certeza de lo que se espera, la convicción de lo que no se ve. ² Porque por ella alcanzaron buen testimonio los antiguos. ³ Por la fe entendemos haber sido constituido el universo por la palabra de Dios, de modo que lo que se ve fue hecho de lo que no se veía.

⁴ Por la fe Abel ofreció a Dios más excelente sacrificio que Caín, por lo cual alcanzó testimonio de que era justo, dando Dios testimonio de sus ofrendas; y muerto, aún habla por ella. ⁵ Por la fe Enoc fue traspuesto para no ver muerte, y no fue hallado, porque lo traspuso Dios; y antes que fuese traspuesto, tuvo testimonio de haber agradado a Dios. ⁶ Pero sin fe es imposible agradar a Dios; porque es necesario que el que se acerca a Dios crea que le hay, y que es galardonador de los que le buscan. ⁷ Por la fe Noé, cuando fue advertido por Dios acerca de cosas que aún no se veían, con temor preparó el arca en que su casa se salvase; y por esa fe condenó al mundo, y fue hecho heredero de la justicia que viene por la fe.

⁸ Por la fe Abraham, siendo llamado, obedeció para salir al lugar

que había de recibir como herencia; y salió sin saber a dónde iba. [9] Por la fe habitó como extranjero en la tierra prometida como en tierra ajena, morando en tiendas con Isaac y Jacob, coherederos de la misma promesa; [10] porque esperaba la ciudad que tiene fundamentos, cuyo arquitecto y constructor es Dios. [11] Por la fe también la misma Sara, siendo estéril, recibió fuerza para concebir; y dio a luz aun fuera del tiempo de la edad, porque creyó que era fiel quien lo había prometido. [12] Por lo cual también, de uno, y ése ya casi muerto, salieron como las estrellas del cielo en multitud, y como la arena innumerable que está a la orilla del mar.

[13] Conforme a la fe murieron todos estos sin haber recibido lo prometido, sino mirándolo de lejos, y creyéndolo, y saludándolo, y confesando que eran extranjeros y peregrinos sobre la tierra. [14] Porque los que esto dicen, claramente dan a entender que buscan una patria; [15] pues si hubiesen estado pensando en aquella de donde salieron, ciertamente tenían tiempo de volver. [16] Pero anhelaban una mejor, esto es, celestial; por lo cual Dios no se avergüenza de llamarse Dios de ellos; porque les ha preparado una ciudad.

[17] Por la fe Abraham, cuando fue probado, ofreció a Isaac; y el que había recibido las promesas ofrecía su unigénito, [18] habiéndosele dicho: En Isaac te será llamada descendencia; [19] pensando que Dios es poderoso para levantar aun de entre los muertos, de donde, en sentido figurado, también le volvió a recibir. [20] Por la fe bendijo Isaac a Jacob y a Esaú respecto a cosas venideras. [21] Por la fe Jacob, al morir, bendijo a cada uno de los hijos de José, y adoró apoyado sobre el extremo de su bordón. [22] Por la fe José, al morir, mencionó la salida de los hijos de Israel, y dio mandamiento acerca de sus huesos.

[23] Por la fe Moisés, cuando nació, fue escondido por sus padres por tres meses, porque le vieron niño hermoso, y no temieron el decreto del rey. [24] Por la fe Moisés, hecho ya grande, rehusó llamarse hijo de la hija de Faraón, [25] escogiendo antes ser maltratado con el pueblo de Dios, que gozar de los deleites temporales del pecado, [26] teniendo por mayores riquezas el vituperio de Cristo que los tesoros de los egipcios; porque tenía puesta la mirada en el galardón. [27] Por la fe dejó a Egipto, no temiendo la ira del rey; porque se sostuvo como viendo al Invisible. [28] Por la fe celebró la pascua y la aspersión de la

sangre, para que el que destruía a los primogénitos no los tocase a ellos.

29 Por la fe pasaron el Mar Rojo como por tierra seca; e intentando los egipcios hacer lo mismo, fueron ahogados. 30 Por la fe cayeron los muros de Jericó después de rodearlos siete días. 31 Por la fe Rahab la ramera no pereció juntamente con los desobedientes, habiendo recibido a los espías en paz.

32 ¿Y qué más digo? Porque el tiempo me faltaría contando de Gedeón, de Barac, de Sansón, de Jefté, de David, así como de Samuel y de los profetas; 33 que por fe conquistaron reinos, hicieron justicia, alcanzaron promesas, taparon bocas de leones, 34 apagaron fuegos impetuosos, evitaron filo de espada, sacaron fuerzas de debilidad, se hicieron fuertes en batallas, pusieron en fuga ejércitos extranjeros. 35 Las mujeres recibieron sus muertos mediante resurrección; mas otros fueron atormentados, no aceptando el rescate, a fin de obtener mejor resurrección. 36 Otros experimentaron vituperios y azotes, y a más de esto prisiones y cárceles. 37 Fueron apedreados, aserrados, puestos a prueba, muertos a filo de espada; anduvieron de acá para allá cubiertos de pieles de ovejas y de cabras, pobres, angustiados, maltratados; 38 de los cuales el mundo no era digno; errando por los desiertos, por los montes, por las cuevas y por las cavernas de la tierra.

39 Y todos estos, aunque alcanzaron buen testimonio mediante la fe, no recibieron lo prometido; 40 proveyendo Dios alguna cosa mejor para nosotros, para que no fuesen ellos perfeccionados aparte de nosotros.

Puestos los ojos en Jesús

12 Por tanto, nosotros también, teniendo en derredor nuestro tan grande nube de testigos, despojémonos de todo peso y del pecado que nos asedia, y corramos con paciencia la carrera que tenemos por delante, 2 puestos los ojos en Jesús, el autor y consumador de la fe, el cual por el gozo puesto delante de él sufrió la cruz, menospreciando el oprobio, y se sentó a la diestra del trono de Dios.

3 Considerad a aquel que sufrió tal contradicción de pecadores contra sí mismo, para que vuestro ánimo no se canse hasta desmayar. 4 Porque aún no habéis resistido hasta la sangre, combatiendo contra el pecado; 5 y habéis ya olvidado la exhortación que como a hijos se os dirige, diciendo:

Hijo mío, no menosprecies la disciplina del Señor,
Ni desmayes cuando eres reprendido por él;
[6] Porque el Señor al que ama, disciplina,
Y azota a todo el que recibe por hijo.

[7] Si soportáis la disciplina, Dios os trata como a hijos; porque ¿qué hijo es aquel a quien el padre no disciplina? [8] Pero si se os deja sin disciplina, de la cual todos han sido participantes, entonces sois bastardos, y no hijos. [9] Por otra parte, tuvimos a nuestros padres terrenales que nos disciplinaban, y los venerábamos. ¿Por qué no obedeceremos mucho mejor al Padre de los espíritus, y viviremos? [10] Y aquéllos, ciertamente por pocos días nos disciplinaban como a ellos les parecía, pero éste para lo que nos es provechoso, para que participemos de su santidad. [11] Es verdad que ninguna disciplina al presente parece ser causa de gozo, sino de tristeza; pero después da fruto apacible de justicia a los que en ella han sido ejercitados.

Los que rechazan la gracia de Dios

[12] Por lo cual, levantad las manos caídas y las rodillas paralizadas; [13] y haced sendas derechas para vuestros pies, para que lo cojo no se salga del camino, sino que sea sanado. [14] Seguid la paz con todos, y la santidad, sin la cual nadie verá al Señor. [15] Mirad bien, no sea que alguno deje de alcanzar la gracia de Dios; que brotando alguna raíz de amargura, os estorbe, y por ella muchos sean contaminados; [16] no sea que haya algún fornicario, o profano, como Esaú, que por una sola comida vendió su primogenitura. [17] Porque ya sabéis que aun después, deseando heredar la bendición, fue desechado, y no hubo oportunidad para el arrepentimiento, aunque la procuró con lágrimas.

[18] Porque no os habéis acercado al monte que se podía palpar, y que ardía en fuego, a la oscuridad, a las tinieblas y a la tempestad, [19] al sonido de la trompeta, y a la voz que hablaba, la cual los que la oyeron rogaron que no se les hablase más, [20] porque no podían soportar lo que se ordenaba: Si aun una bestia tocare el monte, será apedreada, o pasada con dardo; [21] y tan terrible era lo que se veía, que Moisés dijo: Estoy espantado y temblando; [22] sino que os habéis acercado al monte de Sion, a la ciudad del Dios vivo, Jerusalén la celestial, a la compañía de muchos millares de ángeles, [23] a la congregación de los primogénitos que están inscritos en los cielos, a Dios el Juez de todos, a los

espíritus de los justos hechos perfectos, ²⁴ a Jesús el Mediador del nuevo pacto, y a la sangre rociada que habla mejor que la de Abel.

²⁵ Mirad que no desechéis al que habla. Porque si no escaparon aquellos que desecharon al que los amonestaba en la tierra, mucho menos nosotros, si desecháremos al que amonesta desde los cielos. ²⁶ La voz del cual conmovió entonces la tierra, pero ahora ha prometido, diciendo: Aún una vez, y conmoveré no solamente la tierra, sino también el cielo. ²⁷ Y esta frase: Aún una vez, indica la remoción de las cosas movibles, como cosas hechas, para que queden las inconmovibles. ²⁸ Así que, recibiendo nosotros un reino inconmovible, tengamos gratitud, y mediante ella sirvamos a Dios agradándole con temor y reverencia; ²⁹ porque nuestro Dios es fuego consumidor.

Deberes cristianos

13 Permanezca el amor fraternal. ² No os olvidéis de la hospitalidad, porque por ella algunos, sin saberlo, hospedaron ángeles. ³ Acordaos de los presos, como si estuvierais presos juntamente con ellos; y de los maltratados, como que también vosotros mismos estáis en el cuerpo. ⁴ Honroso sea en todos el matrimonio, y el lecho sin mancilla; pero a los fornicarios y a

los adúlteros los juzgará Dios. ⁵ Sean vuestras costumbres sin avaricia, contentos con lo que tenéis ahora; porque él dijo: No te desampararé, ni te dejaré; ⁶ de manera que podemos decir confiadamente:

El Señor es mi ayudador; no temeré

Lo que me pueda hacer el hombre.

⁷ Acordaos de vuestros pastores, que os hablaron la palabra de Dios; considerad cuál haya sido el resultado de su conducta, e imitad su fe. ⁸ Jesucristo es el mismo ayer, y hoy, y por los siglos. ⁹ No os dejéis llevar de doctrinas diversas y extrañas; porque buena cosa es afirmar el corazón con la gracia, no con viandas, que nunca aprovecharon a los que se han ocupado de ellas. ¹⁰ Tenemos un altar, del cual no tienen derecho de comer los que sirven al tabernáculo. ¹¹ Porque los cuerpos de aquellos animales cuya sangre a causa del pecado es introducida en el santuario por el sumo sacerdote, son quemados fuera del campamento. ¹² Por lo cual también Jesús, para santificar al pueblo mediante su propia sangre, padeció fuera de la puerta. ¹³ Salgamos, pues, a él, fuera del campamento, llevando su vituperio; ¹⁴ porque no tenemos aquí ciudad permanente, sino que buscamos la por venir. ¹⁵ Así que,

ofrezcamos siempre a Dios, por medio de él, sacrificio de alabanza, es decir, fruto de labios que confiesan su nombre. [16] Y de hacer bien y de la ayuda mutua no os olvidéis; porque de tales sacrificios se agrada Dios. [17] Obedeced a vuestros pastores, y sujetaos a ellos; porque ellos velan por vuestras almas, como quienes han de dar cuenta; para que lo hagan con alegría, y no quejándose, porque esto no os es provechoso.

[18] Orad por nosotros; pues confiamos en que tenemos buena conciencia, deseando conducirnos bien en todo. [19] Y más os ruego que lo hagáis así, para que yo os sea restituido más pronto.

Bendición y salutaciones finales
[20] Y el Dios de paz que resucitó de los muertos a nuestro Señor Jesucristo, el gran pastor de las ovejas, por la sangre del pacto eterno, [21] os haga aptos en toda obra buena para que hagáis su voluntad, haciendo él en vosotros lo que es agradable delante de él por Jesucristo; al cual sea la gloria por los siglos de los siglos. Amén.

[22] Os ruego, hermanos, que soportéis la palabra de exhortación, pues os he escrito brevemente. [23] Sabed que está en libertad nuestro hermano Timoteo, con el cual, si viniere pronto, iré a veros. [24] Saludad a todos vuestros pastores, y a todos los santos. Los de Italia os saludan. [25] La gracia sea con todos vosotros. Amén.

LA EPÍSTOLA UNIVERSAL DE

SANTIAGO

1 Santiago, siervo de Dios y del Señor Jesucristo, a las doce tribus que están en la dispersión: Salud.

La sabiduría que viene de Dios

2 Hermanos míos, tened por sumo gozo cuando os halléis en diversas pruebas, 3 sabiendo que la prueba de vuestra fe produce paciencia. 4 Mas tenga la paciencia su obra completa, para que seáis perfectos y cabales, sin que os falte cosa alguna.

5 Y si alguno de vosotros tiene falta de sabiduría, pídala a Dios, el cual da a todos abundantemente y sin reproche, y le será dada. 6 Pero pida con fe, no dudando nada; porque el que duda es semejante a la onda del mar, que es arrastrada por el viento y echada de una parte a otra. 7 No piense, pues, quien tal haga, que recibirá cosa alguna del Señor. 8 El hombre de doble ánimo es inconstante en todos sus caminos.

9 El hermano que es de humilde condición, gloríese en su exaltación; 10 pero el que es rico, en su humillación; porque él pasará como la flor de la hierba. 11 Porque cuando sale el sol con calor abrasador, la hierba se seca, su flor se cae, y perece su hermosa apariencia; así también se marchitará el rico en todas sus empresas.

Soportando las pruebas

12 Bienaventurado el varón que soporta la tentación; porque cuando haya resistido la prueba, recibirá la corona de vida, que Dios ha prometido a los que le aman. 13 Cuando alguno es tentado, no diga que es tentado de parte de Dios; porque Dios no puede ser tentado por el mal, ni él tienta a nadie; 14 sino que cada uno es tentado, cuando de su propia concupiscencia es atraído y seducido. 15 Entonces la concupiscencia, después que ha concebido, da a luz el pecado; y el pecado, siendo consumado, da a luz la muerte.

¹⁶ Amados hermanos míos, no erréis. ¹⁷ Toda buena dádiva y todo don perfecto desciende de lo alto, del Padre de las luces, en el cual no hay mudanza, ni sombra de variación. ¹⁸ Él, de su voluntad, nos hizo nacer por la palabra de verdad, para que seamos primicias de sus criaturas.

Hacedores de la palabra

¹⁹ Por esto, mis amados hermanos, todo hombre sea pronto para oír, tardo para hablar, tardo para airarse; ²⁰ porque la ira del hombre no obra la justicia de Dios. ²¹ Por lo cual, desechando toda inmundicia y abundancia de malicia, recibid con mansedumbre la palabra implantada, la cual puede salvar vuestras almas.

²² Pero sed hacedores de la palabra, y no tan solamente oidores, engañándoos a vosotros mismos. ²³ Porque si alguno es oidor de la palabra pero no hacedor de ella, éste es semejante al hombre que considera en un espejo su rostro natural. ²⁴ Porque él se considera a sí mismo, y se va, y luego olvida cómo era. ²⁵ Mas el que mira atentamente en la perfecta ley, la de la libertad, y persevera en ella, no siendo oidor olvidadizo, sino hacedor de la obra, éste será bienaventurado en lo que hace.

²⁶ Si alguno se cree religioso entre vosotros, y no refrena su lengua, sino que engaña su corazón, la religión del tal es vana. ²⁷ La religión pura y sin mácula delante de Dios el Padre es ésta: Visitar a los huérfanos y a las viudas en sus tribulaciones, y guardarse sin mancha del mundo.

Amonestación contra la parcialidad

2 Hermanos míos, que vuestra fe en nuestro glorioso Señor Jesucristo sea sin acepción de personas. ² Porque si en vuestra congregación entra un hombre con anillo de oro y con ropa espléndida, y también entra un pobre con vestido andrajoso, ³ y miráis con agrado al que trae la ropa espléndida y le decís: Siéntate tú aquí en buen lugar; y decís al pobre: Estate tú allí en pie, o siéntate aquí bajo mi estrado; ⁴ ¿no hacéis distinciones entre vosotros mismos, y venís a ser jueces con malos pensamientos? ⁵ Hermanos míos amados, oíd: ¿No ha elegido Dios a los pobres de este mundo, para que sean ricos en fe y herederos del reino que ha prometido a los que le aman? ⁶ Pero vosotros habéis afrentado al pobre. ¿No os oprimen los ricos, y no son ellos los mismos que os arrastran a los tribunales? ⁷ ¿No blasfeman ellos el buen nombre que fue invocado sobre vosotros?

[8] Si en verdad cumplís la ley real, conforme a la Escritura: Amarás a tu prójimo como a ti mismo, bien hacéis; [9] pero si hacéis acepción de personas, cometéis pecado, y quedáis convictos por la ley como transgresores. [10] Porque cualquiera que guardare toda la ley, pero ofendiere en un punto, se hace culpable de todos. [11] Porque el que dijo: No cometerás adulterio, también ha dicho: No matarás. Ahora bien, si no cometes adulterio, pero matas, ya te has hecho transgresor de la ley. [12] Así hablad, y así haced, como los que habéis de ser juzgados por la ley de la libertad. [13] Porque juicio sin misericordia se hará con aquel que no hiciere misericordia; y la misericordia triunfa sobre el juicio.

La fe sin obras es muerta

[14] Hermanos míos, ¿de qué aprovechará si alguno dice que tiene fe, y no tiene obras? ¿Podrá la fe salvarle? [15] Y si un hermano o una hermana están desnudos, y tienen necesidad del mantenimiento de cada día, [16] y alguno de vosotros les dice: Id en paz, calentaos y saciaos, pero no les dais las cosas que son necesarias para el cuerpo, ¿de qué aprovecha? [17] Así también la fe, si no tiene obras, es muerta en sí misma.

[18] Pero alguno dirá: Tú tienes fe, y yo tengo obras. Muéstrame tu fe sin tus obras, y yo te mostraré mi fe por mis obras. [19] Tú crees que Dios es uno; bien haces. También los demonios creen, y tiemblan. [20] ¿Mas quieres saber, hombre vano, que la fe sin obras es muerta? [21] ¿No fue justificado por las obras Abraham nuestro padre, cuando ofreció a su hijo Isaac sobre el altar? [22] ¿No ves que la fe actuó juntamente con sus obras, y que la fe se perfeccionó por las obras? [23] Y se cumplió la Escritura que dice: Abraham creyó a Dios, y le fue contado por justicia, y fue llamado amigo de Dios. [24] Vosotros veis, pues, que el hombre es justificado por las obras, y no solamente por la fe. [25] Asimismo también Rahab la ramera, ¿no fue justificada por obras, cuando recibió a los mensajeros y los envió por otro camino? [26] Porque como el cuerpo sin espíritu está muerto, así también la fe sin obras está muerta.

La lengua

3 Hermanos míos, no os hagáis maestros muchos de vosotros, sabiendo que recibiremos mayor condenación. [2] Porque todos ofendemos muchas veces. Si alguno no ofende en palabra, éste es varón perfecto, capaz también de refrenar todo el cuerpo. ³ He aquí nosotros ponemos freno en la boca de los caballos para que nos obedezcan, y dirigimos así todo su cuerpo. ⁴ Mirad también las naves; aunque tan grandes, y llevadas de impetuosos vientos, son gobernadas con un muy pequeño timón por donde el que las gobierna quiere. ⁵ Así también la lengua es un miembro pequeño, pero se jacta de grandes cosas. He aquí, ¡cuán grande bosque enciende un pequeño fuego!

⁶ Y la lengua es un fuego, un mundo de maldad. La lengua está puesta entre nuestros miembros, y contamina todo el cuerpo, e inflama la rueda de la creación, y ella misma es inflamada por el infierno. ⁷ Porque toda naturaleza de bestias, y de aves, y de serpientes, y de seres del mar, se doma y ha sido domada por la naturaleza humana; ⁸ pero ningún hombre puede domar la lengua, que es un mal que no puede ser refrenado, llena de veneno mortal. ⁹ Con ella bendecimos al Dios y Padre, y con ella maldecimos a los hombres, que están hechos a la semejanza de Dios. ¹⁰ De una misma boca proceden bendición y maldición. Hermanos míos, esto no debe ser así. ¹¹ ¿Acaso alguna fuente echa por una misma abertura agua dulce y amarga? ¹² Hermanos míos, ¿puede acaso la higuera producir aceitunas, o la vid higos? Así también ninguna fuente puede dar agua salada y dulce.

La sabiduría de lo alto

¹³ ¿Quién es sabio y entendido entre vosotros? Muestre por la buena conducta sus obras en sabia mansedumbre. ¹⁴ Pero si tenéis celos amargos y contención en vuestro corazón, no os jactéis, ni mintáis contra la verdad; ¹⁵ porque esta sabiduría no es la que desciende de lo alto, sino terrenal, animal, diabólica. ¹⁶ Porque donde hay celos y contención, allí hay perturbación y toda obra perversa. ¹⁷ Pero la sabiduría que es de lo alto es primeramente pura, después pacífica, amable, benigna, llena de misericordia y de buenos frutos, sin incertidumbre ni hipocresía. ¹⁸ Y el fruto de justicia se siembra en paz para aquellos que hacen la paz.

La amistad con el mundo

4 ¿De dónde vienen las guerras y los pleitos entre vosotros? ¿No es de vuestras pasiones, las cuales combaten en vuestros miembros? ² Codiciáis, y no tenéis; matáis y ardéis de envidia, y no podéis alcanzar; combatís y lucháis, pero no tenéis lo que deseáis, porque no pedís. ³ Pedís, y no recibís, porque pedís mal, para gastar en vuestros deleites. ⁴ ¡Oh almas adúlteras! ¿No sabéis que la amistad del mundo es enemistad contra Dios? Cualquiera, pues, que quiera ser amigo del mundo, se constituye enemigo de Dios. ⁵ ¿O pensáis que la Escritura dice en vano: El Espíritu que él ha hecho morar en nosotros nos anhela celosamente? ⁶ Pero él da mayor gracia. Por esto dice: Dios resiste a los soberbios, y da gracia a los humildes. ⁷ Someteos, pues, a Dios; resistid al diablo, y huirá de vosotros. ⁸ Acercaos a Dios, y él se acercará a vosotros. Pecadores, limpiad las manos; y vosotros los de doble ánimo, purificad vuestros corazones. ⁹ Afligíos, y lamentad, y llorad. Vuestra risa se convierta en lloro, y vuestro gozo en tristeza. ¹⁰ Humillaos delante del Señor, y él os exaltará.

Juzgando al hermano

¹¹ Hermanos, no murmuréis los unos de los otros. El que murmura del hermano y juzga a su hermano, murmura de la ley y juzga a la ley; pero si tú juzgas a la ley, no eres hacedor de la ley, sino juez. ¹² Uno solo es el dador de la ley, que puede salvar y perder; pero tú, ¿quién eres para que juzgues a otro?

No os gloriéis del día de mañana

¹³ ¡Vamos ahora! los que decís: Hoy y mañana iremos a tal ciudad, y estaremos allá un año, y traficaremos, y ganaremos; ¹⁴ cuando no sabéis lo que será mañana. Porque ¿qué es vuestra vida? Ciertamente es neblina que se aparece por un poco de tiempo, y luego se desvanece. ¹⁵ En lugar de lo cual deberíais decir: Si el Señor quiere, viviremos y haremos esto o aquello. ¹⁶ Pero ahora os jactáis en vuestras soberbias. Toda jactancia semejante es mala; ¹⁷ y al que sabe hacer lo bueno, y no lo hace, le es pecado.

Contra los ricos opresores

5 ¡Vamos ahora, ricos! Llorad y aullad por las miserias que os vendrán. ² Vuestras riquezas están podridas, y vuestras ropas están comidas de polilla. ³ Vuestro oro y plata están enmohecidos; y su moho testificará contra vosotros, y devorará del todo vuestras carnes como fuego. Habéis acumulado tesoros para los días postreros. ⁴ He aquí, clama el jornal de los obreros que han cosechado vuestras tierras, el cual por engaño no les ha sido pagado por vosotros; y los clamores de los que habían segado han entrado en los oídos del Señor de los ejércitos. ⁵ Habéis vivido en deleites sobre la tierra, y sido disolutos; habéis engordado vuestros corazones como en día de matanza. ⁶ Habéis condenado y dado muerte al justo, y él no os hace resistencia.

Sed pacientes y orad

⁷ Por tanto, hermanos, tened paciencia hasta la venida del Señor. Mirad cómo el labrador espera el precioso fruto de la tierra, aguardando con paciencia hasta que reciba la lluvia temprana y la tardía. ⁸ Tened también vosotros paciencia, y afirmad vuestros corazones; porque la venida del Señor se acerca. ⁹ Hermanos, no os quejéis unos contra otros, para que no seáis condenados; he aquí, el juez está delante de la puerta. ¹⁰ Hermanos míos, tomad como ejemplo de aflicción y de paciencia a los profetas que hablaron en nombre del Señor. ¹¹ He aquí, tenemos por bienaventurados a los que sufren. Habéis oído de la paciencia de Job, y habéis visto el fin del Señor, que el Señor es muy misericordioso y compasivo.

¹² Pero sobre todo, hermanos míos, no juréis, ni por el cielo, ni por la tierra, ni por ningún otro juramento; sino que vuestro sí sea sí, y vuestro no sea no, para que no caigáis en condenación.

¹³ ¿Está alguno entre vosotros afligido? Haga oración. ¿Está alguno alegre? Cante alabanzas. ¹⁴ ¿Está alguno enfermo entre vosotros? Llame a los ancianos de la iglesia, y oren por él, ungiéndole con aceite en el nombre del Señor. ¹⁵ Y la oración de fe salvará al enfermo, y el Señor lo levantará; y si hubiere cometido pecados, le serán perdonados. ¹⁶ Confesaos vuestras ofensas unos a otros, y orad unos por otros, para que seáis sanados. La oración eficaz del justo puede mucho. ¹⁷ Elías era hombre sujeto a pasiones semejantes a las nuestras, y oró fervientemente para que no lloviese, y no llovió sobre la tierra por tres años y seis meses. ¹⁸ Y otra vez oró, y el cielo dio lluvia, y la tierra produjo su fruto.

¹⁹ Hermanos, si alguno de entre vosotros se ha extraviado de la verdad, y alguno le hace volver, ²⁰ sepa que el que haga volver al pecador del error de su camino, salvará de muerte un alma, y cubrirá multitud de pecados.

PRIMERA EPÍSTOLA UNIVERSAL DE
SAN PEDRO APÓSTOL

Salutación

1 Pedro, apóstol de Jesucristo, a los expatriados de la dispersión en el Ponto, Galacia, Capadocia, Asia y Bitinia, ² elegidos según la presciencia de Dios Padre en santificación del Espíritu, para obedecer y ser rociados con la sangre de Jesucristo: Gracia y paz os sean multiplicadas.

Una esperanza viva

³ Bendito el Dios y Padre de nuestro Señor Jesucristo, que según su grande misericordia nos hizo renacer para una esperanza viva, por la resurrección de Jesucristo de los muertos, ⁴ para una herencia incorruptible, incontaminada e inmarcesible, reservada en los cielos para vosotros, ⁵ que sois guardados por el poder de Dios mediante la fe, para alcanzar la salvación que está preparada para ser manifestada en el tiempo postrero. ⁶ En lo cual vosotros os alegráis, aunque ahora por un poco de tiempo, si es necesario, tengáis que ser afligidos en diversas pruebas, ⁷ para que sometida a prueba vuestra fe, mucho más preciosa que el oro, el cual aunque perecedero se prueba con fuego, sea hallada en alabanza, gloria y honra cuando sea manifestado Jesucristo, ⁸ a quien amáis sin haberle visto, en quien creyendo, aunque ahora no lo veáis, os alegráis con gozo inefable y glorioso; ⁹ obteniendo el fin de vuestra fe, que es la salvación de vuestras almas.

¹⁰ Los profetas que profetizaron de la gracia destinada a vosotros, inquirieron y diligentemente indagaron acerca de esta salvación, ¹¹ escudriñando qué persona y qué tiempo indicaba el Espíritu de Cristo que estaba en ellos, el cual anunciaba de antemano los sufrimientos de Cristo, y las glorias que vendrían tras ellos. ¹² A éstos se les reveló que no para sí mismos, sino para nosotros, administraban las cosas que ahora os son anunciadas por los que os han predicado el evangelio por el Espíritu Santo enviado del cielo; cosas en las cuales anhelan mirar los ángeles.

Llamamiento a una vida santa

¹³ Por tanto, ceñid los lomos de vuestro entendimiento, sed sobrios, y esperad por completo en la gracia que se os traerá cuando Jesucristo sea manifestado; ¹⁴ como hijos obedientes, no os conforméis a los deseos que antes teníais estando en vuestra ignorancia; ¹⁵ sino, como aquel que os llamó es santo, sed también vosotros santos en toda vuestra manera de vivir; ¹⁶ porque escrito está: Sed santos, porque yo soy santo. ¹⁷ Y si invocáis por Padre a aquel que sin acepción de personas juzga según la obra de cada uno, conducíos en temor todo el tiempo de vuestra peregrinación; ¹⁸ sabiendo que fuisteis rescatados de vuestra vana manera de vivir, la cual recibisteis de vuestros padres, no con cosas corruptibles, como oro o plata, ¹⁹ sino con la sangre preciosa de Cristo, como de un cordero sin mancha y sin contaminación, ²⁰ ya destinado desde antes de la fundación del mundo, pero manifestado en los postreros tiempos por amor de vosotros, ²¹ y mediante el cual creéis en Dios, quien le resucitó de los muertos y le ha dado gloria, para que vuestra fe y esperanza sean en Dios.

²² Habiendo purificado vuestras almas por la obediencia a la verdad, mediante el Espíritu, para el amor fraternal no fingido, amaos unos a otros entrañablemente, de corazón puro; ²³ siendo renacidos, no de simiente corruptible, sino de incorruptible, por la palabra de Dios que vive y permanece para siempre. ²⁴ Porque:
Toda carne es como hierba,
Y toda la gloria del hombre como flor de la hierba.
La hierba se seca, y la flor se cae;
²⁵ Mas la palabra del Señor permanece para siempre.
Y ésta es la palabra que por el evangelio os ha sido anunciada.

2 Desechando, pues, toda malicia, todo engaño, hipocresía, envidias, y todas las detracciones, ² desead, como niños recién nacidos, la leche espiritual no adulterada, para que por ella crezcáis para salvación, ³ si es que habéis gustado la benignidad del Señor.

La piedra viva

⁴ Acercándoos a él, piedra viva, desechada ciertamente por los hombres, mas para Dios escogida y preciosa, ⁵ vosotros también, como piedras vivas, sed edificados como casa espiritual y sacerdocio santo, para ofrecer sacrificios espirituales aceptables a Dios por medio de Jesucristo. ⁶ Por lo cual también contiene la Escritura:
He aquí, pongo en Sion la principal piedra del ángulo, escogida,

preciosa;

Y el que creyere en él, no será avergonzado.

⁷ Para vosotros, pues, los que creéis, él es precioso; pero para los que no creen,

La piedra que los edificadores desecharon,

Ha venido a ser la cabeza del ángulo;

⁸ y:

Piedra de tropiezo, y roca que hace caer,

porque tropiezan en la palabra, siendo desobedientes; a lo cual fueron también destinados.

El pueblo de Dios

⁹ Mas vosotros sois linaje escogido, real sacerdocio, nación santa, pueblo adquirido por Dios, para que anunciéis las virtudes de aquel que os llamó de las tinieblas a su luz admirable; ¹⁰ vosotros que en otro tiempo no erais pueblo, pero que ahora sois pueblo de Dios; que en otro tiempo no habíais alcanzado misericordia, pero ahora habéis alcanzado misericordia.

Vivid como siervos de Dios

¹¹ Amados, yo os ruego como a extranjeros y peregrinos, que os abstengáis de los deseos carnales que batallan contra el alma, ¹² manteniendo buena vuestra manera de vivir entre los gentiles; para que en lo que murmuran de vosotros como de malhechores, glorifiquen a Dios en el día de la visitación, al considerar vuestras buenas obras.

¹³ Por causa del Señor someteos a toda institución humana, ya sea al rey, como a superior, ¹⁴ ya a los gobernadores, como por él enviados para castigo de los malhechores y alabanza de los que hacen bien. ¹⁵ Porque ésta es la voluntad de Dios: que haciendo bien, hagáis callar la ignorancia de los hombres insensatos; ¹⁶ como libres, pero no como los que tienen la libertad como pretexto para hacer lo malo, sino como siervos de Dios. ¹⁷ Honrad a todos. Amad a los hermanos. Temed a Dios. Honrad al rey.

¹⁸ Criados, estad sujetos con todo respeto a vuestros amos; no solamente a los buenos y afables, sino también a los difíciles de soportar. ¹⁹ Porque esto merece aprobación, si alguno a causa de la conciencia delante de Dios, sufre molestias padeciendo injustamente. ²⁰ Pues ¿qué gloria es, si pecando sois abofeteados, y lo soportáis? Mas si haciendo lo bueno sufrís, y lo soportáis, esto ciertamente es aprobado delante de Dios. ²¹ Pues para esto fuisteis llamados; porque también Cristo padeció por nosotros, dejándonos ejemplo, para que sigáis sus

pisadas; [22] el cual no hizo pecado, ni se halló engaño en su boca; [23] quien cuando le maldecían, no respondía con maldición; cuando padecía, no amenazaba, sino encomendaba la causa al que juzga justamente; [24] quien llevó él mismo nuestros pecados en su cuerpo sobre el madero, para que nosotros, estando muertos a los pecados, vivamos a la justicia; y por cuya herida fuisteis sanados. [25] Porque vosotros erais como ovejas descarriadas, pero ahora habéis vuelto al Pastor y Obispo de vuestras almas.

Deberes conyugales

3 Asimismo vosotras, mujeres, estad sujetas a vuestros maridos; para que también los que no creen a la palabra, sean ganados sin palabra por la conducta de sus esposas, [2] considerando vuestra conducta casta y respetuosa. [3] Vuestro atavío no sea el externo de peinados ostentosos, de adornos de oro o de vestidos lujosos, [4] sino el interno, el del corazón, en el incorruptible ornato de un espíritu afable y apacible, que es de grande estima delante de Dios. [5] Porque así también se ataviaban en otro tiempo aquellas santas mujeres que esperaban en Dios, estando sujetas a sus maridos; [6] como Sara obedecía a Abraham, llamándole señor; de la cual vosotras habéis venido a ser hijas, si hacéis el bien, sin temer ninguna amenaza.

[7] Vosotros, maridos, igualmente, vivid con ellas sabiamente, dando honor a la mujer como a vaso más frágil, y como a coherederas de la gracia de la vida, para que vuestras oraciones no tengan estorbo.

Una buena conciencia

[8] Finalmente, sed todos de un mismo sentir, compasivos, amándoos fraternalmente, misericordiosos, amigables; [9] no devolviendo mal por mal, ni maldición por maldición, sino por el contrario, bendiciendo, sabiendo que fuisteis llamados para que heredaseis bendición. [10] Porque:
El que quiere amar la vida
Y ver días buenos,
Refrene su lengua de mal,
Y sus labios no hablen engaño;
[11] Apártese del mal, y haga el bien;
Busque la paz, y sígala.
[12] Porque los ojos del Señor están sobre los justos,
Y sus oídos atentos a sus oraciones;
Pero el rostro del Señor está contra aquellos que hacen el mal.

[13] ¿Y quién es aquel que os podrá hacer daño, si vosotros seguís el bien? [14] Mas también si alguna cosa padecéis por causa de la justicia, bienaventurados sois. Por tanto, no os amedrentéis por temor de ellos, ni os conturbéis,

¹⁵ sino santificad a Dios el Señor en vuestros corazones, y estad siempre preparados para presentar defensa con mansedumbre y reverencia ante todo el que os demande razón de la esperanza que hay en vosotros; ¹⁶ teniendo buena conciencia, para que en lo que murmuran de vosotros como de malhechores, sean avergonzados los que calumnian vuestra buena conducta en Cristo. ¹⁷ Porque mejor es que padezcáis haciendo el bien, si la voluntad de Dios así lo quiere, que haciendo el mal. ¹⁸ Porque también Cristo padeció una sola vez por los pecados, el justo por los injustos, para llevarnos a Dios, siendo a la verdad muerto en la carne, pero vivificado en espíritu; ¹⁹ en el cual también fue y predicó a los espíritus encarcelados, ²⁰ los que en otro tiempo desobedecieron, cuando una vez esperaba la paciencia de Dios en los días de Noé, mientras se preparaba el arca, en la cual pocas personas, es decir, ocho, fueron salvadas por agua. ²¹ El bautismo que corresponde a esto ahora nos salva (no quitando las inmundicias de la carne, sino como la aspiración de una buena conciencia hacia Dios) por la resurrección de Jesucristo, ²² quien habiendo subido al cielo está a la diestra de Dios; y a él están sujetos ángeles, autoridades y potestades.

Buenos administradores de la gracia de Dios

4 Puesto que Cristo ha padecido por nosotros en la carne, vosotros también armaos del mismo pensamiento; pues quien ha padecido en la carne, terminó con el pecado, ² para no vivir el tiempo que resta en la carne, conforme a las concupiscencias de los hombres, sino conforme a la voluntad de Dios. ³ Baste ya el tiempo pasado para haber hecho lo que agrada a los gentiles, andando en lascivias, concupiscencias, embriagueces, orgías, disipación y abominables idolatrías. ⁴ A éstos les parece cosa extraña que vosotros no corráis con ellos en el mismo desenfreno de disolución, y os ultrajan; ⁵ pero ellos darán cuenta al que está preparado para juzgar a los vivos y a los muertos. ⁶ Porque por esto también ha sido predicado el evangelio a los muertos, para que sean juzgados en carne según los hombres, pero vivan en espíritu según Dios.

⁷ Mas el fin de todas las cosas se acerca; sed, pues, sobrios, y velad en oración. ⁸ Y ante todo, tened entre vosotros ferviente amor; porque el amor cubrirá multitud de pecados. ⁹ Hospedaos los unos a los otros sin murmuraciones. ¹⁰ Cada uno según el don que ha recibido, minístrelo a los otros, como buenos administradores de

la multiforme gracia de Dios. [11] Si alguno habla, hable conforme a las palabras de Dios; si alguno ministra, ministre conforme al poder que Dios da, para que en todo sea Dios glorificado por Jesucristo, a quien pertenecen la gloria y el imperio por los siglos de los siglos. Amén.

Padeciendo como cristianos

[12] Amados, no os sorprendáis del fuego de prueba que os ha sobrevenido, como si alguna cosa extraña os aconteciese, [13] sino gozaos por cuanto sois participantes de los padecimientos de Cristo, para que también en la revelación de su gloria os gocéis con gran alegría. [14] Si sois vituperados por el nombre de Cristo, sois bienaventurados, porque el glorioso Espíritu de Dios reposa sobre vosotros. Ciertamente, de parte de ellos, él es blasfemado, pero por vosotros es glorificado. [15] Así que, ninguno de vosotros padezca como homicida, o ladrón, o malhechor, o por entremeterse en lo ajeno; [16] pero si alguno padece como cristiano, no se avergüence, sino glorifique a Dios por ello. [17] Porque es tiempo de que el juicio comience por la casa de Dios; y si primero comienza por nosotros, ¿cuál será el fin de aquellos que no obedecen al evangelio de Dios? [18] Y:
Si el justo con dificultad se salva,

¿En dónde aparecerá el impío y el pecador?

[19] De modo que los que padecen según la voluntad de Dios, encomienden sus almas al fiel Creador, y hagan el bien.

Apacentad la grey de Dios

5 Ruego a los ancianos que están entre vosotros, yo anciano también con ellos, y testigo de los padecimientos de Cristo, que soy también participante de la gloria que será revelada: [2] Apacentad la grey de Dios que está entre vosotros, cuidando de ella, no por fuerza, sino voluntariamente; no por ganancia deshonesta, sino con ánimo pronto; [3] no como teniendo señorío sobre los que están a vuestro cuidado, sino siendo ejemplos de la grey. [4] Y cuando aparezca el Príncipe de los pastores, vosotros recibiréis la corona incorruptible de gloria. [5] Igualmente, jóvenes, estad sujetos a los ancianos; y todos, sumisos unos a otros, revestíos de humildad; porque:
Dios resiste a los soberbios,
Y da gracia a los humildes.

[6] Humillaos, pues, bajo la poderosa mano de Dios, para que él os exalte cuando fuere tiempo; [7] echando toda vuestra ansiedad sobre él, porque él tiene cuidado de vosotros. [8] Sed sobrios, y

velad; porque vuestro adversario el diablo, como león rugiente, anda alrededor buscando a quien devorar; ⁹ al cual resistid firmes en la fe, sabiendo que los mismos padecimientos se van cumpliendo en vuestros hermanos en todo el mundo. ¹⁰ Mas el Dios de toda gracia, que nos llamó a su gloria eterna en Jesucristo, después que hayáis padecido un poco de tiempo, él mismo os perfeccione, afirme, fortalezca y establezca. ¹¹ A él sea la gloria y el imperio por los siglos de los siglos. Amén.

Salutaciones finales

¹² Por conducto de Silvano, a quien tengo por hermano fiel, os he escrito brevemente, amonestándoos, y testificando que ésta es la verdadera gracia de Dios, en la cual estáis. ¹³ La iglesia que está en Babilonia, elegida juntamente con vosotros, y Marcos mi hijo, os saludan. ¹⁴ Saludaos unos a otros con ósculo de amor. Paz sea con todos vosotros los que estáis en Jesucristo. Amén.

SEGUNDA EPÍSTOLA UNIVERSAL DE
SAN PEDRO APÓSTOL

Salutación

1 Simón Pedro, siervo y apóstol de Jesucristo, a los que habéis alcanzado, por la justicia de nuestro Dios y Salvador Jesucristo, una fe igualmente preciosa que la nuestra: ² Gracia y paz os sean multiplicadas, en el conocimiento de Dios y de nuestro Señor Jesús.

Partícipes de la naturaleza divina

³ Como todas las cosas que pertenecen a la vida y a la piedad nos han sido dadas por su divino poder, mediante el conocimiento de aquel que nos llamó por su gloria y excelencia, ⁴ por medio de las cuales nos ha dado preciosas y grandísimas promesas, para que por ellas llegaseis a ser

participantes de la naturaleza divina, habiendo huido de la corrupción que hay en el mundo a causa de la concupiscencia; ⁵ vosotros también, poniendo toda diligencia por esto mismo, añadid a vuestra fe virtud; a la virtud, conocimiento; ⁶ al conocimiento, dominio propio; al dominio propio, paciencia; a la paciencia, piedad; ⁷ a la piedad, afecto fraternal; y al afecto fraternal, amor. ⁸ Porque si estas cosas están en vosotros, y abundan, no os dejarán estar ociosos ni sin fruto en cuanto al conocimiento de nuestro Señor Jesucristo. ⁹ Pero el que no tiene estas cosas tiene la vista muy corta; es ciego, habiendo olvidado la purificación de sus antiguos pecados. ¹⁰ Por lo cual, hermanos, tanto más procurad hacer firme vuestra vocación y elección; porque haciendo estas cosas, no caeréis jamás. ¹¹ Porque de esta manera os será otorgada amplia y generosa entrada en el reino eterno de nuestro Señor y Salvador Jesucristo.

¹² Por esto, yo no dejaré de recordaros siempre estas cosas, aunque vosotros las sepáis, y estéis confirmados en la verdad presente. ¹³ Pues tengo por justo, en tanto que estoy en este cuerpo, el despertaros con amonestación; ¹⁴ sabiendo que en breve debo abandonar el cuerpo, como nuestro Señor Jesucristo me ha declarado. ¹⁵ También yo procuraré con diligencia que después de mi partida vosotros podáis en todo momento tener memoria de estas cosas.

Testigos presenciales de la gloria de Cristo

¹⁶ Porque no os hemos dado a conocer el poder y la venida de nuestro Señor Jesucristo siguiendo fábulas artificiosas, sino como habiendo visto con nuestros propios ojos su majestad. ¹⁷ Pues cuando él recibió de Dios Padre honra y gloria, le fue enviada desde la magnífica gloria una voz que decía: Éste es mi Hijo amado, en el cual tengo complacencia. ¹⁸ Y nosotros oímos esta voz enviada del cielo, cuando estábamos con él en el monte santo. ¹⁹ Tenemos también la palabra profética más segura, a la cual hacéis bien en estar atentos como a una antorcha que alumbra en lugar oscuro, hasta que el día esclarezca y el lucero de la mañana salga en vuestros corazones; ²⁰ entendiendo primero esto, que ninguna profecía de la Escritura es de interpretación privada, ²¹ porque nunca la profecía fue traída por voluntad humana, sino que los santos hombres de Dios hablaron siendo inspirados por el Espíritu Santo.

Falsos profetas y falsos maestros
(Judas 3-13)

2 Pero hubo también falsos profetas entre el pueblo, como habrá entre vosotros falsos maestros, que introducirán encubiertamente herejías destructoras, y aun negarán al Señor que los rescató, atrayendo sobre sí mismos destrucción repentina. ² Y muchos seguirán sus disoluciones, por causa de los cuales el camino de la verdad será blasfemado, ³ y por avaricia harán mercadería de vosotros con palabras fingidas. Sobre los tales ya de largo tiempo la condenación no se tarda, y su perdición no se duerme.

⁴ Porque si Dios no perdonó a los ángeles que pecaron, sino que arrojándolos al infierno los entregó a prisiones de oscuridad, para ser reservados al juicio; ⁵ y si no perdonó al mundo antiguo, sino que guardó a Noé, pregonero de justicia, con otras siete personas, trayendo el diluvio sobre el mundo de los impíos; ⁶ y si condenó por destrucción a las ciudades de Sodoma y de Gomorra, reduciéndolas a ceniza y poniéndolas de ejemplo a los que habían de vivir impíamente, ⁷ y libró al justo Lot, abrumado por la nefanda conducta de los malvados ⁸ (porque este justo, que moraba entre ellos, afligía cada día su alma justa, viendo y oyendo los hechos inicuos de ellos), ⁹ sabe el Señor librar de tentación a los piadosos, y reservar a los injustos para ser castigados en el día del juicio; ¹⁰ y mayormente a aquellos que, siguiendo la carne, andan en concupiscencia e inmundicia, y desprecian el señorío.

Atrevidos y contumaces, no temen decir mal de las potestades superiores, ¹¹ mientras que los ángeles, que son mayores en fuerza y en potencia, no pronuncian juicio de maldición contra ellas delante del Señor. ¹² Pero éstos, hablando mal de cosas que no entienden, como animales irracionales, nacidos para presa y destrucción, perecerán en su propia perdición, ¹³ recibiendo el galardón de su injusticia, ya que tienen por delicia el gozar de deleites cada día. Éstos son inmundicias y manchas, quienes aun mientras comen con vosotros, se recrean en sus errores. ¹⁴ Tienen los ojos llenos de adulterio, no se sacian de pecar, seducen a las almas inconstantes, tienen el corazón habituado a la codicia, y son hijos de maldición. ¹⁵ Han dejado el camino recto, y se han extraviado siguiendo el camino de Balaam hijo de Beor, el cual amó el premio de la maldad, ¹⁶ y fue reprendido por su iniquidad;

pues una muda bestia de carga, hablando con voz de hombre, refrenó la locura del profeta.

[17] Éstos son fuentes sin agua, y nubes empujadas por la tormenta; para los cuales la más densa oscuridad está reservada para siempre. [18] Pues hablando palabras infladas y vanas, seducen con concupiscencias de la carne y disoluciones a los que verdaderamente habían huido de los que viven en error. [19] Les prometen libertad, y son ellos mismos esclavos de corrupción. Porque el que es vencido por alguno es hecho esclavo del que lo venció. [20] Ciertamente, si habiéndose ellos escapado de las contaminaciones del mundo, por el conocimiento del Señor y Salvador Jesucristo, enredándose otra vez en ellas son vencidos, su postrer estado viene a ser peor que el primero. [21] Porque mejor les hubiera sido no haber conocido el camino de la justicia, que después de haberlo conocido, volverse atrás del santo mandamiento que les fue dado. [22] Pero les ha acontecido lo del verdadero proverbio: El perro vuelve a su vómito, y la puerca lavada a revolcarse en el cieno.

El día del Señor vendrá

3 Amados, ésta es la segunda carta que os escribo, y en ambas despierto con exhortación vuestro limpio entendimiento, [2] para que tengáis memoria de las palabras que antes han sido dichas por los santos profetas, y del mandamiento del Señor y Salvador dado por vuestros apóstoles; [3] sabiendo primero esto, que en los postreros días vendrán burladores, andando según sus propias concupiscencias, [4] y diciendo: ¿Dónde está la promesa de su advenimiento? Porque desde el día en que los padres durmieron, todas las cosas permanecen así como desde el principio de la creación. [5] Éstos ignoran voluntariamente, que en el tiempo antiguo fueron hechos por la palabra de Dios los cielos, y también la tierra, que proviene del agua y por el agua subsiste, [6] por lo cual el mundo de entonces pereció anegado en agua; [7] pero los cielos y la tierra que existen ahora, están reservados por la misma palabra, guardados para el fuego en el día del juicio y de la perdición de los hombres impíos. [8] Mas, oh amados, no ignoréis esto: que para con el Señor un día es como mil años, y mil años como un día. [9] El Señor no retarda su promesa, según algunos la tienen por tardanza, sino que es paciente para con nosotros, no queriendo que ninguno perezca, sino que todos procedan al arrepentimiento. [10] Pero el día del Señor vendrá como ladrón en la noche;

en el cual los cielos pasarán con grande estruendo, y los elementos ardiendo serán deshechos, y la tierra y las obras que en ella hay serán quemadas.

11 Puesto que todas estas cosas han de ser deshechas, ¡cómo no debéis vosotros andar en santa y piadosa manera de vivir, 12 esperando y apresurándoos para la venida del día de Dios, en el cual los cielos, encendiéndose, serán deshechos, y los elementos, siendo quemados, se fundirán! 13 Pero nosotros esperamos, según sus promesas, cielos nuevos y tierra nueva, en los cuales mora la justicia.

14 Por lo cual, oh amados, estando en espera de estas cosas, procurad con diligencia ser hallados por él sin mancha e irreprensibles, en paz. 15 Y tened entendido que la paciencia de nuestro Señor es para salvación; como también nuestro amado hermano Pablo, según la sabiduría que le ha sido dada, os ha escrito, 16 casi en todas sus epístolas, hablando en ellas de estas cosas; entre las cuales hay algunas difíciles de entender, las cuales los indoctos e inconstantes tuercen, como también las otras Escrituras, para su propia perdición. 17 Así que vosotros, oh amados, sabiéndolo de antemano, guardaos, no sea que arrastrados por el error de los inicuos, caigáis de vuestra firmeza. 18 Antes bien, creced en la gracia y el conocimiento de nuestro Señor y Salvador Jesucristo. A él sea gloria ahora y hasta el día de la eternidad. Amén.

PRIMERA EPÍSTOLA UNIVERSAL DE
SAN JUAN APÓSTOL

La palabra de vida

1 Lo que era desde el principio, lo que hemos oído, lo que hemos visto con nuestros ojos, lo que hemos contemplado, y palparon nuestras manos tocante al Verbo de vida ² (porque la vida fue manifestada, y la hemos visto, y testificamos, y os anunciamos la vida eterna, la cual estaba con el Padre, y se nos manifestó); ³ lo que hemos visto y oído, eso os anunciamos, para que también vosotros tengáis comunión con nosotros; y nuestra comunión verdaderamente es con el Padre, y con su Hijo Jesucristo. ⁴ Estas cosas os escribimos, para que vuestro gozo sea cumplido.

Dios es luz

⁵ Éste es el mensaje que hemos oído de él, y os anunciamos: Dios es luz, y no hay ningunas tinieblas en él. ⁶ Si decimos que tenemos comunión con él, y andamos en tinieblas, mentimos, y no practicamos la verdad; ⁷ pero si andamos en luz, como él está en luz, tenemos comunión unos con otros, y la sangre de Jesucristo su Hijo nos limpia de todo pecado. ⁸ Si decimos que no tenemos pecado, nos engañamos a nosotros mismos, y la verdad no está en nosotros. ⁹ Si confesamos nuestros pecados, él es fiel y justo para perdonar nuestros pecados, y limpiarnos de toda maldad. ¹⁰ Si decimos que no hemos pecado, le hacemos a él mentiroso, y su palabra no está en nosotros.

Cristo, nuestro abogado

2 Hijitos míos, estas cosas os escribo para que no pequéis; y si alguno hubiere pecado, abogado tenemos para con el Padre, a Jesucristo el justo. ² Y él es la propiciación por nuestros pecados; y no solamente por los nuestros, sino también por los de todo el mundo. ³ Y en esto sabemos que nosotros le conocemos, si guardamos sus mandamientos. ⁴ El que dice: Yo le conozco, y no guarda sus mandamientos, el tal es mentiroso, y la verdad no está en él; ⁵ pero el que guarda su palabra, en éste verdaderamente el amor de Dios se ha perfeccionado; por esto sabemos que estamos en él. ⁶ El que dice que permanece en él, debe andar como él anduvo.

El nuevo mandamiento

⁷ Hermanos, no os escribo mandamiento nuevo, sino el mandamiento antiguo que habéis tenido desde el principio; este mandamiento antiguo es la palabra que habéis oído desde el principio. ⁸ Sin embargo, os escribo un mandamiento nuevo, que es verdadero en él y en vosotros, porque las tinieblas van pasando, y la luz verdadera ya alumbra. ⁹ El que dice que está en la luz, y aborrece a su hermano, está todavía en tinieblas. ¹⁰ El que ama a su hermano, permanece en la luz, y en él no hay tropiezo. ¹¹ Pero el que aborrece a su hermano está en tinieblas, y anda en tinieblas, y no sabe a dónde va, porque las tinieblas le han cegado los ojos.

¹² Os escribo a vosotros, hijitos, porque vuestros pecados os han sido perdonados por su nombre. ¹³ Os escribo a vosotros, padres, porque conocéis al que es desde el principio. Os escribo a vosotros, jóvenes, porque habéis vencido al maligno. Os escribo a vosotros, hijitos, porque habéis conocido al Padre. ¹⁴ Os he escrito a vosotros, padres, porque habéis conocido

al que es desde el principio. Os he escrito a vosotros, jóvenes, porque sois fuertes, y la palabra de Dios permanece en vosotros, y habéis vencido al maligno.

¹⁵ No améis al mundo, ni las cosas que están en el mundo. Si alguno ama al mundo, el amor del Padre no está en él. ¹⁶ Porque todo lo que hay en el mundo, los deseos de la carne, los deseos de los ojos, y la vanagloria de la vida, no proviene del Padre, sino del mundo. ¹⁷ Y el mundo pasa, y sus deseos; pero el que hace la voluntad de Dios permanece para siempre.

El anticristo

¹⁸ Hijitos, ya es el último tiempo; y según vosotros oísteis que el anticristo viene, así ahora han surgido muchos anticristos; por esto conocemos que es el último tiempo. ¹⁹ Salieron de nosotros, pero no eran de nosotros; porque si hubiesen sido de nosotros, habrían permanecido con nosotros; pero salieron para que se manifestase que no todos son de nosotros. ²⁰ Pero vosotros tenéis la unción del Santo, y conocéis todas las cosas. ²¹ No os he escrito como si ignoraseis la verdad, sino porque la conocéis, y porque ninguna mentira procede de la verdad. ²² ¿Quién es el mentiroso, sino el que niega que Jesús es el Cristo? Éste es anticristo,

el que niega al Padre y al Hijo.
²³ Todo aquel que niega al Hijo, tampoco tiene al Padre. El que confiesa al Hijo, tiene también al Padre. ²⁴ Lo que habéis oído desde el principio, permanezca en vosotros. Si lo que habéis oído desde el principio permanece en vosotros, también vosotros permaneceréis en el Hijo y en el Padre. ²⁵ Y ésta es la promesa que él nos hizo, la vida eterna.

²⁶ Os he escrito esto sobre los que os engañan. ²⁷ Pero la unción que vosotros recibisteis de él permanece en vosotros, y no tenéis necesidad de que nadie os enseñe; así como la unción misma os enseña todas las cosas, y es verdadera, y no es mentira, según ella os ha enseñado, permaneced en él.

²⁸ Y ahora, hijitos, permaneced en él, para que cuando se manifieste, tengamos confianza, para que en su venida no nos alejemos de él avergonzados. ²⁹ Si sabéis que él es justo, sabed también que todo el que hace justicia es nacido de él.

Hijos de Dios

3 Mirad cuál amor nos ha dado el Padre, para que seamos llamados hijos de Dios; por esto el mundo no nos conoce, porque no le conoció a él. ² Amados, ahora somos hijos de Dios, y aún no se ha manifestado lo que hemos de ser; pero sabemos que cuando él se manifieste, seremos semejantes a él, porque le veremos tal como él es. ³ Y todo aquel que tiene esta esperanza en él, se purifica a sí mismo, así como él es puro.

⁴ Todo aquel que comete pecado, infringe también la ley; pues el pecado es infracción de la ley. ⁵ Y sabéis que él apareció para quitar nuestros pecados, y no hay pecado en él. ⁶ Todo aquel que permanece en él, no peca; todo aquel que peca, no le ha visto, ni le ha conocido. ⁷ Hijitos, nadie os engañe; el que hace justicia es justo, como él es justo. ⁸ El que practica el pecado es del diablo; porque el diablo peca desde el principio. Para esto apareció el Hijo de Dios, para deshacer las obras del diablo. ⁹ Todo aquel que es nacido de Dios, no practica el pecado, porque la simiente de Dios permanece en él; y no puede pecar, porque es nacido de Dios. ¹⁰ En esto se manifiestan los hijos de Dios, y los hijos del diablo: todo aquel que no hace justicia, y que no ama a su hermano, no es de Dios.

¹¹ Porque éste es el mensaje que habéis oído desde el principio: Que nos amemos unos a otros.

¹² No como Caín, que era del maligno y mató a su hermano. ¿Y por qué causa le mató? Porque sus obras eran malas, y las de su hermano justas. ¹³ Hermanos míos, no os extrañéis si el mundo os aborrece. ¹⁴ Nosotros sabemos que hemos pasado de muerte a vida, en que amamos a los hermanos. El que no ama a su hermano, permanece en muerte. ¹⁵ Todo aquel que aborrece a su hermano es homicida; y sabéis que ningún homicida tiene vida eterna permanente en él. ¹⁶ En esto hemos conocido el amor, en que él puso su vida por nosotros; también nosotros debemos poner nuestras vidas por los hermanos. ¹⁷ Pero el que tiene bienes de este mundo y ve a su hermano tener necesidad, y cierra contra él su corazón, ¿cómo mora el amor de Dios en él? ¹⁸ Hijitos míos, no amemos de palabra ni de lengua, sino de hecho y en verdad.

¹⁹ Y en esto conocemos que somos de la verdad, y aseguraremos nuestros corazones delante de él; ²⁰ pues si nuestro corazón nos reprende, mayor que nuestro corazón es Dios, y él sabe todas las cosas. ²¹ Amados, si nuestro corazón no nos reprende, confianza tenemos en Dios; ²² y cualquiera cosa que pidiéremos la recibiremos de él, porque guardamos sus mandamientos, y hacemos las cosas

que son agradables delante de él. ²³ Y éste es su mandamiento: Que creamos en el nombre de su Hijo Jesucristo, y nos amemos unos a otros como nos lo ha mandado. ²⁴ Y el que guarda sus mandamientos, permanece en Dios, y Dios en él. Y en esto sabemos que él permanece en nosotros, por el Espíritu que nos ha dado.

El Espíritu de Dios y el espíritu del anticristo

4 Amados, no creáis a todo espíritu, sino probad los espíritus si son de Dios; porque muchos falsos profetas han salido por el mundo. ² En esto conoced el Espíritu de Dios: Todo espíritu que confiesa que Jesucristo ha venido en carne, es de Dios; ³ y todo espíritu que no confiesa que Jesucristo ha venido en carne, no es de Dios; y éste es el espíritu del anticristo, el cual vosotros habéis oído que viene, y que ahora ya está en el mundo. ⁴ Hijitos, vosotros sois de Dios, y los habéis vencido; porque mayor es el que está en vosotros, que el que está en el mundo. ⁵ Ellos son del mundo; por eso hablan del mundo, y el mundo los oye. ⁶ Nosotros somos de Dios; el que conoce a Dios, nos oye; el que no es de Dios, no nos oye. En esto conocemos el espíritu de verdad y el espíritu de error.

Dios es amor

⁷ Amados, amémonos unos a otros; porque el amor es de Dios. Todo aquel que ama, es nacido de Dios, y conoce a Dios. ⁸ El que no ama, no ha conocido a Dios; porque Dios es amor. ⁹ En esto se mostró el amor de Dios para con nosotros, en que Dios envió a su Hijo unigénito al mundo, para que vivamos por él. ¹⁰ En esto consiste el amor: no en que nosotros hayamos amado a Dios, sino en que él nos amó a nosotros, y envió a su Hijo en propiciación por nuestros pecados. ¹¹ Amados, si Dios nos ha amado así, debemos también nosotros amarnos unos a otros. ¹² Nadie ha visto jamás a Dios. Si nos amamos unos a otros, Dios permanece en nosotros, y su amor se ha perfeccionado en nosotros.

¹³ En esto conocemos que permanecemos en él, y él en nosotros, en que nos ha dado de su Espíritu. ¹⁴ Y nosotros hemos visto y testificamos que el Padre ha enviado al Hijo, el Salvador del mundo. ¹⁵ Todo aquel que confiese que Jesús es el Hijo de Dios, Dios permanece en él, y él en Dios. ¹⁶ Y nosotros hemos conocido y creído el amor que Dios tiene para con nosotros. Dios es amor; y el que permanece en amor, permanece en Dios, y Dios en él. ¹⁷ En esto se ha perfeccionado el amor en nosotros, para que tengamos confianza en el día del juicio; pues como él es, así somos nosotros en este mundo. ¹⁸ En el amor no hay temor, sino que el perfecto amor echa fuera el temor; porque el temor lleva en sí castigo. De donde el que teme, no ha sido perfeccionado en el amor. ¹⁹ Nosotros le amamos a él, porque él nos amó primero. ²⁰ Si alguno dice: Yo amo a Dios, y aborrece a su hermano, es mentiroso. Pues el que no ama a su hermano a quien ha visto, ¿cómo puede amar a Dios a quien no ha visto? ²¹ Y nosotros tenemos este mandamiento de él: El que ama a Dios, ame también a su hermano.

La fe que vence al mundo

5 Todo aquel que cree que Jesús es el Cristo, es nacido de Dios; y todo aquel que ama al que engendró, ama también al que ha sido engendrado por él. ² En esto conocemos que amamos a los hijos de Dios, cuando amamos a Dios, y guardamos sus mandamientos. ³ Pues éste es el amor a Dios, que guardemos sus mandamientos; y sus mandamientos no son gravosos. ⁴ Porque todo lo que es nacido de Dios vence al mundo; y ésta es la victoria que ha vencido al mundo, nuestra fe. ⁵ ¿Quién es el que vence al mundo, sino el que cree que Jesús es el Hijo de Dios?

El testimonio del Espíritu

⁶ Éste es Jesucristo, que vino mediante agua y sangre; no mediante agua solamente, sino mediante agua y sangre. Y el Espíritu es el que da testimonio; porque el Espíritu es la verdad. ⁷ Porque tres son los que dan testimonio en el cielo: el Padre, el Verbo y el Espíritu Santo; y estos tres son uno. ⁸ Y tres son los que dan testimonio en la tierra: el Espíritu, el agua y la sangre; y estos tres concuerdan. ⁹ Si recibimos el testimonio de los hombres, mayor es el testimonio de Dios; porque éste es el testimonio con que Dios ha testificado acerca de su Hijo. ¹⁰ El que cree en el Hijo de Dios, tiene el testimonio en sí mismo; el que no cree a Dios, le ha hecho mentiroso, porque no ha creído en el testimonio que Dios ha dado acerca de su Hijo. ¹¹ Y éste es el testimonio: que Dios nos ha dado vida eterna; y esta vida está en su Hijo. ¹² El que tiene al Hijo, tiene la vida; el que no tiene al Hijo de Dios no tiene la vida.

El conocimiento de la vida eterna

¹³ Estas cosas os he escrito a vosotros que creéis en el nombre del Hijo de Dios, para que sepáis que tenéis vida eterna, y para que creáis en el nombre del Hijo de Dios. ¹⁴ Y ésta es la confianza que tenemos en él, que si pedimos alguna cosa conforme a su voluntad, él nos oye. ¹⁵ Y si sabemos que él nos oye en cualquiera cosa que pidamos, sabemos que tenemos las peticiones que le hayamos hecho. ¹⁶ Si alguno viere a su hermano cometer pecado que no sea de muerte, pedirá, y Dios le dará vida; esto es para los que cometen pecado que no sea de muerte. Hay pecado de muerte, por el cual yo no digo que se pida. ¹⁷ Toda injusticia es pecado; pero hay pecado no de muerte.

¹⁸ Sabemos que todo aquel que ha nacido de Dios, no practica el pecado, pues Aquel que fue engendrado por Dios le guarda, y el maligno no le toca.

¹⁹ Sabemos que somos de Dios, y el mundo entero está bajo el maligno.

²⁰ Pero sabemos que el Hijo de Dios ha venido, y nos ha dado entendimiento para conocer al que es verdadero; y estamos en el verdadero, en su Hijo Jesucristo. Éste es el verdadero Dios, y la vida eterna. ²¹ Hijitos, guardaos de los ídolos. Amén.

SEGUNDA EPÍSTOLA DE

SAN JUAN APÓSTOL

Salutación

1 El anciano a la señora elegida y a sus hijos, a quienes yo amo en la verdad; y no sólo yo, sino también todos los que han conocido la verdad, ² a causa de la verdad que permanece en nosotros, y estará para siempre con nosotros: ³ Sea con vosotros gracia, misericordia y paz, de Dios Padre y del Señor Jesucristo, Hijo del Padre, en verdad y en amor.

Permaneced en la doctrina de Cristo

⁴ Mucho me regocijé porque he hallado a algunos de tus hijos andando en la verdad, conforme al mandamiento que recibimos del Padre. ⁵ Y ahora te ruego, señora, no como escribiéndote un nuevo mandamiento, sino el que hemos tenido desde el principio, que nos amemos unos a otros. ⁶ Y éste es el amor, que andemos según sus mandamientos. Éste es el mandamiento: que andéis en amor, como vosotros habéis oído desde el principio. ⁷ Porque muchos engañadores han salido por el mundo, que no confiesan que Jesucristo ha venido en carne. Quien esto hace es el engañador y el anticristo. ⁸ Mirad por vosotros mismos, para que no perdáis el fruto de vuestro trabajo, sino que recibáis galardón completo. ⁹ Cualquiera que se extravía, y no persevera en la doctrina de Cristo, no tiene a Dios; el que persevera en la doctrina de Cristo, ése sí tiene al Padre y al Hijo. ¹⁰ Si alguno viene a vosotros, y no trae esta doctrina, no lo recibáis en casa, ni le digáis: ¡Bienvenido! ¹¹ Porque el que le dice: ¡Bienvenido! participa en sus malas obras.

Espero ir a vosotros

¹² Tengo muchas cosas que escribiros, pero no he querido hacerlo por medio de papel y tinta, pues espero ir a vosotros y hablar cara a cara, para que nuestro gozo sea cumplido.

¹³ Los hijos de tu hermana, la elegida, te saludan. Amén.

TERCERA EPÍSTOLA DE
SAN JUAN APÓSTOL

Salutación

1 El anciano a Gayo, el amado, a quien amo en la verdad. [a] Amado, yo deseo que tú seas prosperado en todas las cosas, y que tengas salud, así como prospera tu alma. ³ Pues mucho me regocijé cuando vinieron los hermanos y dieron testimonio de tu verdad, de cómo andas en la verdad. ⁴ No tengo yo mayor gozo que éste, el oír que mis hijos andan en la verdad.

Elogio de la hospitalidad de Gayo

⁵ Amado, fielmente te conduces cuando prestas algún servicio a los hermanos, especialmente a los desconocidos, ⁶ los cuales han dado ante la iglesia testimonio de tu amor; y harás bien en encaminarlos como es digno de su servicio a Dios, para que continúen su viaje. ⁷ Porque ellos salieron por amor del nombre de él, sin aceptar nada de los gentiles. ⁸ Nosotros, pues, debemos acoger a tales personas, para que cooperemos con la verdad.

La oposición de Diótrefes

⁹ Yo he escrito a la iglesia; pero Diótrefes, al cual le gusta tener el primer lugar entre ellos, no nos recibe. ¹⁰ Por esta causa, si yo fuere, recordaré las obras que hace parloteando con palabras malignas contra nosotros; y no contento con estas cosas, no recibe a los hermanos, y a los que quieren recibirlos se lo prohíbe, y los expulsa de la iglesia.

Buen testimonio acerca de Demetrio

¹¹ Amado, no imites lo malo, sino lo bueno. El que hace lo bueno es de Dios; pero el que hace lo malo, no ha visto a Dios. ¹² Todos dan testimonio de Demetrio, y aun la verdad misma; y también nosotros damos testimonio, y vosotros sabéis que nuestro testimonio es verdadero.

Salutaciones finales

¹³ Yo tenía muchas cosas que escribirte, pero no quiero escribírtelas con tinta y pluma, ¹⁴ porque espero verte en breve, y hablaremos cara a cara.

a 1:5 Two early mss read *Jesus*

¹⁵ La paz sea contigo. Los amigos te saludan. Saluda tú a los amigos, a cada uno en particular.

LA EPÍSTOLA UNIVERSAL DE
SAN JUDAS APÓSTOL

Salutación

1 Judas, siervo de Jesucristo, y hermano de Jacobo, a los llamados, santificados en Dios Padre, y guardados en Jesucristo: ² Misericordia y paz y amor os sean multiplicados.

Falsas doctrinas y falsos maestros
(2 P. 2.1-17)

³ Amados, por la gran solicitud que tenía de escribiros acerca de nuestra común salvación, me ha sido necesario escribiros exhortándoos que contendáis ardientemente por la fe que ha sido una vez dada a los santos. ⁴ Porque algunos hombres han entrado encubiertamente, los que desde antes habían sido destinados para esta condenación, hombres impíos, que convierten en libertinaje la gracia de nuestro Dios, y niegan a Dios el único soberano, y a nuestro Señor Jesucristo.

⁵ Mas quiero recordaros, ya que una vez lo habéis sabido, que el Señor, habiendo salvado al pueblo sacándolo de Egipto, después destruyó a los que no creyeron. ⁶ Y a los ángeles que no guardaron su dignidad, sino que abandonaron su propia morada, los ha guardado bajo oscuridad, en prisiones eternas, para el juicio del gran día; ⁷ como Sodoma y Gomorra y las ciudades vecinas, las cuales de la misma manera que aquéllos, habiendo fornicado e ido en pos de vicios contra naturaleza, fueron puestas por ejemplo, sufriendo el castigo del fuego eterno.

⁸ No obstante, de la misma manera también estos soñadores mancillan la carne, rechazan la autoridad

y blasfeman de las potestades superiores. ⁹ Pero cuando el arcángel Miguel contendía con el diablo, disputando con él por el cuerpo de Moisés, no se atrevió a proferir juicio de maldición contra él, sino que dijo: El Señor te reprenda. ¹⁰ Pero éstos blasfeman de cuantas cosas no conocen; y en las que por naturaleza conocen, se corrompen como animales irracionales. ¹¹ ¡Ay de ellos! porque han seguido el camino de Caín, y se lanzaron por lucro en el error de Balaam, y perecieron en la contradicción de Coré. ¹² Éstos son manchas en vuestros ágapes, que comiendo impúdicamente con vosotros se apacientan a sí mismos; nubes sin agua, llevadas de acá para allá por los vientos; árboles otoñales, sin fruto, dos veces muertos y desarraigados; ¹³ fieras ondas del mar, que espuman su propia vergüenza; estrellas errantes, para las cuales está reservada eternamente la oscuridad de las tinieblas.

¹⁴ De éstos también profetizó Enoc, séptimo desde Adán, diciendo: He aquí, vino el Señor con sus santas decenas de millares, ¹⁵ para hacer juicio contra todos, y dejar convictos a todos los impíos de todas sus obras impías que han hecho impíamente, y de todas las cosas duras que los pecadores impíos han hablado contra

él. ¹⁶ Éstos son murmuradores, querellosos, que andan según sus propios deseos, cuya boca habla cosas infladas, adulando a las personas para sacar provecho.

Amonestaciones y exhortaciones

¹⁷ Pero vosotros, amados, tened memoria de las palabras que antes fueron dichas por los apóstoles de nuestro Señor Jesucristo; ¹⁸ los que os decían: En el postrer tiempo habrá burladores, que andarán según sus malvados deseos. ¹⁹ Éstos son los que causan divisiones; los sensuales, que no tienen al Espíritu. ²⁰ Pero vosotros, amados, edificándoos sobre vuestra santísima fe, orando en el Espíritu Santo, ²¹ conservaos en el amor de Dios, esperando la misericordia de nuestro Señor Jesucristo para vida eterna. ²² A algunos que dudan, convencedlos. ²³ A otros salvad, arrebatándolos del fuego; y de otros tened misericordia con temor, aborreciendo aun la ropa contaminada por su carne.

Doxología

²⁴ Y a aquel que es poderoso para guardaros sin caída, y presentaros sin mancha delante de su gloria con gran alegría, ²⁵ al único y sabio Dios, nuestro Salvador, sea gloria y majestad, imperio y potencia, ahora y por todos los siglos. Amén.

1:10 *Or in spirit;* **1:13** *Or the Son of Man*

EL APOCALIPSIS
DE SAN JUAN

La revelación de Jesucristo

1 La revelación de Jesucristo, que Dios le dio, para manifestar a sus siervos las cosas que deben suceder pronto; y la declaró enviándola por medio de su ángel a su siervo Juan, ² que ha dado testimonio de la palabra de Dios, y del testimonio de Jesucristo, y de todas las cosas que ha visto. ³ Bienaventurado el que lee, y los que oyen las palabras de esta profecía, y guardan las cosas en ella escritas; porque el tiempo está cerca.

Salutaciones a las siete iglesias

⁴ Juan, a las siete iglesias que están en Asia: Gracia y paz a vosotros, del que es y que era y que ha de venir, y de los siete espíritus que están delante de su trono; ⁵ y de Jesucristo el testigo fiel, el primogénito de los muertos, y el soberano de los reyes de la tierra. Al que nos amó, y nos lavó de nuestros pecados con su sangre, ⁶ y nos hizo reyes y sacerdotes para Dios, su Padre; a él sea gloria e imperio por los siglos de los siglos. Amén. ⁷ He aquí que viene con las nubes, y todo ojo le verá, y los que le traspasaron; y todos los linajes de la tierra harán lamentación por él. Sí, amén.

⁸ Yo soy el Alfa y la Omega, principio y fin, dice el Señor, el que es y que era y que ha de venir, el Todopoderoso.

Una visión del Hijo del Hombre

⁹ Yo Juan, vuestro hermano, y copartícipe vuestro en la tribulación, en el reino y en la paciencia de Jesucristo, estaba en la isla llamada Patmos, por causa de la palabra de Dios y el testimonio de Jesucristo. ¹⁰ Yo estaba en el Espíritu en el día del Señor, y oí detrás de mí una gran voz como de trompeta, ¹¹ que decía: Yo soy el Alfa y la Omega, el primero y el último. Escribe en un libro lo que ves, y envíalo a las siete iglesias que están en Asia: a Éfeso, Esmirna, Pérgamo, Tiatira, Sardis, Filadelfia y Laodicea.

¹² Y me volví para ver la voz que hablaba conmigo; y vuelto, vi siete candeleros de oro, ¹³ y en medio

de los siete candeleros, a uno semejante al Hijo del Hombre, vestido de una ropa que llegaba hasta los pies, y ceñido por el pecho con un cinto de oro. [14] Su cabeza y sus cabellos eran blancos como blanca lana, como nieve; sus ojos como llama de fuego; [15] y sus pies semejantes al bronce bruñido, refulgente como en un horno; y su voz como estruendo de muchas aguas. [16] Tenía en su diestra siete estrellas; de su boca salía una espada aguda de dos filos; y su rostro era como el sol cuando resplandece en su fuerza.

[17] Cuando le vi, caí como muerto a sus pies. Y él puso su diestra sobre mí, diciéndome: No temas; yo soy el primero y el último; [18] y el que vivo, y estuve muerto; mas he aquí que vivo por los siglos de los siglos, amén. Y tengo las llaves de la muerte y del Hades. [19] Escribe las cosas que has visto, y las que son, y las que han de ser después de éstas. [20] El misterio de las siete estrellas que has visto en mi diestra, y de los siete candeleros de oro: las siete estrellas son los ángeles de las siete iglesias, y los siete candeleros que has visto, son las siete iglesias.

Mensajes a las siete iglesias: El mensaje a Éfeso

2 Escribe al ángel de la iglesia en Éfeso. El que tiene las siete estrellas en su diestra, el que anda en medio de los siete candeleros de oro, dice esto:

[2] Yo conozco tus obras, y tu arduo trabajo y paciencia; y que no puedes soportar a los malos, y has probado a los que se dicen ser apóstoles, y no lo son, y los has hallado mentirosos; [3] y has sufrido, y has tenido paciencia, y has trabajado arduamente por amor de mi nombre, y no has desmayado. [4] Pero tengo contra ti, que has dejado tu primer amor. [5] Recuerda, por tanto, de dónde has caído, y arrepiéntete, y haz las primeras obras; pues si no, vendré pronto a ti, y quitaré tu candelero de su lugar, si no te hubieres arrepentido. [6] Pero tienes esto, que aborreces las obras de los nicolaítas, las cuales yo también aborrezco. [7] El que tiene oído, oiga lo que el Espíritu dice a las iglesias. Al que venciere, le daré a comer del árbol de la vida, el cual está en medio del paraíso de Dios.

El mensaje a Esmirna

[8] Y escribe al ángel de la iglesia en Esmirna: El primero y el postrero, el que estuvo muerto y vivió, dice esto:

[9] Yo conozco tus obras, y tu tribulación, y tu pobreza (pero tú eres rico), y la blasfemia de los que se dicen ser judíos, y no lo son, sino sinagoga de Satanás. [10] No temas

en nada lo que vas a padecer. He aquí, el diablo echará a algunos de vosotros en la cárcel, para que seáis probados, y tendréis tribulación por diez días. Sé fiel hasta la muerte, y yo te daré la corona de la vida. ¹¹ El que tiene oído, oiga lo que el Espíritu dice a las iglesias. El que venciere, no sufrirá daño de la segunda muerte.

El mensaje a Pérgamo

¹² Y escribe al ángel de la iglesia en Pérgamo: El que tiene la espada aguda de dos filos dice esto:

¹³ Yo conozco tus obras, y dónde moras, donde está el trono de Satanás; pero retienes mi nombre, y no has negado mi fe, ni aun en los días en que Antipas mi testigo fiel fue muerto entre vosotros, donde mora Satanás. ¹⁴ Pero tengo unas pocas cosas contra ti: que tienes ahí a los que retienen la doctrina de Balaam, que enseñaba a Balac a poner tropiezo ante los hijos de Israel, a comer de cosas sacrificadas a los ídolos, y a cometer fornicación. ¹⁵ Y también tienes a los que retienen la doctrina de los nicolaítas, la que yo aborrezco. ¹⁶ Por tanto, arrepiéntete; pues si no, vendré a ti pronto, y pelearé contra ellos con la espada de mi boca. ¹⁷ El que tiene oído, oiga lo que el Espíritu dice a las iglesias. Al que venciere, daré a comer del maná escondido, y le daré una

piedrecita blanca, y en la piedrecita escrito un nombre nuevo, el cual ninguno conoce sino aquel que lo recibe.

El mensaje a Tiatira

¹⁸ Y escribe al ángel de la iglesia en Tiatira: El Hijo de Dios, el que tiene ojos como llama de fuego, y pies semejantes al bronce bruñido, dice esto:

¹⁹ Yo conozco tus obras, y amor, y fe, y servicio, y tu paciencia, y que tus obras postreras son más que las primeras. ²⁰ Pero tengo unas pocas cosas contra ti: que toleras que esa mujer Jezabel, que se dice profetisa, enseñe y seduzca a mis siervos a fornicar y a comer cosas sacrificadas a los ídolos. ²¹ Y le he dado tiempo para que se arrepienta, pero no quiere arrepentirse de su fornicación. ²² He aquí, yo la arrojo en cama, y en gran tribulación a los que con ella adulteran, si no se arrepienten de las obras de ella. ²³ Y a sus hijos heriré de muerte, y todas las iglesias sabrán que yo soy el que escudriña la mente y el corazón; y os daré a cada uno según vuestras obras. ²⁴ Pero a vosotros y a los demás que están en Tiatira, a cuantos no tienen esa doctrina, y no han conocido lo que ellos llaman las profundidades de Satanás, yo os digo: No os impondré otra carga; ²⁵ pero lo que tenéis, retenedlo hasta que yo venga.

^a**3:8** Or deeds (behold...shut), that you have

²⁶ Al que venciere y guardare mis obras hasta el fin, yo le daré autoridad sobre las naciones, ²⁷ y las regirá con vara de hierro, y serán quebradas como vaso de alfarero; como yo también la he recibido de mi Padre; ²⁸ y le daré la estrella de la mañana. ²⁹ El que tiene oído, oiga lo que el Espíritu dice a las iglesias.

El mensaje a Sardis

3 Escribe al ángel de la iglesia en Sardis: El que tiene los siete espíritus de Dios, y las siete estrellas, dice esto:

Yo conozco tus obras, que tienes nombre de que vives, y estás muerto. ² Sé vigilante, y afirma las otras cosas que están para morir; porque no he hallado tus obras perfectas delante de Dios. ³ Acuérdate, pues, de lo que has recibido y oído; y guárdalo, y arrepiéntete. Pues si no velas, vendré sobre ti como ladrón, y no sabrás a qué hora vendré sobre ti. ⁴ Pero tienes unas pocas personas en Sardis que no han manchado sus vestiduras; y andarán conmigo en vestiduras blancas, porque son dignas. ⁵ El que venciere será vestido de vestiduras blancas; y no borraré su nombre del libro de la vida, y confesaré su nombre delante de mi Padre, y delante de sus ángeles. ⁶ El que tiene oído, oiga lo que el Espíritu dice a las iglesias.

El mensaje a Filadelfia

⁷ Escribe al ángel de la iglesia en Filadelfia: Esto dice el Santo, el Verdadero, el que tiene la llave de David, el que abre y ninguno cierra, y cierra y ninguno abre: ⁸ Yo conozco tus obras; he aquí, he puesto delante de ti una puerta abierta, la cual nadie puede cerrar; porque aunque tienes poca fuerza, has guardado mi palabra, y no has negado mi nombre. ⁹ He aquí, yo entrego de la sinagoga de Satanás a los que se dicen ser judíos y no lo son, sino que mienten; he aquí, yo haré que vengan y se postren a tus pies, y reconozcan que yo te he amado. ¹⁰ Por cuanto has guardado la palabra de mi paciencia, yo también te guardaré de la hora de la prueba que ha de venir sobre el mundo entero, para probar a los que moran sobre la tierra. ¹¹ He aquí, yo vengo pronto; retén lo que tienes, para que ninguno tome tu corona. ¹² Al que venciere, yo lo haré columna en el templo de mi Dios, y nunca más saldrá de allí; y escribiré sobre él el nombre de mi Dios, y el nombre de la ciudad de mi Dios, la nueva Jerusalén, la cual desciende del cielo, de mi Dios, y mi nombre nuevo. ¹³ El que tiene oído, oiga lo que el Espíritu dice a las iglesias.

El mensaje a Laodicea

¹⁴ Y escribe al ángel de la iglesia

en Laodicea: He aquí el Amén, el testigo fiel y verdadero, el principio de la creación de Dios, dice esto:

15 Yo conozco tus obras, que ni eres frío ni caliente. ¡Ojalá fueses frío o caliente! 16 Pero por cuanto eres tibio, y no frío ni caliente, te vomitaré de mi boca. 17 Porque tú dices: Yo soy rico, y me he enriquecido, y de ninguna cosa tengo necesidad; y no sabes que tú eres un desventurado, miserable, pobre, ciego y desnudo. 18 Por tanto, yo te aconsejo que de mí compres oro refinado en fuego, para que seas rico, y vestiduras blancas para vestirte, y que no se descubra la vergüenza de tu desnudez; y unge tus ojos con colirio, para que veas. 19 Yo reprendo y castigo a todos los que amo; sé, pues, celoso, y arrepiéntete. 20 He aquí, yo estoy a la puerta y llamo; si alguno oye mi voz y abre la puerta, entraré a él, y cenaré con él, y él conmigo. 21 Al que venciere, le daré que se siente conmigo en mi trono, así como yo he vencido, y me he sentado con mi Padre en su trono. 22 El que tiene oído, oiga lo que el Espíritu dice a las iglesias.

La adoración celestial

4 Después de esto miré, y he aquí una puerta abierta en el cielo; y la primera voz que oí, como de trompeta, hablando conmigo, dijo: Sube acá, y yo te mostraré las cosas que sucederán después de éstas. 2 Y al instante yo estaba en el Espíritu; y he aquí, un trono establecido en el cielo, y en el trono, uno sentado. 3 Y el aspecto del que estaba sentado era semejante a piedra de jaspe y de cornalina; y había alrededor del trono un arco iris, semejante en aspecto a la esmeralda. 4 Y alrededor del trono había veinticuatro tronos; y vi sentados en los tronos a veinticuatro ancianos, vestidos de ropas blancas, con coronas de oro en sus cabezas. 5 Y del trono salían relámpagos y truenos y voces; y delante del trono ardían siete lámparas de fuego, las cuales son los siete espíritus de Dios.

6 Y delante del trono había como un mar de vidrio semejante al cristal; y junto al trono, y alrededor del trono, cuatro seres vivientes llenos de ojos delante y detrás. 7 El primer ser viviente era semejante a un león; el segundo era semejante a un becerro; el tercero tenía rostro como de hombre; y el cuarto era semejante a un águila volando. 8 Y los cuatro seres vivientes tenían cada uno seis alas, y alrededor y por dentro estaban llenos de ojos; y no cesaban día y noche de decir: Santo, santo, santo es el Señor Dios Todopoderoso, el que era, el que es, y el que ha de venir. 9 Y siempre que aquellos

seres vivientes dan gloria y honra y acción de gracias al que está sentado en el trono, al que vive por los siglos de los siglos, ¹⁰ los veinticuatro ancianos se postran delante del que está sentado en el trono, y adoran al que vive por los siglos de los siglos, y echan sus coronas delante del trono, diciendo: ¹¹ Señor, digno eres de recibir la gloria y la honra y el poder; porque tú creaste todas las cosas, y por tu voluntad existen y fueron creadas.

El rollo y el Cordero

5 Y vi en la mano derecha del que estaba sentado en el trono un libro escrito por dentro y por fuera, sellado con siete sellos. ² Y vi a un ángel fuerte que pregonaba a gran voz: ¿Quién es digno de abrir el libro y desatar sus sellos? ³ Y ninguno, ni en el cielo ni en la tierra ni debajo de la tierra, podía abrir el libro, ni aun mirarlo. ⁴ Y lloraba yo mucho, porque no se había hallado a ninguno digno de abrir el libro, ni de leerlo, ni de mirarlo. ⁵ Y uno de los ancianos me dijo: No llores. He aquí que el León de la tribu de Judá, la raíz de David, ha vencido para abrir el libro y desatar sus siete sellos.

⁶ Y miré, y vi que en medio del trono y de los cuatro seres vivientes, y en medio de los ancianos, estaba en pie un Cordero como inmolado, que tenía siete cuernos, y siete ojos, los cuales son los siete espíritus de Dios enviados por toda la tierra. ⁷ Y vino, y tomó el libro de la mano derecha del que estaba sentado en el trono. ⁸ Y cuando hubo tomado el libro, los cuatro seres vivientes y los veinticuatro ancianos se postraron delante del Cordero; todos tenían arpas, y copas de oro llenas de incienso, que son las oraciones de los santos; ⁹ y cantaban un nuevo cántico, diciendo: Digno eres de tomar el libro y de abrir sus sellos; porque tú fuiste inmolado, y con tu sangre nos has redimido para Dios, de todo linaje y lengua y pueblo y nación; ¹⁰ y nos has hecho para nuestro Dios reyes y sacerdotes, y reinaremos sobre la tierra. ¹¹ Y miré, y oí la voz de muchos ángeles alrededor del trono, y de los seres vivientes, y de los ancianos; y su número era millones de millones, ¹² que decían a gran voz: El Cordero que fue inmolado es digno de tomar el poder, las riquezas, la sabiduría, la fortaleza, la honra, la gloria y la alabanza. ¹³ Y a todo lo creado que está en el cielo, y sobre la tierra, y debajo de la tierra, y en el mar, y a todas las cosas que en ellos hay, oí decir: Al que está sentado en el trono, y al Cordero, sea la alabanza, la honra, la gloria y el poder, por los siglos de los siglos. ¹⁴ Los cuatro seres vivientes

decían: Amén; y los veinticuatro ancianos se postraron sobre sus rostros y adoraron al que vive por los siglos de los siglos.

Los sellos

6 Vi cuando el Cordero abrió uno de los sellos, y oí a uno de los cuatro seres vivientes decir como con voz de trueno: Ven y mira. ² Y miré, y he aquí un caballo blanco; y el que lo montaba tenía un arco; y le fue dada una corona, y salió venciendo, y para vencer.

³ Cuando abrió el segundo sello, oí al segundo ser viviente, que decía: Ven y mira. ⁴ Y salió otro caballo, bermejo; y al que lo montaba le fue dado poder de quitar de la tierra la paz, y que se matasen unos a otros; y se le dio una gran espada.

⁵ Cuando abrió el tercer sello, oí al tercer ser viviente, que decía: Ven y mira. Y miré, y he aquí un caballo negro; y el que lo montaba tenía una balanza en la mano. ⁶ Y oí una voz de en medio de los cuatro seres vivientes, que decía: Dos libras de trigo por un denario, y seis libras de cebada por un denario; pero no dañes el aceite ni el vino.

⁷ Cuando abrió el cuarto sello, oí la voz del cuarto ser viviente, que decía: Ven y mira. ⁸ Miré, y he aquí un caballo amarillo, y el que lo montaba tenía por nombre Muerte, y el Hades le seguía; y le fue dada potestad sobre la cuarta parte de la tierra, para matar con espada, con hambre, con mortandad, y con las fieras de la tierra.

⁹ Cuando abrió el quinto sello, vi bajo el altar las almas de los que habían sido muertos por causa de la palabra de Dios y por el testimonio que tenían. ¹⁰ Y clamaban a gran voz, diciendo: ¿Hasta cuándo, Señor, santo y verdadero, no juzgas y vengas nuestra sangre en los que moran en la tierra? ¹¹ Y se les dieron vestiduras blancas, y se les dijo que descansasen todavía un poco de tiempo, hasta que se completara el número de sus consiervos y sus hermanos, que también habían de ser muertos como ellos.

¹² Miré cuando abrió el sexto sello, y he aquí hubo un gran terremoto; y el sol se puso negro como tela de cilicio, y la luna se volvió toda como sangre; ¹³ y las estrellas del cielo cayeron sobre la tierra, como la higuera deja caer sus higos cuando es sacudida por un fuerte viento. ¹⁴ Y el cielo se desvaneció como un pergamino que se enrolla; y todo monte y toda isla se removió de su lugar. ¹⁵ Y los reyes de la tierra, y los grandes,

los ricos, los capitanes, los poderosos, y todo siervo y todo libre, se escondieron en las cuevas y entre las peñas de los montes; ¹⁶ y decían a los montes y a las peñas: Caed sobre nosotros, y escondednos del rostro de aquel que está sentado sobre el trono, y de la ira del Cordero; ¹⁷ porque el gran día de su ira ha llegado; ¿y quién podrá sostenerse en pie?

Los 144 mil sellados

7 Después de esto vi a cuatro ángeles en pie sobre los cuatro ángulos de la tierra, que detenían los cuatro vientos de la tierra, para que no soplase viento alguno sobre la tierra, ni sobre el mar, ni sobre ningún árbol. ² Vi también a otro ángel que subía de donde sale el sol, y tenía el sello del Dios vivo; y clamó a gran voz a los cuatro ángeles, a quienes se les había dado el poder de hacer daño a la tierra y al mar, ³ diciendo: No hagáis daño a la tierra, ni al mar, ni a los árboles, hasta que hayamos sellado en sus frentes a los siervos de nuestro Dios. ⁴ Y oí el número de los sellados: ciento cuarenta y cuatro mil sellados de todas las tribus de los hijos de Israel. ⁵ De la tribu de Judá, doce mil sellados. De la tribu de Rubén, doce mil sellados. De la tribu de Gad, doce mil sellados. ⁶ De la tribu de Aser, doce mil sellados. De la tribu de Neftalí, doce mil sellados. De la tribu de Manasés, doce mil sellados. ⁷ De la tribu de Simeón, doce mil sellados. De la tribu de Leví, doce mil sellados. De la tribu de Isacar, doce mil sellados. ⁸ De la tribu de Zabulón, doce mil sellados. De la tribu de José, doce mil sellados. De la tribu de Benjamín, doce mil sellados.

La multitud vestida de ropas blancas

⁹ Después de esto miré, y he aquí una gran multitud, la cual nadie podía contar, de todas naciones y tribus y pueblos y lenguas, que estaban delante del trono y en la presencia del Cordero, vestidos de ropas blancas, y con palmas en las manos; ¹⁰ y clamaban a gran voz, diciendo: La salvación pertenece a nuestro Dios que está sentado en el trono, y al Cordero. ¹¹ Y todos los ángeles estaban en pie alrededor del trono, y de los ancianos y de los cuatro seres vivientes; y se postraron sobre sus rostros delante del trono, y adoraron a Dios, ¹² diciendo: Amén. La bendición y la gloria y la sabiduría y la acción de gracias y la honra y el poder y la fortaleza, sean a nuestro Dios por los siglos de los siglos. Amén.

¹³ Entonces uno de los ancianos habló, diciéndome: Estos que están vestidos de ropas blancas, ¿quiénes son, y de dónde han

venido? ¹⁴ Yo le dije: Señor, tú lo sabes. Y él me dijo: Éstos son los que han salido de la gran tribulación, y han lavado sus ropas, y las han emblanquecido en la sangre del Cordero. ¹⁵ Por esto están delante del trono de Dios, y le sirven día y noche en su templo; y el que está sentado sobre el trono extenderá su tabernáculo sobre ellos. ¹⁶ Ya no tendrán hambre ni sed, y el sol no caerá más sobre ellos, ni calor alguno; ¹⁷ porque el Cordero que está en medio del trono los pastoreará, y los guiará a fuentes de aguas de vida; y Dios enjugará toda lágrima de los ojos de ellos.

El séptimo sello

8 Cuando abrió el séptimo sello, se hizo silencio en el cielo como por media hora. ² Y vi a los siete ángeles que estaban en pie ante Dios; y se les dieron siete trompetas. ³ Otro ángel vino entonces y se paró ante el altar, con un incensario de oro; y se le dio mucho incienso para añadirlo a las oraciones de todos los santos, sobre el altar de oro que estaba delante del trono. ⁴ Y de la mano del ángel subió a la presencia de Dios el humo del incienso con las oraciones de los santos. ⁵ Y el ángel tomó el incensario, y lo llenó del fuego del altar, y lo arrojó a la tierra; y hubo truenos, y voces, y relámpagos, y un terremoto.

Las trompetas

⁶ Y los siete ángeles que tenían las siete trompetas se dispusieron a tocarlas.

⁷ El primer ángel tocó la trompeta, y hubo granizo y fuego mezclados con sangre, que fueron lanzados sobre la tierra; y la tercera parte de los árboles se quemó, y se quemó toda la hierba verde.

⁸ El segundo ángel tocó la trompeta, y como una gran montaña ardiendo en fuego fue precipitada en el mar; y la tercera parte del mar se convirtió en sangre. ⁹ Y murió la tercera parte de los seres vivientes que estaban en el mar, y la tercera parte de las naves fue destruida.

¹⁰ El tercer ángel tocó la trompeta, y cayó del cielo una gran estrella, ardiendo como una antorcha, y cayó sobre la tercera parte de los ríos, y sobre las fuentes de las aguas. ¹¹ Y el nombre de la estrella es Ajenjo. Y la tercera parte de las aguas se convirtió en ajenjo; y muchos hombres murieron a causa de esas aguas, porque se hicieron amargas.

¹² El cuarto ángel tocó la trompeta, y fue herida la tercera parte del sol, y la tercera parte de la luna, y la tercera parte de las estrellas, para que se oscureciese la tercera

parte de ellos, y no hubiese luz en la tercera parte del día, y asimismo de la noche.

[13] Y miré, y oí a un ángel volar por en medio del cielo, diciendo a gran voz: ¡Ay, ay, ay, de los que moran en la tierra, a causa de los otros toques de trompeta que están para sonar los tres ángeles!

9 El quinto ángel tocó la trompeta, y vi una estrella que cayó del cielo a la tierra; y se le dio la llave del pozo del abismo. [2] Y abrió el pozo del abismo, y subió humo del pozo como humo de un gran horno; y se oscureció el sol y el aire por el humo del pozo. [3] Y del humo salieron langostas sobre la tierra; y se les dio poder, como tienen poder los escorpiones de la tierra. [4] Y se les mandó que no dañasen a la hierba de la tierra, ni a cosa verde alguna, ni a ningún árbol, sino solamente a los hombres que no tuviesen el sello de Dios en sus frentes. [5] Y les fue dado, no que los matasen, sino que los atormentasen cinco meses; y su tormento era como tormento de escorpión cuando hiere al hombre. [6] Y en aquellos días los hombres buscarán la muerte, pero no la hallarán; y ansiarán morir, pero la muerte huirá de ellos.

[7] El aspecto de las langostas era semejante a caballos preparados para la guerra; en las cabezas tenían como coronas de oro; sus caras eran como caras humanas; [8] tenían cabello como cabello de mujer; sus dientes eran como de leones; [9] tenían corazas como corazas de hierro; el ruido de sus alas era como el estruendo de muchos carros de caballos corriendo a la batalla; [10] tenían colas como de escorpiones, y también aguijones; y en sus colas tenían poder para dañar a los hombres durante cinco meses. [11] Y tienen por rey sobre ellos al ángel del abismo, cuyo nombre en hebreo es Abadón, y en griego, Apolión. [12] El primer ay pasó; he aquí, vienen aún dos ayes después de esto.

[13] El sexto ángel tocó la trompeta, y oí una voz de entre los cuatro cuernos del altar de oro que estaba delante de Dios, [14] diciendo al sexto ángel que tenía la trompeta: Desata a los cuatro ángeles que están atados junto al gran río Éufrates. [15] Y fueron desatados los cuatro ángeles que estaban preparados para la hora, día, mes y año, a fin de matar a la tercera parte de los hombres. [16] Y el número de los ejércitos de los jinetes era doscientos millones. Yo oí su número. [17] Así vi en visión los caballos y a

sus jinetes, los cuales tenían corazas de fuego, de zafiro y de azufre. Y las cabezas de los caballos eran como cabezas de leones; y de su boca salían fuego, humo y azufre. ¹⁸ Por estas tres plagas fue muerta la tercera parte de los hombres; por el fuego, el humo y el azufre que salían de su boca. ¹⁹ Pues el poder de los caballos estaba en su boca y en sus colas; porque sus colas, semejantes a serpientes, tenían cabezas, y con ellas dañaban.

²⁰ Y los otros hombres que no fueron muertos con estas plagas, ni aun así se arrepintieron de las obras de sus manos, ni dejaron de adorar a los demonios, y a las imágenes de oro, de plata, de bronce, de piedra y de madera, las cuales no pueden ver, ni oír, ni andar; ²¹ y no se arrepintieron de sus homicidios, ni de sus hechicerías, ni de su fornicación, ni de sus hurtos.

El ángel con el librito

10 Vi descender del cielo a otro ángel fuerte, envuelto en una nube, con el arco iris sobre su cabeza; y su rostro era como el sol, y sus pies como columnas de fuego. ² Tenía en su mano un librito abierto; y puso su pie derecho sobre el mar, y el izquierdo sobre la tierra; ³ y clamó a gran voz, como ruge un león; y cuando hubo clamado, siete truenos emitieron sus voces. ⁴ Cuando los siete truenos hubieron emitido sus voces, yo iba a escribir; pero oí una voz del cielo que me decía: Sella las cosas que los siete truenos han dicho, y no las escribas. ⁵ Y el ángel que vi en pie sobre el mar y sobre la tierra, levantó su mano al cielo, ⁶ y juró por el que vive por los siglos de los siglos, que creó el cielo y las cosas que están en él, y la tierra y las cosas que están en ella, y el mar y las cosas que están en él, que el tiempo no sería más, ⁷ sino que en los días de la voz del séptimo ángel, cuando él comience a tocar la trompeta, el misterio de Dios se consumará, como él lo anunció a sus siervos los profetas. ⁸ La voz que oí del cielo habló otra vez conmigo, y dijo: Ve y toma el librito que está abierto en la mano del ángel que está en pie sobre el mar y sobre la tierra. ⁹ Y fui al ángel, diciéndole que me diese el librito. Y él me dijo: Toma, y cómelo; y te amargará el vientre, pero en tu boca será dulce como la miel. ¹⁰ Entonces tomé el librito de la mano del ángel, y lo comí; y era dulce en mi boca como la miel, pero cuando lo hube comido, amargó mi vientre. ¹¹ Y él me dijo: Es necesario que profetices otra vez sobre muchos pueblos, naciones, lenguas y reyes.

Los dos testigos

11 Entonces me fue dada una caña semejante a una vara de medir, y se me dijo: Levántate, y mide el templo de Dios, y el altar, y a los que adoran en él. ² Pero el patio que está fuera del templo déjalo aparte, y no lo midas, porque ha sido entregado a los gentiles; y ellos hollarán la ciudad santa cuarenta y dos meses. ³ Y daré a mis dos testigos que profeticen por mil doscientos sesenta días, vestidos de cilicio.

⁴ Estos testigos son los dos olivos, y los dos candeleros que están en pie delante del Dios de la tierra. ⁵ Si alguno quiere dañarlos, sale fuego de la boca de ellos, y devora a sus enemigos; y si alguno quiere hacerles daño, debe morir él de la misma manera. ⁶ Éstos tienen poder para cerrar el cielo, a fin de que no llueva en los días de su profecía; y tienen poder sobre las aguas para convertirlas en sangre, y para herir la tierra con toda plaga, cuantas veces quieran. ⁷ Cuando hayan acabado su testimonio, la bestia que sube del abismo hará guerra contra ellos, y los vencerá y los matará. ⁸ Y sus cadáveres estarán en la plaza de la grande ciudad que en sentido espiritual se llama Sodoma y Egipto, donde también nuestro Señor fue crucificado. ⁹ Y los de los pueblos, tribus, lenguas y naciones verán sus cadáveres por tres días y medio, y no permitirán que sean sepultados. ¹⁰ Y los moradores de la tierra se regocijarán sobre ellos y se alegrarán, y se enviarán regalos unos a otros; porque estos dos profetas habían atormentado a los moradores de la tierra. ¹¹ Pero después de tres días y medio entró en ellos el espíritu de vida enviado por Dios, y se levantaron sobre sus pies, y cayó gran temor sobre los que los vieron. ¹² Y oyeron una gran voz del cielo, que les decía: Subid acá. Y subieron al cielo en una nube; y sus enemigos los vieron. ¹³ En aquella hora hubo un gran terremoto, y la décima parte de la ciudad se derrumbó, y por el terremoto murieron en número de siete mil hombres; y los demás se aterrorizaron, y dieron gloria al Dios del cielo.

¹⁴ El segundo ay pasó; he aquí, el tercer ay viene pronto.

La séptima trompeta

¹⁵ El séptimo ángel tocó la trompeta, y hubo grandes voces en el cielo, que decían: Los reinos del mundo han venido a ser de nuestro Señor y de su Cristo; y él reinará por los siglos de los siglos. ¹⁶ Y los veinticuatro ancianos que estaban sentados delante de Dios en sus tronos, se postraron sobre sus rostros, y adoraron a Dios,

¹⁷ diciendo: Te damos gracias, Señor Dios Todopoderoso, el que eres y que eras y que has de venir, porque has tomado tu gran poder, y has reinado. ¹⁸ Y se airaron las naciones, y tu ira ha venido, y el tiempo de juzgar a los muertos, y de dar el galardón a tus siervos los profetas, a los santos, y a los que temen tu nombre, a los pequeños y a los grandes, y de destruir a los que destruyen la tierra.

¹⁹ Y el templo de Dios fue abierto en el cielo, y el arca de su pacto se veía en el templo. Y hubo relámpagos, voces, truenos, un terremoto y grande granizo.

La mujer y el dragón

12 Apareció en el cielo una gran señal: una mujer vestida del sol, con la luna debajo de sus pies, y sobre su cabeza una corona de doce estrellas. ² Y estando encinta, clamaba con dolores de parto, en la angustia del alumbramiento. ³ También apareció otra señal en el cielo: he aquí un gran dragón escarlata, que tenía siete cabezas y diez cuernos, y en sus cabezas siete diademas; ⁴ y su cola arrastraba la tercera parte de las estrellas del cielo, y las arrojó sobre la tierra. Y el dragón se paró frente a la mujer que estaba para dar a luz, a fin de devorar a su hijo tan pronto como naciese. ⁵ Y ella dio a luz un hijo varón, que regirá con vara de hierro a todas las naciones; y su hijo fue arrebatado para Dios y para su trono. ⁶ Y la mujer huyó al desierto, donde tiene lugar preparado por Dios, para que allí la sustenten por mil doscientos sesenta días.

⁷ Después hubo una gran batalla en el cielo: Miguel y sus ángeles luchaban contra el dragón; y luchaban el dragón y sus ángeles; ⁸ pero no prevalecieron, ni se halló ya lugar para ellos en el cielo. ⁹ Y fue lanzado fuera el gran dragón, la serpiente antigua, que se llama diablo y Satanás, el cual engaña al mundo entero; fue arrojado a la tierra, y sus ángeles fueron arrojados con él. ¹⁰ Entonces oí una gran voz en el cielo, que decía: Ahora ha venido la salvación, el poder, y el reino de nuestro Dios, y la autoridad de su Cristo; porque ha sido lanzado fuera el acusador de nuestros hermanos, el que los acusaba delante de nuestro Dios día y noche. ¹¹ Y ellos le han vencido por medio de la sangre del Cordero y de la palabra del testimonio de ellos, y menospreciaron sus vidas hasta la muerte. ¹² Por lo cual alegraos, cielos, y los que moráis en ellos. ¡Ay de los moradores de la tierra y del mar! porque el diablo ha descendido a vosotros con gran ira, sabiendo que tiene poco tiempo.

¹³ Y cuando vio el dragón que había sido arrojado a la tierra, persiguió a la mujer que había dado a luz al hijo varón. ¹⁴ Y se le dieron a la mujer las dos alas de la gran águila, para que volase de delante de la serpiente al desierto, a su lugar, donde es sustentada por un tiempo, y tiempos, y la mitad de un tiempo. ¹⁵ Y la serpiente arrojó de su boca, tras la mujer, agua como un río, para que fuese arrastrada por el río. ¹⁶ Pero la tierra ayudó a la mujer, pues la tierra abrió su boca y tragó el río que el dragón había echado de su boca. ¹⁷ Entonces el dragón se llenó de ira contra la mujer; y se fue a hacer guerra contra el resto de la descendencia de ella, los que guardan los mandamientos de Dios y tienen el testimonio de Jesucristo.

Las dos bestias

13 Me paré sobre la arena del mar, y vi subir del mar una bestia que tenía siete cabezas y diez cuernos; y en sus cuernos diez diademas; y sobre sus cabezas, un nombre blasfemo. ² Y la bestia que vi era semejante a un leopardo, y sus pies como de oso, y su boca como boca de león. Y el dragón le dio su poder y su trono, y grande autoridad. ³ Vi una de sus cabezas como herida de muerte, pero su herida mortal fue sanada; y se maravilló toda la tierra en pos de la bestia, ⁴ y adoraron al dragón que había dado autoridad a la bestia, y adoraron a la bestia, diciendo: ¿Quién como la bestia, y quién podrá luchar contra ella?

⁵ También se le dio boca que hablaba grandes cosas y blasfemias; y se le dio autoridad para actuar cuarenta y dos meses. ⁶ Y abrió su boca en blasfemias contra Dios, para blasfemar de su nombre, de su tabernáculo, y de los que moran en el cielo. ⁷ Y se le permitió hacer guerra contra los santos, y vencerlos. También se le dio autoridad sobre toda tribu, pueblo, lengua y nación. ⁸ Y la adoraron todos los moradores de la tierra cuyos nombres no estaban escritos en el libro de la vida del Cordero que fue inmolado desde el principio del mundo. ⁹ Si alguno tiene oído, oiga. ¹⁰ Si alguno lleva en cautividad, va en cautividad; si alguno mata a espada, a espada debe ser muerto. Aquí está la paciencia y la fe de los santos.

¹¹ Después vi otra bestia que subía de la tierra; y tenía dos cuernos semejantes a los de un cordero, pero hablaba como dragón. ¹² Y ejerce toda la autoridad de la primera bestia en presencia de ella, y hace que la tierra y los moradores de ella adoren a la prime-

ra bestia, cuya herida mortal fue sanada. ¹³ También hace grandes señales, de tal manera que aun hace descender fuego del cielo a la tierra delante de los hombres. ¹⁴ Y engaña a los moradores de la tierra con las señales que se le ha permitido hacer en presencia de la bestia, mandando a los moradores de la tierra que le hagan imagen a la bestia que tiene la herida de espada, y vivió. ¹⁵ Y se le permitió infundir aliento a la imagen de la bestia, para que la imagen hablase e hiciese matar a todo el que no la adorase. ¹⁶ Y hacía que a todos, pequeños y grandes, ricos y pobres, libres y esclavos, se les pusiese una marca en la mano derecha, o en la frente; ¹⁷ y que ninguno pudiese comprar ni vender, sino el que tuviese la marca o el nombre de la bestia, o el número de su nombre. ¹⁸ Aquí hay sabiduría. El que tiene entendimiento, cuente el número de la bestia, pues es número de hombre. Y su número es seiscientos sesenta y seis.

El cántico de los 144 mil

14 Después miré, y he aquí el Cordero estaba en pie sobre el monte de Sion, y con él ciento cuarenta y cuatro mil, que tenían el nombre de él y el de su Padre escrito en la frente. ² Y oí una voz del cielo como estruendo de muchas aguas, y como sonido de un gran trueno; y la voz que oí era como de arpistas que tocaban sus arpas. ³ Y cantaban un cántico nuevo delante del trono, y delante de los cuatro seres vivientes, y de los ancianos; y nadie podía aprender el cántico sino aquellos ciento cuarenta y cuatro mil que fueron redimidos de entre los de la tierra. ⁴ Éstos son los que no se contaminaron con mujeres, pues son vírgenes. Éstos son los que siguen al Cordero por dondequiera que va. Éstos fueron redimidos de entre los hombres como primicias para Dios y para el Cordero; ⁵ y en sus bocas no fue hallada mentira, pues son sin mancha delante del trono de Dios.

El mensaje de los tres ángeles

⁶ Vi volar por en medio del cielo a otro ángel, que tenía el evangelio eterno para predicarlo a los moradores de la tierra, a toda nación, tribu, lengua y pueblo, ⁷ diciendo a gran voz: Temed a Dios, y dadle gloria, porque la hora de su juicio ha llegado; y adorad a aquel que hizo el cielo y la tierra, el mar y las fuentes de las aguas. ⁸ Otro ángel le siguió, diciendo: Ha caído, ha caído Babilonia, la gran ciudad, porque ha hecho beber a todas las naciones del vino del furor de su fornicación.

⁹ Y el tercer ángel los siguió, diciendo a gran voz: Si alguno adora a

la bestia y a su imagen, y recibe la marca en su frente o en su mano, ¹⁰ él también beberá del vino de la ira de Dios, que ha sido vaciado puro en el cáliz de su ira; y será atormentado con fuego y azufre delante de los santos ángeles y del Cordero; ¹¹ y el humo de su tormento sube por los siglos de los siglos. Y no tienen reposo de día ni de noche los que adoran a la bestia y a su imagen, ni nadie que reciba la marca de su nombre.

¹² Aquí está la paciencia de los santos, los que guardan los mandamientos de Dios y la fe de Jesús.

¹³ Oí una voz que desde el cielo me decía: Escribe: Bienaventurados de aquí en adelante los muertos que mueren en el Señor. Sí, dice el Espíritu, descansarán de sus trabajos, porque sus obras con ellos siguen.

La tierra es segada

¹⁴ Miré, y he aquí una nube blanca; y sobre la nube uno sentado semejante al Hijo del Hombre, que tenía en la cabeza una corona de oro, y en la mano una hoz aguda. ¹⁵ Y del templo salió otro ángel, clamando a gran voz al que estaba sentado sobre la nube: Mete tu hoz, y siega; porque la hora de segar ha llegado, pues la mies de la tierra está madura. ¹⁶ Y el que estaba sentado sobre la nube metió su hoz en la tierra, y la tierra fue segada.

¹⁷ Salió otro ángel del templo que está en el cielo, teniendo también una hoz aguda. ¹⁸ Y salió del altar otro ángel, que tenía poder sobre el fuego, y llamó a gran voz al que tenía la hoz aguda, diciendo: Mete tu hoz aguda, y vendimia los racimos de la tierra, porque sus uvas están maduras. ¹⁹ Y el ángel arrojó su hoz en la tierra, y vendimió la viña de la tierra, y echó las uvas en el gran lagar de la ira de Dios. ²⁰ Y fue pisado el lagar fuera de la ciudad, y del lagar salió sangre hasta los frenos de los caballos, por mil seiscientos estadios.

Los ángeles con las siete postreras plagas

15 Vi en el cielo otra señal, grande y admirable: siete ángeles que tenían las siete plagas postreras; porque en ellas se consumaba la ira de Dios.

² Vi también como un mar de vidrio mezclado con fuego; y a los que habían alcanzado la victoria sobre la bestia y su imagen, y su marca y el número de su nombre, en pie sobre el mar de vidrio, con las arpas de Dios. ³ Y cantan el cántico de Moisés siervo de Dios, y el cántico del Cordero, diciendo: Grandes y maravillosas

son tus obras, Señor Dios Todopoderoso; justos y verdaderos son tus caminos, Rey de los santos. ⁴ ¿Quién no te temerá, oh Señor, y glorificará tu nombre? pues sólo tú eres santo; por lo cual todas las naciones vendrán y te adorarán, porque tus juicios se han manifestado.

⁵ Después de estas cosas miré, y he aquí fue abierto en el cielo el templo del tabernáculo del testimonio; ⁶ y del templo salieron los siete ángeles que tenían las siete plagas, vestidos de lino limpio y resplandeciente, y ceñidos alrededor del pecho con cintos de oro. ⁷ Y uno de los cuatro seres vivientes dio a los siete ángeles siete copas de oro, llenas de la ira de Dios, que vive por los siglos de los siglos. ⁸ Y el templo se llenó de humo por la gloria de Dios, y por su poder; y nadie podía entrar en el templo hasta que se hubiesen cumplido las siete plagas de los siete ángeles.

Las copas de ira

16 Oí una gran voz que decía desde el templo a los siete ángeles: Id y derramad sobre la tierra las siete copas de la ira de Dios.

² Fue el primero, y derramó su copa sobre la tierra, y vino una úlcera maligna y pestilente sobre los hombres que tenían la marca de la bestia, y que adoraban su imagen.

³ El segundo ángel derramó su copa sobre el mar, y éste se convirtió en sangre como de muerto; y murió todo ser vivo que había en el mar.

⁴ El tercer ángel derramó su copa sobre los ríos, y sobre las fuentes de las aguas, y se convirtieron en sangre. ⁵ Y oí al ángel de las aguas, que decía: Justo eres tú, oh Señor, el que eres y que eras, el Santo, porque has juzgado estas cosas. ⁶ Por cuanto derramaron la sangre de los santos y de los profetas, también tú les has dado a beber sangre; pues lo merecen. ⁷ También oí a otro, que desde el altar decía: Ciertamente, Señor Dios Todopoderoso, tus juicios son verdaderos y justos.

⁸ El cuarto ángel derramó su copa sobre el sol, al cual fue dado quemar a los hombres con fuego. ⁹ Y los hombres se quemaron con el gran calor, y blasfemaron el nombre de Dios, que tiene poder sobre estas plagas, y no se arrepintieron para darle gloria.

¹⁰ El quinto ángel derramó su copa sobre el trono de la bestia; y su reino se cubrió de tinieblas, y mordían de dolor sus lenguas,

¹¹ y blasfemaron contra el Dios del cielo por sus dolores y por sus úlceras, y no se arrepintieron de sus obras.

¹² El sexto ángel derramó su copa sobre el gran río Éufrates; y el agua de éste se secó, para que estuviese preparado el camino a los reyes del oriente. ¹³ Y vi salir de la boca del dragón, y de la boca de la bestia, y de la boca del falso profeta, tres espíritus inmundos a manera de ranas; ¹⁴ pues son espíritus de demonios, que hacen señales, y van a los reyes de la tierra en todo el mundo, para reunirlos a la batalla de aquel gran día del Dios Todopoderoso. ¹⁵ He aquí, yo vengo como ladrón. Bienaventurado el que vela, y guarda sus ropas, para que no ande desnudo, y vean su vergüenza. ¹⁶ Y los reunió en el lugar que en hebreo se llama Armagedón.

¹⁷ El séptimo ángel derramó su copa por el aire; y salió una gran voz del templo del cielo, del trono, diciendo: Hecho está. ¹⁸ Entonces hubo relámpagos y voces y truenos, y un gran temblor de tierra, un terremoto tan grande, cual no lo hubo jamás desde que los hombres han estado sobre la tierra. ¹⁹ Y la gran ciudad fue dividida en tres partes, y las ciudades de las naciones cayeron; y la gran Babilonia vino en

memoria delante de Dios, para darle el cáliz del vino del ardor de su ira. ²⁰ Y toda isla huyó, y los montes no fueron hallados. ²¹ Y cayó del cielo sobre los hombres un enorme granizo como del peso de un talento; y los hombres blasfemaron contra Dios por la plaga del granizo; porque su plaga fue sobremanera grande.

Condenación de la gran ramera

17 Vino entonces uno de los siete ángeles que tenían las siete copas, y habló conmigo diciéndome: Ven acá, y te mostraré la sentencia contra la gran ramera, la que está sentada sobre muchas aguas; ² con la cual han fornicado los reyes de la tierra, y los moradores de la tierra se han embriagado con el vino de su fornicación. ³ Y me llevó en el Espíritu al desierto; y vi a una mujer sentada sobre una bestia escarlata llena de nombres de blasfemia, que tenía siete cabezas y diez cuernos. ⁴ Y la mujer estaba vestida de púrpura y escarlata, y adornada de oro, de piedras preciosas y de perlas, y tenía en la mano un cáliz de oro lleno de abominaciones y de la inmundicia de su fornicación; ⁵ y en su frente un nombre escrito, un misterio: BABILONIA LA GRANDE, LA MADRE DE LAS RAMERAS Y DE LAS ABOMINACIONES DE LA TIERRA. ⁶ Vi a la mujer ebria de la sangre de los santos, y de la sangre de los mártires de Jesús; y cuando la vi, quedé asombrado con gran asombro.

⁷ Y el ángel me dijo: ¿Por qué te asombras? Yo te diré el misterio de la mujer, y de la bestia que la trae, la cual tiene las siete cabezas y los diez cuernos. ⁸ La bestia que has visto, era, y no es; y está para subir del abismo e ir a perdición; y los moradores de la tierra, aquellos cuyos nombres no están escritos desde la fundación del mundo en el libro de la vida, se asombrarán viendo la bestia que era y no es, y será. ⁹ Esto, para la mente que tenga sabiduría: Las siete cabezas son siete montes, sobre los cuales se sienta la mujer, ¹⁰ y son siete reyes. Cinco de ellos han caído; uno es, y el otro aún no ha venido; y cuando venga, es necesario que dure breve tiempo. ¹¹ La bestia que era, y no es, es también el octavo; y es de entre los siete, y va a la perdición. ¹² Y los diez cuernos que has visto, son diez reyes, que aún no han recibido reino; pero por una hora recibirán autoridad como reyes juntamente con la bestia. ¹³ Éstos tienen un mismo propósito, y entregarán su poder y su autoridad a la bestia. ¹⁴ Pelearán contra el Cordero, y el Cordero los vencerá, porque él es Señor de señores y Rey de reyes; y los que están con él son llamados y elegidos y fieles.

¹⁵ Me dijo también: Las aguas que has visto donde la ramera se sienta, son pueblos, muchedumbres, naciones y lenguas. ¹⁶ Y los diez cuernos que viste en la bestia, éstos aborrecerán a la ramera, y la dejarán desolada y desnuda; y devorarán sus carnes, y la quemarán con fuego; ¹⁷ porque Dios ha puesto en sus corazones el ejecutar lo que él quiso: ponerse de acuerdo, y dar su reino a la bestia, hasta que se cumplan las palabras de Dios. ¹⁸ Y la mujer que has visto es la gran ciudad que reina sobre los reyes de la tierra.

La caída de Babilonia

18 Después de esto vi a otro ángel descender del cielo con gran poder; y la tierra fue alumbrada con su gloria. ² Y clamó con voz potente, diciendo: Ha caído, ha caído la gran Babilonia, y se ha hecho habitación de demonios y guarida de todo espíritu inmundo, y albergue de toda ave inmunda y aborrecible. ³ Porque todas las naciones han bebido del vino del furor de su fornicación; y los reyes de la tierra han fornicado con ella, y los mercaderes de la tierra se han enriquecido de la potencia de sus deleites. ⁴ Y oí otra voz del cielo, que decía: Salid de ella, pueblo mío, para que no seáis partícipes de sus pecados, ni recibáis parte de sus plagas; ⁵ porque sus pecados han llegado hasta el cielo, y Dios se ha acordado de sus maldades. ⁶ Dadle a ella como ella os ha dado, y pagadle doble según sus obras; en el cáliz en que ella preparó bebida, preparadle a ella el doble. ⁷ Cuanto ella se ha glorificado y ha vivido en deleites, tanto dadle de tormento y llanto; porque dice en su corazón: Yo estoy sentada como reina, y no soy viuda, y no veré llanto; ⁸ por lo cual en un solo día vendrán sus plagas; muerte, llanto y hambre, y será quemada con fuego; porque poderoso es Dios el Señor, que la juzga.

⁹ Y los reyes de la tierra que han fornicado con ella, y con ella han vivido en deleites, llorarán y harán lamentación sobre ella, cuando vean el humo de su incendio, ¹⁰ parándose lejos por el temor de su tormento, diciendo: ¡Ay, ay, de la gran ciudad de Babilonia, la ciudad fuerte; porque en una hora vino tu juicio!

¹¹ Y los mercaderes de la tierra lloran y hacen lamentación sobre ella, porque ninguno compra más sus mercaderías; ¹² mercadería de oro, de plata, de piedras preciosas, de perlas, de lino fino, de púrpura, de seda, de escarlata, de toda madera olorosa, de todo objeto de marfil, de todo objeto de madera preciosa, de cobre, de hierro y de mármol; ¹³ y canela, especias aromáticas, incienso, mirra, olíbano, vino, aceite, flor de harina, trigo, bestias, ovejas, caballos y carros, y esclavos, almas de hombres. ¹⁴ Los frutos codiciados por tu alma se apartaron de ti, y todas las cosas exquisitas y espléndidas te han faltado, y nunca más las hallarás.

¹⁵ Los mercaderes de estas cosas, que se han enriquecido a costa de ella, se pararán lejos por el temor de su tormento, llorando y lamentando, ¹⁶ y diciendo: ¡Ay, ay, de la gran ciudad, que estaba vestida de lino fino, de púrpura y de escarlata, y estaba adornada de oro, de piedras preciosas y de perlas! ¹⁷ Porque en una hora ha sido consumidas tantas riquezas. Y todo piloto, y todos los que viajan en naves, y marineros, y todos los que trabajan en el mar, se pararon lejos; ¹⁸ y viendo el humo de su incendio, dieron voces, diciendo: ¿Qué ciudad era semejante a esta gran ciudad? ¹⁹ Y echaron polvo sobre sus cabezas, y dieron voces, llorando y lamentando, diciendo: ¡Ay, ay de la gran ciudad, en la cual todos los que tenían naves en el mar se habían enriquecido de sus riquezas; pues en una hora ha sido desolada! ²⁰ Alégrate

sobre ella, cielo, y vosotros, santos, apóstoles y profetas; porque Dios os ha hecho justicia en ella.

²¹ Y un ángel poderoso tomó una piedra, como una gran piedra de molino, y la arrojó en el mar, diciendo: Con el mismo ímpetu será derribada Babilonia, la gran ciudad, y nunca más será hallada. ²² Y voz de arpistas, de músicos, de flautistas y de trompeteros no se oirá más en ti; y ningún artífice de oficio alguno se hallará más en ti, ni ruido de molino se oirá más en ti. ²³ Luz de lámpara no alumbrará más en ti, ni voz de esposo y de esposa se oirá más en ti; porque tus mercaderes eran los grandes de la tierra; pues por tus hechicerías fueron engañadas todas las naciones. ²⁴ Y en ella se halló la sangre de los profetas y de los santos, y de todos los que han sido muertos en la tierra.

Alabanzas en el cielo

19 Después de esto oí una gran voz de gran multitud en el cielo, que decía: ¡Aleluya! Salvación y honra y gloria y poder son del Señor Dios nuestro; ² porque sus juicios son verdaderos y justos; pues ha juzgado a la gran ramera que ha corrompido a la tierra con su fornicación, y ha vengado la sangre de sus siervos de la mano de ella. ³ Otra vez dijeron: ¡Aleluya! Y el humo de ella sube por los siglos de los siglos. ⁴ Y los veinticuatro ancianos y los cuatro seres vivientes se postraron en tierra y adoraron a Dios, que estaba sentado en el trono, y decían: ¡Amén! ¡Aleluya! ⁵ Y salió del trono una voz que decía: Alabad a nuestro Dios todos sus siervos, y los que le teméis, así pequeños como grandes. ⁶ Y oí como la voz de una gran multitud, como el estruendo de muchas aguas, y como la voz de grandes truenos, que decía: ¡Aleluya, porque el Señor nuestro Dios Todopoderoso reina! ⁷ Gocémonos y alegrémonos y démosle gloria; porque han llegado las bodas del Cordero, y su esposa se ha preparado. ⁸ Y a ella se le ha concedido que se vista de lino fino, limpio y resplandeciente; porque el lino fino es las acciones justas de los santos.

La cena de las bodas del Cordero

⁹ Y el ángel me dijo: Escribe: Bienaventurados los que son llamados a la cena de las bodas del Cordero. Y me dijo: Éstas son palabras verdaderas de Dios. ¹⁰ Yo me postré a sus pies para adorarle. Y él me dijo: Mira, no lo hagas; yo soy consiervo tuyo, y de tus hermanos que retienen el testimonio de Jesús. Adora a Dios; porque el testimonio de Jesús es el espíritu de la profecía.

El jinete del caballo blanco

¹¹ Entonces vi el cielo abierto; y he aquí un caballo blanco, y el que lo montaba se llamaba Fiel y Verdadero, y con justicia juzga y pelea. ¹² Sus ojos eran como llama de fuego, y había en su cabeza muchas diademas; y tenía un nombre escrito que ninguno conocía sino él mismo. ¹³ Estaba vestido de una ropa teñida en sangre; y su nombre es: EL VERBO DE DIOS. ¹⁴ Y los ejércitos celestiales, vestidos de lino finísimo, blanco y limpio, le seguían en caballos blancos. ¹⁵ De su boca sale una espada aguda, para herir con ella a las naciones, y él las regirá con vara de hierro; y él pisa el lagar del vino del furor y de la ira del Dios Todopoderoso. ¹⁶ Y en su vestidura y en su muslo tiene escrito este nombre: REY DE REYES Y SEÑOR DE SEÑORES.

¹⁷ Y vi a un ángel que estaba en pie en el sol, y clamó a gran voz, diciendo a todas las aves que vuelan en medio del cielo: Venid, y congregaos a la gran cena de Dios, ¹⁸ para que comáis carnes de reyes y de capitanes, y carnes de fuertes, carnes de caballos y de sus jinetes, y carnes de todos, libres y esclavos, pequeños y grandes. ¹⁹ Y vi a la bestia, a los reyes de la tierra y a sus ejércitos, reunidos para guerrear contra el que montaba el caballo, y contra su ejército. ²⁰ Y la bestia fue apresada, y con ella el falso profeta que había hecho delante de ella las señales con las cuales había engañado a los que recibieron la marca de la bestia, y habían adorado su imagen. Estos dos fueron lanzados vivos dentro de un lago de fuego que arde con azufre. ²¹ Y los demás fueron muertos con la espada que salía de la boca del que montaba el caballo, y todas las aves se saciaron de las carnes de ellos.

Los mil años

20 Vi a un ángel que descendía del cielo, con la llave del abismo, y una gran cadena en la mano. ² Y prendió al dragón, la serpiente antigua, que es el diablo y Satanás, y lo ató por mil años; ³ y lo arrojó al abismo, y lo encerró, y puso su sello sobre él, para que no engañase más a las naciones, hasta que fuesen cumplidos mil años; y después de esto debe ser desatado por un poco de tiempo.

⁴ Y vi tronos, y se sentaron sobre ellos los que recibieron facultad de juzgar; y vi las almas de los decapitados por causa del testimonio de Jesús y por la palabra de Dios, los que no habían adorado a la bestia ni a su imagen, y que no recibieron la marca en sus frentes ni en sus manos; y vivieron y reinaron con Cristo mil años. ⁵ Pero

los otros muertos no volvieron a vivir hasta que se cumplieron mil años. Ésta es la primera resurrección. ⁶ Bienaventurado y santo el que tiene parte en la primera resurrección; la segunda muerte no tiene potestad sobre éstos, sino que serán sacerdotes de Dios y de Cristo, y reinarán con él mil años. ⁷ Cuando los mil años se cumplan, Satanás será suelto de su prisión, ⁸ y saldrá a engañar a las naciones que están en los cuatro ángulos de la tierra, a Gog y a Magog, a fin de reunirlos para la batalla; el número de los cuales es como la arena del mar. ⁹ Y subieron sobre la anchura de la tierra, y rodearon el campamento de los santos y la ciudad amada; y de Dios descendió fuego del cielo, y los consumió. ¹⁰ Y el diablo que los engañaba fue lanzado en el lago de fuego y azufre, donde estaban la bestia y el falso profeta; y serán atormentados día y noche por los siglos de los siglos.

El juicio ante el gran trono blanco

¹¹ Y vi un gran trono blanco y al que estaba sentado en él, de delante del cual huyeron la tierra y el cielo, y ningún lugar se encontró para ellos. ¹² Y vi a los muertos, grandes y pequeños, de pie ante Dios; y los libros fueron abiertos, y otro libro fue abierto, el cual es el libro de la vida; y fueron juzgados los muertos por las cosas que estaban escritas en los libros, según sus obras. ¹³ Y el mar entregó los muertos que había en él; y la muerte y el Hades entregaron los muertos que había en ellos; y fueron juzgados cada uno según sus obras. ¹⁴ Y la muerte y el Hades fueron lanzados al lago de fuego. Ésta es la muerte segunda. ¹⁵ Y el que no se halló inscrito en el libro de la vida fue lanzado al lago de fuego.

Cielo nuevo y tierra nueva

21 Vi un cielo nuevo y una tierra nueva; porque el primer cielo y la primera tierra pasaron, y el mar ya no existía más. ² Y yo Juan vi la santa ciudad, la nueva Jerusalén, descender del cielo, de Dios, dispuesta como una esposa ataviada para su marido. ³ Y oí una gran voz del cielo que decía: He aquí el tabernáculo de Dios con los hombres, y él morará con ellos; y ellos serán su pueblo, y Dios mismo estará con ellos como su Dios. ⁴ Enjugará Dios toda lágrima de los ojos de ellos; y ya no habrá muerte, ni habrá más llanto, ni clamor, ni dolor; porque las primeras cosas pasaron.

⁵ Y el que estaba sentado en el trono dijo: He aquí, yo hago nuevas todas las cosas. Y me dijo: Escribe; porque estas palabras

ᵃ**19:18** I.e. chiliarchs, in command of one thousand troops son fieles y verdaderas. ⁶ Y me dijo: Hecho está. Yo soy el Alfa y la Omega, el principio y el fin. Al que tuviere sed, yo le daré gratuitamente de la fuente del agua de la vida. ⁷ El que venciere heredará todas las cosas, y yo seré su Dios, y él será mi hijo. ⁸ Pero los cobardes e incrédulos, los abominables y homicidas, los fornicarios y hechiceros, los idólatras y todos los mentirosos tendrán su parte en el lago que arde con fuego y azufre, que es la muerte segunda.

La nueva Jerusalén

⁹ Vino entonces a mí uno de los siete ángeles que tenían las siete copas llenas de las siete plagas postreras, y habló conmigo, diciendo: Ven acá, yo te mostraré la desposada, la esposa del Cordero. ¹⁰ Y me llevó en el Espíritu a un monte grande y alto, y me mostró la gran ciudad santa de Jerusalén, que descendía del cielo, de Dios, ¹¹ teniendo la gloria de Dios. Y su fulgor era semejante al de una piedra preciosísima, como piedra de jaspe, diáfana como el cristal. ¹² Tenía un muro grande y alto con doce puertas; y en las puertas, doce ángeles, y nombres inscritos, que son los de las doce tribus de los hijos de Israel; ¹³ al oriente tres puertas; al norte tres puertas; al sur tres puertas; al occidente tres puertas. ¹⁴ Y el muro de la ciudad tenía doce cimientos, y sobre ellos los doce nombres de los doce apóstoles del Cordero.

¹⁵ El que hablaba conmigo tenía una caña de medir, de oro, para medir la ciudad, sus puertas y su muro. ¹⁶ La ciudad se halla establecida en cuadro, y su longitud es igual a su anchura; y él midió la ciudad con la caña, doce mil estadios; la longitud, la altura y la anchura de ella son iguales. ¹⁷ Y midió su muro, ciento cuarenta y cuatro codos, de medida de hombre, la cual es de ángel. ¹⁸ El material de su muro era de jaspe; pero la ciudad era de oro puro, semejante al vidrio limpio; ¹⁹ y los cimientos del muro de la ciudad estaban adornados con toda piedra preciosa. El primer cimiento era jaspe; el segundo, zafiro; el tercero, ágata; el cuarto, esmeralda; ²⁰ el quinto, ónice; el sexto, cornalina; el séptimo, crisólito; el octavo, berilo; el noveno, topacio; el décimo, crisopraso; el undécimo, jacinto; el duodécimo, amatista. ²¹ Las doce puertas eran doce perlas; cada una de las puertas era una perla. Y la calle de la ciudad era de oro puro, transparente como vidrio.

²² Y no vi en ella templo; porque el Señor Dios Todopoderoso es el templo de ella, y el Cordero. ²³ La ciudad no tiene necesidad de

sol ni de luna que brillen en ella; porque la gloria de Dios la ilumina, y el Cordero es su lumbrera. ²⁴ Y las naciones que hubieren sido salvas andarán a la luz de ella; y los reyes de la tierra traerán su gloria y honor a ella. ²⁵ Sus puertas nunca serán cerradas de día, pues allí no habrá noche. ²⁶ Y llevarán la gloria y la honra de las naciones a ella. ²⁷ No entrará en ella ninguna cosa inmunda, o que hace abominación y mentira, sino solamente los que están inscritos en el libro de la vida del Cordero.

22 Después me mostró un río limpio de agua de vida, resplandeciente como cristal, que salía del trono de Dios y del Cordero. ² En medio de la calle de la ciudad, y a uno y otro lado del río, estaba el árbol de la vida, que produce doce frutos, dando cada mes su fruto; y las hojas del árbol eran para la sanidad de las naciones. ³ Y no habrá más maldición; y el trono de Dios y del Cordero estará en ella, y sus siervos le servirán, ⁴ y verán su rostro, y su nombre estará en sus frentes. ⁵ No habrá allí más noche; y no tienen necesidad de luz de lámpara, ni de luz del sol, porque Dios el Señor los iluminará; y reinarán por los siglos de los siglos.

La venida de Cristo está cerca

⁶ Y me dijo: Estas palabras son fieles y verdaderas. Y el Señor, el Dios de los espíritus de los profetas, ha enviado su ángel, para mostrar a sus siervos las cosas que deben suceder pronto.

⁷ ¡He aquí, vengo pronto! Bienaventurado el que guarda las palabras de la profecía de este libro. ⁸ Yo Juan soy el que oyó y vio estas cosas. Y después que las hube oído y visto, me postré para adorar a los pies del ángel que me mostraba estas cosas. ⁹ Pero él me dijo: Mira, no lo hagas; porque yo soy consiervo tuyo, de tus hermanos los profetas, y de los que guardan las palabras de este libro. Adora a Dios.

¹⁰ Y me dijo: No selles las palabras de la profecía de este libro, porque el tiempo está cerca. ¹¹ El que es injusto, sea injusto todavía; y el que es inmundo, sea inmundo todavía; y el que es justo, practique la justicia todavía; y el que es santo, santifíquese todavía.

¹² He aquí yo vengo pronto, y mi galardón conmigo, para recompensar a cada uno según sea su obra. ¹³ Yo soy el Alfa y la Omega, el principio y el fin, el primero y el último.

¹⁴ Bienaventurados los que lavan sus ropas, para tener derecho al árbol de la vida, y para entrar por

las puertas en la ciudad. ¹⁵ Mas los perros estarán fuera, y los hechiceros, los fornicarios, los homicidas, los idólatras, y todo aquel que ama y hace mentira.

¹⁶ Yo Jesús he enviado mi ángel para daros testimonio de estas cosas en las iglesias. Yo soy la raíz y el linaje de David, la estrella resplandeciente de la mañana.

¹⁷ Y el Espíritu y la Esposa dicen: Ven. Y el que oye, diga: Ven. Y el que tiene sed, venga; y el que quiera, tome del agua de la vida gratuitamente.

¹⁸ Yo testifico a todo aquel que oye las palabras de la profecía de este libro: Si alguno añadiere a estas cosas, Dios traerá sobre él las plagas que están escritas en este libro. ¹⁹ Y si alguno quitare de las palabras del libro de esta profecía, Dios quitará su parte del libro de la vida, y de la santa ciudad y de las cosas que están escritas en este libro.

²⁰ El que da testimonio de estas cosas dice: Ciertamente vengo en breve. Amén; sí, ven, Señor Jesús. ²¹ La gracia de nuestro Señor Jesucristo sea con todos vosotros. Amén.

SU NUEVA VIDA EN CRISTO

UN LLAMADO AL DISCIPULADO

- Para recursos adicionales -
www.timetorevive.com
1-877-265-1605

DISCÍPULOS

NUEVO EN CRISTO

De modo que si alguno está en Cristo, nueva criatura es; las cosas viejas pasaron; he aquí todas son hechas nuevas. 2 Corintios 5:17

La Biblia dice tú estas "una nueva criatura." Es posible que tú te sientes diferente. Es posible que tú no te sientes diferente. A menudo, las emociones siguen e indican un cambio de opinión. Sin embargo, son las palabras de Dios y el Espíritu Santo que dan la promesa que tú le perteneces a el (Romanos 8:16).

Tus pecados han sido perdonados mediante de fe en Cristo Jesús y todo lo que él ha hecho. Tú tienes su regalo gratis de salvación y la vida eterna. Tú has librado de "la vida antigua" (el pecado) para vivir esta vida nueva en Cristo. Tú tienes un corazón nuevo y un Espíritu nuevo que vive en tí. Hace miles de años, uno de los profetas de Dios del Antiguo Testamento describió que Dios haría para usted. Ezequiel 36:26-27 dice:

Os daré corazón nuevo, y pondré espíritu nuevo dentro de vosotros; y quitaré de vuestra carne el corazón de piedra, y os daré un corazón de carne. Y pondré dentro de vosotros mi Espíritu, y haré que andéis en mis estatutos, y guardéis mis preceptos, y los pongáis por obra.

Las palabras de Dios y el Espíritu Santo te dan todo lo que tu necesitas para llegar a ser come Jesús. Ahora, Él vive dentro de tí. En este momento, puede ser difícil de comprender, pero va a hacer más claro con el tiempo y él va a dar la comprensión.

EL ESPÍRITU SANTO

Es un miembro de la Trinidad: Padre, Hijo, y Espíritu Santo. Cada miembro es distinto, pero En conjunto so el mismo Dios (Deuteronomio 6:4). El Espíritu Santo vive en cada creyente (1 Corintios 3:16). Él tiene diferentes papeles en tu vida:

El Edredón
(Hechos 9:31)
El Ayudante
(Juan 14:16; Romanos 8:26)
El Maestro
(Lucas 12:12)
El Dador de los Dones Espirituales
(1 Corintios 12)

Dios te ama y quiere guiar tu vida trata de seguirlo. Un discípulo en Cristo abandona una vida "antigua" para abrazar una vida "nueva" en Cristo.

DISCÍPULOS

CRECE EN CRISTO

Así que, los que recibieron su palabra fueron bautizados; y se añadieron aquel día como tres mil personas. Y perseveraban en la doctrina de los apóstoles, en la comunión unos con otros, en el partimiento del pan y en las oraciones. Hechos 2: 41-42

Como un discípulo nuevo en Cristo, Dios te ha dado todo lo que tú necesitas para crecer en Cristo a través del Espíritu Santo, la Biblia, la oración, y por estar en la comunidad con otros discípulos de Cristo Jesús.

 La comunidad era muy importante para los discípulos primeros de Jesús, quien nosotros llamamos los "apóstoles." Estos seguidores primeros de Jesús caminaban con Jesús en la tierra, le vieron morir, pasaban el tiempo con Él después de su resurrección desde la muerte, y lo vio ascender en el cielo. Ellos demuestran la importancia por los creyentes nuevos estudiar la Biblia con otros creyentes, orar con los otros y tener la amistad. Puedes crecer en tu vida nueva en Cristo solo, pero es muy importante que camines con otros al participar en un grupo de estudio de la Biblia o una iglesia local.

Tú conocerás otros creyentes y disfrutar de la comunión fraternal con los amigos nuevos quien te van a amar porque Jesús te ama (1 Juan 4:19). El Espíritu Santo vive en tí y todos los creyentes, se deben amar unos a otros y ayudar en los tiempos malos y buenos. La Biblia describe la Iglesia como un cuerpo. Cada persona en Cristo tiene una parte necesaria para hacer todos trabajar juntos apropiadamente (1 Corintios 12:12-26). Tú necesitas el sustento de otros creyentes, y ellos te necesitan también.

 Como Jesús mandó los apóstoles bautizaban cada discípulo nuevo con agua (Mateo 28:19; Hechos 2:41). El bautismo muestra que ha tenido lugar en cada creyente en Cristo Jesús. Tú hayas muerto a tú vida antigua- tus pecados habrían lavado por el sacrificio de Jesús y te levanta a la vida nueva en Cristo. Romanos 6:4 dice:

6

Porque somos sepultados juntamente con él para muerte por el bautismo, a fin de que como Cristo resucitó de los muertos por la gloria del Padre, así también nosotros andemos en vida nueva.

El estudio de la Biblia es algo que tú debes hacer con otro creyentes, pero en tu vida diaria individual también. Si no sabes que leer, el libro de Juan es un lugar bien a empezar. Vas a aprender mas de quien Jesús es.

La oración es otro aspecto importante de caminar con Jesús. Los apóstoles se dedicaban a la oración. La oración es hablar con Dios y Dios hablar con tigo. En una iglesia local o en el estudio de la Biblia, vas a aprender orar con y por otros, y dejar a otros orar por tí.

Si tú necesitas ayuda para hacer una conexión a una iglesia o le gustaría bautizar, contacta la persona quien te presentó a Cristo o Time to Revive (855-CALL-TTR).

DISCÍPULOS

COMPARTE CRISTO

Y Jesús se acercó y les habló diciendo: Toda potestad me es dada en el cielo y en la tierra. Por tanto, id, y haced discípulos a todas las naciones, bautizándolos en el nombre del Padre, y del Hijo, y del Espíritu Santo; enseñándoles que guarden todas las cosas que os he mandado; y he aquí yo estoy con vosotros todos los días, hasta el fin del mundo. Amén. Mateo 28:18-20

Todos los discípulos de Jesús llaman hacer otros discípulos por decirlo a otros acerca de Él. Lo más probable es, tú oíste acerca de Jesús porque una persona te presentó a Él. Ahora, tú tienes la responsabilidad por decirles a otros acerca de la vida nueva en Cristo que tú estás creciendo en Él.

Jesús dice, "Como el Padre me ha enviado, así también yo os envío" (Juan 20:21). Como su discípulo, habías mandado por Jesús y habías confiado con el mensaje de vida: la muerte, el entierro, y la resurrección de Jesús.

 Di a otros lo que Dios ha hecho por tí, como confesastes tus pecados y son perdonados porque del sacrificio de Jesús en la cruz. Diles como Jesús murió por tus pecados, pero se levantó para hacer la vida nueva en Él. Di a otros el ama, con las palabra y con tus acciones (Mateo 5:13-16).

Puedes decirle a tu familia, tus amigos, o los extraños acerca de Jesús. Es posible que tú tienes miedo a no compartir con una persona. Este miedo no viene de Dios, sino del enemigo, Satán, quien convenció el hombre de desobedecer a Dios en el principio (Génesis 3). 2 Timoteo 1:7 dice, "Porque no nos ha dado Dios espíritu de cobardía (el miedo), sino de poder, de amor y de dominio propio." Recuerda, el Espíritu Santo vino a enseñar (Lucas 12:12) y Él esta con tigo (Mateo 28:20b).

Vaya. Comparta. Haga Discípulos Nuevos en Cristo.

A quien vas a ir y compartir Cristo con?

_____

_____

_____